天津市重点出版扶持项目

津沽名家文库（第一辑）

西方发展经济学概论

杨敬年 著

南开大学出版社

天　津

图书在版编目(CIP)数据

西方发展经济学概论 / 杨敬年著. —天津：南开
大学出版社，2019.8
（津沽名家文库. 第一辑）
ISBN 978-7-310-05823-5

Ⅰ.①西… Ⅱ.①杨… Ⅲ.①发展经济学－西方国家
－研究生－教材 Ⅳ.①F061.3

中国版本图书馆 CIP 数据核字(2019)第 161739 号

南开大学出版社出版发行
出版人:刘运峰
地址:天津市南开区卫津路 94 号　　邮政编码:300071
营销部电话:(022)23508339　23500755
营销部传真:(022)23508542　　邮购部电话:(022)23502200

*

天津丰富彩艺印刷有限公司印刷
全国各地新华书店经销

*

2019 年 8 月第 1 版　　2019 年 8 月第 1 次印刷
210×148 毫米　32 开本　24.125 印张　6 插页　585 千字
定价:138.00 元

如遇图书印装质量问题,请与本社营销部联系调换,电话:(022)23507125

杨敬年先生（1908—2016）

天行健，
　　君子以自强不息。
地势坤，
　　君子以厚德载物。

杨敬年

杨敬年先生手迹

出版说明

津沽大地，物华天宝，人才辈出，人文称盛。

津沽有独特之历史，优良之学风。自近代以来，中西交流，古今融合，天津开风气之先，学术亦渐成规模。中华人民共和国成立后，高校院系调整，学科重组，南北学人汇聚天津，成一时之盛。诸多学人以学术为生命，孜孜矻矻，埋首著述，成果丰硕，蔚为大观。

为全面反映中华人民共和国成立以来天津学术发展的面貌及成果，我们决定编辑出版"津沽名家文库"。文库的作者均为某个领域具有代表性的人物，在学术界具有广泛的影响，所收录的著作或集大成，或开先河，或启新篇，至今仍葆有强大的生命力。尤其是随着时间的推移，这些论著的价值已经从单纯的学术层面生发出新的内涵，其中蕴含的创新思想、治学精神，比学术本身意义更为丰富，也更具普遍性，因而更值得研究与纪念。就学术本身而论，这些人文社科领域常研常新的题目，这些可以回答当今社会大众所关注话题的观点，又何尝不具有永恒的价值，为人类认识世界的道路点亮了一盏盏明灯。

这些著作首版主要集中在 20 世纪 50 年代至 90 年代，出版后在学界引起了强烈反响，然而由于多种原因，近几十年来多未曾再版，既为学林憾事，亦有薪火难传之虞。在当前坚定文化自信、倡导学术创新、建设学习强国的背景下，对经典学术著作的回顾与整理就显得尤为迫切。

本次出版的"津沽名家文库（第一辑）"包含哲学、语言学、文学、历史学、经济学五个学科的名家著作，既有鲜明的学科特征，又体现出学科之间的交叉互通，同时具有向社会大众传播的可读性。具体书目包括温公颐《中国古代逻辑史》、马汉麟《古代汉语读本》、刘叔新《词汇学和词典学问题研究》、顾随《顾随文集》、朱维之《中国文艺思潮史稿》、雷石榆《日本文学简史》、朱一玄《红楼梦人物谱》、王达津《唐诗丛考》、刘叶秋《古典小说笔记论丛》、雷海宗《西洋文化史纲要》、王玉哲《中国上古史纲》、杨志玖《马可·波罗在中国》、杨翼骧《秦汉史纲要》、漆侠《宋代经济史》、来新夏《古籍整理讲义》、刘泽华《先秦政治思想史》、季陶达《英国古典政治经济学》、石毓符《中国货币金融史略》、杨敬年《西方发展经济学概论》、王亘坚《经济杠杆论》等共二十种。

需要说明的是，随着时代的发展、知识的更新和学科的进步，某些领域已经有了新的发现和认识，对于著作中的部分观点还需在阅读中辩证看待。同时，由于出版年代的局限，原书在用词用语、标点使用、行文体例等方面有不符合当前规范要求的地方。本次影印出版本着尊重原著原貌、保存原版本完整性的原则，除对个别问题做了技术性处理外，一律遵从原文，未予更动；为优化版本价值，订正和弥补了原书中因排版印刷问题造成的错漏。

本次出版，我们特别约请了各相关领域的知名学者为每部著作撰写导读文章，介绍作者的生平、学术建树及著作的内容、特点和价值，以使读者了解背景、源流、思路、结构，从而更好地理解原作、获得启发。在此，我们对拨冗惠赐导读文章的各位学者致以最诚挚的感谢。

同时，我们铭感于作者家属对本丛书的大力支持，他们积极创造条件，帮助我们搜集资料、推荐导读作者，使本丛书得以顺利问世。

最后，感谢天津市重点出版扶持项目领导小组的关心支持。希望本丛书能不负所望，为彰显天津的学术文化地位、推动天津学术研究的深入发展做出贡献，为繁荣中国特色哲学社会科学做出贡献。

南开大学出版社

2019 年 4 月

《西方发展经济学概论》导读

关永强

杨敬年（1908—2016），笔名杨延生、蓬勃，湖南汨罗人，著名经济学家、教育家和翻译家，南开大学财政学系的创办人，在全国最早引入和讲授发展经济学。他编写的《西方发展经济学概论》和《西方发展经济学文献选读》是我国发展经济学的经典教材，翻译的《国富论》和《经济分析史》等经济学名著在学术界广受赞誉。

杨敬年曾先后担任南开大学校务委员会委员、天津市财经委员会委员、南开大学财政系主任、经济学系学位委员会主任等职务，并任中国对外经济合作学会常务理事，天津市政治学学会名誉理事长和天津市国际经济学会、财政学会、外国经济学学会、翻译工作者协会顾问等，享受国务院政府特殊津贴，被牛津大学圣体学院授予荣誉院士名衔，入载英国剑桥国际传记中心《大洋洲及远东地区名人录》《21 世纪 2000 个杰出的知识分子》、美国马奎斯世界名人传记中心《世界名人录》《亚洲名人录》。

一、杨敬年生平

1908 年农历十月十七日，杨敬年出生于湖南省湘阴县（今汨罗市）大荆乡一个贫苦农民家庭，幼年时因父亲外出不归，主要由外祖父黎贞抚育长大并启蒙读书。少年的杨敬年曾与外祖父和诗一首，以畅其志："胸中一天地，心花亦作茵。况当上巳日，洗涤益清新。坚若苍松节，朗如白石筠。提笔学造化，酝酿太和春。"①

1922 年，在叔祖父杨志高的资助下，杨敬年到岳阳县城第一高等小学读书，毕业后又考入湖南省立第一师范学校，其间经家人介绍，于 1925 年与李韵兰女士结婚，次年有了儿子杨修慧。1927年，杨敬年考入中央军事政治学校第三分校（长沙）步兵科，此后不久发生了"马日事变"，他愤而离校，赴湘乡参加农会，因未能与组织取得联系，只好在湘阴和岳阳继续担任高小教师。

1929 年夏，杨敬年离开湖南赴上海投考劳动中学，却因年龄太大而未被录取，后在南京先后进了两个短期学校，直到 1932 年才顺利考入中央政治学校大学部行政系学习。大学期间，他参加中国文化协会举办的读书会，读到王星拱的《科学概论》、张东荪的《哲学》、冯友兰的《中国哲学史》、夏曾佑的《中国古代史》、陈恭禄的《中国近代史》、周鲠生的《国际法》、王世杰的《比较宪法》和 G. D. H. 柯尔的《世界经济与政治》等几部书，留下了深刻的印象，也对他后来多学科的研究视野产生了深远的影响。

在中央政治学校期间，杨敬年喜爱阅读由南开大学经济研究所主编的《大公报·经济周刊》。因此，1936 年大学毕业后，他并没有像其他同学一样步入仕途，而是选择报考南开大学经济研究所，被录取为第二届地方行政专业的研究生。他入学时正赶上经济研究所创办人何廉赴任国民政府行政院政务处长，由方显廷继任代理所长。方显廷治学素以严谨认真著称，是当时中国工业化、经济发展和经济史研究领域极具影响力的经济学家之一。杨

---

① 杨敬年：《人性谈》，南开大学出版社，2013 年，第 286 页。

敬年作为经济研究所第二届研究生的代表，经常与方显廷先生见面交流，在求学、做人、做事各方面深受其熏陶和影响。

"七七事变"发生时，杨敬年正在浙江考察地方行政和财政，战事的蔓延使考察无法进行，他只好回汩罗老家。正当这时，他接到了方显廷连续发来的三封电报，邀他去贵阳。老师的关心令他深受感动，他于是携全家来到贵阳的中国农村建设协进会工作。此后，在经济研究所老师张纯明、何廉、李锐和同学黄肇兴的介绍下，他又相继在行政院行政效率促进委员会、三民主义青年团中央团部、农本局人事室、资源委员会钨业管理处和财政部秘书处等部门工作。在此期间，他始终勤于学习，不懈努力，终于在1944年考取了中英庚款董事会第八届留英公费生。

1945年10月间到达英国后，杨敬年进入牛津大学圣体学院攻读政治学哲学经济学（PPE）专业的哲学博士学位，跟随全灵学院的惠尔教授（K. C. Wheare）研究英国中央政府各部职权的分配问题。经过两年多的刻苦研究和在英国财政部的深入访谈，杨敬年顺利完成博士论文并通过答辩，于1948年6月获得博士学位。在牛津大学读书期间，他还被推选为牛津中国学生会主席和留英中国学生总会主席，率领由留英学生组成的中国学生代表团到布拉格参加世界学联成立大会，并与部分在牛津和剑桥的中国学生发起组织学术团体"民社"，研究探讨如何实行民主政治和社会主义。

1948年10月，应时任校长的恩师何廉先生之邀，杨敬年回到南开大学，担任政治经济学院政治系教授。1949年初，南开大学由军管会聘任的校务委员会管理，杨敬年担任校务委员，兼天津市财经委员会委员。随后，他又受命创办财政系并担任首任系主任。他不仅努力延聘师资，完善课程培养方案，而且与中央财政部订立合同共同办学，为中国培养了一批财政人才。

1952—1954 年院系调整之后，南开大学财经学院七个系八个专业被取消，只保留一个经济学系，杨敬年被编入新成立的财经研究室，并没有固定的研究方向。其间他曾和其他同事一起接受"中国近代经济史资料丛刊"编辑委员会委托的中国近代盐务史资料整理工作，整理出大量中国近代盐务史资料。

1957 年 8 月，杨敬年被错划为"右派分子"。1958 年 8 月，他又被法院错误地以历史反革命罪判处管制三年，同时剥夺政治权利三年，在南开大学经济系的资料室接受劳动改造。在此期间，杨敬年遭受了大量不公正的待遇。祸不单行，夫人李韵兰女士于 1974 年因脑出血而半身瘫痪，唯一的儿子杨修慧也于 1976 年因急病去世。面对这一连串的打击，杨敬年仍坚信通过时间的检验，中国共产党和中国人民必定会给予他公平的对待。当时杨敬年曾写下这首诗以抒胸臆："十年如逝水，半百转蹉跎。顽体欣犹健，雄心信未磨。丹诚贯日月，浩气凛山河。大地寒凝肃，春华发更多。"[1] 他把全部心力投入工作中，"应当做什么就做什么，能做什么就做点什么"[2]。除资料室的日常工作外，杨敬年还参加了由季陶达主编的《资产阶级庸俗政治经济学选辑》的选编和翻译工作；在 1962—1964 年为政治经济学专业学生开设资本主义国家经济基本知识课程；先后翻译了《英国议会》《1815—1914 年法国和德国的经济发展》《经济分析史》等大量经济学和政治学重要著作；并对南开大学受国务院委托翻译的近两百万字联合国大会和安全理事会记录进行审核定稿。

1979 年 3 月，杨敬年被错划右派的问题得到改正，恢复政治名誉，撤销因右派问题定为历史反革命的结论和管制三年、行政降级降薪的处分，调到经济系世界经济教研室工作。已经年逾古

---

① 杨敬年：《期颐述怀》，南开大学出版社，2007 年，第 87 页。
② 同上书，第 88 页。

4

稀的杨敬年终于恢复了教授的身份，此后又从四级教授晋升为三级教授，并享受国务院政府特殊津贴。对此，他回忆说："然而我觉得我还是我，只不过我现在是一个堂堂正正的大学教授，能名正言顺地从事教学教研工作而已。"①此时的他亦赋诗一首表达自己的心愿："盈巅白雪不知愁，一片丹心步陆游。蜡炬春蚕功不灭，迎来光热遍神州。"②

1978 年开始，杨敬年给大学生、研究生和青年教师开设经济专业英语课程，直至 1993 年才结束。他从英国《经济学人》等杂志选读学术性较强的文章，同时采用萨缪尔森的《经济学》原版教材，使学生从一开始就能接触到外国通行的经济学文献的文体，在提高阅读外文专业文献能力的同时也丰富了经济学知识。

杨敬年这一时期最主要的学术贡献还是在发展经济学领域。

1981 年，杨敬年出版了《科学·技术·经济增长》一书，为引进发展经济学做了思想准备。1982 年，他在全国大学中率先开设发展经济学课程，后来又陆续给研究生、大学四年级学生和世界银行援助的三届助教进修班讲授此课。此后，他编写了《西方发展经济学概论》和《西方发展经济学文献选读》两部教材，为发展经济学学科在中国的建立奠定了基础。他还曾在 1985 年和 1987 年两次接待美国著名发展经济学家古斯塔夫·拉尼斯教授来南开大学讲授发展经济学。其中，第二次通过世界银行援建项目在南开大学设立讲习班，由杨敬年担任主持教授（Host Professor），拉尼斯主讲，林毅夫翻译，全国各大学选派教师参加学习，大大推进了发展经济学在中国的发展。

在发展经济学的理论研究方面，杨敬年承担国家教委"七五"哲学社会科学重点科研课题"第三世界国家经济发展理论与实践

---

① 杨敬年：《期颐述怀》，南开大学出版社，2007 年，第 99 页。
② 同上书，第 105 页。

综合分析"，发表了《第三世界国家经济发展中的十大关系》等多篇学术论文，系统性地阐述自己对发展中国家经济发展和发展经济学的看法。他还从 1981 年起招收发展中国家经济方向的研究生，到 1994 年共培养研究生二十名。1986 年发表《如何指导硕士研究生学习》一文，分享自己在研究生教育教学方面的经验。

1987 年，杨敬年光荣加入了中国共产党。他说："我感到这是我一生最大的幸福。我 40 岁时得到牛津大学博士学位，80 岁时成为共产党员，都花费了 40 年的时间，才实现自己的凤愿。但牛津博士只是求学的顶峰，共产党员才是做人的顶峰。"[①]

1994 年以后，杨敬年完全离开了教学科研岗位，他希望能够找到一根主线，把过去所学的东西串联起来，融会贯通。人性问题既是一个永恒的问题，又是一个现实的问题，它和发展经济学也有着直接且密切的联系，于是他用两年多的时间撰写了《人性谈》一书，将自己平生所学熔于一炉，从哲学、科学、政治、经济、伦理等角度对人性进行了深入剖析。该书出版之后大受好评。

1997 年，九十岁的杨敬年还翻译了亚当·斯密的《国富论》，作为陕西人民出版社"影响世界历史进程的书"之一出版。与《国富论》的其他译本相比，杨敬年的译本有着鲜明的特色，不仅通俗易懂，而且补译了英国著名经济学家、《国富论》研究专家坎南所做的页边提要和注释，并附有各编导读，可读性强。该书出版后极受读者欢迎，迅速成为学术畅销书，十多年间连印十六次，发行十多万册。

1998 年 1 月，夫人李韵兰女士去世，之后杨敬年一直和孙子杨华一家在一起，生活安宁而祥和。除了接待经常来访的友人、同事、学生和慕名而来的记者外，晚年的杨敬年将大部分的时间

---

① 杨敬年：《期颐述怀》，南开大学出版社，2007 年，第 150 页。

都用在了读书和思考上。在百岁时，杨敬年完成了近二十八万字的自传《期颐述怀》，回顾生平，广受各类读者喜爱。一百零五岁时，他又整理近年来自己对权力分配不平等和收入分配不平等这两个人类社会根本问题的新思考，修订再版了《人性谈》。2016年6月，牛津大学圣体学院授予杨敬年"荣誉院士"名衔，杨敬年为此专门录制答谢视频，进行五分钟的英文演讲。

2016年9月4日，杨敬年于天津安详病逝，享年一百零八岁。

二、杨敬年的主要著作与学术观点

杨敬年早年在中央政治学校大学部和南开大学学习行政学和经济学，又从牛津大学政治学哲学经济学（PPE）专业获得博士学位。这种综合的学术背景为他后来跨学科的研究工作打下了坚实而宽广的基础，使他不仅能够开创中国的发展经济学学科，在哲学、科学和社会科学的交叉领域撰写《人性谈》，而且能成功地翻译大量经济学和政治学的名著。

杨敬年 1948 年在牛津大学完成的博士论文题为 *The Distribution of Functions among the Central Government Departments in the United Kingdom, With Some Comparison of the United States of America and British Dominions*（《英国中央政府各部职权的分配——兼与美国及英国各自治领比较》）。论文考察了英国政府机构的整体结构及其各部门的职权划分，从政府运行效率的角度，分析了政府机构设置的依据、运行平稳程度及存在的问题，对部门间职能划分的合理性以及机构重组等提出了独到的见解；此外，他还参考美国及英属殖民地政府机构设置的具体做法和特点，比较分析了其与英国政府机构设置的差异。根据杨敬年导师惠尔教授的评语，这篇论文达到牛津大学博士论文"对于知识有原创性的贡献"和"适于出版"两个要求。①圣体学院院长当时曾拨出专款，由杨敬年的道德导师威尔逊（C. H. Wilson）请人润色文字，准备出版，可惜由于后来中英学术界的长期音讯隔绝，未能实现。

从 1979 年重返教授岗位，到 1988 年退休并接受返聘，直至 1994 年完全脱离公职，杨敬年着力最多的研究领域就是发展经济学。年逾古稀的他之所以选择这一全新的研究方向，是因为他认为以中国为代表的第三世界国家面临着发展经济、提高人民生活水平的任务，应当有一门相应的研究学科；而发展经济学此时在西方已经有三十多年的历史，在大学中普遍设立，相关文献日益增多，研究内容日益广泛深入，成为西方经济学的一个重要分支，他希望能够在中国建立起这一学科。

1981 年，杨敬年出版的《科学·技术·经济增长》一书，论述科学技术进步是加速经济增长的关键，阐明科技进步对经济增长的贡献及其计算方法，介绍了西方经济学界关于科学技术与经济发展关系的最新研究成果，探讨了经济发展与经济增长的关系、发展经济学、各国经济增长状况、国际发展战略等概念和理论，为引进西方发展经济学做了思想上的准备。

在 1981 年招收发展中国家经济方向研究生和 1982 年开设发展经济学课程之后，杨敬年的发展经济学研究与教学得到了国家教委的关注，时任高教司副司长的季啸风到他家中，邀请他撰写发展经济学教材。1988 年和 1995 年，由杨敬年独立撰写的《西方发展经济学概论》和编译的《西方发展经济学文献选读》作为姊妹篇相继出版，成为我国最早的发展经济学教材和教学参考书之一，出版后大受好评，曾获国家教委第二届普通高等学校优秀

---

① 参见杨敬年：《期颐述怀》，2007 年，第 51 页。

教材奖。

在此期间，杨敬年还两次接待美国著名发展经济学家古斯塔夫·拉尼斯来华讲学，组织王月等研究生翻译了拉尼斯与费景汉合著的发展经济学名著《劳力剩余经济的发展》，并亲自校对。

此外，他还承担国家教委"七五"哲学社会科学重点科研课题"第三世界国家经济发展理论与实践综合分析"，并发表了一系列发展经济学的研究论文，主要包括：《发展经济学的对象和方法》《第三世界国家经济发展中的十大关系》《经济发展与国家财政：泛论发展中国家财政》《论教育对经济发展的贡献》等。其中，以《第三世界国家经济发展中的十大关系》一文最能代表他对发展中国家经济发展和发展经济学的观点。他在文中根据第三世界国家近半个世纪经济发展的理论和实践，提出并分析它们在发展道路上遇到的关系全局的普遍存在的十对矛盾：经济增长和经济发展、平衡增长与不平衡增长、农业发展与工业发展、进口替代与出口促进、物资资本与人力资本、技术引进与技术开发、外延增长与内涵增长、经济计划与市场调节、发展潜力与发展实绩、发展经济学与单一经济学。并结合中国具体实践，提出自己对这些矛盾的解决方案，希望能够借此使经济发展的道路变得更加坦荡，有助于将第三世界国家从落后引向发达的彼岸。

对发展经济学的研究和思考也体现在他后来撰写的《人性谈》当中。《人性谈》是杨敬年先生晚年在反思平生所学的基础上完成的集大成之作，记录了他从哲学、科学、经济学和政治学角度对人性这一永恒话题的思考。书中提出：人为万物之灵，除感情之外，还有智力，能创造；人性就是需要，就是欲望，需要、欲望、情感、冲动是行为的动机和目的，而理性只是情感的奴仆，是为实现行为的目的服务的；善就是所有的人的需要和欲望的满足，作为人的行为动机的仁义礼智，会导致善的行为，而作为人的行为动机的名利权势，则可能并且常常导致恶的行为，由于人有这两类不同的情欲，所以人性既是善的，又可能是恶的；人在征服自然界方面已经取得了辉煌的成就，而在处理人与人的合作方面则瞠乎其后。杨敬年认为，人与人的关系分为政治关系、经济关系、伦理道德关系等，政治关系中的核心和两难问题是权力分配问题，世界上若没有国家权力，则不足以保证国家安全、维持社会秩序，然而国家权力又常被滥用，因此产生了维护公民权利即人权问题；经济关系中的核心和两难问题是收入分配问题，分配不公平会造成贫富悬殊，而平均分配又会挫伤人的生产积极性，阻碍经济增长。迄今为止，人类在解决这两个问题方面还是不免常常出现顾此失彼、畸轻畸重的局面，今后人类的求知和创造活动，既要向自然界不断深入，又要集中精力来解决这两大问题。

被错划为"右派分子"期间，杨敬年被迫离开科研岗位，为了尽量多做些工作，他把大量的时间和精力都投入到翻译当中；重返科研工作后，他仍然在闲暇时选择一些高质量的国外学术专著进行译介。从20世纪50年代到2001年，杨敬年共计翻译俄文著作三种、英文著作九种，在此按时间顺序列出如下：

〔苏〕科伦诺德，《经济核算制原理》，十月出版社，1953年；

〔苏〕《苏联地方税捐》，财政部《财政半月刊》连载，1956年；

〔苏〕《苏联国家预算》，由教育部组织翻译，译成后未能刊行；

〔英〕詹宁斯，《英国议会》，翻译笔名蓬勃，商务印书馆，1959年；

〔美〕福斯特等，《白劳德修正主义批判》，翻译笔名杨延生，生活·读书·新知三联书店，1962年；

〔英〕克拉潘，《1815—1914年法国和德国的经济发展》，由傅筑夫约译、杨敬年译完，以傅的笔名傅梦弼出版，商务印书馆，1965 年；

〔美〕维克托·佩洛，《不稳定的经济——1945 年以来美国经济的高涨和衰退》，以"南开大学政治经济学系、经济研究所译"署名，商务印书馆，1975 年；

〔美〕戴维·莱因斯多夫、唐纳德·埃特拉，《美国第一花旗银行——拉尔夫·纳德调查组报告》，以"南开大学政治经济学系、经济研究所译"署名，商务印书馆，1976 年；

〔美〕保罗·巴兰、保罗·斯威齐，《垄断资本——论美国的经济和社会秩序》，以"南开大学政治经济学系译"署名，商务印书馆，1977 年；

〔美〕马丁·迈耶，《银行家》，商务印书馆，1982 年；

〔美〕约瑟夫·熊彼特，《经济分析史》第二卷和第三卷前两章，商务印书馆 1992 年、1995 年出版，2001 年台湾左岸文化事业有限公司出版繁体字本；

〔英〕亚当·斯密，《国富论》，陕西人民出版社，2001 年。

此外，1974—1979 年六年间，南开大学政治经济学系和经济研究所每年承担国务院委托的翻译联合国大会和安全理事会正式记录的工作，每年三十万字，系全体老中青教师共同翻译，由杨敬年最后审校定稿。

三、《西方发展经济学概论》的体系结构与重要意义

《西方发展经济学概论》一书肇始于杨敬年 1981 年开始招收发展中国家经济方向硕士研究生和为研究生、本科生讲授发展经济学课程的讲义。本书的撰写历时五年，三易其稿，1988 年第一次出版，被国家教委批准列为高等学校文科教材，也是杨敬年在

11

发展经济学领域中的代表作。

《西方发展经济学概论》全书共五十四万字，分为四编十二章。第一编"总论"，介绍经济发展的相关概念、衡量标准和发展经济学的整体发展状况，对有关经济增长、经济发展的主要理论模型进行分析评论。第二编"资金"，探讨国内资金和国外资金在经济发展中的重要作用，考察国内资本形成、投资、通货膨胀和国外官方援助、外国投资、外债等相关理论和问题。第三编"战略"，在回顾发达国家历史经验和分析发展中国家现实状况的基础上，逐一介绍发展中国家在技术、农业、工业、贸易和人力资本方面可以采取的各种发展战略。第四编"综合"，探讨发展中国家面临的国内国际两大问题，一是如何实现发展计划与市场调节的互相配合，二是如何建立起有助于消除发达国家与发展中国家之间鸿沟的国际经济新秩序。

本书是一部逻辑结构完整、思想体系臻于成熟的发展经济学教材。全书总体上可以分为两个层次。第一层次主要体现在第一编"总论"上，该编是对经济学各流派有关经济发展思想理论的全面介绍。其中，第二章详细回顾发展经济学思想的历史渊源和演进过程；第三章深入探讨从古典到新古典经济学有关经济增长的各种理论模型，对新古典经济发展理论和结构主义经济发展理论分别进行了分析，还广泛借鉴了经济增长阶段论和熊彼特、哈根等关于技术与经济发展的思想理论。这一编既是对 20 世纪 40 年代至 80 年代西方发展经济学理论体系的完整呈现，又不囿于西方主流经济学的成见，对 20 世纪 80 年代以后盛行的新古典经济学范式的不足有着清醒的认识。更重要的是，本书并不停留在对发展经济学各家思想理论进行编年史式的介绍，还要继续进入第二个层次，即按照发展经济学的学科属性，在第二、三、四编，从资金、技术、农业、工业、贸易和人力资本，分别对相关理论模型展开论述，使抽象的理论模型能够与发展中国家的现实经济发展直接联系起来，最后上升到计划与市场的协调和国际经济新秩序这两个发展中国家现实面临的核心命题上来。正是从这个意义上说，本书虽然是国内成书最早的发展经济学教材之一，但确实已经是一部博采西学众长、思想体系臻于成熟的教材，为我国发展经济学学科的建立奠定了坚实的基础。

本书又是一部采取实事求是研究态度，将发展经济学理论与发展中国家实际紧密联系的发展经济学教材。第二、三、四编各章节的论述过程充分体现了发展经济学理论与经济发展实践的紧密联系，不仅详细全面地介绍各部分对应的发展经济学理论模型，而且始终密切关注世界各国特别是发展中国家的经济历史和实际状况。书中运用大量历史资料和统计数据，介绍发达国家的经济发展历程、农业在不同发展阶段中的不同作用和地位、发展中国家的技术改革过程、各国土地改革的差异及其对经济发展的不同作用情况，以及不同类型发达国家和发展中国家制造业的结构、增长状况和国内生产总值增长率等等，从经济史中归纳总结发达国家在技术改革等方面的成功经验，为发展中国家的政策选择提供切实有据的参考。这种理论与实际紧密联系的实事求是态度还体现在书中对财政、金融、贸易、农业、工业、人力资本等章节中关于经济理论的介绍，也总是从发展中国家所面临的具体现实问题出发。因此，相关论述往往不限于发展经济学学科自身，还根据解决现实问题的需要，广泛涉及相关学科的经济学理论，为读者提供全面而实用的知识背景。

本书还是一部始终坚持发展中国家立场的发展经济学教材。除了前述均从发展中国家面临的现实问题出发介绍理论政策外，书中还常常有意识地打破单一经济理论模型的局限，向读者提供正反两方面的意见和主张，建议发展中国家从自身的立场出发，选择适合本国需要的经济政策。在论述经济发展理论时，书中既介绍新古典经济学发展理论，又指出其存在的局限性，并提供了结构主义的理论模型。在介绍与经济发展相关的税收理论时，书中既提出"刺激"的观点，又提出"资源"的观点。支持前者观点的人认为增长或投资不足是缺乏刺激，主张通过额外的优惠来改进税收制度；支持后者观点的人则认为增长或投资不足是缺乏资源，关心的是征收额外的税收来增加可供投资的资源。在探讨外资问题时，作者一方面强调国外官方援助和跨国公司投资的重要作用，另一方面也关注了外援管理缺乏效率、跨国公司损害东道国利益的情况和依附论学者对外援的批评，指出经济援助很可能只是中心国家为了永久控制发展中国家而采取的一种手段，提醒发展中国家注意因外资而造成的债台高筑问题，同时也要对跨国公司采取既鼓励又限制的政策。

为了与学界同人分享经验，促进中国发展经济学学科的建立与发展，杨敬年还在本书末尾附录了《编写〈西方发展经济学概论〉的体会》一文。文章提出在中国建立发展经济学学科的意义、自编教材的原因和编写本书的指导原则。其中，在解释自己为什么在已有众多国外教材的情况下还要自编发展经济学教材时，杨敬年提到："第一，外国教科书很多，各有所长，亦各有所短……如果自编，可以集诸家的大成……为初学者提要钩玄，节省大量阅读、淘沙取金之劳。第二，外国教科书是编给他们本国的学生读的，在立场上当然与我们不同。……第三，联合国贸发会议是代表第三世界国家利益的，它的报告在一般外国教科书中很少得到反映。世界银行的报告在书中反映得多些，但也不太及时。"①可以说，集发展经济学理论之大成，反映发展中国家立场，提供切

---

① 杨敬年：《发展经济学概论》，天津人民出版社，1988年，第737—738页。

合发展中国家实际而且具有时效性的资料，这三点目标，在本书中都得到了完满实现。

本书出版之后，受到学术界的广泛好评，被国家教委列为高等学校财经学科的核心课程教材，获得国家教委第二届普通高等学校优秀教材奖。时任上海社会科学院世界经济研究所研究员的储玉坤曾专门撰文《一部研究发展中国家经济的教科书》（《世界经济》1989 年第 6 期）进行评介，赞誉本书"为我国建立了一门新的学科，填补了一项空白"。后本书又被中国社会科学院世界经济与政治研究所、《世界经济》编辑部编的《当代世界经济实用大全》在"新近出版的世界经济研究领域专著译著选萃"中予以转载推荐。

在顺利完成《西方发展经济学概论》的撰写之后，杨敬年还承担了国家教委"七五"文科教材参考书编写计划和"七五"哲学社会科学重点科研课题。征得国家教委主管单位的同意，他将两项研究成果合并出版为《西方发展经济学文献选读》。

作为《西方发展经济学概论》的姊妹篇和教学参考书，《西方发展经济学文献选读》与《西方发展经济学概论》的编写体例完全相同，各章内容相互对应、互相补充，但又独立成书。以第二章"发展经济学"为例，《西方发展经济学概论》介绍了发展经济学的内涵，主要学者和思想观点的演进与论争，以及各国对经济发展的总体研究概况；而《西方发展经济学文献选读》则提供了著名发展经济学家迈耶和哈伯勒介绍发展经济学演进历程和评价古典、新古典经济增长理论的原文，迈耶和钱纳里等对总和要素生产率计算方法的研究文章，以及发展经济学奠基人刘易斯在担任美国经济学会主席时评论发展经济学现状的演讲词。

《西方发展经济学文献选读》全书均由杨敬年自行翻译，共选录西方发展经济学学者的各类文章六十二篇，来源多样，既包括《经济增长理论》《现代经济增长》等西方发展经济学的经典著作，也包括《经济发展中的主要问题》《发展经济学手册》等前沿性论著，还有联合国开发计划署、国际货币基金组织和世界银行等国际机构的研究报告，兼顾学术专业性和时效性，更能为学生提供进一步深入研究的途径。读者如能将上述两书相互印证阅读，必可获得对发展经济学主要问题比较全面而深刻的理解。

2019 年 6 月于南开大学

高等学校文科教材

西方发展经济学概论

杨敬年

天津人民出版社

西方发展经济学概论

杨 敬 年

●

天津人民出版社出版

（天津市赤峰道130号）

滦县印刷厂印刷　新华书店天津发行所发行

●

850×1168毫米　32开本　23.5印张　540千字

1988年 6 月第1版　1988年 6 月第1次印刷

印数：1—2,960

ISBN7—201—00019—5／F·2

定　价：　4.20元

世界形势错综复杂，但我们应该看到两个根本性的问题：东西问题和南北问题。

　　南北问题不仅是落后国家的发展问题，实际上是整个人类的发展问题。现在贫穷的国家太多了。如果占世界人口四分之三的发展中国家永远处于落后状态的话，发达国家的进一步发展也会受到限制。因此，不解决南北问题，人类的发展将遇到困难，这将是一个全球性和长期性的问题。

——摘自邓小平会见希腊总理安德列亚斯·乔治·帕潘德里欧时的谈话，《人民日报》，1986年4月10日

序　言

　　发展经济学是第二次世界大战后西方的一门新兴学科，旨在研究第三世界国家经济发展的理论、实践与政策问题。三十多年来，随着这些国家经济的发展，这一学科在广度和深度上均有增进。本书从实际出发，比较全面地扼要介绍这一学科的晚近成就。

　　今日我国不仅研究世界经济的人关心发展经济学的进展，就是研究中国经济问题的人也都关心这一学科的进展：前者是为了更加深入地了解第三世界国家，以便加强南南合作，谋求共同发展，一齐为保卫世界和平、建立国际经济新秩序而奋斗；后者是为了借鉴它们在经济建设中成败两方面的经验教训，扩大眼界，活跃思想，取长补短，以他山之石，攻我之玉。本书首页援引邓小平同志的话，深刻地阐明了穷国发展问题的全球性和长期性。在我国人人"面向现代化、面向世界、面向未来"的今天，大家关心整个人类发展这一重大问题是理所当然的。

　　南开大学经济系世界经济专业（现在独立成为国际经济系）从1981年起每年招收"发展中国家经济"硕士研究生　在二年级开设发展经济学作为专业课；后来又在大学四年级开设发展经济学作为选修课。本书就是在历年讲授此课的基础上写成的。

　　本书列入国家教委高等学校文科教材"七五"编写计划，由

1

天津人民出版社根据国家教委的有关规定出版，定稿人杨清文，责任编辑崔玉华。

书中不当之处，请读者指正。

杨敬年

南开大学国际经济系

1986年11月，天津

2

目　　　录

1

2

3

第一编 总 论

第一章 经济发展

发展经济学是研究第三世界国家也就是发展中国家的经济如何才能得到发展的一门战后新兴学科，它包括理论、实践和政策，涉及发展中国家的一切经济部门。

发展中国家

发展中国家（developing countries）是和发达国家（developed countries）相对而言的。最初这些国家被西方称为落后国家或传统国家，与之相对的是先进国家或现代国家。后来被称为不发达国家。再后被称为欠发达国家（less developed countries,或ldcs），以与较发达国家（more developed countries,或mdcs）相对。最后才称为发展中国家。名称的改变，反映这些国家地位和力量的改变。

1

发展中国家的类别

英文《南方：第三世界》月刊（伦敦）1985年9月号《南方120国：第三世界各国社会经济概况》共列129个发展中国家，按地理位置区分表列于下：

（1）亚洲　38国

东亚—中国、朝鲜民主主义人民共和国、南朝鲜（3）

南亚—孟加拉国、不丹、印度、马尔代夫、尼泊尔、巴基斯坦、斯里兰卡（7）

东南亚和太平洋—文莱、缅甸、斐济、印度尼西亚、柬埔寨、老挝、马来西亚、巴布亚新几内亚、菲律宾、新加坡、泰国、越南、西萨摩亚（13）

西南亚—阿富汗、巴林、塞浦路斯、伊朗、伊拉克、约旦、科威特、黎巴嫩、阿曼、卡塔尔、沙特阿拉伯、叙利亚、阿拉伯联合酋长国、阿拉伯也门共和国、也门民主人民共和国（15）

（2）大洋洲　6国

基里巴斯、瑙努、所罗门群岛、汤加、图瓦卢、瓦努阿图

（3）非洲　50国

东非—布隆迪、科摩罗、吉布提、埃塞俄比亚、肯尼亚、马达加斯加、马拉维、毛里求斯、卢旺达、塞舌尔、索马里、坦桑尼亚、乌干达（13）

南非—安哥拉、博茨瓦纳、莱索托、莫桑比克、斯威士兰、赞比亚、津巴布韦（7）

西非—贝宁、布基拉法索、佛得角、冈比亚、加纳、几内亚、几内亚比绍、科特迪瓦、利比里亚、马里、毛里塔尼亚、尼日尔、尼日利亚、圣多美和普林西比、塞内加尔、塞拉利昂、多哥（17）

北非—阿尔及利亚、埃及、利比亚、摩洛哥、苏丹、突尼斯（6）

2

中非—喀麦隆、中非共和国、乍得、刚果、赤道几内亚、加蓬、扎伊尔（7）

（4）美洲 33国

中美—伯利兹、哥斯达黎加、萨尔瓦多、危地马拉、洪都拉斯、墨西哥、尼加拉瓜、巴拿马（8）

加勒比海—安提瓜和巴布达、巴哈马、巴巴多斯、古巴、多米尼加、多米尼加共和国、格林纳达、海地、牙买加、圣克里斯托弗和尼维斯、圣卢西亚、圣文森特和格林纳丁斯、特立尼达和多巴哥（13）

南美—阿根廷、玻利维亚、巴西、智利、哥伦比亚、厄瓜多尔、圭亚那、巴拉圭、秘鲁、苏里南、乌拉圭、委内瑞拉（12）

（5）欧洲 2国

土耳其、南斯拉夫

世界银行的分类只列入联合国和该行的会员国。根据《1986年世界发展报告》，列有（1）人口不足一百万的国家34个（内马耳他、冰岛、卢森堡《南方》未列），（2）低收入国36个，（3）下中等收入国34个（其中蒙古《南方》未列），（4）上中等收入国20个（内葡萄牙、南非、希腊、以色列《南方》未列），（5）高收入石油出口国5个。再加上《南方》列入而世界银行未列的大洋洲的基里巴斯、瑙努和图瓦卢，也是129国。

联合国贸易和发展会议的分类又有不同。根据它刊行的《国际贸易与发展统计手册：1985年补编》，发展中国家和地区有：（1）按主要类别分：主要石油出口国21个，主要制造品出口国和地区6个（阿根廷、巴西、南朝鲜、新加坡、香港、台湾省），最不发达国家36个，其余国家98个。（2）按收入类别分：1980年人均国内生产总值在1500美元以上者54个，在500至1500美元之间者56个，在500美元以下者51个。贸发会议将尚未取得独立的国家（地区）列入，故数目较多。

3

在上述129国中，如果将1983年人口不到1,000万者除去，就只剩下42国。

世界银行从1978年起每年刊行《世界发展报告》，联合国贸易和发展会议从1981年起每行刊行《贸易和发展报告》，前者编有《世界统计表》，后者编有《国际贸易与发展统计手册》，两个机构的其他刊物，以及联合国其他机构（如工发组织、粮农组织等）的刊物，是有关发展中国家情况和数据的重要来源。

发展中国家的共同特点

一百多个发展中国家的情况是千差万别的，其不同的结构，可以从下列各个方面去观察：（a）地理位置不同，（b）面积、人口和收入水平不同，（c）历史背景不同，（d）天赋的物质资源不同，（e）产业结构不同，（f）公私经济部门的比重不同，（g）在经济、政治、文化各方面的对外依赖程度不同，（h）国内的经济、社会和政治制度不同。

但是所有的发展中国家都具有以下共同特点：

（1）生活水平低

表现在人均国民生产总值低，同发达国家的收入差距越来越大，健康状况差，教育落后等方面。

人均收入生产总值[1] 1984年低收入国平均260美元(其中中国310美元，印度260美元，其他低收入国家平均190美元)，下中等收入国740美元，上中等收入国1,950美元，市场经济工业国则平均为11,430美元。以印度与美国比，相差将近六十倍。

就收入增长速度言，[2] 1965—1984年人均国民生产总值年平均增长率中国为4.5%，印度为1.6%，其他低收入国家为0.9%，撒哈拉以南非洲低收入国为－0.1%。中等收入国平均为3.1%，虽比市场经济工业国的2.4%高，但因基数大小相差悬殊，收入差

1　世界银行，《1986年世界发展报告》，表1。
2　同上，表1。

4

14

距还是越来越大。

发展中国家的人均收入本来很低，而这点微薄的收入，在居民间的分配又极不平均。根据1986年世界发展报告发表的有统计数字的26国的情况，收入最低的20％的家庭，获得国民收入的份额，最低的只有1.9％（秘鲁），最高的也只有7.5％（斯里兰卡）；收入最高的10％的家庭，最低也占国民收入的27.5（南朝鲜），最高的竟达50.6％（智利）。这种收入分配不均的情况比市场经济工业国更为严重：这些国家最低20％的家庭至少占国民生产总值5.1％（新西兰），高的达到8.7％（日本）；最高10％的家庭所得，低的只占国民生产总值21.5％（比利时、荷兰），高的也不超过30.5％（法国）。

在健康状况方面，[3] 发展中国家和市场经济工业国相比，一是预期寿命短，二是婴儿和儿童死亡率高，三是每日热量卡路里供应少，四是医护人员少。

在教育方面，[4] 发展中国家和发达国家相比，一是成年人识字率低，二是小学、中学和高等学校入学人数少。

生活水平低，还集中表现在"赤贫"人数多上。世界银行称之为"绝对贫困"。该行1982年估计，发展中国家共有赤贫人口10亿人，几乎占发展中国家人口总数的三分之一。[5]

---

[3] 同上，表27、28。

[4] 同上，表29。

[5] 关于"绝对贫困"（absolute peverty）的涵义，世界银行《1980年世界发展报告》只说是："在这种生活条件下，营养不良、愚昧和疾病是如此显著，以致处于人类体面的任何合理定义之下。"（第33页）1982年的《报告》说"绝对贫困的人仅有勉强糊口的食物（常常是不确定的），收入极低，以致能用在衣着、燃料，住宅及其他必需品之上者极少。"（第78页）关于人数，1980年该行估计世界赤贫人口为7.8亿，未将中国及其他计划经济国家的穷人计算在内。1982年的《报告》说："中国全国有食物保证，再加上基本的卫生和教育服务，使贫困的影响减轻。但至少有1.5亿人的生活水平不比他国处于绝

5

（2）人口出生率高，家庭负担重

发展中国家人口增长快，一方面是由于现代医学昌明，死亡率降低；另一方面也是由于经济未能发展，出生率依然很高。发展中国家的粗出生率[6] 1984 年平均每1,000人为29（其中中国为19，印度为33），中等收入国平均为33，而粗死率则分别为11（其中中国为7，印度为12）和10。这样高的出生率，意味着三十年左右人口即会增加一倍。高出生率的一个主要涵义，就是年在15岁以下的青少年几乎占这些国家人口的一半，而在发达国家大约只占1／4。社会上的老幼成员常常称为经济上的"扶养负担"（dependencl burden），意思是，他们是社会的非生产成员，因而必须由一国的"劳动力"（通常指15—64岁的人）去加以扶养。在发达国家，总扶养负担（老幼合在一起）只占人口的1／3，而在发展中国家则占一半，而且其中90％以上是儿童（富国仅为66％）。

（3）劳动力增长快，就业困难

由于出生率高，青年人多，发展中国家的劳动力增长很快，因此安排就业就成为一个大问题。平均每年劳动力增长的百分比，发展中国家比市场经济工业国一般将近快一倍。发展中国家的城市和农村中究竟有多少人失业，世界银行和贸发会议均未提

对贫困状态的人好。加上中国，处于绝对贫困状态者接近10亿人。"（第78页）该行估计，大约有40％的这种穷人集中在印度、孟加拉国及其他南亚国家，20％是中国人，撒哈拉以南的非洲国家占15％，东南亚各国（主要是印度尼西亚及印度支那）占15％，拉丁美洲、北非及中东各占3一4％。十一届三中全会以后，中国农村的贫困状况有所改善。1984年世界银行经济考察团的报告指出，中国"近年来实行的农村政策和政策改变，已经使农村贫困有所减轻"（见该团主报告《中国：长期发展的问题和方案》，中国财政经济出版社，1985年10月，第五章第四节）。

6 世界银行，《1986世界发展报告》，表26。

6

出系统的数字。有些学者进行了研究，表明发展中国家的失业问题日趋严重，其中非洲最严重，亚洲次之，拉丁美洲又次之，预计到1990年这个问题还会更加严重。[7]

勃兰特委员会的报告指出：[8]

"不论是在北方还是在南方，只有经济增长了才能提供更多的就业机会和增加收入。所有国家都被不断加剧的失业问题所困扰。但是对南方说来，这个问题不只是能否保持稳定的问题，而且是能否生存下去的问题。在南方要提高就业水平是十分困难的。南方需要提供就业的人数比北方多，而可供投资用的资金却少得多。据估计，仅印度一个国家，从今年〔1979〕起到2000年，每年就得为800万人安排工作，这样才能对付人口增长——即使现在它的人口增长率有所下降——和解决过去积累下来的失业问题。印度有六亿人口，其国民生产总值只有联合王国的五分之二，而后者只有5,500万人。还有许多其他国家的生产能力比南亚低，特别是非洲南撒哈拉地区的国家也有类似的情况，这些国家的生产能力比南亚低，但劳动力甚至比南亚增加得还

---

7 见y.萨波洛，"就业与失业，1960—1990年，"《国际劳工评论》1975年，第112卷第6期，表3及附录。

	1960年	1970年	1973年	1980年	1990年
所有发展中国家失业率（％）	6.7	7.4	7.6	7.8	8.2
非洲	7.7	9.6	9.8	9.8	9.9
亚洲	6.8	7.1	7.2	7.7	8.3
拉丁美洲	4.7	5.1	6.1	5.8	5.5
失业与就业不足合并计算率	25	27	29		
非洲	31	39	38		
亚洲	24	26	28		
拉丁美洲	18	20	25		

8 国际发展问题独立委员会（主席维利·勃兰特）报告：《争取世界的生存（发展中国家和发达国家经济关系研究）》，北京对外翻译出版公司，1980年，第31—32页。

7

快 。在第三世界里面，要使就业能够以合理的速度增长，避免发生社会和经济灾难，除了本国要作出巨大努力、加强管理工作之外，国际上也必须努力加强合作。"

（4）基本上依靠农业生产，而农业中的劳动生产率极低

发展中国家除高收入石油出口国外，约有50—80%的人口居住在农村，主要依靠农业为生。而农业中的劳动生产率却非常之低，如农业生产只占国民生产总值的15—38%，而农业生产中使用的劳动力却占全国劳动力总数的44—73%。杰拉德·迈耶教授指出："生产的大部分集中于初级部门，其本身并不是贫困的原因：原因在于农业中的劳动生产率低。把一个穷国的农业人口相对于总人口的比率高看作是贫困的结果，而不是贫困的原因，是更为恰当的。"[9]

表1.1　　　　　　　　　　发展中国家的人口分配

	人　口 （百万） 1984年年中	城市人口 （%） 1984年	农村人口 （%） 1984年	农业中的 劳动力 （%） 1981年	农业在国民生 产总值中所占 份额（%） 1983年
低收入国	2,389.5 （611.5）	23(22)	77(78)	70(71)	36(33)
中等收入国	1187.6	49	51	44	14
高收入石油出口国	18.6	68	32	36	2
市场经济工业国	733.4	70	30	7	3
东欧非市场经济国	389.3	77	23	21	3

注：低收入国括号中为除中国、印度以外的数字。农村人口百分比系根据
城市人口推算。
来源：世界银行，《1986年世界发展报告》，表1、3、30、31。

9　G·M·迈耶（美国斯坦福大学国际经济学教授），《经济发展中的主要问题》，第4版1984年，第5页。

8

（5）依靠初级产品出口，出口购买力受市场经济、工业国经济周期变动的严重影响

发展中国家出口商品的50％以上为初级产品，而出口的60％以上又系输往工业发达的资本主义国家，由于后者经常处在经济周期之中，经济危机不断出现，所以发展中国家出口的数量和价格亦随之波动，贸易条件不断恶化，出口购买力节节下降。

表1.2　　　　　　　　商品出口结构（％）　　　　　　　1984年

	燃料、矿产品和金属	其他初级产品	纺织品和服装	机器和运输设备	其他制成品
低收入国	…	…	…	…	…
中国和印度	21	24	18	6	32
中等收入国	31	23	9	14	23
高收入石油出口国	95	(·)	(·)	2	2
市场经济工业国	12	14	4	38	32

注：括号中为除中国、印度以外的数字。(·)表示不到0.5％。东欧非市场经济国家无数字。

来源：世界银行，《1986年世界发展报告》，表10。

表1.3　　　　　　　　商品出口目的地（占总数％）　　　　　1984年

原产地	市场经济工业国	东欧非市场经济国	高收入石油出口国	发展中国家
低收入国	50(60)	7(4)	4(6)	40(30)
中等收入国	64	3	2	31
高收入石油出口国	59	(·)	3	33
市场经济工业国	70	3	3	24
东欧非市场经济国	32	51	3	14

注：括号中为除中国、印度以外的数字。

来源：世界银行，《1986年世界发展报告》，表12。

9

表1.4　　净石油进口发展中国家出口平均年度购买力的升降（％）
1970—1980年

	1970—1971年	1972—1973年	1974—1975年	1976—1978年	1979—1980年
出口数量	−3.8	+7.8	−7.2	+9.8	−2.0
贸易条件	+1.3	+1.5	−6.8	+0.5	−16.0
出口购买力	−2.5	+9.3	−14.0	+10.3	−18.0

来源：联合国贸易和发展会议、《1981年贸易和发展报告》，第45页．

〔说明〕从表中可以看出：

（1）在各个时期，出口购买力（等于出口数量加贸易条件）不断下降。

（2）1976—78年购买力的上升不足以抵偿前一时期购买力的下降。

（3）除1970—71年外，贸易条件和出口数量同升同降。

（4）出口购买力下降的原因，1974—75年出口数量和贸易条件几乎占相等的比例，1979—80年则主要是由于贸易条件的影响。

（5）两个购买力上升时期，主要是由于出口数量的影响。

（6）在机器设备、资金和技术方面，主要依靠从发达的资本主义国家进口

发展中国家为加速本国经济发展，不得不进口机器设备，引进外国技术，引进外资。而这些制造品60％以上来自发达的资本主义国家。发展中国家的国内投资常常高于国内储蓄，其不足之数只得靠国外资金弥补，其数额达国内投资总额8％，若除去中国和印度不计，则达国内投资总额的60％。

表1.5　　　　　　商品进口结构（％）　　　　1982年

	食物	燃料	其他初级商品	机器和运输设备	其他制成品
低收入国	..	..	..	..	..
中国和印度	12	16	13	18	41
中等收入国	11	20	7	30	32
高收入石油出口国	13	2	2	42	41
市场经济工业国	11	26	8	19	24

注：括号中为除去中国，印度以后的数字。

来源：世界银行、《1986年世界发展报告》，表11．

10

表1.6　　　　发展中国家国内生产总值的分配（％）　　　　1984年

	国内投资总额	国内储蓄总额	资源差额
低收入国	25(16)	23(7)	—2(—9)
中等收入国	21	22	1
高收入石油出口国	30	36	6
市场经济工业国	21	21	·

　　注：括号内为除中国、印度以外的数字。
　　来源：世界银行，《1986年世界发展报告》，表5。

　　以上六个特点，又是互相联系、互为因果的。它们说明，第三世界的经济发展，不仅面临着国内的条件问题，而且还面临着国际的环境问题。第三世界国家在政治上虽然独立了，在经济上却依然受到世界资本主义体系的重重束缚。"第三世界各国面临的共同任务首先是维护民族独立和国家主权，积极发展民族经济，以经济独立来巩固已经取得的政治独立。"[10]

经济发展的意义

经济发展与经济增长

　　经济发展(economic development)与经济增长（economic growth)二词，过去经常被交替使用，现在一般认为应当有所区别。

　　经济增长指一国经济在一定时期内（一般为一年）实际的（即按不变价格计算的）产值或收入的增长，可以用国民生产总值（有时用国内生产总值[11]）计算，也可用人均国民生产总值计

　　10　《全面开创现代化建设的新局面》，人民出版社1982年，第42页。
　　11　国民生产总值（GNP）与国内生产总值（GDP）的区别是：前者指一国居民持有产权的国内和国外生产总值，它包括国内生产总值和该国居民在国外获得的要素收入（如投资收入和工人侨汇），减去国外人员从该国经济中获得的收入。后者指一国货物和劳务的"最后产出"的总值，居民的和非居民的均包括在内，不问其分配权属于本国或外国。两者在计算时均未减去折旧因素。

11

算，前者用来表示一国总的生产能力的扩大，后者用来表示一国扣除人口增长因素后生产水平的提高，并可用来与其他国家作比较。

一般认为，经济增长是经济发达国家的事情，而经济发展则是经济不发达国家的事情。经济发展当然要包括经济增长，但也还包括其他的东西，这些东西是什么，有许多不同的意见。美国发展经济学家迈耶教授承认，"很难确切指出'经济发展'的意义是什么，也许谈'经济发展'不是什么倒比较容易些。"[12]但是总的看来，可以说发展等于增长加变革，即经济结构的变革和收入分配的变革。

经济发展的定义

迈耶教授认为，现在得到最广泛赞同的定义也许是：[13]经济发展是一个国家按人口平均的实际收入在一个长时期内增长的过程——条件是处于"赤贫线"下的居民人数不增加，收入分配不变得更不均平。

这个定义包含四个因素：（a）实际收入——即消除了通货膨胀影响以后的收入。如人均收入每年增长2％，而通货膨胀率也是每年2％，则经济并无发展。（b）按人口平均——这是为了消除人口增长的影响。如实际收入每年增长2％，而人口也每年增长2％，则经济也无发展。（c）在一个长时期内——迈耶认为至少需要二十年至三十年。这里强调的是人均实际收入的持续增长，这是经济发展的重要指标，也是它与经济增长的不同之处。从这个观点看，一个五年计划只不过是发展过程的开端，还要看这一长时期内人均实际收入是否能继续增加。最初的（initiating）发展与在长时期内持续的（sustaining）发展是有重大

12　G·M·迈耶，《经济发展中的主要问题》，第4版1984年，第5页。迈耶认为，经济发展不等于一个社会的总的发展，不等于"经济独立"或"工业化"，等等。

13　同上、第6—7页。

12

区别的。（d）一个过程——更重要的是强调发展是一个过程，这意味着有若干种力量以互相联系和互为因果的方式在起作用，迈耶认为，这比只根据一系列的条件或特征去描述发展更有意义。

这个定义是比较深刻的，但也还有不足之处。（a）经济发展的目的是在提高全体人民的物质和文化生活水平，这是经济发展的质的方面。迈耶的定义对此只作了消极的描述。（b）经济发展要求在经济结构方面产生重大的变化，迈耶的定义中虽然也指出了在发展过程中有若干种力量在起作用，但没有具体指出这些力量是什么。

经济发展与政策目标

经济发展的理想和不同的政策目标是连在一起的，因此发展的定义很难同政策的目标分割开来。二次大战以后的世界历史使人看得十分清楚，第三世界国家尽管国民生产总值有所增长，却有越来越多的人生活在贫困线下，失业人数在增长，收入分配更不平等，如果不透过国民生产总值的数量去考察它的构成和分配，那么发展的质量就会被完全忽视。

1979年勃兰特委员会的首次报告也提出了经济发展的质量问题：[14]

"人们必须避免老是把经济增长同发展混为一谈，我们着重强调发展的首要目标是要做到在运用一国的生产力和人的全部潜力方面由自己去完成任务并结成创造性的伙伴关系。我们一定要抛弃这种观念，即我们的问题之所以出现是因为存在着'发达'国家和希望成为发达的国家。北方的技术和经济发展过程毕竟还没有完结，而对如何继续前进——采用不同的技术和浪费较少的生活方式，还在进行激烈的讨论。在北方（不只是北方的西方国家），有关经济增长的各种经济思想对增长的质重关心得太少了。"

---

14 《争取世界的生存》，第20页。

早在1970年，国际劳工组织就针对哥伦比亚的情况提出了这个问题：[15]

"对把经济增长作为最高目标产生不满的根源，就在于人们开始认识到，尽管它是很快的，一般却伴随着——象在哥伦比亚一样——失业的增长，以及富人与穷人之间、城市和乡村之间鸿沟的扩大，很可能是由于在某种贫困线（不管它是如何划分的）下生活的人数的增多。因此，试图仅仅通过加速全面经济增长去解决失业问题，就是自愿地承担了坦塔罗斯（Tantalus）的任务——当你将近达到目标时，那目标就退远了。需要的是，必须改变经济增长过程的性质。"

1971年巴基斯坦政府前任首席经济学家哈克说：[16]

发展问题必须规定为向贫困的最坏形式进行有选择性的进攻。发展的目标必须规定为营养不良、疾病、文盲、污秽、失业和不平等的逐步减少和最后消除。我们过去被教导说，只要注意我们的国民生产总值，这样贫困自然会消除。让我们现在反其道而行之，要注意贫困，而这就会使国民生产总值增长。换言之，让我们操心国民生产总值的内容比操心它的增长率更甚。"

早在五十年代初，雅可布·范纳教授就提出："生活在生存线边缘或生活在这条生存线以下的人，文盲、疾病、营养不良者的数目可能随着整个人口平均收入的增长而增长。"[17]

1974年，霍利斯·钱纳里完全证实了他的话：[18]

---

15 国际劳工组织，《走向充分就业———一个为哥伦比亚制订的纲领》，日内瓦，1970年。

16 马赫布伯·乌尔·哈克，"七十年代的就业与收入分配：一个新的看法，"《巴基斯坦经济与社会评论》，1971年6—12月，第6页。

17 雅可布·范纳，《国际贸易与经济发展》，牛津1953年，第99页。

18 霍利斯·钱纳里等，《随着增长的再分配》，1974年，第xiii页。（这是为世界银行编写的一个很有影响的报告）。

14

"现在看得很清楚，不发达国家经过十年的迅速增长以后，对它们的三分之一左右的人口很少或根本没有好处。自从1960年以来，虽然第三世界的人均收入增长了50%，这种增长在不同国家之间，在各国以内的不同地区以及在不同的社会经济集团之间，分配是不平均的。尽管经济增长超过了〔联合国〕第一个发展十年的预期，而增长这个思想作为一个社会目标却越来越受到怀疑。"

可见经济发展的涵义，既包括增加生产，又包括改善分配，即既要注意增长的数量，又要注意增长的质量，二者不但是并行不悖的，而且是缺一不可的。

经济发展的衡量

人均国民生产总值是目前通用的衡量标准

经济学家一般用人均国民生产总值来衡量经济增长，也用这个尺度来衡量各国的发展水平。这并不是因为它在理论上或统计上可以作为发展的精确尺度，而是因为没有其他更好的、更被广泛接受的、可以随时应用的指标。[19]

上面已经指出，在以人均产值作为发展的主要目标时，还应当考虑产品构成及其分配等次要目标。第一，因为人均产值的数字没有告诉我们所生产的货物和劳务的类型或从使用它们所得到的福利是多少。它没有告诉我们，由于环境的污染和城市化的增长而使社会付出的代价是多少。第二，人均国民生产总值没有告诉我们收入是如何分配的，它可能每年增长20%，但只有20%的人口的生活水平有所提高。称之为"发展"是大可怀疑的，甚至

---

19 除了人均国民生产总值以外，能够说明一个国家发展水平的，要算是它的基本生活水平—如按热量摄取量，文化水平和预期寿命计算。其中预期寿命这一现象最能说明实际贫困的严重程度，因为预期寿命的长短取决于很多其他的社会和经济变数。世界银行每年公布的《世界发展报告》都刊载这些数字。

15

称之为一国"经济"的增长也容易引起误会，因为在人均国民生产总值的国际比较方面还存在许多问题。

人均国民生产总值的国际比较问题

在不同货币收入水平的基础上来比较不同国家的实际收入水平，产生了若干众所周知的困难，其中主要有：[20]

第一，在不同的气候条件下，对食物、衣着、取暖和住房的要求有着明显的、在数量上又是重要的差别；大多数不发达国家处于热带，而大多数发达国家处于温带。

第二，要考虑到所比较的国家在经济发展一般阶段中所处地位的差别，特别是交换经济发展程度的差别。不发达国家的国民产值中，有很大一部分仍然是由小农及其家属为自己进行的粮食及其消费品的"自然生产"（subsistencl production，即仅是维持生存的生产）。尽管这种自然产品并不进行买卖，它们的估计现金价值却应当列入不发达国家的国民收入，以便将其同交换经济比较发达国家的国民收入作比较。在估计自然产品的物质数量及为自然产品不同组成部分的价值选定合适的会计价格时，都可能产生很大的误差。其次，在经济发展过程中，随着交换经济的扩大，自然经济的范围在随时缩小。以前可以通过渔猎采摘自由获得的物品，现在需要用钱购买。这样，发展中国家货币收入的增长，一部分是由自然经济活动的货币化构成的，供消费的货物或服务在实物量上并无真正的增长。另一方面，在高度工业化的国家，在对高水平的货币收入作出解释时，应作重大的保留：由于把大量的"费用"项目（如每天上班的交通费、减少工业污染的费用）包括在国民收入中，实际收入水平被高估了。

第三，进行国际的收入比较时，要将各国用自己货币计算的国民收入换算为一种通用的货币，一般是换算为美元。此时采用

---

20 参阅，例如，H·敏特（伦敦政治经济学院经济学教授），《发展中国家的经济学》，第5版1980年，第8—11页。

何种汇率，对于换算的结果是大有影响的。如果汇率是固定的，许多货币就会被低估或高估。例如在六十年代末，日元对美元的官方汇率约为360日元等于1美元，而当时比较实际的数字为315日元，这样按官方汇率计算的日本国民生产总值就低估了它的美元等值。如果用315而不是用360去除日本的人均国民生产总值时，就会使用美元表示的数值高14%。即使汇率是在外汇市场上"清洁"浮动的（即没有中央银行的干预），也必须在几种计算"平均"汇率的方法中作出选择（世界银行现在采用三年的平均汇率）。其次，用官方汇率折算并不能准确地计算各国货币的相对购买力。[21] 特别是发展中国家和工业国之间用美元计算的人均国民生产总值的实际收入的差距，很可能被夸大了。原因在于汇率是以国际间进行贸易的货物和劳务的价格为依据的，和没有进入国际市场的货物和劳务的价格关系极少，而这种货物和劳务却是大多数发展中国家国民生产总值的主要部分。

朱维卡斯曾举中国与美国的对比为例：[22]

"两国的国民生产总值数字，中国货是依中国的标价计算的，美国货是依美国的标价计算的。是以美国的标价来计算两国的产值呢，还是以中国的标价来计算两国的产值？方法的选择可以造成巨大的差异。中国的食物价格一般比美国低得多。普通中国人用一年不到100美元（用某种官方汇率折算）在食物上即可维持生存，而在美国用100美元购买食物就不足以维持生存。这样，一美元在中国的购买力就比在美国要高得多（至少就食物及其他基本必需品说是如此），因而报道中国人均国民生产总值的美元数字就过于低了。世界银行报道的1971年的数字为160美元，如按美国的零售价格来重估中国的产值，则应为451美元。当然，许多发展中国家的制造品价格比美国高，但这些

---

21 世界银行，《1983年世界发展报告》，第203页。

22 克拉伦斯·佐维卡斯（美国农业部国际发展署经济顾问），《经济发展（导论）》，1979年第16页。

17

产品只占它们的国民生产总值的一小部分，而食物和其他必需品则占很大一部分，以致如按美国标价去计算它们的所有产品，则其美元价值还会提高更多。"

世界银行1984年经济考察团估计，[23] 发达国家的实际（购买力）人均国民生产总值约比中国高十倍。如按实际价格和汇率计算，则差距更大——是三十倍而不是十倍。但是富国和穷国之间存在巨大的"名义收入"上的差距，显然更多地是由于价格上的差距，而不是由于购买力上的差距，尽管后者的差距是非常之大的。

第四，各国统计数字的精确程度不同，也使得国际比较增加了困难。这是由于缺乏资料搜集与整理的技术，缺乏充足资料去进行比较没有偏向的抽样调查，或有意弄虚作假。例如1976年玻利维亚人口普查得出该国人口总数为460万，而在此以前估计为550—580万。如果接受人口普查数字，则人均收入须调高20——25％。

过去一度使用的按人均国民收入来研究不发达国家的方法受到越来越大的压力，因为这些国家按传统方法计算的人均收入的增长，后来比在五十年代所想象的要快得多。在五十年代，不发达国家的典型人均收入被认为是每年100美元左右或更低（按当时美元的购买力），而发达国家则为1000美元以上。当时两类国家的分界线划在400美元上，只有一些特殊情况，如阿根廷超过400美元，而日本则略低于1000美元。到六十年代，不发达国家的平均人均收入估计已增至200美元左右，其上下限为100—500美元，而发达国家为每年1000—4000美元以上。自此以后，所有这些数字都在继续不断地调高。近年来世界银行已放弃了给不发

23　参阅《中国：长期发展的问题和方案（主报告）》，中国财政经济出版社1985年，第32页。

18

达国家作为一个整体来计算总的平均人均收入数字的传统作法，而将发展中国家分为上述低收入、下中等收入、上中等收入和高收入石油出口各类，只就各类分别计算平均人均收入数字。

人均国民生产总值的计算及其结果

世界银行每年公布发展中国家的人均国民生产总值数字，例如《1986年世界发展报告》公布的1984年的数字，是怎样进行计算的呢？

这种数字是根据《世界银行图表集》的方法计算的。[24] 该行认为，要使人均国民生产总值估计数对各国完全可比是做不到的。除了典型的严格说来难以处理的"指数问题"以外，有两个影响到可比性的障碍：（1）就国民生产总值本身来说，各国的国民核算体系不同，基本统计资料的口径和可靠性亦有差别；（2）将各国用本国货币表示的数据换算成公共数列，习惯上采用美元，以便对各国进行比较。世界银行的换算程序是根据官方汇率的三年平均数。但少数国家通用的官方汇率未能充分反映实际外汇交易中所应用的汇率。

因此，该行对估计程序作了一些改进。该行通过定期审查会员国的国民帐户，系统地评价了国民生产总值的估计数，重点是采用的口径和概念，在必要时则予以调整，以提高可比性。它还系统地估价作为换算系数的汇率是否适当；当人们认为官方汇率与实际汇率相差甚远时，可使用另一种换算系数，但这只适用于少数国家。

发展中国家1984年人均国民生产总值（美元）及1965—1984年每年平均增长率（％，括号中数字）如下。[25]

人口不足100万的国家：

---

24 关于运算程序，参阅世界银行，《1986年世界发展报告》，第242—244页。

52 同上、表1。

19

1	几内亚比绍190（‥）	18	加蓬4,100（5.9）
2	刚比亚共和国260（1.0）	19	巴巴多斯4,370（2.5）
3	佛得角320（‥）	20	巴哈马6,690（－1.6）
4	圣多美和普林西比330（－1.6）	21	巴林10,470（－1.6）
5	圭亚那590（0.5）	22	冰岛11,020（2.6）
6	斯威士兰790（4.1）	23	卢森堡13,160（3.9）
7	圣文森特和格林纳丁斯840（1.9）	24	卡塔尔19,810（－7.7）
8	格林纳达860（1.7）	25	文莱 ‥
9	多米尼加1,010（0.3）	26	科摩罗 ‥
10	伯利兹1,110（2.5）	27	吉布提 ‥
11	圣卢西圣1,130（3.1）	28	赤道几内亚‥
12	圣克里斯托弗和尼维斯1,150（3.2）	29	马尔代夫 ‥
13	斐济1,810（3.1）	30	塞舌尔 ‥
14	安提瓜和巴布达1,860（－0.1）	31	所罗门群岛‥
15	马耳他3,360（8.4）	32	汤加 ‥
16	苏里南3,510（4.2）	33	瓦努阿图 ‥
17	塞浦路斯3,650（‥）	34	西萨摩亚 ‥

低收入国家

1	埃塞俄比亚110（0.4）	12	乌干达230（2.9）
2	孟加拉国130（0.6）	13	多哥250（0.5）
3	马里140（1.1）	14	中非共和国260（－0.1）
4	扎伊尔140（－1.6）	15	印度260（1.6）
5	布基拉法索160（1.2）	16	马达加斯加260（-1,6）
6	尼泊尔160（0.2）	17	索马里260（‥）
7	缅甸180（2.3）	18	贝宁270（1.0）
8	马拉维180（1.7）	19	卢旺达280（2.3）
9	尼日尔190（－1.3）	20	中国310（4.5）
10	坦桑尼亚210（0.6）	21	肯尼亚310（2.1）
11	布隆迪220（1.9）	22	塞拉利昂310（0.6）

20

21

上中等收入国家（地区）

77	智利 1，700（−0.1）	87	南非 2，340（1.4）
78	巴西 1，720（4.6）	88	阿尔及利亚 2，410（3.6）
79	葡萄牙 1，970（3.5）	89	委内瑞拉 3，410（0.9）
80	马来西亚 1，980（4.5）	90	希腊 3，770（3.8）
81	巴拿马 1，980（2.6）	91	以色列 5，060（2.7）
82	乌拉圭 1，980（1.8）	92	香港 4，330（6.2）
83	墨西哥 2，040（2.9）	93	特立尼达和多巴哥 7，150（2.6）
84	南朝鲜 2，110（6.6）	94	新加坡 7，260（7.8）
85	南斯拉夫 2，120（4.3）	95	伊朗　··
86	阿根廷 2，230（0.3）	96	伊拉克　··

高收入石油出口国

97	阿曼 6，490（6.1）	100	科威特 16，720（−0.1）
98	利比亚 8，520（−1.1）	101	阿拉伯联合酋长国 21，920（··）
99	沙特阿拉伯 10，530（5.9）		

为了便于比较，附录市场经济工业国同期数字于下：

西班牙 4，440（2.7）	奥地利 9，140（3.6）	丹　麦 11，170（1.8）
爱尔兰 4，970（2.4）	荷　兰 9，520（2.1）	澳大利亚 11，740（1.7）
意大利 6，420（2.7）	法　国 9，760（3.0）	瑞　典 11，860（1.8）
新西兰 7，730（1.4）	日　本 10，630（4.7）	加拿大 13，280（2.4）
英　国 8，570（1.6）	芬　兰 10，770（3.3）	挪　威 13，940（3.3）
比利时 8，610（3.0）	西　德 11，130（2.7）	美　国 15，390（1.7）
		瑞　士 16，330（1.4）

按购买力计算的人均国民生产总值

为了从根本上消除因各国货币购买力不同而造成的人均国民生产总值国际比较上的偏差，联合国统计处、世界银行和美国宾夕法尼亚大学的一个研究小组联合进行了"国际比较项目"（International comparison project）的研究，由该大学的三

22

位经济学教授欧文、B.克拉维斯、艾伦·海斯顿和罗伯特·撒姆斯主持其事。

这个项目已研究成功一套在国际间进行比较的计算实际国民生产总值的方法。他们的研究分为三个阶段。第一阶段的成果是《生产总值和购买力的国际比较法》（约翰斯霍浦金斯大学出版社，1973年），就10个国家在1970年的以及其中6个国家在1967年的人均国内生产总值和现行购买力进行双边的和多边的比较。研究表明，相对于美国来说，购买力比通常按汇率将国内生产总值换算成共同货币的办法所得的数字要高些。第二阶段的成果是《国际间实际产值和购买力的比较（1978年出版），比第一阶段增加6个国家，就16个国家1970年和1973年的数字进行比较。报告根据价格、支出、有时还根据153类最后支出的数量去衡量各国的比较富裕程度。它证明了：一个国家对其产品的消费类型依存于它的价格结构和收入水平。

第三阶段的报告《世界产值与收入（实际生产总值的国际比较）》出版于1982年（美国约翰斯霍浦金斯大学出版社）。报告重申和扩展了前两卷的方法论，要求对服务的比较问题和对地区估计与对全球估计两者的冲突特别注意。它对34个国家1975年的价格、人均实际数量、国内生产总值的最后支出构成进行了比较。把所得的结果同某些可以广泛得到的国民收入核算数据和有关的变数联系起来，作者们拟定了一套外推公式，用来估计34个国家1950—1978年将近三十年的人均国内生产总值。此外，还估计了1975年世界产值的地区分配和人均收入类别。1975年的结果，证实了前两卷中所发现的数量与价格二者和人均收入之间的关系。

这项研究所得的最后结果，如表1·9。

表1.7　　　　　　　1975年的世界国内生产总值:
　　　　　　　　按美元汇率折算结果与按购买力计算结果的比较

	名义的国内生产总值		实际的国内生产总值		汇率偏差指数
	10亿美元 (1)	百分比 (2)	10亿国际元 (3)	百分比 (4)	(3)÷(1) =(5)
非洲	175	3.5	324	5.6	1.85
亚洲(包括大洋洲)	974	19.5	1,471	25.0	1.51
欧洲	1,774	35.5	1,757	29.9	0.99
拉丁美洲(包括加勒比海)	546	10.9	806	13.7	1.48
北美洲	1,528	30.6	1,520	25.8	0.99
世界	4,997	100.0	5,878	100.0	1.18

来源:克拉维斯等,《世界产值与收入》,第15页.

可以看出,根据购买力计算的结果(用国际元表示),同根据汇率计算的结果比较,发展中国家的国内生产总值较高,发达国家较低。人均国内生产总值的情况也是如此。

根据《1985年世界发展报告》(第230—231页),"迄今为止,该项目只涉及数量有限的一组国家,并且有些内在的方法问题仍然悬而未决。但是,世界银行在得到数据之后,将把与1980年国内生产总值的比较有关的国际比较项目第四阶段中的调查结果总结予以公布。"

经济增长的计算

所谓经济的年增长百分率,一般是根据"复利法"计算的,即是递增的。有一个复利表,表示1美元本金,按各种不同的利率(1%—15%)在五十年内每年应付的本利数目,可以用来从事各种计算(表1.8)。

24

增 长 率 表

表1.8

（1美元按各种利率计算的年终年复比增长）

按下列利率计算的1美元年终价值:

年终	1%	2%	3%	4%	5%	6%	7%	8%	9%	10%	12%	15%
1	1.010	1.020	1.030	1.040	1.050	1.060	1.070	1.080	1.090	1.100	1.120	1.150
2	1.020	1.040	1.061	1.082	1.103	1.124	1.145	1.166	1.188	1.210	1.254	1.322
3	1.030	1.061	1.093	1.125	1.158	1.191	1.225	1.260	1.295	1.331	1.405	1.521
4	1.041	1.082	1.126	1.170	1.216	1.262	1.311	1.360	1.412	1.464	1.574	1.749
5	1.051	1.104	1.159	1.217	1.276	1.338	1.403	1.469	1.539	1.611	1.762	2.011
6	1.062	1.126	1.194	1.265	1.340	1.419	1.501	1.587	1.677	1.772	1.974	2.313
7	1.072	1.149	1.230	1.316	1.407	1.504	1.606	1.714	1.828	1.949	2.211	2.660
8	1.083	1.172	1.267	1.369	1.477	1.594	1.718	1.851	1.993	2.144	2.476	3.059
9	1.094	1.195	1.305	1.423	1.551	1.689	1.838	1.999	2.172	2.358	2.773	3.518
10	1.105	1.219	1.344	1.480	1.628	1.792	1.967	2.159	2.367	2.593	3.106	4.046
11	1.116	1.243	1.384	1.539	1.710	1.898	2.105	2.332	2.580	2.853	3.479	4.652
12	1.127	1.268	1.426	1.601	1.796	2.012	2.252	2.518	2.813	3.138	3.896	5.350
13	1.138	1.294	1.469	1.665	1.886	2.133	2.410	2.720	3.066	3.452	4.363	6.153
14	1.149	1.319	1.513	1.732	1.980	2.261	2.579	2.937	3.342	3.797	4.887	7.076
15	1.161	1.346	1.558	1.801	2.079	2.397	2.759	3.172	3.642	4.177	5.474	8.137
16	1.173	1.373	1.605	1.873	2.183	2.540	2.952	3.426	3.970	4.595	6.130	9.358
17	1.184	1.400	1.653	1.948	2.292	2.693	3.159	3.700	4.328	5.054	6.866	10.761
18	1.196	1.428	1.702	2.026	2.407	2.854	3.380	3.996	4.717	5.560	7.690	12.375
19	1.208	1.457	1.754	2.107	2.527	3.026	3.617	4.316	5.142	6.116	8.613	14.232
20	1.220	1.486	1.806	2.191	2.652	3.206	3.870	4.661	5.604	6.728	9.646	16.307

增 长 率 表

（ 1 美元按各种利率计算的年终复比增长 ）

按下列利率计算的 1 美元年终价值:

年数	1%	2%	3%	4%	5%	6%	7%	8%	9%	10%	12%	15%
21	1.232	1.516	1.860	2.279	2.786	3.400	4.141	5.034	6.109	7.400	10.804	18.821
22	1.245	1.546	1.916	2.370	2.925	3.604	4.430	5.437	6.659	8.140	12.100	21.645
23	1.257	1.577	1.974	2.465	3.072	3.820	4.741	5.781	7.258	8.954	13.552	24.891
24	1.270	1.608	2.033	2.563	3.225	4.049	5.072	6.341	7.911	9.850	15.179	28.625
25	1.282	1.641	2.094	2.666	3.386	4.292	5.427	6.848	8.623	10.835	17.000	32.919
26	1.295	1.673	2.157	2.772	3.556	4.549	5.807	7.396	9.399	11.918	19.040	37.857
27	1.308	1.707	2.221	2.883	3.733	4.822	6.214	7.988	10.245	13.110	21.325	43.535
28	1.321	1.741	2.288	2.999	3.920	5.112	6.649	8.627	11.167	14.421	23.884	50.066
29	1.335	1.776	2.357	3.119	4.116	5.418	7.114	9.317	12.172	15.863	26.750	57.575
30	1.348	1.811	2.427	3.243	4.322	5.743	7.612	10.063	13.268	17.449	29.960	66.212
35	1.417	2.000	2.814	3.946	5.516	7.686	10.677	14.785	20.414	28.102	52.800	133.176
40	1.489	2.208	3.262	4.801	7.040	10.286	14.974	21.725	31.409	45.259	93.051	267.863
45	1.565	2.438	3.782	5.841	8.985	13.765	21.002	31.920	48.327	72.890	163.988	538.769
50	1.645	2.692	4.384	7.107	11.467	18.420	29.457	46.902	74.358	117.391	289.002	1083.657

26

例1 如储蓄存款为1美元，利率5％，每年按复利计算，则在1年、2年、10年、50年终本息各为多少？解：查表第5栏，知本息在第1年终为1.050美元，第2年终为1.103美元，第10年终为1.628美元，第50年终为11.467美万。（如存款为100美元，可将小数点向右移二位，存款为1，000美元，向右移三位，如此类推。）

例2 实际国民生产总值（按1958年价格）从1948年的3，237亿美元增至1960年的4，877亿美元，按复利的增长率（即每年递增）为多少？解：从3，237亿美元增至4，877亿美元等于从1美元增至1.507美元，因4877÷3237＝1.507。因为增长是在12年内发生的（1948—1960年），查表中横行第12年，找出与1.507最接近的数目，然后看该栏顶端的利率数字。增长速度在每年3％至4％之间，大约为3.5％（如要得出最接近的数字，可用内插法 interpolation，但通常不需要这样去做）。

例3 （a）如果一国实际收入按人均国民生产总值计算为3，000美元，如果经济每年递增6％，需要多少年才能使收入加倍？（b）如果人均实际收入在18年内增加一倍，其每年递增速度为何？解：（a）按表中6％一样，可知1美元在12年内增至2美元（精确数字为2.012元），因此3000美元加倍为6000美元，也是在12年内。（b）在18年一行，可知1美元变成2美元是在利率3％至4％之间，但较接近4％，可以断定其递增率为4％（或略少于4％，如要进行内插，以获得更接近的数值时）。

"72规则是一个简单增长公式。有了每年的递增率，以之除72，可以得出一个数量加倍的年数。反之，有了一个数量加倍所需的年数，以之去除72，可以得出每年近似的递增率。例如，一国人均实际国民生产总值年增6％，则将在72／6＝12年内增加一倍。反之，如一国人均国民生产总值需要12年增加一倍，则其每年增长率为72／12＝6％。这个72规则，及其所含的复利原则，可应用于国民生产总值的增长、储蓄存款的增长以及树的生长。26

26 参阅米尔顿·H·斯宾塞，《现代宏观经济学》，第4版1980年，第285—287页．

27

经济发展的成就

发展中国家仍然贫困，它们和发达国家之间的收入差距仍然很大，但是它们在过去三十年中已经在各个方面取得了很大的成就，从发展和进步的角度来看，能够取得这些成就就是一种可喜的现象。它们已经走出了"贫穷的恶性循环"的死胡同，开始了千里之行。坚冰已经打破，航道已经开通，未来经济发展的基础已经奠定。

经济增长的速度[27]

（1）国内生产总值。 在三十年中提高四倍。1950—1980年平均每年增长5.4%，这比今天的发达国家发展时期中所达到的速度要快得多。而且每年的增长速度也有加快的趋势：五十年代为4.5%，六十年代为5.3%，七十年代为6.0%。

（2）人均国内生产总值。 增长速度不太显著，因为人口增长率高，但也从五十年代的2.4%提高到七十年代的3.0%，反映了产量增长的加速和人口增长的减慢。

（3）国内总资本形成和储蓄。 国内总投资在五十年代初只占国内生产总值的10—12%，1960年提高到17.8%，1978年在高收入石油出口国高达27%，二十五年中实际数量增至十倍。七十年代末整个发展中世界储蓄了总收入的四分之一以上(即26%)。可见，它们的资本形成所用的资金，绝大部分是靠自己的储蓄提供的，外部的资金流入贡献很小，只占12%。

（4）工业产值。 增长速度比工业发达国家要 快 得 多。

---

27 本条和下一条列举的统计数字，根据联合国贸易和发展会议秘书处《发展中国家技术改造战略》(TD／277,1983年1月),可能同别处 的数字口径不 完 全一致, 但反映的发展趋势仍然是正确的,有启发性的.

28

1960—1980年，发展中国家工业生产平均每年增长7.3%，而发达的资本主义国家每年只增长5%。发展中国家1980年的工业产值比1950年高七倍。

（5）重工业。 在六十和七十年代每年增长8.3%以上，资本货物部门每年增长9.6%。发展中国家在世界重工业产值中的份额，1950年是微不足道的，到七十年代末已增至7%以上。

（6）进出口贸易。 出口数量在六十年代平均每年增长6.6%，但在七十年代降至每年3%。可是，进口数量在1960—1970年间以每年5.3%的速度在扩大，随后十年继续每年增长7.3%。出口增长最快的是制成品，发展中国家在世界制成品出口中的份额，从1960年的5%增至1979年的近9%。它们已经开始向其它国家出口资本货物和技能。

（7）技能形成。 这方面的进步最为显著。成年人识字率已从五十年代的30%增至1980年的52%。小学入学率增长迅速，从1960年占学龄儿童的56%增至1978年的78%。中学入学率增长更快，学生人数与学龄青年之比，从1960年的8.4%提高到七十年代后期的22.8%，提高将近两倍。大学及高等学校学生人数每年增加10%以上，1980年比1950年高十六倍。1980年的世界大学生中，每四人就有一人以上来自发展中国家。

（8）研究和发展。 用于这方面的资源在五十年代是微不足道的，到七十年代末已增至国民生产总值的0.5%。若干发展中国家已经制定了专门的技术政策，建立了执行机构，少数国家已将技术列入发展计划。

结构改变的方向

上述各种发展，给发展中国家带来了显著的结构改变。这些改变，大大加强了它们在未来经济发展中的能力。

（1）1950年以来，发展中国家实际产值已增加四倍左右，工业产值增加七倍，人均实际产值增加一倍以上。1979年，有

29

60%以上的国家人均产值在300美元以上，35%的国家人均产值在800美元以上。1980年，发展中国家的国内生产总值只有8.7%来自制造业占国内生产总值15%以下的国家，这些国家的人口不到发展中国家总人口的五分之一。

（2）农业在总收入中所占的份额大大下降：1950年占36.8%，1960年为30.5%，1970年为22.6%，1980年只占16.5%。三十年中农业的相对份额减少20%，每年减少6.6%。

（3）工业在1960年占国内生产总值的25.8%，1970年已超过农业，1980年占国内生产总值的35.5%。现代部门（包括国际工业标准分类2—5和7）的份额已从1950年的26.4%增至1980年的40%以上。结构转变的程度每年将近0.5%。

（4）在工业部门内，采矿和采石的份额已从1960年的25%降至1980年的19%。

（5）在工业产品中，资本货物的份额已从1960年的25%增至1977年的29%。本国生产的资本货物已同进口的保持同步增长。中间货物的份额转变更大，从1960年的19%增至1977年的25%。结果，资本货物和中间货物共占工业总产值的55%，只比发达国家（资本主义的和社会主义的）低15%。

（6）出口结构也有改变。制成品出口占总出口的比重1979年为19%，而1960年只有10%左右（1965年为11.7%）。

（7）初级产品仍占发展中国家出口的将近80%，但燃料和其他原料分别所占的份额已颠倒过来，燃料的份额1979年升至56.6%。这反映非燃料出口国对原料和食物出口的依赖程度的下降。

（8）在进口中，制成消费品的份额下降，而机器和运输设备的份额则上升。这种转变，反映了发展中国家在提高生产能力上的进展，以及想要用国内生产满足消费需求的愿望。

（9）上面所说的资本形成不包括用于教育、卫生、社会福

30

利和主要用于社会服务的发展支出（由私人及政府服务所提供的）。这些支出直接有助于技能、健康和福利的改进，因而须当作对社会技术的发展投资看待。它们相当于用于资本形成的资源的将近五分之二。其份额的增长是惊人的：从1950年占国民生产总值不足3％，增至1980年的10左右。

（10）发展的决策中心有了显著的改变。1950年，没有一个发展中国家有一个发展计划，更不要谈远景规划。现在，第三世界几乎所有的国家都把计划化作为加速经济和社会发展的工具。

同发达国家过去经验的比较

第三世界经济在过去三十年中显然已有很大的改变，应当刮目相看了。它们的经济基础已经大为加强。各种变化的规模及其对于未来经济发展的重要性，在将其同发达的市场经济国家特别是日本在过去的类似变化进行比较时，就特别突出了。1875年，这些国家开始变革时，农业和工业分别占其总产值的50％和20％。到了二十世纪，这些国家的实际产值每年增长3％，其中农业增长1.4％，工业增长4％。

1910—1935年是日本变革的中心时期，国内生产总值每年增长3.7％，总资本形成每年增长5.8％，人均实际收入每年增长2.1％。明治维新六十五年以后的1935年，农业占总产值的19％，工业占47％。工业总产值中，消费品占28％，资本货物占14％。投资占总产值的20％弱。此时日本已达到人民普遍识字，但只有1.6％的经济活动人口在高等学校入学。

发展中国家在过去三十年已大大超过了上述增长速度。发达的市场经济国家农工业产值份额的颠倒，在发展中国家是在更短得多的时期内完成的。工业生产结构的改变已遵循了相同的格局。现在可供发展中国家利用的技术知识的存量，远比在发达国家技术变革时期为多。而且，通过提高资本形成和技能的水平，通过采用计划化，发展中国家已经掌握了用来改变经济结构的

31

工具.

第三世界国家的参差不齐和相辅相成

上面所说的是整个发展中世界的经济成就。但在发展中国家之间存在着广泛的差异性。这种差异不止限于收入的水平，而且包括许多相互影响的社会经济的和技术的因素。有大约三十个人均收入水平很低的国家刚刚开始工业化，面临着资本和技能的严重短缺。另一方面，也有一些国家已经使自己的经济多样化，发展了一个很大的和复杂的工业部门，创造了一个广泛的技能和技术知识的基础。此外，还有一些有着资本剩余的国家，可是仍然在技术上完全依靠外部。因此，根据人均收入、工业产值、能源消耗等等对这些国家进行的一般统计分类，既不能表现一些国家的参差不齐的程度，也不能表现这些国家的实际发展水平。

这种参差不齐性本身，就包含了过去所没有的相辅相成性。事实上，它应当可以促进发展中国家的发展过程，而不是阻碍这一过程。某些发展中国家缺乏资本、技术和技能，而其他的国家则有剩余，可以满足这种迫切需要。有几个指标可以表明，这种相辅相成性正在促进这些国家之间的交换的扩大。例如，发展中国家的相互贸易在其总贸易中的份额正在增长；发展中国家之间的技能、资本和技术知识的交流正在扩大；相互之间的经济和技术合作正在加强。这些都可以充分证明目前的参差不齐正在起着相辅相成的作用。要充分利用这种潜力，还需要作出更大的和更加协同一致的努力。但它的重要性已经被认识到，未来采取赓续行动的道路已经铺平。正如中国共产党第十二次代表大会政治报告指出的：[28]

"在这方面，第三世界各国之间的相互援助具有特别重 要 的 意

28　《全面开创社会主义现代化建设的新局面》，人民出版 社1982年，第42—43页.

.32

义。第三世界各国有广大的土地，众多的人口，丰富的资源，广阔的市场。我们中间有的国家积累了相当数量的资金，许多国家拥有各具特色的技术，在发展民族经济方面也大都有自己的经验可供别国借鉴。我们之间的经济合作也就是通常所说的南南合作，就一部分技术和设备的适用和对路而言，其成效往往不亚于同发达国家的合作。这种合作有助于冲破现存不平等的国际经济关系和建立国际经济新秩序，具有伟大的战略意义。"

经济发展的前景

制约未来经济增长的因素

世界银行在分析发展中国家的前景时，着重指出了外部因素和内部因素的双重影响。[29]

在外部因素方面有：（a）工业国家的经济增长：这种增长速度可以影响对发展中国家出口的需求以及可能达到的对发展中国家援助的数额。（b）能源：对国外能源需求的增长可能影响能源的价格。（c）出口：对外贸易能使发展中国家实现生产专业化、利用规模经济和增加外汇收入；出口成绩良好也可以增加借款信誉，在获得私人贷款方面取得更大的成果。发展中国家出口直接受到工业国经济增长的影响，也受到工业国实行保护主义程度的影响。出口数量和贸易条件直接影响出口购买力。（d）工人侨汇：本国工人在外国工作所得的收入，汇回本国后可以增加本国外汇储备。（e）资本流入：好处有三，一是可以补充国内储蓄不足，以增加投资；二是举外债能使国际收支管理有灵活性，创造比较稳定的环境，使资金得到有效利用；三是有些资本流入还能促进技术转让，带来很大的收益。资本流入对开发事业能起一定的作用，十九世纪的北美和澳大利亚，第二次世界大战

29　参阅世界银行，《1983年世界发展报告》，第三条发展中国家的前景.

以后的欧洲和日本，就是实例。

发展中国家的国内因素对于经济增长起着**决定性的影响**。这些因素有：（a）国内进行储蓄的能力。（b）有效地进行投资和管理新资本的能力；投资效益是单位投资的超额产出，是衡量多种力量发生综合影响的结果的标准。在这些力量中，有的是外部的，有的则只和国内的政策与管理有关。有些国家能从投资中比其他国家获得更多的收益。（c）促进出口；从历史上看，出口增长率高于一般水平的国家，其国内生产总值的增长率也高于一般水平。这个规律适用于所有的发展中国家，也适用于按地区和按收入分类的国家。由于工业国经济增长缓慢和存在保护主义的壁垒，发展中国家作为一个整体要提高出口更为困难。以纺织品为例，由于工业国采取强硬的保护主义措施，一国要增加出口就不免要牺牲另一国的利益。但是为了更有效地利用资源和提高借款信誉，发展中国家仍应努力增加出口。（d）限制进口。

工业国经济增长对于发展中国家虽然十分重要，但是处在自己控制之下的国内政策更是关键性的。虽然在筹集资金方面尚有改进的余地，但改革的主要方向是提高资金的利用效率。提高效率的一个主要来源是贸易，这要通过更有效地利用相对优势去实现。为了改进经济工作，需要进行政策改变和加强管理机构。

几个经济增长预测的例子

对于发展中国家的未来经济增长，有一些以数学模型为基础的预测。它们不是"企图预言未来"、而"只是提出一种前后一贯的大轮廓来探讨国家之间和各种经济变量之间的联系，以说明不同的政策和事态对发展中国家的影响。"[30]我们举出三个例子。

（1）里昂惕夫等的预测

30　世界银行，《1983年世界发展报告》，第21页。

34

诺贝尔奖金获得者瓦西里·里昂惕夫等三人受世界银行委托研究三年写成的《世界经济的未来》[31] 中，提出了这样一个世界经济增长的假定方案：

增 长 率(%)	方　案	发达国家	发展中国家
总　产　值	I [a]	4.5	6.0
	C [b]	3.6	6.9
人　口	I	1.0	2.5
	C	0.6	2.0
按人口平均总产值	I	3.5	3.5
	C	3.0	4.9
到2000年的收入差距c	I	12：1	
	C	7：1	

　　a　方案I系根据国际发展战略所规定的发展中国家总产值增长的目标对2000年的推断，和对发达国家历史性增长的推断。
　　b　方案C表明发展中国家和发达国家之间按人口平均总产值的差距大大缩小。
　　c　发达地区与发展中地区按人口平均的国民生产总值的对比。

（2）世界银行的预测

　　在世界银行1986年的世界发展报告中，对未来的经济增长作了如下预测（第44页）：

　　31　W·里昂惕夫、A·卡特、P·佩特里，《世界经济的未来》，牛津大学出版社1977年（商务印书馆中译本1982年，第10页）。

35

1965—1995年间工业国和发展中国家的平均实绩

（年平均百分比变化）

国家组别	1965—73年	1973—80年	1980—85年	1985—95年 高速方案	1985—95年 低速方案
工业国					
国内生产总值的增长数	4.7	2.8	2.2	4.3	2.5
通货膨胀率a	5.1	8.3	−0.3	4.8	7.0
实际利率b，c	2.5	0.7	6.7	2.6	4.5
名义贷款利率c	5.8	8.4	12.0	5.6	10.2
发展中国家					
国内生产总值的增长数	6.6	5.4	3.3	5.9	4.0
低收入国家					
非洲	3.9	2.7	0.9	4.0	3.2
亚洲	5.9	5.0	7.8	6.4	4.4
中等收入石油出口国	7.1	5.8	1.4	4.8	3.4
中等收入石油进口国					
主要制成品出口国	7.6	5.9	2.1	6.4	4.0
其他石油进口国	5.4	4.5	1.7	5.5	3.8
出口增长数	5.0	4.6	4.1	7.1	3.2
制成品	11.6	13.8	7.9	9.8	5.0
初级产品	3.8	1.1	1.4	4.3	1.5
进口增长数	5.8	5.9	0.9	7.7	3.4

注：增长率根据90个发展中国家的抽样调查预测。

a、指工业国按美元计算的国内生产总值加权减缩指数。在高速方案中，美国的通货膨胀率为3％，在低速方案中为5.7％。但对工业国整体来说，用美元计算偏高，因1985—1990年间美元假定贬值。

b、按美国国内生产总值减缩指数变化率减缩的6个月内美元和欧洲货币汇率平均数。

c、平均年率。

（3）联合国贸发会议的预测

贸发会议秘书处在《1981年贸易和发展报告》（第90页）中对未来的经济增长作了如下预测（表1.9）。

36

表1.9 1980—2000年国内生产总值增长率假设（％）

	1960—1970年	1970—1980年	1980—1990年	1980—2000年
发达的市场经济国家	4.94	3.24	2.40	2.55
东欧社会主义国家	6.59	5.31	3.50	3.50
发展中国家	5.88	5.63	6.44	6.99
西半球	5.80	5.59	6.60	7.01
北非及西亚	8.68	6.06	5.88	7.00
其他非洲	4.73	3.80	5.02	6.90
其他亚洲	4.89	4.97	7.02	7.01
亚洲社会主义国家	6.82	5.51	6.01	7.00

联合国的国际发展战略

（1）第一个发展十年

1961年，联合国大会鉴于在发达国家和发展中国家之间仍然存在着巨大的差距，决定将二十世纪六十年代定为"联合国发展十年"。在这十年中，许多发展中国家按国内总产值的增长率来说都取得了进展。但是这些进展被人口增加、不利的贸易格局和沉重的债务负担抵消了。1966年大会作的结论认为，为实现发展十年规定的目标进展缓慢的原因之一，是缺乏世界性的行动计划或"战略"。因此它开始草拟一项战略，以概括各项目标，并说明为达到目标需要采取的措施。

（2）第二个发展十年

1970年10月24日（宪章生效25周年纪念日）联合国大会宣布了"联合国第二个发展十年"从1971年1月1日开始，通过了这十年的国际发展战略。目标包括：在十年中，发展中国家的国民生产总值每年平均增长率至少要达到6％，人均国民生产总值增长率应为3.5％左右。其中农业产值每年增长4％，制造业产值每年增长8％，国内储蓄对总产值的比率每年增长0.5％，进出口增长7％左右。

37

为达到目标，采取的政策性措施包括：每一经济先进国家应努力在1972年以前每年向发展中国家提供资金，资金转移净额至少应为其国民生产总值的1％。大部分资金转移应采取官方发展援助的形式，每一个经济先进国家应逐渐增加这种援助，到十年中期，至少应达到其国民生产总值的0.7％。

第二个发展十年的前五年中，由于发生了一系列的重大事件，[32] 发展中国家和发达国家之间的差距反而惊人地扩大了。

1974年4—5月联合国大会举行第六届特别会议，通过建立新的国际经济秩序的宣言和行动纲领；在1975年9月举行的第七届特别会议上通过决议，规定采取一些措施，作为联合国系统地加速发展中国家的发展和缩小发展中国家与发展中国家差距的工作的基础。

（3）第三个发展十年

八十年代的联合国第三个发展十年[33] 的发展战略，仍以加速发展中国家的发展、缩小发达国家与发展中国家之间的差距、消灭贫困为目标。但是，七十年代的经验使大家日益相信，在世界经济没有进行根本性的结构调整之前，发展中国家的发展是不可能大大推进的，而发展中国家经济的加强，对于某些全球性的经济问题的解决，对于世界经济的活力，会作出重大的贡献。所以，第三个发展十年的新战略强调要对支配各种经济关系的国际制度进行根本的改革。

因此，大会同意需要在战略提到的所有主要领域进行一系列的磋商。例如，在贸易领域，战略声称要：建立多边保障制度，订立更多的国际商品协定，作出扩大发展中国家初级产品加工的安排，考虑采取改进和稳定初级产品出口收益的措施，减少或取

---

32 参阅联合国新闻部编，《联合国手册》第9版1979年，中国对外翻译出版公司1980年中译本，第125页以下。

34 大会议决35／56，1980年12月5日，附件。

消农产品贸易的障垒，等等。对金隔、货币、科学技术、运输、发展中国家间的经济合作，最不发达国家，也列出了一个磋商项目的清单。同样重要的，是所谓"全球谈判回合"（Global Round of Negot'ation），预期从八十年代初开始。但在事实上并未进行这样的谈判。而各个部门问题的磋商，进展也是不平衡的。

在数量目标方面，新战略鉴于七十年代的基本目标未能实现，要求作出更大的努力，去加速发展过程。整个发展中国家国内生产总值平均年度增长率规定为7%。设人口增长率为2.5%，则人均国内生产总值增长率为4.5%。这样的增长速度，要求贸易必须作出相应的扩大和多样化。贸易指标规定为：货物和劳务的出口平均年度增长率不得小于7.5%，而进口增长率为8%。国内投资总额到1990年须达到国内生产总值的28%。国内总储蓄对国内生产总值的比率到1990年须达到24%。仍需有大量的外资流入，以填补投资和进口缺口。因此，战略重申了以前建立的目标：发达的市场经济国家提供的官方发展援助，到1985年须达到其国民生产总值的0.7%。还要求有能力的发展中国家继续对其他发展中国家提供援助。

联合国贸发会议在1983年12月对于第三个发展十年的战略目标进行了重新评价，分析了发展中世界经济增长的可能性，认为发展中国家内在的增长潜力并无重大改变，战略规定的基本目标仍然有效。但是达到目标的方法，应当参照过去失败的情况，重新予以审查。[34]

对待发展的两种不同的态度

对待发展中国家经济增长的前途，有两种不同的态度：一种

---

34 参阅联合国贸发会议秘书处，《第三个联合国发展十年国际发展战略基本目标的检查与评价》，TD／B／AC.36／2，1983年12月7日。

是悲观论，一种是乐观论。

（1）悲观主义的态度

关于穷国与富国收入差距如何消除的前景，有些西方学者抱着悲观的看法。例如，美国的L·茨维卡斯教授说，"即使假定发达国家和发展中国家的比较增长速度对后者非常有利，绝对收入差距至少在几十年中预期还会扩大。但在这期间，如果发达国家经济停止增长，而发展中国家则继续增长，绝对差距将会缩小。但是让发达国家停止增长除了在政治上有困难之外，它们的经济活动停滞也会严重地威胁着发展中国家的经济增长前景。"[35] 英国《经济学家》周刊的文章认为，"即使假定（而这肯定是错误的）工业化国家完全停止增长，中等收入国按其1960—1976年的速度增长，也要六十五年才能赶上工业国的人均生产总值；而在低收入国则需要七百四十六年。更合理的是，假定所有三类国家均按1960—1976年的速度增长，那么中等收入国要到公元2220年才能赶上工业化国家，而低收入国则更会远远落在后面。"[36]

朱维卡斯也知道，"并不是每一个人都愿意等待现有的数学趋势去充分展开的。发展中国家已经获得了政治力量去向国际不平等挑战，而这种力量在过去的十年至十五年中已经被有效地利用了。"但是他仍然认为，"发达国家仍然有大得多的力量，它们的大多数公民都强烈反对'无增长的'社会。他们也反对大量的国际劳工移民，这种移民本来是可以成为减少国际不平等的另一种手段的。除非发达国家更加迅速地改变态度，或者国际政治力量均衡甚至更快地转到有利于发展中国家，否则我们可以预期，绝对收入差距会继续扩大，至少在若干时候。但是，权力不

---

35 L·朱维卡斯，《经济发展》，1979年，第17—22页，下同。

36 英《经济学家》，1976年2月8日。该刊文章是根据世界银行《1979年世界发展报告》的数字计算的。报告所列1960—1976年人均国民生产总值的增长速度，低收入国为3.3％，中等收入国为5.8％，工业化国为4.1％。

40

平等的缩小可能大到使发展中国家维持比发达国家较快的增长率。

（2）乐观主义的态度

从联合国贸发会议，我们可以听到对这个问题的不同的论调，它的主题就是发展中国家的自力更生。[37]这不只是一种愿望，而是有客观科学依据的，中国的实践就是第三世界国家应当选择的道路。

世界经济前景恶化给发展中国家提出了严重的选择。它们从初级产品（包括燃料）出口所得的收益急剧下降；制造品的出口被各种壁垒或"自愿"限制所封闭；外汇收入剧烈减少。这种已经减少的收入还有很大一部分必须用来偿还外债。在有些国家，这种负担耗去了外来收益的绝大部分。进口能力的削弱，使它们无力进口发展所需的资本货物和技术。外部经济环境远远不能促进和支持本国的发展，事实上变得绝对不利于这种发展。发展中国家通过巨大牺牲所建立的早期工业，现在受到发达国家严重竞争的威胁。对外贸易不但不能成为经济"增长的引擎"，事实上还起着抑制作用，从而加剧了这些国家感受外部不利影响的脆弱性。

对八十年代和以后的第三世界来说，迫切需要有一种新的战略。这种战略应当结合两个目标，一个是短期的，一个是长期的。它必须保护每一个发展中国家使之不受外部因素的消极影响，首先是采取捍卫行动，以保护过去三十年已经获得的经济果实；同时也要加速未来经济的增长，其途径是扩大国内市场和促进国际贸易（包括与发展中国家、发达国家）。这种自卫和自力更生，并不是狭隘的自给自足。它要求具有新的首创精神，而技术改造战略应占中心地位。

---

37 参阅《发展中国家技术改造战略》，联合国贸发会议秘书处报告，1983年1月25日，TD／277。

41

历史上的经济危机的教训，证明上面所说的这条道路是走得通的。自从1872年以来，经济周期中至少有过六次大的萧条，其中两次特别严重，即1872年以后的长萧条（二十五年），和1928年以后的大萧条。这两次萧条对工业化国家的影响，比对非工业化国家的影响要大。例如，英国（工业化的中心）的贸易和生产在长萧条（1872—1893年）中受到的影响非常严重，然而正是在这个时期，德国、法国、中欧和斯堪的纳维亚国家以及美国却经历了增长的黄金时代。同样，1929年以后的大萧条影响了当时已经建立的所有工业化中心，然而，正是在这个时期，当时处在所谓"外围"的几个国家，如日本、苏联、芬兰、澳大利亚、新西兰、加拿大等，却经历了迅速的工业化时期。此外，印度、菲律宾和几个拉丁美洲国家中的首批工业化孤立地区也是在这个时期建立的。

在长萧条或大萧条时期开始加速工业化的国家都有一个共同的因素，就是最大限度地依靠扩大国内市场来吸收日益扩大的工业产量，以求得经济增长。在保护国家免受外部不利影响和促进国家发展的政策范围内，新的需求与新的供给互相适应。在每一个场合，国家的技术发展都是关键。

中国的经验也证实了自力更生为主方针的正确性。邓小平同志在会见利比里亚国家元首多伊时说：[38]

"你们想了解中国的经验，中国的经验第一条就是自力更生为主。我们有很多东西是靠自己搞出来的。苏联在斯大林时期对我们有些帮助，赫鲁晓夫上台后则对我们采取敌视的态度，不仅不帮助我们，反而在中苏边境陈兵百万，威胁我们，在很长一个时期内，美国也敌视我们，直到1972年以后才有些变化。从五十年代中期到七十年代，即在建国三十二年多的时间里大体有二十几年，我们完全或基本上处于没有外援的情况，主要靠自力更生。没有外援也有好处，迫使我们奋

38 《邓小平文选》（1975—1982年），人民出版社1983年，第361页。

发努力。在这种精神的激励下，我们在这个时期搞出了原子弹、氢弹、导弹，发射了人造卫星等等。所以，我们向第三世界朋友介绍的首要经验就是自力更生。当然，这并不是说不要争取外援，而是要以自力更生为主。这样，就可以振奋起整个国家奋发图强的精神，把人民团结起来，就比较容易克服面临的各种困难。"

有关经济增长的两个问题

（1）要不要增长

从发展中国家看，促进经济增长是天经地义的事情，所以亚瑟·刘易斯在《经济增长理论》（1955年出版，到1978年已重印十二次）中，只把《经济增长是可取的吗？》一文作为附录，放在书末，从经济增长的利得、贪得的社会、转变问题三个方面来分析这个问题。可是罗马俱乐部的人，却从人口增长、粮食短缺、资源耗竭、环境污染各方面去推敲，得出了必须停止人口增长和停止投资增长的"零度增长"论。[39] 19世纪马尔萨斯的人口理论给经济学赢得了"阴郁的科学"的别号（卡莱尔的话），零度增长论也有人目之为二十世纪电子计算机的马尔萨斯人口论的翻版，也和它的先行者一样，终归要被科学技术进步所淘汰。立场的不同，导致观点和方法的不同。在这里重温毛泽东同志的一段话是饶有教益的：[40]

"人类的历史，就是一个不断地从必然王国向自由王国发展的历史。这个历史永远不会完结。……在生产斗争和科学实验范围内，人

---

39 参阅 D·H·梅多斯等的《增长的极限》，1975年第2版（商务印书馆中译本1984年）以及罗马俱乐部的其他报告。罗马俱乐部是1968年由意大利资本家出面，邀请西方发达国家知名的科学家、教育家、经济学家和垄断资本家几十人组成的非正式的国际学会，旨在研究人类当前和将来的处境问题。《增长的极限》一书是美国麻省理工学院教授梅多斯等接受罗马俱乐部的委托提供的第一个研究报告。

40 见《周恩来总理在第三届全国人民代表大会第一次会议上的政府工作报告》1964年12月31日《人民日报》。

43

类总是不断发展的，自然界也总是不断发展的，永远不会停止在一个水平上。因此，人类总得不断地总结经验，有所发现，有所发明，有所创造，有所前进。停止的论点，悲观的论点，无所作为和骄傲自满的论点，都是错误的。其所以是错误，因为这些论点，不符合大约一百万年以来人类社会发展的历史事实，也不符合迄今为止我们所知道的自然界（例如天体史、地球史、生物史、其他各种自然科学史所反映的自然界）的历史事实。"

（2）为什么各国增长有快有慢

针对中国的发展目标，世界银行1984年经济考察团的报告指出：[41]

"说明今后任务的艰巨性十分容易。发达国家的实际（购买力）人均国民生产总值约比中国高十倍〔按实际价格和汇率计算，则差距更大——是三十而不是 十，并且今后大约会以每年至少2%或3%的速率递增。中国要在2050年赶上这个水平，必须每年至少以5.5%或6.5%的平均速度递增。这样快速的进展在其他地方尚属罕见。从1960到1982年间，除了一些小国和经济以石油为主的国家以外，只有两个发展中国家（地区）的年人均收入增 长 率 超 过 5%：南朝鲜（6.6%）和希腊（5.2%）。

"更普遍的看法是，只有一个国家——日本，无可置疑地在经济上从落后的水平赶上了发达国家。有几个拉丁美洲国家，包括巴西和智利，至少与日本同时进入现代化发展阶段，之后也经历了快速发展时期，但是现在还远远落在后面。即便是苏联，尽管七十年来对物质资源和人力资源的投资达到异常高的水平，其实际人均国民生产总值只提高到美国的一半（西欧的三分之二）。"

这就提出了一个现实问题：为什么经济增长快慢不同。

美国耶鲁大学教授劳埃德·G·雷诺兹研究了经济增长对第三

---

41 《中国：长期发展的问题和方案（主报告）》，中国财 政 经济出版社1985年，第1.03及1.04段。

44

世界的扩散问题（1850—1980年）。[42] 他就1980年人口在一千万以上的41个发展中国家进行研究。[43] 他首先区分外延的增长（extensive growth）和内涵的增长（intensive growth），而以转折点（turning point）为分界线。所谓外延增长，系指生产能力的增长完全被人口的增长所"吸收"（absorbed），因此人均收入没有上升的趋势。所谓内涵增长系指生产能力的增长大大快于人口的增长，因此人均收入持续上升。所谓转折点系指外延增长变成内涵增长的时间，虽然为了方便起见指定为某一年，但实际上说的是一个短时期，也许是十年，在这一年的两头。根据他研究的结果，这41国（地区）的转折点如表1.10（有的国家尚未出现转折点）：

表1.10　　　　　　41国的转折点年代

1840年	智利	1895年	象牙海岸	1949年	中国
1850〃	巴西	1895〃	尼日利亚	1950年	伊朗
1850〃	马来西亚	1895〃	肯尼亚	1950年	伊拉克
1850〃	泰国	1900〃	乌干达	1950〃	土耳其
1860〃	阿根廷	1900〃	津巴布韦	1952〃	埃及
1870〃	缅甸	1900〃	坦桑尼亚	1965〃	印度尼西亚
1876〃	墨西哥	1900〃	菲律宾	—	阿富汗
1880〃	阿尔及利亚	1900年	古巴	—	孟加拉国
1880〃	日本	1910〃	朝鲜	—	埃塞俄比亚
1880〃	秘鲁	1920〃	摩洛哥	—	莫桑比克
1880〃	斯里兰卡	1925〃	委内瑞拉	—	尼泊尔
1885〃	哥伦比亚	1925〃	赞比亚	—	苏丹
1895〃	台湾省	1947〃	印度	—	扎伊尔
1895〃	加纳	1947〃	巴基斯坦		

　　按转折点年份的顺序，在日本之前还有8个国家。为什么增

42　劳埃德·G·雷诺兹，《经济增长向第三世界的扩散（1850—1980年）》，载美国《经济文献杂志》，1983年9月，第941—980页。

43　这41个国家与我们在上面按1983年人口在一千万以上所列的42个国家略有不同。因为他是以1980年的人口为根据来划线的，而我们是根据1983年的人口来划线的。

45

长有快有慢？

雷诺兹的答复是：[44]

"在这个时代，有些国家进步得比另外的国家快些，而有些国家则根本没有进步。这种差别的解释，似乎主要不在于要素赋有领域。有些国家天然资源很贫乏，例如台湾〔省〕和朝鲜 却成绩卓著，有些资源丰富的国家，例如扎伊尔，却仍然在艰苦挣扎。我的假设是，唯一最重要的可以用来说明的变数，是政治组织和政府的行政能力。在这一点上，作为一个谦恭的经济学家，我不能再负责任，只好把问题转给我的同事——政治学家。"

在这一点上，W·里昂惕夫也有相同的看法：[45]

"持续经济增长和加速发展的主要限制，在性质上是政治的，社会的和制度的，而不是物质的。在二十世纪内对发展中地区的加速发展并不存在不可逾越的物质障碍。

"为了保证加速发展，必须有两个一般的条件：第一，在发展中国家，要在社会、政治和制度三方面进行影响深远的内部变革；第二，在世界经济秩序中要进行重大的变革。要使加速发展能大大缩小发展中国家和发达国家之间的收入差距，只有同时具备这两个条件。很清楚，单有这两个条件中的任何一个都是不够的，但是，如果它们能齐头并进，就能够取得预期的结果。"

也有些发展经济学家不把经济增长有快有慢的原因完全归之于政治方面。例如H·明特教授认为：[46]

"为什么有些不发达国家比其他的一些不发达国家增长得快些或者慢些？

44　上引书，第975—976页。

45　《世界经济的未来（联合国的一项研究）》，1977年，商务印书馆中译本1982年，第30、33页。

46　H·明特，"经济理论与发展政策"，载《经济学》(Economics)，第34卷第134期，1967年5月（迈耶，《经济发展中的主要问题》第3版，第70页）

46

"当我们试图答复这一问题时，我们就会非常清楚地了解到，不发达国家在国家大小、在人口对自然资源压力的大小，在世界对它们的出口需求的状况，在它们的一般经济发展水平和政治稳定等方面，都是存在着差异的。这些差异本身，就大大地说明了为什么不同的欠发达国家的增长速度不同。"

为什么各国的经济增长有快有慢？这是一个值得进一步探讨的问题。其实发展经济的主要任务之一，就是从各个方面来研究：如何使经济增长可以更快一些。

47

第二章　发展经济学

发展经济学的内涵

　　发展经济学，是研究发展中国家的经济如何才能得到发展的一门新兴学科。

　　恩格斯在《反杜林论》中指出：[1]

　　　　"政治经济学，从最广泛的意义上说，是研究人类社会中支配物质生活资料的生产和交换的规律的科学。"

　　　　"人们在生产和交换时所处的条件，各个国家各不相同，而在每一个国家里，各个世代又各不相同。因此，政治经济学不可能对一切国家和一切历史时代都是一样的。"

　　　　"政治经济学作为一门研究人类各种社会进行生产和交换并相应地进行产品分配的条件和形式的科学，——这样广义的政治经济学尚有待于创造。"

　　第二次世界大战以后形成第三世界的发展中国家，在生产和交换时所处的条件，既不同于发达的资本主义国家，也不同于东欧社会主义国家，研究它们在发展过程中的生产、交换、分配和

　　1　恩格斯，《反杜林论》，《马克思恩格斯选集》，第三卷，人民出版社1972年，第186—189页。

48

消费的条件和形式，应当有一个专门的学科，这就是发展经济学的任务。我们现在已经有了比较成熟的研究资本主义经济的政治经济学，也有了初具规模的研究社会主义经济的政治经济学，那么，也应当有研究发展中国家经济的政治经济学。为了更好地了解发展中国家，借鉴她们在经济建设中成败两方面的经验教训，本书力求比较全面、系统地介绍西方发展经济学的最新成果．为初学者提要钩玄，尽淘沙取金之劳，也为建立马列主义的发展经济学作些有益的工作。

　　马克思的《资本论》第一卷以"政治经济学批判"作为副标题，说明在马克思主义的政治经济学诞生以前，已经有了资产阶级的政治经济学。今天的情况也有些相象，当马列主义的发展经济学正在建立时，西方发展经济学已经有了三十多年的历史。

　　西方发展经济学已经确立并被公认为西方经济学的 一 个 分支，尽管还有些人并不承认。西方大学里，普遍开设了发展经济学这一课程。发展经济学的教科书很多，有的已经出到了第四、五版。[2] "成千的"第二代、第三代、第四代的发展经济学家已经是以发展问题的研究为主攻方向,不象第一代的发展经济学家那样,

---

　　2　例如,美国麻省理工学院名誉教授查尔斯·金德尔伯格和华盛顿大学经济学教授布鲁斯·赫 里克合著的《经济发展》1983年第4版（第1版1958年）；麻省理工学院埃弗雷特·E·哈根教授的《发展经济学》1980年第3版（第1版1968年；伦敦政治经济学院H. 明特教授的《发展中国家经济学》1980年第5版(第一版1964年)；美国斯坦福大学教授杰拉德·M·迈耶的《经济发展中的主要问题》1984年第4版（第1版1964年）；英国A·P·瑟尔沃尔教授的《增长与发展(特别着重发展中国家经济)》,1978年第2版（第1版1972年）；美国哈佛大学马尔科姆·吉利斯、德怀特·H·帕金斯、迈克尔·罗默和唐纳德·R·斯诺德格拉斯四位教授合著的《发展经济学》,1983年；加拿大沃太华大学教授本杰明·希金斯的《一个小星球上的经济发展》1981年；印度苏布拉塔·加塔克的《发展经济学》,伦敦1978年；纽约大学的迈克尔·P·托达诺教授的《第三世界的经济发展》1981年第2版(第1版1977年)等。亚瑟·刘易斯1955年出版的《经济增长理论》,到1978年已重印12次。

49

只是"数以百计的迄今还只是国内问题专家的经济学者改头换面地以发展经济学家的名义出现。"[3] 1979年,两位著名的发展经济学家美国普林斯顿大学教授W·亚瑟·刘易斯和芝加哥大学教授西奥多·W·舒尔茨获得了诺贝尔奖金。[4] 1984年世界银行出版了《发展的先驱》一书（G·M·迈耶和D·西尔斯主编）,列举了十位经济发展的先行思想家,即P·T·鲍尔、科林·克拉克、阿尔伯特·O·赫施曼、亚瑟·刘易斯、冈纳·米道尔、劳尔·普雷维什、保尔·N·罗森斯坦——罗丹、沃尔特·惠特曼·罗斯托、H·W·辛格和简·丁伯根,其中除刘易斯外,丁伯根（1969）和米道尔（1974）也是诺贝尔奖金的获得者。战后三十年中,西方发展经济学的内容有了很大的改变,范围日益广阔,题材日益丰富。据1979年出版的一部发展经济学文献述评,[5]仅就1970年至1977年出版的著作,就选录了二千余种。

第二次世界大战后,帝国主义殖民体系瓦解,民族独立国家纷纷建立,连同拉丁美洲在19世纪已经独立但尚未得到充分发展的国家在内,已经形成了约占世界人口四分之三和世界土地面积五分之三的广大的第三世界。这些国家的经济如何才能发展,这是全世界都关心的问题。研究这个问题的人,有的在发达的资本主义国家,有的在东欧国家,[6] 有的在发展中国家,[7] 有的在各种

---

3 L·G·雷诺兹教授的话,《经济发展的理论和现实》,第34页。

4 两人接受奖金时的演说：刘易斯,《增长引擎走慢了吗?》原载《美国经济评论》,1980年9月（译文见商务印书馆《现代国外经济学论文选》第八辑,1984年）；舒尔茨,《穷人的经济学》,原载美国《政治经济学杂志》,1980年,第88卷第4期。

5 约翰·B·鲍威尔逊编,《经济发展书目选录,附述评》（A Selected Bibliogvaphyon EconomicD evelopment；with A nnotations,compiled byJohn p. powelson, westviewPress, Boulder, Colorado, USA, 1979）。

6 例如, 匈牙利约翰夫·尼伊斯教授主编的《第三世界发展的理论与实践》,英文版,布达佩斯,1977年。

7 例如, 著名的人物有拉丁美洲经济学家劳尔·普雷维什,埃及经济学家萨米尔·阿明, 以及参加《第三世界社会科学家圣地亚哥宣言》（1973年4月）和《第三世界论坛卡拉奇会议公报》（1975年）起草的经济学家们。

世界组织。[8] 其中有的是学者教授，有的是政府人员，[9] 有的是各种世界组织的专家，有的是独立人士。[10]他们出于不同的动机，在不同的理论指导之下，从不同的角度，用不同的方法，去研究发展中国家共同的或个别的发展问题。此外还有联合国大会、贸发会议、七十七国集团等世界组织通过的有关世界发展问题的各项决议，及各国政府制订的发展计划和政策。

总的说来，所有的发展文献，大体可分为两大类：一类是在马克思列宁主义的理论指导下进行的研究，一类是在资产阶级经济学理论指导下进行的或者说不是明白表示用马列主义作指导的研究。我把后一类研究得出的成果，统统纳入西方发展经济学。其中包括论文、书籍、报告、决议、调查、统计，尽管出自不同国家、不同组织、不同人士之手，但因为作者的立场、观点、方法并不是或不完全是马列主义的，不妨暂时均列为西方发展经济学，而不问作者是在哪一个国家。

为什么要研究发展经济学

保罗·斯特里顿教授认为，发展经济学是经济学的一个新的分支，在第二次世界大战以前，很少有现在称之为发展经济学内

---

8 如世界银行除自1978年起每年刊行《世界发展报告》外，还进行广泛的研究，出版各种按问题按国别的发展文献；联合国贸发会议除自1981年起每年刊行《贸易与发展报告》外，还出版各种专门文件；联合国拉丁美洲、非洲、亚洲和太平洋各经济委员会每年出版公报，已有较长的历史。

9 例如美国农业部国际发展经济顾问克拉伦斯·佐维卡斯的《经济发展（导论）》，伦敦，1979年。

10 如由维利·勃兰特（德意志联邦共和国社会民主党主席）领导的国际发展问题独立委员会（由18位各国的政治、经济界知名人士组成）的报告：《北方和南方：争取生存的纲领》（中译本《争取世界的生存》，1980年），及《争取世界经济复苏》（中译本，1983年）。

51

容的东西，尽管相同的问题有许多也在由帝国主义的殖民地文官们以及人类学家等等在进行研究。他总结了引起对发展问题的新的和迅速增长的兴趣的新条件有四个：[11]（1）认为贫困不是人类的大多数不可避免的命运；（2）冷战：东方和西方竞相吸引第三世界的注意；（3）人口激增；（4）许多国家在战后获得独立。H·明特教授认为，[12] 推动对不发达国家进行研究的力量有两个：第一，由于战后紧张局势的压力，一种迅速增长的需要，迫切要求对这些国家的贫困问题做些事情。第二，出于一种较长远的学术传统，试图了解发达国家与不发达国家之间存在的经济发展上的巨大差异的原因。关于不发达国家的思想要考虑到这两种不同的出发点及其相互影响，才能透彻理解。他认为，第一种态度集中于注意两类国家的人均收入水平的巨大差异，并以此作为富国应当援助穷国的主要依据。

斯特里顿认为，经济学的很大一部分是当时政治和社会问题的反映，懂得了对发展经济学的兴趣迅速增长的原因，就有助于看出这一工作中可能发生的"偏向和遗漏"。他引证了冈纳·米道尔的一段话：[13]

"对社会科学家来说，试图清楚地理解，我们的科学研究特别是经济学的研究的方向，是怎样受我们所处的社会的制约，并最直接地受政治气候的制约（后者又与所有其他的社会变革有关）：若求有自知之明，这就是发人深省和十分有益的锻炼。经济学靠本身的力量得到的发展，很少（如果还有的话）能照亮通向新的前景的道路。我们

---

11 保罗·斯特里顿（英国牛津大学），"发展思想的历史演进：对发展的新兴趣"，载伊尔马·阿德尔曼编，《经济增长与发展》第4卷，《国家和国际的政策》，纽约1979年。

12 《发展中国家经济学》，1980年第5版，第7页。

13 冈纳·米道尔，《亚洲的紧张而有趣的事件》（Asian Drama），第一卷，1968年，第9页。

52

工作的继续不断地重新定向的启示，通常来自政治领域；为了响应这种启示，学者们发动了，资料搜集了，论述"新"问题的文献增多了。通过积累的结果，反映时代的政治斗争的研究活动可能有助于对这种斗争作合理的说明，甚至使之具有新的方向。

情况一向就是如此。同亚当·斯密、马尔萨斯、李嘉图、李斯特、马克思、约翰·斯图尔特·穆勒、杰文斯、瓦尔拉、维克塞尔、凯恩斯的名字连在一起的经济思想的主要重建，全都是对改变着的政治状况和机会的反映。

资产阶级创造的旧世界是建立在对殖民地、半殖民地和附属国的压迫和剥削的基础之上的。这个旧世界由于第一次世界大战后苏联十月革命的成功而开始动摇，由于第二次世界大战后中国革命的成功、亚洲和东欧人民民主国家的建立以及各民族国家的独立而彻底崩溃了。所有发展中国家都面临着发展经济、维护民族独立和国家主权的问题，都肩负着建设国家、提高人民生活水平的任务。不断克服困难，不断向前发展，共同创造出一个崭新的世界，这就是发展中国家的神圣天职。这个任务主要是经济的，同时也是政治的。如何来完成这个任务，这就是发展经济学的课题，也是发展中国家为什么要研究发展经济学的原因。

从这个根本的立场出发，我们可以觉察和批判各种发展理论的"偏向和遗漏"。马克思指出：[14]"政治经济学所研究的材料的特殊性，把人们心中最激烈、最卑鄙、最恶劣的感情，把代表私人利益的复仇女神召唤到战场上来反对自由的科学研究。"具体到对发展中国家经济的研究，情况尤其是这样。我们应当始终保持这种清醒的头脑，来考察西方发展经济学的内容。

发展经济学在我国引进较晚，学者们对它大体采取三种不同的态度：（1）只介绍内容，不加评论[15]；（2）基本上持否定

---

14 《马克思恩格斯全集》第23卷，人民出版社1975年，第12页。

15 例如，范家骧，《发展经济学》，载《国外经济学讲座》第1册，中国社会科学出版社1980年。

53

态度，因为它的理论基础是具有**庸俗经济学**特点的新古典学派的综合，不过认为它也还不无可取之处；[16]（3）采取 研究、分析、吸收和批判的态度。[17] 我能理解第二种立场，但更欣赏和赞成第三种态度，理由有三：

第一，它更有利于我们深入了解第三世界国家，以便加强南南合作，相互促进，共同为建立国际经济新秩序和维护世界和平而努力。

第二，它更有利于促进我国四化建设的伟大事业，借鉴其他发展中国家成功与失败两方面的经验教训，以他山之石， 攻 我之玉。

第三，它更有利于创建马列主义的发展经济学。我们应当以马克思、恩格斯和列宁对待他们当时的资产阶级经济学的态度，来对待今天的西方发展经济学。

经济发展思想的历史演进

有关经济发展的思想，在历史上有一个演进的过程，对于这个过程，美国贝尔曼教授作了简要的总结。[18] 经济发展的定义是人均收入（或产品）在长时期内的增长过程，它涉及经济的许多

---

16 例如，高鸿业，《为什么要研究西方发展经济学？》，载《世界经济》月刊，1978年7月号。

17 例如钱俊瑞，《认真进行对发展中国家经济的研究》，载《红旗》杂志1982年第11期。外国经济学说研究会编，《现代外国经济学论文选》第八辑（1984年商务印书馆）的编辑说明。谭崇台，《发展经济学》，人民出版社1985年10月版；"经济学说史中应当注意研究经济增长和经济发展思想"，载《经济研究》杂志，1935年第8期。

18 根据杰尔·R·贝尔曼(美国宾夕法尼亚大学)的《发展经济学》一文，载西德尼·温特劳布编，《现代经济思想》，宾夕法尼亚大学出版社，1977年，第537—557页。

54

方面，包括经济发展目标与其他目标的相互影响在内。发展中国家的主要目标是增长与结构改变，名义的和实际的稳定，收入、财富和权力的分配。这些国家包括亚、非 拉美大多数国家及欧洲少数国家，它们在各方面彼此大有不同，如幅员、天赋的自然资源和人力资源、与世界市场结合的程度、社会制度和政治制度的类型、城市化程度、文化上的同一性、宗教及其他特征。涉及的范围如此之广，使得创造一种对于各种特殊实例都有巨大适用性的普遍发展理论成为极其困难（如果不是不可能）的任务。关于发展的思想，常常只是作出非常笼统含糊的概括（一方面），或者只能作出与特殊问题有关的具体分析（另一方面）。

1950年以前的经济发展思想

二十世纪中叶以前对经济发展的分析，大体有四个学派。

（1）古典的经济发展思想

古典经济学家研究的研究主题是经济发展，主要想懂得总收入和产品的长期增长过程。如亚当·斯密强调由于分工和专业化而出现经济进步、资本积累的重要性、以及储蓄是经济发展的必要条件，这形成了后来许多发展理论的基本要素。大卫·李嘉图提出了更严密的发展理论，集中注意于要素的收入分配的作用，指出关健的因素是资本积累，并发展了比较利益理论，为斯密所看到的国际贸易的好处提供了理论基础。

（2）马克思的经济发展思想

马克思在1867年出版的《资本论》第一卷中，对历史提出了全面的唯物主义的解释。他区分四种历史的社会制度：原始共产主义、古代奴隶制、封建主义和资本主义。他从生产力和生产关系、经济基础和上层建筑的相互关系，分析各种社会制度的发生、发展和消灭过程。马克思与古典经济学家不同，他认为发展是以不平衡的和非继续的方式进行的。他对国际关系的看法也不同，他认为早期的殖民扩张，通过原始积累，在资本主义的确立中起了主要作用。通过对外贸易，老的资本主义国家保证自己的制造品能得到较大的市场，保证得到廉价的原料来源，和剩余资本的有利的出路。穷国的居民则不能获得相等的利益：手工业被进口的制造品所消灭，人民大众被剥夺了生产资料。这样一个过程增加了资本主义国家和穷国的收入不平等，推迟了前者的资本主义阶段的结束。

（3）新古典的经济发展思想

1870年左右出现了经济思想中主要思潮的明确转变，代表人物有古斯塔夫·卡塞尔、约翰·巴蒂斯·克拉克、弗朗兹·伊·埃奇沃斯、艾尔弗雷德·马歇尔、克努特·维克塞尔，他们集中注意于与收入分配、价值理论和一般均衡有关的短期问题，但在资本积累理论中却关心较长的生产过程，认为储蓄率是发展的主要束缚。他们也认为发展是一个渐进的和谐的过程，可能出现持续的经济进步。

（4）熊彼特的经济发展思想

他在二十世纪的头几十年中编写了一系列关于资本主义制度下经济如何发展的书。他的代表著作有1939年由哈佛大学出版的《经济发展理论》英译本等。他反对新古典学派把发展描述为渐进的和谐的过程，主张国民产值的巨大增长是通过不和谐的跳跃式的激增产生的。他的发展过程的分析中心是企业家的作用，提出了创新理论。

五十年代的经济发展思想

二十世纪中叶的发展理论，根子还可以追溯到上述各种思想流派。战后五十年代及六十年代初期由于美国的对外援助所产生的发展前景，主流发展经济学对之作了乐观的评价。主流思想的特征，是强调三个主要特点，即资本积累、计划和工业化。

（1）资本积累

W·亚瑟·刘易斯（《经济增长理论》，1955年）、拉格勒

·纳克斯（《经济发展演讲集》，1958年）、保罗·N·罗森斯坦—罗丹（《东欧及东南欧的工业化问题》，1943年及《关于大推动理论的说明》，1961年）均强调资本的关键作用。罗斯托（《经济增长阶段论》，1961年）把增加投资至少达总产值的10%当作"经济起飞"的一个重要特征。强调资本积累，在前述四种思想中自然有长远的历史。与前三者一样但与第四种不同的是：中心是储蓄的供给而不是企业家的作用。但在稍后，埃弗利特·E哈根和戴维·C·麦克利兰重新强调了企业家领导的重要性，以及这样的人是如何产生出来的。

其他的因素也加强了对积累的重视。一个是马歇尔计划通过注入外援，在欧洲复兴中显然所起的作用也产生了一种乐观的希望，认为这种经验很容易应用于发展中国家。另一个重要因素是罗伊·E·哈罗德（《论动态理论》，1939年）和埃夫塞·多马（《扩大与发展》，1947年；《资本形成问题》，1948年）的增长模型：产品增长率等于储蓄率除以资本——产量比率（动态的凯恩斯主义均衡条件）。尽管静态的凯恩斯分析对发展中国家是否适用受到广泛怀疑，但动态的凯恩斯主义均衡条件却马上被广泛应用于对发展中国家的分析。在技术系数固定的条件下集中注意于储蓄对生产的束缚作用，加强了对资本的重视。在对资本的"吸收能力"的讨论中，其他生产要素可能具有的重要性只被间接承认。

后来，这种"资本决定论"受到两方面的修正：

第一，霍利斯·钱纳里等人（《开放经济中的其他发展途径》，1962年，及《外国援助与经济发展》，1966年）提出，增长不仅可受投资多少的限制，而且还受能否得到外汇的限制，外汇是用来购买关键性的投入要素（如机器）的，对之不存在相近的国内代替品。在储蓄缺口上增加外汇缺口，就构成了"两个缺口"模型（two—gap model），显然对净外国资本流入赋予了第二个重要作用（第一个作用是补充国内储蓄）。

57

第二，西尔多·W·舒尔兹（《穷国人力资本的投资》，1962年）以及C·阿诺德·安德森和玛丽·琼·鲍曼（《教育与经济发展》，1965年），使"资本决定论"从物质资本转到了人力资本。最初很少分析机会成本，但阿诺德·哈伯格的认识（著文载于《教育与经济发展》）则是例外。

（2）计划

强调计划在发展过程中的重要性的，有简·丁伯根（《发展的计划》，1958年）、W·亚瑟·刘易斯（《经济增长理论》，1955年）、保罗·罗森斯坦——罗丹（《计划的理论与在意大利的实践》，1955年）、霍利斯·钱纳里（《工业化在发展规划中的作用》，1955年）等。他们强调计划的重要性的原因有的是由于苏联计划成功的经验和日益增多的可供利用的计算程序（如线性规划）及高速计算机；有的是由于广泛觉察到，要实行经济发展所需要的结构改变，单靠市场是不够的。

市场之所以不够，是由于还有若干问题必须解决。例如一些经济学家看到了纳克斯所称的"贫穷的恶性循环"（vicious circle of poverty）（《不发达国家的资本形成问题与贸易和发展的类型》，1967年），或哈维·莱本斯坦（《经济人口发展理论》，1954年）和理查德·纳尔逊（《低水平均衡陷阱理论》，1956年）所描述的"低水平的均衡陷阱"（low—level equilibrium trap）之后认为，要打破这种状态，需要进行广泛的协调，即政府须在"经济社会基础设施"上进行投资，以便创造"起飞"的先决条件，因为私营部门会投资不足，而计划则能提供必要的协调努力和动力目标。

在主张计划的论据中，"二元概念"（cencept of dualism）受到普遍重视。J·H·伯克（《二元社会中的经济学与经济政策》，1953年）等人主张，发展中的经济有两个部门：现代部门，有相当先进的技术和能很好地起作用的市场；传统部门，有

58

传统的技术，很少同市场结合。理查德·S·埃考斯从二元经济的技术原因加以发挥（《不发达地区的要素比例问题》，1955年）。刘易斯则主张两个部门模型的广泛应用性，认为"传统"部门的工资是固定的，因此对一个比较小但正在增长的现代部门来说，有可供利用的按固定实际工资的"无限"劳动供给，现代资本家在支付工资后有大量剩余，可以进行储蓄和再投资（《具有无限劳动供给的经济发展》，1954年）。后来约翰·费〔景汉〕和古斯塔夫·拉尼斯（《一种经济发展理论》，1961年)以及戴尔·W·乔根森(《剩余农业劳动与二元经济发展》，1967年)对刘易斯的模型作了进一步发挥，二元文献成为对经济发展若干分析的主要基础。人口的一大部分没有同市场结合,以至市场不能被利用。为主张计划经济的人提供了论据。二元论也加强了若干特别的政策，例如将剩余粮食运出，以维持现代部门的实际低工资，并容许其有更大的再投资，等等。

由强调计划的必要性，导致了讨论投资分配的合适标准。资本是稀缺的，代替的可能性显然有限，因此有些人强调要作出这样的选择：使边际资本——产量比率为最小。但如果其他要素的供给也很短缺，或者项目有不同的生命期或外部效果，那么，这一目标自然不是十分令人满意的。沃尔特·盖伦森和哈维·莱本斯坦提出，合适的目标应当是，在某一未来时刻使国民收入最大化（《投资标准、生产率与经济发展》，1955年）。

在投资标准的讨论中，一再承认市场价格可能并不反映真正的稀缺价值，如工资维持在社会边际产品之上，外汇价值被低估等等。因此，钱纳利、丁伯根赞成用"会计价格"或"影子价格"去反映"真正的"稀缺性。

（3）工业化

保罗·A·巴兰(《增长的政治经济学》，1957年）、纳克斯(《经济发展演讲录》）、罗森斯坦——罗丹（《东欧和东南欧的工业化问题》)、刘易斯(《经济增长理论》)以不同的世界观和分析方法,都得出同样的结论:工业化是发展过程中的主要问题。有时,这一立场的基础似乎仅仅是偶然的现象,认为最发达国家通常都是最工业化的,很少有人试图去证明,究竟何者是因,何者是果。劳尔·普雷维什和拉丁美洲经济委员会的成员提出了工业化的理由:他们强调原料生产国贸易条件的恶化是不可避免的,这是由于,对初级产品比对工业品的需求收入弹性较低,市场力量也集中在工业化国家手中。查尔斯·金德尔伯格怀疑所说的贸易条件恶化的真实基础(《贸易条件:一个欧洲例案的研究》)。戈特弗雷德·哈伯勒、纳克斯、亚历山大·K·凯恩克劳斯都强调,从国际贸易的利益去考虑问题时,不仅要从古典的、新古典的静态比较利益去考虑,而且要从知识与资本的国际转移这种动态利益去考虑。

但是若干发展中国家试图建立进口壁垒,使工业发展能在进口替代的过程中进行。这种政策的理论根据,有假设的贸易条件恶化、古典的"幼稚工业"论据、打破外围国依赖和受剥削的传统格局等。拉丁美洲的结构主义者还强调波动和不稳定的影响,以及在大萧条中对若干国家来说,外国市场实际上是烟消雾散。

以上所述,在二次世界大战后的头十五年中,发展思想集中在资本积累、计划和工业化上。若干其他暗流环绕在这三个重点的周围。基本的格调是扩张的,有着丰富的广阔概括,但很少有实践的检验。关于发展的前景,仍然抱着逐渐减退的乐观态度。

1960年以后的经济发展思想

发展的思想有很大的继续性。但从1960年以来,至少在五个方面发生了很大改变。

(1)更多地应用新古典经济发展思想的严密性对发展问题进行理论分析。 例如为在各种约束下的农民行为作出模型的例子特别多,有A·K·森的《在有或没有剩余劳动下的农民与二元结

60

构》（1966年）、J·贝尔曼的《生存作物销售剩余的价格弹性》（1966年）等等。还有的建立各种模型，说明尽管已经有很高的城市失业率，人口还是流入市区的情况。

（2）经验主义更为明显。 主要有两个方向：一个是企图以各国的比较数据说明发展过程的性质。例如西蒙·库兹涅茨的《现代经济增长、速度、结构与扩散》（1966年），霍利斯·钱纳里和兰斯·泰勒的《各个国家与各个时期的发展类型》（1968年），伊尔马·阿德尔曼和辛西娅·莫里斯的《社会、政治和经济发展》（1968年）和《发展中国家的经济增长与社会公平》（1973年）。另一个是对早期分析的许多基本概念进行假设性的检验（常常是数理经济的），对现代发展思想作出了一些肯定和一些重要的修正。例如R·克里希纳、W·福尔肯、M·贝尔曼、J·R·贝尔曼、L·劳等提出了新的证据，证明农民的行为是同市场反应性和新古典的最大限度化完全一致的。C·K·克莱格、J·M·马茨、贝尔曼是属于第一批对其他部门的经济弹性和供求弹性进行估计的人。如此等等。

（3）对于对外部门的政策的强调大有改变。 部分地由于（2）的研究，表明了内向的进口替代政策的失败。1964年举行的首次联合国贸易和发展会议特别值得注意，因为它转到了外向政策。国际商品协定（包含有援助的因素）、出口促进、对半制品和制成品的优惠贸易安排、对跨国公司的管制等，变成了历届贸发会议的主要议题。学者们在这方面提出了许多论著。

（4）从主要注意经济增长，转到了注意收入分配、不稳定、营养不足、教育、失业等，因为广泛觉察到在这些领域存在着严重问题。

（5）从普遍的全面的理论转入具体的个别的问题分析。关键性生产要素理论的价值贬低，计划的成就有限。大多数发展中国家与发达国家收入差距的扩大，强调除了增长之外还有其他重要的问题，认识到发展中国家决策人在政策上的选择性具有限制——这种种原因使发展经济学家不再去搞伟大的理论了，而是倾向于作出范围相当有限的理论上和经验上的分析。在这个过程中许多相互关联的现象被揭露了，而其中的因果关系则还摸不清楚。发展经济学家也就不再去为改造"所有的"经济规定政策，他们现在倾向于只给特定制度下的问题开出作用比较窄狭的处方。

杰尔·R·贝尔曼教授的结论是："可以设想，这样积累起来的对于发展中国家经济的分析，将成为综合的一般发展理论的基础。考虑到过去种种伟大的系统的进攻所遭遇的挫折，我深深怀疑这样一种理论在最近的将来是否有产生的可能。"（上引书，第556页。）

对经济发展思想的评价

二次世界大战后第三世界的经济发展是一种新事物，它本身有一个发展的过程。对这一过程的认识，即关于发展的思想，也有一个演变的过程。有许多思想在西方发展经济学中已经被放弃了，又产生了一些新的思想，同时还有许多问题是发展经济学中所应当考虑而没有考虑的，牛津大学斯特里顿教授对此作了总结。[19]

已经放弃了的思想

关于发展的思想，基本上已经被放弃了的有下列各种要素：

（1）过去对发展问题的分析和政策起支配作用的，有西欧工业国在马歇尔计划援助下从战争中迅速获得恢复的经验，有战后经济的高速增长，有科学和技术在战后重建中取得的胜利。后来认识到，第三世界国家的发展问题与被战争破坏的先进经济的

---

19 牛津大学的保罗·斯特里顿教授在这方面作了很全面的总结，见前引《发展思想的历史演进：对发展的新兴趣》一文，1979年。

重建问题根本不同。

（2）过去对工业化和基础设施（动力和运输）赋予优先地位，二者差不多变成了发展的同义语。因此也特别强调资本积累，认为它是发展中的战略变数。后来发现，资本只能说明增长的很小一部分，并且增长和发展也不是同义语。

（3）由中央政府实行自上而下的计划，并需要一次"大推动"，两者支配着最初的思想和决策，而对行政能力、人力上和制度上的紧张状态所带来的局限性，对人民参与、分权和地方劳力动员的需要，则没有认识到。

（4）政策受到对殖民主义的反感的支配。许多新独立的国家常常错误地把经济独立同经济上的高度自给自足等同起来，认为就是只依靠自己，不依靠别人。但是拉丁美洲许多国家早就获得了政治上的独立，却仍然感到经济上的独立是不可捉摸的东西，因为经济独立并没有随着政治独立而自动到来。

（5）当时的发展思想深深受到对外贸易方面的悲观主义的影响，这就导致了制定"两个缺口"的模型。对于出口前景和贸易条件的悲观主义，加强了以进口替代实行工业化的政策，后者又造成了根深蒂固的城市既得利益集团，它们抵制使贸易自由化的一切努力。

（6）当时相信，生产的人均高速增长率会导致贫困程度的降低，这是由于"涓流效应"（trickle down），或由于政府政策所造成的结果；相信向贫困进攻的最好办法是间接地——通过支持增长的两个极端（"如果它在动，就推它一把"）；相信"附带利益"（spin-offs）会有利于穷人，至少在经历一段时间以后；在这段时间中，对不平等和贫困必须暂时忍受。

（7）人口增长率及其所带来的问题被低估了，而双边和多边发展安排对于这个问题出于外交上的礼节，闭口不谈。

（8）发展的目标被狭义地用国民生产总值及其增长去规

63

定，而对其他的目标，例如较大的平等、消除贫穷、满足人的基本需要、保持自然资源、减轻污染、加强环境保护以及其他非物质的目标，则忽视了，或者强调不足。当这些目标被公开提出以后，则"难于衡量缓急轻重的悲观主义"（trade-off pessimism）产生了。

（9）对于发达国对发展国可能作出的贡献看得太狭窄了，只看作是提供资本和技术援助，而不看作富国所采取的全部政策的影响(不问这些政策是否具有援助发展的明确意图)。这些政策可以包括科学政策（研究与发展支出的猛烈增长）、对于跨国公司的政策、移民政策、货币政策、区域政策、贸易和就业政策、农业政策以及对外政策和一般军事联盟。

（10）把"第三世界"看作是一个整体，是一个具有共同问题的地区，嗣后越来越清楚地看到，发展中国家整体内部的某些差异，至少同发展中国家与发达国家之间的差异一样大。

（11）发展被看作完全是一个不发达国家逐渐变得发达起来的问题。现在则开始把发展看作是一个全世界的共同问题。发展所引起的问题，是过份发达的富国与穷国所共有的问题，有一些是利害与共的，有一些则是利害冲突的。

新的发展思想

新产生的发展思想可以总结如下：

（1）必须从满足大多数人民的基本需要出发。他们的需要，包括更多更好的食物、健康、卫生、教育、象样的住宅、足够的运输设备；此外还有"非物质的"需要，如自信、自力更生、尊严、自行作出决定的能力、参加作出影响自己生活和工作的决定、充分发挥自己的天赋聪明才智，所有这些，全都以各种各样的方式同"物质的"需要交织在一起。

（2）要满足这十亿人民的基本需要，不但要求改变收入分配，而且要求改变生产结构（包括产品分配和对外贸易）。这就

64

要求增加购买力以及能在市场上买到商品，要求扩大公共服务。为了保证公共服务能在实际上普及到这些人，就必须对这些服务的提供进行改革，并要求在地方一级有更多的人参加，能够更方便地得到这种服务，和有一个合适的交接制度。

（3）由于大多数人生活在乡村（并且将在一段时间内继续生活在乡村），所以必须对种植供国内消费的粮食给予优先机会。农业一直是个落后的部门；它一直阻碍着发展，它的产品分配也是不平均的。乡村对于工业品也是一个潜在的广阔市场。

（4）为了满足乡村居民的需要，必须提供信贷、推广服务、肥料、水、动力、种籽，使之达到小农（相对于中农和大农场主而言）手中。小农的土地所有权和使用权要有保障，保证他们能从自己所作的土地改良中得到好处。他们还需要市场信息，并为小农在市镇上和地区城市中提供市场，要有运输支线和推销设备。

（5）应当为小所有主提供现代化的加工、推销、金融服务和推广服务的中心；但实行时不宜对稀缺的经理人才使用过多。

（6）必须设法开发有效的劳动密集型技术，更确切地说，就是开发那种能节约资本、高深技术和经理人才的技术，以适合发展中国家的社会、文化和气候条件，特别是在耕作、加工和农村工业中，以及在出口和进口替代中使用。用合适的建筑材料进行建筑，也能为创造有效的就业提供机会。

（7）乡村市镇应提供中等水平的社会服务，例如卫生院和家庭门诊，中学和技术专科学校。

（8）新的结构将减少涌向大城市的人口，节约某些服务的高昂成本，并扩大地区和当地参加经济活动的范围。

（9）整个过程应包括人类的、社会的和经济的发展，更具体地说，有几亿人在一些时候将变成不是更生产的。他们需要社会援助。

65

（10）所有的政策，例如价格管制、投入的分配、金融和财政措施、信用管制、外汇管制等等，均应从其对具体发展目标的最后影响来加以审议。尽管在最初阶段不平等的某种增长是不可避免的，但必须不使穷人更穷，因此，其结果会牺牲穷人以使富人获益的那些措施都必须放弃，或重新制订。

发展经济学中所忽视的问题

尽管发展中国家总的增长记录是惊人的，它们的政治记录却是不能令人满意的。在这方面，一些重要的分析领域或者是被忽视了，或者只被当作"外在的"变数而没有列入发展的分析或政策，还有些方面被当作政治上的偏见而予以摒弃。要对发展问题作严肃而客观的分析，就应当把它们都包括在内。例如：

（1）政府不愿意去坚决处理政治上的一些棘手问题：土地政策，税收（特别是对大地主课税），过份的保护，劳力动员。

（2）政府重用亲戚故旧，贪污腐化。这是与第一点相联系的。

（3）各种形式的寡头和垄断权力：大地主的权力，大工商业者的权力，跨国公司的权力。

（4）在一个不同的领域但同样对发展的努力起破坏作用的，是有组织的城市工会的权力，以及对实行收入和就业政策、广泛扩大就业机会（特别是扩大到乡村贫民）的阻力。

（5）接受教育的机会受到限制，从而造成了要求有"工作证书"（job certification），这既反映了权力分配的不平等，同时又加强了这种不平等。接受保健、住宅和其他公共服务的机会同样受到限制。

（6）在公营企业、政府机关和受到保护或具有其他垄断权力的私营公司中，企业精神微弱，经营和管理不善。

（7）在中央计划与执行计划的各部之间，中央计划与地区、地方和各个项目的计划之间，在政府各部的活动之间，缺乏协调。

（8）负有从事发展的任务的联合国各专门机构在组织、职权范围、人员录用、计划及行政方面的缺点，这还经常同一种狭隘的专家处理问题的态度结合在一起，后者又受到这些机构的起源和组织以及它们的在政治上"不涉及纷争"的态度的鼓励。

（9）还有大屠杀，驱逐少数民族（通常又是那些具有企业精神的）和政敌，不经审讯的监禁、酷刑和其他违反基本人权的行为，以及用在军备上的3,700亿美元，（1986年的估计是10,000亿美元，见《南方》杂志1986年5月第61页）而用在净优惠转移上的只不过170亿美元（按1975年计算）。

西方经济学有无用处之争

西方发展经济学家对于传统的资产阶级经济理论能否适用于发展问题的研究，是有过争论的。一派人主张，现成的经济理论是以资本主义经济为研究对象的，不能原封不动地用来研究发展中国家经济，可以称之为"无用论"。一派人认为，传统经济学的基本原理对于研究发展中国家的经济问题还是必不可少的，可以称之为"有用论"。还有一派人综合这两方面的意见，认为对传统经济学要作必要的修正和补充，才能使之适合于对发展经济的研究，可以称之为"修正及补充论"。

既然绝大多数发展中国家是沿着资本主义道路前进，而且主要是在资本主义的世界经济体系中前进，那么在其对内对外的经济问题与经济政策的研究和分析中，资产阶级经济学的基本原理在客观上就有市场，它的流行是可以理解的。不管提出什么主张，西方用来指导发展问题研究的，还是传统的经济学理论；我们所能利用的统计数字和经验总结，也是在这种理论指导之下获得的。

67

无用论

认为西方的传统经济理论不能用来研究发展中国家经济的理由，一是从正面申述传统理论的局限性，二是从反面申述传统经济模型的被滥用。

（1）传统经济学的局限性

有的西方经济学家早就看出西方经济学应用于发展中国家经济的研究是不适当的，因为这种经济学是研究工业发达国家的经济的；需要有另外一种经济学去研究发展经济问题。例如达德利·西尔斯教授早在1963年就发表文章，[20] 论述发达的资本主义国家的经济是一种"特殊案例"（the special case），而研究这种特殊案例的西方传统经济学是不能用来研究发展中国家的经济的。

西尔斯教授曾有几年在海外工作，接触到经济发展的实际问题，深深感到消除亚非拉人民的赤贫是当前迫切的主要任务，而传统的经济学并不能完成这个任务。它是在上述特殊情况之下产生并为之服务的，它不能解释发展中国家所要解释的问题（为什么经济增长的速度不同），也不能给予经济上的主要帮助（怎样促进经济发展）。因为典型的发展中国家主要是一种没有工业化的经济，它的对外贸易主要是出售初级产品，进口工业制成品。因此，西尔斯主张针对发展中国家的具体情况来进行经济学的研究和教学。

又如，迈克尔·托达诺教授认为，[21]发展中国家有不同的结构，而传统的西方经济学是完全不适用的。他所谓的传统理论，

---

20 达德利·西尔斯，"特殊案例的局限性，"《牛津经济学与统计学研究所学报》，第25卷第2期，1963年5月（G. M. 迈耶，《经济发展的主要问题》1976年第3版转载）。他从生产要素、各个经济部门、公共财政、对外贸易、居民户、储蓄与投资、动态的影响七个方面列举发达的资本主义国家的各种特殊性。

21 M·P·托达诺，《第三世界国家的经济发展》，1985年第3版，第11—14页。

68

是指西方大学讲授的新古典经济学，包括宏观经济学、微观经济学和国际经济学。就微观而言，三个理想的假设即消费者主权、完全竞争和利润最大化，有一只"看不见的手"来保持经济的均衡和稳定；这种分析，对促进发展中国家的经济发展是于事无补的。宏观经济学的财政政策和货币政策已不能医治发达国家自己的滞涨顽症，更无补于发展中国家。国际贸易的比较理论也不能解释发展中国家与发达国家之间的贸易现象。

又如，N·格奥尔吉斯科——罗根教授提出，需要有一种经济理论去研究一种人口过多的农业经济中的问题——即他所说的"农民经济学"（agrarian economics），而不只是农业经济学（agricultural economics），其理由也就是传统的经济学不适用。[22]

（2）模型的滥用

保罗·斯特里顿教授对于在发展计划中应用模型作了简明而深刻的批判。[23] 他并不是说在发展的分析和计划中不应当使用模型，他认为严密的抽象、简单化和数量化是任何分析和政策的必要条件。但他认为模型应当是现实的、贴切的和有用的。现有模型的缺点是，它们虽是成形的和优美的，但却缺少主要的东西。他认为模型思考有四个系统的偏向，它们是互相关联并彼此交叉的。

有用论

（1）P.T.鲍尔的意见

出生于匈牙利布达佩斯特的英国经济学家P.T.鲍尔勋爵，早年曾强调指出基本经济原理对于经济发展的根本重要性和适用

---

22 "经济理论与农民经济学，"《牛津经济论文》，第12卷第1期，1960年2月（迈耶，《经济发展的主要问题》第3版转载）。

23 "发展计划化中模型的使用和滥用，"见库尔特·马丁和约翰·纳普编，《发展经济学的讲授》，1966年（迈耶，《经济发展的主要问题》第3版转载）。

性，以及忽视这些原理对于发展事业的危害。[24]

他所说的基本原理，包括对价格具有函数关系的供给与需求、当作机会成本的成本、相对价格理论、比较利益与比较成本的涵义，以及货币收入流量、就业人数和国际收支三者相互之间的函数关系。

这些基本原理同政策制订，特别是同对可供选择的各种政策的估价以及各种措施的具体效益的估价，显然是有关的。它们适用于公共财政，特别适用于对各种税收及政府支出项目的归宿及其他效果的估计。但它们的适用范围，远远超过了这些重要领域。

例如，承认价格对供给的影响，承认成本的存在和关联，对于估计下述各种措施的含义都是必要的：对进口产品规定最低的物质标准；不问其所在地如何，对生产者支付统一的价格；规定最低工资；不问土地肥沃程度和地理位置如何，将政府所有的土地按统一的租金率出租；以及其他许多影响收入、机会和资源有效利用的措施。

忽视简单的基本原理和实践证据，是缺乏专门知识的反映。发展中国家的实际工作人员对掌握经济理论和分析中的最新技术是热忱的，但是如果他们同时忽视了根本的经济上和制度上的考虑，那是不对的。

（2）敏特教授的意见

他首先分析对现有经济理论的三种主要批评，然后指出这种理论对发展问题的研究仍然是"现实的"和"切题的"。[25]

对三种主要批评的意见：

---

24 P·T·鲍尔，"经济学作为技术援助的一种形式，"《曼彻斯特经济学和社会科学学院》，1967年5月（迈耶，《经济发展的主要问题》第3版转载）。

25 H·明特，"经济理论与发展政策"，《经济学》（Economica），第XXXIV卷，第134期，1967年5月（迈耶，《经济发展中的主要问题》第3版转载）。

70

（1）试图把为先进国家建立的理论分析标准模型应用于不发达国家的不同经济环境和制度，是否具有现实性（realism）的问题。他同意这种批评，但认为这不能作为放弃现有经济理论的依据，而只是说明了要改进它的适用性（applicability）。

（2）静态的新古典经济学涉及的，是在一个现存经济体制内如何配置一定数量的资源的问题，而要在不发达国家促进经济发展，则涉及到如何增加可用资源的数量、改进技术和采用一种打破现有体制的动态的自己维持的变革过程的问题，将前者应用于后者，是否具有切题性（relevance）。他也同意并没有一种能令人满意的动态理论去研究发展问题。他还进一步指出，动态理论的最新发展——增长模型对不发达国家是不很切题的，也不是为不发达国家制定的（参阅约翰·希克斯爵士的《资本与增长》，牛津大学出版社1965年，第1页）。但他认为关于一定资源的有效配置的静态理论，对不发达国家是不切题的，这个结论是不能接受的。

（3）正统的经济理论是同赞成自由放任、自由贸易、保守的财政和货币政策的先见和偏见不可分割地联系在一起的，而正统的经济政策是不利于经济的迅速增长的。想要经济迅速增长，只有实行大规模的政府经济计划、广泛的保护和进口管制、对发展规划的赤字财政供应（如不能得到足够的外援时）。因此，应当放弃现有的大部分经济理论，特别是正统的新古典理论，以便为采用上述新发展政策铺平道路。

敏特认为这里有两个问题：一是在促进不发达国家的经济发展方面，新政策是否总比正统的政策有效？二是在正统的经济理论与正统的经济政策之间是否有不可打破的意识形态上的联系，因此要采用新的发展政策就必须放弃大部分经济理论？

他认为，不发达国家的情况彼此有很大的不同，不能不问各国的具体情况，而认为新政策对它们的经济发展总会比较好些。

71

不发达国家都已经采取了新的政策，这种政策已经成为传统的经济智慧的一部分，而正统的经济理论，在新的"进步的"经济政策中已具有更大的意义。即使把发展计划看作是新的和激进的政策，作为其基础的理论，从技术上讲，却完全是正统的和传统的。正统的国际贸易理论，可以用来支持对不发达国家的比较自由的贸易政策和比较慷慨的援助政策，因为经济理论"在伦理上是中立的"，它可以为政策制订者通过自己的"价值判断"所选定的经济目标服务。

因此，明特教授认为，正统的经济理论不但没有变得陈旧，而且在促进不发达国家经济发展的新"进步"政策中具有更大的意义。

修正及补充论

G·M·迈耶教授提出了"为了发展的经济学"（economics for development），以别于"关于发展的经济学"（economics about development）。[26]

他认为，凯恩斯的这个评价是令人信服的："经济学的理论并不提供一套马上可以应用于政策的现成结论。"[27]理论与政策的距离之大，任何一个经济政策领域都比不上发展问题。各种发展理论都是关于发展过程的系统的思维方式，但都只是抽象地进行的、从外部进行的。它们涉及的，是"关于"发展的经济学。这种方法，同"为了"发展的经济学是大不相同的——后者是发展实践家必须应用来在一个特殊环境中制订和执行一个实际发展纲领的经济学。在执行发展纲领中，发展实践家不能仅仅依靠分析家"从外部提出的"发展地点。他们必须把经济原理应用于植根在一般发展过程中的具体问题。如果只知道最新的发展模型，他

26　G·M·迈耶，《为了发展的经济学》，载《经济发展的主要问题》，1984年第4版，第145—147页。

27　J·M·凯恩斯，《剑桥经济手册丛书》的"总编辑导言"。

72

们是不能完成任务的。

为了提高决策的质量，现在要求文字经济学家提供可以实用的概念（operational concepts)和以经验为根据的设计（empirical construts)，而不是侈谈"空洞的增长阶段"或一些意义含糊的名词，例如"大推动"或"平衡增长"。数理经济学家要更加理解数学规划在一个欠发达国家的局限性。经济计量学家要认识，为了使经济计量模型保持在可以控制的范围内，简单化的假设是必要的。

此外，大多数发展经济学家不再寻找一门完全不同的次学科——与利用新古典经济学相对立的发展经济学。在四十年代和五十年代有许多人主张说，"正统的单一经济学"（orthodox monoeconomics）来源于盎格鲁——撒克逊经济学，只适用于先进工业资本主义经济的特殊情况，而不适用于欠发达国家。但是这种主张已经失去力量，因为经验证明，单一经济学的原理——特别是规定资源有效配置的那些原理——在任何经济中都是不能忽视的。

但在考虑发展政策时，发展经济学家仍然必须重新思考价格理论和收入理论的某些基本前提。价格理论必须加以扩充，去考虑各个时期之间的资源配置问题，以及价格对于动员资源的意义。需要有"一套正确的政策"，这不仅是为了在一定时期内的配置目标，而且更重要的是，作为在长时期内更充分地利用和动员资源的正确信号和有效刺激。发展经济学家需要更清楚地懂得，在这种动态意义中，"理顺价格"（getting prices right）究竟是什么意思。

新古典经济学还必须加以扩充，以包括对收入分配的更多分析。绝对贫困和不平等问题不能降低为资源分配效率的小小技术问题。福利经济学自诩为对收入分配问题避免作个人之间的比较和判断，这比起对基本需要的强调来，未免有似小巫见大巫。任

73

务是在将新古典经济学同就业与分配问题结合起来。

传统的那种凯恩斯收入理论，使发展经济学家对于失业的原因和什么是有效的充分就业政策感到糊涂。凯恩斯经济学的投资乘数先被看作是就业乘数，然后期望更多的就业会随着更大的产出一起出现。但是尽管投资比率上升、国民生产总值增长，许多发展中国家还是出现失业和就业不足的人数上升。失业问题可能同一套不合适的价格和收入理论所忽视的结构现象有关。发展中国家的失业问题不是凯恩斯的那一种，收入理论的政策含义必须为它们作出修改。

发展中国家的经济学家也开始认识到，在许多场合，由于好高骛远，他们忽视了当前的和重大的需要的解决——企图使用高深的分析技术和高度形式化的长期计划模型。

不知是由于政府决策中国际"示范作用"的影响，还是由于在计划委员会中知识分子居于统治地位，许多发展中国家对于最精密的模型、最新的技术和最近的专门知识，都有一种特别锐敏的接受力。可是，越来越看得清楚，最新技术的使用可能为时过早，最高类型分析的吸引力可能不会产生实际效果。

正如匈牙利经济学家贾科斯·科奈指出的，实行数学计划化依存于非数学计划化的程度。只有当一个有组织的制度的、非数学的计划化形式已经建立时，什么是值得追求的政策目标才会变得明显。他说：[28]

在单独一个模型中，只能考虑几百种关系和制约因素。但在中央计划机关和下层机构与企业中工作的人员，会"感到"成千上万的其他制约因素和关系，他们可以在自己的估计中把这些都考虑进去。数学计划化只有当它被当作准备充分和方向明确的制度计划化中的一个

---

28 贾科斯·科奈，"模型与政策：模型建造与计划人间的对话"，载C·R·布利策尔等编，《整个经济的模型与发展计划化》，1975年，第2章。

74

成分，同发展中国家的实际生活发生千丝万缕的关系来开发时，才能成功地得到开发。

计划化中采用过分精细的数学方法，暴露出三类重大的偏向：一是计划编制中的宏观模型偏向，比较忽视计划化的微观经济方面（从项目分析到刺激设置和吸引群众参加）；二是计划化的数量方面的偏向，比较忽视不能用数量表示但极关重要的其他发展力量（例如，关于人力资源发展和社会文化与政治变革的许多方面，数据是有限的）；集中注意编制发展计划的偏向，对于它的执行没有予以应有的考虑。

虽然不能否认不发达国家的问题同在发达国家所遇到的问题在程度上有所不同，有时甚至在性质上也有所不同，但是如果说需要有截然不同的经济工具和原理去分析这些问题，那就未免过分了。在发展经济学中已经取得的进步，实际上主要是在传统分析的范围内取得的。传统经济学中的许多工具，广泛接受的经济理论中的许多原理，已经证明可以直接应用于穷国的问题；有一些概念和技术，如果略加修正和扩充，可以变得更加有用。

L·G·雷诺兹教授认为，把经济理论看作是一个统一的思想体系已经不再适宜了，对于不同的工具需要分别作出评价。当把一种具体的西方工具应用于不同种类的经济时，很难说它是完全适用的或完全无用的。一般说来，只要作适当的修改，就可以有一些用处；饶有兴趣的问题是，在每一场合究竟需要作多大程度的修改。他列出了一个需要修改的程度表：[29]

29　L·G·雷诺兹（美国耶鲁大学教授），《经济学的三个世界》，耶鲁大学出版社1971年，第274—275页。

75

西方经济理论部门	对社会主义经济	对欠发达国家经济
1　微观经济学本身	大	大
2　规范的微观经济学	小	小
3　市场经济学	大	中
4　工业部门之间的分析	小	小
4a　总的规划模型	小	n.a.
5　一般均衡	大	n.a.
5a　福利经济学	中	小
6　贸易理论	中	中
7　短期宏观经济学；货币理论	中	中
8　增长理论：实证的	小	大
9　增长理论：规范的	小	n.a.

　　注：n.a.表示关系很小,不发生修正问题。

　　世界银行对中国的经济情况进行过两次考察，提出过两次报告。[30]赵紫阳总理在1983年5月26日会见该行长克劳森一行时说，他"欢迎世界银行准备再次对中国的经济情况进行考察并写出第二个调查报告。"[30]在报道第二个报告时,《人民日报》的记者说,这个报告"对迈向2000年中国经济的发展速度、格局以及有关的政策等问题,进行了认真的分析研究,提出了不少有价值的意见和建议,供中国政府进行最佳选择。"又说,"据悉,中国有关部门正在认真研究这份报告及有关材料。中国政府领导人指

　　30　第一次报告于1981年6月1日发表；1982年3月10日重印，稍有修订；1983年英文版公开发行，共分三卷：第一卷，经济情况（主报告），附录统计制度及基本统计表；第二卷，各个经济部门；第三卷各个社会部门。

　　第二次报告，主报告为《中国：长期发展的问题和方案》（中国财政经济出版社1985年10月第1版）。此外有六个附件，共为七卷：附件一，教育问题和前景；附件二，从现在起到2000年的农业；附件三，能源问题；附件四，模型和预测；附件五，从国际角度来看中国的经济体制；附件六，运输问题。此外还组织专人撰写了九篇背景文章，作为报告的参考材料。

76

出，这个报告对中国制定第七个五年计划和长期发展规划有借鉴作用。"[31] 我们在上面已经把世界银行的研究文献纳入西方发展经济学的范畴。通过中国的例子 可以看出根据西方经济学得出的结论，还是有一定用处的。

世界各国对于经济发展问题的研究

现在全世界的国家和国际组织对于第三世界国家的 发 展 问题，正在从各方面进行广泛深入的研究，真正体现了发展问题不仅是发展中国家的问题，而且是全世界的一个问题。在下面举一个调查实例，以见一斑。

联合国贸易和发展会议于1980年6月和1982年2月对54个国家的159个研究机关寄发了调查表，请它们就正在进行和计划进行的关于贸易与发展问题的研究作出回答，并将调查结果于1982年出 版 一本报告。[32] 根据这个报告，共有研究项目1,227个，可以分作三大类：

研 究 项 目 数

	发展中国家	发达的市场经济国家	苏联东欧国家	共 计
贸易和发展的一般研究（A+B）	102	207	60	369
各地区之间的,地区以内的和国别的研究（C+D）	94	129	12	235
部门的研究（E—J）	180	409	33	622
共　计	376	745	105	1,226
研究机关数	49	96	14	159
平均每一机关项目数*	7.7	7.8	7.5	7.7

*只 包 括关于贸易和发展问题的研究项目；许多研究机关也还有关于其他发展问题的研究项目。

---

31 《人民日报》，1985年9月21日。
32 联 合国贸 发会议秘书处，《贸易与发展问题研究登记手册》，1981年版。

各类所包含的研究项目如下（括号中的数字是研究项目数）：

第一部分　一般研究

A、在世界经济体系中的发展中国家（112）

    1　国际分工与发展中国家的外部经济关系（79）

    2　发展中国家与社会主义国家之间的贸易与经济合作（18）

    3　国际贸易规则与安排（11）

    4　发展中国家的分类（4）

B、发展问题（257）

    1　发展概论、类型和战略（90）

    2　经济中各个部门发展的问题和战略（106）

    3　跨国公司在发展中的作用（40）

    4　环境问题及其与贸易和发展的关系（13）

    5　处于特别不利地位的发展中国家的特殊问题（8）

第二部分　区间的、区内的和国别的问题

C、发展中国家之间的贸易与经济合作（80）

    1　发展中国家之间的贸易与金融流动的趋势（10）

    2　地区和亚地区合作的问题和政策（60）

    3　整个发展中国家之间的经济合作的问题和政策（10）

D、各个国家的贸易与发展（155）

    1　各个国家的贸易与发展的趋势和类型（67）

    2　影响各个国家的贸易与发展的问题和政策（88）

第三部分　部门研究

E、商品（172）

    1　国际商品政策，包括定价政策和市场稳定（38）

    2　农业生产和贸易的问题与政策（61）

    3　各个商品市场的生产、贸易与价格，包括天然材料和合成材料之间的竞争（35）

78

此外还有世界银行。据称该行除独自进行的研究以外，越来越多地同发展中国家的研究人员和研究机关合作进行研究，集中于共同关心的问题，到1983年已达14年，已经构成一个相互支持的研究网，研究一般的发展政策问题，及与该行在发展中国家的业务特别有关的具体问题。该行的研究，旨在"对发展过程及影响它的政策提供比较深入的洞察，在该行对国别、部门和项目各级的业务与分析工作中采用新的技术或方法论，并帮助发展中的会员国加强本国的研究能力。"[33] 1983年该行正在进行的研究共122项，分下列各类（括号中为项目数）：

1 发展政策与计划（30）
　A 收入分配（4）
　B 计划、增长和国家经济分析（26）
2 国际贸易与金融（9）
3 农业与农村发展（22）
4 工业（16）
5 运输和电信（4）
6 能源（6）
7 城市化与地区发展（9）
8 人口与人力资源（26）
　A 教育（10）
　B 劳动与就业（4）
　C 人口、卫生与营养（12）

---

33 世界银行，《现代各项研究摘要，1983年(世界银行的研究规划)》。

80

第三章　经济发展理论

理论与模型

理论

W·亚瑟·刘易斯在1983年美国经济学会第96届年会上发表了题为《发展理论的现状》的主席讲演[1]。他说，"发展经济学家在五十和六十年代创作的新模型给人的印象是十分深刻的。"他列举了14项：

1．两个缺口模型
2．不平衡增长
3．剩余出路
4．荷兰病
5．二元经济
6．隐蔽失业
7．结构性通货膨胀
8．依附
9．适用技术
10．指导性计划
11．大推动
12．增长极
13．日益增长的储蓄比率
14．低水平均衡陷阱

刘易斯针对有人指摘发展经济学现在比它在五十和六十年代创立的新思想（不论是对的还是错的）较少这一点说："现在对事实进行分析的著作也许比过去任何时候都要多，看一看发表这种文章的英文杂志的数目就可以知道。现在比较少的，是关于新

1　原文载《美国经济评论》，1984年3月号。

发展理论的著作。五十和六十年代是一个巨大的理论创新和争鸣的时期，"他还说，"这种指摘或许是实在的，虽然并无太大伤害。在任何一个思想领域，值得称道的创新成果的出现，注定是有起有伏的。丰盛的宴席需要有安静的时间去消化。一个科学领域不应因为十年之中没有出现过一种辉煌的新思想就将它放弃。就我所知，这种新思想可能正在喷薄欲出。"

西方的发展经济学教科书，除了讲经济发展理论之外，同时还讲经济增长理论。其原因可能是：（1）经济发展包含经济增长；（2）今天的发达国家，也是过去的发展中国家，它们的经验，仍然可供比较和借鉴。

经济增长与经济发展的理论究竟有多大用处？赫利克和金德尔伯格在《经济发展》一书的序言中指出（1983年第4版，第XVI页）："如果我们有一种自己能够认识到的偏见，那就是怀疑主义的偏见。这种态度是不会有人提出异议的。任何主张自己完全懂得经济发展或者已经找到了启开经济增长'唯一'奥秘的'唯一'钥匙的人，可能是一个蠢才，或者是一个骗子，或者既是蠢才又是骗子。我们仍旧赞成这样的主张：'每一件事情都比大多数人所想的要复杂得多。"他们还在"增长理论"一章的结束语中指出（第46页）："显然，增长模型（特别是在本章中挑选出来介绍的那些模型）并不是万能的。如果它们真是万能的，那么根据它们所定出的政策就应当早已把增长问题全部解决了。但是这些模型确实揭露了一些关系，使自己成为更复杂的发展经济学的建筑材料。"（上引书，第46页）

模型

西方经济学认为模型（model）一词是理论（theery）一词的非常有用的同义语，因为广泛使用它。其理由是：（1）当谈到一个模型时，人们马上就会想到一个比较复杂的实体的某种简单化的形式，例如模型飞机，而这恰恰就是理论的实质。

（2）模型可以从非常简单而粗略的形式到极其复杂而精微的形式，而理论也是如此。（3）可以用对于实体来说非常困难、非常费钱，或者既困难又费钱，或者简直是不可能的方式，去对模型进行操作和实验。

从其基本的形式说，经济模型是关于各种经济变数的关系的陈述。它的主旨，在于说明现实世界中各种重要变数的因果关系，把没有牵涉的复杂性一概排除。模型建造者的最艰巨的任务，是在从无数的可供选择的变数中作出选择。他必须确定，在现实世界中呈现的复杂纷纭的现象中，哪些在事实上是关键性的变数，哪些是没有关系的东西。实际上，经济模型的基本建筑材料，可以用文字表示，可以用几何图形表示，也可以用数字公式表示。在所有这些场合，变数必须具有清楚的定义。变数可以分为"自变数"和"因变数"，前者是原因，后者是结果。在最复杂的模型中，所有各个组成部分均可同时发生关系，就象在代数中包含两个未知数的两个方程式可以同时得到解决一样。主张有科学上的正确性的模型，必须包含可以从实践得到证明的各个变数。然而现实世界是十分复杂的，社会科学家比自然科学家所研究的现实又更为复杂。任何简单易懂的模型不管具有多大的真实性，总是有省略了重大要素的危险。世界是复杂的，而模型则是简单的，那么研究经济增长模型究竟有什么用处？赫利克和金德尔伯格认为，"增长模型迫使我们集中注意于增长过程中最基本的因素：各种要素投入（资本、劳动、土地），它们同产出（生产资料、消费品、劳务）的关系和彼此之间的关系，以及技术进步的作用。把过程分解到这些基本要素以后，我们就对被现实世界的无数详情细节弄模糊了的东西可以有一个清楚的印象。而且从其纯粹的数学形式来说，增长模型对于在理解上令人眼花缭乱的过程能够用统一的方式去进行数量的处理。"2

---

2 《经济发展》，1983年第4版，第46页。

罗斯·谢泼德表述了模型的制作程序：[3]

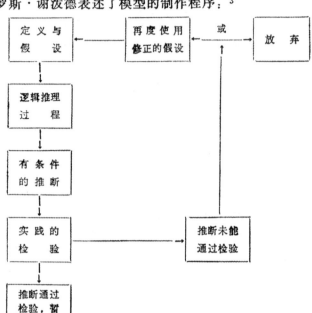

经济增长理论

古典的增长模型

18世纪末和19世纪初，英国一些经济学家（包括斯密、李嘉图和马尔萨斯)提出了大部分涉及经济发展的理论。李嘉图和马尔萨斯的结论基本上是悲观的，他们认为一国的经济增长，一定会以停滞和下降而告终。这些人的思想构成古典的经济增长理论。这种理论是建立在"生存理论"（subsistence theory）的基础

3　《国际经济学（一种微观—宏观的分析）》，哥伦比亚1978年，附录1，"经济理论的性质"。

84

之上的，其论点是：（1）一国的人口是朝着仅足维持生存的生活水平进行调整的；（2）人口的增长，在技术和自然资源（土地）不变的条件下，由于"报酬递减律"（the law of diminishing retuins）的作用，最后会使人均收入越来越少。下面的一个图（图3.1）充分体现了这个道理。[4]

图3.1　　　　　生存理论与收益递减

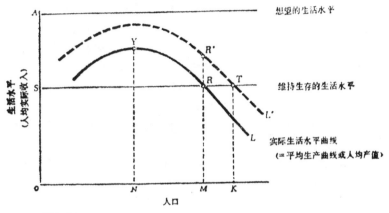

〔说明〕

横轴表示人口，纵轴表示人均实际生活水平，曲线L是在其他资源数量固定的条件下维持一定数量人口的实际生活水平，因此可以认为是代表人均（或每一工人平均）产量的平均生产曲线，是在生产技术不变的条件下将越来越多的人使用于一定数量土地上的结果。这条曲线升至最高点Y，然后下降，表明报酬递减律在发生作用。因此理想的或最优的人口是在N，此时生活水平为NY，是曲线上可以达到的最高度。

古典经济学家认为在某一种生活水平一即"生存水平"上，人口（特别是劳动人口）仅能维持自己，不增不减，在图中为ST。这虽然主要是一个物质的或生物的水平，但也由社会的和习惯的需要所

4　参阅米尔顿·H·斯宾塞，《现代宏观经济学》，1980年第4版，第269—272页。

定，这又影响到子女的生育。如果每一工人的工资落到生活水平以下，人们就会停止生育子女，因而人口减少，人均实际收入增加。反之，如工资升至生活水平以上，则人们会生育更多子女，人口增加，使人均实际收入下降。因此19世纪初的理论被称为"生存工资论"，亦称"工资铁则"。从图上看，人口的均衡规模OM（＝SR）。如其更大，则实际生活水平低于生存水平，人口减少，人均收入上升；如其更小，则实际生活水平高于生存水平，人口增加，人均收入下降。因此，政治经济学被称为"阴郁的科学"（dismale science），这是英国作家托马斯·卡莱尔（1795—1881年）创造的名词。因为如果仅足维持生存的生活水平是社会永远趋向的长期均衡局势，则人类的未来永无改善的希望。即使是新的自然资源的发现或新的生产技术的应用，至多也只能提供暂时的好处，使人口可以有时间调整到这个新的水平，然后又象从前一样生活。如图中平均产品曲线从L升至L'时，人均收入从MR升至MR'只是暂时现象，因为人口增至新均衡点K以后，生活又会回到OS（＝KT）的水平。

由此产生了马尔萨斯的人口理论。他认为人口的增长（按几何级数）比生活资料的增长（按算术级数）快，因为增长着的人口耕种固定数量的土地，最终会使每一劳动者所得的报酬降低。因此，除非人口增长受到抑制，人类注定要遭受苦难和贫困。抑制的办法，可以是防止性的，如道德约束、晚婚、独身；也可以是积极性的，如战争、灾荒、疾病。要逃脱"马尔萨斯的陷阱"有三种办法：（a）移民。但遇到政治的和社会的障碍，不易实现。（b）开发新资源和新生产技术。但须有足够快的速度，使平均生产曲线的上升能抵消人口的增长。（C）找出办法把生存水平提高到想望的水平（aspiration level）或奋斗的目标，即在图中从S提高到A，因而一方面可能有继续不断的压力，去减少现有人口，使平均生产曲线上升得高些；另一方面，可能有压力去发现和开发新资源和新技术，使整个平均生产曲线上移；或同时出现两种可能性。

这一工资理论模式中，也隐含有一个维持生存的利润理论（the subsistencl theory of profits）。如将上图改为非人力资本（建筑物、机器、存货）的增长理论，则横轴代表资本存量总额，纵轴代表收益率，L代表资本的盈利率曲线，是将不同数量的资本应用于固定数量的其他资源所得的结果。

上述思想导致英国古典经济学家（尤其是李嘉图）认为，经济发展依存于两个重要变数的相对增长：人口与资本。如果人口增长快于资本增长，则工资下降而利润上升；反之，如资本增长快于人口增长，则利润下降而工资上升。在长时期内，一个变数的增长比另一个变数的增长时而快些，时而慢些，从而使人口的生存水平曲线上升或资本的利润曲线上升。然而在最后，工人的人均工资和资本的平均单位利润必然趋于长期的生存水平；反之，土地供应总是固定的，所以随着人口和人均产量的增长，地租必然继续上升，地主注定获益。

对绝大多数西方发达国家来说，古典增长模型已为历史所否定。经济中的平均生产曲线已经在一定时期内上移，其速度之快，足够抵销报酬递减和生存均衡两种趋势。这种上移，可以归之于当划出这条曲线时假设为"固定"的那些条件的变动。广义说来，这些条件包括劳动质量的改进、新的更好的资源的发现、生产中的技术进步，这些实际上都是决定一国经济增长的因素。结果，在解释经济史的动态过程时，古典模型的用处，不是在于它已经包括的东西，而是在于它所没有包括的东西。

哈罗德——多马增长模型

（1）模型的内容

从李嘉图和马尔萨斯到罗伊·哈罗德和埃夫塞·多马是一个很长的时期。这一百多年间，西方经济学所关心的不是增长，而主要是资源在边际上的有效配置。增长在学术上被人忽视，部分地因为它在西欧和北美进行得很有效。增长是由于企业家所进行的技术变革（在约瑟夫·熊彼特1911年的发展理论中得到描述），也由于产量增长时产品变得低庸的规模经济（艾尔弗雷德·马歇尔首次予以探讨）。增长是迅速而相当有规律的，**因此**，它被其他的更迫切的政策问题所代替了。直到二十世纪三十年代的大萧条和二次世界大战以后，经济增长又成为问题，首先是作为凯恩斯的收入"革命"理论的副产品，后来是由于**西方经济学家意识到西欧北美以外地区的国际贫困局势**。

凯恩斯在其更多地是注意需求而不是注意供给缺口的模型中，指出在工业社会中有在不到充分就业的水平上达到经济均衡的可能性。他强调的主要是经济稳定而不是经济增长，他的收入决定模型也只涉及极短的时期。但哈罗德和多马注意到，[5] 在一个时期足以提供充分就业（在给定的工资水平上）的国民收入，在下一个时期就不够了，因为在第一时期创造的额外生产能力在次一时期就可供利用。次一时期为了达到充分就业所需要的额外支出，可以利用资本存量及其产量之间的关系，即资本——产量比率来计算。

现代经济增长理论的研究，与对经济周期的分析密切相连。当研究周期时，知道一国经济的增长速度因周期的阶段而异，也知道如消费函数固定，则收入和就业水平由净投资决定。在研究经济增长中，净投资还有一个职能，即它增加经济的生产能力。在一个时期进行的投资越多，下一个时期经济的生产能力就越大，因此，在按生产能力进行生产的水平上，需要用来维持总收入和充分就业的投资水平也越高。图3.2可以说明这一点。[6]

---

5 英国R·F·哈罗德，"动态理论阐释，"《经济学杂志》第49卷,1939年,第14—33页；《动态经济学》,伦敦1948年。美国E·D·多马，"资本扩张、增长率与就业，"《经济计量学》杂志,1946年4月；"扩张和就业，"《美国经济评论》,1946年4月；"经济增长：计量经济学的研究，"《美国经济评论》,1952年5月；"资本积累问题，"《美国经济评论》,1974年3月。这些论文大都收集在《经济增长理论文集》一书中,纽约1957年。

6 参阅米尔顿·H·斯宾塞,《现代宏观经济学》,1980年第4版,第279页。

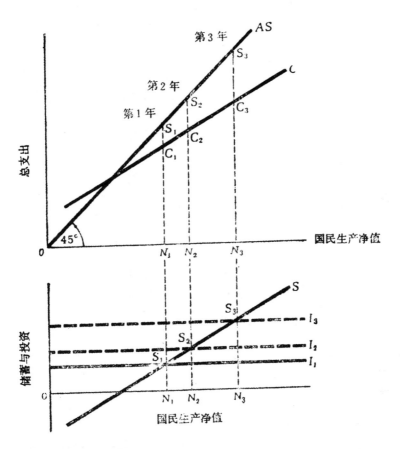

图3.2　　　　　处于充分就业时的投资与生产能力增长

〔说明〕

（1）图的上部表示消费函数，为了简单起见，只列私人部门，未考虑政府部门。图中 N_1 代表第一年处于充分就业的国民生产净值，相应的消费水平为 N_1C_1，储蓄水平为 C_1S_1。假定这个储蓄量流入净投资，即计划储蓄等于计划投资，因此 N_1 的产量得以维持。

（2）由于这种对厂房设备的新投资，第二年的生产能力扩大到

89

N₂。为了达到这个产量，计划储蓄量C_2S_2必须流入新投资。因此第三年的生产能力继续扩大到N₃。

（3）如果这一过程继续下去，则生产能力不断扩大。因此需要有不断增长的储蓄水平来支持一种日益增长的生产能力的充分就业。从图的下部可以看出，每年的储蓄水平以越来越大的数量向上移动。

一国的生产能力每年应扩大多少？答复是：依资本——产量比率而定。这一比率表示一国资本实际存量与其所得的产品（或生产能力）之间的关系。如比率为3：1（这是美国的长期大致趋势），则表明每期3单位资本生产1单位产品。

上面的思想，可以用来解释经济增长，假定有充分就业、储蓄等于投资、所有的投资均会使资本增长。在这个基础上，如果知道平均储蓄倾向（即一国的收入或产值中没有用于消费的部分所占的比率），就能知道有多少储蓄流入投资，从而流入新增资本的创造。如果同时还知道资本——产量比率，就可以计算出预期的净国民生产总值的增长。这一过程可以用下表说明。

（年份） （1）	净国民生产总值 （2）	储蓄＝投资＝资本增长 （平均储蓄倾向＝0.10） （2）栏×10% （3）	产值增长 （资本—产量比率＝3/1） （3）栏×1/3 （4）
1	$100.00	$10.00	
2	103.33	10.33	3.33
3	106.77	10.68	3.44
4	110.33	11.03	3.56
5	114.01	11.40	3.68

〔说明〕

（1）（2）栏表示每年的净国民生产总值，为了方便，假定第一年为100美元。（3）栏中，储蓄等于投资或资本增长，平均储蓄倾向假定为10%，这等于说平均消费倾向为90%。如假定资本——产量比率为3：1，则产量增长为资本增长的1/3，（4栏）。这个增长又

90

变成下一年净国民生产总值的增长（2栏），如此继续下去。总之，储蓄变成投资，投资创造额外的生产能力，导致下一时期较多的收入，更高的收入导致更高的储蓄，进行投资，形成资本，再下一时期得到更多的收入。

这个模型可以用一个简单的公式来表示：

$$\text{经济增长率} = \frac{\text{平均储蓄倾向}}{\text{资本－产量比率}}, \text{或} g = s / K$$

这个基本公式在现代经济增长理论中被广泛应用，因为它显示一种重要的关系。它常常被利用来估计为达到一定的收入增长率所需要的投资数量，如亚洲和远东经济委员会就曾明白地使用它，[7] 刘易斯也曾隐含地使用它。[8] 它也为发展计划提供了一个有用的（虽然是粗略的）检查办法，使投资、储蓄率、增长率三者保持一致。作为人均收入增长率的粗略的近似值，可以将人口增长率从总收入增长率中减去。[9] 例如，假定储蓄倾向为12%，资本——产量比率为3，人口每年增长2%，则经济增长率为每年人均2%（$0.12 / 3 - 0.02 = 0.02$）。

但是它假定了若干简单化的条件，其中有：（a）固定的资本——产量比率，（b）固定的平均储蓄倾向，（c）没有考虑象营业税、政府的货币和财政政策、技术变化等现实世界的因素。这些假设都是经济学家中进行辩论的题目。

（2）对这一模型的批评

7　联合国亚洲和远东经济委员会，《经济发展的计划技术》，计划技术第一专家小组报告，曼谷，1960年，第8—13页。

8　w·亚瑟·刘易斯，"关于经济发展的一些看法"，《经济文摘》，巴基斯坦发展经济学研究所，卡拉奇，第3卷第4期，1960年冬季号，第3—5页。

9　这个近似值只是粗略的，因为本来应当用人口的增长去除实际收入的增长，而不是将前者从后者减去。但在数目很小时，差别并不大。例如，（104／102×100）—100或多或少等于4—2。可是，如果考虑的时期较长，譬如说几十年，那就应当用除法，因为（140／120×100）—100不等于40—20。

91

第一，平均的资本——产量比率和边际的（或递增的）资本产量比率

迈耶认为，[10] 资本增长与产量增长之间，并没有象 哈 罗 德——多马所说的那种肯定的因果关系。说产量的任何增长都只是因为资本积累，那是会引起误解的。他认为资本——产量比率的计算，在概念上有许多困难，在统计上有许多陷阱。首先必须区别平均的资本——产量比率和边际的（或递增的）资本——产量比率，（简称ICOR，代表incremental capital-output ratio）前者是总资本存量的价值除以年度总收入，后者是增加 的 资 本（净投资）除以增加的收入（净国民收入）。哈罗德——多马模型的含义是，这两种比率是相等的，可是二者不一定相等，即使预期平均比率会变动很慢，边际比率还是可能变动很快。赫里克和金德尔伯格指出，[11] 二者在实际上不会相等，如果资本遇到报酬递减（这是常有的事），二者就不同，如图3.3所示。

图3.3　　产量（Y）和资本（K）之间的两种关系

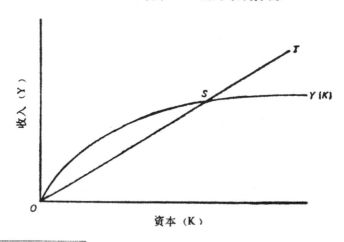

10　G·M·迈耶，《经济发展的主要问题》第3版，第258—261页。

11　《经济发展》，1983年第4版，第31页。

92

〔说明〕

Y（K）—K的函数Y—曲线代表有关时期资本存量与产量之间的关系。这条曲线代表递增的资本—产量比率，须有不断增加的投资来生产增加的一单位产品。直线OT表示产量与资本之间的不太现实的关系，这种关系体现在哈罗德——多马模型中。两条线只在S点才会一致。

而且，重要的是要弄清楚：和资本合作的所有其他要素是否也假定随同资本一道增长。

在一个经济发达的国家，充分供给合作要素可能存在，发展的制度的、政治和社会的先决条件也已经存在。此时使用边际资本——产量比率，可以合理地作出"其他细节已经修正"的假设：其他必要要素的供给也会到来。但在穷国，合作要素的供给是短缺的，其他的发展先决条件可能不存在，认为资本增长是生产扩大的充足条件就是不合理的。尽管投资是一个必要条件，但除非其他条件也能满足，否则产量可能还是不能增长。因为生产扩大依存于许多其他因素，资本形成只是其中之一，更大的产量可能需要其他要素的改变。即使我们接受这个假设——资本与产量之间有由技术因素决定的固定关系，也不能由此得出结论，说增加产量只需要资本。我们也必须考虑其他变数对产量的影响，例如受过训练的人力的供给，企业精神，制度上的安排，态度等。

另一方面，只是注意资本——产量比率可能夸大了投资的需要，因为产量可以由于其他要素的变动而增加，不需大量投资，甚至不需增加资本。例如，如存在未被利用的生产能力，有机会在现有工场中利用更好的生产方法。

为避免对投资抱过分乐观的看法（单靠投资）或过分悲观的看法（缺乏投资），应当注意不要对资本——产量比率作过于简单、机械的应用。

第二，净边际资本——产量比率和经过调整的边际资本——产量比率。

哈维·莱本斯坦提出,[12] 为了清楚地认识到资本存量增加后所产生的不断改变的环境，最好是区别净边际资本——产量比率和经过调整的边际资本——产量比率：前者把边际比率解释为不考虑任何其他要素的变化的比率，它从其余情况均相同的假设去看资本——产量比率，即所有其它要素的供给是固定的；后者指在其他要素的供给有某种增长时的资本——产量比率，它假定投资伴随有其他提供产量的要素的变化。对一定产量的增长来说，净率高于调整率。因此，如最初系根据净率，则对资本的需求被高估了，但其他要素实际上并不象预期的那样适应于资本的增长。

第三，整个经济的资本——产量比率和各个部门的资本——产量比率

在计算资本需要量时，发展计划通常集中于整个经济的资本——产量比率。但这一比率依存于经济中各部门的资本——产量比率，总比率为部门比率的平均数，依部门产量的增长情况实行加权。由于总比率将受各部门产量和投资构成改变的影响，所以必须分析部门一级的资本——产量关系。

W·B·雷德伟提出,[13] 当考虑一个部门的资本——产量比率时，应将其在两个日期间的资本和产量增长分为几个部分。

在产量方面，有（a）由于在老厂应用较好的生产方法所造成的产量增长，包括极少或根本没有净资本支出的（用P代表进步）；（b）由于更充分地（或更低地）利用老厂而发生的变化，这反映了需求的变化（用D代表需求）；（C）由于采用双班制或三班制产生的变化（用S代表）；（d）由较好的（或较坏的）气候产生的变化（用w代表）；（e）可以合理地假设由技术因素给定的某种资本——产量关系的变化(使用新炼钢厂就是一个很好的例子。如所有新钢厂的资本成

12 《经济落后与经济增长》,纽约1957年,第178页.

13 《印度经济的发展》,1962年,第207—208页.

94

本为X,而一个新厂中的资本——产量比率为r,则年度产量增长为x/r。在投资方面,这一时期的投资,由X加用来节约劳动而不增加产量的资本支出(用M代表现代化),再加(或减)这一时期的建筑支出与完工之间的时间差距调整(用L代表)。如果根据历史统计(或根据计划中包括的未来年度的数字)开始工作,就可以观察到一个部门传统的边际资本——产量比率等于:

$$\frac{X+M+L}{\frac{x}{r}+P+D+S+w}$$

如果只考虑分子中的第一项和分母中的第一项,而忽视其他六个因素的变化,就是在过分简单的方式使用资本—产量比率。只在这些因素的变化相对于X与x/r来说很小时,资本—产量比率才能被认为大体上等于r。事实上,实际比率可能不同于r,随其他项目的价值大小而异。P是不会太小的,如果有很多机会用投资小的办法去增加产量;L也不会小,如果这一期的投资有许多用于本期不能完成的项目。当P很大时,比率将比只估计r时低,当L很大时,比率将比只注意r时要高。可见即使在同一部门,边际比率也不是固定不变的。

在总的一级,困难就加倍了。即使是在最简单的(然而是最特殊的)情况,即所有部门的生产系数均固定、可能影响生产的其他变数的数值均比较小,总边际资本—产量比率也仍然不能是固定的,因为部门的产量可能随需求的变动而变动。更一般情况是,总比率将随若干条件而变化,其中有一些当有更多的资本积累时只容许收入有小量的增加,另一些则可能促成产量的大量增加。例如,下列条件将使资本——产量比率提高:部门的投资类型偏向于使用大量的资本(如公用事业、公共工程、住宅、工业而非农业、重工业而非轻工业);资本利用中有过剩的生产能力,其他资源有限,而要用资本去代替这些有限要素;资本寿命长;技术和组织的进步速度慢,投资用于完全新的生产单位,而不是用于老厂的扩建。

反之,使资本——产量比率降低的条件是:产品构成偏于劳动密集商品,资本的平均寿命短,技术和组织的进步速度快;某些资本支出使得可以更充分地利用原来闲置的生产能力、提高劳动生产率、容许有节约资本的革新、开辟新的自然资源，或者容许实现规模经济。

结论是：边际资本——产量比率是不会长期不变的。设计的比率必须按计划需要投资的时期来估计，后来的实际比率可能和计划比率有很大的偏离。[14]

新古典增长模型

由于哈罗德——多马模型刚性过大，促使经济学家去探索具有较大伸缩性的增长理论。当劳动和资本的价格发生变化时，当各种生产要素进行相互替代时，生产增长的结果如何？罗伯特·索洛是在这方面进行研究的先行者之一。[15]他把各个要素的可变比例结合起来，使用有伸缩性的要素价格，表明了产量的增长途径并不是内在地不稳定的。如果劳动力比资本存量增长更快，劳动价格（工资率）相对于资本价格（利息率）就会下降；反之，如果资本增长比劳动力更快，工资率就会上升。根据假定的市场力量的作用直觉地认为合理的要素价格在升降方面的改变，会使背离哈罗德——多马增长途径的现象得到解释。

索洛及其他许多人在其理论研究和对实践经验的分析中，使用一种特别的数学公式，即科布——道格拉斯生产函数，[16]它有一系列方便的数学特性，由于偶合，与某些先进经济的运转很相似。这个公式是：

14　赫利克和金德尔伯格还从观察历史、折旧作用、时间差距、部门划分等方面提出反对用边际资本一产出比率作为投资标准的理由,但他们说，"尽管如此,这个比率还是被广泛应用来对产出扩大计划估算总的投资需要量,主要的理由是因为它简单易行。"参阅《经济发展》第4版,第171—175页。

15　罗伯特·索洛(美国麻省理工学院),"对经济增长理论的一个贡献,"《经济学季刊》,1956年2月;《增长理论——一个解释》,牛津大学出版社,纽约1970年。

16　以经济学家和数学家保罗·道格拉斯的名字命名,参阅他的《工资理论》,纽约1934年,第131页以下。要进一步了解这个生产函数的数学特征及其与经济的关系的人,可阅与经济增长有关的专著,如A·K·迪克西特,《经济增长理论》,牛津大学出版社,纽约1976年;小亨利·Y·王,《经济增长》,纽约1971年。

96

$$Y = AK^{\alpha}L^{\beta}$$

〔说明〕

Y代表生产总值，K代表一国资本存量的大小，L代表劳动力中的工人人数。A是一个常数，因不同的经济和不同的衡量单位而有差异。α和β为指数（幂），表示劳动和资本的生产弹性。这个函数有一个特点，就是α和β相加必等于1，有时写作α和$1-\alpha$。由于各生产要素所造成的收入增加，恰好等于要素的边际物质生产率乘其各自的增长数。为了方便，假定这个函数及其以简单形式表示的那种经济规模收益不变，例如，两种投入各增长1％，即导致产量增长1％，而不问现在的产量如何。

科布———道格拉斯生产函数可以举一个数字例子来说明[17]

年 份	投　　入		产值（10亿比索）
	工人（百万人年）	资本（单位）	
1	3.00	1,000	3.60
2	3.09	1,050	3.73
3	3.18	1,103	3.86
⋮	·	·	·
10	3.90	1,550	4.89
⋮	⋮	⋮	⋮
30	7.08	4,100	9.76

假定有一种经济，最初有3百万工人，全部就业；有1000单位资本，都在充分利用。假定就业每年增长3％，资本存量增长较快，每年增长5％。在最初，这种经济的产量按其本国货币（比索）计算为36亿比索。假定$\alpha = 0.25$，$\beta = 0.75$（这两个数值可以从一种经济的过去记录的计量经济研究中得到），$A = 8.884$，则产值的增长如上表。

对于经济增长的新古典解释，后来被扩大和一般化，首先这

17　赫利克和金德尔伯格,《经济发展》,1983年第4版，第36页。

样作的人当中有詹姆斯·米德，[18] 他的生产函数是：

$$Y = F(K, L, R, t)$$

〔说明〕

这里K，L，R分别代表资本、劳动和土地；t代表时间，表明技术改进的经常趋势。当其中的一个或几个增长时，产值也会增长。

新古典的增长模型与哈罗德————多马增长模型最重要的不同，在于它使用改变着的相对要素价格和生产率，去改变生产过程中各种投入的结合比例。例如，假定劳动的价格比较低时，就会导致用劳动去代替资本，这在哈罗德————多马模型只对单独一个要素作"没有价格"的考虑中是办不到的。在要素相互替代的可能性背后，还有一个假设：一国经济中的竞争力量比较强大，并且结合得很好，所以相对稀缺性的变化会反映在相对价格的变化中，同时雇主们对这种价格变化又十分敏感，从而能改变他们的生产技术。但在小国和穷国，竞争力量和雇主行为的假设大部分不一定存在。一种抽象模型在分析上的简单性与所要解释的具体增长事实的较大复杂性之间，又一次出现了矛盾。

卡尔多增长模型

哈罗德————多马模型的内在不稳定，新古典模型通过要素替代来对要素价格的变动进行不断的完全的调整，都是很麻烦的事情，尼古拉斯·卡尔多企图克服这两种困难。[19] 他认为，所有的技术变革都"体现在"物质资本中，没有伴随的投资就不可能出现技术进步。而在新古典模型中，所有的技术变革都是"不体现的"（disembodied），即是说，它随着时间的推进，可以有也可以没有伴随的投资。例如，一个工业工程师在一个新工场重新安排原有的机器，从而不增加资本存量，却增加了产量。卡尔多

18　英国剑桥大学教授，诺贝尔奖金获得者。有关著作为《一个新古典的经济增长理论》，伦敦1962第2版。

19　"一个经济增长模型"，《经济学杂志》1957年12月。

认为摆脱不稳定的办法，在于把技术进步与资本—产量比率结合起来。如果技术进步比资本存量增长更快，资本的边际生产率就会提高，导致更多的投资。反之，如资本投入比技术变革增长更快，资本的边际产值就会减少，从而挫抑迅猛的投资速度。其关系如图3.4所示。[20] 根据这种机制，经济增长倾向于沿着一种均衡的途径进行，其中资本存量、总产值和劳动生产率三者的增长速度全相等。

图3.4　　　卡尔多模型中的劳动生产率与资本密集

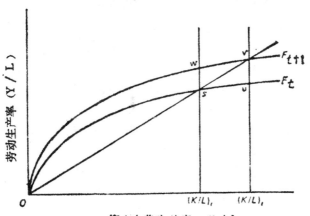

〔说明〕

生产函数F_t表明在t时期作为资本／劳动比率（K／L）函数的劳动生产率（Y／L）的可能性。当增长的资本／产量比率导致资本的较低产品时，曲线就平展开来，此时资本遇到了李嘉图所说的报酬递减。当F_t的坡度为零时，资本的边际产品也降至零。

在下一时期t＋1，技术进步使劳动生产率的可能性升至F_{t+1}。在资本／劳动比率的每一个水平上，资本的边际生产率都提高了；F_{t+1}的坡度在w时比F_t在S时要陡些。可能会进一步投资，去恢复资

20　赫利克和金德尔伯格，《经济发展》，1983年第4版，第41页。

本从前的生产率（以及从前的资本／产量比率）到V。

假定t期和t＋1期之间的投资使资本／劳动比率沿Ft从S升至W，不受技术变动的影响，则资本的边际生产率的下降就会挫抑进一步的投资，只发生现有机器磨损时的替置，直到技术进步使资本／产量比率恢复为止，如ov的坡度所示。

此外还有复杂的增长模型，用数学从不同的方向进行分析：（1）分析若干部门，如工业、农业、社会基础设施、服务，这些部门具有不同的收入需求、技术变革速度、要素赋有以及类似边际储蓄倾向那样的倾向。（2）分析各部门间的资源配置过程。（3）分析最初的条件与想要得到的最终设备问题，后者主要涉及一个社会是否对积累资本供后代使用有兴趣，抑或愿意让资本存量减少。（4）分析中间产品，例如本身不是最后的生产（消费品或资本货物），而只是用来生产最终产品的货物。（5）进一步分析在生产过程中各种投入之间的关系，例如资本投入与技术变革之间的关系。显然，在种类和复杂性方面，各种增长模型彼此可以有很大的不同。

增长模型与经验证明

当经济学家寻求用数学公式去说明先进工业国的经济史时，就产生了模型；模型必须与观察到的历史变化一致，才具有正确性。模型所应当说明的历史事实，在学术界形成了自己的一套信念，称为"民间传说"（folklore），即所谓"程式化的"事实（stylized facts），是"每个人都知道的"关于经济增长的各个方面。他们认为不管这些假设可能有什么错误，它们现在已经可以同经济史作比较。这是一些以经验作根据的经济学家进行调查研究后得到的结果，其中首推西蒙·库兹涅茨的成就。这些事实有：[21]

21　西蒙·库兹涅茨（哈佛大学教授，诺贝尔奖金获得者），《各国的经济增长》，哈佛大学出版社，美国剑桥，马萨诸塞州，1971年。

100

（1）经济增长作为一个过程，意味着资本存量的增长比劳动力的增长更快。因此，资本／劳动比率不断提高。这个印象，已由十九世纪末叶至二十世纪中期英国、法国、挪威、美国和加拿大的经验充分证实。在这些国家之间以及各个短时期之间劳动力和资本存量的增长速度虽有不同，资本存量却总是比劳动力增长更快。

（2）日益增长的资本数量与劳动力的结合，意味着劳动生产率（简单地用一个时期的产出数量除以同一时期的劳动投入去衡量）也不断提高。实际经验又一次与这个程式化的事实相吻合。产出的增长（部分地由更多的资本所促进，部分地由体现在这种资本中的技术进步所促进），在现今富裕国家过去进行工业化的长时期内，总是超过劳动力的增长速度。

（3）在增长过程中，劳动和资本在国民收入中所得份额大体维持固定的相对比例。这一点在经济的"民间传说"中是根深蒂固的。对于现实国家的长期观察并未能证明这一点。库兹涅茨认为，在大约一个半世纪内，劳动收入的份额上升，大约从国民收入的55％升到75％左右，而资本的收入则下降了，从45％降至25％左右（上引书第71页）。然而"民间传说"与现实的不一致，金德尔伯格认为是容易解释的。因为所衡量的投入，是劳动者的人数及其工资，以及物质资本（以生产资料的形式）的数量（或存量）及其收益率。人力资本未分别衡量，它是同"劳动"结合在一起的，它的报酬包括在"工资"之内。关于增长过程的模型也未作此种区分，大多数将劳动力看作无差别的集团，未与任何人力资本相结合。它们实际上处理的只有粗劳动（没有技能和文化的劳动者）。

（4）资本的收益是固定的，至少在长时期内没有表现出明确的趋势。证据是正反两方面均有。尽管工资（实际工资）上升了，资本的收益似乎上升得不那么快。但很难表明资本的报酬实际下降了。22

（5）资本—产量比率是固定的，至少在长时期内没有表现出明确的趋势。这一点似乎被事实否认了，这个比率在长时期内实际是下降的。物质资本存量的增长率每年为1—3.75％，比产出增长率

22　这一点值得我们进一步研究，因其与利润率下降趋势的规律背道而驰。

（1.75－4％）慢。生产率的增长说明了二者的差异。

（6）储蓄率（或投资率）是固定的。总消费是私人消费和公共（政府）消费之和，虽然过去一百年中工业国的公共消费增加了，却被私人消费的比例下降抵消了。总消费占国民收入的较小份额，储蓄率相应地上升了。可是，事实（5）说资本存量比国民产值增长较慢，储蓄率和投资率在工业国的变动方向相反，由于存在开放经济，储蓄可以导向国外投资。

经 济 发 展 理 论

新古典经济发展理论

赫利克和金德尔伯格总结了新古典经济的发展理论。[23]

在新古典的经济增长理论中，以价格为指南的调整机制、对任何给定生产要素的边际收益递减、通过技术变革提高生产率三者，也是新古典经济发展理论的组成部分。

新古典发展理论的根源，在于"正统的"（甚至是"教科书的"）经济学。它的组成部分，包括斯密和李嘉图的古典经济学、十九世纪七十年代奥地利学派的边际主义原理、马歇尔在1890年以后对各种微观经济原理的整理，以及米德和其他人的现代综合。尽管新古典发展理论与斯密和李嘉图的经济学之间有许多近似之处，二者却不应等同起来。两位经济学家捍卫不受限制的竞争、贸易和个人主义。同时，斯密关心的是"各国的财富"，而李嘉图则关心收入分配。现代新古典主义者主要集中注意于一组给定资源的有效配置，大体上忽视社会的和政治的因素。

各种新古典模型的精神，在于它们看到了作为决策者个人所表现的经济刺激与反应的机制。这些模型在直觉和启发性两方面的吸引力，部分地来自它们与个人的密切结合，这些个人在各种可选方案中进行选择；他们的任何行为，均以利得为动机，受成本的制约，从而使自己的福利最大化。一种实际上存在各种可选方案的经济环境，包含有各种可能性（已经见到的可能性），至少是在边际上，去在各种活动之间（货物与劳务之间、各种生产要素之间）进行替代。而替代又包含有各种高度的弹性：各种新古典理论全都认为（明确地或含蓄地认为），供给弹性、需求的价格弹性、要素替代弹性全都很高。这些弹性的高低或大小意味着：价格的变动，会在货物的供给量与需求量方面，在制造产品时各种生产要素的结合比例方面产生相应的迅速可见的反应。

新古典理论假设，这些反应是普遍存在的，因此，不根据任何的"自然"差异去区分各个经济部门。说明一个穷国农业中经济行为的原则，也可以用来说明采矿业、制造业、建筑业或服务业中的经济行为。资本家（所有主）在收益率最高的部门进行投资，由于报酬递减律而使这种收益率降低，使之和别一部门的收益率保持一致和均衡。同样的过程，把工人吸引到工资和劳动条件最有吸引力的地区和活动，减少促使工人流动的工资差别。不论是在农业还是在城市中，土地均用于提供最高地租的一切活动。由于利用这种图象——根据同一动机作出反应的个人活动家组成的经济——，新古典发展理论同新古典增长理论有酷肖之处。

走向均衡的各种趋势，是无论如何强调也不会过分的。这些理论中的价格机制，导致朝着潜在的均衡方向的资源配置。为了分析上的方便，使用了传统的竞争体制，无一生产者或消费者庞大到足够以单独行为影响价格和市场。开放经济中的情况可能就是如此；但在对外贸易由于某种原因受到限制的地方，产生商品供给垄断甚至垄断组织的可能性肯定会提高。传统竞争体制中的高价吸引更多的供给而挫抑需求，低价则鼓励需求却又使供给枯

23　《经济发展》，1983年第4版，第49—52页。

竭，这种模型似乎表明，逐渐的然而又是不可改变的趋向均衡的运动，是一种常规，而不是一种例外。

这些理论对国际经济研究所遵循的路线，是由斯密对十八世纪重商主义的攻击开始，然后由李嘉图对比较利益原则的解释所扩充，又由二十世纪贸易理论家伊莱·赫克谢尔和伯蒂尔·奥林的著作所阐释的。发展中国家利用那些比较丰富的（从而成本比较低廉的）要素生产和出口货物，进口在本国比较稀缺的货物。贸易伙伴（国家而非个人）从贸易得到的好处，虽然在数量上不能确定，却会使双方比在进行贸易之前景况更佳。

收入在个人之间的分配遵循类似的推理。新古典主义者特别依靠利益向处于低收入水平的工人的"涓流"（thickle down）。国家的利益被看成同本国人民的利益相一致。从表面上看，这意味着对财富的现存分配，对影响财富将来分配的政治权力的现行分配，均保持泰然自若的态度。利益的涓流会导致收入在一个社会中分配的更大平等。这样，产量增长就是经济发展中的最大问题之一，是穷国中收入不平等的解决办法。

新古典理论的政策含义和政治含义，是从其对问题的分析中自然而然地产生的。完全竞争一听起来就会赢得人们的赞许。垄断者和政府的人的活动自然会受到怀疑。不问在私人部门还是在公共部门，一切不受竞争的活动，均必须证明其优越性之所在，这在大多数发展中国家尤为重要。

就私人垄断而言，必须实行管制，以便迫使价格遵循生产扩大所带来的规模经济效益。国家机关参与经济活动，也面临着类似的障碍。如果新古典理论所孕含的政策得到实现，国家的作用就会受到严格限制，只有提供必不可少的服务，规定在经济制度以内的财产权、以便减少外差因素，提供和传播经济机会的信息。这几方面的政策会刺激有竞争性的投资人作出反应，使价值最高的活动得到扩大。所有外差因素的减少，起着特别重大的作

104

用。消极的外差因素应当消除，理由是很明显的；积极的外差因素也应消除，因为它们的继续存在会使有关的活动投资过多。

在国际贸易中，新古典主义者赞成自由贸易，反对富国和穷国几乎普遍采用的贸易限制。贸易利得不一定要平均分配才能使贸易优于它的对立物——国际上的自给自足。

这样的理论总是同政治上持保守观点的经济学家结合在一起的。其中的著名人物有彼特·鲍尔[24]和诺贝尔奖金获得者西尔多·W·舒尔茨。[25]他们对经济活动的分析以价格为指针，怀疑对竞争的干预（不论是来自政府的还是来自私人的垄断），相信不受妨碍的市场制度会给社会提供有益的自动调节。

结构主义理论

结构主义的研究方法，[26]是企图找出存在于发展中国家经济结构中影响它们的经济调整和政策选择的刚性（rigidities）、落后（lag）及其他特点。

最初的结构主义假设，是在五十年代由保罗·罗森斯坦—罗丹、拉格勒·纳克斯、W·亚瑟·刘易斯、劳尔·普雷维什、汉斯·辛格和冈纳·米道尔等作出的。他们之中多数人的共同论点是，价格制度的均衡机制未能造成稳定的经济增长和理想的收入分配。六十年代一些发展中国家的经济加速增长，使人们对结构问题的重要性产生了怀疑。后来一些新现象的出现——如吸收增长劳力的能力有限、收入分配的恶化、石油和粮食价格上涨对世界贸易造成的干扰——使得结构刚性的重要性又变得突出。

结构主义分析方法的演进，大体可分三个阶段：假设的形

24　他的立场在《关于发展的不同意见》（伦敦1971年、哈佛大学出版社、1972年）论文集中得到了最好的总结。

25　他的《传统农业的改造》（耶鲁大学出版社，1964年）一书可以代表新古典学派对待不发达国家基本问题的态度。

26　霍利斯·B·钱纳里，"对发展政策的结构主义研究方法"，《美国经济评论》，1975年5月，第310—315页。

成，经验印证，比较完全的模型的制作。这个顺序，可用结构主义体系的两个基本因素来说明：二元经济的概念，作为均衡增长理论基础的需求相互补充的概念。

二元经济概念，是从对经济部门内部和部门之间发展不平衡的观察产生的。虽然这一概念有许多不同的表达方式，但最有影响的是刘易斯的表述。他对发展中国家的经济结构作出三种假设：（a）技术可以在资本使用者（资本家）和非资本使用者（自然经济）之间划分；（b）劳动供给按传统工资具有弹性；（c）储蓄主要是由非工资收入者（资本家）作出的。这些假设或其变种体现在各种模型中，用来说明增长的加速、劳动力的配置和收入分配的改变。

纳克斯和罗森斯坦—罗丹对均衡增长概念的最初表述，也依靠一套简单的结构主义假设：（a）恩格尔定律的一般化，认为对食物、衣着、住宅及其他主要商品的消费需求主要是收入的函数，不受相对价格的影响；（b）对出口需求的有限的价格弹性；（c）在罗森斯坦—罗丹的表述中，社会基础设施和基本工业部门中规模经济的重要性。

以上两套假设，后来一般经受住了实践的检验。人口的加速增长或许已使剩余劳动的假设在今天比在最初时更具有普遍的真实性。R·韦斯科夫和C·布卢克与A·鲍威尔所作的计量经济学检验[27]，为作为均衡理论基础的恩格尔规律的一般化提供了一些证据，因为二者证明，大多数的价格弹性小于1。在列举的结构主义的基本假设中，只有对出口的无弹性需求尚须加以严格限制。

第三是理论精制和政策应用阶段比较困难。首先，所假定的

---

27 R·韦斯科夫，"一个发展中经济的需求弹性：消费类型的国际比较"，载H·钱纳里编，《发展计划化研究》，1971年；C·布卢克和A·鲍威尔，《支出和储蓄类型的国际比较》，世界银行，研究中心讨论论文，第2号，1973年。

106

结构关系不足以导致最初表述中所提出的某些政策结论。象凯恩斯主义假设的情况一样，发现需要有从统计进行估计的更完全的模型表述，才能达到有用的政策结论。许多通行的研究工作，是在开发具有结构主义传统第二代的模型，旨在从统计上应用于各个国家，而不在于得出普遍的结论。

结构主义方法在对内和对外的发展政策方面具有重大的影响，两方面均集中于注意找出各种结构上的不均衡的后果。在对内政策中，所考察的主要现象是剩余劳动对资源配置的影响，最近则在解释由于一组不均衡条件所造成的收入分配的恶化。在国际政策中，集中分析国际收支中结构不均衡的性质及其对贸易政策和援助政策的影响。

结构主义的假设与新古典的假设不同，它们不能自动得出政策结论。为了得出这种结论，它们也必须体现在一种明显的一般均衡体制中。为此，大多数分析家使用两种简单模型之一：加上了特别结构关系的新古典模型；[28] 里昂惕夫的线性投入─产出模型（它排除大多数的替代形式）。

但是结构主义分析家与新古典经济学家假定价格制度和谐运转的情况不同，他们企图找出发展中国家经济结构中的特点，如刚性和落后等，是这些特点影响它们的经济调整和发展政策选择。他们通过生产结构中的不平衡，找到了某些经济部门中出现的供给瓶颈──特别是农业和出口部门中的供给不足。在研究发展问题时，早期发展经济学家首先想到的是需要克服的发展"障碍"（obstacles）是什么，需要补充的发展过程中的"缺少成分"（missing components）是什么。从古典的传统看，需要克服的主要障碍是资本短缺；从缺少成分的观点看，必须填补"储蓄缺口"和促进技术进步。供给方面的经济学对于发展经济学家是并

---

28 有的作者称结构主义理论为"新古典结构变化模型，"参阅迈克尔M·托达诺，《第三世界的经济发展》，1985年第3版，第67页。

不陌生的。[29]

在这里，不妨介绍几种早期的结构主义理论，即大推动、贫穷的恶性循环、平衡增长、低水平均衡陷阱和关键性最低努力。然后介绍结构主义理论中人所熟知的两个有代表性的例子，即"两个部门剩余劳动"的理论模型和"发展格局"的经验分析。

（1）大推动[30]

第二次世界大战结束前，保罗·罗森斯坦—罗丹写了题为《东欧和东南欧的工业化问题》[31]的文章，当时他在英国皇家国际事务研究所研究战后复兴问题。他预先见到世界"国际萧条地区"的发展将成为缔结和平的最重要的任务，罗丹强调需要有投资中的"大推动"（big push），以加速发展。他的分析，从欠发达国家农村的普遍不发达——"农业过剩人口"——开始，将问题总结为："要么使劳动转向资本（向外移民），要么使资本转向劳动（工业化），二者必居其一。"向外移民是不可能的，于是任务落到了工业化身上。因此，发展计划的重要任务，就是获得足够的投资，以动员失业和就业不足的人，从事工业化。可是，要使工业企业达到"最佳的规模"，工业化的领域必须足够广大。私人利润核计低估了从一项投资产生的对整个社会的实际社会利得。生产必须整体化和集中计划，就象在单独一个"托拉斯"中进行的一样。不同工业部门的相辅相成性要求有"大规模的计划工业化"。只在此时，单个企业的风险才能减少，单独一项投资的全部利得才能计算，利润估计才能向上修

29　杰拉德·M·迈耶，《走出贫困—真正重要的经济学》，1984年，第135—136页。

30　G·M·迈耶，《走出贫困—真正重要的经济学》，1984年，第138—8页。

31　载（英）《经济学杂志》，1943年6—9月。比较全面的叙述，见他的"关于大推动理论的说明"，载H·S·埃利斯和H·C·沃里克编，《拉丁美洲经济发展》，纽约1961年。

108

正。因此要求在广大的前线进行国家投资。

罗丹进而为"大推动"提供论据：[32]

> 增长理论绝大部分就是投资理论。……最低数量的投资是发展得到成功的必要条件。……要使一个国家的投入自行持续的增长，有些类似使一架飞机从地面起飞。在飞机凌空之前，必须超过关键性的地面速度。……似乎需要有大推动，才能超越发展的经济障碍。在成功的发展政策所要求的气势和力量中，最后可能有一种现象——不可分性。孤立的和微小的努力加在一起，不能对增长造成足够的影响。只在具备最低限度的投资速度或规模时，才能产生发展的气氛。

低收入国有两个特点，一是它们常常处于"死点"（dead center），因为没有一个潜在的投资人预期会有其他人的投资，因此没有一个人会预期有足够大的市场值得去进行投资；没有人预期别人会投资，是因为不存在在先进国家发送信号的市场信息系统（价格、成本、利息率、股票价格的变动等）。二是缺乏基础设施，因而使其他投资成为不经济的。运输、动力、交通及其他设施必须用大笔资金才能建设，由于储蓄能力低，大笔资本无法筹到。补救的办法就是实行全面的投资规划，同时进行许多投资项目，因而创造出对每一个项目的需求，使之成为有利可图的。罗丹承认资本须从国外提供，但所需劳动能从隐蔽失业中找到。他认为低收入国的农业中就存在这种失业。他认为这样一种大胆的有前途的计划可以触发想象，激起活力，使大推动得到成功。

哈根对于这种理论的批评是：[33]

> （a）市场没有效率的概念骤听起来很有道理，并被普遍接受，但它被以经验为根据的研究推翻了。令人惊异的是，传统经济中的市

32　马萨诸塞技术研究所国际研究中心，《美国经济援助计划的目标》，1957年，第70页。

33　《发展经济学》，1980年第3版，第84—97页。

场是运转得非常之好的，农民生产者对于价格的变动有合理的迅速的反应。

（b）**大笔资本并非必要。**任何一种基础设施均可以在不同等级和不同规模上去进行投资。公路可以是泥土的、砾石的、沥青的、轻型的或重型的，并可以按交通所需要的任何宽度去建筑。发电站的大小，可以从小型柴油发电站到最大的火力、水力或原子能发电站。本地电话系统甚至微波发射塔都是不太费钱的。一个城市可以举办它所"需要"的公用事业，因为这是同它的大小和职能成比例的。铁路也许是最不能分割的一种基础设施，但在大量成批运输要求有铁路服务之前，公路或水路运输是相当好的、比较可分的代替物。虽然单位成本随设施而异，但认为小的或低级的设施的单位成本高，而大的高质量的设施则单位成本低，未免言过其实。按照这种理论尽早建立的大型基础设施的服务，其单位成本可能异常之高，因为在长时期内只有一小部分生产能力被利用。基础设施在经济发展中的作用，是同许多其他资本设备项目以及同经理行为和制度的改变相联系的。**越来越大的基础设施在发展过程中有其地位，但并不是增长的绝对或准绝对的前提条件。**

（c）**缺乏现实性。**没有大推动，没有大量的干预，增长已经在欠发达国家静悄悄地逐渐地开始了，这也许是对贫穷恶性循环论和大推动论的最严厉的批评。增长的逐渐开始并无内在的障碍。

A·O·赫施曼认为大推动的建议是不必要的、不可能的和不足取的。[34]

（2）贫穷的恶性循环论

罗丹的大推动论点，由哥伦比亚大学拉格勒·纳克斯教授的以"平衡增长"为重点的资本积累分析所加强。[35] 他从"贫穷的

---

34 阿尔·伯特·O·赫施曼，《经济发展战略》，1958年。

35 这种理论最著名的表述，见拉格勒·纳克斯，《不发达国家的资本形成问题》，纽约1953年。在此以前，汉斯·w·辛格对于这个理论已经作了简短的但是相当全面的叙述，见"不发达国家的经济进步"，《社会研究》杂志，1949年3月，第1—11页；还可参阅他的"经济发展的障碍"，《社会研究》杂志1953年春季号，第19—31页。

110

恶性循环"(The vicious circle of poverty)这个简单概念开始。
用纳克斯的话说：[36]

> 贫穷的恶性循环包含一组彼此循环地发生作用和反作用的力量，使得一个穷国永远处于贫困状态。这种例子是不难想象的。例如，一个穷人可能没有足够的食物；由于营养不足，以致健康欠佳；由于身体衰弱，工作能力很低，这就意味着他很穷；这又意味着他没有足够的食物；如此等等。整个国家处于这种状况时，可以用一种陈腐的说法来总结："一个国家穷，就是因为它穷。"

对纳克斯来说，贫穷的恶性循环在解释资本积累水平低上是最重要的。他说：

> 资本的供给是由储蓄的能力和意愿来支配的；对资本的需求是由投资的动机所支配的。在世界贫困地区，资本形成问题的两方面都存在着一种循环的关系。
>
> 在供给方面，储蓄能力小，是由于实际收入水平低。实际收入低是生产率低的反映，后者又主要是由于缺乏资本。资本缺乏是储蓄能力小的结果，如此循环不已。
>
> 在需求方面，投资的吸引力小是因为人民的购买力低，后者又是由于生产率低。可是，生产率低是由于在生产中使用的资本数量少，这又至少部分地是由投资的吸引力小造成的。

两种循环可以用图3．5表示。[37]

只要"低"投资能够先变成"中"的然后变成"高"的数值，则循环中所有其他的变数也就能先变成"中"的然后变成"高"的。但怎样能做到这种投资增长呢？纳克斯认为，[38] "经济进步不是一种自发的或自动的事情。恰好相反，制度内部有着

---

36 《不发达国家的资本形成问题》，第4—5页。

37 克拉伦斯·朱维卡斯，《经济发展（引论）》，伦敦1979年，第39页。

38 《不发达国家的资本形成问题》，第10页。

111

各种自动的力量,它们会使这种制度固着在一定的水平上,这是很明显的。"这个死结怎样才能打开呢?纳克斯的答复是"平衡增长"。

图3·5　　　　　　　　贫穷的恶性循环

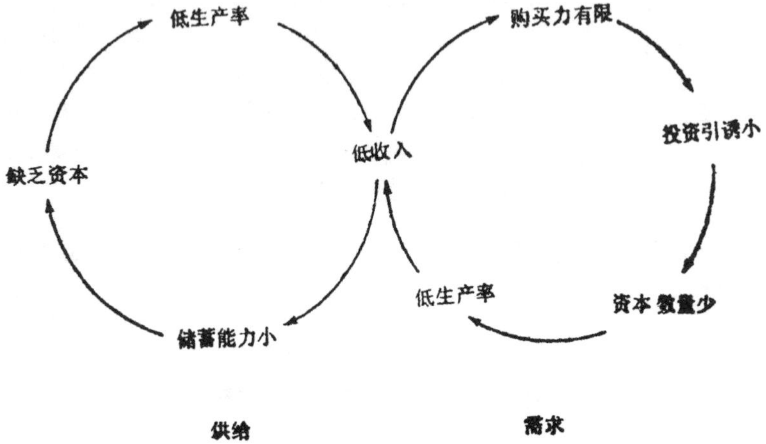

　　　　低生产率　　　　　　　　　购买力有限

缺乏资本　　　　　　低收入　　　　　　　投资引诱小

　　　　　　　　　　　　低生产率　　　资本数量少

　　储蓄能力小

　　　　供给　　　　　　　　　　　　需求

后来发展中国家的经济大都有了不同程度的发展,证明这种理论已经过时了。但是哈根教授认为,这种理论所根据的有关低收入国的观点,仍然值得考察,因为这些观点现在还被人有意无意地持有,成为迄今仍然出现的一些理论和态度的基础。[39]

（a）市场大小问题。

　　哈根认为,增长过程并不要求低收入国有足够大的市场去生产每一种工业产品,只要求有足够大的市场,用改进的方法生产很多种类的产品,以便使经济增长过程和收入的增加从而开始。这样的产品有肥皂、木屐、米或面粉、食糖和各种糖制品、纺织品、衣着、砖、水泥及其他建筑材料等等。

（b）储蓄能力问题。

　　39　埃弗里特·E·哈根（美国麻省理工学院）,《发展经济学》,1980年第3版,第84—97页。

112

哈根认为，说低收入国收入低就无力进行储蓄和投资，是不符合历史事实的。它们有力量进行战争，建立规模宏大的纪念物。他引证亚历克·凯恩克罗斯的话说，"任何看到了历史文明所遗留的金字塔、教堂、宝塔的人，很难认为铁路、水坝和发电站的建设是加在贫穷社会身上的空前未有的负担"（"资本形成与起飞"，载Ｗ·Ｗ·罗斯托编，《从起飞到持续增长的经济学》，伦敦1964年）。

（3）平衡增长与不平衡增长

纳克斯所说的"平衡增长"（balanced growlh），就是同时在广大范围的各种工业部门进行投资。如果市场狭小，在单独一种生产路线中就不会诱致私人投资。工人们也不能完全购入他们在单独一种路线中所生产的产品。但是通过同时在许多工业部门投资使市场的总体扩大，需求的范围就能保证各种投资都能获得成功。

纳克斯的政策建议说明了平衡增长的作用：[40]

前线总进攻——若干不同工业部门的投资巨浪——能在经济上获得成功，而个别企业家在任何一个工业部门的任何大量投资，就可能受到现有市场限制的阻碍和挫抑。在任何单个企业可能显得不可能的地方，不同工业部门广大范围的项目就可能成功，因为它们会彼此相互支持，即是说，从事每一个项目的人，现在是用更多的人均实际资本和更高的效率（从人时的产出来说）在工作，将为其他工业部门新企业的产品提供市场。这样，通过在若干不同工业部门进行投资使市场自动地扩大，市场的困难以及它对个人投资刺激的拉力，就被消除了，至少是减轻了。

平衡增长理论强调，[41] 一个发展中的经济，其不同部门如能

---

40 《不发达国家资本形成问题》第13—15页。

41 主张平衡增长的经济学家除了纳克斯以外，还有：罗森斯坦—罗丹，"东欧及东南欧工业化问题"，《经济学季刊》1943年6—9月；拉格勒·纳克斯，《欠发达国家的资本形成问题》，牛津1953年；泰博尔·席托夫斯基，"外围经济的两种概念"，《政治经济学季刊》1954年2月；Ｗ·亚瑟·刘易斯，《经济增长理论》1955年，第274—283页。前二人强调需求均衡，后二人强调供给均衡。

113

维持和谐，就可以避免供应上的困难。工业不能超过农业太多，诸如运输、电力、给水等（所谓社会基础设施）必须适量供应，以支持及鼓励工业的增长。

R·纳克斯认为，[42] 由于世界上对欠发达国家所出口的初级产品的需求不是很可靠的，所以发展中国家必须扩大为本国市场及为彼此的市场而进行的生产。由于劳动生产率低，群众贫困，所以国内市场有限。"解决的办法似乎是，对若干不同部门进行平衡投资，使有更多的资本和技术、从而能更有效工作的人们彼此相互成为顾主。当世界需求对出口初级产品缺乏强大上升趋势时，各个低收入国能通过提高劳动生产率而使购买力增长，从而使本国需求曲线向上移动。可见，一种在不同生产部门进行相互支持性投资的格局，能扩大市场规模，填补低收入国家国内市场不足的空白。简单地说，这就是平衡增长的概念。"

赫利克和金德尔伯格区分平衡增长主张为最弱与最强两种形式。[43] 前者主张，当增长出现时，所有生产部门均将扩大生产，除了"劣等货物"[44] 及进口可以满足的需求以外。后者主张，当增长出现时，各个生产部门须按上升需求不断变化的构成并按生产中的投入系数成比例地增长。在封闭型经济中，如消费者需求的价格弹性为零（即不论价格涨落，消费的数量不变），如果生产的投入系数是固定的（即只有一种生产方法，各种投入如劳动、资本有固定比例），则必须维持绝对的无伸缩性的平衡。日益增长的消费者需求在最终货物上的分配，完全由对不同产品需求的收入弹性决定；每一个供应其他工业部门的工业部门，其产量由各自的投入系数决定；资本货物的产量由生产要求决定。

42　R·纳克斯，"平衡增长与国际专业化的冲突"，《经济发展演讲录》，伊斯坦布尔1958年（迈耶，《经济发展的主要问题》第3版，第640—643页）。

43　《经济发展》第4版，第88—90页。

44　劣等货物（infevion goods）：当收入增加时其消费即行减少的货物。

114

不平衡增长的理论与此相反，它认为增长过程在实质上是不平衡的。一个革新家在一个领域有了进展，扩大其生产以满足对它的需要。这就造成了需求的增长、部件或原材料的短缺及其价格的上升，从而导致这些领域的扩大，诱使政府或私人企业家去投资。此外，投入系数也不是固定的，它是可以调整的。熊彼特对增长过程的描述是："进步的进程——在工业部门以及在社会或文化生活的任何其他部门——不仅是跳跃奔腾的（jerks and rushes），而且也是只在一边奔腾的(one-sided rushes)。……演进……更象是一系列的爆炸，而不是和缓的（虽然是不止息的）转变。"[45]赫施曼认为：[46]

> 如果我们注意一国经济在两个不同时间点上的成就，一定可以发现它在许多方面均有进展：工业和农业，资本货物工业和消费品工业，公路上的车辆数量及行驶里程，——各按自己的年平均增长率增加。如同在需求方面由于促使成本降低的创新、新产品及进口替代产品所造成"不平衡"增长能被市场吸收一样，当原料经由相对价格的变动重新配置于不同用途时，我们也能够孤立其对供给方面的进一步的冲击，其代价是国际收支失去平衡或其他方面供应的暂时短缺。事实上，发展都是循着由主导部门的增长带动其他部门的增长、由一个企业或一个工厂的增长引发另一个企业或一个工厂的增长的方式进行的。换言之，两个不同时间的影像所显现的平衡增长，是一个部门跟着另一个部门一系列不均衡进展所造成的最后结果，如果跟随的企业其发展超过了它的目标（事实上常常如此），即将引起他处进一步的发展。这种跷跷板式的增长，相对于各业齐头并进的"平衡增长"的好处是，它留给诱发投资决策有充分活动的自由，因此使我们主要的稀缺资源（即真实的决策制订）得到经济的利用。

赫施曼认为，不发达国家最稀缺的要素是作出决策的才能。

45　J·A·熊彼特，《经济周期》，纽约1939年。

46　阿尔伯特·O·赫施曼，《经济发展战略》，耶鲁大学出版社1958年，第62页（徐育珠中译本，第55—56页）。

115

一种刺激增长应当采取的政策，是最初的决策，去造成"瓶颈"（bottlenecks）或者至少是造成稀缺,从而能明显地看到继续投资的好处。例如，建立在基础设施中会造成瓶颈的"直接生产活动"，就会使改进基础设施的必要性变得明显，从而诱致政府作出从事该项建设的决策。总之，赫施曼认为，增长过程就是由不断造成瓶颈的各次进展组成的。对这种瓶颈的反应，又通过连锁作用，在别处造成其他的瓶颈，从而形成一幅继续运动的不平衡图景。

保罗·斯特里顿认为，[47]平衡增长理论是一种市场理论，而不平衡增长理论是一种决策理论。哈根认为，[48]就一国使用的大数量货物和劳务来说，如果生产至少是大致按需求增加的同一比例增加，对经济增长最有好处。但他不同意他所说的强式平衡增长论，认为它是站不住脚的。

> 其理由有三：（a）即使在比较短的时期内，尤其是几年之间，某些投入系数不是绝对固定的。企业家能够并且也确实根据各种投入的相对价格和相对可用数量作出调整。（b）扩大生产不经济的货物，可以进口；生产扩大快于国内需求的货物，可以出口。（c）资本货物可以用比一时所需要的更大的单位建立起来，代价是单位成本暂时高些，但得到的生产能力，对以后的成本来说，会比连续建立两个或更多小厂要低些。

迈耶认为，[49]"现在看得很明白，'平衡增长'和'不平衡增长'这些词，最初流行得太容易了，每一方面都说得太过分了。经过多次反复思考以后，每一种见解都加上了许多限制条件，以致争论成为没有什么实质内容的东西。我们不必去为每一

47 "平衡增长对不平衡增长"，《经济周刊》1963年4月20日（迈耶，《经济发展中的主要问题》第3版，第643—647页。）

48 《发展经济学》第3版，第118页。

49 《经济发展中的主要问题》第3版，第630—631页。

116

种主张作总结，而是要看看在什么条件下各种主张都有一些道理。可以得出结论说，一个新近的发展中国家应当以平衡目标作为投资标准，但是这个目标只有最初在大多数场合都遵循不平衡的投资政策才能达到。重要的问题是，怎样去确定投资决策的合宜顺序，以便在适当的活动中去造成适当数量的不平衡。"[50]

（4）关键性最低努力

其他经济学家也同罗丹和纳克斯一样，强调资本积累。许多人把穷国经济看成是停滞的经济，需要刺激使之脱离"死点"，就象纳克斯寻求打破恶性循环一样。理查德·纳尔逊用"低水平均衡陷阱"（low-level equilibrium trap）的分析来表述这种情势，而哈维·莱本斯坦则提出了"关键性最低努力"（critical minimum effort）的命题。如果一种落后经济处于停滞状态，或遭受贫穷的恶性循环，或落入低水平均衡陷阱，那末，要从落后状态转到稳定增长的发达状态，其必要条件是，这种经济必须获得大于一定的关键性最低规模的增长刺激。这是因为增长所造成的，不仅有提高收入的力量，而且有降低收入的力量，后者如人口增长、储蓄率下降、规模不经济等等。因此，必须超出关键性最低努力，以便使提高收入的力量超过降低收入的力量。又一次大量投资变得与关键性最低努力相等。[51]

由于低水平均衡陷阱与人口的关系更为密切，我们把它放在

50 世界银行关于中国经济的第二个报告，也强调了部门之间的平衡问题，指出："其他地方的经验也证实，在经济各大部门之间保持适当的平衡是很重要的。特别是，重视工业而忽视其他部门，就不能取得高速高效的增长。中国近年来大大增加了对农业生产的鼓励因素，但是还应采取其他措施来支援农业。此外，将重点放在工农业总产值翻两番上不应意味着忽视基础设施和服务业，这两个部门对提高工农业生产效率是至关重要的。"（参阅世界银行1984年经济考察团，《中国：长期发展的问题和方案（主报告）》，中国财政经济出版社1985年，提要和重点9—13段。）

51 对于关键性最低努力的评论，参阅，例如，A·P·瑟尔沃尔，《增长与发展（特别考虑到发展中国家）》，1983年第3版，第171—173页。

117

第十章第一节去讨论。

（5）两个部门的模型

甲、W·亚瑟·刘易斯的模型[52]

有一个著名的经济发展模型，它至少在含义上考虑了从乡村到城市的劳动转移过程，这就是由W·亚瑟·刘易斯创立、由约翰·费（费景汉）和古斯塔夫·拉尼斯加以修正的"两个部门的模型"（two-sector model）。它在五十和六十年代被认为是劳动剩余的第三世界国家发展过程的"一般"理论。

刘易斯认为，一国经济包含两个部门：（a）传统的、乡村的、仅足维持生存的部门，剩余劳动的生产率很低，甚至等于零；（b）现代城市工业部门，劳动生产率高，传统部门的劳动向此转移。这种模型主要集中注意劳动转移的过程和现代部门的就业增长，二者均由现代部门的生产扩大造成，其速度由现代部门工业资本积累的速度所决定。这种投资来自现代部门的利润，并假定资本家将全部利润进行再投资。假定城市工业部门的工资是固定不变的，是在传统农业部门仅足维持生存的工资水平之上增加一个固定不变的奖励数额决定的（刘易斯假定城市工资比乡村平均收入高至少30％，才能诱使工人离开家乡进入城市）。在城市工资固定不变的条件下，乡村劳动的供给被认为是有弹性的，即可以无限供给，直到它耗竭为止，如图3.6所示。

〔说明〕

纵轴代表实际工资，等于劳动的边际产品；横轴代表劳动数量。OA＝传统部门中维持生存的平均实际收入水平。 等于现代部门的实际工资，按照这个工资，乡村劳动的供给假定是"无限的"，即具有完全的弹性（WS）。在现代部门增长的最初阶段，资本供给（K₁）

52　W·亚瑟·刘易斯，"具有无限劳动供给的经济发展"，《曼彻斯特学院》，第22卷第2期，1954年；《经济增长理论》，1955年。

118

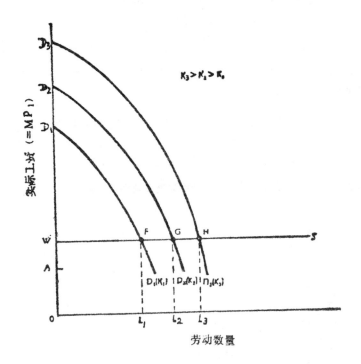

图3・6　　刘易斯的增长模型与二元劳动剩余经济中的就业

来源：M・P・托达诺，《第三世界的经济发展》，1985年第3版，第68页。

是给定的,对劳动的需求曲线D1D1（K1）由劳动的下降边际产品所决定。现代部门的雇主追求最大限度的利润,雇用工人的人数增至边际物质产品等于实际工资为止（F,劳动供给曲线与需求曲线相切）。此时现代部门总就业人数为OL1,总产出为OD1FL1,总工资为OWFL1,总利润为WD1F。

　　假定全部利润用于再投资,于是现代部门总资本存量从K1增至K2,总生产曲线升至D2D2（K2）,对劳动的需求定在G点,雇用工人OL2。总产出升至OD2GL2,工资和利润分别增至OWGL2和WD2G。以此 利

119

润进行再投资,使资本存量增至 K3,如此循环不已,直至乡村剩余劳力被全部吸收到现代部门为止。

对刘易斯模型的批评是:它很简单,并大体符合西方经济增长的历史经验,但它有三个关键性的假设与大多数第三世界国家移民和不发达这两种现象不符。

(a)它假定城市部门劳动移入和就业创造的速度与城市资本积累成正比例。但如资本家将利润再投资于节约劳动的资本上,则就业人数不增,而产量和利润可以大大增加,如图3.7所示。

图3.7　节约劳动的资本积累会改变刘易斯模型的就业含意

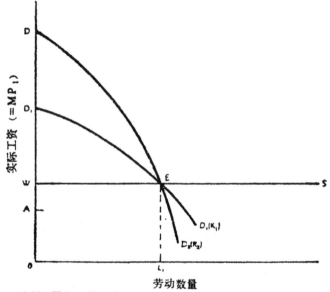

来源:同上图,第70页.

(b)它假定乡村地区存在着剩余劳动,而城市地区则有充分就业。大多数的现代调查表明,情况恰好相反:许多发展中国家,在城市地区有大量的公开失业;而在乡村,则很少有普遍的剩余劳动,只

120

有季节性的和地区的例外。

（c）它假定城市实际工资不变的状况继续存在，直到乡村剩余劳动的供给耗竭为止。然而几乎所有的发展中国家，城市现代部门的工资在绝对意义和相对意义上讲（相对于乡村的平均收入）都是随着时间的发展而大大上涨的。

托达诺得出结论说：“当考虑到大多数现代技术转让的劳动节约偏向、农村剩余劳动的广泛不存在和城市剩余劳动的日益普遍、以及城市工资迅速上涨的趋势（尽管存在大量的公开城市失业）时，可以看出：刘易斯的两个部门的模型，对解决第三世界国家的就业和移民问题，在分析和政策两方面提供的指导是很有限的。但是，这个模型多少还是有些弥补缺点的分析上的价值：它至少强调了就业问题中的两个主要因素，即乡村部门与城市部门的结构和经济上的差别，以及将两者结合在一起的劳动转移过程的重要性。”[53]

乙、约翰·费和古斯塔夫·拉尼斯的模型[54]

这个模型可从三个组成部分及其结合来说明。

第一是农业生产函数。

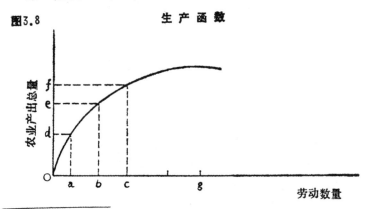

图3.8　　　　生产函数

（纵轴）农业产出总量
（横轴）劳动数量
a b c g

53　上引书，第235—6页。
54　约翰·C·H·费和古斯塔夫·拉尼斯，《劳力剩余经济的发展（理论和政策）》，美国耶鲁大学经济增长中心出版物，1964年。参阅吉利斯等，《发展经济学》，1983年，第51—55页。

121

农业生产函数表示报酬递减或劳动的边际生产率下降。劳动增长 a－b和b－c数量相等，而相应的产量增长d－e大于e－f，因为增长的劳动必须同数量相等或质量下降的土地相结合。超过g点，劳动的边际产品为零或负。

第二是农业中工资的决定。

图3.9 **农业中劳动的边际产品**

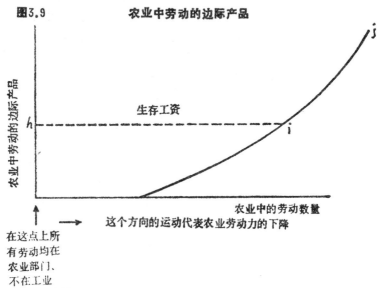

在这点上所有劳动均在农业部门、不在工业

假定农场工资不会下降到有劳动剩余的农户中农场劳动的平均产品以下，因为除非在外面赚得的和留在家里的一样多，否则家庭成员不会外出找工作做。图3.9可以直接从图3.8得出，图3.8中每单位劳动的产品在图10.11中变成了每单位劳动的边际产品，加上"最低工资"（hi）的概念：最低工资也称"制度上固定的工资"（institutionally fixed wage），以与市场力量决定的工资相对照。在完全竞争的市场上，工资等于劳动的边际产品。一旦从农业抽走的劳动达到边际产品高于最低工资(hi)时，农业中的工资就将随边际产品曲线上升。此时城市工厂若再从农场雇用工人，就必须支付至少象工人在农场上所赚得的一样多。图10.11中的hij曲线可以被看作是工业部门面对的"劳动供给

122

132

曲线"。实际上，通常假设工业中的劳动供给曲线比hij略 高，因为工厂支付农民的，必须比他们在农业中赚得的略高，才能使之 进入城市。这个劳动供给曲线的关键性特点是：当其从左至右时不是不断上升，而是有一大部分是平行的，这意味着在到达i点以前具有完全弹性。从工业部门看来，这意味着在雇用劳动数量到达i点以前，不必增加工资。

第三是对农业部门的需求曲线。

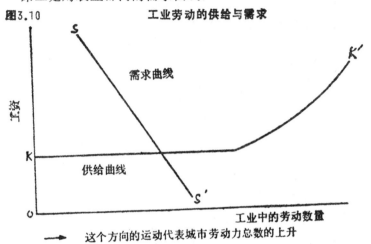

图3.10　　　　　　　**工业劳动的供给与需求**

工业对劳动的需求曲线是由工业中劳动的边际产品决定的，因而需求曲线可以从工业生产函数获得（SS'）。（在竞争条件下工厂主愿雇用的工人，只能达到他对工厂产出量增加所作的贡献，不能再多。雇用的最后一个工人对产出价值增加的贡献，根据定义，就是那个工人的边际收入产品。）

然后将三个图加在一起。

为了将上面三个图加在一起，还需要一点额外的信息：全国劳动力的大小。许多模型使用总人口而不使用总劳动力；如果劳动力在总人口中的比重是固定的，这样做也没有影响。然而实际上这个百分比不是固定的；不过为了某种目的假定它是固定的，也是可以接受的一种简单化。图10.13中的劳动力由OP表示，将原图10.10倒 置，使 之

123

133

与其他两图的关系看得更清楚。

图3.11　　　　　　　　　两个部门的劳动剩余模型

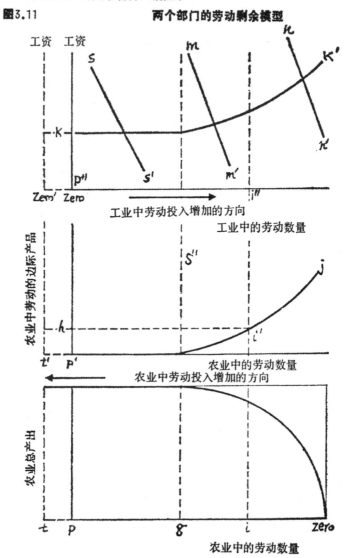

来源：吉利斯等，《发展经济学》，1983年，第55页。

费—拉尼斯模型可以用来探索人口增长与劳动生产率提高的含义。

（a）如果假定人口与劳动力之间有固定的关系，那么人口增长（t－p）就根本不会增加产出。城市和乡村劳动供给曲线的弹性部分将会伸展，推迟工业化导致工资上升的日期。最重要的是，如果生产的上升没有使粮食产出有任何增长，则人均粮食数量会下降。除了少数想维持低工资和高利润的雇主以外，从每一个人看来，人口增长是一大灾难。城市的工资可能继续下降，广大农民的福利肯定会下降。当人们不赞成人口增长时，他们心目中就有这个模型，尽管不一定彻底了解它。

（b）农业生产必须增长多快，依存于若干变数的变化如何。[55]例如，如果工业增长很快，则农业生产率必须相应地提高很快，使贸易条件不致改变得不利于工业，以致减少工业利润，使工业增长减慢或停止。反之，只要有劳动剩余而无人口增长，则可以忽视农业生产率的提高，单注意工业的筹划。

丙、新古典模型[56]

在劳动剩余模型中，读者可以改变许多的假设，从而探究其含义。即使劳动剩余这个假设本身也是可以改变的。许多经济学家不同意在今天的发展中国家（即使是印度和中国）有剩余劳动存在，他们创立了另一种两个部门的模型，有时被称为"新古典

---

55 这个模型中所说的劳动生产率，系指农业生产函数的转变，它使农业中一定数量的劳动投入能生产较大数量的农业产出。

56 从新古典观点创作的劳动剩余模型与新古典模型优劣的讨论，参阅戴尔·W·乔根森，"关于二元经济发展的各种不同理论的考察"，载Ⅰ·阿德尔曼和E·索贝克编，《发展的理论与设计》，1966年。现在利用两个部门模型讨论发展问题的文章很多，但大部分比较艰深。劳动剩余和新古典这两种两个部门模型可以利用几十个甚至几百个等式去描述一国经济的不同特征，因而政策建议也有不同，但其核心仍不外这两类模型关于农业生产函数性质的假设。参阅吉利斯等，《发展经济学》1983年，第56—59页。

125

模型”（neoclassical model）。

一种简单的新古典模型如图3.12。它与图3.11的主要不同是在农业生产函数上（图3.12C）：有限的土地资源确实会导致农业部门的报酬略为递减，但曲线决不致于平伸，即劳动的边际产品不会降到最低的生存水平，因此在图10.14B中没有最低生存工资（或在制度上固定的工资）。工资总是由农业中劳动的边际产品决定的。对工业的劳动供给曲线也没有成水平形的一段。由于劳动从农业移出会增加农业中劳动的边际产品，工业所支付的工资必须等于这个边际产品加上诱使劳动移入城市的奖金。对工业的劳动供给曲线之所以上升，还有一个原因。当劳动从农业移出时，农场产出即减少，为了从农业部门取得足够的粮食去供养工人，工业必须支付越来越高的粮食价格。只在能从国外进口粮食时，才能避免这种贸易条件的恶化。否则不断上升的农产品价格，会给农业工人带来较高的边际收益产品（marginal revenue prodnct），从而导致较高的工资。工业不得不支付相应地较高的工资去吸引劳动力。

在新古典模型中，人口或劳动力增长的含义与在劳动剩余模型中完全不同。农业中人口和劳动力的增长本身就会提高农场产出（图10.14C中的虚线）；使劳力离开农业，就会使农场产出下降。这样，人口增长不是一种完全不好的现象。劳力的增长也不会使食物供应减少，因为它能生产本身需要的全部或一部分粮食。并没有使农业产出不遭受损失而能转移出去的劳动。

要使工业顺利发展，就必须同时努力增长农业，以保证城乡工人日益增长的粮食消费水平能得到满足，防止贸易条件变得极其不利于工业。一个停滞的农业部门（没有新投资或技术进步），会使城市工人的工资迅速上升，从而减少利润及可供工业发展的资金。所以工农业之间必须一开始就保持平衡发展，再也不能忽视农业。

“发展格局”的经验分析

霍利斯·钱纳里和M·赛尔圭因研究了1950—1970年一百个国家的经济发展与经济结构变化的关系，得出了按发展水平区分的

126

图3.12 **新古典的两个部门模型**

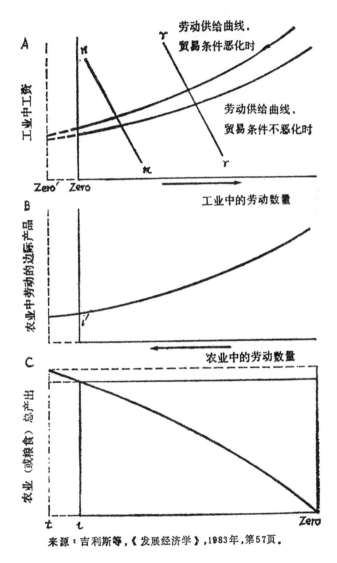

A 工业中工资

劳动供给曲线.
贸易条件恶化时

劳动供给曲线.
贸易条件不恶化时

Zero′ Zero

工业中的劳动数量

B 农业中劳动的边际产品

农业中的劳动数量

C 农业（或粮食）总产出

t ι Zero

来源：吉利斯等,《发展经济学》,1983年,第57页.

经济结构正常变化表（表1.8）。表中从积累过程、资源配置过程、人口和分配过程三个方面，列出十个指标——投资、政府收入、教育 国内需求结构、贸易部门、劳力配置、城市化、收入分配. 人口变动，观察它们随着人均国民生产总值逐渐增长所发生的变化，有的增加，有的减少。这是一种平均长期趋势，不一定与一个国家经济发展的具体情况完全吻合，但具有参考价值。

〔说明〕

（1）变动总计：等于1,000美元以上小栏的数字减100美元以下小栏的数字之差。

（2）中点的人均国民生产总值：先求100美元以下和1,000美元以上二数之和，再求以 2 去除所得之商，然后找这个商的近似值所处的人均国民生产总值小栏。

发展格局变化的重要内容，分析于下. [57]

生产结构的改变 这是最普遍的特征之一。当人均收入上升时，就发生由农业生产向工业生产的转变。在图3.13中，当人均收入为100美元时，平均说来初级生产占国民生产总值的45%（A点），工业生产约占15%（B点）。当人均收入达到500美元时，前者降 至 20%（C点），后者升至29%（D点）。

生产结构的改变可以划为早、晚两个阶段，以发展过程的中点为界，在此点上，农业和工业的份数大致相等。图中是发生在人均收入水平（Y）为300美元时。在此水平以下，钱纳里等认为是处于早期发展阶段或"不发达阶段"；在此水平以上、但达不到收入3,000美元的工业化水平时，处于发展的晚期阶段或"过渡阶段"。早期阶段的特点是，依靠（虽然是逐渐减少）农业生产作为收入和增长的泉源，而晚 期 阶段则依靠工业生产。从这点说，发展模型的格局与刘易斯提出者相似。

资本积累的增长 与工业生产份额上升相联系的，是物质资本 和人

57　参阅M·P·托达诺，《第三世界的经济发展》，1985年第3版，第72—76页。

128

表3.1　　　　按发展水平区分的经济结构的正常变化，1950—1970年

	人均国民生产总值(按1964年美元计,单位美元)									变动总计	中点的人均国民生产总值(美元)
	100以下(平均数a)	100	200	300	400	500	800	1000	1000以上(平均数b)		
积累过程											
1.投资(对国民生产总值%)											
a.储蓄	10.3	13.5	17.1	19.0	20.2	21.0	22.6	23.3	23.3	13.0	200
b.投资	13.6	15.8	18.8	20.3	21.3	22.0	23.4	24.0	23.4	9.8	200
c.资本输入	3.2	2.3	1.6	1.2	1.0	0.9	0.6	0.6	0.1	-3.1	200
2.政府收入 (对国民生产总值%)											
a.政府收入	12.5	15.3	18.1	20.2	21.9	23.4	26.8	28.7	30.7	18.2	380
b.税收	10.6	12.9	15.3	17.3	18.9	20.3	23.6	25.4	28.2	17.6	440
3.教育											
a.教育支出(对国民生产总值%)	2.6	3.3	3.3	3.4	3.5	3.7	4.1	4.3	3.9	1.3	300
b.入学率(对学龄人口%)	24.4	37.5	54.9	63.7	69.4	73.5	81.0	84.2	86.3	61.9	200
资源配置过程											
4.国内需求结构(对国民生产总值%)											
a.私人消费	77.9	72.0	68.6	66.7	65.4	64.5	62.5	61.7	62.4	-15.5	
b.政府消费	11.9	13.7	13.4	13.5	13.6	13.8	14.4	14.8	14.1	2.2	
c.食物消费	41.1	39.2	31.5	27.5	24.8	22.9	19.1	17.5	16.7	-24.7	250
5.生产结构(对新增产值%)											
a.初级部门	52.2	45.2	32.7	26.6	22.8	20.2	15.6	13.8	12.7	-39.5	200
b.工业部门	12.5	14.9	21.5	25.1	27.6	29.4	33.1	34.7	37.9	25.4	300
c.公用事业部门	5.3	6.1	7.2	7.9	8.5	8.9	9.8	10.2	10.9	5.6	300
e.服务部门	30.0	33.8	38.5	40.3	41.1	41.5	41.6	41.3	38.6	8.6	
6.贸易部门(对国民生产总值%)											
a.出口	17.2	19.5	21.8	23.0	23.8	24.4	25.5	26.0	24.9	7.7	150
b.初级品出口	13.0	13.7	13.6	13.1	12.5	12.0	10.5	9.6	5.8	-7.2	1000
c.制造品出口	1.1	1.9	3.4	4.6	5.6	6.5	8.6	9.7	13.1	12.0	600
d.服务出口	2.8	3.1	4.2	4.8	5.1	5.3	5.6	5.7	5.9	3.1	250
e.进口	20.5	21.8	23.4	24.3	24.9	25.4	26.3	26.7	25.0	4.5	250
人口和分配过程											
7.劳力配置(对劳动力%)											
a.初级部门	71.2	65.8	55.7	48.9	43.8	39.5	30.0	25.2	15.9	-55.3	400
b.工业部门(包括公用事业)	7.8	9.1	16.4	20.6	23.5	25.8	30.3	32.5	36.8	29.0	325
c.服务部门	21.0	25.1	27.9	30.4	32.7	34.7	39.6	42.3	47.3	29.3	450
8.城市化(对总人口%)											
a.都市人口	12.8	22.0	36.2	43.9	49.0	52.7	60.1	63.4	65.8	53.0	250
9.收入分配(对总收入%)											
a.最高的20%	50.2	54.1	55.7	55.4	54.7	53.8	51.1	49.4	45.8	-4.4	
b.最低的40%	15.8	14.0	12.9	12.7	12.8	13.0	13.8	14.3	15.3	-0.5	
10.人口变动											
a.出生率	45.9	44.6	37.7	33.8	31.1	29.1	24.9	22.9	19.1	-26.8	350
b.死亡率	20.9	18.6	13.5	11.4	10.3	9.7	9.1	9.0	9.7	-11.2	150

　　a.大约为70美元。b.大约为1,500美元。

　　来源：霍利斯·钱纳里和莫伊西斯·赛尔奎因,《发展的格局,1950—1970年》,第20—21页.伦敦.牛津大学出版社为世界银行发行,1975年。

图3.13   生 产 的 转 变

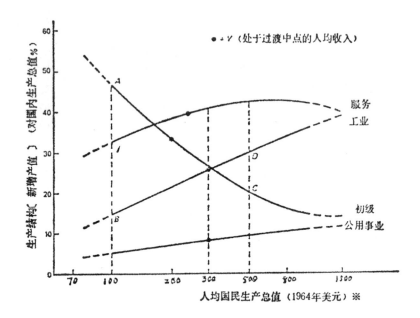

来源：霍利斯·钱纳里和莫西斯．赛尔奎因，《发展的格局：1950—1970年》
（伦敦，牛津大学出版社，1975年），图5。

•如按1976年美元计算，则增加一倍（如70美元应改为140美元）。

力资本的积累。图3.14表明了储蓄、投资和政府收入在国民生产总值
中的份额和入学率指数。曲线表明，投资和入学率（代表人力资本投
资）的大量增长发生在发展过程的早期阶段。

130

图3.14   **资 本 积 累**

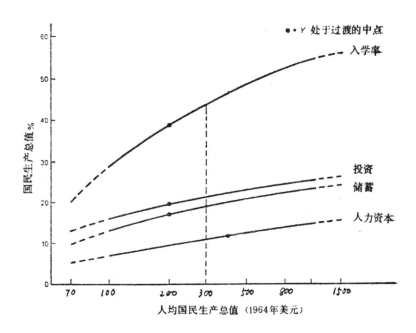

来源：同上，图1、2、3。

需求的改变   随着生产和资本积累的结构改变，国内需求的构成也发生变化，如图3.15。最统一的变化是食物消费从国内总需求的40%以上降至17%。这就使其他的主要需求项目——非食物消费、政府消费和投资——能增加它们在总需求中的份额。

图3.15　　　　　　　　需 求 的 改 变

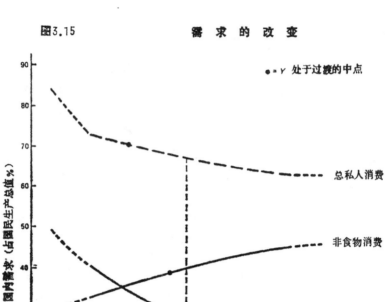

来源：同上，图4。

贸易的改变　虽然国际贸易的格局在各国之间变化最大，钱纳里发现，一般说来在过渡过程中总进口和总出口均有所上升。工业品在总出口中的份额相对上升，在总进口中的份额则相对下降。这些变化见图3.16。

132

图3.16 贸易的改变

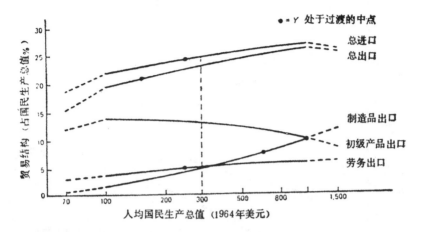

来源:同上,图6.

就业的改变 在要素使用的改变方面,劳力从农业部门转向工业部门和服务部门,虽然这种转变落后于生产结构的改变(图3.17)。由于这种落后,农业部门在发展的早期阶段和晚期阶段,在创造就业方面起着很大的作用。在人均收入为800美元或在进入发展后期阶段很久时,工业部门的就业最后才与农业部门的就业相匹敌。农业部门的劳动生产率在早期阶段提高缓慢,只在过渡完成之后才与工业部门的劳动生产率相等(图3.18)。可是,总的劳动生产率在整个经济中得到了提高。

133

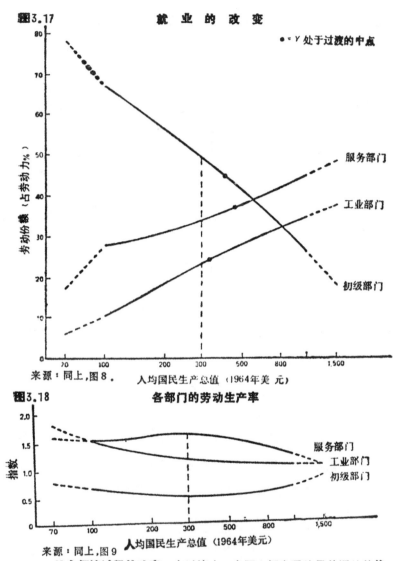

图3.17 就 业 的 改 变

● ≂ Y 处于过渡的中点

劳动份额（占劳动力）

服务部门

工业部门

初级部门

来源：同上，图8。　人均国民生产总值（1964年美元）

图3.18 各部门的劳动生产率

指数

服务部门
工业部门
初级部门

来源：同上，图9　人均国民生产总值（1964年美元）

　　社会经济过程的改变　在过渡中，各国之间发现的最普通的趋势是，由于工业的兴起和人们加速从农村移居城市，出现了城市化增长

134

现象。钱纳里发现，在人均收入超过500美元时，城市人口一般超过农村人口。工业化和城市化也造成收入分配的恶化，使收入增长大部分集中在城市现代部门。但是，教育机会的扩大、人口增长的降低和经济二元性的减少，均同更平均的收入分配有关。这就使得某些国家或地区（如日本、南朝鲜、我国台湾省）能奉行更加平等地获得工业化利益的政策。钱纳里所找出的最后一个过渡方面是，当国民收入上升时，死亡率和出生率均下降。

对于"发展格局"分析的评论

哈佛大学吉利斯等四位教授认为，[58]钱纳里等常常把他们估计的趋势说成是大国（或小国）发展的"正常格局"（normal pattern）。这个词引起了许多误会和对结果的误用。计划人把这种估计趋势同他们国家的实际成绩作比较，如果自己的工业份额比趋势增长更快，就庆幸自己获得了好成绩。如果慢些，就得出结论说，要设法加以纠正。两种偏离趋势的情况都引起了人们的关心。但是这些格局，只不过是比较了许多不同格局后得出的平均结果。并不是一个国家应当作什么的指针。或许有一天，我们可以说，一种趋势比另一种趋势使一国资源能得到更有效的利用，或导致更快的总增长速度。今天我们所有的，却只是这样的数据和估计，它们使我们对经济发展中可能预期出现的趋势得到一般的概念。在此情况下，最好放弃"正常格局"一词，改用"平均格局"。……围绕这些趋势的变化太大了，以致这些格局只能为计划人提供最粗略的指导。

纽约大学托达诺教授认为，这个模型确实认识到，由于各个发展中国家的具体情况不同，它们的发展速度和准确格局可以有所不同。影响发展过程的因素，包括一国的资源天赋和国家大小、政府的政策和目标，可供利用的国外资本和技术以及国际贸易环境等，其中有许多是一国不能自己控制的。但是尽管有这些不同，结构变化经济学家却主张说，人们可以认明在发展过程中几乎在所有国家均会出现的一定的格局，这些格局可能影响发展中国家奉行的发展政策以及发达

58　吉利斯等，《发展经济学》，1983年，第48页。

国家所奉行的国际贸易和援助政策的选择。因此，他们基本上表示乐观，认为"正确的"经济政策的组合会产生有利的自行持续增长的格局。但是国际依附学派并不是那么乐观，在许多场合竟是完全悲观的，认为这种统计平均数在认明一国发展过程中的关键因素时实用价值有限，尤其重要的是，它转移了人们对全球经济中维持和永久延续第三世界国家贫困的真实因素的注意。

经济增长阶段论

五十年代和六十年代初期，关于经济发展的思想主要集中在"经济增长阶段"这个概念上。它把经济发展过程看作是所有国家都必须经历的一系列连续的阶段。这种理论认为，只要有适当数量和适当结合的储蓄、投资和外援，就可以使第三世界国家沿着现今发达国家已经走过的经济增长道路向前发展。这样，发展就和迅速的总的经济增长变成了同义语。

经济增长阶段论是美国经济学家W·W·罗斯托提出的。他认为根据历史事实，每一个国家的经济发展都要经过传统社会、为起飞创造前提条件、起飞、向成熟推进、高额群众消费时代这五个阶段。他以此来和马克思主义的原始社会、奴隶社会、封建社会、资本主义社会、社会主义和共产主义社会各种社会形态对抗，所以他最初出版的《经济增长的阶段》一书以"非共产党宣言"为副标题，妄称"共产主义是过渡时期的一种病症"。[59]

59 《经济增长的阶段：非共产党宣言》，1960年英国剑桥大学出版社(商务印书馆中译本1962年)。在此以前，罗斯托曾出版《经济增长的过程》一书（1951年初版，1960年牛津大学出版社第2版，1962年重版）。在1961年国际经济学会会议上讨论了罗斯托的增长阶段论，有各国著名学者近四十人参加。会后罗斯托将会上宣读的论文及会议记录辑成《由起飞到持续增长的经济学》一书，1963年出版。之后罗斯托又出版了多种著作为其主张辩护，其中特别值得注意的是《世界经济：历史和展望》一书，1978年。罗斯托于1983年来华访问，曾向北京学术界作了题为《世界经济及其前景》的报告(《世界经济》杂志，1983年第12期)，指出："中国正处在向技术成熟阶段发展的阶段，"如能继续执行努力提高农业生产的政策，在今后二十年中，中国就会进入加速发展的阶段。"他首创的"起飞"一词，在我国曾一度风行。罗斯托提出的理论意味着非连续的发展，与过去连续的发展理论有所不同。

136

他的理论包含大推动、均衡增长和关键性最低努力原理的一些因素。这个理论，对于新独立的国家具有最大的吸引力。

罗斯托的五个增长阶段是：

第一阶段：传统社会

这是社会发展的最初形式，在此时期的经济主要是原始的，其主要特点有三：（1）没有现代的科学和技术；（2）资源配置在农业中过多，在工业中不足；（3）存在一种僵硬的社会结构，阻碍着经济变革。结果，生产率低下，人均实际收入或产值仅足维持生存。他认为从历史上看，属于这一阶段的国家和地区有：旧中国的各个朝代、中东和地中海的各种文明以及欧洲中世纪的国家。

第二阶段：为起飞创造前提条件

这是一个过渡阶段，上升运动所需要的条件正在形成，其主要特点有：（1）新的科学和技术正在应用于农业和工业；（2）金融机构（如银行）正在出现，它动员资本并为新投资提供资金；（3）运输和交通正在改进，使商业扩大。与此同时，正在产生一种根本的政治变革——建立一个中央集权的民族国家。尽管生产率很低的方法仍在普遍应用，在一些场合，传统的经济活动和现代的经济活动却可能并存。发展的障碍正在被克服，但人均实际收入或产值增长缓慢。在历史上，这些条件产生在中世纪崩溃时期的西欧，今天大多数贫穷国家正处在这个发展阶段。

第三阶段：起飞

这一阶段是经济增长的巨大分水岭。当古老的障碍和阻力被最后克服时，它才最后出现。这一阶段的重要条件是：（1）正在农业和工业中采用现代技术和组织方法；（2）净投资正在上升，通常达到国民收入10％的水平；（3）产生了主要的新工业部门，它们又激起许多辅助性工业部门的发展。与此同时，农业中的生产率可能正在经历革命性的改进。劳动力正在从农业中解脱出来到城市工作；农场提供

137

满足工业部门日益扩大的原料需求。结果，人均收入或产值开始大大上升。在历史上，凡是经历了起飞的国家，这一阶段通常持续二、三十年，美国和法国发生在1830年以后的三十年，德国发生在1850年以后的二十多年，日本发生在十九世纪的最后二十多年，加拿大和苏联发生在第一次世界大战爆发前的二十多年。在最近几十年中，巴西、埃及、以色列、黎巴嫩、墨西哥、中国台湾省，似乎也达到了起飞阶段。总之，在这一阶段储蓄上升，产生了一个日益扩大的企业家阶层，他们能把储蓄导入新投资；经济正在利用迄今不曾利用过的自然资源及生产方法。

第四阶段：向成熟推进

这是起飞以后的一个新阶段，是一个持续进步的时期（虽然有些波动），现代技术推及到大范围的经济活动领域，它有几个重要特征：（1）新厂房设备的投资维持在相当高的速度上，通常在国民收入的10—20％之间，（2）投资的高速度使生产的增长超过人口的增长，（3）经济在世界贸易中起着重大作用，因为产生了新的进口需要，开发了新的出口商品。总的说来，这是一个经济经历着重大的结构改变的时期，此时生产技术不断改进，各个新工业部门加速增长，较老的各个工业部门趋于稳定。结果，人均收入或产值持续增长。在历史上，经济先进国家花了四十年左右的时间完成了这一阶段，英国、法国、美国是在十九世纪最后四十年完成的。发展中国家均尚未达到这一阶段。总之，这是一个资源多样化时期，经济超出了促成起飞的那些部门，发展了有效生产广大范围产品的能力和技术。

第五阶段：高额群众消费时代

这就达到了发展的最后阶段，当一个社会获得了这种成熟水平时，有几件事情发生：（1）有日益增大的资源用来生产耐用消费品和服务；（2）技术工人在劳动中的百分比、城市居民在总人口中的百分比均上升；（3）有逐渐增大的一部分资源用来供社会福利和保证之用。群众消费阶段是一个富裕的时代。就美国而言，这个时期大

138

致从第一次世界大战终了时（1918年）开始，但在第二次世界大战后的年代中（1945年），这种迹象才变得明显。当人们越来越认识到并渴望要分享一个成熟经济的消费成果时，从乡村向城市、从农场向工厂的大规模移民出现了。当人均实际收入或产值上升到社会能够比满足基本需要提供更多的东西时，汽车、主要家用电气设备、社会福利服务变得广泛了。西欧和日本在五十年代进入这一阶段。苏联在此时期技术上已准备好，但政治和社会问题阻碍了这一阶段的到来。

罗斯托五个阶段的发展模型可以用图3.19表示：[60]

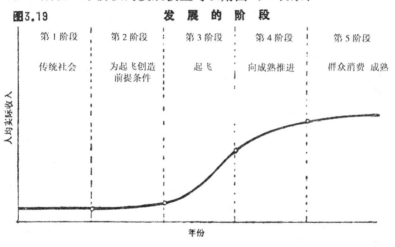

图3.19　　　　　　　　发　展　的　阶　段

第1阶段　　　第2阶段　　　第3阶段　　　第4阶段　　　第5阶段

传统社会　　　为起飞创造　　　起　飞　　　向成熟推进　　　群众消费　成熟
　　　　　　　前提条件

人均实际收入

年份

〔说明〕

在这五个阶段中，起飞阶段是关键性的。这个阶段是由一个或更多的主导部门（leading sector）推动的，它的迅速增长，带动了辅助部门和派生部门的增长。主导部门是具有革新创造的可能性、或是具有利用新的或至今尚未开发的资源的可能性部门，所以它会增长很快。辅助部门是直接适应主导部门的发展或作为主导部门发展的条件而得到迅速发展的部门。派生部门是由于总实际收入、人口、工业生产等的增长而得到稳定增长的部门，如按照人口增长生产粮食、按照家庭

60　米尔顿·S·斯宾塞，《现代宏观经济学》，1980年第4版，第301页.

构成情况建造住宅。罗斯托对于主导部门的认定和对于主导部门增长的解释，部分地是依照新古典的理论，部分地依照结构主义的理论。从新古典的观点看，主导部门在供求两方面的价格弹性都很大（价格越高，供给越多；价格越低，需求越多），因而较大的需求会使供给增加，较低的价格会使新兴工业的收入增长。从结构方面看，主导部门享有很大的需求"收入"弹性（收入越多，需求越大），因而它的市场扩大在比例上会高于整个经济收入的增长。还有主导部门造成的外部经济，[61]进一步刺激了对与之有联系的各个部门的需求。结果，一国产量增长的速度会自行持续：由于主导部门与其他部门在结构上的这种相互作用，使一国经济从低增长率（或没有增长）持续地过渡到健康的发展速度。

经济增长阶段论意味着非连续的发展，即由最初的缓慢增长速度，在一个短时期内变为更迅速得多的增长速度。类似的提法，还有"大推动"和"关键性最低努力"论，[62]后者认为在这种努力以下不能出现经济增长，在此以上才能出现经济增长。但是卡尔多、索洛、萨缪尔森对于先进工业国经济增长所确定的事实之一是："在一个相当长的时期内，人均（或人时平均）实际产值的增长或多或少是按不变速度进行的。"[63]

对现代增长过程的历史，还有两种不同的解释，都是与罗斯托的增长阶段论针锋相对的。经济史学家怀疑在一般的经济发展中，特别是在罗斯托所研究的现代工业化国家的历史发展中是否存在阶段，更怀疑是否存在把低增长同高增长截然分开时期的。

------

61 外部经济(external ecenemies)：从一个人或公司的行为所造成的对另一个人或公司的有利影响。如建造一条公路、一所医院或一个水坝，对许多家庭、公司或经济部门可以产生有利的影响。

62 哈维·莱本斯坦，《经济落后与经济增长(经济发展理论研究)》，纽约1958年(有赵凤培的中译本)。

63 罗伯特·索洛，《增长理论：一个阐释》，纽约1976年，第2页。

140

（1）亚历山大·格申克龙提出，国际影响有着巨大的说服力。[64]

他以俄国为例，说明落后国家一旦开始增长，就有一个有利条件，即能从经济比较先进的国家输入技术、组织和行政管理方法。这是一个乐观的假设，因为它的言外之意是：能合理地预期今天的低收入国家在其最初的增长时期能比今天的富裕国家在十九世纪增长更快。

（2）西蒙·库兹涅茨就各个连续的时期（一般是三十年）考察十三个现在的发达国家，得出结论说："就人均产值而言，没有发现重大的加速或减速，特别是在现代经济增长开始以后的各个时期之内。"他进一步指出，数据不能为起飞提供论据，也不能证明格申克龙的假设，即一个国家进入增长过程越晚，它的最初增长速度就越高。[65]

罗斯托、格申克龙和库兹涅茨的三种不同看法，可用图3.20来比较说明。[66]

〔说明〕

图中(a)表示罗斯托的起飞，在 $t_1 - t_2$ 这一时期，增长速度加快，从以前的低速度开始后较高的和稳定的（自行持续的）速度。（b）表示格申克龙的看法，四个国家同时从最初的低水平开始增长，其中B、C、D三国都比A相对落后，但后来开始的国家都增长更快，因为它们可以利用先行国在增长过程中的发现，到达 t_3 时，工业化国家均按大体相同的速度增长，尽管最初有差距。（c）表示库兹涅茨的结论：否认有这样一个时期：在它之前增长缓慢，在它以后增长迅速；也否认后来者比先行者居于有利的地位。

64 亚历山大 格申克龙（哈佛大学），《从历史背景看经济落后》，哈佛大学出版社，1962年。

65 西蒙·库兹涅茨，《各国经济增长》，哈佛大学出版社，1971年，第38—40页。

66 赫利克和金德尔伯格，《经济发展》，1983年第4版，第69页。

图3.20   一定时间内国民产值增长率变化的三种假设

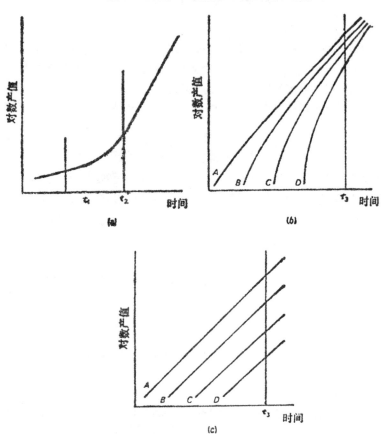

有的经济学家认为，罗斯托的经济增长阶段模型虽然对发展过程提供了有用的见解，但至少有两个重大的缺点使之不能充当制定公共政策的指南：[67]

一是经济发展不能划分为精确的阶段。

---

67 米尔顿·H·斯宾塞，《现代宏观经济学》，1980年第4版，第303页。

142

增长是一个连续的过程，不是一个分立的过程。因此，任何将其分成不同时期的尝试，必定是极其武断的。对于一个社会过去的增长，究竟哪一个确定之点是一个阶段的终结另一个阶段的开始，没有人持相同的看法。甚至对于一个社会是否经历了某个具体阶段，也没有人持相同的看法。

二是在持续增长出现以前，投资不一定要迅速增加。

某些经历了稳定发展的国家，投资是在一个长时期内逐渐上升的。在工业革命之前，也不一定要有一次农业革命（耕种技术的现代化），去使资源从农业部门转到工业部门。第二次世界大战后许多发展中国家的经验表明，当持续发展出现时，农业与工业可以同时扩大。

无论是卡尔多—索洛—萨缪尔森的关于经济增长的"程式化的"事实也好，还是库兹涅茨的经验证据也好，都是令人沮丧的。赫利克和金德尔伯格认为，[68]"它意味着，虽然迅速增长的短期进发或许是可能的，长期的速度却难于有所改变。这种结论虽可能被证实，却与三个世纪以来的学术传统公然违背：这个传统认为，人类能对环境实行控制，包括对环境中影响物质产出增长速度的技术部分和社会部分的控制。学术传统可能被一个"程式化的"事实所破坏，这并不是一件严重的事情。可能更严重的是，不论从分析的（演绎的）还是从经验的（历史的）观点看，传统和"事实"究竟何者更可信，我们是无知的或无所适从的。"他们继续说，"关于阶段理论和不连续增长的最后结论尚未作出。不过辩论是有才智的、学术气的。对于历史行为的研究尚在继续，并且变得越来越深刻。这样一来，作出一般结论的可能性不是增加而是减少了。当我们不仅对于科学的技术应用、而且对于如何组织社会与经济过程的方法懂得更多的时候，历史环境也可

---

68 《经济发展》，1983年第4版，第70,71—72页.

能改变. 如果说, 是十九世纪的工程师领导了工业化的过程, 那么, 这个作用有可能会由二十世纪末期的组织理论家或信息与决策科学家来承担. 不管怎样, 一国经济中各种经济活动的相互作用——各个经济部门的行为和彼此之间的联系——在我们看来, 似乎会成为未来分析的焦点."

国际依附理论[69]

近年来, 由于对增长阶段模型和结构改变模型日益增长的失望, 国际依附模型获得了越来越多人的支持, 特别是在第三世界的知识分子中. 国际依附模型把第三世界国家看作是受到国内和国际制度、政治和经济方面的僵硬性 (或刚性, rigidities) 的围困, 处于依附富国和受富国统治的关系中. 有两个主要思想流派.

(1) 新殖民主义依附模型 (The neocolonial dependence model)

这是马克思主义思维的间接产物. 它认为, 第三世界国家不发达状况的存在和继续, 主要是高度不平等的国际资本主义制度中富国和穷国关系历史演进的结果.[70] 不管是由于富国有意的剥削还是无意的忽视, 富国和穷国并存, 由中心 (发达国家) 与外围 (欠发达国家) 之间不平等的权力关系统治, 使得穷国在自己的发展事业中要实现自力更生和独力自主十分困难, 有时甚至不可能.

发展中国家有某些集团 (如地主、企业家、军人统治者、商人、官吏、工会领袖) 享有高额收入、社会地位和政治权力, 他们形成一个小小的上层统治阶级, 其主要利益是使 (不管自觉与

69　迈克尔·P·托达诺,《第三世界的经济发展》, 1985年第3版, 第78—80页.

70　关于国际发达和不发达的"新马克思主义"看法的最全面的介绍, 有保罗·巴兰,《新殖民主义政治经济学》, 伦敦海涅曼, 1975年.

144

否) 不平等的国际资本主义制度永久化, 因为他们是从这种制度得到好处的。他们直接、间接地为国际势力集团的特殊利益服务,并为其统治和依赖它们。这些国际势力集团包括跨国公司、各国双边援助机构,象世界银行和国际货币基金组织,后者的资金主要来自富裕的资本主义国家,并效忠于这些国家。上层人士的活动和观点,常常起着阻止对广大群众真正有利的改革的作用。这些活动实际上甚至会导致人民生活水平的降低,使不发达状态永久化。总之,"新马克思主义"的新殖民主义关于不发达的观点,是把第三世界国家继续存在并日益恶化的贫困,大部分归之于北半球的工业资本主义国家和它们在不发达国家的代理人——这些人数虽少、但有势力的上层人士或买办集团的存在及其所奉行的政策。[71] 因此,要求进行革命斗争,至少要对世界资本主义制度进行重大改组,以便使处于依附地位的第三世界国家从资本主义国家和本国压迫者的直接和间接经济控制下解放出来。

拉丁美洲的西奥多尼奥·多斯·桑托斯对国际依附理论作了强有力的说明。[72]

不发达并不构成资本主义以前的落后状态,它是资本主义发展的结果和称为"依附资本主义" (dependent capitalism) 的一种特殊形式。……依附是一种起条件作用的情势,在此情势中,一类国家的发展以另一类国家的发展和扩张为条件。两个或更多国家的经济之间,或这些国家的经济与世界贸易制度之间的相互依存关系,在下述情况下变成了一种依附关系:某些国家

71　参阅科林·科斯,《肯尼亚的不发达:新殖民主义政治经济学》,伦敦海涅曼,1975年。

72　"发展理论的危机与拉丁美洲的依附问题",载《世纪》(Siglo)杂志,1969年第21期。还可参阅本杰明·J·科恩,《帝国主义问题:统治与依附的政治经济学》,纽约1973年。

能通过自我推动而扩张,而其他国家由于处于依附地位,只有作为统治国家扩张的反映才能扩张,前者对后者当前的发展可能起积极作用,也可能起消极作用。不论结果如何,依附的基本情势使这些国家处于落后状况并被剥削。统治国对依附国具有技术、商业、资本和社会政治各方面的优势(这种统治形式随具体的历史时间而有所不同),因而可以剥削它们,攫取一部分生产的剩余。依附是以这样一种国际分工为基础的:它让某些国家的工业得到发展,而限制其他国家的工业发展,后者的发展受制于并服从于世界的权力中心。

(2)错误示范模型(The false paracligm model)

这是有关发展的较为温和的国际依附理论。它认为第三世界国家不发达的原因,在于来自发达国家援助机构和多国援助组织的专家们所提出的错误和不适当的咨询意见。他们的动机虽好,但不了解当地情况。他们提出了发展方面的深奥玄妙的概念、漂亮的理论结构和复杂的计量经济模型,从而往往导致采用不适当的甚至是不正确的政策。由于一些制度上的因素,如高度不平均的土地所有制、当地权贵对国内和国际金融资产的不成比例的控制、接近信贷的机会非常不平等,这些政策常常是为国内和国际现有权力集团的既得利益服务的。

此外,根据这种理论,由于主要的大学教师、工会领袖、未来的政府高级经济专家及其他文官是在发达国家的学校受过教育的,他们在不知不觉中接受了外国概念和模型,很少或根本不具备解决实际发展问题的知识,常常不自觉或不自愿地成为权威政策和国际结构现存制度的辩护人。结果,必要的制度上和结构上的改革被忽视了。

(3)结论

不管在意识形态上有什么不同,上述两种模型都反对过分强调旨在加速国民生产总值增长作为发展主要指标的传统西方经济

146

模型。他们对刘易斯型的两个部门的现代化和工业化模型，从其不现实的假设和第三世界的最近历史着眼，怀疑它们的正确性。其次，他们否认钱纳里等人的主张，认为，大多数穷国应当遵循的明确的发展格局是不存在的。反之，依附和错误示范的理论家，更多地强调国际力量的不均衡和在国内及全世界进行经济、政治和制度的根本改革。他们甚至要求直接剥夺私人所有的资产，期望公共财产所有制和控制将是根除绝对贫困、扩大就业机会、减少收入不同等，提高人民群众的一般生活水平（包括卫生、教育和文化方面）的更有效的手段。M·P·托达诺认为，[73]

"虽然少数激进的新马克思主义者甚至会走得极远、说经济增长和结构改变均无关宏旨，大多数有思想的观察家却都承认，处理这类社会问题最有效的途径，是通过国内的和国际的改革、辅之以公私经济活动的明智的结合，来加速经济增长的步伐。最后的目标是造成迅速的经济增长、同时也改变它的'性质'，以便使第三世界的人都能参与实现经济增长并从而获益。"

技术经济增长阶段论

E·E·哈根提出了经济增长的技术经济阶段论(The technoeconomie stages of growth)。[74] 他说，对经济增长过程进行仔细的大胆的考察，便可以发现增长必然是缓慢的和逐渐的，要经历几个世代，而不是几年或几十年，这是由于"事物的本性"即增长过程的技术性质决定的。

（1）经济发展过程的六个阶段

每一个阶段都是后一阶段的前提条件，只有第六阶段才是第五阶段的继续。这六个阶段是：

(a)独立的（self—contained）工厂过程的出现；

73　《第三世界的经济发展》，1985年第3版，第80页。

74　埃弗雷特·E·哈根（美国麻省理工学院教授），《发展经济学》，1980年第3版，第97—110页。

147

（b）最初的相互关系的发展；

（c）轻工业的扩大；

（d）对质量和公差控制的改进；

（e）工业复合体的努力发展；

（f）错综复杂的工业阶段的到达。

他认为根据这个分类，六个萨赫勒国家尚未进入第一阶段（毛里塔尼亚、马里、尼日尔、乍得、塞内加尔、布基纳法索），联合国发展计划委员会1971年所列二十五个世界最不发达国家中除上述六国外，其他国家刚刚进入第一阶段。萨赫勒六国以南的中非国家、巴拉圭和玻利维亚仍处在第一阶段或开始进入第二阶段。印度尼西亚仍处在第二阶段。哥伦比亚正在进入第三阶段，墨西哥、阿根廷、智利、委内瑞拉在第三阶段已走得较远。西班牙和葡萄牙处在第四阶段。印度许多地区处在第一阶段，但从孟买到马德拉斯有一个工业地带处于第四阶段甚至第五阶段初期。巴西北部处于第一阶段，圣保罗则在第五阶段走得很远。南朝鲜、中国的台湾省、中国的工业中心早已进入第四阶段。西欧（当作一个经济实体）、苏联、日本和美国处于第五阶段。

经济增长过程并不只是制造业的发展。工业化可能意味着下列二者之一：制造业的出现，在整个经济中采用越来越有效率的方法，即采用越来越多的"工业"方法，使用越来越多的资本设备。只在第二种意义下，工业化和经济增长才是一致的。

按阶段前进的顺序，是任何一个国家和任何一个生产部门生产率提高的必要组成部分。不过在某些部门中，这种顺序更具有约束力，某些步骤在其他步骤之前是绝对必要的。

（2）六个阶段的演进

一种在工业国具有高效能的技术，应用在非工业国或工业化程度较低的国家可能是极为昂贵的，即是说，一单位的产出需用许多单位的资本和劳动投入。经济增长过程，部分地就是通过一个序列的创造性改造（adaptation），去克服这种困难的过程。这个大体上划分的序列（sequence），是不断缩短或超越

148

的。这里有比知识缺乏更带根本性的问题，看一看工业先进国中工业生产的性质即可理解。

在工业国中，很少有产品大部分是甚至完全是在单独一个工厂中制造的。即使是一种不太复杂的最终产品，生产者也要从或许是几十家厂商购入部件或原料，每一家这样的厂商都进行大规模的生产，因为每一家都有许多顾主来购买一个部件或与其不同的品种，每一家在生产这种部件时，又要从若干其他厂商购入东西，而这些厂商又各有许多顾主。有些厂商又将其顾客或顾客的顾客的产品纳入自己的产品中；于是链条的各个环节便形成一个园圈。在这种复杂网络中，使用的生产方法包含了先进的技术：机械的、冶金的、化学的、电子的、生物的。而这些技术都是资本密集型的。

先进的技术体现在精密的或庞大的机器中，没有机器就没有技术。如果没有机器，许多化学的或冶金的过程、许多公差极小的制造，都是不可能的。也许部分地，重型机器的存在，只是因为在西欧多少世代中发明的动力是为了节约劳力，用资本设备去代替。可以设想，在某些场合，技术天才可以不依靠复杂资本而能创造出先进技术，然而技术天才在任何国家都是不多见的；这只是一种学术上的可能性，在实际上没有太大的重要性。

使用复杂机器的生产方法之所以经济，是因为能进行大量的生产。资本密集技术很高的生产方法与大规模生产相结合，获得每单位资本加劳动的高生产率。这种高生产率是工业社会的标志，也是高生活水平的泉源。

由于低收入国的收入很低，所以需求的数量也小。因此，如果把一种典型的生产过程从高收入国的工业复合体中抽出来，放进一个低收入的经济中，那么，一台复杂机器的资本、利息和维修费便要分摊在为数不多的单位产品上，因而使产品成本高到无法负担。把一国资源用于使用这种方法的生产中，只会降低而不会提高生活水平。

其次，先进工厂使用它自己不生产、并且除了用极高的单位成本外也不能生产的原材料。在先进工业国，这种原材料会从工业复合体的其余部分顺利流进，而在不发达国家，先进工厂只是孤立地营运，只有靠在每单位产品上投入为数极大的支出才能提供（通过从国外进口、费用昂贵的库存、或较小规模的生产）。总之，这种企业会使一国更加贫困，而不是更加富裕。

可见，如果典型的先进技术个别地引进到一种没有或很少工业的经济中，就会成为负担沉重的昂贵的技术。整个工业复合体也不能在那里创造出来。这样，工业化似乎就不可能了。

但是自然有解决的办法。工业化确曾在西方实现，也正在南方国家进行。解决的可能性在于：能提高每单位总投入的生产率的生产过程，并不是都要求有工业复合体支持的，有些过程是比较独立的，而工业化就可以从这个过程开始。

每一个国家最早的成功都在于这个过程，它不要求来自其他工厂的原材料或部件，也不要求进口或储备。这种或多或少是独立的过程，常常被应用于在传统社会已经熟悉并广泛使用的物品的生产上，如食糖、肥皂、火柴、米或面粉、皮革及其制品、纺织品及服装、砖、水泥、啤酒等。它们的生产不涉及崭新的技术问题，只要求有少量的经营经验和技能，产量不大也能使成本低廉。这样工厂就出现了，但还只是生产现代化的重大发轫。

次一阶段是相互关系的扩大。

对于一向进口或以传统方法制造的低质量的部件或原材料来说，几个简单的工业企业合在一起便形成足够大的市场，使本地企业家觉得用非原始方法去生产它们是有利可图的。例如纸板箱、简单铸件、金属线、硫酸、苛性钠、轻型加劲钢筋、简单的工具和机器。"连锁反应"[75]出现了。特别重要的是，小型的铸造、锻压和机械切削车间开发了做越来越精密的工作和在铁以外的金属上加工的能力。本地的修理和维护从而得到了改进。如其不然，则工业生产的其他方

75　连锁反应（linkage）这个词是Ａ·Ｏ·赫施曼创造的。参阅他的《经济发展战略》，美国耶鲁大学出版社，1958年。

150

面很难有所进展。方法也变得越来越资本密集，离开传统技术更远了。

若干国家的最初工业史（也许是每一个国家的最初工业史，如果能知道这种历史的话）表明，在企业家获得成功以前，要经历一两代人的尝试和失败（质量太差，直接成本太高、顾客太少以致收不回间接成本），而成功的企业家是更能干的和办法更多的，或者仅仅因为出生较晚。[76]

随后是轻工业的扩大。能在国内生产自行车的几乎所有部件，就是已经达到这一阶段的明证。

然后是在冶金、工业化学、金属加工工业中控制质量和尺寸公差中得到逐渐改进的一个长阶段或几个阶段。

这些阶段也和在它们以前比较简单的阶段一样，是工业继续前进的前提条件。它们是和规模的扩大相联系的，或是通过国内市场的扩大，或是由于出口的成功，在这种比较大量的生产中，使用机器和机床可以达到更大的精密程度；能更好地了解和管理化学过程。建立了略为大些的工厂、使用造成精密度的机器、掌握复杂的化学过程，这样做之所以可能，与其说是因为市场已经扩大，不如说是通过经验与理解的增进而使经理能力提高了。越来越复杂的相互供应的关系发展起来了。千丝万缕的相互关系越来越具有网络的性质。[77]

其次是工业复合体的发展阶段。

此时技术能力的扩大和增长与冶金工业和化学工业的复合体可能稳步出现。如市场足够大时，重型金属加工过程，或许还有先进的电子工业，都可能发展起来。从轻工程到重工程以及先进的工业冶金、化

76 路易斯·奥斯皮诺·巴斯克斯，《哥伦比亚的工业与保护，1810—1930年》，波哥大1955年，对一群早期企业家的失败和一个世纪后另一群更有办法的企业家的成功，有生动而渊博的叙述。

77 这些看法，渊源于哈根本人在哥伦比亚的实地工作，以及其他关于南美国家工业企业出现先后的讨论——1963年哈根在巴西福塔莱萨的一个训练班中和年轻的公务人员与学者一起进行的讨论。

151

学和电子的转变还没有人研究过。在漫不经心的人看来，这一转变中的技术飞跃似乎是很大的，它是怎样完成的，很令人迷惑不解。可以猜测，能有两重解释：一方面，进入最先进的技术可能是通过一系列不太大的、不令人注意的步骤，只有比较辉煌的最后成果才引人注意；另一方面，通过这个工业化阶段，企业家可能已准备作出庞大的跃进。

最后阶段。

在一个向最后阶段前进的国家，即使只有中等大小，也能发展这样一种生产系统：它或许借助于进口体现世界最新技术成就的部件，能在某些专业化领域内生产任何已知的产品。日本的技术进步说明，一个后来者可能在某些领域变成技术进步的世界领导。可是，一国不需要进入这一最后阶段，才能拥有一个工业复合体，以提供高水平的人均收入。（自然，高收入也能由制造业以外的其他领域中的技术进步来提供。）

即使是最大的国家也要实行专业化。美国具有世界上最多样化的先进工业部门，在西欧部件和产品的运送是在国际间进行的，而在美国则是在各地区间进行的，但是美国也实行专业化，部分地因为比较利益的不同，部分地因为别处的技术优越。

工业化的过程确实是阶段性的。一个国家要想在制造业、农业、运输和交通业或其他部门发展一个具有高度生产效率的生产网，必须通过一种工业结构的逐渐演变。

（3）增长点、增长中心或增长极

工业化过程中，厂商之间和部门之间关系的发展，其意义可以由"增长点"的重要性来说明。

由于接近其他适当厂商所产生的技术上的外部经济效果，工业及某些种服务的增长常常在地理上集中于增长点（growth points)或增长中心（growth centers）或法文所称的增长极(pôles de croissance）。一国经济从而开始的地点会形成增长中心，这一中心对于进一步增长的吸引力，至少在一段时间内会增

152

加地区之间的收入和革新能力的不一致。

外部经济效果之一是，每一家厂商可以利用其他厂商训练出来的半熟练的、熟练的工人和技术人员。每一家训练职工的厂商 都 会 丧失一些。但如果其他厂商聚集在附近，这种损失就可以由录用其他厂商所训练的职工来弥补。

从聚集产生的另一种外部经济效果更为重要。这就是从供应、维修服务和技术咨询的密迩所产生的利益。低收入国的任何一家厂商，如不得不储备机器部件，或须到千里之外去获得技术咨询，都很容易懂得聚集的好处。

这种便利对一家厂商的重要性，可由意大利在二次世界大战后开发南部（靴子的后跟地区）时遭遇的困难来说明。当意大利政府于五十年代在这一地区建设了基础设施并提供慷慨的财政刺激而迁移的厂商远较预期者为少时，欧洲经济委员会进行了一次调查研究，确定鼓励企业迁移的条件。伦敦《经济学家》报道了这次研究的结果（1964年11月7日）："尽管有刺激，大多数厂商没有能力去牺牲在北方投资会得到的外部经济效果（即从工业环境而不是从某一厂商自己的努力所获的利得）。""外部经济效果依存于某种比为若干工业部门所环绕更为具体的东西。对许多厂商来说，重要的是要有几个高度专业化的辅助性厂商近在咫尺，为之提供部件，执行生产过程中的某一项操作，从事维修或改进机械以适应新产品生产的需要。……对许多工业部门来说，重要的考虑似乎是接近辅助性的工业部门而不是接近市场或基本供应。而在辅助部门方面，有一些又需要有几家大厂商来为自己服务，然后才能按一种经济的规模去经营。……普通把工业部门划分为供应向的（supply-oriented）、推销向的（market-oriented）和自由走动的（foot-loose），这种分类似乎是不充分的，除非认为供应向也包括接近辅助性工业部门这种远更具体的要求。"意大利南部的工业发展近年来略有进展，但如不是由于政府设立的大型 工 商 企业"工业建设研究所"进行的工业项目（它的决策受到非市场考虑的重大影响），连这点小小的成功也是无法取得的。

因此，工业企业以及各种服务性企业倾向于聚集，直到过分拥挤

153

（除污染外，这是聚集的主要的外部不经济效果）超过了密迩的好处为止。

不过这种趋势也不是无所不包的。对于规模经济效果很小或在很小的厂子上即已终止的各种生产来说，接近农村市场或接近供应来源的地点可能是经济的。

基思·格里芬报告说，[78]在台湾各地，纺织生产、食品加工、建筑材料生产都在进行。在北部及中部地区，农村收入有60％得自非农场来源。在日本，一些小规模的农村工业至今仍然存在。这些小企业主要是为大规模企业生产部件或原材料。它们的继续存在主要是由于安土重迁的生产者愿意接受较低的收入，当农村与城市的收入差距缩小时，日本农村工业企业的数目也迅速减少。

增长极一词的创造者法国经济学家F·佩诺(perroux)认为，[79]从增长点扩散的趋势没有什么不好。反之，他建议在地域上集中，以利用各种自然力量（主要是技术上的外部经济效果）。米道尔则认为这种趋势有危险：[80]他用自己的"扩散"（spread）效应和"反浪"（backwash）效应的论点去补充或推广增长极的概念。增长有从增长点扩散的趋势，但也有一种相反的效应会抵消扩散效应而有余。增长中心对厂商有吸引力，是因为它所提供的外部经济效果，但这不只是对厂商如此。它对作为消费者的个人也有吸引力。结果，它将吸引最有才干、最为精明的人，使外部

---

78 K·格里芬，"台湾发展评介"，《世界发展》杂志，1973年6月，第31—42页。

79 F·佩诺，"增长极概念的说明"，《应用经济》杂志(法文)，第8期，第307—320页。佩诺把增长极看作是密切相连的一组市场关系，但不一定是许多部门在地理上的集中。可是这个理论在地区经济学中已被广泛应用，作为某些工业部门在地理上的聚集的解释，和作为在一国经济中的萧条地区或不发达地区刺激经济增长的政策模型。因此，增长极是以一个或更多的有推动力的工业部门为中心和与之相连结的一群或一组工业部门，它们形成一国经济的增长和活力中心。

80 G·米道尔，《富国与穷国》，纽约1957年。

154

地区丧失资本和人才。这种"反浪"效应可能不仅会阻碍其他地区的发展，还可能使这些地区的实际经济水平降低到没有增长极时可能达到的水平以下。他赞成采取政策措施，防止这种不良影响。这种影响的重要性以及政策措施的必要性迄今尚无定论。

在农业增长中，有一种现象可以称为增长点效应 的 翻版。A·M·唐[81]和W·H·尼科尔斯[82]二人描述了上一世纪中美国皮德蒙特南部农村发展中的增长点和扩散效应：靠近工业中心的农业的效率之高是引人注目的。最近尼科尔斯又详细论证了巴西圣保罗州工业增长与农业现代化之间的密切关系。[83]

（4）改造与创造

工程师、科学家、经济学家都谈"技术转让"（transfer of technology），这个词虽然也包含几分真理，却是过分简单化和容易引起误会的。

上述六个阶段所描述的中心事实是，即使是最简单的初步工艺流程，也不能全盘从工业化国家取来，原封不动地移植到非工业化国家，这一点是少有例外的；至于较先进的工艺流程，尤其是这样。要在非工业国做成某件事情，几乎在每一场合都需要进行改造（adaptation），因为做这件事情的设备在工业国是不存在的。从一个阶段进入另一个阶段并不是自动的。每一时刻都必须解决新问题，这些解决办法在别处是找不到的。任何一国的工业化道路，在一定程度上必须在本国创造出来。

生产率的继续提高，不仅把要从工业国引进的复杂工艺流程

---

81 《皮德蒙特南部的经济发展，1860—1950年》，美国查佩尔希尔，北卡 罗 来纳大学出版社1958年。

82 "工业化、要素市场 和农业发展"，美国《政治经济学》杂志，1981年8月，第319—340页。

83 "巴西的农业与经济发展"，载J·桑得斯编，《现代巴西：新的格局 与 发展》，美国盖恩斯维尔，佛罗里达大学出版社1971年。

加以改造，还要求在适当的地方对引进的方法逐渐加以改进和代替。使改革深深地扎根在行为之中，是使实际收入不断提高的基础和泉源。增长过程中的这个主要因素，除了成功地改进生产方法之外，是不能讲授或转让的。它必须从本国企业家的精神、动机、价值标准和创造能力中产生。

技术进步必然具有先后顺序。在农业、运输和交通以及一些其他的服务中，也和在工业中一样是存在的，不过在工业中最为显著，最为复杂。前面说过，这一过程要经历几个世代，而不只是几年或几十年。其所以缓慢，是由于增长过程的技术性质决定的。

（5）对于批评的答复

哈根列举了对他的理论的各种批评，并一一作了回答：

（a）历史的差异，就是说时代不同了。

现在一家初创办的工厂，不再需要用水轮作动力（或者说，一个世代以后，不需要用蒸气机作动力；几个世代以后，不需要用内燃机作动力），它可以用柴油机来发电。很难说这种改变是否能使最初各个发展阶段缩短。诚然，改造在别处已经使用的先进技术，能比过去可供选择的先进技术较少时进展得快些。这一事实可以解释中等收入发展中国家为什么会发展得比较快些。可是，没有一个国家能够从十七世纪跃进到二十世纪。

（b）在前进的步伐上，各个国家都有差别。

前进的步伐国与国不同，与其说是由于天赋的自然资源，不如说是由于其他两个因素：一是经济和社会制度不同，一是人民的企业精神不同。从十九世纪八十年代开始的日本工业化浪潮，是大踏步前进的典型实例。从第六世纪起，日本对来自海外的、有利于国民生活的事物加以改造的独特能力已经表现出来。1868年的明治维新清除了腐朽的封建桎梏，开始了政府同企业精神的高度合作。社会制度和国民性相结合，带来了经济进展的惊人步伐。然而即使在日本，对工业化

156

的突然性也不应夸大。日本的革新并不是从1868年才开始的。在明治维新以前的三个世纪，农业技术已经逐渐有了进步；在这以前的两个世纪，手工生产和经营方法也逐渐进步。1800年以后，有少数人已实验西方的某些工业技术。1850年以前日本已经有一些冶金实验室，1850年或其后一两年有了许多反射炼钢炉。南朝鲜和中国台湾省是在几个世代之后重复日本早先的进展速度。

（c）后来居上说。

日本、南朝鲜和中国台湾省是后来者。它们的先例表明，后来者可以从国外已经有的技术上大大获益。但是后来者并不总是快步者，这可由欧洲南部的希腊、葡萄牙、西班牙以及其他几十个低收入国家的例子所证明。三个亚洲后来者的先例表明，迅速工业化发生在这样的场合：企业才能和活力本已存在，但受到压抑；一旦打破了社会和政治制度的束缚，便能蓬勃发扬。然而这是事后推论。很难把社会制度的影响同民族性的影响分割开来，因为民族性在很大程度上决定着社会制度。

（d）逃脱先后顺序的企图。

许多低收入国和中等收入国试图通过采用一种或几种现代产品的生产，从小工业直接进入"现代"生产。汽车生产是现今常见的实例。这个过程可能从"改锥工业"（screw-driver industry）开始，就是进口部件、装配成（用改锥拧成）最终产品。这种产品的货币成本和资源成本都很高，不如在制造地点大量装配更为经济。高关税或完全禁止进口防止了外国的竞争。下一步是要求装配公司生产或在国内购入某些部件，其数量越来越大。货币成本及其背后的资源成本仍然很高。即使一国能生产几乎所有的部件，在缺乏充分发达的工业复合体的情况下使这样一种精密产品有效地生产以前这样做，在劳动和资本两方面都是付出了高昂代价的。国家的生活水平会因此降低。据说这样强制地向先进产品发展会有外部经济效果：学到了生产方法，训练了工人，如此等等。的确如此。但成效肯定不如在更适于国家发展状况的工业企业中那样大，同时使人力物力财力离开了这些企业，使国家丧失了对工业发展的更平均的支持，结果，工业化或许会受到妨碍。

（6）技术经济阶段论的例外

第一是飞地活动（enclave activities）。

如果一国的矿产资源颇有价值，即使在完全缺乏支持性的工业复合体的情况下，也可能由外国厂商来建立现代采掘工业，或许还有对矿产品进行部分加工的工业。用唯一可行的方法——资本密集的现代方法去开采矿业也有利可图，即使因缺乏工业环境而影响效率也在所不惜。在许多例子中，有缅甸在二十世纪初的锡、钨和铅矿；赞比亚和刚果的铜矿；加纳的水力发电、采矿和铝精炼的巨大复合体；以及中东的石油开采。这种活动普遍称为"飞地活动"，因其通常与本国经济几乎是完全脱离的。它或许能使本国工人学会机械技能，使本地人学会如何提供一些必要的供应，但一般说来，高度资本密集的方法与现有的方法相去甚远，以致很少发生技术转移之事。

第二是自由走动的工业（footloose industries）。

处于一国的经济中但又不属于它的，还有一种完全不同的工业，这是一个个的小工场，熟练的本地工人就一项大产品的轻量部件进行劳动密集型的工作。一家西方公司把部件运进来，支付的工资按工业国标准来说要低得多、但按当地标准说却是很高的，然后把加工过的部件运出，纳入最终产品。这种部件最典型的是作为半导体核心的微晶片，工人借显微镜之助，操纵一种精密的仪器，将纤细的金丝焊接在终端上。另一个例子是在美国进行的服装剪裁，运往海外缝制，然后运回美国。1973年美国的这种进口值有15亿美元，占全部课税进口品价值的3.7％。七十年代以前理想的自由走动工业所在地是新加坡、台湾省、香港或南朝鲜，但随着这些地区的迅速发展，工资也迅速上升，许多厂商已经转向别处。约有8万墨西哥人（几乎全是女工），在位于墨美边界以南的这类工厂中被雇用。自由走动的加工过程是飞地活动的一种，对于所在国的工业化过程没有什

158

么贡献。[84]

经济增长的过程

决定经济增长的因素

西方经济学认为：假定总需求足以维持充分就业，政府又采取必要的财政与货币政策去保证这一点，那么，国民生产总值的增长将由下列六种因素去决定。[85]

（1）人力资源的数量与质量

下列简单公式可以便于讨论：

$$实际人均国民生产总值 = \frac{实际国民生产总值}{人口}$$

经济增长的速度，用公式左边的实际人均国民生产总值的增长速度去衡量。这个速度又依存于公式右边的分子与分母之比。实际国民生产总值的增长速度比人口增长速度越快，则人均实际国民生产总值的增长速度越快，经济增长也越快。这是从人口资源的数量方面说的。

从人口资源的质量方面来说，人口增长会使劳动力增加，劳动力的生产率将影响经济的增长速度。决定劳动生产率的主要因素有：（a）劳动时间，如平均每星期劳动时数；（b）工人的教育、健康和技能；（c）工人所使用的设备和工具的数量与质量。在过去几十年中，现代工业国中（a）去断下降，（b）和（c）不断上升。可见，劳动资源的数量和质量均影响经济的增长。

（2）自然资源的数量和质量

土壤、矿产、水、木材等等自然资源，在传统经济学中统称，

---

84 六十年代某些国家或地区工人平均每小时工资只及美国从事同样工作工人工资的四分之一至十八分之一，参阅美国关税委员会《影响美国税率表807.00和8063.各项应用的经济因素》，华盛顿1970年，G·K·赫伦勒在英国《经济学杂志》1973年3月第45页曾引用。

85 M·H·斯宾塞，《现代宏观经济学》，1980年第4版，第274—278页。

"土地"，为生产要素之一。自然资源如不加以利用，则于经济增长无补；如欲加以利用，必须需求和成本条件有利，即是说，对于某一资源所能帮助生产的产品，须有足够高的需求水平，和开发它所需的资本、劳动和技术的充分供应。一国自然资源的数量和质量不一定是固定不变的，如能将一部分现有的资本和劳动用之于研究，可以在国内发现或开发新的自然资源，促进未来的经济增长。

（3）资本的积累

一个社会必须牺牲一部分现在的消费去置备资本货物，如工厂、机器、交通设备、水坝、学校等等。一国资本存量的增加，会影响其经济增长的速度。为什么有的国家资本积累的速度比别国快？有许多影响投资的考虑，其中最根本的是：（a）预期的投资收益；（b）政府对待投资的政策。总之必须作出牺牲，即资本积累是和储蓄数量密切相关的。经济增长对一个社会的代价，是它必须牺牲的一部分消费，以便为积累资本进行储蓄。

（4）专业化与生产规模

经济增长不仅仅是各种生产要素的数量增长，它还包括在生产组织上的根本变革。一国的经济增长，部分地是由它使本国资源日益专业化和使生产规模日益扩大的潜力所决定的。斯密在《国富论》中阐述了分工与专业化的好处，他的著名的例子是制针。他还指出分工受到市场大小的限制。专业化与生产规模，是深入了解经济增长过程的重要概念。在一国经济发展初期，专业化的程度不大，生产规模较小，此时的"制造业"只是为供应社会需要而生产，还不曾进入生产的工厂阶段。美国直至十八世纪末的情况还是如此。但是随着市场的扩大和生产技术的进步，更大的专业化和生产规模成为可能。在相同的（如果不是更低的）单位成本上生产了较大数量的产品。

（5）技术进步的速度

这是影响经济增长的最重要的质量因素之一，指的是开发和应用新知识去提高生产水平的速度。技术进步的速度能影响一国经济的发展，是大家所熟知的，无庸举例说明。但是技术进步不仅包括发明创造，还包括整个社会通过教育、工程、经理，推销各方面的不断努力，去设法从现有资源获得更多的东西，并发现新的更好的资源。

（6）环境因素

如果要出现巨大的经济增长，必须有有利的、政治的、社会的、文化的、经济的环境。例如，必须有银行和信贷制度能为增长提供资金；必须有法律制度能为工商行为树立根本的规则；税收制度不应挫抑新投资和冒风险；还必须有一个同情和支持经济增长的稳定政府。美国、加拿大、日本、英国、苏联尽管政治制度不同，都经历了经济迅速增长的时期。有些拉丁美洲和亚洲国家在许多年中（有的甚至是在几十年中）经济没有显著增长，环境因素是有重大关系的。

上述六种因素对经济增长的贡献各有多大？这是极难回答的问题，因为增长的某些原因是质的而不是量的。因此，经济学家中有一种趋势，将增长的决定因素归结为三种，都是可以"衡量"的，即劳动力的增长、资本的增长和技术的进步（包括"所有其他的东西"）。头两个因素可以十分精确地衡量，第三个因素则不能。因此，就前二者对经济增长的贡献作出数量的估计以后，就可以把第三个因素的贡献看作是"余额"（residue）。如在某一时期内经济每年增长6%，其中4%估计是由于资本和劳动二者的增长，其余2%可以归之于技术的进步。技术进步包括更好的机器和技术、更好的管理、更好的劳动技能。

究竟技术进步的重要性有多大？据估计，美国自本世纪初期以来，人均产值的增长，80%以上是由技术进步的因素而来，只剩不到20%可用其它两个因素去说明。就总产值（以别于人均产值）来说，技术进步约占美国及其他工业国家生产增长的50%。这就表明，最好把经济增长看作是新的和更好的工作方法的不断开发和发现，而不只是现有各种投入在数量上的增长。

苏联《真理报》总编辑阿法纳西耶夫在谈到加速社会和经济发展时提到要依靠三个因素：[86]

（1）科技革命，提高科技进步的速度。

（2）完善、改善和改组，或者说改革经济机制和整个管理体系。

> 这是一个多方面的任务，涉及整个生产、乃至整个社会的所有方面。首先是巩固和提高中央计划原则的作用，同时要扩大经济基本环节——企业的权力和独立性。中央计划管理指的是经济发展的战略：实行统一的经济政策，实行一定的刺激制度，价格形成和基建投资等。在策略性问题和地方性问题方面，要求提高基层单位的作用。这是民主集中制的原则。从1987年1月1日起，整个经济都要改行新体制。

（3）集约化，即提高劳动群众的教育水平和技能，就是所说的人的因素。

> "不管我们制订出什么好的计划，也不管我们造出了有多高生产水平的机器，如果负责物质生产的人没有一定的教育水平和技能，所有这一切都不会有什么结果。"

西方经济学认为，经济增长的代价或成本，是牺牲休暇去从事就业，牺牲消费去从事投资，牺牲现在去为了未来，牺牲环境质量去得到更多货物，牺牲安全去为了进步。前四种代价是一切经济制度所共有的，而第五种代价则是资本主义制度所特有的，即经济活动的周期波动、失业、资本和技能的老化，因为经济增长不是和谐地继续地进行而是突发式地进行的，约瑟夫·熊彼特(1853—1950年)称之为继续不断的"创造性毁灭过程"（process

---

86　1985年11月12日晚在苏联中央电视台讨论苏共党纲、党章和经济发展计划草案节目中的讲话，新华社莫斯科当日电。

162

of creative destruction），即资本主义的经济增长 是通过用新的生产方法代替旧的生产方法、用新供应来源代替旧供应来源、用新的技能和资源代替旧的技能和资源去进行的。为了进步，不得不冒经济危机的风险。因此，必须对不同的增长速度的成本和利得进行衡量，以决定取舍。

增长的引擎

许多经济史学家认为，世界上对于若干国家出口品的高额需求，与这些国家的人均收入增长有密切关系。N·纳克斯提出十九世纪出口是"增长引擎"（The engine of growth）之说，举出阿根廷、澳大利亚、加拿大、新西兰、南非、美国和乌拉圭七国作为例证。[87]金德尔伯格举出英国作为"出口引导的增长"的典型实例。[88]G·F·佩帕内克引证巴基斯坦1947年与印度分治后的市场扩大作为随后发生的技术迅速进步的重要原因。[89]众所周知，在美国侵越战争中，当美国对来自台湾省和南朝鲜的供应具有几乎是无穷无尽的需求时，两个地区的生产率和收入突飞猛进。究竟出口需求的增加是经济增长的引擎，还是技术的革新才是增长的引擎？

加拿大经济学家哈诺德·英尼斯提出了关于增长的"大宗商品理论"（The staple Theory of growth），用来说明加拿 大的出口增长与其经济增长之间的关系。[90]

87　N·纳克斯，《世界经济中的均衡与增长》，哈佛大学出版社1961年。

88　C·P·金德尔伯格，"对外贸易与经济增 长：英国和法国的教训，1850年至1912年"，《经济史评论》1961年12月。

89　G·F·佩帕内克，《巴基斯坦的发展：社会目标与经济刺激》，哈佛大学出版社1967年。

90　H·英尼斯，《加拿大的大宗商品生产问题》，多伦 多1933年。还 可 参阅梅尔维尔·霍特金，"经济增长的大宗商品理论"，《加拿大经济学和政治科 学 杂 志》1963年5月。

163

这个理论认为，某些要求大量投入自然资源但本地加工较少的商品出口迅速扩大，会导致本国收入和人均总收入高速增长，这是通过资本形成的较高速度、资本和劳力流入这个地区，以及由于各种连锁关系、外部经济效果、诱致投资等等引起的其他部门的生产扩大和生产率提高所造成的。这种商品在加拿大就是小麦。这个理论暗示有一个主导部门，[91] 以及这一部门和其他部门的连锁关系。可以设想，在有着闲置工人与工厂的地方（所谓"空地"），需求的增加会使产品和收入增加。但是，哈根认为，这种"凯恩斯式"的效应并不是经济增长；即使称为增长，也是一种有限的和在分析上并不重要的增长。

需求增加是否会刺激经济增长？哈根认为这要看它是否会刺激技术进步，以及在何种条件下它会刺激技术进步。[92]

他认为有几个例子可以表明，一个国家如果在技术上比较发达，对需求的增长就能有所反应，而在技术上欠发达的国家则不然。例如，美国伊莱·惠特尼发明轧棉机、麦考密克发明收割机；十八世纪英国在纺织加工机器上的巨大革新，以供应世界对其纺织品的需求；1856年英国贝西麦炼钢法的发明，以及十年后西门斯——马丁炼钢法的发明，哥伦比亚响应十九世纪下半叶欧洲和美国对咖啡需求增长的机会而进入咖啡的生产；十九世纪最后二十五年中，瑞典炼钢和丹麦奶制品的革新；大多数这样的革新都是在出口激增之前，这当然是由于意识到了有出口这种东西的机会才去行动的。

可是也有相反的例子。阿根廷在十九世纪末和二十世纪初大量移民垦殖荒地以及小麦和肉类出口激增，导致收入大大增长，本来生产方法的改进会使它的收入增长更快，然而技术并无改进。当玻利维亚的锡出口激增时，技术并无改进。世界对缅甸大米的需求在七十年代激增，却未能发动它的增长过程。因此金德尔伯格得出结论说，"出

91　主导部门（leading sector）一词虽然常常和罗斯托的名字连在一起，它却是由赫施曼创造的（《经济发展战略》，1958年）。

92　E·E·哈根，《发展经济学》，1980年第3版，第111—116页。

口可以导致经济增长，但不一定非导致增长不可。"[93]

欧文·克拉维斯对于向工业国出口是十九世纪新发展国家的"增长引擎"的主张进行了认真的分析，得出了相似的结论。[94]

他认为，如果出口真是经济增长的引擎，那么，我们在外围国家的经济史中就应当能找到下列特点的一个或多个：（a）在本国生产中出口占很大的和（或）日益增长的比例；（b）在出口增长以后，国民生产总值随之有加速的增长；（c）出口集中在增长比较迅速的各个部门，和（或）与出口工业有关联的各工业部门有迅速的增长；（d）外国资本被吸引到各出口工业部门，或由这些部门所支持的工业部门。他研究了纳克斯列举的七个国家的历史，其中没有一国具有这四个特点中的任何一个。

然后他又转向贸易和关税总协定对五十八个欠发达国家1951—1961年和1964—1965年出口的研究。这个研究表明，这些国家出口成绩的优、中、劣三等，与对其产品的世界需求没有什么联系。某些富有干劲和革新精神的国家在世界市场所占的份额有所增加，其他国家则有所减少。

他得出结论说：出口不是增长的引擎，而只是增长的辅助条件。当对于一个国家的主要产品之一的世界需求正在增长或大有增长的希望时，如果该国人民具有蓬勃的革新精神，出口机会就会把革新的才能导向制造该产品方法的改进。不具备这种精神，该国就会中流停棹，既无革新，也不能享受希望得到的繁荣。

如果革新的酵素已经存在，那么是否不论需求是否增长，它都能自行显现呢？纯粹外生的革新，或者至少是没有增长的需求作诱因的革新，其实例是屡见不鲜的。在俄国经济中，不论是1860—1914年增长的颇快时期，还是在二次世界大战以后，出口实际上均未起作用，

93　C·P·金德尔伯格，《对外贸易与国民经济》，耶鲁大学出版社1962年。

94　I·B·克拉维斯，"贸易作为增长的辅助因素：十九世纪与二十世纪的相似之处"，英国《经济学杂志》，1970年12月；N·F·R·克拉夫茨对他的文章的批评和他的回答，见《经济学杂志》，1973年9月。

日本1890年以后出口的迅速增长，是为了找到能廉价生产的工业品和手工业品以赚取外汇，而不是对日本在自然资源上有比较利益的初级产品的世界需求的反应（只有蚕丝是例外，这种初级产品本来是不存在的）。虽然英国十八世纪纺织技术进步，是由于需求不断增长的刺激，而十九世纪末它的炼钢技术进步却是由于需求的下降——钢市场正在落入劳动成本较低而矿石又较好的大陆竞争者的手中。

如下所述，有两个著名的发展经济学家已经作出判断：经济增长是从供给的革新改进开始的，而不是从需求的刺激开始的。第三个著名的发展经济学家提出了一个模型，也可以作同样解释。

亚当·斯密被认为是可以称作第一个发展经济学家的。他相信，分工以及从而产生的技术进步之所以在英国比在别处出现更为强而有力，不是因为当时英国的市场在扩大，而是因为英国的制度有利于技术进步。

在二十世纪，约瑟夫·A·熊彼特认为，创新是在有创新的人存在时出现的。他说：[95]

"〔（工商）企业家的作为〕，是为了建立一个私人帝国，通常也是（虽然不一定是）一个朝代。现代世界实际上并不知道有任何这样的情况，但是工业上或商业上的成功所达到的地位，仍然最接近于中世纪的贵族地位，这是现代人所能够达到的地位。它的迷惑力对于没有其他机会去获得社会荣誉的人是特别强烈的。……

"于是有了去征服的意志：斗争的冲动，证明自己优越于他人，为了成功去获得成功，不是为了成功的果实，而是为了成功本身。……金融上的结果是次要的考虑，无论如何，也只是作为成功指数和胜利的象征去估价，炫耀它常常更重要的是作为大笔支出的动机，而不是作为对消费品本身的欲望。

95　约瑟夫·A·熊彼特，《经济发展理论》，哈佛大学出版社1934年（最初用德文于1912年出版）。

"最后，有着创造的喜悦，把事情办好的喜悦，或者只是作为施展个人能力和才智的喜悦。这同一种普遍存在的动机相类似，但在别处不是作为行为的一种独立因素显示出来，象在我们的例子中这样鲜明地表现自己。我们的这一类人到处寻找困难，为创新而创新，乐于冒险。"

W·亚瑟·刘易斯的看法是：当有资本家精神（capitalist spirit）的人存在时，一国的储蓄就上升，经济增长就开始。[96]他的看法似乎与熊彼特的看法相同。他的所谓资本家精神就是富于企业心（entrepreneurial spirit）。

证据似乎是有利于斯密—熊彼特—刘易斯的看法，因为增长的需求只是在引导革新的精神，而不是在造就革新的精神。

然而，出口在增长理论中仍然有它的地位。经济增长要求有技术进步，却只会使收入集中，可能造成贫困，因为技术进步在经济增长的最初各阶段实际上肯定会增加失业，增加收入分配的不平等。而总需求的增长却会使闲置的要素重新得到使用，至少能维持非革新部门的收入水平，也许还能提高这种水平，这样一来，经济中的平均收入就会上升。而出口增长常常就是这种需求增长的形式。

所以，哈根认为，出口既不是增长的引擎，也不只是增长的侍婢。如果把出口同技术进步结合在一起，二者就可以把经济的总收入和人均收入提高，使经济增长向前推进。[97]

96　"具有无限劳动供给的经济发展"，《曼彻斯特学院》，1954年5月．刘易斯认为，经济发展理论的中心问题，是懂得一个以前将国民收入的4—5％或更少进行储蓄和投资的社会怎样转变为自愿储蓄达到国民收入12—15％或更多的社会的过程；一国的储蓄率低，不是因为它穷，而是因为它的资本家阶级人数少；当具有资本家气质的工商业家投资—获利—储蓄—投资时，储蓄和投资率上升，增长就开始了．

97　E·E·哈根，《发展经济学》，1980年第版，第116页．

第二编 资　　金

第四章　用于发展的国内资金

资本的作用

资本的概念和内容

资本（capifal）又称物质资本（physical capital），一方面与人力资本（human capital）相区别，另一方面与金融资本（financial capifal）相区别。金融资本是很容易变成货物和劳务的流动资产（liquid assets），如流动资本（working capital），但它本身并不能用于物质生产。

按照国民核算的惯例，资本可以依其物质属性、经济职能和所有权来分类。我们有时区分一般社会资本（social overhead capifal）[1]和直接生产投资(厂房、设备、存货，有时还包括用

1　social overhead cvpital一词，有译为"一般社会资本"的（中国社会科学出版社《英汉经济词汇》第905页），有译为"社会间接资本"的（商务印书馆《现代经济词典》第411页），有译为"经济社会基本设施"的（中国对外翻译出版公司《英汉国际政治经济词汇》第284页），各有短长，可以讨论。

168

于改良的一部分农业资本）。一般社会资本包括为市场的生产得以进行的经济投资，和直接改善福利的纯粹社会资本，前者为一般经济资本（The economic overhead capifal）包括公用事业——运输（港口、公路、铁路、飞机场）、电力和煤气的生产与传送能力，还可包括政府活动、消防和警察、法院及其他国家服务所需的建筑物和设备，这些有时称为经济基础设施（economic infrasfructure）；后者包括居住、教育、公共卫生、娱乐所需的结构和设备。在直接生产投资中，除工农业中的设备厂房外，还有工商行政、保险、银行业、广告业、推销以及批发和零售贸易的办公室中固定资本设备的大部件，常被忽视；存货（原料、加工过程中的货物、从原料到零售整个生产过程中的产品）由于不是会计师定义中的"固定"资本，有时也容易被忽视。

大多数国家在资本形成（capital formation）的分类和测算上均遵守联合国的国民核算惯例。资本是一种存量（stock），资本形成是一种流量（flow），是增加存量的。资本形成和资本积累或投资是同义语。例如，1977年肯尼亚的资本形成如表4.1。

表4.1　　肯尼亚总国内资本形成，1977年（单位：百万肯尼亚镑）

按资本货物的类型	数 额	百 分 比
1　固定资本形成	389	
a 住宅建筑物	50	13
b 非住宅建筑物	44	11
c 除土地改良以外的其他建筑	70	18
d 土地改良：种植园及果园发展	6	2
e 运输设备	72	19
f 机器及其他设备	145	37
g 家畜、役畜、奶牛	2	1
2　存货增长	－ 1	
总国内资本形成	388	100

按经济用途及购买者类型分	私人部门		公共部门	
	数　量	百分比	数　量	百分比
a 农业、狩猎、林业、渔业	44	11	11	3
l 采矿和采石	2	1	—	—
c 制造业	60	15	—	—
d 电力、煤气、水	33	9	—	—
e 建筑业	14	4	—	—
f 批发和零售贸易、饭店、旅馆	29	7	—	—
g 运输、储藏、交通	73	19	—	—
h 金融、保险、不动产	55	14	—	—
i 社区、社会和个人服务	13	3	47	12
j 公共行政和国防	—	—	8	2
合　　计	323	83	66	17
总　　计	389			

来源：联合国，《国民核算统计年鉴，1978年》第1卷，第698—699页。（转引自赫里克和金德尔伯格，《经济发展》第4版，第170页。）

〔说明〕

国民核算人员用上面的方式来记录一个国家的投资。一国的资本存量，按表中各类的增加而逐年增长，减去每年现有资本存量的折旧数额。自然，投资可以逐年不同，任何一年均不具有代表性。经济周期和各种意外事件均可影响一年资本形成的构成和规模。

哈根教授认为，尽管各国每年的投资支出有所不同，但在长时期内各国不同类型投资所占的份额却有一定程度的一致性。近几十年来低收入国和高收入国各类投资的多少，具有典型的或平

表4.2　　　　　　　　现代资本形成的份额

	收入水平	
	低收入国	高收入国
住宅	不到20%	20以上
基础设施	25—30%	25—30%
其他建筑	不到10%	不到10%
耐用生产设备	35%左右	40%以上
存货的增加	12%左右	5%

来源：从各种资料来源综合得出。E·E·哈根，《发展经济学》第3版，第184页。

170

均的份额，[2]如表4.2。

资本的形成与经济增长

经济发展的速度，总是受生产要素缺乏的限制，而在发展中国家，最缺乏的生产要素就是资本。因此，必须打破资本缺乏与经济不发达之间的恶性循环，设计出资本形成的最佳速度。

把经济发展看作只是资本形成的事，自然是太简单化了。还需要其他的因素，如企业家、有训练的工人和行政人员。但如果不是资本存量有所增长，这些都是不可能有的。因此很可以把资本形成看作是发展过程的核心，它使得经济增长所需要的其他条件成为可能。

资本增长靠投资，更多的投资需要有更多的储蓄或国外资本流入，外国援助如不采取赠与的形式，就是将来的负担。对外国贷款还本付息的能力，依存于未来能在国内储蓄多少。因此，国内储蓄是投资最可靠的来源。但国内储蓄的增加，只能靠牺牲消费，这要同它所能增加的未来消费作比较。此外，投资会提供不同的结果，这要依其所投入的行业而定。为了制订出适当的发展计划，发展中国家必须了解储蓄和投资的数量及其对生产与消费的影响。

在确定最适当的发展速度时，储蓄与投资的数量是极关重要的。第一，特别是当人口迅速增长时，重要的是要估计使人均收入有所提高及为增加的劳动力提供高就业率所需要的发展速度。第二，必须估计到最低发展速度中另一起作用的因素：某些项目必须具有一定的最低规模，然后在经济上才能是健全的。在所谓"不可分性"（indivisibilities）起作用的一些工业部门，就要求有这种项目的最低规模。

在设计经济发展的速度时，应记住一些有用的投资概念：

（1）最低投资率（a minimum rate of mvestment）。

---

2 联合国亚洲与远东经济委员会，《经济发展的计划技术》，计划技术第一专家小组报告，曼谷1960年，第8—13页。

用来衡量防止人口增长时人均收入下降所需要的经济增长速度。任何计划应采取的目标，均应略高于这个最低限度的增长率，尽管当人口速度增长时，要达到这个目标需要作出巨大的努力。

（2）实际可行的最高投资率(a practical maxinum rate ofi nvesfment）

从理论上讲，一种资本积累水平可以把在生存水平以上的一切收入都储蓄起来，进行投资。显然这没有实际意义。因此，实际的最高限度要根据人民在多大程度上愿意接受现在的节约以享受将来更高的生活水平才能作出决定。对此必须作出最好的判断。这是通过估计人们的潜在储蓄偏好来确定的。

（3）符合吸收能力（absorptive capacities）的提高投资率。

吸收能力的大小，依自然资源、赋税、劳动供给、劳动水平、技术和管理技能、经营企业的能力、公共行政的效率、人民的技术头脑，（technology mindedness）等等而定。这样能力给实际可能的有效投资数量规定了限度。虽然吸收能力本身可以通过进一步投资而得到增长，但它确实限制了可能有的发展速度，特别是在短期内。最大限度的吸收能力，自然可以容许作出比人民的储蓄能力所许可的更高的投资率。此时理想的对外政策的作用，就是设法吸引外资，将投资提高到与吸收能力一致的最高水平，以填补这个缺口。反之，吸收能力低于实际储蓄能力时，对内及对外政策应设法提高吸收能力。

可见，开始设计总的经济发展速度时合乎逻辑的方式之一是：先估计不改变经济政治制度而可以预期的国内储蓄和资本输入的数量，再计算这种储蓄和投资水平所能提供的增长率，最后将其同所要求的增长率作比较。通常，在长时期内储蓄对收入的比率是相当稳定的。在过去，这种比率在不发达国家比在发达国家低，前者通常不到10%，后者约为15%。但在最近二十年情况

172

有了很大变化，各类国家国内储蓄总额占国内生产总值的百分比如表4.3。

表4.3　　　　　　　　国内生产总值的分布

	政府总消费		私人消费		国内投资总额		国内储蓄总额		资金差额	
	1965	1984	1965	1984	1965	1984	1965	1984	1965	1984
低收入国	13	13	68	64	21	25	19	23	−2	−2
中国	15	15	59	55	25	30	25	30	1	(·)
印度	10	11	74	67	18	24	16	22	−2	−3
其他低收入国家	12	12	77	81	15	16	12	7	−3	−9
撒哈拉以南非洲国家	14	14	73	82	15	13	13	6	−2	−7
中等收入国家（地区）	11	13	68	67	21	21	21	22	(·)	1
石油出口国（地区）	11	13	68	62	19	22	21	25	2	3
石油进口国（地区）	11	14	67	70	22	21	21	21	−1	(·)
撒哈拉以南非洲国家	10	14	70	68	19	16	20	18	1	4
下中等收入国家	11	13	73	71	17	19	16	16	−1	3
上中等收入国家	11	14	65	65	23	22	24	26	1	4
高收入石油出口国	15	30	32	34	19	30	53	36	34	6
市场经济工业国	15	17	61	62	23	21	23	21	(·)	(·)

注：中国的公共消费数字包括在私人消费数字中。

来源：世界银行，《1986年世界发展报告》，表5。当然，平均数掩盖了各个国家的具体情况。

其次，就是看从估计储蓄的基础上作出的投资能得到多少净国民产值。每一经济部门或整个国民经济每年增加一个单位的产量究竟需要投入多少资本，这个问题曾经进行过若干种研究，这个数量称为资本—产量比率（capital—output ratio）或资本系数（capifal coefficient）。已经得到的数据表明，对若干国家（例如西德、日本、挪威、英国、美国）来说，整个国民经济的资本—产量比率在长时期内稳定在3—4的水平上。原因是，各种工业活动具有相互补充的作用，某些制造业的比率提高，可以

173

由他处的比率降低去抵消，也可由改进运输或经济组织所产生的外部经济效果去抵消。即使有些变动，这个比率也可作为相当稳定的最有用的参数之一。资本系数在各个工业部门间，有时在一种技术与另一种技术间，可以有很大的不同，它会随着时间变动，依经济的部门结构和选择的技术而定。然而对大多数国家来说，可以作相当可靠的估计。如难于作精确的估计，可用最大值和最小值，计算某些可供选择的发展速度。不妨把所用的系数看作暂时的数据，以后有了数据再予修订。

有了储蓄率和资本—产量比率，可按上述 $g=i/k$ 公式，求出经济增长率。[3]

这一计算假定，一个时期投资所创造的资本，在下一个时期即能用于生产。如某些投资项目的建设期限长，如为3年，则在3年之前可以用于生产的资本就不会增加，因此生产的增长要低些，经济增长率必须调低。可见，建设阶段的延长与储蓄率的下降或资本—产量比率的上升具有相同的效果。

如果这种现行趋势的预测表明人民生活水平没有显著提高，那就需要提高国民产值的增长率。此时必须提高储蓄率，或降低资本—产量比率。如果这种突然的提高或降低难以实现，生活水平的改进目标必须降低到实际的最高投资率。

资本的利用效率

从表面上看，投资占国民生产总值的比率越高，经济增长应当越快，但是由于资本利用的效率不同，相同的投资比率可以有不同的经济增长速度。[4] 这种不同，可以用"投资效益比率"（investment effectwe ratio）表示，即总产值增长速度与总产值中用于投资部分之比。举六十年代的印度和巴基斯坦为例，可

3　见第三章。

4　赫利克和金德尔伯格表明,具有相同投资比率的国家（如20—25％）,增长速度可以相差四倍之多（参阅《经济发展》第4版,第177页。

174

以看出投资效益可以有很大的不同，因而影响人均收入的增长速度，见表4.4。

表4.4　　　　　　　　印度和巴基斯坦的投资效益

| | 投资占总产值 % | 投资效益系 数 | 平均年度增长率（%） | | |
			总产值	人口	人均产值
印度，1959—69年	16	24	3.8%	2.2%	1.6%
巴基斯坦，1959—69年	15+	37	5.8	2.6	3.2

来源：本表系利用古斯塔夫·F·佩帕内克"日本、中国、印度、巴基斯坦、孟加拉国的比较发展战略"（1980年9月在美国丹福举行的比较经济研究学会会议上提出），第11页。转引自赫利克和金德尔伯格，《经济发展》第4版，第178页。

〔说明〕

增长率系平均年度复合率。投资效益指数＝总产值增长率÷投资占总产值百分比×100。

可以看出，两国投资比率大体相同，而投资效益相差三分之一。

递增资本—产量比率（ICOR）的大小，可以表示资本使用效益的高低。例如，假定国民生产总值的增长目标为每年6％，设ICOR分别为2.5和3.75，则前者要求的储蓄率为15％，后者为22.5％。可见，资本的有效使用，可以大大降低为支持一定的增长率所要求的储蓄努力。

递增的资本—产量比率，随宏观价格的结构和公共部门决策人的方针，可以有所不同。一般为2至5，在六十六个发展中国家中，1982年的中位数为3.0—3.5。1968—1973年六十六个发展中国家的平均递增资本—产量比率如表4.5。

175

表4.5　　66个发展中国家平均递增资本—产量比率表，1968—73年

递增资本—产量比率	国家数目	国 家 举 例
1.5—1.99	6	新加坡、印度尼西亚
2.0—2.49	5	南朝鲜、马里
2.5—2.99	10	加蓬、厄瓜多尔
3.0—3.49	9	肯尼亚、哥伦比亚、巴基斯坦
3.5—3.99	9	泰国、毛里求斯、扎伊尔
4.0—4.5	5	牙买加、坦桑尼亚
4.5 以上	22	印度、冈比亚、几内亚、智利、圭亚那、赞比亚

来源：世界银行，《1976年世界统计表》（华盛顿D，C，1980年），表13，第488—495页。

附注：《世界统计表》1983年第3版取消了这项统计。

在基本的宏观（或全国）价格——汇率、利息率、工资率——与生产要素的稀缺价值接近的发展中国家，稀缺的资本能用于同比较丰富的劳动相结合而作有效的使用的地方，此时资本存量的一定增长额所带来的产量增长，能超过用更为资本密集的方法进行生产的国家。

稀缺资本的有效使用，首先要求它同其他生产要素相结合的比例，应与一国资源的可供量相适应。如果所有生产要素和全部最终产品均能在全世界自由流动，则各处使用资本的密集程度不会有多大差异，然而事实并非如此。

土地和矿藏的自然天赋是不能流动的；劳动甚至在长期内也不能完全自由流动，一则由于个人的安土重迁，再则由于政府对移民的限制。资本在短期内也难于自由流动，因为已纳入现时的用途；资本在长期内可以流动，但也受进口壁垒（对外国股份所有权的限制、对被没收的恐惧）和出口障碍（外汇管制、资本输出税）的限制。但是资本确实在国际间大量流动，据估计，这种流动，使资本的实际纳税后收益率达到7.5%左右，在富国稍低，反映了这一要素的相对丰富。在

176

不能流动时，低收入国的资本收益率要高得多，因其储蓄比高收入国少。[5]

由于缺乏生产要素的流动性，在资本稀缺的国家进行资本密集的生产，会使收入增长率很低，或造成消费的强大压缩，或同时产生两种效果。

要使经济增长，既要增加投资数量，又要提高资本效益，但是前者的贡献不及后者重要。表4.6的例子可以说明资本利用效益对国内生产总值的增长比提高投资数量更为重要。

表4.6　　两种不同战略的国内生产总值与投资（单位：百万美元）

	1980	投资增长率(%)	1981	1982	1983	1984	1985	平均年度增长率(%)	投资对国内生产总值百分比 1985
投资可供量									
I 低	150.0	5.0	157.5	165.4	173.6	182.3	191.4	5.0	—
II 中	150.0	7.5	161.3	173.3	186.3	200.8	215.3	7.5	—
III 高	150.0	10.0	165.0	181.5	199.6	219.6	241.6	10.0	—
国内生产总值									
甲国									
资本密集战略 (ICOR＝4)[a]									
I 低	1000	5.0	1037.5	1076.9	1118.3	1161.7	1207.3	3.8	15.9
II 中	1000	7.5	1037.5	1077.8	1121.1	1167.7	1217.8	4.0	17.7
III 高	1000	10.0	1037.5	1078.8	1124.2	1174.1	1229.0	4.2	19.7
乙国									
劳动密集战略 (ICOR＝3)[a]									
I 低	1000	5.0	1050.0	1102.5	1157.6	1215.5	1276.3	5.0	15.0
II 中	1000	7.5	1050.0	1103.8	1161.6	1223.7	1290.5	5.2	16.7
III 高	1000	10.0	1050.0	1105.0	1165.5	1232.0	1305.2	5.5	18.5

a　为了论证简化，本例假定任何一年的全部投资资金在该年年初即可提供，在得到资金及其提供产出之间只相隔一年。

来源：吉利斯等，《发展经济学》，纽约及伦敦1983年，第266页。

5　阿诺德·C·哈伯勒，"欠发达国家资本和技术的展望"，载M·J·阿提斯和A·R·诺贝编，《经济分析》，伦敦1978年。

〔说明〕

本例中假定甲乙两国在各方面的情况最初完全相同：1980年人均收入均为200美元，人口均为500万，投资率均为15%，进出口、农工业格局相同，在此以前采用相同的发展战略，使1970—1980年的ICOR均为3.5，十年间国内生产总值的增长率均为3.5%。

1980年，两国政府改变了发展政策。甲国的战略是：在未来十年中，在大规模的资本密集的投资上作出大量开支，如石油提炼、造纸厂、炼钢等，结果ICOR上升至4。乙国的战略是：在农业和工业方面进行更劳动密集的投资，如纺织厂、商业用柴造林、海岸渔业、制鞋等，结果ICOR下降至3。

我们暂不考虑其他生产要素对经济增长的贡献。假定两国在1980—1985年间来自国内外的投资扩大每年为7.5%，但不少于5%，不多于10%。

整个五年期间，甲国的ICOR只比乙国高25%。但在五年之后，即使甲国的投资增长速度比乙国快一倍，它的国内生产总值也不如乙国那么高。如在5%的投资增长率时，乙国的国内生产总值平均年度增长率也为5%，而甲国即使投资增长率为10%时，国民生产总值的平均年度增长率也只有4.2%，而为了要做到这一点，它在第五年时必须找到有相当于国内生产总值19.7%的投资。乙国在1985年的投资率仅为15%，仍可比甲国所能做到的最大限度增长更快。

反之，如果两国可用的投资资金每年均以10%的速度扩大。五年之后，乙国的总收入将比甲国高6%，（1229.0÷1305.2＝94%）尽管它们是在同一水平上起步的。五年之后总收入中6%的差别看来似乎不大，可是放在适当的背景之下便能显出它的重大意义来。发展中国家很少有将国内生产总值的6%用于教育、3%用于公共卫生事业的。现在仅仅因为资本使用的效益提高了，就有能力可以把用于教育的经费增加一倍、用于卫生的经费增加两倍。如果两国都想摆脱对外资的依赖，乙国便可以比甲国更容易办到，因为要达到国内相同的增长速度，15%的投资增长率比20%的增长率显然更易办到。

178

资本形成与储蓄

资本形成要求有投资，而投资来源于储蓄，即积累。一国可用的总储蓄供应，为国内储蓄与国外储蓄之和。两者均可分为政府储蓄和私人储蓄。政府储蓄又分为预算储蓄或企业储蓄，私人储蓄又分为公司储蓄和家庭储蓄。用公式表示为：

$$S = S_D + S_F = (S_G + S_P) + (S_{FO} + S_{FP})$$
$$= [(S_{GB} + S_{GE}) + (S_{PC} + S_{PH})] + (S_{FO} + S_{FP})$$

S = 总储蓄供应 S_{GB} = 政府预算储蓄

S_D = 国内储蓄 S_{GE} = 政府企业储蓄

S_F = 国外储蓄 S_{PC} = 公司储蓄（公司保留利润）

S_F = 政府（或公共部门）储蓄 S_{PH} = 家庭储蓄（包括未公司化企

S_P = 国内私人储蓄   业即个人企业和合伙企业的

S_{FO} = 外国官方储蓄   利润）

S_{FP} = 外国私人储蓄

当没有国际贸易和外国借款时，资本形成只有通过节制现有的消费，并且当社会生产出足够多的消费品以满足从事物质生产的劳动者的需要时，才有可能。在仅足维持生存的经济中，储蓄和投资是同时进行的：如果生产者从事生产资料的开发时，他必须牺牲本来可以用于消费的时间和资源。在商品经济中，储蓄和投资可以由不同的人分别进行，而资本形成的过程，也要求某种形式的财政和信用来将资金从储蓄者"重新分配"给投资者。事实上，在发展的最初阶段，储蓄可能不是资本形成的主要障碍；成为主要障碍的，是投资的意愿和能力。不愿投资，可能是由于文化态度（轻视经商）或仅仅是由于对所涉风险的现实估计。不能投资，可能是由于缺乏为某种有利可图的资本形成所必需的生产要素和供应。总之，在由自然经济转向货币经济时，资本形成的主要障碍可能不是缺乏储蓄，而是生产制度中存在的某种瓶颈，它们不容许进行投资，或使投资风险太大。现在假设具有投资的意愿和能力，只考虑发展中国家的储蓄供应。这时要考虑的不仅有储蓄的泉源，还要考虑如何去奖励储蓄，特别是通过政府的政策，如财政政策，金融政策，以及利用通货膨胀等，作为资本形成手段。

单从国内储蓄来看，资本形成过程包含三个主要步骤：（a）增加实际储蓄量，以便将资源用于投资；（b）通过金融和信用机构进行储蓄，以便使可投的资金能从不同的来源汇集到一起；（c）投资本身——将资源用于增加资本存量。

要有高速的投资而又不造成通货膨胀，增加实际储蓄量是极端重要的。金融机构的重要性，只是在提供利用储蓄的手段。一个对金融机构的作用进行研究得出的结论说："不管一个国家怎样穷，也需要有这样的机构（金融机构）：它使储蓄能够方便地、安全地进行投资，并保证其导向最好的用途。事实上，一个国家越穷，越需要有汇集国内广大群众和团体的储蓄、并将其用于投资的机构。这种机构不仅能让小额储蓄便于处理和投资，而且能让储蓄人个别地保持流动性而又集体地为长期投资供应资金。"[6] 比较发达的货币市场和金融机构固然有助于汇集和分配可投资金，但实际储蓄的存在与否仍然是重要的。资本缺乏是不能单靠增加融通资金去解决的。

从国内说，储蓄来源有：（a）减少消费而自愿地储蓄；（b）通过额外征税、强迫贷款与政府或通货膨胀而非自愿地产生储蓄；（c）通过把失业或就业不足的劳动力吸收到生产中去而产生储蓄。如劳动力在农业中的边际生产率确实为零，则可以将其抽出，使之在投资工程（建筑、灌溉工程、修路等）上工作，而

---

6 爱德华·内文，《不发达国家的资本资金》，伦敦1961年，第75页。

不使农业减产。此时的额外工资支出，大部分将用于食物，农业收入可以增加；对较高收入可以课税，税收用于投资。

国内资金的来源和用途，可用下图表示（图中积累一词，即储蓄saving一词的另一译法）：

1981年国民经济中资金的来源和用途[a]

（单位：十亿人民币）

		按生产价格计算的国民收入(442)			
		利润b（160）		工资与收入（282）	
收入的产生与分配	间接税收c（60）	直接税和其他征税d（118）	税后净利（46）		税后工资与收入
	政府收入（178）		留成利润（45）	红利e（1）	（278）
	政府补贴（44）	政府收入的其他用途(134)	按消费价格计算的国民收入（458）		

| 机构 | 政府f（178） | 企业g（45） | 家庭（279） |
| | —134— | —45— | —279— |

收入的用途		按消费价格计算的国民收入			
家庭消费（253）55%		政府给家庭的转拨（4）	企业给家庭的转拨与补贴（8）	家庭自己负担的消费（241）
公共消费（73）16%		政府资助的公共消费（65）	企业资助的公共消费（8）	h（0）
积累（132）29%		（65）	自筹资金的投资（29）	（38）
	—458—	通过拨款、贷款、银行、发行公债等来进行的净投资供款		
		49%	22%	29%

a 这个核算框架可用于任何国家,但每格中的数字是对中国1981年的初步估计数。

b 包括折旧和政府补贴,但减去间接税。

c 对货物和劳务课征的各种税收和费用。

d 所得税和利润税、资产税、农业税、列入预算和上缴政府部门的利润、上缴折旧、缴纳的社会保险金等等。

e 由企业利润开支的职工奖金,算作工资与收入的一部分。

f 包括政府预算,以及政府部门的预算外收入与支出。

g 为方便起见,将国有集体和个体企业算作一个部门。

h 在常规国民核算框架中,家庭在教育、卫生方面的支出以及其他形式的公共消费都作为私人消费处理,因此将它包括在以上格子中。

来源:世界银行1984年经济考察团,《中国:长期发展的问题和方案(主报告)》中国财政经济出版社1985年,第191页。

〔说明〕

上图将国民核算同政府、企业、家庭的核算结合起来,是根据"国民经济核算体系"(system of National Accounting)中的国民核算框架。因此,"国民收入"(national income)不但应包括物质生产净值(net material product),还应包括非物质的劳务部分(它包括大部分"公共消费")和折旧(它包括相当一部分"积累")。国民收入(或称国内生产总值gross domestic product,或GDP)可用生产价格计算,使其反映经济中生产者实得收入;也可用消费价格计算,以反映家庭、企业和政府为购买货物与劳务所付的金额。两者之差为间接税减政府补贴。政府、企业和家庭所得收入的总额应等于按生产价格计算的国内生产总值加间接税的总和(间接税是政府收入的一部分)。

从上表可以看出,1981年中国的积累率为29%,其中政府占49%,企业占22%,家庭占29%。与其他国家比较,政府在储蓄总额中的比例偏高,企业和家庭则偏低,这同中国的社会主义经济制度有关。参阅表4.7。

182

表4.7 **1976—1980年的国际积累率比较**

（占国内积累总额的百分比，包括折旧基金）

占总积累比重	中国[a]1978	中国[a] 1971	美国	英国	日本	南朝鲜	印度
政府	73	49	7	0	9	26	13
企业b	12	22	58	56	37	35	22
家庭b	15	29[c]	35	43	54	38	65
总计	100	100	100	100	100	100	100
合计积累率d	37	29	19	19	32	25	23

a在中国，政府积累包括除去经常性支出后的综合预算结余额和政府机关预算外的积累这两方面。企业积累包括国有企业和城乡集体企业。

b已根据国民经济决算数字作大略调整，以便将未经正式登记的企业积累计入企业积累(而不计入家庭积累)。

c1981年由于农村存货大量增加，个人积累比例因此显得异常地高。

d积累总额占"国内生产总值"的比例——按消费价格计算。

来源：所作估计系根据《1981年中国统计年鉴》及联合国《1981年国民经济决算年鉴》。转引自世界银行1984年中国经济考察团《主报告》第192页。

政府储蓄

政府预算的储蓄

（1）最近十年中央政府的预算收支

1972—1982年，发展中国家中央政府的预算收入和工业发达的资本主义国家相比，具有三个特点：（1）经常收入总额占国民生产总值的百分比：工业国从22.7%增至28.1%；低收入国从16.4%降至13.2%，不及工业国的一半；中等收入国从17.8%增至22.2%，为工业国的四分之三。（2）以间接税为主：货物税和国际贸易税占经常收入总额的百分比，低收入国为64%，中等收入国为35%，而工业国只有20%。（3）直接税的比重不大：低收入国为20%，中等收入国为29%，而工业国为38%。详细情况如表4.8所例。

183

表4.8

发展中国家中央政府经常收入

| | 占经常收入总额的百分比 | | | | | | | | | | | | 经常收入总额占国民生产总值百分比 | |
| | 所得税和资本收益税 | | 社会保障捐助 | | 国内货物和劳务税 | | 国际贸易和交易税 | | 其他税 | | 经常非税收入 | | | |
	1972	1983	1972	1983	1972	1983	1972	1983	1973	1983	1972	1983	1972	1983
低收入国	18.6	17.7	//	//	27.3	37.5	34.1	26.7	3.6	1.4	16.4	16.7	14.2	13.6
除中国和印度以外	18.6	18.7	//	//	27.3	29.7	34.1	32.6	3.6	3.1	16.4	15.9	14.2	14.7
中等收入国家(地区)	25.5	27.4	//	//	26.5	26.5	13.5	10.4	18.3	12.2	17.2	23.5	17.9	23.1
高收入石油出口国	//	//	//	//	//	//	//	//	//	//	//	//	33.6	//
市场经济工业国	38.9	36.3	29.3	34.1	21.4	18.1	1.7	1.2	2.3	0.9	6.4	9.4	23.5	27.0

注：1. 中等收入国家的社会保障捐助单指上中等收入国家（地区）。

2. 其他税税种有，雇主的工资税或劳力税.财产税以及不能列入其他项目的税种.

3. 经常非税收入包括政府为了公共利益而征收的所有非强制性的,需偿还的经常收入。

来源：世界银行，《1986年世界发展报告》，表23。

184

194

表4.9　　发展中国家政府支出

| | 占总支出的百分比 | | | | | | | | | | | | 总支出占国民生产总值百分比 | | 盈余／赤字总额占国民生产总值百分比 | |
| | 国防 | | 教育 | | 医疗卫生 | | 住宅和社会公益、社会保障和福利 | | 经济活动服务费 | | 其他 | | | | | |
	1972	1983	1972	1983	1972	1983	1972	1983	1972	1983	1972	1983	1972	1983	1972	1983
低收入国	17.2	19.5	12.7	4.7	4.6	2.7	7.3	5.8	22.3	24.0	35.4	43.3	18.2	16.3	-4.3	-6.6
除中国和印度以外	17.2	18.5	12.7	9.9	4.6	3.3	7.3	8.1	22.8	23.8	35.8	36.4	18.2	19.9	-4.3	-5.6
中等收入国家(地区)	15.1	11.4	12.8	12.1	6.3	4.5	20.0	17.0	24.3	21.9	21.5	33.1	20.0	26.2	-3.0	-5.8
高收入石油出口国	13.0	27.7	13.6	9.4	5.6	6.0	14.9	12.1	17.8	21.9	35.1	22.9	24.2	30.9	9.2	″
市场经济工业国	20.8	14.3	5.4	4.7	10.0	11.2	37.2	41.1	12.0	9.2	14.6	19.5	22.9	30.0	-1.6	-5.8

注：1. 经济活动服务费包括以下几个方面：管理、资助商业和经济发展以及使其更有效的支出；补偿地方财政收支不平衡的支出和创造就业机会的支出。还包括研究经济，还包括贸易，促进贸易、地质勘测和监督、管理特定工业部门等活动支出。经济活动服务费为燃料和能源、农业、工业、交通运输和通讯，以及其他经济活动和劳务。

其他支出包括没有列入上述开支中的政府一般行政管理费用。

2. 其他支出包括没有列入上述开支中的政府一般行政管理费用。

来源：世界银行，《1986年世界发展报告》，表22。

185

195

同一时期内，发展中国家政府的预算支出和工业国比较，有以下特点：（1）总支出占国民生产总支出的百分比，工业国为30％，低收入国为16％，中等收入国为26％。（2）教育和经济服务支出占总支出百分比大于工业国。（3）卫生和住房及其他福利支出占总支出百分比小于工业国。参阅表4.9。

税收比率

直到晚近，经济学家和决策人都把公共储蓄问题看作只是提高赋税收入，然而税收对于公共储蓄的贡献却并不大。

五十年代和六十年代发展战略的基本原理之一是：只有提高国家的税收比率（tax ratio），即税收在国内生产总值中所占的份额才能扩大投资，使收入持续增长。其根据是：（1）人均收入水平低，富有的家庭私人消费倾向（即用于消费的支出在总收入中所占的比重）大；（2）外国资金来源有限；（3）政府的消费倾向比私人部门小。提高税收比率的方法，一是改革税收结构，二是提高现有税收的税率。这种看法，当时不仅是发展中国家决策人的信念，也是援助国的信念，许多援助国（包括美国）均将税收比率和税收努力（tax effort）看作是受援国承担"束紧裤腰带"义务的主要标志，从而决定援助数额的大小（如果其他条件相等的话）。

国际货币基金组织曾对四十七个发展中国家在过去二十多年中的税收比率进行比较研究。这项工作于七十年代初开始进行，当时选择的这些国家，除阿根廷外，人均收入均在1,000美元以下，从而包括了大多数的低收入国。7 以后又在1975年和1979年两次将数字予以更新、综合情况如表4.10。

---

7 拉加·J·切里亚，"发展中国家的赋税趋势"，《国际货币基金组织研究论文》，1971年7月．摘要刊登在《国际货币基金组织概览》，1974年6月3日，第162—164页。

表4.10 若干发展中国家的税收比率(税收在国民生产总值中的比重)
1966—1968年,1969—1971年和1972—1976年

年份 / 国别	1972—1976	1969—1971	1969—1968	年份 / 国别	1972—1976	1969—1971	1966—1968
伊朗	32.7	21.6	18.0	泰国	13.9	12.4	12.4
圭亚那	31.7	23.4	20.6	印度	13.9	13.4	12.2
赞比亚	30.8	31.3	28.6	哥斯达黎加	13.6	13.1	12.4
扎伊尔	27.2	29.4	23.4	南朝鲜	13.6	15.4	12.6
委内瑞拉	23.1	20.4	20.7	阿根廷	13.3	13.4	13.3
马来西亚	22.5	19.3	17.1	马里	12.9	13.2	13.4
特立尼达和多巴哥	21.9	17.7	15.2	多哥	12.4	11.3	9.5
突尼斯	20.7	21.7	20.7	厄瓜多尔	12.0	13.4	12.9
科特迪瓦	20.6	19.8	19.7	玻利维亚	11.8	8.2	8.7
塞内加尔	20.2	18.1	16.8	哥伦比亚	11.6	12.5	10.6
台湾省	19.9	17.8	13.1	洪都拉斯	11.5	11.3	10.5
肯尼亚	19.2	14.4	12.2	巴基斯坦	11.4	8.8	8.3
牙买加	19.0	19.4	16.7	布基纳法索	11.3	10.3	11.4
坦桑尼亚	18.9	13.9	11.1	黎巴嫩	10.2	11.2	10.9
苏丹	18.9	18.2	13.0	菲律宾	10.1	9.1	9.1
摩洛哥	18.6	17.8	16.5	埃塞俄比亚	10.1	8.6	8.6
智利	18.4	19.6	19.2	卢旺达	10.0	7.9	8.3
埃及	18.1	19.2	17.5	布隆迪	9.3	11.4	10.4
巴西	18.1	22.9	20.8	巴拉圭	8.8	10.9	9.7
斯里兰卡	17.9	17.7	16.3	墨西哥	8.6	7.1	6.8
印度尼西亚	16.3	10.0	6.9	危地马拉	8.1	7.9	7.9
土耳其	16.2	15.6	14.1	尼泊尔	5.4	4.4	3.2
新加坡	15.7	13.2	11.8				
加纳	14.2	15.8	13.4				
秘鲁	14.0	14.2	13.7	平均	16.1	15.1	13.6

来源:1969—1971年及1972—1976年数字,根据艾伦·A·泰特、威尔弗雷 德·M·格拉茨和巴里·J·艾肯格林,"若干发展中国家国际税收比较,1972—76年",《国际货

币基金组织研究论文》，第26卷第1期(1979年3月)，第123—156页．1966—1968年数字，根据拉加·切里亚等，《发展中国家的税收比率与税收努力 1969—71年》，1975年3月，这篇文章也包括1969—1971年的数字，并有下列说明："税收比率的国际比较是受各种限制的。这里特别值得提出的是：（a）有几个国家，地方政府的税收没有包括或没有完全包括进去；（b）在少数国家，不得不用国内生产总值去代替国民生产总值；（c）在地方税收没有包括进去的国家，这种税收一般不到总税收的10%。巴基斯坦是分割以前的数字。"

可见，发展中国家的税收比率，五十年代只有11％左右，1953—1955年至1966—1968年增至13.6％，1969—1971年增至15.1％，1972—1976年已达16.1％。可是仔细观察之后，可以看出,1972—1976年税收比率增长最大的国家,不一定是由于自觉地奉行了提高税收以增加储蓄的政策，而是由于有些国家1973年以后有幸从石油及其他自然资源价格上涨中获益最大，如伊朗、委内瑞拉和印度尼西亚。在经济合作和发展组织二十一个富有的成员国中,税收比率在1976年平均为34％左右,比发展中国家高出一倍以上；其中最低者为西班牙和日本的21％以上，最高者为瑞典和挪威的47％以上。[8]

提高发展中国家的税收并非轻而易举之事。除非有丰富的天然资源，否则要达到工业国的税收比率并不容易。为什么发展中国家的税收比率上不去？各国的税收比率又为什么如此不同？过去二十多年中进行了详尽的研究。考虑过的可以从经济方面作出解释的因素有：人均收入的差异、工业化的程度、"开放"的范围（外贸在国民生产总值中的份额）、自然资源在出口中的作用、以及人口方面的考虑，如抚养比率、识字率、城市化程度等等，如表4.11所示。

---

[8] 经济合作与发展组织，《公共支出趋势》，巴黎1976年，第42页．

表4.11 　　　　　　人均收入、矿产品出口和税收比率，1976年

人均收入	矿产品和石油出口占总出口20%以上的国家[a]		矿产品和石油出口占总出口40%以上的国家[a]	
	国　别	税收比率[b]	国　别	税收比率[b]
A类 125美元以下	埃塞俄比亚	10.1		
	马里	12.9		
	孟加拉国	5.8		
	布基拉法索	11.3		
	缅甸	7.6		
	尼泊尔	5.4		
B类 125—250美元	贝宁	16.0	扎伊尔	27.2
	印度	13.9	印度尼西亚	16.3
	阿富汗	5.7		
	巴基斯坦	11.4		
	坦桑尼亚	18.9		
	塞拉利昂	17.0		
	斯里兰卡	17.9		
	肯尼亚	19.2		
C类 251—400美元	多哥	12.4	玻利维亚	11.8
	苏丹	18.9		
	泰国	13.9		
	洪都拉斯	11.5		
	塞内加尔	20.2		
D类 401—600元	菲律宾	10.1	赞比亚	30.3
	喀麦隆	16.2	利比里亚	14.4
	萨尔瓦多	11.5	刚果	19.8
	加纳	14.2	摩洛哥	18.6
			尼日利亚	37.0
E类 601—1000美元	科特迪瓦	20.6	厄尔瓦多	12.0
	多米尼加	19.3	叙利亚	11.3
	哥伦比亚	11.6	秘鲁	14.0
	危拉马拉	8.1	突尼斯	20.7
	巴拉圭	8.8	阿尔及利亚	39.8
	南朝鲜	13.6		
	尼加拉瓜	11.1		
F类 1000美元以上	土耳其	16.2	智利	18.4
	哥斯达黎加	13.6	墨西哥	8.6
	巴西	18.1	伊拉克	37.7
			委内瑞拉	21.7
平　　均	33国	13.4	17国	21.0

189

注：a、出口集中（矿产品和石油出口占总出口%）数字是1977年的.来源于世界银行，《世界统计表》1978年，表5。

b、除尼日利亚及委内瑞拉外，各国税收比率为1972—1976年的平均数。

来源：艾伦·A·泰特等，上新书，第153—154页.转引自M.吉利斯等，《发展经济学》1983年，第290页。

（1）人均收入的不同

各国税收比率的不同，显然是因为人均收入的不同，然而单凭这个因素，并不能说明一切。在上表中， 类是最穷的国家，所列各国的税收比率诚然都在平均数13.4以下。然而，在其他各类国家，在人均收入水平与税收比率之间就看不出有什么联系；即使在表面上似乎有些关系，也是可以用其他因素去说明的。如B类国家与E类国家，人均收入相差四倍，而税收比率则大体相同，其中有些国家甚至可以和人均收入多五、六倍的F类国家相比。

（2）开放程度的大小

对外贸易的水平和结构，对于发展中国家的税收比率似乎有较大影响。分析家长期以来就认为一国的"开放"程度会大大影响它的课税能力。进出口在国内生产总值中的比重较高的国家，会比外贸比较不甚重要的国家有较高的税收比率，因为进出口必须通过海关，便于课税；而以收入、财富甚至国内消费为课税基础的国家，是容易逃税的：这种税收需要有健全的征税机构和有能力的征税人员，这些在发展中国家是不及工业国的。即使在西欧，除了斯堪的那维亚各国外，逃税的事是很普遍的，而避税则被认为是当然的事情。9

（3）自然资源的重要性

自然资源在国内生产总值中的相对重要性，对于税收比率的影响

---

9 以所得税为例，逃税（evasion）是隐瞒净收入、虚报税收扣除额，甚至用非法手段去少缴应付税款。避税（avoidance）则只是对个人的事务作合法的重新安排，使纳税义务减至最小限度。前者是违法行为，应受到处罚，后者则否。

190

也同开放程度一样重要。实际上所有的研究均证明，比较大的石油和矿产品生产、资源在出口中的份额较高，比起处于同一人均收入水平和开放程度但自然资源的生产和出口较少的国家，有大得多的纳税能力。从上表可以看出，税收比率最高的国家，也是自然资源在出口总额中所占份额最大的国家。1977年，自然资源出口在出口总额中平均占40%左右。十七个超过这个平均数的国家，其税收比率平均为21%。有三十九个国家这一比率不到20%，其税收比率平均只有13.4%。税收比率高的道理是很明白的。除了象巴西、印度、中国这些国家有很大的国内市场以外，发展中国家生产的全部硬矿产品95%以上均出口，所产石油80%以上出口，出口则易于课税。此外，1972—1976年，石油及少数矿产品由于世界价格高，是高剩余收益或地租的泉源，其税率可以比对农业、工业或服务部门高。

其次，硬矿产品和石油部门在发展中国家常常为大型跨国企业垄断，易于课征。这些公司诚然有许多办法可以避税，但是因为规模大，比小企业需要有更详细和更正确的营业记录，因此易于稽查。同时，避纳东道国的大量赋税也是一件冒风险的事，短期避税可能导致中期或长期中的被收归国有。到八十年代初，大多数的石油和采矿跨国公司已经认识到这一点，但英、美的公司和最早的大跨国公司过去却没有，欧洲的一些跨国公司即使现在也还没有。

有些资源丰富的国家，如1978年以前的阿尔及利亚、伊拉克和赞比亚，曾利用其高课税能力使税收比率高达30%以上。其他资源比较丰富的国家，如印度尼西亚、墨西哥和彼利维亚，在七十年代中期有很高的课税能力，但税收比率很低或只达到平均数。

集约利用其课税能力以达到实际的高税收比率的国家，习惯上称为"高税收努力"（high tax effort）国；没有充分努力去利用其课税能力的国家，则称为"低税收努力"（low tax effort）国。课税能力低（由于人均收入低、缺乏矿产品和石油出口、工业部门小），但税收比率相当高的几个国家，也为高税收努力国，包括坦桑尼亚、斯里兰卡、苏丹和约旦。

191

到1980年时，发展经济学家广泛同意高税收比率未必好，低税收比率未必不好的看法。税收比率反映的，是机会和思想意识。非洲国家，特别是撒哈拉以南的国家，相对于其课税能力而言，课征很重。意识形态可能是一个因素，但动员其他各类储蓄、特别是私人储蓄的机会有限，因为有组织的金融体系不发达可能也是一个原因。1945年以后拉美国家有组织的金融市场得到蓬勃发展，特别是在墨西哥、巴西、阿根廷和智利，以及最近在哥伦比亚和委内瑞拉。

虽然高税收比率在某些场合可以促进发展政策的一些重要目标（包括收入再分配）的实现，但在达成动员储蓄的目标上，其效果也只不过是获得暂时的成功。只在政府对税收增加额的边际消费倾向比私人部门对用于纳税的资金的边际消费倾向更小时，较高的税收才能导致较高的储蓄。诚然，在日本早期的经济发展中，政府的税收盈余曾经起过重大的作用，但是其他国家的成功实例很难找到。不幸，有证据表明，在一般的发展中国家，政府对税收的边际消费倾向很高，以致高税收造成总的国内储蓄不是更多，而是更少。这种现象，称为"普利斯效应"（Please Effect）。[10] 不管这种效应是否普遍存在，有些研究表明，较高的税收可以而且在实际上代替了家庭和企业的储蓄。[11]

以上研究的是税收与储蓄的关系（即政府是否有效地使用了新增的收入）：储蓄是为了投资，投资是为了经济增长。有一项

[10] 以世界银行斯坦利·普利斯的名字命名，是他引起广泛注意这种现象的，见他的"通过税收的储蓄：现实还是幻想？"一文，载《金融与发展》，1967年3月（第4卷第1期），第24—32页。

[11] 有些分析表明，政府储蓄与私人储蓄之间有很高的替代率，有些分析则否。参阅雷蒙德·F·米克塞尔和詹姆斯·E·津塞尔，"发展中国家储蓄函数的性质：理论和实践文献的研究"，《美国经济文献》，1973年3月。其中一篇文章表明，政府储蓄每增加1美元，私人储蓄即减少57美分。另一篇文章表明，公共储蓄与私人储蓄之间有正的关系。

192

研究直接分析税收与经济增长的关系（即高税对纳税部门的刺激和产值有何影响），得出的结论是：二十个国家的经验表明，低税国家取得了较快的经济增长，这些国家几乎代表了全世界所有的各种收入类型。[12] 研究结果见表4.12。

表4.12　　　　　　　　二十个国家的成就比较

国　别	税收总额占国内生产总值的百分比[1]	1970—1979实际平均年增长率（%）						国内投资总额占国内生产总值的百分比	
		国内生产总值	消费		国内投资总额	出口	劳动力		
			公共	私人				1960	1979
马拉维（低税）	11.8	6.3	6.1	5.7	2.3	4.6	2.2	10	29
扎伊尔（高税）	21.5	-0.7	-2.2	-1.8	-5.0	-1.1	2.1	12	9
喀麦隆（低税）	15.1	5.4	5.4	5.3	7.9	0.5	1.3	—	25
利比里亚（高税）	21.2	1.8	2.3	4.3	5.2	2.3	2.6	28	27
泰国（低税）	11.7	7.7	9.1	6.9	7.7	12.0	2.7	16	28
赞比亚（高税）	22.7	1.5	1.8	-2.2	-5.6	-0.7	2.4	25	21
巴拉圭（低税）	10.3	8.3	4.8	7.4	18.7	8.4	3.1	17	29
秘鲁（高税）	14.4	3.1	6.5	2.9	2.7	1.7	3.0	25	14
毛里求斯（低税）	18.6	8.2	13.5	9.8	16.1	—	—	30	38
牙买加（高税）	23.8	-0.9	8.0	-0.6	-9.3	-6.8	2.2	30	18
南朝鲜（低税）	14.2	10.3	8.7	8.0	14.9	25.7	2.8	11	35
智利（高税）	22.4	1.9	-0.5	1.9	-2.0	10.7	1.9	17	16
巴西（低税）	17.1	8.7	8.6	9.1	10.1	7.0	2.2	22	23
乌拉圭（高税）	20.0	2.5	1.5	(·)3	7.5	4.3	0.1	18	17
新加坡（低税）	16.2	8.4	6.4	7.2	6.0	11.0	2.7	11	39
新西兰（高税）	27.5	2.4				3.4	2.1	24	22
西班牙（低税）	19.1	4.4	5.6	4.4	2.5	10.8	1.1	19	20
英国（高税）	30.4	2.1	2.8	1.7	0.8	8.2	0.3	19	19
日本（低税）	10.6[2]	5.2	5.0	5.3	3.2	9.1	1.3	34	33
瑞典（高税）	30.9	2.0	3.2	2.0	-1.1	2.6	0.3	25	20

1 只包括中央政府的税收。

12　基斯·马斯丹，《税收与经济增长之间的联系：一个从实际经验中得出的证据》，世界银行工作人员文件第605号。其摘要"税收与经济增长"，载《金融与发展》，1983年9月号。

2 包括非税的收入，但不包括社会安全税。

3（·）表示数字小于0.05。

来源：世界银行，《1981年世界银行地图》；《1981年世界发展报告》；《撒哈拉以南非洲国家的加速开发》（华盛顿1981年）。国际货币基金组织，《国际金融统计年鉴，1981年》；《政府财政统计年鉴》第5卷（华盛顿1981年）。国际劳工组织，《劳工统计年鉴，1980年》。转引自《1984年〈金融与发展〉文选》，第59页。

〔说明〕

（1）表中所列二十个国家分成十对，每对人均收入大致相同，而税收比率则大不相同。一半国家的税收比率低于其所属收入组别的平均数，一半国家高于这个平均数（收入分组规定得相当严密）。

（2）所有的事例都说明，那些对居民征收的实际平均税收较低的国家，同税收较高的国家相比，国内生产总值的实际增长率是较高的。在低税一组国家中，国内生产总值年平均（不加权）增长率为7.3％，而高税一组国家只有1.1％。

（3）低税国家之所以取得优异的经济成就，税收水平显然不是唯一的因素，甚至或许不是最主要的因素。税制的"质量"也是重要的：一个税收比率较高但税收结构比较完善的国家，同税收比率较低的国家相比，税收的完成情况要好，但它会阻碍生产的发展。其它重要方面有：税制的复杂程度、税收的管理效率和完善、纳税负担从横向（收入集团以内）和纵向（不同收入集团之间）来看是否公平。

（4）然而征税水平与经济增长之间是有联系的。经验表明，表中所研究的各个国家的税收政策从两个基本方面影响着经济增长：（a）较低的税收导致较高的储蓄、投资、劳动和革新的实际（纳税后）收益，促使这些生产要素的总供给扩大，从而促使总产量提高。（b）低税国家采取的财政鼓励措施的重点和类型，使资源从生产率较低的部门和行业转移到生产率较高的部门和行业，从而提高了资源利用的总效益。

税收结构

税收结构指税收种类及其各自在税收总额中所占的比重，它主要是由经济发展的水平所决定的，但反过来又影响经济发展

194

的水平。随着经济的不断发展，税收结构也在发生变化。

上述国际货币基金组织对四十七个发展中国家税收的研究，也分析了它们的税收结构。证明在不发达国家的税收中，1969—71年国际贸易税占最大份额，为32.09%，其中进口税占24.43%，出口税占7.66%。其次为对国内生产和国内交易的课税，占31.86%。再次为所得税（包括矿区使用费）。财产税的份额很小（4.85%）。1967—71年的税收结构与1966—68年没有显著的不同，只是继续从财产税和人丁税转到所得税，这在1953—55年和1966—68年已经开始。所得税从1966—68年的23.5%增至1969—71年的27.3%，增加部分是靠间接税的减少（从65.8%降至63.9%，对国内国外的课税均有减少）得来的。一半以上的国家均向直接税转变。各国的税收结构如表4.13。

表4.13　若干发展中国家的税收结构（对税收总额的百分比）1969—71年

| | 直　接　税 | | | | 间　接　税 | | | | | 其他税 |
| | | | | | 国际贸易税 | | | 生产和国内交易税 | 共计 | |
	所得税	财产税	人丁税	共计	进口税	出口税及其他	共计			
平　均	27.30	4.85	1.43	33.58	24.43	7.66	32.09	31.86	63.95	2.47
玻利维亚	17.31	3.92	—	21.24	39.60	13.36	52.96	25.78	78.74	—
巴西	13.21	0.41	—	13.61	3.44	3.98	7.42	67.13	74.55	11.83
布隆迪	19.49	2.99	12.69	35.17	26.38	15.96	42.34	22.46	64.80	—
智利	37.21	4.89	—	37.60	11.00	—	11.00	50.67	61.67	0.71
台湾省	9.54	14.53	—	24.07	22.45	3.72	26.17	48.64	74.81	1.12
哥伦比亚	34.60	9.04	—	43.64	15.42	4.51	19.95	26.51	46.44	9.92
哥斯达黎加	20.80	1.72	—	22.52	27.86	4.86	32.72	42.10	74.82	2.46
厄瓜多尔	13.02	8.95	—	21.97	40.18	10.43	50.62	26.90	77.52	0.49
埃及	23.12	3.24	—	26.36	31.32	—	31.32	34.87	66.19	7.45
埃塞俄比亚	23.52	5.18	—	28.70	27.04	11.74	38.78	32.52	71.30	—
加纳	21.39	1.77	—	23.16	15.07	31.61	46.68	30.16	76.84	—
危地马拉	12.80	5.37	—	18.17	25.60	5.01	30.61	51.22	81.83	—
圭亚那	36.56	7.87	—	44.43	34.55	2.38	36.93	15.26	52.19	3.36
洪都拉斯	27.08	3.11	—	30.19	23.83	8.22	32.05	37.76	69.81	—

印度	18.65	7.81	—	26.46	8.91	2.43	11.34	62.20	73.54	—
印度尼西亚	40.63	—	—	40.63	25.42	7.09	32.51	26.86	59.37	—
伊朗	73.61	—	—	73.61	17.77	0.55	18.32	7.16	25.48	0.90
科特迪瓦	15.37	.86	—	19.05	37 84	18.99	56.83	20.24	77.07	3.88
牙买加	45.63	6.10	—	51.73	22.43	—	22.43	25.81	48.24	—
肯尼亚	39.02	0.45	2.83	42.30	31.82	0.65	32.47	20.12	52.59	5.11
南朝鲜	33.72[2]	3.81	—	37.53	12.27	—	12.27	49.77	62.04	0.43
黎巴嫩	12.78	12.50	—	25.36	36.47	7.99	44 46	30.16	74.62	—
马来西亚	28.55	0.48	—	29.03	24.83	11.44	36.27	19.53	55.80	15.17
马里	9.90	1.02	16.18	27.10	19.76	7.11	26.87	32.91	59.78	13.12
墨西哥	54.14	″	—	54.14	9.61	1.56	11.17	33.21	44.38	1.43
摩洛哥	22.62	4.55	—	27.17	16.10	1.91	18.07	52.91	70.52	2.29
尼泊尔	4.95	23.81	—	28.76	38.63	6.74	45.37	24.98	70.35	0.89
巴基斯坦	15.20	3.83	—	19.03	″	″	25.71	55.24	80.95	—
巴拉圭	10.22	5.76	—	15.98	34.87	2.68	37.55	45.82	83.37	0.63
秘鲁	30.23	3.78	—	34.01	25.26	—	25.26	37.41	62.67	3.32
菲律宾	28.65	4.39	—	33.04	19.52	4.89	24.36	41.28	65.64	1.31
卢旺达	18.09	4.95	11.44	34.48	29.61	18.61	48.22	16.24	64.46	1.03
塞内加尔	21.73	5.04	3.59	30.36	41.87	5.42	47.29	21.87	69.16	0.48
新加坡	34.57	27.14	—	61.72	19.45	—	19.45	16.44	35.89	2.39
斯里兰卡	18.74	4.27	—	23.01	15.99	30.80	46.79	30.20	76.99	—
苏丹	9.73	1.07	—	10.80	39.76	14.58	54.34	34.85	89.19	—
坦桑尼亚	28.12	0.08	5.08	33.25	29.46	4.14	33.60	29.09	62.69	4.05
泰国	15.01	3.01	—	18.11	29.72	7.64	37.36	44.41	81.77	0.12
多哥	16.23	1.11	—	17.34	29.99	13.58	43.57	31.20	74.77	7.89
特立尼达和多巴哥	56.30	6.78	—	63.08	19.78	—	19.78	17.13	36.91	—
突尼斯	29.91	3.63	1.66	35.20	6.13	3.46	9.59	52.49	62.01	2.76
土耳其	35.53	10.04	—	45.57	22.77	—	22.77	31.66	54.43	—
布基纳法索	13.92	2.36	12.45	28.73	49.82	4.74	53.96	17.03	70.99	0.28
委内瑞拉	83.37	0.48	—	83.85	6.28	0.87	7.16	8.98	16.14	—
扎伊尔	25.20	1.32	—	26.42	24.28	41.26	66.04	7.25	73.29	0.29
赞比亚	60.13	0.97	—	61.10	9.46	16.79	26.25	9.59	35.84	3.06

1 包括矿区使用费

2 包括土地税。

来源：国际货币基金组织财政部，引自拉加·切里亚等，《发展中国家的税收比率与税收努力，1969—71年》，1975年3月。

196

税收结构也因经济发展的阶段而有所不同。从表4.14可以看出与人均收入有关的一般税收结构的特点。在低收入国，对外贸易税（主要是进口税）、国内生产及销售税很重要，所得税的份额很低。当人均收入上升时，所得税的重要性逐渐增加，工资税亦然，而国际贸易税和生产与销售税的重要性则逐渐下降。除了表中所列主要项目的份额改变以外，各种税收的性质也在改变。在低收入国，列入所得税的税收常为按人抽税（capitation tax），与发达国家的人格化的（personified）个人所得税毫无相似之处。所谓企业所得税常常接近于销售税，而不是发达国家的利润税。[13]

表4.14　　　　若干人均收入水平不同的国家税收结构平均比较

	所得税	财产税	国际贸易税	生产和销售税	总计 • 不包括工资税	工资税	合　计
对国民生产总值的百分比							
不到100	1.9	0.5	4.6	3.4	11.8	0.5	12.0
100—200	2.6	0.3	4.4	4.5	12.7	0 5	13 2
200—300	2.8	0.6	5.5	4.3	14.4	1.4	15.8
300—400	3.6	1.0	4.6	5.2	13.4	3.0	16.4
400—500	3.4	1.2	3.5	4.2	12.1	2.1	14.3
500—900	4.8	1.4	2.6	1.7	16.7	2.9	19.6
美国	14.8	5.7	0.3	5.3	25.0	5.7	30.8
对总税收的百分比							
不到100	16.3	4.1	38.5	28.3	96.7	3.3	100
100—200	19.6	2.0	33.4	33.8	96.3	3.7	100
200—300	17.5	3.9	35.2	27.0	91.3	8.7	100
300—400	22.3	5.9	27.9	30.6	81.8	18.2	100
400—500	23.4	8.4	34.7	29.2	84.9	15.1	100
500—900	24.7	7.5	13.5	8.5	85.3	14.7	100
美国	48.2	11.9	0.9	17.2	81.5	18.5	100

•包括前面未列出的税收。

13　进一步探讨，参阅R·M·伯德和O·奥尔德曼编，《发展中国家税收文选》，第3版，1975年。

注：数字表示收入类中各国未加权的平均数。

来源：美国系 1970 年数字，根据美国人口普查局，《政府财政、 1974—75 年》. 其他数字根据 R·J·切里亚，"发展中国家的税收趋势"，国际货币基金组织研究论文，1971年1月，第278—279页。转引自 R·A 及 R·B·马斯格雷夫，《公共财政的理论与实践》，1980年第 3 版，第803页。

课税潜力

与经济发展有关的税收问题，一般从两个不同的角度去考察：一是刺激的观点，一是资源的观点，两者会形成非常不同的、往往是互相冲突的意见。相信增长和投资不足主要是由于缺乏刺激的人，关心的是通过给予各种额外优待来改进税收制度，较少注意这样做对公共收入的不良影响。相信增长和投资不足主要是由于缺乏资源的人，关心的是通过额外课税去增加可供投资之用的额外资源，即使反刺激的效果更为恶化，也在所不惜。

卡尔多认为，[14] 除了特殊情况（如给予外国人税收优待可能会增加外资流入）以外，对刺激的关心大部分是摆错了位置。正是资源缺乏，而不是刺激不足，才限制了经济发展的步伐。从加速经济发展的观点来看，公共收入的重要性是极为显著的。

排除通货膨胀以后，可以用来获得最大收入的税收是什么？由于"不发达"的状况有很大的不同，所以不能作出一般回答。唯一的共同点是：它们全都缺少收入。部分地因为这些国家的课税潜力（faxation potential，即国民收入中可以通过课税而用于公共目的的最大部分）低，但更重要的是，这种课税潜力很少得到充分利用。

是什么决定一国的课税潜力？它显然大大依存于：（1）人均实际收入；（2）收入分配的不平等程度；（3）各种经济活动的相对重要性（如经济作物的生产、自然农业等）及其社会的和

---

14 尼古拉斯·卡尔多，《为经济发展而课税》，载《现代非洲研究杂志》，第 1 卷第 1 期，1963年。

198

制度的环境：（4）政府税收机关的行政能力

常识告诉我们，税收只能从"经济剩余"中支付，即生产超过居民最低生活需要的部分。一国的课税潜力，依存于实际消费超过人口最低的、必不可少的消费。可是，后者在实际上是不能规定或衡量的，这并不是严格的生物学上的需要（这种需要随气候和地区而有很大的不同），而是社会传统和习惯，即任何社会大部分居民已经习惯的实际生活水准。由于政府在政策上不可能用税收去把居民大众的实际生活水平降到现在可被接受的水平以下太远。假如不是这样，那么课税潜力会随人均实际收入的实际水平而有很大的不同。如课税潜力在人均收入每年200英镑的国家为10％，则在人均收入每年1,000英镑的国家可能不少于82％。然而，甚至在人均收入最高的最富国家，也难于通过税收去征取其国民生产总值的30—35以上。

向收税人提供最大潜力的是最高的收入集团，换言之，课税潜力大大依存于国民收入当前分配的不平等。这又依存于从财产获得的收入与从劳动获得的收入的相对重要性，以及财产所有权集中的程度。如两国人均实际收入水平相同，在总收入的较大份额归于少数富人的国家，人民大众所习惯的生活水平显然会要低些，这一国因而有较高的课税潜力。从这个观点来看，各地区的不发达国家（甚至同一地区内的各个国家）有很大的不同。在一个极端有象印度这样的国家，人均收入很低，财产收入在总收入中的比例很高（堪与人均收入很高的美国相比），因此相对于人均实际收入而言，有较高的课税潜力。在拉美的许多国家，财产所有人在国民收入中所占的份额，比欧洲或北美国家还高，他们的消费在国民收入中的比重相当于英、美的三、四倍。在另一个极端，有些不发达国家（特别在非洲），从财产所得的收入比较小，很难说存在着富有的财产所有主阶级。从课税潜力看，非洲国家相对于人均实际收入而言，比亚洲和拉美国家处于不利地位。

有些不发达国家虽无本国的财产所有主阶级，在领土上却有外国的重要企业从事矿产品或种植园生产，其国内总产值有很大一部分归于非居民。一国对其领土范围内产生的收入课税权现在已经确立，与对本国富有的财产所有主阶级相同。

199

不发达国家在下列各方面也有不同：非货币化或自然经济部门与货币化或市场交换部门的相对规模，以及各国企业一般类型的性质。一国商业和制造业活动由小工商业者经营，与这些活动集中在大规模工商业者手中，这两种国家课税的形式是不同的。同样，通行的土地占用方式、社会和家庭关系的性质、或经济不平等的程度，均要求对自然经济部门采取不同的课税形式。大多数不发达国家的一般趋势，是把过重的税收负担放在市场部门头上，而向自然经济的农业征收的赋税则不足。其原因，部分地是行政的，部分地是政治的。向农业社会征税，难于估价，难于征收。在社会和政治方面不受欢迎，因其显得不公平：自然部门的人个别说来总是显得比市场部门的人穷。然而，西方发展经济学家认为，正是对农业部门课税，对加速经济发展能起重大作用。对市场部门课税太重，会因减少资源和减少对积累的刺激，阻碍经济进步。

总之，不发达国家为获得最大收入，究竟哪些税收最合适？这只能根据各国的具体情况来具体作出答复。这一方面的主要考虑有：土地占有制形式和土地所有权分配；工业和服务业部门企业的性质；外国企业的作用；出口和进口的性质；政府行政机关的能力。

有几种办法，发展中国家可以用来扩大预算储蓄：（1）在现有税收体制下，定期提高课税的税率；（2）实行新税，以课征从前未被利用的税收泉源；（8）改革税务行政，以减少逃税和避税；（4）改革整个税收结构，包括上述三种因素在内。对许多国家来说，一、二两种办法增加收入的希望不是很大；三、四两种办法也许最难实行，但是假如能够办到，可望增加收入。

国营企业的储蓄[15]

（1）发展中国家国营企业的兴起

这里所说的国营企业（state—owned enterprises，简称SOEs），必须具备三个条件：（a）政府是企业的主要股东，或能控制企业所奉行的方针政策，并任免企业经理（但不一定要占

15　本节主要参考吉利斯等，《发展经济学》，1983年，第565—583页。

股权的大多数，因为国家有效地控制一个企业，还看其他股份的所有权如何分配，以及政府与私方股东之间的协议如何）。（b）企业从事货物或劳务的生产，向公众或其他公私企业出售。（c）在政策上，企业的收益应与成本发生联系：但不以利润最大化为主要目标、盈利性受国家赋予的社会职能的限制者，仍为国营企业。没有（a），就是私营企业；没有（b）、（c），就是一般政府机构。

　　二次大战后头十年中，发展中国家的国营企业主要限于所谓自然垄断部门（成本递减的公用事业）、个人消费品小规模的垄断生产（酒类、啤酒、烟类）、基本必需品（盐、火柴）、运输（铁路、航空），有的国家还有银行业。但除土耳其（1930年以后）及中国（1949年）以外，很少有超出这些领域的大规模国营企业。可是在过去二十年中，国营企业的规模大为扩张了。

　　这种扩张，与意识形态并无关系。八十年代初，国营企业在市场经济国家如玻利维亚、巴西、智利、印度尼西亚、南朝鲜和中国台湾省所起的作用，和在历史上干涉主义传统比较强大的国家如印度、孟加拉国、斯里兰卡和埃及所起的作用一样显著。和在本世纪初的局势不同，国营企业现今在制造业、建筑业、服务业、自然资源业、甚至农业中，都是很普通的，有时还居于统治地位。1960年以前国营企业一般是很小的，现在有许多已经名列在本国最大的企业之中，有些在自己的领域内甚至名列世界最大的企业之中。少数已成为名副其实的跨国公司。1978年美国以外的五百家最大工业公司中，有三十四家是发展中国家的国营企业（主要是巴西、委内瑞拉和南朝鲜以自然资源为基础的各种工业）。1978年世界上亏损最大的二十家国营公司中，三家属于发展中国家。[16] 按照资产大小，巴西最大的三家公司，墨西哥最大

16　"美国以外500家最大工业公司指南"，《幸福》杂志，1979年8月，第139页以下。

三家公司中的两家，印度尼西亚最大的九家本国公司，均为国营。按照销售量，南朝鲜十六家最大公司中有十二家属于国营。据吉利斯等人的意见，可以称为跨国公司的，有巴西的石油公司和CVRD（采矿）、伊朗的国营石油公司、印度尼西亚的两家建筑公司和印度的工程公司。[17]

国营公司已统治许多国家的广大经济部门。就农业以外的每年全国投资来看，国营公司所占份额在孟加拉国、玻利维亚、墨西哥为75％以上，在印度和土耳其接近50％，在南朝鲜和巴西则在25.33％之间。近年来国营企业对国内生产总值的贡献，玻利维亚约占40％，智利约占20％，巴基斯坦和加纳各占25％，印度占12％，南朝鲜占11％。就总工业增值看，国营企业在孟加拉国、土耳其和埃及至少占60％，在尼泊尔和斯里兰卡占三分之一，印度占五分之一，南朝鲜占六分之一。至于拉美各国，国营企业的产值一般估计为全国工业产值的2—25％，依国家和国营企业的定义而异。[18]

国营企业的迅速发展，也有重大的国际意义。在若干领域，发展中国家的国营企业在本国市场上，可能还在第三世界国家的市场上，已经越来越成为私人跨国公司的替代者和竞争者。在采矿、炼钢、石油提炼，石油化工等领域已经出现这种现象。在造船、纺织和建筑业，也有这种端倪。为了给这种扩张提供资金，发展中国家的国营企业已成为国际信用市场的主要利用人。1975—1978年这些公司商订的外国借款总额增加将近二倍半，约占发展中国家全部商业借款的三分之一。对国营企业的商业债务资本的扩大流进，是印度尼西亚、巴西、秘鲁、扎伊尔和赞比亚在

---

17 《发展经济学》1983年，第587页。

18 雷蒙德·弗农，"拉丁美洲出口中的国营企业"，载弗纳·贝尔和马尔科姆·吉利斯编，《两个美洲之间的贸易前景》（美国全国经济研究会和伊利诺斯大学出版社，1980年），第98—114页。

七十年代债台高筑的主要原因。[19]

（2）国营企业在提供储蓄中的成就

欠发达国家的国营企业提供储蓄的成绩也有突出的，如在南朝鲜、[20]1975—1976年 的乌拉圭、[21]1970—1972年的印度、1972—1974年的巴基斯坦、1976—1978年的印度尼西亚，由国营企业创造的储蓄，高达国内总投资10—15％。但是除此之外，一般说来，国营企业在利润和储蓄方面的成绩均不佳。正如美国哈佛大学国际发展研究所吉利斯、帕金斯、罗默和斯诺德格拉斯所指出的：[22]

虽然公营企业在中国、南斯拉夫等少数社会主义国家对总的储蓄动员作出了重大贡献，在混合经济的发展中国家却成就不大。就是某些所谓的社会主义欠发达国家，如尼雷尔之下的坦桑尼亚、恩克努马之下的加纳、班达拉奈克夫人之下的斯里兰卡，大国营企业也是一贯亏损，全靠政府经常收入来维持。有时甚至单独一个企业所积累的亏损和外债，就足以使政府活动领域的一切发展努力全部落空。如玻利维亚 1957——1972年的国营矿业公司（Comibol）、印度尼西亚1972—1976年的国营石油企业开发公司(pertamina,1979年累计负债 达100亿美元）、1974—1978年扎伊尔和赞比亚的采矿公司等，就是如此。

土耳其经济在七十年代的严重苦难，导致1979年货币大幅度贬值和债务重新安排，主要是由于负债累累的国营企业所造成的问题。在阿根廷、埃及、圭亚那、尼加拉瓜和巴拿马，1970—1973年整个国营企业部门的净储蓄一般是负数。在其他混合经济的欠发达国家，国营企业对国家储蓄的贡献也是微乎其微的。这些包括有着大国营企业部门的国家，如孟加拉国、泰国、玻利维亚、智利和1973年以后的乌拉圭；以及只有少数国营企业的国家，如索马里、牙买加、哥伦比亚。在

---

19 以发展中国家为基地的国营公司的借款数字，是根据世界银行金融研究部的资料计算的。参阅《国际资本市场上的借款》，华盛顿，D·C，1978年。

20 勒罗伊·琼斯，《公营企业与经济发展》（汉城，朝鲜 发 展 研 究 所 ，1976年），第83页。

21 世界银行，《乌拉圭经济备忘录》（华盛顿D·C，1977年），第15页。

22 《发展经济学》，1983年，第572页及以下。

所有这些国家,1970—1973年国营企业的储蓄不到投资总额的 5 %。[23]

　　国营企业一般认为应当是有利可图的。第一,实际上所有发展中国家的大企业均集中于自然资源的工业部门,自然资源活动中因为有地租存在而应当大为获利,特别是在1973年后除铜以外初级产品价格均大大上升之时。然而,事实上除了有些自然资源企业常有可观的利润外,大多数均非如此。三家大国营自然资源企业——土耳其石油公司、哥伦比亚石油公司和赞比亚工业与采矿公司,和英国钢铁公司与意大利国营碳化氢公司一道,均列在1978年世界国营企业二十家最大的赔损者名单中。[24]第二,许多国营企业在各自的市场上享受私营公司无法享受的垄断特权,这种特权远远超过了经营禁止个人奢侈浪费项目(烟类、啤酒、酒类)及公用事业(电力、电话)的国营企业。其他领域的特权也很普遍,如印度尼西亚的化肥和炼钢企业、三十多个国家的石油提炼和国内航空事业、加纳和玻利维亚的可可产品出口、塞内加尔的花生出口、玻利维亚的火柴制造等。在国营企业不享受完全垄断地位的国家,它们也常常是在最集中的市场上出售,因此实行垄断或寡头垄断的潜力很大。[25]然而它们不论有无垄断权力,却都不能赚钱。这在埃及、索马里、加纳、赞比亚、土耳其特别显著,在孟加拉国、斯里兰卡、阿根廷、苏丹、索马里也大体如此。其他国家则成败参半,如巴西、印度尼西亚、智利、乌拉圭

23　世界银行,《世界统计表,1976 年》(华盛顿 D.C,1977年),第 424—425页。

24　"美国以外500家 最大工业公司 指南",《幸福》杂志,1979年8月,第 193页以下。

25　例如,1972年 在 南朝鲜,公共部门的增值 只有10%是在竞争条件 下 销售的;国营企业在可 以 认为是关键性的所有采矿和制造工业部门均起支配或主导作用(琼斯,《公营企业与经济发展》,第190—194页)。又如,1969年时的加纳,国营企业提供六个工业部门的全部产品,而国营企业全部产出的83%是在国营公司占产出75%以上的国营企业中生产的(托尼·基里克,《实践中的发展经济学》,纽约1978年,第220—222页)。

和泰国。一般说来，较大的公司有会计利润而没有损失；在南朝鲜、台湾省和新加坡，国营企业在创造会计利润上颇负盛名。

（3）国营企业提供储蓄成效不大的原因

国营企业在利润和储蓄方面成绩不佳有三个原因，即经营上的缺乏效率；政府强加的管制，特别是价格管制；国营企业履行社会职能的财政负担。

实际上，各国的国营公司都是一种"非效率"经济单位，即处于"×—非效率"（×—inefficiency）状态，未能将成本降至最低限度。

"×—非效率"概念，[26] 可以用等产量线来说明，如图4.1所示。

图4.1　　　　资源配置与×—非效率：生产函数

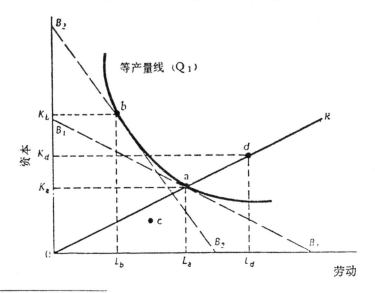

26　哈维·里宾斯坦，《超越经济人以外》，哈佛大学出版社，1976年 ； "X—非效率，公司间行为与增长"，载施洛莫·梅特尔和西德尼·梅尔茨编，《落后的生产率增长：原因及救济办法》，马萨诸塞州剑桥，巴林杰出版社，1980年。参阅吉利斯等，《发展经济学》1983年，第575页。

〔说明〕

图中等产量线Q_1代表一种产出水平，在线上劳动和资本作不同的结合，而产出 相等。线上a、b两点代表最低的劳动与资本数量（L_aK_a或L_bK_b），称为"技术上有效率"的。C点在Q_1西南，是不可行的。d点在Q_1东北，是可行的，然而 是没有效率的，因为使用了不必要多的劳动和资本（L_dK_d）来生产Q_1、

图中有两条等成本线或预算线，B_1B_1和$\underline{B_2B_2}$。设市场力量决定资本和劳动的相对价格，它代表二者的机会成本，而P_k/P_L为 2 ，于是B_1B_1表明一定的总成本所能购到的资本与劳动的结合。一个生产者要使Q_1的成本降至最低，或使投入的给定成本（B_1B_1）的产出增 至 最大，他就会在a点生产。在a点上，不仅公司的生产是有效率的，而且因为公司的成本代表社会的机会成本，对社会来说，也是具有"资源配置效率"（allocafive efficiency）的。

现在假定政府管制利率以补助资本，并征收工资税以提高劳动成本。这就会降低资本的相对价格，提高等成本线的坡度（B_2B_2）。一个想使利润最大化的公司会在b点生产，b在Q_1上，在技术上是有效率的，但它在资源配置上却是无效率的，要素价格的扭曲，使公司的要素使用（L_bK_b）离开了社会最有利的配置（social optimum）。

一家公司可能面临一套正确的价格信号，如B_1B_1，但没有在资源配置的有效之点a生产。它可能在d点生产，利用的要素比率是正确的（与a同在OR线上），但为生产Q_1，使用的劳动和资本太多了（OL_d，$OK_d>OL_a$，OK_a），这就是里宾斯坦所 说的"×—非效率"：即使面对正确的价格信号，公司也没有使成本降至最低点，在资源配置上也不是有效率的。

任何公营、私营公司之所以是×—非效率的，可以有许多原因。（1）经理没有使成本最低化的动力，因为他们满足于最大限度以下的利润，或因为有着获取高利润的更容易的方式（如在进口替代制下）。（2）经理有寻求最大利润的能力和动力，但不愿作出努力去采用新的生产技术以使成本最低化：他们可能认

206

为，略低的成本和略高的利润不值得花费常常是无形的代价，去说服同事进行改革，推动中层经理作更大努力，或克服工人们的抵抗。（3）方法的改革不一定会导致预期的结果，这种风险可能会挫抑使成本最低化的努力。不论原因如何，公司和经理部门可以陷入里宾斯坦所说的"惯性"（inert）区域，或灰色领域，其中，他们可能不是作为使成本最低化的人来行动，而是无所作为，接受并非最佳的结果。

虽然公营和私营部门均会陷入这种惯性区域,公营公司(以及私营垄断公司），比起面临竞争的私营公司来，争取成本最低化的努力要小些。私营企业必须经得起市场的考验，否则 就 得 关门。它要在市场环境中求得利润和生存，就必须控制成本（即使做不到成本最低化）。然而成本控制对于国营企业却不是那么重要，原因有二：

（a）政府会保护自己的企业，使之免受国内外的竞争，从而赋予它们以垄断的权力。

（b）政府是国营企业主要的、往往是唯一的股东，不愿让自己的公司受到自然淘汰。

> 这在工业国和发展中国家都是一样。美国给予洛克希德和克莱斯勒公司以贷款担保，欧洲各国政府对即将倒闭的公司一概予 以 接 管（罗尔斯罗埃斯公司、英国列兰德公司等)。这种不情愿可能是由于畏惧工人失业：例如玻利维亚的水泥公司、印度的纺织工业、加纳的国家金矿、法国的钢铁厂。可能是要保持国家声望：如英国的罗尔斯罗埃斯公司。可能是由于过去的救助行为，使政府在公司中有很大的财政利益，如英国的列兰德公司和意大利的许多国营公司。政府不让这些公司破产，而是投入新资本，或更换经理人员。这样，公营企业的经理们在自己和市场之间有政府作靠山，就不如私营公司有使成本最低化的刺激，有较大的"×—非效率"回旋余地，不受限制。

但国营企业的×—非效率也不完全是由于经理们不能或不愿

使成本最低化，还存在外部环境的压力。这些压力包括：由政府严格规定职工报酬的最低限度；政府坚持要保留的冗员，这或者是由于照顾私人关系，或者是为了解决失业问题；政府决定的采购办法，用来实现潜在的后向连锁效应，或是为了报答政治上的支持者。

在外部环境中，还有两个使国营企业不能盈利的共同原因，即价格管制和社会责任。

（a）国营企业的生产项目被认为是"基本必需品"或"关键性服务"，一般受到政府严格的、经常调整的价格管制。

> 上引许多公营垄断企业利润微薄的一个主要原因，就是这种价格管制的结果。在许多场合，国营企业之所以变成垄断，是因为在产品的价格管制下，私营企业不能生存。例如，在印度尼西亚，九种受到物价管制的商品有八种是国营企业生产的；在哥伦比亚、玻利维亚、印度和斯里兰卡，粮食和汽油均由国营公司分配，因为价格管制使私方不可能参与；在许多国家，城市公共汽车服务均由国营，因为政府规定的收费经常很低。

（b）许多国营企业不赚钱或亏本，还因为作为股东的政府，命令企业必须履行某些一般应由政府机关或由政府的政策去完成的社会职能，如解决就业问题、履行社会义务等。国营企业在解决就业问题方面成绩不佳。国营企业对一般社会目标的贡献，如改善收入分配、提供基本服务、训练经理人才、纠正长期存在的社会不平衡（如种族或其他方面）、打破本国垄断势力、通过抗衡跨国公司的影响或完全取代它们以巩固民族独立，因缺乏参考文献，难于作出评价。

私 人 储 蓄

过去无论是经济学家、援助国还是许多发展中国家的决策人，均认为政府储蓄是发展资金的主要来源。近年来，有人认为私人储蓄在发展投资中起了主要的作用。其理由是，私人消费已经减少，而政府的税收比率没有显著增加，那么，国内储蓄的增长显然有一部分应归功于私人储蓄。但家庭储蓄和公司储蓄何者作用更大则难于确定。

家庭储蓄行为

关于家庭收入与储蓄的关系，已经观察到的有三种事实：（1）在一个国家的某一个时期，收入较高的家庭比收入较低的家庭用于储蓄的收入部分较大；（2）在一个国家的不同时期，家庭储蓄比率（即家庭储蓄在国内生产总值中所占的份额）大致不变；（3）在不同的国家，家庭储蓄比率的不同与收入没有明显的联系。西方经济学中用来说明这种"程式化的事实"的，有四种理论。[27]

（1）凯恩斯的绝对收入假设[28]

家庭储蓄直接依存于现行可支配的收入（家庭缴纳直接税以后的收入），收入增加则储蓄倾向也增加。储蓄倾向（save propensity），是指储蓄与收入的这样一种关系：收入增加，储蓄也增加，但其增加快于收入。

$S = a + sYd$

S = 储蓄

Yd = 现行可支配的收入

a = 一个常数（$a < 1$）

s = 边际储蓄倾向（$0 < s < 1$）

根据这个假设，储蓄比率应当随收入的增长而增长，可是所有国家（包括发达国家）的历史事实却证明储蓄比率在长时期内保持不变。所以这个假设最多也只能说明在非常短的时期内的事

27　参阅 M·吉利斯等，《发展经济学》1983年，第276—283页。

28　英国经济学家凯恩斯在三十年代提出。

实， 即上述"程式化的事实"（ 1 ），如图4.2所示：

图4.2　　　　　　短期凯恩斯消费函数

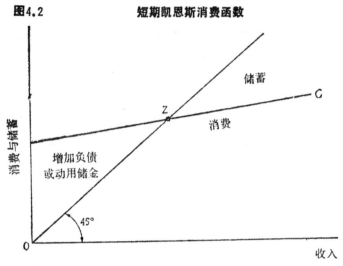

〔说明〕

在一个时期（如一年）内，一个家庭的收入在乙点（收支相抵点）的左边时，储蓄为负；在乙点的右边时，储蓄为正。在收入越来越高时，储蓄／收入比率也越来越大。参阅吉利斯等，《发展经济学》1983，第278页。

（ 2 ）杜森贝里的相对收入假设[29]

在大多数国家，在长时期内，储蓄／收入比率保持不变。消费（因而储蓄）不仅依存于现有收入，还依存于过去的收入水平和消费习惯。

$$C_1 = a + sY_1^d + bCH$$

C_1 = 时期 1 的消费

Y_1^d = 时期 1 的收入　　　　　　　　　$0 < s < 1$

29　美国哈佛大学经济学家詹姆斯·s·杜森贝里在四十年代提出，见《收入、储蓄与消费行为理论》，哈佛大学出版社1949年。

210

$$C_H = \text{以前的消费水平} \qquad 0 < b < 1$$

用图4.3表示如下。

图4.3 **长期消费函数**

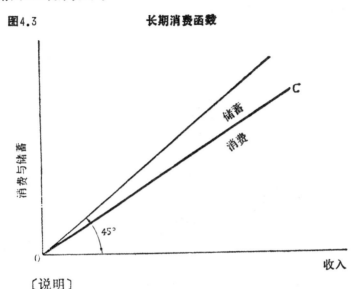

〔说明〕

当收入在长时期内增长时，消费者会调整其支出习惯，使之达到较高的消费水平。但在短期内，如果收入暂时下降（或上升）时，他们不愿减少（或立即提高）消费水平。参阅吉利斯等，《发展经济学》1983年，第279页。

上述两种假设的关系，可用图4.4表示。

〔说明〕

四个短期消费函数（即消费支出与收入的这种关系：收入增加，消费也增加，但不如收入增加快，也称消费倾向），代表不同四年在不同的收入水平上人们会作的支出。四条线的平坦性代表消费者不愿在短期内改变消费习惯。L，M，N，P四点代表长期消费函数：消费（从而储蓄）在长时期内与收入保持固定的比例。参阅吉利斯等，《发展经济学》1983，第280页。

211

221

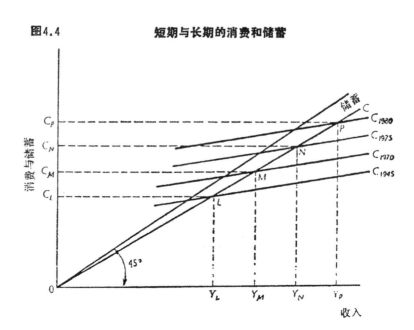

图4.4　　　　　　　　　短期与长期的消费和储蓄

杜森贝里假设原是适用于美国的，但是后来的研究认为，它也可以适用于发展中国家：由于"示范效应"的结果，它们的整个社会的收入与消费会保持一个稳定的函数关系。

相对收入假设可用来说明上述三种关于储蓄的"程式化事实"。

（3）弗里得曼的永久收入假设[30]

这一假设认为收入包括两部分：永久收入和暂时收入。个人预期能活多少年，他们的消费是按这个年数来作出的。永久收入是家庭可以支配的财富收益，包括物质财富和人力资本（如教育等）财富。个人可以相当有把握地预断一生中这些收入的大小，使消费与这种"永久的"收入相适应，这在长期内是固定的。消费与永久收入保持固定比率，接近100。任何储蓄主要来自临时

────────────

30　美国芝加哥大学米尔顿·弗里得曼在五十年代提出的。

212

收入：非预期的、不再发生的收入，如从资产价值的变化、相对价格的变化、彩票中签及其他非预见的暴利产生的收入，个人可能储蓄其百分之百。

$$S = a + b_1 Y_p + b_2 Y_t$$

s = 储蓄 $\qquad\qquad\qquad$ $b_1 = 0$

a = 常数

Y_p = 永久收入 $\qquad\qquad$ $b_2 = 1$

Y_t = 临时收入

修正的说法是：只有永久收入中的储蓄在一生中是固定的，可以是正数；临时收入中的储蓄倾向虽高，却不一定是全部。因此在公式中可以是：$0 < b_1 < b_2 < 1$。

为要探索，这一假设对亚洲和拉美一些国家的适用性，曾对修正的说法进行过几种研究，结果尚无定论，但证明修正的说法有些意义。这一假设也能说明上述三种"程式化的事实"。不妨用来说明出口收入波动对经济增长的影响和外国援助对国内储蓄努力的影响。

（4）卡尔多的阶级储蓄假设[31]

这一假设认为消费（储蓄）习惯因经济阶级而大有不同。工人得到的主要是劳动收入，资本家得到的主要是财产收入（利润、利息、地租），前者的储蓄倾向小于后者。

$$S = S_w L + S_c P$$

S = 储蓄

S_w = 工人从劳动所得收入的储蓄倾向

S_c = 资本家从财产所得收入的储蓄倾向

L = 劳动收入

P = 财产收入 $\qquad\qquad$ $0 < S_w < S_c < 1$

这一假设能说明"程式化的事实"（1），也能说明（3）

---

31 英国经济学家尼科拉斯·卡尔多创立的。

——如果各国的要素份额（即劳动与资本收入的相对份额）不同的话。但阶级储蓄假设和永久收入假设的区别似乎只是表面上的。劳动收入和财产收入在实质上并无区别：一比索就是一比索，一卢比就是一卢比。不过家庭的财产收入，特别是来自非公司化企业（即个人和合伙企业）的收入，是比劳动收入波动较大的。其次，财产收入更集中在高收入阶级手中。因此，财产收入的较高储蓄，实际上反映了从波动较大的收入储蓄倾向更高。

以上四种假设，均假定收入是储蓄行为的主要决定因素。然而收入并不是整个私人部门储蓄行为的唯一决定因素。利息率能影响储蓄行为，这是永久收入假设所承认的。此外，许多经济学家还强调一国人口的年龄结构、地理位置（乡村家庭还是城市家庭）以及生活费用占人均收入的比重等等的影响。相对收入假设和永久收入假设为理解各个发展中国家在人均收入与储蓄比率之间缺乏强大关联提供了基础。非收入要素有助于说明，为什么即使在人均收入水平相同时，各国的私人储蓄比率也不尽同。

公司储蓄行为

关于公司储蓄行为，尤其是发展中国家的公司储蓄行为，其决定因素在西方经济学家中没有一致的意见。例如美国公司财务中一个主要的研究问题，就是尽管政府有强大的税收及其他优待希望将纳税后的利润留在公司手中，但公司为什么还要将其中的极大部分作为股息付出。

在发达国家，公司储蓄占公司总收入的份额不到5％，占全国总储蓄的份额不到20％。例如1972—1978年，联合国报道的公司储蓄，日本占全国总储蓄的2％，比利时12％，澳大利亚18％，西德13％，芬兰18％。[32] 在发展中国家据说只有少数国家（六十年代的哥伦比亚、巴基斯坦和巴拿马）中的公司储蓄才

---

32 联合国经济社会事务部，《国民核算统计年鉴，1979年》，纽约1979年，表12。

占全国总储蓄的一定比重。

在发展中国家，公司储蓄小的主要原因是公司这一部门很小。由于种种原因，在发展中国家以公司形式去经营的刺激和压力较少。选择公司这种组织形式的原因，一是投资人的责任有限，二是便于发行股票和债券。发达国家的商业法规、民事法院制度和资本市场均很发达，而在发展中国家则否，所以公司组织不易发展。

但在若干中等收入国有一些大公司，不过为数不多，不占私营企业（农场和非农场）的很大份额，显然不能提供国内储蓄的很大份额。

除了少数收入最高的发展中国家以外，农业、商业和制造业方面的私营企业，绝大多数是采取非公司化的，一般是家庭所有的形式。其中有一些具有中等规模（10—99个工人），绝大部分是小规模经营（雇员不到10人），虽然家数甚多，但在增值和储蓄中均不占很大份额。[33]

可是就整个发展中国家来说，非公司化私营部门提供了国内储蓄总额的50%以上，从储蓄超过投资的意义说，这个部门始终是唯一的剩余泉源。即使在美国这样一个高收入国家，有着大公司部门，1976年非公司化企业得到的收入约为公司纳税后利润的二倍。就这种股东人数有限的、主要是由家庭所有和家庭经营的商号来说，企业利润是家庭收入的重要部分。

现有的证据和经济理论均表明，家庭储蓄占发展中国家私人储蓄的绝大部分，而家庭储蓄的主要泉源，或许是从非公司化的

---

33 一个对六十年代二十一个发展中国家的研究表明，小规模企业占工业厂商总数的80%，平均只占工业增值的21%。兰德夫·巴勒吉，"制造业中的小规模生产单位：一个国际的横断面一般观察，"（德文）《世界经济档案》第114卷第1期，1978年。还可参阅唐·斯诺德格拉斯，"小规模制造业（印度尼西亚）：格局趋势和可能采取的政策"，哈佛国际发展研究论文，第54号，1979年3月。

企业获得的收入。

国家课税对私人储蓄与投资的影响

国家财政政策对私人部门的资本形成有两种影响：对私人部门进行储蓄的能力与动力产生的影响和对私营项目投资的动力产生的影响。税收对两种动力比政府支出有更直接的、但不一定是更重要的影响。

（1）税收与私人储蓄

税收是影响家庭和企业储蓄的因素之一。税收的增加，部分来自消费，部分来自储蓄，但究竟对何者影响较大尚无定论。有些比较研究表明，发展中国家税收的增加，只是减少私人部门的消费，对储蓄影响甚小，或毫无影响。其他的研究表明，在私人储蓄与税收之间有高度的代替性：公共储蓄每增1美元，私人储蓄至少减50美分。吉利斯等认为，客观实际可能更接近于后者。不同的税收对储蓄能力显然有不同的影响。对具有很高价格弹性的奢侈消费品课征很重的销售税或货物税，可以减少这种货物消费的增长速度。对公司收入课征重税，大部分靠牺牲用于再投资的公司储蓄。

在高收入集团具有高消费倾向的国家（一般认为拉丁美洲国家的情况就是如此），增加税收对私人储蓄可能没有影响。但在高收入集团有着强大积累特性的国家（如在东南亚国家的一些少数民族），较高的税收对消费可能影响较小，对储蓄则影响较大。其次，对外国开采自然资源的公司课税，对国内私人储蓄影响较小，除非这种公司是与本国合资经营的企业。

不同的税收形式，对储蓄动力的影响更难确定。但即使关于这一点，也有不同的看法。在大多数发展中国家，对消费的课税比对收入的课税，于储蓄动力的影响较小。许多税收改革家提议在发展中国家实行对消费直接课税（家庭每年申报消费额，在维持生存水平限额以下者免税，在此水平以上者征收累进税），印

216

226

度曾于五十年代付诸实行，旋即取消，一则因为行政手续繁重，二则因为难于给消费下定义(如自行车可用于推销家园产品)。但是，以消费为基础的课税，比以收入为基础的课税更有利于私人储蓄的增长。

税收还可以通过其他方式影响储蓄动力。

在全国储蓄率对储蓄的纳税后收益率有反应时，对资本收益(股息、利息)课征重税会减少用于投资的私人储蓄数量。当人们储蓄主要是为退休以后所用时，社会保险税也会减少私人储蓄和社会总储蓄，因为享受保险的人预期将来能得到保险金，故减少储蓄；而他们现在支付的保险费又系用来支付给已经退休的工人，故公共储蓄也无增长。

（2）税收与私人投资

如果一国的税收制度减少了私人储蓄，它就会减少私人投资。除此之外，税收还能影响私人国内投资的分配。

尽管有外汇管制和其他限制，资本还是可以在国际间流动的。如果国外有赚取较高收益的机会，国内资本就将流往国外。

决定纳税后收益的一个关键因素，自然是资本税的性质(轻重)。假设菲律宾的资本所有人在投资上平均能获得15％的总收益，税率为50％，则纳税后收益为7.5％。如果在资本市场发达的香港只获得12％的总收益(那里资本较多)，而税率仅为15％，则纳税后收益为10.2％。2.7％的纳税后收益的差别，可能将资本从菲律宾吸往香港。一般说来，对资本收入课征重税的国家，会感到国内储蓄流往资本收益课税较轻的国家，这是与因政治动乱和汇率变化无常而促使"资本外逃"不相同的。

发展中国家的国内储蓄人并不缺乏税率很低的国外投资机会。象巴拿马和加勒比海的巴哈马群岛这样的"避税地"(tax havens)在六十和七十年代曾经吸引了拉丁美洲的投资人；香港和新加坡的金融市场得到了其他亚洲国家的大量储蓄流入。黎巴嫩于七十年代陷入内战以前，它的税率和金融服务吸引了许多非洲和中东的储蓄人前往投资，而不在本国或去欧美投资。

大多数国家认识到资本的国际流动性，均设法使资本收入的税率不要达到世界通行的水平。看一看大多数发展中国家通行的公司所得税率就可明白：拉丁美洲各国在25—40％之间（美国为46％），东南亚（除香港外）为35—45％。

各国设法阻止资本流出，其办法是管制外汇流动、对居民的世界性收入征收国内税等等；但是"避税地"国家（地区）的生意兴隆，美国、瑞士、香港、新加坡有着发展中国家公民的大量投资，均可证明这些管制办法的软弱无力。

为了制止资本外流，和将私人投资导入优先领域，如基本工业、出口和落后地区，许多发展中国家政府对国内投资人有选择地给予大量的税收优待。主要的两种优待办法是：（a）所得税"免税期"（tax holidays）——批准的投资在三至十年内免纳所得税；（b）投资的"减税优待"（tax credits）——将最初投资额的一定部分（通常为20—25％）从所得税义务中扣除。这些国内投资奖励办法很少能达到预期的结果。

利息率对于储蓄的影响

在衡量金融政策对经济增长的影响时，重要的是要区别实际利息率对储蓄决定与对储蓄使用（包括储蓄流动的渠道）有不同的含义。关于第一个问题的辩论，是以储蓄的利息弹性（Esv）为中心的；关于第二个问题的辩论，是以实际利息率对流动资产需求弹性（Etr）的影响为中心的。

在两种弹性均为零时，金融政策在发展过程中所能起的作用是微乎其微的。在两种弹性很高并且是正数时，促进增长的金融政策才有用武之地。即使Esv很小或为零、但Etr是正数并很大时，金融政策在通过金融体系去动员储蓄方面仍可能有很大的影响。实际上所有的经济学家都同意，实际利息率对流动资产的需

218

求有很大的影响：实际利率高，储蓄中就有较大的部分会通过金融体系来流动。但是直到八十年代初，关于国内储蓄对实际利率的反应，即较高的实际利率能否刺激储蓄对国民生产总值比率的增长，尚未取得一致的意见。

（1）利息率与储蓄决定

许多经济学家仍然怀疑，不论在发展中国家还是在发达国家、利息率（名义利率或实际利率）[34]对于私人部门的消费究竟有何影响。由于储蓄的定义是不消费，持这种主张的经济学家认为，利息率对私人部门在决定将收入划分为消费和储蓄两部分时并无影响；储蓄的利息弹性等于零或微不足道。

上述绝对收入假设和相对收入假设均未提到利息是一个变数，可以在影响储蓄行为中起任何作用。到五十年代，才出现以利息率作为储蓄行为决定因素的私人部门储蓄假设，即生命周期假设及与之密切相关的永久收入假设；二者在八十年代已在对发展中国家储蓄的研究中广泛应用。

---

34 实际利率（real interst rate）对于理解金融政策对增长和发展的含义，是一个中心概念。利率可以看作是金融资产的价格。名义利率（nominal interest rate）是银行对贷款或存款收取或支付的利率。当预期的通货膨胀率很低时，实际利率（r）的计算可以是名义利率（i）减通货膨胀率（p），即r=i−p。但当通货膨胀率很高时，这种计算方法就不准确了。此时须使用通货膨胀在整个一年之中而不只是在某一时刻对名义资产价值的腐蚀力量：$r = \frac{(1+i)}{(1+p)} - 1$。例如，假设1980年巴西的通货膨胀率将近为100%，但一年定期存款的名义利率在一年的大部分时间内只有50%。用前式计算，实际利率为−50%，因预期通货膨胀率将以100%继续。用后式计算，则实际利率为−25%，即是说，1月1日存款，到年终资产价值下降了25%，尽管通货膨胀率为100%。因为通货膨胀是逐渐进行的，最终才达到100，而不是一开头就是100。传统的利息所得税（税率t）也必须从名义利率中减去，以得出扣除税收后的实际存款利率（r_n）：$r_n = \frac{1+i(1-t)}{1+p} - 1$。假如，利息所得税为20%，则巴西存款的实际利率为−35%。存款人和借款人最后关心的是实际利率。

生命周期假设[35]认为，个人在其工作年代进行储蓄，以便在退休年代维持稳定的消费流量。在静态经济中，个人在生存时期的净储蓄为零，在增长经济中则为正数；对利息在影响储蓄决定中赋予了积极的作用。绝对收入（Y）水平在说明储蓄（S）对收入（Y）的比率中不起作用。这一假设可表示为：

$$\frac{S}{Y} = a + b_1 H + b_2 U + b_3 W + b_4 D + b_5 r$$

a＝一个常数，H＝生产率提高速度，U＝老年人预期寿命，W＝非人力财富的实际存量，D＝抚养比率（幼年人和老年人占人口的比例），r＝实际利息率，b_1、b_2、b_5为正数，$b_3 b_4$为负数（即实际财富存量的增加和抚养比率的上升会降低储蓄率）

前述永久收入假设认为，一国的大部分储蓄来自临时性的收入，如出口货物市场的意外繁荣。在$S = a + b_1 Y_p + b_2 Y_t$中，支配来自永久性收入的微小储蓄份额的参数$b_1$又是几个变数的函数，其中包括实际利率：

$$b_1 = C_1 \left(\frac{w}{Y_p} \right) + C_2 N + C_3 r$$

$\frac{w}{Y_p}$＝财富占永久性收入的比重

N＝社会经济变数，如家庭大小、寿命长短等

r＝实际利率

系数C_1、C_2假定为负数，C_3为正数

这样，假定实际利率的提高，就会提高从永久性收入中的储蓄分数b_1。

对于工业国和发展中国家的消费与储蓄的研究，越来越依靠生命周期假设和永久收入假设。研究结果，使发展中国家和发达国家的许多经济学家均接受这种观念：储蓄至少有一些正的利息

35　由弗朗哥·莫迪格里阿尼和詹姆斯·托宾建立。

弹性。特别是波斯金和赖特利用美国资料的研究表明，实际利率的储蓄弹性在0.2至0.4之间，[36] 可是在发展中国家有无此种关系尚待研究。

结论是：实际利率对一国的储蓄比率可能有些积极的影响，但对发展中国家还有待于作出令人信服的实践估计。正的实际利率会比负的实际利率造成略高一些的储蓄比率，但是也许高得不会太多。

（2）利息率与流动资产

不论在发展中国家或发达国家，凯恩斯主义者或货币主义者对于实际利率对流动资产需求的作用是不怀疑的。有证据表明，存款支付的实际利率对流动资产需求的影响，在发展中国家比在发达国家更大。在南朝鲜（1965年）、印度尼西亚（1968—1969年，又在1974年）、台湾省（1962年）和若干拉美国家大幅度调整实际利率的经验，强烈表明：实际利率对于货币持有需求和定期存款（M_2）的增长有重大意义。[37]

流动资产（liguid assets）或一般金融资产（financial assets），是对已从过去或现在的收入中作了储蓄的人开放的储蓄渠道。对流动资产的需求，在那些名义利率不容许对预期通货膨胀率作充分调整的国家（实际上所有的发展中国家都是这样），一般可以表示为收入、实际利率、非金融资产的实际收益率三者的函数：

---

36 赖特1975年的文章得出结论，储蓄的利息弹性为0.2左右，表明利率提高 50％（如从6％增至9％）会使储蓄增加10％左右。波斯金的结果（受到一些经济学家的强烈挑战）表明储蓄的利息弹性高出一倍，为4。参阅科林·赖特，"储蓄与利率"，载阿诺德·C·哈伯格，与马丁·贝里编，《对资本收入的课税》，华盛顿D·C，布鲁金斯学院，1969年；迈克尔·J·波斯金，"税收、储蓄与利率"，《政治经济学杂志》，1978年4月，第3—27页。

37 吉利斯，《发展经济学》，1983年，第347页。

$$\frac{L}{P} = \int(Y,e,r)$$

  L = 流动资产持有量

  Y = 实际收入（即名义收入扣除通货膨胀部分）

  P = 价格水平

  e = 非金融资产实际收益率

这一公式用直线相关表示为：

$$\frac{L}{P} = d + d_1 Y + d_2 e + d_3 r$$

  d = 常数

  d_1、d_3 预期为正数，d_2 为**负数**

  公式中各参数的价值是容易理解的。

  （a）当实际收入（Y）增加时，公众想持有更多的购买力（现金、活期存款、定期存款，即发展中国家可以利用的金融资产的主要形式）。尤其是，d_1 是正数，因为在较高的实际收入水平上，对于更高水平的流动资产余额有更大的需要，用来进行交易，和应付意外开支。显然，流动资产余额可以给资产持有人提供方便的服务。在工业社会，有高度发达的金融体系和货币市场，可以合理地预期：在收入增长与对流动资产需求增长之间有一种比例关系。可是，在发展中国家，如价格相当稳定时，对流动资产的需求增长可能比收入的增长更快，因为缺乏可以保存储蓄的其他金融资产。即是说，在发展中国家，对流动资产需求的收入弹性可能大于 1。即使在马来西亚这种相当富有的国家，对流动资产的需求为实际收入增长的1.6倍。在许多拉美国家，对货币需求的长期收入弹性也常常超过 1。在此种情况下，流动资产供应的增长速度可以超过收入增长速度一个很大的幅度，而价格仍能保持稳定。

  （b）d_2，即非金融资产收益的系数之所以是负，因为流动资产不是国内储蓄的唯一贮存所。有若干资产，包括非金融资产以及（在收入较高的发展中国家）非流动的金融资产（如有价证券）可供储蓄人利用。如果这些非流动资产的收益比流动资产的收益更高，就会使

222

储蓄从流动资产转入非流动资产。

（C）实际存款利率的系数d_3为正，因为在实际存款利率较高时，公众会愿意持有较大的流动余额。当r为负时，所有的流动资产持有人均就其余额支付隐蔽的通货膨胀税（见下文），对不付利息的资产（如现金和活期存款）的税率比对有利息的定期存款的税率更高。因此，储蓄人将不愿持有流动资产。

对1965—1980年间若干发展中国家流动资产的需求有不少的研究。关于实际利率对流动资产需求弹性的估计，因各国的经济条件不同而有差异，但均发现实际利率是影响对流动资产需求的一个强大因素。在六十年代中期的南朝鲜和台湾省、六十年代晚期以及1974年的印度尼西亚、1974年的哥伦比亚，实际利率的显著增加（通过增加名义利率）；曾使流动资产在国民生产总值中的份额大为增长。反之，大多数拉美国家到1975年、西非国家到1980年，长时期内让实际利率为负，结果对流动资产的需求非常小，而流动资产在国内生产总值中的份额下降或保持不变。

通 货 膨 胀

通货膨胀,是指所有货物和劳务的一般价格水平(或价格平均水平）的上升，或指一单位货币（例如1美元）的购买力下降。这样，一般物价水平与一单位货币的购买力成反比例地变动。例如，如果物价增加一倍，购买力就减少一半；反之，如果物价减半，购买力就提高一倍。

通货膨胀是发展中国家的普遍现象。各类国家在过去二十年中通货膨胀的情况如表4.15。

表4.15　　　　　　　年平均通货膨胀率（百分数）

	1965—1973	1973—1984
低收入国家	1.6	5.9

	1965—1973	1973—1984
印度	6.3	7.8
中国	—0.9	1.8
其他低收入国家	4.6	14.9
撒哈拉以南非洲国家	4.1	20.1
中等收入国家（地区）	5.5	38.8
石油出口国（地区）	4.9	21.6
石油进口国（地区）	5.7	44.5
撒哈拉以南非洲国家	4.9	12.2
下中等收入国	5.6	20.6
上中等收入国	5.6	44.0
高收入石油出口国	6.1	11.8
市场经济工业国	5.2	7.9

来源：世界银行，《1986年世界发展报告》表1。

〔说明〕

1973—1984年平均通货膨胀率超过平均数的国家是：

低收入国：扎伊尔（48.2）、乌干达（64.5）、索马里（20.2）、加纳（52.2）。

下中等收入国：玻利维亚（54.5）、哥斯达黎加（24.1）、秘鲁（56.7）、土耳其（42.4）、哥伦比亚（23.8）。

上中等收入国：智利（75.4）、巴西（71.4）、阿根廷（180.8）、乌拉圭（50.0）。

通货膨胀作为强迫储蓄的手段

除了各种税收之外，通货膨胀也是公共部门动员收入的课税方式之一，可以称为"通货膨胀税"。它只要求：（a）以足够迅捷的速度扩大货币存量，促使一般物价上涨；（b）人民愿意持有一定数量的货币，尽管它的价值在下跌。如通货膨胀为15%，对通货的年度税率即为13%；如通货膨胀为40%，则税率为29%。[38] 这样高的税率，是任何国家对任何物质资产（如住

38　设年初货币存款的名义价值为 M_n^o，等于其实际价值 M_r^o，设通货膨胀年率为 P，

则一年后货币存款的实际价值为：$M_r^2 = \dfrac{M_r^0}{1+P}$ 对存款的课税 $T = M_r^o \sim M_r^1$，税率为

$t = \dfrac{T}{M_r^o}$，故 $T = \dfrac{M_r^o - M_r^1}{M_r^o} = 1 - \dfrac{1}{1+P} = \dfrac{P}{1+P}$　在 P＝40% 时，$t = \dfrac{0.40}{1+0.40} = 0.29$

224

宅、汽车、设备等）都无法征收的。在无限高的通货膨胀税率之下，如1922—23年德国的超通货膨胀，家庭均企图将持有的货币减至零。可是，由于货币是极为方便的交换手段，人们手中总得持有一些，尽管不得不付出很重的通货膨胀税。

许多政策制订人和经济学家把通货膨胀看作是发展筹集资金的可取手段，是因为传统赋税难于征收，而通货膨胀税则易于征集，并认为这种税收具有累进的性质（富人持有较多的货币）。在五十和六十年代，颇有影响的联合国拉丁美洲经济委员会认为，适度的通货膨胀是使发展的"车轮得到润滑"的手段，因此努力寻求发展中国家可以适用的"最佳的"通货膨胀率。

实行这样一种"强迫储蓄"的战略，显然会减少一些私人投资，因为缴纳通货膨胀税的货币，本来是会用于私人部门投资的。但是主张征收这种税的人认为：政府对通货膨胀税收入的边际投资倾向会比私人部门的大，并且政府会象私人部门一样，将其投入具有生产性的实际资产中，因此，总投资决不会因而减少。此外还有两个假设：（a）传统赋税的征收对通货膨胀的增长有高度的反应性，即传统税收制度的收入弹性在名义收入增长时大于1；（b）通货膨胀造成的效率损失[39]，比利用传统赋税来增加政府收入所造成的效率损失小。换言之，这三种假设是：（a）政府通货膨胀税收入的投资倾向为1或更大（即百分之百用于投资）；（b）赋税制度的收入弹性也为1或更大（即人们的名义收入增加时，各种税收也随之增加）；（C）通货膨胀税的边际效率成本比公开征收的赋税的边际效率成本小。在此种假设下，通货膨胀的最大增长率可高达30％。

---

39 所有的赋税，除了一次课征的人头税之外，都会造成某种程度的"非效率"，即造成效率方面的损失。如税务行政的费用过高，象在拉丁美洲使用的课税基础极为狭窄的印花税，即在资产转移的文件、租赁合同、支票上课税。同美国联邦1964年以前在纸牌上课税一样，许多印花税的行政支出超过了税收总额。

可是，若干分析家表明，上述三种假设都是不实在的。

（a）没有证据表明，任何国家对通货膨胀税的边际投资倾向是接近于1的。上面已经提到，由于"普利斯效应"，政府从额外赋税收入的边际储蓄和投资倾向均小于1。要使由于通货膨胀的税收最大化能刺激经济增长，政府的边际投资倾向须随通货膨胀的增长而增长。冯菲尔斯藤伯格等人的研究证明，这种假设是毫无根据的。

（b）通货膨胀（即使是适度的通货膨胀）对政府总收入(传统赋税加通货膨胀税）的净结果，实际上会减少政府扩大总投资的能力。如果税收结构的收入弹性小于1（许多发展中国家的情况就是如此），这种情况就会发生。此时传统赋税征收的增长，会远远落后于名义国民生产总值的增长。特别是在通货膨胀过程的最初阶段，较高的通货膨胀税收入的一部分，会由传统税收的实际价值下降所抵销。

（C）现有证据表明，通货膨胀一旦每年超过2％，由于通货膨胀率而产生的递增效率损失就会超过由传统税产生的效率损失。[40]而自1973年以来，发展中国家的通货膨胀率远远超过了2％。

可见，政府通过通货膨胀来动员资源，至多也只是一种"刀刃般的战略"。[41]通货膨胀率必须保持足够高，以提供很大的通货膨胀税收入；又不能太高，以致传统资产持有人将其全部转为实际资产。通货膨胀率必须保持足够低，以便使传统赋税的收入不致远远落在名义收入增长的后面，并使由于通货膨胀所产生的效率损失不致大大超过较高的传统赋税收入所产生的效率损失。因此，通货膨胀税只有在它最不需要的地方——即在税收制度对整个国民生产总值的增长最有反应力和效率损失最低的国家，才可以实行得最好。税收制度具有收入弹性的国家，无须求助于通货膨胀去为扩大政府投资提供资金。从这种意义说，税收改革可

40　乔治·M·冯菲尔斯滕伯格，"欠发达国家的通货膨胀、税收与福利"，《公共财政》，第35卷第2期，1980年。

41　knife—edged strategy：中国古语云："磨刀恨不利，刀利伤人指"。

以代替通货膨胀来作为提供资金的办法，而不是相反。

通货膨胀作为刺激投资的手段

主张通货膨胀的人，认为它有助于加速劳动和资本的重新配置，使之离开传统的或自然经济部门，进入具有最大发展潜力的现代部门。因此，适度的通货膨胀不仅是不可避免的，而且是可取的：一个进步的政府应当积极制定某种通货膨胀率目标（可以高达10％），以便刺激经济发展。

1950年以来的发展经验表明，在追求人均收入迅速增长的发展中国家，一定程度的通货膨胀的确是不可避免的：因为生产要素在短期内难于流动；尽管小心计划，供应中的不平衡和瓶颈也时常发生。可是，着意使用持续的通货膨胀去刺激发展，只在考虑了一定的条件之后才能达到预期的目的。（a）如果通货膨胀是出于政府的既定政策，因而是可以预见的，则公司和个人会在投资决策中考虑到它，因而难于产生预期的增加投资的效应。（b）通货膨胀会增加投资的风险。假定企业能预期通货膨胀率，而对投资收益率预测可以容许的误差为±20％。若通货膨胀已为每年5％，则会预期其将来会在4—6％之间。若通货膨胀率已达每年30％，则对未来的预期为24—36％之间。因此，企业家在计划投资和生产时，面临着极大的不确定性。如可以容许的误差更大，则预测的通货膨胀率的不确定性更高。他对未来的收益和未来的波动越无把握，他就越要求减少风险。这样，通货膨胀就会减少私人对长期项目（投资酝酿阶段长的项目）的投资，而这种投资从发展中国家整个社会的收入增长来看，恰恰是获益最大的。（c）如果名义利率不许可随着通货膨胀率的增长而增长，则会阻止资金流入有组织的金融市场，从而严重减少私人部门的投资。

以上从储蓄和投资两方面分析了采用通货膨胀战略来促进经济增长的利弊。由于税收无法增加，政府支出无法减少，外国资金又不易得到，在种种困难之下，不得已而为之，在历史上也是常有的事。这种战略，从原则上讲是可以成功的，但必须是在慎重控制的条件下。额外的购买力须用于资本形成而不用于公共消费。如果管理得当，较高的资本存量在将来可以提高产出。如果货币存量不继续增加，则货物的供给增加会导致物价的降低。有效需求的增长最初使物价上涨，后来会被供给增加所抵销。由于通货膨胀是具有上述的"自偿作用"作用，所以能达到经济产出增长的目的。

说来容易做来难。政府必须抵制把新货币用之于人道主义的然而是非生产性的转移支付的压力。创造的资本必须用于生产，使供给的产出数量真正能够增加。工业管理中的竞争条件必须能造成价格下降的结果。必须抵制货币存量的继续增加，以便使通货膨胀能真正发生自偿作用。这些要求是如此严格，以致在实践中很少看到有自偿作用的通货膨胀得到成功，现在更少有人作为实际政策去加以推荐。

通货膨胀与预算赤字和外汇贬值

在更多的情况下，通货膨胀是在经济发展中自行产生的现象，而不是由政府自觉地采取政策所产生的结果。通货膨胀与预算赤字和外汇贬值有密切的关系。

发展中国家面临一系列的恶性循环。人民穷，无力储蓄，不能增加资本形成。其他的问题涉及货币政策、财政政策和外汇政策。恶性循环把通货膨胀同预算赤字和汇率贬值结合在一起，如图4.5所示。三者的关系可以从任何一处说起，问题不一定是由某一处造成的。[42]

（1）通货膨胀与预算赤字

政府不能征集大量的税收，而又面临人力发展的紧迫支出，

---

[42] 参阅B·赫利克和C·P·金德尔伯格，《经济发展》，1983年第4版，第17页。

228

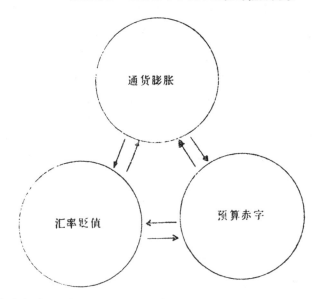

图4.5　　　通货膨胀、预算赤字和汇率贬值的相互关系

只有实行赤字财政。老办法是政府自己印发钞票，新办法是向中央银行借款。如果国内资源尚有未被利用的，则保留工资很低，供给曲线具有弹性，成本和价格不会受到不良影响。但当政府的新购买力一旦使用，仍会使较小的较专门的市场上的价格上升，因为某些原料和某些技能是不能一夜之间创造出来的。最后的通货膨胀就会自动产生。如果价格由于**外部**的原因而上涨，则预算赤字会变得更为严重。如果以前承担的义务要求迅速增加支出以赶上较高的价格（例如，文官雇用合同中的生活费津贴），而税收结构又以物质生产而不以新近膨胀的名义价值为课征对象，则通货膨胀会造成或加剧预算赤字。这一结果依存于税收和支出对通货膨胀率的敏感性；由于各国财政结构不同，这种敏感性有很大的差异。

（2）通货膨胀与汇率贬值

229

如果国内通货膨胀率比主要贸易伙伴国的通货膨胀率高，而汇率又是固定不变的，则本国货物的价格就会比进口同样货物的价格上升更快。两国通货膨胀率的差别越大，进口品的吸引力就会增长越快，同时对出口的挫抑也越大，因而国际收支的赤字就会越大。虽然可以采取若干救济办法，如增加进口税和出口补贴，但当国际收支的压力越来越大时，汇率贬值就会显得越来越有效率，因而会被采用。

外汇贬值以后，用本国货币计算的所有进口货物的价格都比过去高。国际收支困难稍稍减轻。但是进口的原料、燃料、半制品等中间货物现在价格更加昂贵，使制成品的价格上涨。具有很高进口内容的本国产品成本上升，再加上进口的制成品，最终导致消费者支付较高的价格。这样，通货膨胀和汇率贬值就形成一个自然的循环圈。

（3）预算赤字与汇率贬值

各国预算使政府承担支出外汇的义务。如果从出口税、国营公司利润、外国借款和外国投资得到的外汇收入少于外汇支出，政府就不得不在世界市场上购入外汇。赤字越大，需要购买的数量就越多，它的需求对外汇价格的压力就越大。反之，汇率贬值使得进口货物对每一个人都是昂贵的，包括政府在内。这样，汇率贬值就会造成预算赤字。

上面将三种政策工具一对一地说明。须知三者可能同时存在，同时发生作用。从原则上讲，三种循环可以从任何一点去打断；但在实际上，有些"解决办法"虽不是被普遍接受的，却比其他的更为常用。降低通货膨胀率、减少预算赤字和避免外汇贬值通常被认为是目的，实际上却是手段。发展的基本目标（增加产值和收入、改变生产和就业的结构、比较平等的收入分配、消除群众贫困），可以通过应付这三者的政策去达到。

关于通货膨胀的结构主义与货币主义论战

230

自从第二次世界大战以来，拉丁美洲各国的通货膨胀极为严重，如表4.16所示。关于通货膨胀的起源和扩大，在战后初期发生了激烈的争辩，至今仍在进行。参加辩论的人分为两派：通常称为结构主义者和货币主义者。虽然辩论是以拉丁美洲为背景，却具有普遍的意义，因为经常通货膨胀和有剧烈通货膨胀的，也有亚、非国家。在许多方面，也类似发达国家关于通货膨胀原因的"成本推进"和"需求拉上"的辩论。两种辩论实际上都是没有结果、没有结论的。

表4.16　　　　　发展中国家经常的和剧烈的通货膨胀，1950—1979年

	经常通货膨胀的年代和平均每年的膨胀速度		剧烈通货膨胀的年代和平均每年的膨胀速度	
	年　　代	速度（％）	年　　代	速度（％）
阿根廷	1950—74	27	1974—76	293
玻利维亚	···	···	1952—59	117
巴西	1957—76	35	1978—80	72
智利	1952—70	32	1971—76	273
加纳	1973—76	34	1976—81	73
印度尼西亚	1954—60	25	1962—63	330
巴拉圭	···	···	1951—53	81
秘鲁	1974—78	34	1978—81	68
南朝鲜	···	···	1950—55	102
乌拉圭	1958—65	26	1965—68	95
			1971—74	83
扎伊尔	1973—76	46	1977—80	63

注：经常通货膨胀：年度膨胀率在25—50％之间者。

剧烈通货膨胀：年度膨胀率有三年以上在50％以上者。

来源：加纳、秘鲁、扎伊尔，根据《国际金融统计》各期；印度尼西亚，根据该国中央银行报告；其余各国，根据阿诺德·C·哈伯勒，"通货膨胀入门"，《货币、信用与银行业杂志》，1978年11月，第505—21页。转引自吉利斯等，《发展经济学》1983年，第335页。

结构主义者渊源于联合国拉丁美洲经济委员会，货币主义者则受保守势力的影响，有些是外国的，特别是国际货币基金组

织。[43]

货币主义学派认为，通货膨胀是由于银行信用或货币创造使支出扩张的结果。工商业借款的条件太宽；政府不愿增加税收或削减支出。企业和政府既然都有赤字，稳定就全靠家庭的自愿储蓄来维持；可是，长期的通货膨胀经验使得家庭对价格上涨的反应不是储蓄更多，而是储蓄更少。如果银行体系抽紧银根，如果政府削减支出或增加税收或两者并举，则通货膨胀自会停止。中央银行尤其应当制止企业或政府通过信用创造而不是通过实际储蓄来为支出提供资金。

结构主义者认为上面所说的都是天真的想法。支出和信用创造只不过是通货膨胀的症状，而不是它的根源。即使总支出不增长，发展所固有的结构改变也会造成通货膨胀。供给的最初缺乏弹性，特别是在农业中，是在已经扩大的生产所遇到的物质瓶颈上产生的，这才是现象的真正原因。

例如，假定工人从农业转入工业（按照刘易斯的劳动无限供应的发展模型），净支出不增加，只是将支出从消费转到资本形成（在工业部门）。留下的农民收入增加，消费的粮食也就增加，这意味着对粮食的净需求增加，市场供给减少。此时粮食价格上涨。这就会导致工业部门的工资增长，通过成本增加而扩大到工业部门。撇开外贸不论，工业部门增加的流动资本当然会由银行提供，但是如果价格和成本成比例地增长，预期会有较高的价格和较高的利润。政府对农业部门和工业部门价格上涨的反应是容易想象的：立即增加拨款。至于税收的增加，即使能发生，也要到以后才有。其次，如果公共服务的水平保持不变，或预期资本形成的实际数量必须维持，则政府拨款必然

43 戴维·费力克斯，"对货币主义者——结构主义者论争的另一种看法"，第81—94页，和约瑟夫·格隆沃尔德，"关于稳定和发展的结构主义学派"，第95—125页，载 阿尔伯特·O·赫施曼编，《拉丁美洲问题》，纽约1961年。还可参阅维尔纳·贝尔和伊萨克·克尔斯蒂拉茨基编，《拉丁美洲的通货膨胀与增长》，1964年，第3—111页。

232

要增加。这只是由于公共部门想继续履行以前承担的义务。财政的结果是政府赤字。这样看来，工业借款和政府赤字乃是由于供给没有弹性造成的价格上涨的被动反应，并不是通货膨胀的主动原因。44

同样的转移可以发生在工业中。为了维持国际收支平衡，消费品的平均进口倾向必须降低，并在国内生产替代品。如其给供没有弹性，价格就会上涨，于是必须将货币贬值，或实行进口限制，以防止国际收支恶化。在两种场合，上涨的进口价格均会提高成本。由银行提供信用的工业家于是就会提高价格。生活费用上升，工人罢工要求增加工资。农民对工业品价格上升的反应是扣留农产品的供给。随之发生政府赤字，而与进口竞争的工业部门供给没有弹性就是问题的根子，并不是因为银根太松。

货币主义者相信，社会紧张和结构僵化是由通货膨胀造成的，工业家购买及持有土地是避免通货膨胀损失而采取的保值措施，工会在集体合同中为生活费用上涨而斗争。而结构主义者则相信，货币供应扩张是结果，而社会紧张和结构僵化是原因。例如在有的地方，各阶级会同意课税计划，公平分担发展费用，各阶级为保护自己的实际收入而采取的办法都是不必要的。货币主义者认为消除通货膨胀会导致经济增长，而结构主义者则认为经济增长会医治通货膨胀。

为了证实通货膨胀来自供给方面，结构主义者指出发展中国家的特点是，经济结构正在迅速改变，供给方面的缺乏弹性造成许多瓶颈，等等；并指出拉丁美洲在工业化以前的时代通货膨胀不及以后的严重。主要的论点似乎是：工业化缺乏准备。在1930年以前，价格相当稳定，农产品供应颇有弹性，人口增长率低。一旦进入工业化时期，资本家不愿投资，人口对粮食的压力不断增长，于是瓶颈出现，通货膨胀开始，随后又由于工资和价格螺旋式地上升而加剧。

44 关于农业中供给弹性的经验研究，在潘·A·约托波洛斯和杰弗里·B·纽金特，《发展经济学：经验观察》一书中有搜集和评论，纽约1976年，特别是135—142页。

实际情况是否如此，不无争论。有些观察家认为，结构学派描述的只是智利的情况。

的确，很难在通货膨胀速度和发展速度之间找出明确的关系。阿根廷、智利、玻利维亚的价格水平增长迅速而经济停滞，墨西哥、委内瑞拉和厄瓜多尔通货膨胀率较低而发展比较迅速。如果二者有关系的话，这种关系也是负的而不是正的。在价格上升最快的国家，货币供应的增加也最快（每年上升30％和40％），这也是实际情况。但这个问题仍然没有得到答复：究竟是货币扩张使通货膨胀开始发生，还是只给供给方面已经存在的通货膨胀趋势火上加油？如果货币扩张减少了，究竟是产量下降最大，还是价格下降最大？对于这些问题并没有一致的意见，但是大多数观察家认为，就秘鲁、阿根廷、智利而论，供给方面的因素是使物价上涨的主要原因。尤其是智利和阿根廷，大家一致认为，通货膨胀是由于促进价格高昂的进口替代品活动和由于国际收支困难而使外汇贬值二者共同造成的结果。

意见的不同自然会导致不同的政策。货币主义者全都主张限制银行信用，限制政府向银行特别是中央银行借款。他们反对价格管制，反对货币定值过高，反对外汇限制。结构主义者的意见不是那么一致的，有些人相信必须用革命来打破农业中的缺乏弹性（这些根本的原因），另外的人赞成土地改革，和在运输与电力中投资，以打破瓶颈。许多人同意货币主义者的意见：需要进行税制改革。但他们全都同意：货币政策是在治标，实物的影响超过了金融的影响。

这种争论还在继续．其激烈程度有增无减。赫利克和金德尔伯格教授认为：

> 1973年智利的经验提供了一个扣人心弦的例证，说明在它的漫长的反通货膨胀斗争的最新篇章中的结局。异常坚决地执行货币主义者的药方，使通货膨胀率从1973年经济混乱和军事暴力统治时期的每年

1,000％（价格上涨十倍），降到了1981年的20％左右。可是，通货膨胀的这种显著缩小，被失业增长和最穷人经济困苦的加深抵销了。货币存量增加的缓慢辅之以其他的变化：工会活动受到限制，国营公司售予私人部门，以前的土地改革被推翻，国际贸易壁垒被拆除。要把货币主义的效应从其他政策的效应分解开来，在方法论上是有困难的。因此，尽管有了智利的经验（甚至是因为有了这种经验），关于医治通货膨胀的最佳政策的辩论还会继续下去。[45]

---

45 《经济发展》1983年第4版，第352页。

第五章　用于发展的国外资金

国外资金对于经济发展的重要性

一国的国际金融地位，能在它的国际收支和国际储备水平上反映出来，这种地位不仅依存于其经常项目的平衡（它的商品和劳务贸易），而且也依存于其资本项目的平衡（公共和私人金融的净流入或净流出）。如表5.1所示。

表5.1　　　　　　　　**发展中国家的国际收支**

支出（借方）	收入（贷方）
进口购买（包括运费）	出口收益
公民国外旅行	外国人来本国旅行
外国投资收入的汇出	海外投资（如外汇储备）收入
外国借款利息	侨民汇款
在本国工作的外国人的汇款	外国政府赠款
（一）经常项目平衡（＋）	
（一般为负）	
公民在国外投资	外国公司的投资
	外国私人的长期贷款
对外国长期贷款还本	外国政府的长期贷款

（一）长期资本项目平衡（＋）

（一般为负）

基本平衡

＝经常项目平衡＋长期资本项目平衡

公民国外短期贷款　　　　　国外短期贷款（如商业信用）

（一）国际收支平衡（＋）

＝外汇储备的减少或增加

发展中国家不但国内总储蓄一般不足以应付国内总投资的需要，而且一般都有经常项目逆差，必须由国外储蓄（即表中的长期资本项目）来弥补。因此，金融资源不断的净流入是它们的长期发展战略中的一个重要因素。

国际金融资源的流动或外国储蓄采取两种主要形式，即官方储蓄和私人储蓄。大多数官方储蓄是有优惠（或"软"）条件的，或为直接赠与．或为比国际私人资本市场的利率低、偿还期限长的贷款。政府也按商业条件提供一些贷款，包括出口信用、股本投资和世界银行与各地区开发银行的"硬"贷款。优惠流动称为官方发展援助（ODA），普通简称外国援助(foreignaid)。外国援助又可分为双边援助和多边援助，前者由一国政府直接给予另一国政府，后者先将资金拨给国际机构，如联合国、世界银行和地区开发银行，然后由这种机构将资金赠与或贷与受援国。援助还可以采取技术援助或资本援助的形式，前者为提供有技能的人员，以加强一国的技术力量；后者是为了各种目的，提供资金或商品。

外国私人储蓄由四个部分组成：（a）外国直接投资——由非居民（一般是跨国公司，但也不总是跨国公司）对东道国的企业进行投资；直接投资涉及外国公司或个人对企业的全部或部分控制。（b）证券投资——外国人购买东道国的债券或股票，在经理上不加控制，这在十九世纪和二十世纪初是一种非常重要的

237

外国投资形式，现在则不甚重要。（C）商业银行贷款——对象为发展中国家的政府或企业，已代替证券投资而居于重要地位。（d）出口信用——出口公司或其商业银行向进口国提供，容许推迟支付进口物价，作为促进销售的手段，常常收取商业利率。

　　过去二十年中(1960—1980年)，外国储蓄的净流量按来源类别如表5.2所示。按名义价值计算，二十年中增加了十一倍以上，但由于世界物价上涨了3.4%（根据世界银行计算），所以实际净流量在二十年中只增加到三倍以上，其中私方流量从37%增至47%，尤以商业银行贷款及出口信用增加最多。

　　1978—83年期间，发展中国家在新的国际银行贷款净额中占36%，在发行的国际债券总额中占7%，在外国直接投资中占27%。大部分官方资金都是流向发展中国家。[1]

表5.2　　　　外国向发展中国家净资源流量（支付）总额
（单位十亿美元）

	1960f	1970	1980j
A官方流量：援助	4.94g	8.05	33.46j.
1、双边：发展援助委员会[a]国家	4.27	5.66	17.64
2、双边：石油输出国组织[b]国家	—	0.36	6.11
3、双边：经济互助委员会[c]国家	不详	0.96	1.80
4、多边机构d	0.67	1.07	7.71
B、官方流量：非援助[e]	不详g	1.85	13.60
1、双边：发展援助委员会国家		0.74	4.70
2、双边：其他		0.41	4.10
3、多边机构		0.70	4.80
C、私方流量	3.01	9.08	41.89
1、直接投资	1.88	3.69	9.69
2、债务贷款（证券投资）	0.67	0.30	2.00
3、商业银行贷款	不详h	3.00	18.00
4、出口信用	0.46	2.09	12.20
D、净资源流量共计	7.05	18.93	88.95

　　1　世界银行，《1985年世界发展报告》，第86页。

238

来源：经济合作与发展组织，《发展合作：1981年评论》（巴黎，1981年），表A.1；《1961年金融资源流向发展中国家》（巴黎，无日期），表1。转引自吉利斯等，《发展经济学》，1983年，第367页。

  a．包含欧洲、北美、日本、澳大利亚、新西兰等17个工业化援助国。

  b．石油输出国组织所属各国。

  c．经济互助委员会包括苏联和东欧各国。

  d．世界银行及其附属机构，加上各地区开发银行。

  e．按商业条件的贷款和股本投资。

  f．只有发展援助委员会。

  g．1960年的官方非援助流量包括在A援助流量中。

  h．包括在证券贷款中。

  i．估计数。

  j．这个总数中还包括从其他双边来源的2亿美元的援助。

《1985年世界发展报告》对许多国家利用国外资金的近期和历史经验作了调查，并对目前存在的问题、将来的前景和选择作了分析。[2] 报告认为，使资金流向发展中国家的机构上的安排（机构、手段和市场）的演变，反映了世界经济的变化。战后时期，这种变化大致经历了三个阶段。

第一阶段

从第二次世界大战结束到六十年代后期，发展中国取得外资的主要方式是官方资金融通、外国直接投资和贸易资金。经常帐户的赤字，大部分通过政府安排和国际组织来弥补。

第二阶段

六十年代后期到1982年，其特点是，汇率和利率的波动相当剧烈，发展中国家的经常帐户出现较大的不平衡。此时国际银行业发展迅速，从贸易资金转到更直接资助国际收支平衡。参与国际贷款的银行的数目和国别增加了。外国直接投资在资金净流入中的比重从1970年的19％下降到1980年的12％。国际债券市场，特别是欧洲债券市场迅速发展。官方资金融通与私人资金融通同步增长。官方的优惠资金

2 参阅报告的第三部分第六、七、八、九章。

（或发展援助）迅速扩大，**增长最快的是世界银行和其他多边机构的活动**。因此，对发展中国家的资本流入有了较大的增长，但筹款方式从股权资金（主要是外国直接投资）转变为贷款，增加了发展中国家在国际金融环境变动中的脆弱性。

第三阶段

从1982年起，商业银行开始重新估价它们对发展中国家的贷款。若干工业国由于预算的压力而减少对外援助，石油输出国因经常帐户余额减少而减少了对外援助。从1981年以来，以名义价值计算的官方发展援助减少了，其他官方资金融通、特别是来自一些多边机构的资金融通停留在原来的水平上。外国直接投资的名义价值下降。相当大一部分商业银行贷款只是为重新安排债务而提供协议贷款。私营部门对发展中国家的放款持慎重态度。

在国际金融体系中可以看出一些大的趋势可以影响发展中国家未来的外资流入：

（a）世界财富的逐渐增长，已引起对金融资产的更大需求，并将持有的资产分散到世界各个市场和各种货币中去。例如银行对外国的债权占总债权的比例，已从1973年的8.5％增至1983年的18.4％。其他财富的持有形式（如有组织地集体购买外国股票和债券）也可能国际化。这些最终可以导致向发展中国家资金流动的提高。

（b）在银行市场和债券市场上，趋向以浮动利率发放贷款。1983年发展中国家的长期外债中，约有43％以浮动利率计息，而1974年只有14％。

（c）在国际信贷中，出现了广泛使用债券和其他形式证券的趋势，开始了一个所谓证券化的进程。不过由于发行债券需要很高的偿债信誉，发展中国家能在此种趋势中受惠多少尚不可知。

（d）信息技术的重大进步以及金融机构业务的日益扩展，导致了金融市场的一体化。这对发展中国家的债务管理极关重要，因为一个市场改变它的看法，对在另一市场取得资金会产生越来越大的反应。

（e）正当银行对发展中国家减少贷款时，最近官方资金融通和外国直接投资也出现呆滞。为了应付这种趋势，官方和私人债权者之间增强了合作，目的在于提供较多的资金。如各银行同国际货币基金组织的调整规划相结合、世界银行扩大联合贷款计划、官方部门为私营部门起催化作用、国际金融公司对股权投资的鼓励等。

发展中国家应使自己对外资的需要与可能得到的各种资金相适应。世界银行认为，它们如果想要得到代价和风险两者配合比较适当的外资，就必须使债务结构成为各种不同债务的混合；混合的范围越广，任何一种外债的供应发生波折或加大成本的风险就越小。理想的混合是：

（a）股本与借款的混合：减少商业上的风险，并保证利息和股息同借款偿还能力相联系。

（b）不同种类货币借款的混合：减少借款的汇率风险。

（c）固定利率和浮动利率的混合：减轻借款的利率风险。

（d）长期借款（用于项目）同短期借款（贸易融通）的混合：拉开还债的付款间隔，减少还债需要重新筹资的风险。

（e）优惠贷款和非优惠贷款的混合：减轻还债负担，特别是在低收入国。

发展中国家的关键问题，是能够获得资金的机会是否能使债务结构保持合理。世界银行认为，能使发展中国家有效地管理其债务并取得稳定发展的机构上的安排，须具有三种特性：

（a）灵活性：指对经济和金融环境变化的反应能力，特别是发展中国家对资金需要的变化。

（b）稳定性：在偿债信誉允许的限度内，向发展中国家保持稳定地输送资金的能力。

（c）平衡性：指提供的方式和融资的范围，应使借款能以最低的代价分散风险，使债务的货币结构多样化。高度依靠一种方式、一个机构，会使借款者无力经受资金的供应或费用发生突然变化的风险。

用这三个标准来衡量，金融体系对七十年代压力的反应是迅

241

速而有效的；然而在八十年代，它却暴露了一些严重的弱点。表现在：

（ ）商业银行贷款的不稳定性，并且使性质为中期贷款的费用与短期利率相连，将利率上升的风险转嫁给借款者。

（b）正当银行竭力减少贷款时（它们在七十年代对少数借款者的信誉迅速增长就可能是内在的不稳定），官方发展援助却停滞了。

世界银行提出的补救办法是：

（a）提供较长期的资金。

（b）通过开拓发展中国家债务的补充市场，以分担商务风险。

（c）扩大股权投资。

（d）提高援助计划水平，加强协作，以提高其有效性。

（e）能有更多的机构来防护利率和汇率的风险。

在这些改变中，没有一项会很快发生。然而即使每一方面的进展均很缓慢，也将大大克服现有机构安排的缺点，并加强其力量。

两个缺口的模型

用来说明国内储蓄和投资怎样同进出口和外国资金结合的，在西方发展经济学中有两个缺口的模型（two-gap model），3它是从哈罗德——多马模型演化而来的。

使用国际资金流量来补充国内资金，可以从一个简单模型更

---

3 对此模型及其含义更充分的考察，见霍利斯·钱纳里和艾伦·M·斯特劳特，"外国援助与经济发展"，《美国经济评论》1966年9月。对它的评论，有约翰·C·H·费及古斯塔夫·拉尼斯的文章（《美国经济评论》1968年9月）和亨利·布鲁顿的文章（《美国经济评论》1969年6月），均见切纳里，《结构改变与发展政策》，纽约1979年，第384—443页，附有后记，第443—455页。

容易理解。基本的宏观核算等式是：

　　　　总产值和收入＝总支出
　　　　　　Y＝C＋I＋（X－M）
　　　　这里C＝总（公、私）消费支出
　　　　　　I＝投资支出
　　　　　　X＝出口
　　　　　　M＝进口

　　这个公式可以重新安排并解释如下：

　　　　经济中使用的资金来源＝经济中的资金用途：支出目标
　　　　　　Y＋M＝C＋I＋X

　　如从两边各减C，并将储蓄S定义为不是用在消费上的收入（即S＝Y－C），则得两个缺口的公式：

　　　　外汇缺口＝国内储蓄缺口
　　　　　　M－X＝I－S

　　进口包括机器设备和维持生产所必要的原料、半制品和燃料，以及食物和其他消费品。外汇缺口是维持一定速度的经济增长所需的进口超过与这种生产相联系的出口的数额。储蓄缺口也可作类似的解释：它是生产一定数量的货物和劳务所必需的投资与从这种收入所得的储蓄的差额。就象国民收入的等式在任何会计时期的终了必须相等一样，两个缺口等式在期终也必须相等。在任何会计时期内，经济中经常要进行调整，以使国内储蓄缺口和外汇缺口相等。

　　可是我们在这里关心的不是事后的相等，而是未来的不相等。储蓄人、投资人、进口人和出口人的独立的愿望，是受到世界经济状况和国内各种限制制约的。一国的目标不可能导致两个缺口时时相等。因此，国家计划能利用这个模型找出潜在的不一致的结果。

　　（1）出口收入，特别在短期内，主要是在国外由国际价格和可能随经济周期、气候或其他自然条件而变化的需求数量所决定的。在长期内，自然可以协调各种出口促进政策，以改变外汇收入的大小和构成；但至少在开头，计划人是会为超出自己控制的世界影响所左右的。

（2）计划的进口，在任何时期均包括发展所必需的各种进口投入，也会受到总收入的大小和收入分配（在公众成员间以及在私人部门和公共部门间）的影响。

（3）计划投资，在总量上可同经济增长的目标速度联系起来，较高的增长速度需要有较高的投资率。这种关系常常使用递增的资本——产量比率去表示，就象在哈诺德——多马模型中那样。

（4）国内储蓄，象进口一样，同社会的收入水平和收入分配有关。

由于计划人在开头会使用两个缺口的模型去独立地得出这四个要素的时间轨迹，所以需要的投资（为达到增长目标所需要的）超过形成的储蓄的数额，与需要的进口（包括发展的投入）超过出口的数额可能不同。此时计划人员应当制定政策去补救这种不同而使之相同。要缩小外汇缺口，可以削减多余的进口，可以促进出口，可以增加国际负债或接受外援。要缩小储蓄缺口，可以采用促使储蓄增加的办法，可以采用提高效率（借以降低资本——产量比率）以削减投资需要的办法。然后估计新政策的结果，将其与在当前情况下产生的不一致作比较。这种简单模型的价值，在于它能迅速发现缺口，使计划人员采取改变发展进程的措施。

官方发展援助

外国援助的定义和赠与因素

上面说过，官方发展援助普通又称为外国援助。从原则上

244

讲，所有从一国到另一国（主要是从发达国到发展中国家，但也包括从石油输出国组织到第三世界国家）的实际资源转移，均应称为外援。但这一简单定义也带来一些问题：[4]（a）许多资源转移可以采取隐蔽的形式，如发达国给予从第三世界国家进口的制成品以优惠关税待遇，使之卖得较高价格，这种价格也就包含了实际资源的转移，但通常不计入外援之内。（b）外援不应包括对第三世界国家的一切资本转移，特别是外国私人投资，但在过去若干年，发达国往往把官方和私人的资本流量均算作援助。[5]

因此，经济学家给外援下的定义是：符合下列两个标准的对欠发达国家的任何资本流动：（a）从援助国来说，目的是非商业性的；（b）具有"优惠"条件，即借款的利率和偿还期均比商业条件"软"些。但这个定义还不能排除军事援助。现在广泛接受和使用的外援概念是，一切用货币或实物提供的官方赠与或优惠性贷款，其目的在于，为了发展或收入分配的理由，将资源从发达国转移到欠发达国。不过，要把纯粹的"发展"赠与或贷款和最后以安全或商业利益为动机的赠与或贷款严格区分开来，是不可能的。

优惠条件又称优惠因素（Concessimal element）或援助因素，也称赠与等值（grant equivalent）。由于各种资本流量的性质不同，需要有一个共同的程序，来衡量不同流量的等值。赠与同贷款显然不同，因贷款需要偿还而赠与则否。使流量相等的一个标准程序，就是估计不同流量的赠与等值，即计算名义流量和用自由市场利率贴现后在将来应付的本息之间的差额，以贷款帐面价值的百分比表示：

4　贾克蒂施·巴格瓦蒂，"援助的数量和份额"，《援助国：债务问题、负担分配、工作机会和贸易》，纽约1972年，第72—73页。

5　例如，发展援助委员会主席报告，《援助合作回顾》各年度，将资源净转移分列官方、私人（投资和贷款、出口信贷）、私人机构捐赠三项，然后加总，并计算其占国民生产总值的百分比。

$$\frac{F - \left(\sum_{t=1}^{T} \frac{P_t}{(1+r)^t}\right)100}{F}$$

F ＝贷款帐面价值

P_t ＝t年偿还本息总额

T ＝贷款偿还期

r ＝贴现率

纯粹为赠与（不需偿还）的资本流量，赠与因素为百分之百，即等于其面额。须附利息偿还的资本流量，赠与等值比它的面额小。小多少？依存于偿还本息的贴现率。如果自由市场借款的利率比这项资本流量须付的实际利率大，则赠与等值是正的，否则是负的，因受援国所付的多于在自由市场上应付的（这种情况不可能发生）。援助的赠与因素就是从这种不同的好处去衡量的。

其他决定贷款赠与因素及有效利率补助的因素是：（a）宽限期——拨款后到第一次摊还本金的时间越长，则未来贴现偿还额的现在价值越小；（b）偿还期——这个时期越长，则享受的优惠利率越长，未来贴现偿还额的现在价值越小。通过贴现技术，任何偿还条件的结合均可得到共同衡量，所提三因素——利率和贴现率、宽限期和偿还期，可以纳入上列简单公式。在公式中，因Pt包含利息，可以看出：利率比贴现率越低；偿还期限越长时，则贷款的赠与因素越大。利率、贴现率、宽限期和偿还期的不同结合，会得出不同的赠与因素。表5.3提供一些计算实例：如一笔为期十年的贷款，利率为5％，宽限期为五年，（宽限期中只付利息，不摊还本金）贴现率为10％，则赠与因素为26.1（表中有＊号）。6

6　国际开发协会贷款的条件是优惠的。通常的公认做法是按10％的贴现率，用赠与因素，来对不同条件的贷款进行比较。按这一贴现率，标准的国际开发协会信贷的赠与因素为86％。协会刚建立时，市场利率接近6％，意味着赠与因素为75％左右。以后的利率高达12—15％，赠与因素可能会高达92％。因此，如果这种信贷条件保持不变，而市场利率升高，协会贷款的优惠性就会增高。

246

在贴现率不同的情况下协会贷款的赠与因素（%）

贴现率	赠与因素（%）
6	72
10	86
12	89
15	92

参阅《国际开发协会回顾》，1982年8月，第28页。

从第二次世界大战结束以来，向发展中国家提供经济援助的方式发生了变化，从无偿赠与、非常优惠的贷款到接近商业条件的贷款。捐助国增加了：多数工业国和石油输出国组织的成员；中央计划经济国家则成为双边的捐助国；多边机构中包括世界银行、地区开发银行、石油输出国组织、欧洲共同体发展基金和一些联合国机构。以发展为目的的官方经济援助的发展变化，表明发展的复杂性逐渐为人们所认识，并愿为此而组织援助。

对于低收入国家，官方资金通融、特别是优惠的官方发展援助特别重要：1981—82年，优惠资金占这些国家得到的净资本流入总额的81%。随着商业贷款的增长和一部分发展中国家从受援者队伍中"毕业"，7 官方资金流量对整个发展中国家的相对重要性减少了，但它仍是一个大而相对稳定的资本来源。

1983 年所有发展中国家的净资本流入总额中，官方资金融通仍占40%。官方发展援助中，双边的为261亿美元，多边的为75亿美元。多边机构的非优惠资金为70 亿美元。这些数字不包括从国际货币基金组织提取的资金（这种资金虽然也是官方的，但一般视为货币交易），及出口信贷（虽然得到官方支持，但被认为基本上是商品交易）。

---

7 根据世界银行，《国际开发协会回顾》（1982年8月）："已有二十七个国家从国际开发协会'毕业'了，其中包括南朝鲜、印度尼西亚、突尼斯和土耳其这样一些国家。随着有更多国家'毕业'，国际开发协会已经能够更多地致力于撒哈拉以前非洲和亚洲，进一步集中注意最贫困的发展中国家。"（第XIV页）。

表5.3　贷款中的赠与因素

利率和偿还期	5% 贴现率 0	5% 5年	5% 10年	6% 0	6% 5年	6% 10年	7% 0	7% 5年	7% 10年	10% 0	10% 5年	10% 10年
利率2%												
10年	12.9	21.2		16.7	24.0		20.0	28.9		29.5	41.8	
20年	22.1	27.1	31.3	27.8	34.0	39.0	32.8	40.1	45.7	39.8	48.0	53.7
30年	28.9	34.0	37.0	35.7	40.6	45.4	41.5	47.5	52.4	54.7	62.3	67.3
40年	34.2	38.0	41.2	41.5	46.2	49.4	47.5	52.7	56.6	60.5	61.6	73.0
利率3%												
10年	8.6	14.1		12.5	18.0		16.0	23.2		25.8	36.6	
20年	14.7	18.1	20.9	20.8	25.5	29.2	21.3	32.2	36.6	31.3	38.1	43.1
30年	19.3	22.6	24.6	26.8	30.5	34.9	33.2	38.1	42.0	47.8	54.5	58.9
40年	22.8	25.4	27.4	31.1	34.6	37.0	38.0	42.2	45.4	52.9	58.2	63.8
利率4%												
10年	4.3	7.1		8.1	12.0		12.0	17.4		22.1	31.4	
20年	7.4	9.0	10.4	13.9	17.0	19.4	19.8	24.2	27.5	34.1	41.1	46.0
30年	9.6	11.3	12.3	17.8	20.3	22.8	24.9	28.6	31.5	41.0	46.7	50.4
40年	11.4	12.7	13.7	20.7	23.0	24.6	28.6	31.7	34.1	45.3	50.0	54.6
利率5%												
10年	0	0	0	4.2	6.0		8.0	11.5		18.4	26.1*	
20年	0	0	0	6.9	8.5	9.7	13.1	16.2	18.3	28.4	34.2	38.4
30年	0	0	0	8.6	10.2	11.3	16.6	19.0	20.9	34.2	38.9	42.0
40年	0	0	0	10.4	11.5	12.1	19.0	21.0	22.6	37.7	41.6	45.5
利率6%												
10年	a	a	a	0	0	0	4.0	5.8		14.7	20.9	
20年	a	a	a	0	0	0	6.6	8.1	9.2	22.7	27.4	30.7
30年	a	a	a	0	0	0	8.4	9.6	10.6	27.4	31.1	33.6
40年	a	a	a	0	0	0	9.6	10.6	11.4	30.1	33.3	36.4
利率7%												
10年	a	a	a	a	a	a	0	0	0	11.1	15.7	
20年	a	a	a	a	a	a	0	0	0	17.1	21.6	23.0
30年	a	a	a	a	a	a	0	0	0	20.5	23.3	25.2
40年	a	a	a	a	a	a	0	0	0	22.6	25.0	27.3

a 表示负援助价值。　* 说明正文中所提到的计算

来源：G·奥林,《对外援政策的重新评价》(巴黎，工业合作和发展组织，1965年)附录。

提供援助的动机

提供外援，从工业发达的援助国和从基本上代表受援国利益的联合国来看，有两种截然不同的动机。

（1）援助国的动机

我们引用美国哈佛大学国际发展研究所吉利斯等四位经济学家的话，来说明工业发达国家提供外援的动机。8

外援现在被认为是第二次世界大战以后时代的产物。它的根子是马歇尔计划，根据这个计划，美国在四年中将 170 亿美元（约等于美国国民生产总值的 1.5％）用于战后的欧洲重建。当时相信，马歇尔计划的成功，有两个重要因素：金融资本从美国流入，通过彼此协调的各国计划生产性地使用这种金融资本，来重建欧洲被破坏的物质资本存量。

二次战后的二十年中有许多从欧洲殖民地独立起来的国家，特别是在亚洲和非洲。美国为自己在重建欧洲中起过的作用所鼓舞，率先试图通过以外援形式提供同样的要素——资本，去帮助这些国家，特别是那些有发展计划、将接受的援助用于投资的国家。早先的援助方案，也认识到发展中国家缺少某种技能和专长，因此也提供了技术援助方案，供应经济计划、工程、建筑各个领域的外国专家。

战后年代中美国援助方案背后的动机是复杂的，从自私自利到乐善好施。美国国会在批准马歇尔计划和"第四点"方案时，关怀的核心是美国的安全（杜鲁门总统的第四点方案，开始把美国的注意力和资源转向欠发达国家）。这意味着围绕"苏联集团"的周围"遏制共产主义"，并企图保证取得美国工业所需要的原料。美国及其盟国的繁荣也要求扩大贸易和投资，这也可以通过援助来促进。（美国）相信，经济发展会减少不稳定，并使新独立的国家在资本主义世界秩序中具有重大利害关系，从而有助于（美国的）安全和经济利益。美国援助政策的宗旨，也在于鼓励新兴国家采取以美国为榜样的政治制度和以私营企业为基础的经济。但有人主张说，也有一个对世界穷人福利表示人道主义关切的核心。的确，早期援助方案的力量，依存于这种民

8　《发展经济学》，1983年，第368—369页。

族主义的和利他主义的动机的混合，这才得到了广泛不同意见的政治支持。虽说在过去三十五年中情况已经改变，援助国的数目已经加多，然而所有援助国的混合目的，在八十年代依然大体未变：安全，经济上的杠杆作用，经济健康，政治平等和人道主义。

他们接着指出：[9]

援助国及其他官方资本泉源常常试图利用其援助作为杠杆，来达到它们自己的政策目的。它们利用援助来奖励政治上的朋友和军事上的同盟者，而对被认为是敌人的国家则不给予援助。它们对援助资金施加附带条件，要求用来在它们本国购买货物和劳务，以增加自己的出口市场，减弱援助对自己的国际收支的影响。它们将援助导向与自己在经济学和政治学方面最接近的国家及其所属的机构。这些也许是利用援助的最极端的场合，一般限于双边援助国。

援助国（双边）或援助机构（多边）还可能利用援助来诱导发展中国家的政府改变其发展政策，使之符合援助者认为是该国本身的最大利益。如提供援助去支持货币贬值或实行自由化方案。提供援助时，以税收制度的改革、实行新的工资政策和收入政策，调整粮食及其他农产品的价格以及采取许多其他政策行动为条件。它们改变援助款项的分配以适应发展思想的转变，例如在七十年代从工业发展转向农村发展。援助国提供的技术援助，有许多从狭义说是真正的技术援助，但也有一些包含派遣外国专家，他们的目的是用各种方式去改变发展中国家政府的政策，或改变预算及其他资源的配置。只要东道国政府默许这些改革，（在许多场合它们本来也是想进行这种改革的），在援助方案对发展的贡献中，政策的影响也许与所提供的资源流量一样重要。

根据世界银行的《1985年世界发展报告》，近几年来援助国越来越多地利用混合信贷（援助与出口信贷相结合）以促进其商业利益。"使用这种金融机制会干扰贸易的流量，降低援助的有效性。"[10]

9　同上，第377页。

10　报告第100页。关于这种混合信贷的性质，参阅报告第104页，专栏7,5。

（2）联合国的动机

从联合国看来，对发展中国家提供优惠性援助的基本原理，已经被广泛承认，并由最高政治一级一再予以肯定。第三个联合国发展十年的《国际发展战略》第96段说：[11]"外部金融资源，特别是官方发展援助，构成了支持发展中国家本身努力的不可缺少的因素。国际金融流量，特别是公共流量，应当在数量、构成、质量、形式和分配方面根据发展中国家的需要予以改善和改造。"官方发展援助在支持发展中国家的经济结构改变方面一向起着独一无二的作用，它对一般商业刺激不起反应的活动和部门提供优惠性的金融。私人投资虽有其优越之处，但是它在许多发展中国家对资本形成，特别是对人力资本形成和社会与行政基础设施的发展的贡献，充其量也是很有限的。反之，官方发展援助在这些部门的贡献可以补充甚至加强私人投资（不论是国内的还是国外的）的作用。很多发展中国家接近私人资本市场的机会有限，按市场条件吸收资源的能力不足，对于它们来说，优惠性援助依然是补充进口、国内储蓄和投资的主要手段。

优惠性援助近来对于发展中国家获得了进一步的重要性。由于在七十年代大部分时间里初级商品价格惨跌、出口市场衰落、贸易条件持续恶化以及迅速积累的外债必须偿还，它们处理经济增长及调整需要的能力大为降低。在最近的将来，应当扩大可以自由使用的外汇的提供。在目前情况下，为实现结构调整，为发展提供资金与为国际收支提供资金二者已经迅速地结合在一起了。官方发展援助计划，会对涉外收支项目立即产生影响，并有助于阻止进口物资的下降，这种进口物资曾经阻止经济增长率下降和物质基础恶化，并对井井有条地清偿外债有过贡献。

0.7％的官方发展援助目标及其完成情况

联合国第二个国际发展十年的《国际发展战略》（决议第

---

11 《国际金融和货币问题》，联合国贸发会议秘书处报告，1983年，第IX章。

251

2626（XXV）号，1970年10月24日），规定发展援助目标为发达国国民生产总值的0.7％："每一个经济上先进的国家将逐渐增加其对发展中国家的官方发展援助，并将尽最大努力在本十年的中期达到其按市场价格计算的国民生产总值净额0.7％的最低限度。"《建立国际经济新秩序行动纲领》（决议第3202（S—VI）号，1974年5月1日）又敦促发达国家加速执行这项决定。

（1）经济合作和发展组织的发展援助委员会[12]

发达的市场经济国家作为一个集团，在完成0.7％的目标上实际处于停顿状态。1985年，只有荷兰、法国、丹麦、瑞典、挪威五国超过了预定目标，美国只达到其国民生产总值的0.24％，成绩最差，详细情况如表5.4所示。

自愿的和没有约束力的官方发展援助目标虽然有它的内在缺点，却也具备有用的和实际的意义。它可以作为援助国预算分配的一个水准基点，用来说服立法部门，使之了解已经承担的国际义务的重要性。若干年来，越来越多的发展援助委员会成员国接受了这个目标，并规定了达成的期限。除了上述已经超过目标的五国之外，有一类国家已经决定本世纪末达到0.7％的目标，其中有奥地利、加拿大、芬兰和意大利；还有些国家已经接受这个目标，只是尚未具体规定实现日期，其中有澳大利亚、比利时、联邦德国、日本、新西兰和英国。只有美国和瑞士尚未接受这个目标。但瑞士认为利用它作为计划援助的水准基点是有益的：它

12　经济合作及发展组织成员国为：澳大利亚、奥地利、比利时、加拿大、丹麦、芬兰、法国、联邦德国、希腊、冰岛、爱尔兰、意大利、日本、卢森堡、荷兰、新西兰、挪威、葡萄牙、西班牙、瑞典、瑞士、土耳其、英国和美国（共二十四国）。它所属的发展援助委员会包括澳大利亚、奥地利、比利时、加拿大、丹麦、芬兰、法国、联邦德国、意大利、日本、荷兰、新西兰、挪威、瑞典、瑞士、英国、美国共十七国及欧洲共同体委员会。

252

表5.4　经济合作与发展组织发展援助委员会十七个成员国历年提供的援助额

（百万美元）及其在各国国民生产总值中所占的百分比（括号中数字）

年份 国别	1960	1965	1970	1975	1978	1979	1980	1981	1982	1983	1984	1985ᵃ
意大利	77 (.22)	60 (.10)	147 (.16)	182 (.11)	376 (.14)	273 (.08)	683 (.17)	666 (.19)	811 (.24)	834 (.24)	1,133 (.33)	1,099 (.31)
新西兰	… (…)	… (…)	14 (.23)	66 (.52)	55 (.34)	68 (.33)	72 (.33)	68 (.29)	65 (.28)	61 (.28)	55 (.25)	54 (.25)
英国	407 (.56)	472 (.47)	500 (.41)	904 (.39)	1,465 (.46)	2,156 (.52)	1,854 (.35)	2,192 (.43)	1,800 (.37)	1,610 (.35)	1,430 (.33)	1,490 (.33)
奥地利	… (…)	10 (.11)	11 (.07)	79 (.21)	154 (.27)	131 (.19)	178 (.23)	220 (.33)	236 (.35)	158 (.24)	181 (.28)	248 (.38)
日本	105 (.24)	244 (.27)	458 (.23)	1,148 (.23)	2,215 (.23)	2,685 (.27)	3,353 (.32)	3,171 (.28)	3,623 (.28)	3,761 (.32)	4,319 (.35)	3,797 (.29)
比利时	101 (.88)	102 (.60)	120 (.46)	378 (.59)	536 (.55)	643 (.57)	595 (.50)	575 (.59)	499 (.59)	476 (.59)	442 (.57)	430 (.53)
芬兰	… (…)	2 (.02)	7 (.06)	48 (.18)	55 (.16)	90 (.22)	111 (.22)	135 (.28)	144 (.30)	153 (.32)	178 (.36)	211 (.39)
荷兰	35 (.31)	70 (.36)	196 (.61)	608 (.75)	1,074 (.82)	1,472 (.98)	1,630 (1.03)	1,510 (1.08)	1,472 (1.08)	1,195 (.91)	1,268 (1.02)	1,123 (.90)
澳大利亚	59 (.37)	119 (.53)	212 (.59)	552 (.65)	588 (.55)	629 (.53)	667 (.48)	650 (.41)	882 (.57)	753 (.49)	777 (.45)	747 (.49)
加拿大	75 (.19)	96 (.19)	337 (.41)	880 (.54)	1,060 (.52)	1,056 (.48)	1,075 (.43)	1,189 (.43)	1,197 (.41)	1,429 (.45)	1,625 (.50)	1,638 (.49)

（续）

国别＼年份	1960	1965	1970	1975	1978	1979	1980	1981	1982	1983	1984	1985ᵃ
法国	823 (1.35)	752 (.76)	971 (.66)	2,093 (.62)	2,705 (.57)	3,449 (.60)	4,162 (.64)	4,177 (.73)	4,034 (.75)	3,815 (.74)	3,788 (.77)	4,022 (.79)
联邦德国	223 (.31)	456 (.40)	599 (.32)	1,689 (.40)	2,347 (.37)	3,393 (.45)	3,567 (.44)	3,181 (.47)	3,152 (.48)	3,176 (.48)	2,782 (.45)	2,967 (.48)
丹麦	5 (.09)	13 (.13)	59 (.38)	205 (.58)	388 (.75)	461 (.77)	481 (.74)	403 (.73)	415 (.76)	395 (.73)	449 (.85)	433 (.80)
美国	2,702 (.53)	4,023 (.58)	3,153 (.32)	4,161 (.27)	5,663 (.27)	4,684 (.20)	7,138 (.27)	5,782 (.20)	8,202 (.27)	8,081 (2.40)	8,711 (.24)	9,555 (.24)
瑞典	7 (.05)	38 (.18)	117 (.38)	566 (.82)	783 (.90)	988 (.97)	962 (.79)	919 (.83)	987 (1.02)	754 (.84)	741 (.80)	841 (.86)
挪威	5 (.11)	11 (.16)	37 (.32)	184 (.66)	355 (.90)	429 (.93)	486 (.85)	467 (.82)	559 (.99)	584 (1.10)	543 (1.03)	555 (1.00)
瑞士	4 (.04)	12 (.09)	30 (.15)	104 (.19)	173 (.20)	213 (.21)	253 (.24)	237 (.24)	252 (.25)	320 (.31)	286 (.30)	301 (.31)
合计名义价格（十亿美元）	4.63	6.48	6.97	13.85	19.99	22.82	27.27	25.54	27.73	27.56	28.71	29.52
占国民生产总值1980年	.51	.48	.34	.35	.35	.35	.37	.34	.38	.36	.36	36
不变价格	16.41	20.41	18.21	21.73	24.11	24.89	27.27	25.63	27.94	27.56	28.87	29.15
参考国民生产总值（十亿美元；名义价格）	.90	1.35	2.04	3.92	5.75	6.56	7.31	7.42	7.33	7.61	7.94	8.31
官方援助缩减指数b	.28	.32	.38	.64	.83	.91	1.00	.99	.99	1.00	1.00	1.01

254

的现行援助计划的主旨，就是要在八十年代中期，使它的官方发展援助对国民生产总值的比率，达到与总援助平均数大体相近的水平。

（2）石油输出国组织[13]

若干石油输出国组织有些成员国在五十和六十年代就有发展援助方案，但大多数是在1973年能源调价后开始实行援助的，这时它们的经常项目盈余使得有可能向其他发展中国家提供援助。这一组织的国家即发展成为第二大类援助国，约占全部援助来源的五分之一。尽管在绝对数上比发展援助委员会国家提供的援助额少，但这类援助国作为一个集团，相对于其国民生产总值而言，比发展援助委员会国家的平均数高，见表5.5。

（3）经济互助委员会

关于经互会成员国对外援助的官方数字，现在只有苏联及德意志民主共和国的。[14]发展中国家实际使用的苏联经济援助总额1976—1980年为300亿卢布（在减去还债及其他支付以后）。[15]作

13　包括阿尔及利亚、厄瓜多尔、加蓬、印度尼西亚、伊朗、伊拉克、科威特、利比亚、尼日利亚、卡塔尔、沙特阿拉伯、阿拉伯联合酋长国和委内瑞拉等十三国。在贸发会议所列的二十一个主要石油出口国中，有安哥拉、巴林、文莱、刚果、墨西哥、阿曼、叙利亚、特立尼达和多巴哥八国未参加石油输出国组织。

14　关于经互会成员国对发展中国家金融流量的非官方数字，可以从几种来源得到。例如，《联合国统计年鉴》就有东欧社会主义国家双边承担资本义务的报道。经济合作和发展组织的年度《发展合作评论》也有经互会成员国估计援助拨付的数字。这些数字表明，这些国家1981年净拨付总额约为20多亿美元，或其估计的国民生产总值的0.14%，与头一年无大变化（《发展合作：1982年评论》，表XIV—5）。

15　根据苏联代表团团长致联合国社经理事会主席的信，E／1982／86，1982年7月12日。

16　德意志民主共和国常驻联合国代表1982年10月20日致秘书长的信，A／C，2／37／5。

255

表5.5　石油输出国组织十个成员国历年提供的援助额（百万美元）及其在各国国民生产总值中所占的百分比（括号中数字）

国别　年份	1975	1976	1977	1978	1979	1980	1981	1982	1983
尼日利亚	14 (.04)	83 (.19)	50 (.10)	26 (0.5)	29 (0.4)	33 (0.4)	141 (.20)	58 (.08)	35 (.05)
阿尔及利亚	41 (.28)	54 (.33)	42 (.21)	41 (.16)	281 (.92)	103 (.26)	97 (.24)	128 (.29)	44 (.09)
委内瑞拉	31 (.11)	108 (.34)	24 (.07)	87 (.22)	107 (.22)	125 (.21)	67 (.19)	216 (.18)	141 (.20)
伊朗	593 (1.12)	753 (1.16)	169 (.22)	240 (.33)	-34 (..)	-83 (..)	-93 (..)	-121 (..)	139 (.13)
伊拉克	215 (1.62)	231 (1.44)	62 (.33)	174 (.77)	659 (1.97)	768 (2.09)	140 (.47)	9 (.03)	-3 (..)
利比亚	259 (2.29)	94 (.63)	101 (.57)	139 (.79)	105 (.43)	382 (1.18)	293 (1.11)	43 (.18)	85 (.35)
沙特阿拉伯	2,756 (7.76)	3,028 (6.46)	3,086 (5.24)	5,464 (8.39)	4,238 (5.55)	5,943 (5.09)	5,664 (3.54)	4,028 (2.61)	3,916 (3.53)
科威特	946 (7.18)	531 (3.63)	1,292 (8.13)	978 (5.40)	971 (3.52)	1,140 (3.52)	1,154 (3.60)	1,168 (4.49)	995 (4.46)
阿拉伯联合酋长国	1,046 (11.68)	1,012 (8.88)	1,052 (7.23)	885 (6.23)	970 (5.09)	909 (3.30)	811 (2.72)	402 (1.46)	100 (.42)
卡塔尔	338 (15.58)	195 (7.95)	189 (7.56)	105 (3.62)	291 (6.26)	270 (4.05)	250 (3.77)	50 (.89)	22 (.42)
阿拉伯石油输出国组织共计b	5,601 (5.73)	5,154 (4.23)	5,824 (3.95)	7,778 (4.69)	7,550 (3.49)	9,515 (3.73)	8,409 (2.82)	5,828 (2.02)	5,159 (2.10)
石油输出国组织共计	6,239 (2.92)	6,098 (2.32)	6,067 (1.96)	8,130 (2.48)	7,652 (1.83)	9,510 (2.41)	8,524 (1.94)	5,891 (1.37)	5,474 (1.45)

a　暂定
b　包括阿尔及利亚、伊拉克、科威特、利比亚、卡塔尔、沙特阿拉伯和阿拉伯联合酋长国.
c　参阅上表c.
来源：世界银行，《1985年世界发展报告》，表18.

256

为对苏联年度国民生产总值的百分比，这类净经济援助 总 额 在 1976—1980年为1％，从1976年的0.9％增至1980年的1.3％。德意志民主共和国对发展中国家的经济援助1981年为15亿马克。[16]

双边援助

援助国实行双边援助时，通常设置一个专门的援助机构来计划并发放贷款和赠款，如美国有国际开发署、英国有海 外 发 展部、加拿大有国际开发署等等。大多数这样的发展援助机构运用广泛的援助方式，包括技术援助和资本援助。大多数的资本援助为项目援助（project aid），如兴建水电站、修筑公路、农村发展项目等。但也有作方案贷款(program loans)的，如为普通一类进口提供资金或为国际收支提供支援，以缩小外汇缺口。方案贷款在六十年代（对印度、巴基斯坦、巴西等国）比在七十年代更重要，但在1979年石油二次提价后的资源极端匮乏时期，世界银行又运用这种方式来进行结构调整贷款。

几乎所有的援助国都有一些双边援助计划。从它们看来，这种计划有它的优点，特别是在政治上能有明显的影响。通过双边方式，援助国也可以对某些不能从多边机构受惠很多的国家或经济部门给予援助。正如世界银行指出的：[17]

> 大多数双边援助捐助国情愿把援助给予那些与之有长期经济、政治和文化联系的国家和地区。法国的援助1980年有40％以上给予了它的海外行政区和领地。联合王国也继续将大量双边援助给予它在南亚和非洲的前领地（其中尤以印度所得最多，也给孟加拉国、巴基斯坦、肯尼亚和赞比亚）。联邦德国将其双边援助的14％给予土耳其，并把大量援助给了非洲。1980年，全部石油输出国组织援助有一半给了叙利亚、约旦和摩洛哥。美国将大量援助给了以色列、埃及和其他。

---

17 世界银行，《国际开会协会回顾》，1982年，第17页。

一些重要战略利益所在的国家。日本的援助约有半数给了亚洲，特别是东亚。

双边援助与多边援助有两个显著的不同：
一是受援国的境况不同。

以1980年为例，人均收入在730美元（1980年美元）以上的中等收入国得到了发展援助委员会双边援助的38%，它们几乎没有从国际开发协会得到援助。同年，人均收入低于410美元的低收入国家，得到国际开发协会贷款的80%，只得到发展援助委员会双边贷款的三分之一。"这一对比是若干年来形成的。国际开发协会信贷越来越集中地给了低收入国家，其中尤其是列为最不发达的国家（它们所占份额已从1970年的16%提高到1980年的25%）。在同一时期，发展援助委员会给予低收入国家的双边贷款却已经降低。"[18]石油输出国组织的双边援助，1980年给予低收入国家者占20%，其余大部分给予中等收入国家。

二是优先部门不同。

双边援助计划的优先部门与多边援助计划的优先部门不同，"反映了各援助国对发展问题的不同看法。"[19]例如，国际开发协会信贷有43%用于农业，与之相比，发展援助委员会国家的双边贷款则只有18%。用于社会服务，特别是卫生、计划生育和教育的份额，双边援助比国际开发协会高得多——分别占29%和13%。传统的基础设施所吸取的份额，总的说来国际开发协会和双边援助相同。不过前者的信贷用于基础设施的，远比美国、法国和瑞典的双边援助为多，但比日本则明显地少。

此外，援助国如果看清多边机构在某一特定部门比较占有优

18　同上。第17页。
19　同上。第18页。

258

势，它就可能将自己的双边援助集中到另外一些部门中去。

例如，世界银行以往在低收入国从事基础设施和农业项目的贷款有所成就，而在人口、营养和保健部门的工作则较少，因此双边援助国就采取行动加以弥补，甚至提供技术援助、培训和资金的不同配备，但重点仍在适应自己的相对优势。

1980年双边援助支付净额如表5.6所示。

表5.6 　　　　　　双边发展援助支付净额，1980年

受援国人均国民生产总值（美元）	国际开发协会（财政年度）			发展援助委员会双边援助			石油输出国组织双边援助	
	1970	1975	1980	1970	1975	1980	1975	1980
总计（10亿美元）	0.2	1.1	1.5	5.1	8.8	16.0	4.8	5.8
百分比分配	100	100	100	100	100	100	100	10)
410以下	72	71	80	41	41	34	24	20
411—730	14	22	18	18	20	28	47	10
731—1275	5	2	1	12	11	8	2	11
1276—2200	9	5	1	20	12	11	21	54
2200以上	—	—	—	9	16	19	6	5

来源：世界银行，《国际开发协会回顾》，第16页。

多边援助

主要多边援助机构及其在1970和1980年发放的援助金额如表5.7所列。其中，最大和最有影响的是世界银行（国际复兴开发银行），连同它的附属机构国际开发协会（IDA）和国际金融公司（IFC）。尽管它在援助社会中居于领导地位，世界银行提供的资金中大部分并不是援助。它靠在世界资本市场上按通行的基本利率借入资金，再按略高的利率转贷给发展中国家。它使发展中国家比自行设法得到的较多资本，利率也较低。只有国际开

259

表5.7　　　多边援助机构及其在1970—1980年的净拨付额（百万美元）

	优惠贷款		非优惠贷款	
	1970	1980	1970	1980
世界银行及其有关机构[a]	163	1,650	576	3,461
泛美开发银行	224	326	84	567
非洲开发银行	—	96	2	97
亚洲开发银行	1	149	15	328
加勒比开发银行	—	43	—	11
欧洲经济共同体／欧洲投资银行	210	1,013	11	257
国际货币基金组织信托基金	—	1,636	—	—
联合国	498	2,512	—	—
阿拉伯石油输出国组织	—	263	—	142
共　　　　　计	1,096	7,688	688	4,863

a 包括国际开发协会和国际金融公司。

来源：国际合作与发展组织，《发展合作：1981年评论》，表C、2。

发协会才发放从严格意义说的援助，它把从富有的成员国得到的捐助按非常"软"的条件导向较穷的国家。世界银行和国际开发协会的贷款大部分用于"项目"，但也作"方案"贷款。在七十年代，世界银行变成了对经济发展进行研究、交流信息和提供政策咨询的中心。1980年世界银行集团提供了50多亿美元资金，占多边援助机构援助总额的40%。

　　亚洲、非洲和拉丁美洲各有自己的地区性开发银行。每行都有各自的"窗口"(windows)或方案，对成员国发放硬性和软性贷款。地区开发银行的资本是由地区成员国及主要援助国提供的，也在私人资本市场上借款去发放硬性贷款，并从援助国获得捐助去发放软贷款。实际上所有地区银行的资金均用于各种项目。

　　两个地区性组织是援助的捐赠国：欧洲经济共同体和阿拉伯

260

石油输出国组织。前者最初是对前法属非洲殖民地提供援助，现在已将范围推广，特别是在非洲。后者是新兴的援助国，利用其石油财富的一部分，集中援助伊斯兰国家。

联合国在多边机构中有最大的优惠性援助方案，1980年提供25亿美元，大部分是技术援助。其核心是联合国开发计划署（UNDP），对会员国提供赠款。可是联合国的专门机构，如联合国工业发展组织（UNIDO）、国际劳工组织（ILO）、世界卫生组织（WHO）等也执行由联合国开发计划署提供资金的技术援助项目。

国际货币基金组织的信托基金是1976年1月设置的，由基金组织持有黄金的六分之一（2,500万盎斯）、按市价分四年出售所得的利润（市价超过42.22美元或35特别提款权单位的部分），以及各国自愿的捐款和贷款建立。以优惠条件向较穷的发展中国家提供贷款，当初确定有六十一个国家可以接受贷款，现在贷款业务已经结束。

各方面对多边发展援助的做法是赞许的。联合国贸发会议秘书处的报告认为：[20]

> 转移长期金融资源的多边办法，提供了一个能使援助国和受援国的利益和关心都得到充分反映的相互合作的体制。如果组织得好，这个体制能使发展活动同政治上的考虑分离开来。这个体制也能使发展援助的"负担"分配较为公平，减少对发展中国家转移资源在质量和数量上分配的不平衡，促进援助国的协调，扩大使援助条件更密切地吻合受援国还债能力的可能性，为经济项目的准备和执行提供技术上和经济上的专门知识。

世界银行自己认为：[21]

---

20 《国际金融和货币问题》，1983年，第219段。

261

多边援助机构的声望提高，反映在它们所提供的援助对促进长期发展有取得特别好的效果的可能性上。从受援国的观点看，它们认为，双边援助计划受较短暂的政治考虑的影响较大，而多边援助则与之不会有多大关系。比较大的多边开发银行，包括国际开发协会在内，被认为有能力从事有意义的政策性对话，并能在援助国帮助进行有关提供援助的协调工作。

1981年美国政府要求它的财政部对多边开发银行的政策和业务进行了一次调查评价，报告认为：[22]

多边开发银行的价值，在于它们所花费用小于对欠发达国家经济发展和稳定所作出的"成本有效"的贡献。特别是，它们有能力在出现了需要政府进行干预、以提供私人投资者所不愿或无法创造的经济效益的情况时，能起有效的作用。它们的援助对那些趋向大量依靠多边开发银行的比较贫困的国家具有特殊重要性。这些银行都是很有效率的，其收益率平均为15—20%，对经济发展作出了积极的贡献。尽最大努力以求对政策施加影响，也许更能提高其效果。

不过援助国对多边援助的重视程度并不太高，各国也不一致。以1980年为例，多边援助平均只占各国援助的三分之一强（35.2%），五个主要援助国中只有美国、联邦德国、日本、英国能达到这个平均数。

哈佛大学吉利斯等四位教授的评价是：[23]

上面讨论过的援助国的全部动机，在双边方案中得到了充分的表现，这种双边方案可以很容易地当作捐助国外交政策的推广来看待。建立多边机构来发放援助，并为这种机构提供日益增长的资源份额，表

---

21 《国际开发协会回顾》，第14页.

22 《八十年代美国与多边开发银行的关系》，1982年美国财政部，华盛顿D．C．

23 《发展经济学》，1983年第372页.

明捐助国给予援助的理由，不只是为了自己的利益。然而最大的捐助国对世界银行及其他多边机构（虽然不是对联合国的所属机构）行使最大的控制权，这是事实。不过多边组织几乎完全集中注意于发展，在很大程度上保护了会员国免受工业国家外交政策的影响。

外国援助与经济发展

（1）外援的基本原理

关于官方发展援助，在经济上的争议有两派基本论点：效率论和公平论。[24]

效率论

私营市场的资金融通，在类型和数量上未能适合各发展中国家的具体经济条件和潜力，未能适合有效地分配全球积累的资本、技术和其他服务。官方的行动和帮助，辅以来自私营市场的资本融通，可以改进世界范围内的资金配置。发展中国家的投资收益率往往比较高，向它们提供这些资金（优惠性的和非优惠性的），不仅接受国将来可以得到更高的收入，而且对整个世界有益。

私营资本市场在七十年代向中等收入国提供了大量资金，但许多国家（包括低收入国）获得这种资金的机会受到多种因素的阻碍：（a）主权风险[25]的存在抑制了贷款规模；（b）工业国对资本市场的限制，歧视某些金融机构在海外的贷款；（c）对发展中国家许多投资（特别是对基本的基础设施投资）的性质——可以产生很高的社会报酬，但不一定能获得现成的利益，或者在短期内能收回的外汇很少、甚至没有外汇，去偿还商业贷款；（d）贷款者无法取得投资机会及偿还能力的资料；（e）私营银行一贯反对作长期贷款。

官方资金融通可以作为一种媒介，将资本、技术援助和政策建议

24　参阅世界银行，《1985年世界发展报告》，第98—100页。

25　主权风险：国家赋有主权。一国政府为从国外借款或担保一笔借款所订的契约，其法律地位与两个私人公司之间订立的契约不同。一个主权借款者在它自己的领土内可以拒绝对它提出的权利主张，因而契约很难执行。

结合起来一起提供，并帮助建立组织机构，去更有效地选择技术和政策。因为经济发展不仅需要积累物质资本和改进人力资源，也需要组织机构的发展、技术的引进和转化，以及一套恰当的经济政策。

公平论

效率论为官方行动提供了理论基础，但没有讲到这种资金融通应当是优惠条件的还是非优惠条件的。主张按优惠条件提供官方资金，是出于对公平的考虑。从经济学讲，其理由可以看作是累进税论点的简单延伸。前者是富国和富国之间转移收入，而后者则是在一个捐助国内高收入阶层和低收入阶层之间转移收入。这个观点认为，高收入的工业国可将国内税收的一部分作为基金转移给低收入的发展中国家，并通过扩张贸易和经济活动，直接改善发展中国家人民的福利，从而最终间接地增加全世界的福利。优惠资金能长期提供更多的净资本流量，故可以比按市场条件的资金融通更有效地达到此目的。

优惠援助还有一个更实际的理论基础。发展中国家许多公共投资和服务（如教育、卫生）的直接受惠者过于贫困，无力支付全部费用，而这些投资又使整个经济受益。政府本来可以通过征税和收费收回一部分利益去偿还按市场条件的借款；不过这种利益是在一个很长的时期内实现的，同偿还商业贷款的时间不一致。其次，由于社会、政治和行政的原因，政府往往难于取回这些投资的利益，特别是为贫苦人民提高收入和福利的投资。此外，为饮水、防疫等，如全部收费，穷人会大大减少使用，这对整个经济和社会是有害的。

还有一个现实论点。还债需要外汇，而处于发展初期的国家，在社会服务和基础设施方面需要大量投资，又常面临组织机构和其他方面的困难，因此会降低迅速提高出口收入的能力。优惠资金可以减轻外汇负担，提高进行必要投资的能力。

关于优惠援助的论点，主要是应用于低收入国家。当然，官方援助对中等收入国家也很有价值：可以提供长期的非优惠资金、技术援助和政策建议，并可以作为催化剂，促进私人资金融通的规模扩大和条件改善。

264

如果官方援助的经济目的最终是改进资金的配置、提高经济发展速度，那末，为有效地实现此目的，支援方式就会因各国具体情况而有很大的不同。从发展前景看，根本问题是：阻碍经济发展的基本因素是什么？官方援助如何帮助减少或排除这些因素？

许多国家为使现有的和今后的投资有效地加速经济发展，需要作较大的政策改革以排除经济失调，这种失调阻碍资金的有效配置。政策改革一般需要相当时间才能产生积极效果，在此期间额外费用迅速增加，需要有"非项目"援助来提供资金。

有些国家在国际收支和国内预算上面临严重困难，帮助它们稳定经济、并奠定今后投资和发展的基础，可能是援助计划中的关键部分。这些努力包括：（a）大力资助中间投入，借以充分利用公私两方现有的闲置生产能力，迅速增加国内供应和出口；（b）资助已投资的资产的维护和恢复。

（2）外援是否有助于发展

从理论上讲，答复当然是肯定的。

根据哈罗德——多马模型，外援以及其他外资对发展的贡献是很容易衡量的。它可以增加国内储蓄，从而增加投资，促进经济增长。例如，设外资（f）对国内的增加额为6％，全部储蓄下来（$\triangle S = f$）用于投资，而资本——产出比率为3.0，则经济增长率会提高2％（$\triangle g = \triangle S / K = 0.06 / 3.0 = 0.02$或2％）。

在两个缺口的模型中，事情稍复杂一些，但本质还是一样。外资对较大的投资或较大的进口，均能有所贡献。如果外汇是稀缺要素，则外资对经济增长的贡献会同它对进口增长的贡献成正比例。

然而外国资金在国内生产总值中占比重最大的国家，并不一定是经济增长最快的国家。这一事实表明，上述两种模型不是完全正确的。第一，除了资金以外，发展中国家还可能缺乏对发展的一些重要的补充性投入。如技术人才、行政能力、基础设施、经济制度和政治稳定。第二，有些经济学家主张，即使这些补充性投入均已具备，外国资金、尤其是外国援助，也可能对一国的储蓄和进口不能作出多大的贡献。外国储蓄很可能是代替了国内储蓄，而不是增加了国内储蓄总额；是使消费增加和出口减少，而不是使投资增加和出口增长。

在主张外援只是代替了国内储蓄和主张外援增加了国内储蓄因而促进了经济增长的两派经济学家之间进行着辩论。[26] 吉利斯等认为，象多数这类的争辩一样，答案可能居于这两个极端之间，图5.1可以帮助说明为什么是这样。[27]

图5.1　　　　　　　　援助对投资和消费的影响

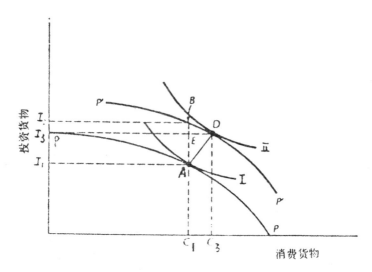

〔说明〕图中描绘的一个发展中国家，在得到援助以前，可以沿着生产可能性边界PP生产消费品和资本货物（为简单起见，不考虑国际贸

26　保罗·莫利斯，"对援助、储蓄和增长的重新考察"，《牛津经济学与统计学学报》第42期，1980年5月，第79—91页，对此作了概括，并推进了外援作为国内储蓄的代替物的争辩。

27　《发展经济学》，1983年，第375—377页。

266

易）。社会嗜好由一组无差异曲线表示，图中只列出两条，标明Ⅰ和Ⅱ。在受援前，国家的福利在A点生产时为最大，无差异曲线在此与PP相切，消费在C_1，投资在I_1。

受援以后，援助额为AB，援助国的意向是全部用于投资，达到I_2。可是，由于下面将要说明的各种理由，受援国可有很大的自由将援助转化为投资，也可将其转化为消费。援助AB的提供，实际将生产可能性边界推进到了P′P′。此时受援国如在D点（无差异曲线Ⅱ与P′P′相切处）生产，可使福利达到最大程度，消费c_3，投资I_3。但在援助额AB中，只有AE（等于I_3-I_1）用于投资，而BE（I_2-I_3）则用于消费。如果这个国家的嗜好是消费超过投资更甚，还可以沿着P′P′线在D点东南取得一个均衡点，将更多的援助用于消费。这样一来，援助中用于投资的部分，将依生产可能性、社会嗜好以及其他的变数（如贸易，图中未列出）为转移。

一国怎能将用于投资的援助用于消费呢？有些外国储蓄，如方案援助和商业银行贷款，本来是让受援国自行决定用途的。粮食援助旨在用于消费。即使是项目援助，虽有指定用途，也是可以进行替代的。例如可以用于即使没有外援时政府或私方投资人也要进行的投资。这时资源就会被解脱出来，用于其他目的，包括消费。当受援的项目无法执行时，政府可以径直将援助转用于自己喜欢的项目，因为它由于经济的或政治的原因，想要提高消费的份额。当可以进行这类替代时，援助就称为"可替代的"（fungible）。

更重要的是，外国储蓄对相对价格的一系列影响，也有助于替代。（a）更多的资本一般会造成投资的收益降低，从而使受援国的消费趋向更大（虽然这一点还没有人论证过）。（b）更多的外汇会使它的价格降低，因而对进口的需求提高（这是援助国的意向）。（c）粮食援助也有同样的效应：它能满足国内的部分需求，使粮价降低，但也使国内农民生产粮食的刺激减弱。这些影响会由于政府采取的对策而消除，但政府由于各种原因，可能不采取这种措施。总之，外援及其他外国储蓄对发展的贡献，不在于它为额外的投资、进口或粮食提供一定的数额，而在于它提供了额外的购买力，因而有可能增加投

267

资、进口或粮食。受援国会在不同的程度上来利用这种可能性。

从替代的可能性来看，援助与其他外国储蓄泉源(公的和私的)可能没有什么不同。但它在两个方面对发展作出不同的贡献：(a)它有优惠因素或赠与等值；(b)援助国及其他官方资本泉源常常试图利用其援助作为杠杆，来达到它们自己的政策目标。然而，政府总有办法在表面上接受条件，然后并不完全履行，而援助者即使在此种情况下也有必要继续提供援助。总之，援助的杠杆一般是微弱的、笨拙的工具，东道国如果有意，是不难逃脱其约束的。

认为外援无助于经济发展的，有两种意见：一种认为它在管理上很糟，严重降低了它推动发展和解决贫困的能力；一种认为它在原则上就是有害的。后者又分两派：一派是根据依附论，认为欠发达反映了发达的市场经济国家这个"中心"对外国的积极剥削，援助只是中心国家实行永久控制的一种手段；如果它还有什么好处，那也只是为了防止产生动乱，和使发展中国家俯首听命。一派认为，援助不可避免地会扩大政府的作用，干扰市场信息；它所赞助的投资，本来是私营部门可以承担的。如果官方解除束缚，私营部门可以提供发展所需的一切资金。可见外援并不是必不可少的。世界银行认为这些意见都是不符合事实的。[28]

根据世界银行的报告，这些年来，许多研究工作试图更准确地确定援助对发展的作用；如果可能，用数量来表示。最大和最系统的尝试，是对项目进行逐个的评价。[29]

世界银行在过去十年中完成的贷款，都有《项目执行情况审计报告》或《项目完成报告》。大部分项目的执行情况是好的。在504个可以重新估计经济收益率的项目中，收益在10%以上的约占79%。按项目费用加权的平均收益接近18%。按部门计算，农业平均收益超过20%，运输业为18%，工业略低于13%。在作项目评估时没有估计

28　参阅《1985年世界发展报告》，第101页。

29　引自《1985年世界发展报告》，第102—103页。

收益率的459个项目中，93％达到了它们的主要目标。在全部项目中，只有14％的项目（占投资总额9％）在审计时被划为不满意或结果不肯定。国际开发协会对低收入国贷款的收益率同国际复兴开发银行对不太贫困国家贷款的收益率没有多大差别，不过前者没有达到预期收益率的项目近来增多了，主要是在非洲的农业部门。

泛美开发银行和亚洲开发银行抽样调查的结果大体相似。60％以上的项目完全达到目标，30％部分达到，不到10％属于不满意或处于边缘。

即使有些地方失败了，也必须正确对待。发展水平较低的国家，组织机构和管理比较薄弱，有些活动又具有创新或实验性质，官私投资均会遇到更多的风险。但从中吸取的成功和失败两方面的教训，对以后的项目设计和执行是至关重要的。

判断一个项目在若干年中连续发挥的作用以及捐助者对政策的贡献，较好的办法是按国别进行研究。最基本的问题是：如果没有援助将会怎样？

最近有两项研究：一项是美国国务院支持的，30 另一项是世界银行和国际货币基金组织发展委员会的。共对十二个发展中国家进 行了分析，考察援助在促进经济增长中的作用。其结论是：（a）援助的作用在不同的国家、不同的时间里差别很大，但总的说来，援助给 受援国带来了长期的利益。（b）援助的成效更加依赖于受援国的政策结构和组织机构的能力，而官方援助积极参与了这两方面的工作。

在项目评价和国家研究中经常出现的因素，除了受援国的政策结构和组织机构以外，就是投资收效所需的时间以及今后不断产生效果的重要性。

世界银行报告的结论是："对各个项目的深入评议和对特定国家的广泛研究，强烈地支持这样的观点：援助能够，而且经常

30 安妮·O·克鲁格和弗农·W·拉坦，《对欠发达国家经济援助在发展方面的影响》，共2卷，华盛顿D、C，国际发展署，1983年。

对发展作出有效的贡献。" 31

世界银行的报告宣称，鉴于发展中国家的经济困难和援助国的预算拮据，援助国目前正在集中注意提高官方发展援助的有效性。它们从三个互相关联的方面进行工作：（a）更加强调受援国的政策改革；（b）采用灵活的手段以适应受援国的需要；（c）更加认真地协调自己的援助计划。32

发展中国家所得各种官方发展援助，数额是微乎其微的。据世界银行统计，1984年低收入国得到的所有来源于官方的发展援助拨付净额，只有人均4.6美元，占国民生产总值的1.7%；中等收入国为人均10.8美元，占国民生产总值的0.9%。各国所得有多有少，见表5.8。

外国投资与商业银行贷款

直接投资

外国私人在发展中国家的直接投资，只占外国资源流入的很小份额。1960年为27%，1970年为19%，1980年为11%（参阅表5.2）。为数虽然不大，在西方发展经济学中却是一个很重要的而且是争论很多的题目，这有两个原因：（a）直接投资不仅有股本投资，而且会带来数目要大得多的贷款，以及经理专长、现代技术、科技人才，此外还有与世界市场的现成联系。（b）这种一揽子投资，大部分是由少数大公司——跨国公司（或多国公司）进行的，这些公司的规模和经济影响很大，它们过去在发展中国家声名狼藉，现在也是毁誉参半。伦敦《经济学家》周刊曾

31　《1985年世界发展报告》，第104页。

32　参阅《1985年世界发展报告》，第105—109页。

33　参阅世界银行，《1985年世界发展报告》，第九章。

270

表5.8 所有来源于官方的发展援助拨付净额

	1978	1979	1980	1981	1982	1983	1984	按人口平均(美元) 1984	占国民生产总值的百分比 1984
	（百万美元）								
低收入国家	7,661t	9,370t	11,415t	11,071t	11,066t	10,881t	11,012t	4.6w	1.7w
中国和印度	..	1,367t	2,212t	2,388t	2,069t	2,395t	2,345t	1.3w	0.5w
其他低收入国家	6,372t	8,003t	9,202t	8,684t	8,998t	8,486t	8,667t	14.2w	6.6w
撒哈拉以南非洲国家	3,432t	4,626t	5,284t	5,434t	5,501t	5,436t	5,508t	21.4w	9.0w
1 埃塞俄比亚	140	191	216	250	200	244	363	8.6	7.7
2 孟加拉国	988	1,166	1,283	1,093	1,346	1,071	1,202	12.3	9.3
3 马里	163	193	267	230	210	215	320	43.6	32.0
4 扎伊尔	317	416	428	394	348	317	314	10.6	10.1
5 布基纳法索	159	198	212	217	213	184	188	28.7	19.7
6 尼泊尔	77	137	163	181	201	201	198	12.3	7.9
7 缅甸	274	364	309	283	319	302	275	7.6	4.3
8 马拉维	99	142	143	138	121	117	159	23.2	13.8
9 尼日尔	157	174	170	193	259	175	162	26.1	14.8
10 坦桑尼亚	424	588	678	702	683	621	559	26.0	14.7
11 布隆迪	75	95	117	122	127	142	141	30.7	15.0
12 乌干达	23	46	114	136	133	137	164	10.9	3.3
13 多哥	103	110	91	63	77	112	110	37.3	16.7
14 中非共和国	51	84	111	102	90	93	114	45.1	18.8
15 印度	1,289	1,350	2,146	1,911	1,545	1,725	1,547	2.1	0.8
16 马达加斯加	91	138	230	234	251	185	156	15.8	7.0
17 索马里	212	179	433	174	462	327	363	69.4	..
18 贝宁	62	85	91	82	80	87	77	19.7	8.0
19 卢旺达	125	148	155	154	151	151	165	28.2	10.2
20 中国	..	17	66	477	524	670	798	0.8	0.3
21 肯尼亚	248	351	397	449	485	402	431	22.1	7.5
22 塞拉利昂	40	54	93	61	82	66	135	16.5	6.2
23 海地	93	93	105	107	128	134	135	25.1	7.5
24 几内亚	60	56	90	107	90	68	123	20.8	6.3
25 加纳	114	169	193	148	142	110	216	17.5	5.7

271

		1978	1979	1980	1981	1982	1983	1984	按人口平均（美元）1984	占国民生产总值的百分比 1984
		（百万美元）								
26	斯里兰卡	324	323	393	378	416	474	468	29.5	8.0
27	苏丹	318	671	588	681	740	957	616	28.9	..
28	巴基斯坦	639	684	1,075	768	850	669	698	7.5	2.1
29	塞内加尔	223	307	262	397	285	322	333	52.2	14.8
30	阿富汗	101	108	32	23	9	14	7	0.4	..
31	不丹		6	8	10	11	13	18	4.8	6.0
32	乍得	125	86	35	60	65	95	115	23.6	..
33	民主柬埔寨	0	108	281	130	44	37	17	2.4	..
34	老挝	72	54	41	35	38	30	34	9.6	..
35	莫桑比克	105	146	169	144	208	211	259	19.3	..
36	越南	370	336	229	242	136	106	109	1.8	..
	中等收入国家（地区）	10,312t	12,418t	14,061t	13,862t	12,329t	12,213t	12,291t	10.8w	0.9w
	石油出口国国（地区）	4,970	5,224t	5,417t	5,124t	4,567t	4,625t	4,901t	8.8w	0.9w
	石油进口国国（地区）	5,341t	7,194t	8,645t	8,738t	7,762t	7,589t	7,390t	12.7w	0.9w
	撒哈拉以南非洲国家	1,123t	1,331t	1,642t	1,544t	1,605t	1,482t	1,613t	10.9w	1.5w
	下中等收入国家（地区）	8,562t	10,426t	12,293t	11,892t	10,642t	10,042t	10,049t	15.0w	2.0w
37	毛里塔尼亚	238	167	176	231	193	172	168	101.5	24.6
38	利比里亚	48	81	98	109	109	118	133	62.6	13.6
39	赞比亚	185	277	318	231	309	216	238	37.1	9.8
40	莱索托	50	64	91	101	90	104	97	65.8	17.6
41	玻利维亚	156	161	170	169	147	173	172	27.7	5.5
42	印度尼西亚	635	721	950	975	906	751	673	4.2	0.9
43	阿拉伯也门共和国	277	268	472	411	412	330	314	40.4	8.2
44	也门民主人民共和国	91	76	100	87	143	106	85	41.9	7.3
45	科特迪瓦	131	162	210	124	137	157	128	13.0	2.2
46	菲律宾	249	267	300	376	333	429	397	7.4	1.2
47	摩洛哥	428	473	896	1,034	771	397	286	13.4	2.3
48	洪都拉斯	93	97	103	109	158	192	290	68.6	9.6
49	萨尔瓦多	55	60	97	167	223	295	263	48.6	6.6
50	巴布亚新几内亚	296	284	326	336	311	333	322	94.0	13.8
51	埃及	2,370	1,450	1,387	1,292	1,417	1,431	1,764	38.4	5.5

	1978	1979	1980	1981	1982	1983	1984	按人口平均（美元）1984	占国民生产总值的百分比 1984
	（百万美元）								
52 尼日利亚	43	27	36	41	37	48	33	0.3	0.0
53 津巴布韦	9	13	164	212	216	208	298	36.7	5.8
54 喀麦隆	178	270	265	199	212	130	188	19.0	2.5
55 尼加拉瓜	42	115	221	145	121	120	114	36.0	4.2
56 泰国	260	393	418	407	389	432	475	9.5	1.1
57 博茨瓦纳	69	100	106	97	102	104	103	99.2	11.6
58 多米尼加共和国	50	78	125	105	137	102	198	32.4	4.2
59 秘鲁	143	200	203	233	188	297	310	17.0	1.9
60 毛里求斯	44	32	33	58	48	41	36	35.1	3.5
61 刚果人民共和国	81	91	92	81	93	109	98	53.9	5.3
62 厄瓜多尔	45	70	46	59	53	64	136	14.9	1.5
63 牙买加	122	123	126	155	180	181	170	77.6	8.2
64 危地马拉	72	67	73	75	64	76	65	8.4	0.7
65 土耳其	178	594	952	724	659	353	242	5.0	0.5
66 哥斯达黎加	51	56	65	55	80	252	217	86.0	6.7
67 巴拉圭	43	31	31	55	85	51	50	15.3	1.3
68 突尼斯	299	210	233	252	210	214	180	25.8	2.2
69 哥伦比亚	71	54	90	102	97	86	88	3.1	0.2
70 约旦	431	1,299	1,275	1,065	799	789	677	200.0	18.0
71 阿拉伯叙利亚共和国	728	1,803	1,727	1,495	952	970	859	85.1	5.3
72 安哥拉	47	47	53	61	60	76	93	10.9	…
73 古巴*	49	49	32	14	17	13	12	1.2	…
74 朝鲜民主主义人民共和国*				…			…		…
75 黎巴嫩	206	101	237	451	187	123	77	28.3	…
76 蒙古							(.)	0.1	…
上中等收入国家（地区）	1,750t	1,992t	1,768t	1,970t	1,681t	2,171t	2,243t	4.8w	0.3w
77 智利	8	—27	—10	—7	—9	(.)	2	0.2	(.)
78 巴西	113	107	85	235	208	101	161	1.2	0.1
79 葡萄牙	68	136	113	82	49	45	98	9.6	0.5
80 马来西亚	80	125	135	143	135	177	327	21.4	1.1
81 巴拿马	29	35	46	39	41	47	72	33.8	1.7

（续）

	1978	1979	1980	1981	1982	1983	1984	按人口平均（美元）1984	占国民生产总值的百分比 1984
82 乌拉圭	11	14	10	8	4	3	4	1.3	0.1
83 墨西哥	18	75	56	100	140	132	83	1.1	0.1
84 南朝鲜	164	134	139	331	34	8	−37	−0.9	0.0
85 南斯拉夫	−45	−29	−17	−15	−8	3	3	0.1	0.0
86 阿根廷	29	43	18	44	30	48	49	1.6	0.1
87 南非	..	..	..	..	..	..	..	..	..
88 阿尔及利亚	133	102	176	163	137	150	122	5.8	0.2
89 委内瑞拉	−15	7	15	14	12	10	14	0.8	0.0
90 希腊	62	41	40	14	12	13	13	1.3	0.0
91 以色列	900	1,185	892	772	857	1,345	1,256	298.4	6.3
92 香港	2	12	11	10	8	9	14	2.6	0.0
93 特立尼达和多巴哥	5	4	5	−1	6	6	5	3.9	0.1
94 新加坡	7	6	14	22	21	15	41	16.2	0.2
95 伊朗	128	6	31	9	3	48	13	0.3	..
96 伊拉克	53	18	8	9	6	13	4	0.3	..
高收入石油出口国	74t	191t	221t	281t	213t	130t	121t	6.5w	0.1w
97 阿曼	40	165	174	231	132	71	72	63.6	1.0
98 利比亚	12	11	17	11	12	6	5	1.4	(.)
99 沙特阿拉伯	15	11	16	30	57	44	36	3.2	(.)
100 科威特	3	2	10	9	6	5	5	2.7	(.)
101 阿拉伯联合酋长国	4	7	4	1	5	4	3	2.6	(.)

来源：世界银行，《1986年世界发展报告》，表21.

经这样描述国际上对跨国公司各种不同的有时甚至是对 立 的 意
见：[34]

> 它伪造自己的帐目。它避税或逃税。它操纵公司内部的 转帐 价
> 格。它是由外国人管理的，是由几千英里以外的决策中心管理的。它
> 输入外国的劳资处理办法。它不输入外国的劳资处理办法。它给的工
> 资过高。它给的工资太低。它同当地公司进行不公平的竞争。它同当
> 地公司勾结在一起。它从富国输出工作机会（jobs）。它是富国帝国
> 主义的工具。它带到第三世界来的技术太陈旧了。不，这些技术太现
> 代化了。它干预政治。它贿赂官吏。没有人能够控制它。它破坏了国
> 际收支。它破坏了经济政策。它挑拨离间各国政府，从中取得最大的
> 投资好处。盼望它惠然肯来，进行投资，让它滚回老家去吧！

仁者见仁，智者见智。对跨国公司的研究，现在已成为一门
专门的学问。本节只限于结合跨国公司的情况来讨论直接投资。

（1）直接投资的增长与集中

直接投资只为发展中国家提供了极少量的资金，从表5.8可
以看出，自从1965年以来，外国直接投资平均约有四分之三流入
工业国，其余也大部分集中在少数几个发展中国家，主要是拉丁
美洲和亚洲的几个高收入国家。尤其是巴西和墨西哥得到了大量
的直接投资。香港、马来西亚、菲律宾和新加坡曾是亚洲的主要
受惠地区，近年来仅新加坡就占外国直接投资的一半左右。

发展中国家的外国直接投资几乎全部来自工业国。美国和英
国的公司是最大的外国投资者，但其相对地位最近已经下降，联
邦德国和日本公司的投资大大增加。四国的直接投资占发展中国
家外国直接投资总额的四分之三以上，仅美国就占一半左右。所
有投资国均有地区倾向：美国投资大部分在拉丁美洲，日本投资
大在亚洲邻国，英国投资大部分在英联邦国家，法国投资集中

34　"控制多国公司"，《经济学家》，1976年1月24日，第68页。

表5.9 　　　　　　　1965—83年部分国家类别的外国直接投资

国家类别	年平均流量（10亿美元）a				占资金流量的份额（%）			
	1965-69	1970-74	1975-79	1980-83	1965-69	1970-74	1975-79	1980-83
工业国	3.2	11.0	18.4	31.3	79	86	72	63
发展中国家	1.2	2.8	6.6	13.4	18	22	26	27
拉丁美洲与加勒比	0.8	1.4	3.4	6.7	12	11	13	14
非洲	0.2	0.6	1.0	1.4	3	5	4	3
亚洲（包括中东）	0.2	0.8	2.2	5.2	3	6	9	11
其他国家以及对没有报告的投资流量的估计	0.2	—1.0	0.6	4.8	3	—8	2	10
总　计b	6.6	12.8	25.6	49.4	100	100	100	100

a．表中数字根据国际货币基金组织的国际金融统计的平均汇率从10亿特别提款权换算成10亿美元。

b．总计中包括了国际货币基金组织对没有报告的资本流量的估计。

来源：1965—79年，美国商务部，1984年，表4；1980—83年，国际货币基金组织，《国际收支统计年鉴》，1984年。

转引自世界银行，《1985年世界发展报告》，第126页。

于其过去的殖民地（大部分在非洲）。直接投资还集中在几个经济部门：英国和联邦德国公司投资主要是在制造业，美国和日本公司的投资倾向于制造业和基础工业（尽管其投资在主要经济部门中的分布还是比较均匀的）。而在制造业中，直接投资主要在运输设备、化工和机械行业（其中包括电子行业）中。

1967—1982年，发展中国家的外国直接投资虽然在名义价值上每年增长10%，但实际价值却几乎没有增长。目前一半以上的直接投资都是现有子公司的盈利再投资。

大部分直接投资是由相关的少数几家大公司控制的。在1980年，380家最大的跨国公司在国外的销售总额达1万亿美元，每家公司几乎高达30亿美元。它们的投资通常是受一国的自然资源或有利经济环境的吸引，有时则是由于东道国提供了某些非常有诱惑力的优惠。一家公司向国外投资的普遍动机，是为了对付现有出口市场的威胁：威胁来自竞争者采取的某些行动，来自当地生产者限制市场的措施。避免贸易壁垒的唯一做法，就是打入内

276

部．当国外投资的成本明显很低时，许多公司就热衷于到那里投资．对制造业和服务业的直接投资，都是由一些有某种特殊优势的优质产品、一个生产加工过程或一种不同于竞争者的产品进行的．这种优势，通过在外国保持业务的经营管理而得到 充 分 发挥．

（2）跨国公司的特点

跨国公司是在许多国家从事营业并以在海外生产作为中心任务的企业，其目标是在全世界范围内追逐利润，追求稳定（在许多国家和不同部门进行投资，借以避免和分摊风险）．

1978年约有10.000家跨国公司，拥有83.000家外国子公司35，其中430家公司控制着全世界外国直接投资总额的80％。跨国公司的总部设在美国、欧洲、日本、澳大利亚（现在也有设在发展中国家的）。除日本外，跨国公司的投资大部分是用在彼此之间，国外子公司有四分之三是设在欧洲共同体、瑞士和北美各国。1950—1970年是以美国为基地的跨国公司扩大最快的时期，国外直接投资从190亿美元增至1,400亿美元。到七十年代中期，美国直接投资只有14％用在发展中国家。36以英、法、联邦德国为基地的跨国公司，1966—1976年间情况大致相同：发展中国家所占的份额，在英国公司的直接投 资 中 为19％，联邦德国和法国公司的各30％。只有日本不同，在1960—1976年间，它的跨国公司直接投资60％用于发展中国家。所有发达国家跨国公司在发展中国家直接投资的份额，1967—1977年从30％降至25％。37

一般认为，富国对穷国的直接投资，只是企图利用后者的廉价劳动力，来从事制造活动。有些跨国公司的动机的确是这样。但1965—

---

35 约翰·斯托普福德、约翰·邓宁和克劳斯·哈伯里奇，《世界跨 国 企 业 指南》，伦敦1980年，第XIV页。

36 各国投资流量的数字，根据K·比勒贝克和Y·亚素奇，《发展中国家 的 外国私人直接投资》，世界银行研究论文第348号，1979年，表II—1。

37 同注35，第XVII页。

1978年，制造业投资只占富国对发展中国家直接投资38％。从历史上看，富国直接投资的很大一部分用于自然资源的采掘和加工，依存于廉价劳动力者少，依存于自然资源的蕴藏量者多。更多的投资是用于收入和工资都比较高的国家，而不是用于非常穷的有着大量廉价劳动力的国家。

表5.10　　跨国公司和发展中国家东道国经济相对规模的比较，
1979年（单位：10亿美元）

Ⅰ.最大的市场经济发展中国家	国内生产总值	
A.最大的第一位（巴西）	204.5	
B.最大的第五位（尼日利亚）	75.2	
C.最大的第十位（马来西亚）	20.3	
D.最大的第十五位（巴基斯坦）	17.9	
E.最大的第二十位（扎伊尔）	6.0	
Ⅱ.美国《幸福》杂志500家最大的跨国公司（美国）	销售额	资产
A.最大的第一位（埃克森）	79.1	49.5
B.最大的第十位（印第安那美孚）	18.6	17.2
C.最大的第二十五位（联合碳化）	9.1	8.8
D.最大的第一百位（德克斯特朗）	3.4	2.1
E.最小的（杜琼斯）	0.5	0.4
Ⅲ.美国《幸福》杂志500家最大的公司（美国以外）	销售额	资产
A.最大的第一位（英荷壳牌石油，荷兰）	59.4	59.6
B.最大的第十位（西门子，联邦德国）	15.1	17.0
C.最大的第二十五位（石油公司，巴西）	10.3	11.1
D.最大的第一百位（铝公司，瑞士）	3.5	5.0
E.最小的（富士公司，日本）	0.3	0.7

来源：Ⅰ栏：世界银行，《1981年世界发展报告》，表3．

　　　　Ⅱ栏：《幸福》，1980年5月5日，第280—290页．

　　　　Ⅲ栏：《幸福》，1980年8月11日，第489—500页．

引自吉利斯等，《发展经济学》，1983年，第380页．

注：销售额与国内生产总值（增值）比，当然不很准确，最好是比较双方的资产，但无发展中国家资产数字。

278

现代跨国公司和过去一样，一般规模很大，但不再以美国为唯一基地，也不限于私营。就规模言，许多跨国公司的销售额和资产，可以与某些东道国发展中国家的国内生产总值相提并论，见表5.10。

吉利斯等认为，发展中国家的跨国公司在其他发展中国家投资已有几十年的历史。1940年以前有3个以阿根廷为基地的公司有外国子公司。到七十年代末，象南朝鲜、香港、印度、菲律宾和马来西亚这样的国家（地区）经营着将近700个外国投资项目，其中有许多在总投资和销售额两方面都是很小的，但有少数几个，如印度的比拉（Birla）马来西亚的赛米·达比（Sime Darby）、阿根廷的本芝和波恩（Bunge y Born），属于发展中国家最大的私有公司之列。所以他们说，"跨国公司现在在国籍、生产、所有权和规模方面是如此不同，以致对它们的特点作出概括变得越来越困难，至于它们的目标和行为，就更难总结了。"[38]

（3）跨国公司直接投资的性质

跨国公司进行的直接投资，具有一揽子或一个"包裹（a package）"的性质。今天，大家看重这种投资，不止是为了它能增加资本，而主要是为了它能带来的对东道国有吸引力的一整包东西。资本是其中的重要部分，因为跨国公司具有筹集资金的巨大能力。但它能装进这个包裹中去的，还有发展中国家更难获得的其他因素。这一切东西，不仅对工业化过程是必不可少的，而且对赶上一个日益复杂的、迅速变化的世界社会也是完全必要的。这些因素有：

（a）技术。

技术常常是这个包裹的核心，是跨国公司唯恐失去的宝贵因素，因为维持技术上的有利地位，越来越成为公司能否长期存在的关键。在某些场合，这种有利地位可以在一夜之间即行丧失，如在八十年代

---

38 《发展经济学》，1983年，第381页。

的电子工业中，日本公司在成功的创新中超过了美国公司。这种技术因素，既体现在工艺流程中（如在冶金工业或纺织工业）。也体现在设备上（如炼钢和交通设备）。但也需要用来改造、安装、运转和维修各种工艺流程和设备的信息与技术人员。偶尔，这种技术人员能从跨国公司挖走（而工艺则决不能），或由本国培养，如墨西哥在某些冶金方面，香港在纺织业方面。

（b）经理人才。

没有经理人才，就无法运用技术。发展中国家诚然也有土生土长的企业家和创新能手，可是，能组织和操纵跨国公司所经营的大规模工业项目的、受过良好训练的管理人才，则是屈指可数 的。例 如 在1980年，印度尼西亚有一亿四千七百万人口，而本国的工商管理硕士（MBAs）不到三十人；厄瓜多尔有八百万人口，这种人才只有五人，而国际商业机器公司则有工商管理硕士一千人。尽管有这种学位的人不一定就是能干的经理人员，但是其他受过技术训练的能够胜任管理工作的人员，在这些国家也少有。

（c）同世界市场的联系。

能够廉价从事生产的发展中国家，常常感到难于打入世界市场。许多跨国公司，特别是自然资源方面的公司，常常是纵向组合的垄断工业的组成部分，推销只不过是在一体化的各个公司之间进行交易而已。在七十年代中期，美国的进出口中约有一半是公司内部 的 销售额，而加拿大和瑞典的跨国公司出口，约有30%是从母公司输往子公司。[39]在其他场合，跨国公司可以通过提供标准化产品（如石油）、定期不误地供应质量保管满意的专门化产品（如在建筑和工程中）、或长期签订和信守合同，而得到顾客的青睐，获得优惠条件的交易。想要打破跨国公司在销售方面的有利地位的发展中国家，常常需要许多年才能办到，虽然亚洲一些国家的纺织公司已经有所成就。

战后发展中国家对跨国公司直接投资的 "包裹" 常常被迫要

---

39 《世界跨国企业指南》，第XXIII页。

么全部接受，要么全部拒绝。跨国公司不愿"打开包裹（unbu-ndling）"，因为它认为整包出售比零散出售利润更大，还怕开包以后，技术秘密更易为人窃取，并且有时各种因素是连结成为一片，不可分割的。国际石油公司可以说明对开包的广泛抵制。

石油方面的大跨国公司最初喜欢在海外石油部门进行直接投资，其股本占总投资的大部分。有着丰富石油藏量的发展中国家，不仅面临勘探的巨大资本需求，而且面临更根本的开采和推销方面的技术困难。但是某些东道国政府不愿让国际石油公司参加股本，因为一则不愿让外国人取得所有权，再则不愿让它们分享发现石油后的暴利。结果，东道国政府（特别是拉丁美洲的）要求石油公司开包。订立合同，将石油公司的资本视为贷款而不算作股本，并不许其推销，同时又要吸引其技术的和经理的因素。公司一方面起着银行的作用，另一方面起着技术和经理技能出售人的作用。

可是跨国公司不认为自己是银行家或技术信息的零售商，强烈抵制这种开包的企图。许多发展中国家在这一方面的成就虽然不大，但认为这样做的潜在好处很大。吉利斯等认为，"有些对跨国公司的有识见的观察家怀疑：开包的好处能否证明是非常之大？[40]虽然日本人在给予跨国公司的技术以专利权而不购买整个一包方面取得某些成功，但他们也遇到了跨国公司的顽强抵抗。日本的市场很大，为他们提供了较大的讨价还价能力。还有，日本人具有比大多数（即使不是所有）发展中国家更大的技能，去改造外国技术，使之适合本国状况。"[41]

（4）直接投资对东道国的好处

一般认为，直接投资对东道国有三大好处：就业扩大，技术转移和外汇利益。

一是就业扩大问题。

直接投资能否使就业扩大？现有实践经验的证明是零散的。

---

40 参阅，例如，雷蒙德·弗农，《对跨国公司的猛烈攻击：真正的问题》，哈佛大学出版社1977年，第159—61页。

41 《发展经济学》，1983年，第383页。

有的观察家认为，跨国公司取代了当地公司，可能实际上减少了就业人数。[42] 理由是外国公司选用的生产技术是资本密集的。现有证据似乎表明，东道国希望通过跨国公司的投资使就业扩大，每每失望。只在很少数的发展中国家，跨国公司项目的就业机会能超过一国劳动力的1％。显著的例外有：在巴西和墨西哥，外国人控制的分公司占工业部门的一半，[43] 还有一些小国，如新加坡（制造业和旅游业）、牙买加（旅游业和铝矾土）和卡斯特罗当政以前的古巴。

跨国公司投资使就业增长有限的原因之一是，发展中国家常常限定跨国公司只在采矿、石油、化工等部门投资，而这些部门一般是资本非常密集的。一家5亿美元的石油提炼公司雇用的人员可能不到400，一家10亿美元的天然气液化厂的工作人员甚至更少。跨国公司在发展中国家的投资用于自然资源的采掘和加工者，1965—1972年高达42％。 在这些工业部门，一个工作岗位的投资可能非常高。1976年印度尼西亚的镍矿开采中创造一个工作岗位须有22万美元投资，而在纸浆和造纸工业部门则在1980年须有46.7万美元投资，在这两个部门外国公司都是很受欢迎的。但在纺织业则不受欢迎，那里创造一个就业机会只需1万美元投资。[45]

批评跨国公司的人认为，它们不仅在资本密集的部门投资，而且在同一工业部门中比东道国公司利用更资本密集的技术。但这种主张证据很少。最近的一项研究发现，[46] 以美国为基地的跨国公司的子公司所使用的技术与本地公司相同，但使用更为资本密集的方式经营，

42 奥斯瓦尔多·松克尔，"大企业与依附国"，《外交事务》第50期，1972年，第518—19页。

43 C.弗雷德·伯格斯顿、托马斯·霍斯特和西奥多·H·奥兰，《美国跨国公司和美国利益》，华盛顿D.C，1978年，第355页。

44 比勒贝克等，"私人外国直接投资"，表SI—6。

45 吉利斯等，《发展经济学》，1983年，第334页。

46 罗伯特·E·利普西、欧文·B·克劳斯和罗慕阿尔多·A·罗尔丹，"跨国公司是否针对相对要素价格去调整要素比例？" 美国全国经济研究所研究论文第292号，剑桥，马萨诸塞州，1978年10月。

282

因为外国投资人比本国公司面临较高的劳动成本。报告发现，美国和瑞典的跨国公司通过使用比同一公司在工业国所使用的更为劳动密集的方法，去适应发展中国家的低劳动成本。怀特援引若干研究，[47]表明结果不一样，但结论是："跨国公司虽不是适用（appropriate）技术的英雄，却也远远不是许多批评家所描述的坏蛋。"

来自其他发展中国家的跨国公司，能更有效地创造工作岗位。有越来越多的证据表明，[48]这些公司比发达国公司使用更劳动密集的方法。它们的投资更大地集中于比较劳动密集的工业企业，如纺织品和简单的消费品（雨伞、煤油灯、器皿、几种机器）。大多数发展中国家公司依靠小规模的特别生产能力，这些特点原来就是劳动密集的。

二是技术转移问题。

预期从外国投资能得到的第二大好处，是技术、技能和专门知识（know-how）的转移。这个问题，在表面上只涉及外来工艺和精密设备，而在根本上是一个信息市场的问题。这个市场的特点，就是极端不完全。由于世界上的研究和开发活动有许多是由北美、欧洲和日本的公司进行的，这些公司就是新技术、新工艺、新的推销方法和经营管理办法的潜在的丰富泉源。较小的跨国公司，特别是发展中国家的跨国公司，可以提供另一种技术上的好处：把发达国家的较老的技术成功地应用于发展中国家的状况，以及在小规模企业中的新的节约成本的创新。如果这种信息能传播到东道国，在长时期内就能使生产增长大大加速，使劳动生产率大大提高。发展中国家利用这种机会的能力，主要依存于三个因素：（a）东道国吸收新信息的能力，这是由它的人民的技能所规定的；（b）跨国公司愿意满足对技术转让的愿望；

47 劳伦斯·J·怀特，"关于适用要素比例的证据"，《经济发展与文化变革》27（1978年10月），第27—29页。

48 哈佛大学的L·T·威尔斯教授对发展中国家的跨国公司进行了若干研究。参阅他的"发展中国家公司的国际化"，载塔米尔·艾格蒙和C·P·金德尔伯格编，《来自小国的跨国公司》，麻省理工学院出版社，1977年。

（c）东道国对待技术转让和一般的信息形成与传递的政策。

跨国公司技术成功转移所要求的吸收能力，随项目的性质为转移。就某些操作来说，如伐木、许多制造活动、露天硬矿物开采，东道国工人要获得新的信息和方法，只要有受过基本教育、愿意在一个现代化的有明确操作标准和场地的企业中工作就行了。但在其他方面的活动，特别是在以自然资源为基础的工业部门，如炼钢、冶铜、化学工业，吸收能力就依存于本地所能得到的受过较高训练的专门技术人员的多少，如化学工程师、冶金工程师、地质学家、生物学家和工业经济学家。

有些发展中国家，如印度和墨西哥，训练了比较多的工程技术人员，能够比较快地吸收新技术。其他国家虽然技术人才不多，却在竭力培养，以便接收外国人拥有的工业部门。但是大多数发展中国家没有足够的技术人员去管理技术复杂的工业部门。有时训练了专门人才的国家又遭受"人才外流"之苦，因为受过高等教育的人，为工业国的工资和工作条件所吸引，移居国外。

对于技术转移的看法，跨国公司与发展中国家有很大不同。前者将其用于技术产出上的投资看作是一个继续的过程，应当获得一定的收益。可是东道国关心的主要是获得现有的知识，把跨国公司用于技术产出的投资看作是一种无需补偿的"沉入成本"（sunk cost，即一旦作出即不能再改变的投资）。当跨国公司不能获得收益时，它是不会提供技术信息的。根据某些分析，对于发展中国家最感兴趣的那种简单产品技术和非熟练劳动使用的技术，尤其如此。

三是外汇利益问题。

发展中国家寻求外国投资的第三个目标，就是节约和赚取外汇。跨国公司对东道国国际收支的影响是个争论的题目。1973年发表的包括100家跨国公司的研究得出结论说，[49] 在六十年代晚期，跨国公司对国际收支的净积极效果是微不足道的；在一半的

49　保罗·斯特里顿和桑加亚·劳尔，《金融资源的流动：私人外国投资，对若干发展中国家研究的主要发现》，纽约，联合国文件ＴＤ／Ｂ／Ｃ—３Ⅱ，1973年5月。

场合，公司送出去的外汇（通过从海外进口及利润汇回）比它们带进来的更多。这些结论能否适用于在大多数发展中国家的大多数跨国公司，尚有待于继续调查研究。

（5）发展中国家对待外国直接投资的政策

发展中国家对待外国直接投资，一方面采取限制的政策，一方面采取鼓励的政策。

关于限制政策。

有些跨国公司的规模，可能使东道国相形见绌。它们有时起着垄断者或寡头垄断者的作用。它们象本国的大公司一样，会产生外差因素（externalities，即产生外界的有利因素或不利因素）。因此，经济发展意味着国家对于它们的活动要加以控制，同时也欢迎它们构成发展努力的组成部分。穷国越来越企图规定新的外国投资的条件，管制较老的外国资本的经营，控制它们汇回母公司的利润。成功的管制所追求的是增加从外国投资得到好处的潜力，而又不致耗竭本国的稀缺资源，不冒直接据有(公有或私有)的风险。

实行国家管制是一件微妙的事情，现有的经济理论并不能够提供充分的指导。穷国不愿杀鸡取卵，同时也怀疑是否所有的鸡都能下蛋。一般说来，一家公司从它的国外投资中赚得的会比它所愿意接受的最低限度要多（否则它又何必远涉重洋）；一个国家从公司的存在得到的净社会利得比它愿意接受的最小限度要大。这样，直接投资常常代表着双边垄断（一边是出售人、一边是购买人）之间的讨价还价情况，在双方要求的最大限度与最小限度之间有一个广阔的差距。在这里，象在普通贸易中一样，利得可以全部归于某一方，也可以在预先商定的基础上彼此划分。如果一方试图使其利得侵入另一方所愿意接受的最低限度，只好拆伙，公司回老家，国家实行国有化。一方得到全部好处是可能发生的，但最好的是双方都能得到好处，即所得超过自己的最低要求。

一般说来，国家和公司讨价还价的力量随着时间而变化。开始，发展中国家选择的余地不大，而公司则可以在全世界范围内寻求最有吸引力的投资国家。在投资之后，公司承担的义务及固定资产日益增长，国家变得更加精明。讨价还价力量的重心转移了，国家现在可以比较容易地管制投资人，为自己取得更多的好处。管制公司的活动会降低公司的盈利。由于公司有独立性，所以必须慎重从事，除非一国想要禁止未来的一切外国投资。

国家调节和管制采取若干形式，每种形式都是为发展的总目标服务的。差不多所有的办法都是国际收支压力的反映，其中少数也在追求不断增加的就业。下面列举一些最重要的方法，每一种方法都在穷国用过，当然也可以同时使用几种方法。

（a）限制利润汇出。

对跨国公司汇回母公司的利润规定最高限额，可以按公司最初的投资额，或按公司最初带来东道国的外国资本数额，限制在一个"合理的"收益率上，并规定必须将利润的一部分在东道国再投资。对于从事出口的公司，可以要求其出售一部分所得外汇收入；对于在国内推销产品的公司，可以限制其购买的汇回总部的外汇数目。两者均可防止稀缺外汇的耗竭，在拉美和印度广泛应用。哥伦比亚规定利润汇出不能超过投资的14％，巴西限制在登记投资的10％以内。阿根廷和加纳由外汇管理当局用行政方法限制汇款。

（b）限制转帐价格（transfer prices）。

由于跨国公司很大一部分交易是在公司内部进行（在同一母公司所属的各国子公司之间），这种交易可以规定一个武断的价值以适合企业的利益。这种交易与在非附属公司间进行的交易不同，它没有客观的、由市场决定的'价值或公平市价（arm's length price），可以用来检验公司内部各附属公司之间记录的价格。因此，跨国公司可以利用转帐价格，去改变申报收入的位置，从高税国转向低税国，以使

286

全球营业纳税后利润最大化,有时也可逃避东道国的外汇管制。例如,总部设在伦敦的一家化妆品公司,在内罗毕有一家附属企业,为了少报它在肯尼亚的利润,可以把发给内罗毕分公司的雪花膏配料的价格定得比发往香港分公司的高一倍。或者说,一家经营林产品的美国跨国公司,可以高报它运往菲律宾分公司的伐木设备的成本,或低估这家分公司运往南朝鲜另一家分公司的木材单价,借以少报它在菲律宾获得的利润。

跨国公司的批评者长期认为,公司利用了内部定价作为减少东道国从外国投资获益份额的手段,来为公司及母国财政部谋利益。转帐价格显然可以用来逃避东道国的所得税。在对利润汇回定有最高限额的国家,公司也要少报利润。如果公司总部相信,多报子公司利润会增加重订合同或被剥夺的风险时,即使没有这种最高限额,即使东道国税率低于公司母国的税率,转帐价格办法仍可用于政治的理由。

可以实行转帐价格的范围显然很大,有些分析家相信,这种范围近年来有所扩大。1977年的一项研究表明,[50] 发达国家跨国公司从母国的全部出口中,足足有三分之一运往它们自己在别国的子公司。可是,公司之间有着重大差别。外国子公司的销售额在公司总销售额中所占的比例越大,公司内部交易的份额越大。高技术、高研究领域中的公司,例如电子和化学品,比生产标准化产品如纺织品和食品加工公司从事内部交易的程度更高。美国公司一般更具跨国性,更集中于高度研究密集领域,比起欧洲的公司来更常从事公司内部交易。[51]

发展中国家对于滥用转帐价格的反应是,加强已经存在的管制,集中对以转帐价格闻名的工业部门(如制药工业)的调查。如东道国保持足够的警惕,在公司内部贸易为标准产品时,是容易制止转帐价格的滥用的。例如精铜、硝酸铵、胶合板、团粒橡胶均有明确的世界市场价格,可以用来确定公司内部交易是否按照公平市价。可是,有

---

50 斯托普福德等,《世界跨国企业指南》,第XXIII页。

51 关于滥用转帐价格的各种研究的总结,参阅刘易斯·D·所罗门,《跨国公司与新兴世界秩序》,伦敦1978年,第79—83页。

许多内部交易涉及非标准化产品和劳务，公平市价不易得到。在纵向一体化组合的跨国公司内部交易（如铝矾土），以及子公司就技术、研究和一般管理对母公司所作的支付，尤其如此。转帐价格问题对发展中国家作充分合理的解决，在最近的将来不大可能，因此成为公司与东道国关系中发生冲突的主要根源之一。

（c）要求有本国合伙人参加。

更广泛应用的一个政策，就是坚持外国投资人必须接受本国投资人为合伙人，以增进本国对公司的生产和分配格局的影响。同本地公司或本国公民进行合营，部分宗旨也在更多地转移技术。这种要求常常包括在所谓"饱和法律"（saturation laws）中，这种法律指定跨国公司将每个项目的股权中的一定百分比售予本国公民。想法是，本国合伙人由于其所处的内部地位，可以影响进口技术，掌握它，并使之在东道国经济中植根。可是有许多合营公司只是一种形式上的安排，参与的是与本国权力中心有密切关系的人物，对业务不感兴趣。而母公司也不愿将技术扩散给联营公司。如国际商业机器公司和可口可乐公司，就抵制这种要求，提出质量保证和专利秘密问题。其次，饱和法律的宗旨，也在减少未来对外国的股息流量，增加东道国的资本收入，饱和法律在整个发展中世界越来越通行，而在拉美和南亚尤为普遍。例如，外国企业在菲律宾的木材工业中只能成为少数股的合伙人，在印度尼西亚的一切部门必须在一定期限内（普通为十年）将股份的51％售予本国投资人。饱和法律显然能使东道国更能控制外国投资人的全部活动。这种办法归根到底能否增加本国股东的收入，能否使东道国获得净经济利益，还是不很肯定的。有的分析家认为，这些要求对东道国国民收入的积极影响极小，因为它使本国的稀缺资源（经理人才）转用于跨国公司部门，同时也减少外国资本的流入。

（d）要求雇用本国人员。

要求跨国公司雇用本国人员，不论在劳动密集或资本密集型的企业都是很普遍的。这种措施的用意，不仅在创造就业机会，而且也在从跨国公司转移技术吸收能力。一般定出一个时间表，有雇用本国劳工和经理人员的具体目标，对不同类型的人员有不同的目标。印度尼西亚要求利用自然资源的跨国公司，在开业三年后全部非熟练工人应雇用印尼人，但熟练工人和监工只要求75％、技术和经理人员只要求50％为印尼人。许多国家对训练本国人员规定有重大的奖励，有些国家还要求公司实行特殊训练方案，如在印度尼西亚、利比里亚、孟加拉国的石油工业中。

（e）规定地方增值。

为了防止外国投资人进口其全部原材料、半制品和机器，有些国家对外国公司规定按逐渐增长的规模实现国内的增值额（domestic value added）。例如在墨西哥，规定汽车装配公司在十年内逐渐减少可以容许的进口部件，同时相应地增加在本国购买或制造的部件数量。对于采矿企业也可作出类似的规定，要求公司逐渐增加在本国的投资，以提高提炼的程度，使生产（及出口）经过一定的时间，能从选矿、冶炼金属进入型材和部件，供制造产品用。本地内容的要求，在于增加就业、转移技术和（在面向出口的活动中）增加外汇收益。

（f）出口要求。

有些国家，要求外国公司的产品必须有一定部分用于出口。定出在一定时间内使出口不断升级的要求，使公司可以逐渐适应新的情势，培养可靠的供应商，训练工人使之达到能在世界市场上进行竞争的高质量标准，并组织海外的推销渠道。有些国家把出口要求同用免税进口设备、补助工人训练、降低最初利润的税率和官方促进其出口等办法去吸引外国投资人结合起来。

（g）技术方面的要求。

至少有一个国家——印度对高技术的面向出口生产与低技术的面向国内生产区别对待。在前者，外国公司可以拥有四分之三的股权，否则只能拥有40％的股权。所谓高技术，常常是指资本密集的节约劳动的技术。其次，许多国家订立标准，要求跨国公司只进口最先进的资本设备，禁止进口使用过的机器。吉利斯等认为，这些目标是与发展

289

中国家的目标相违背的，因为陈旧设备除了价格低廉之外，是更为劳动密集的。这是一种广泛趋势的一个例子：把技术转移同设备进口而不是同信息进口联系起来。其次，有些政府对跨国公司课征一种特别税，为政府的研究与开发提供资金（如厄瓜多尔），或要求公司在本国的研究与开发实验所进行投资（如印度）；或用其他方式迫使公司从事本国研究与开发活动。有一项研究引证十一个例子（主要是在巴西和印度），说明公司的响应是，在东道国由公司自己建立研究与开发实验所。52

并不是所有的管制和调节都是正式的。

有些国家对于外国投资和外汇流出的控制，只是使用延宕发出投资许可证和进口特许状的官僚主义办法。这种延宕是具有伸缩性的，在极端的场合，时间长一些，在其他的场合时间短一些。自然，延宕不是最有效的办法，因为不能区别对待稀缺外汇的最有价值的用途和价值较低的用途。

在某些国家，也有些不公开的作法，就是环绕外国投资的腐败习惯。高额利润的引诱，可能刺激外国人去对政府官员实行贿赂；同时当地的文化规范，可能容许（甚至鼓励）得到这种补充收入。当贿赂的成本低于延宕时，追求最大利润的公司即加以利用。但是很明显，贿赂不会导致以经济发展为系统目标的经济活动。因此大多数经济学家建议，发展中国家必须设法制止一种严重依靠贿赂的公共行政制度，这倒不是出于道德或伦理的动机。

对于跨国公司的控制，已由经济合作与发展组织、联合国跨国公司委员会和联合国贸易和发展会议等国际机构加以广泛的研究。每一个组织都提出了正式的指导原则去管理这些公司的行为，使之纳入以发展为方向的建设方式。

例合经合组织的指导原则是，敦促各公司考虑各国政府的目标，避免进行贿赂，公布有关它们的活动的信息，避免违反竞争的和掠夺

52 杰克·N·贝尔曼和威廉·A·费希尔，《跨国公司在海外的研究与开发活动》，剑桥，马萨诸塞，1980年，第107—9页。

性的行为，注意雇员们的合法利益。联合国跨国公司委员会建议，应当要求各公司公布按国别和按产品的销售与盈利的广泛的财务数字，关于雇用、生产、新产品和拟进行的新投资以及对付关于环境影响的信息等非财务资料。由于许多外国公司也同本国公司（私营的和国营的）竞争，应当要求它们都公布统一的材料，以昭公允。但国营公司似乎不会同意公布有关本身业务的这样详细的材料，因为这会不可避免地暴露它们的缺点和失败，这是在政治上非常敏感的问题。联合国贸发会议关于限制外国公司之间实行"限制性的商业措施"（restrictive business practices）非常积极。它提出的跨国公司行动守则涉及到国际贸易和发展中的反托拉斯作法，并建议自动遵守在美国反托拉斯立法下美国工商业负责人所熟知的一系列反对垄断的办法。但所有这些行为准则均尚未变成法律或条约。它们依然只是一些原则的陈述，在某些场合还在进行激烈的争论，距离实施还遥遥无期。

布鲁斯和金德尔伯格两位教授认为："关于应有的管制不能取得一致的意见固然是反映了赤裸裸的自私自利，但也还有更深刻的原因。很难在实践上衡量外国公司的影响，不问其为严格的'跨国公司'与否。也没有清楚的概念可以指导这种衡量。这种缺乏概念上和实践上的清彻性意味着，这些不同的意见——有一些只是单凭印象的，其他的还是出于思考的——还会继续冲突下去。这对经济学家和对经济科学提出的挑战是明摆着的。"[53]

关于奖励政策。

为了使外国投资人能满足东道国的各种要求，大多数发展中国家给予各种积极的奖励：免税期（tax holidays）及其他税收优待，在当地市场上的垄断权，保证投资人能将利润汇回本国。最后一种诱因在影响投资决定方面没有什么重要性，因为这种保证只代表政府方面的良好意愿。在当地市场上的垄断权对一个外国投资人确实能增加投资的刺激，这种权利是想在发展中国家进

53　《经济发展》，1983年第4版，第470页。

291

口替代工业部门投资的许多跨国公司所长期追求的。有几个国家给予这种权利，如赞比亚和印度尼西亚对世界上两个最大的轮胎制造商。可是垄断权减少了跨国公司降低价格和保证质量的压力。因其抬高了国内物价，结果造成从发展中国家消费者向跨国公司外国股东的直接转移。

税收刺激是向跨国公司最广泛提供的诱因。其种类差不多是不可胜数的，这里只集中讨论所得税的免税期。发展中国家课征的公司所得税税率一般为40—50％。为了吸引外国投资，政府常在公司最初几年营业期间免征公司所得税，通常为三——六年。战后期间，跨国公司一般在发展中国家享有五年的免税优待期。可是到1980年，除了在非洲的某些法国旧殖民地国家，免税期在自然资源方面的投资中实际上已不复存在；在其他部门，也不那么流行了。但吉利斯等认为，也还有不少给予免税期的例子。有越来越多的东道国了解到，在这种刺激对跨国公司不是毫无价值的地方，不过是牺牲本国国库的利益去使跨国公司的外国股东发财罢了。[54]

免税期作为公共政策工具之所以没有效力，有几个原因：第一，战后时期的大多数免税期，对许多主要资本输出国（包括美国、日本、联邦德国）的跨国公司价值有限。它们以及其他多数发达国家（除法国外），都使用一种"全球性"收入概念，对本国境内公司的全部收入不问其来自何处都要课税。如果收入是在国外赚得的，汇回本国时，一样课征所得税。一家母国征收全球所得税的跨国公司，除了在瑞典之外，能在一定限度内将在东道国缴纳的所得税在应缴税金中扣除。在东道国免税或减税的，在母国就更多纳税。对这些投资人来说，免税期的效果只不过是将税金从东道国的财政部转到母国的财政部手中。是一种"逆转的外国援助"，子公司得到的唯一好处，是

54　《发展经济学》，1983年，第390页。

延期缴纳母国税金。[55]

由于"逆转外援"的存在在六十年代开始被广泛认识到，发展中国家政府开始要求在母国调整对跨国公司外国来源收入的处理。最后许多发展中国家同工业国签订税收条约，使跨国公司在东道国获得的免税优待能在母国应纳所得税额中扣除。这种安排称为"税收豁免"（tax sparing）条款，已由大多数资本输出国给予，但美国则否。在税收豁免下，发展中国家免税待遇使外国投资人获益，而不是使母国政府获益。

第二，即使跨国公司（除美国外）现在能得到免税期的全部好处，这种刺激能否使其按照发展中国家的愿望改变其投资决策，还是大可怀疑的。（a）免税期只在有利润可供纳税时才有好处。但在许多场合，外国投资只在生产的第三年或第四年起才有利润，此时免税期已将近终了。（b）免税期常常以跨国公司在一个特定地区（常常在萧条地区）营业为条件。如果这是有利可图的，无免税期它也会去。如果需要用免税期去鼓励它去，利润一定很低，因此免税期的价值也很低。如果不管怎样它都会去，免税期就只是提供一种暴利。在全世界关于位置的许多研究表明，各种所得税免税期对于投资决策的影响很小。

对于这个一般规则可能有一个例外，就是不使用本国原料、面向出口、劳动密集的工业部门的位置。这些部门利用大量非熟练劳动去制造晶片、集成电路，和装配电子计算器和计算机一类产品的部件。这些公司大多在马来西亚、泰国、印度尼西亚和厄瓜多尔一类国家的出口加工区（export processing zones）营业。电子公司主要关心成本低、非熟练和无工会组织的劳动力的稳定来源。它们对东道国所提供的刺激的差别是敏感的，而发展中国家也彼此竞争，向它们提供投资刺激和特权。但即使在这种场

---

55 关于免税期单独存在或同垄断权一道存在时，对外国人造成的大量好处而对东道国毫无裨益的进一步说明，参阅吉利斯等，《发展经济学》1983年，第390—392页。

合，免税期对投资决策也只起次要的作用。

　　例如马来西亚和印度尼西亚，自1970年以来对半导体公司提供了相同的税收刺激。但尽管马来西亚非熟练劳动的工资率要高得多，却能吸收一打以上的工厂，雇用八万人，而印尼的劳动力要多两倍，却只有两个半导体公司，雇用五千人。显然其他因素对影响投资决策更重要，即使在诱因应当起作用的工业部门中。56

　　世界银行得出结论说：57 "如果肯定股权投资是值得一干的，还需要考虑的一个问题就是发展中国家如何吸引这种投资并将其有效地加以利用。过去十年的经验告诉我们，政治经济环境比较稳定的那些国家，在吸引外资方面是最为成功的。有些国家通过提供各种有诱惑力的好处作为对不恰当的宏观政策的补充，从而成功地吸引了外国直接投资。但这样做往往会鼓励那些没有效益的投资和外国公司的舞弊行为。对一个发展中国家来说，某些鼓励措施很可能使这个国家付出很高的代价，而且，在发展中国家这个整体内，这些措施的作用还会互相抵销。总的说来，当全面的政策环境有利于投资时，当采取的政策同样有助于外国和本国投资者时，发展中国家可以从股权投资中获得最大的利益。"

　　（6）未来经济发展中的直接投资

　　世界银行的《1985年世界发展报告》对是否可以向发展中国家用扩大股权投资方式提供更大数量资金的问题进行了探讨，得出的结论是（第125页）：

　　股权投资对发展中国家是有益的，可以增加这种投资；但是，这种投资只能作为对商业银行贷款的一种较大的补充，而不能代替它。因为这种投资只集中在某些国家和某些部门中，扩大投资的潜力是有限的。为了尽量扩大这方面的潜力，发展中国家需要改进贸易政策，还需要有稳定的经济和政治环境，这种环境对外国投资不采取歧视性

56　吉利斯等，《发展经济学》，1983年，第392页。
57　《1985年世界发展报告》，第135—6页。

态度。对外国投资者来说，工业国可以放宽它们自己的贸易和投资政策，支持在发展中国家进行直接投资。

直接投资和其他形式的外国资本不能相互替代，实际上，它们是经常相互补充的。

例如，美国公司在拉丁美洲子公司的外资中，只有约60％来自其母公司，其余则来自商业银行（包括当地的和外国的）贷款和贸易信贷。这些子公司的全部借款中，大约有四分之三是用贸易信贷方式。其他形式的国际资本（如双边和多边贷款）则可以帮助创造投资机会、为基础设施筹集资金，从而促进直接投资。

发展中国家外国投资很少，其原因是多种多样的。（a）低收入国家的国内市场狭小，技术人力缺乏。（b）在七十年代，可得到的银行贷款和低实际利率贷款均有增加，而私人投资者对收入的要求则高于银行贷款。（c）许多发展中国家对外国直接投资的限制增加了，并提高了当地所有权的要求。（d）许多发展中国家的决策人对于直接投资对经济发展的作用持怀疑态度。

这些怀疑起因于政治上的考虑，不同意把本国的资源置于外国的控制之下。批评者还指出：跨国公司使用的技术不适用于发展中国家；跨国公司高度集中的管理结构阻碍了当地积极性的发挥；跨国公司经常在当地金融市场上为自己筹集资金，排挤了国内的潜在借款者；跨国公司采取转帐价格、专利费、利息支付和管理费以及其他手段，逃避价格管制、外汇管理、地方税收和利润汇出限制。在政府使用进口限制以鼓励当地生产的那些国家，此种批评尤为普遍。

（e）封闭型的外贸体制使外国投资者的资金收益远远高于这个国家的经济收益，当政府试图控制这种利润时，外国公司又设法逃避；对比之下，开放型的贸易体制使外国直接投资给发展中国家带来更多的收益，而且减少了由此而产生的问题。（f）面对不愿吸收直接投资的东道国，以及东道国反复无常的经济政策与混乱的鼓励措施和限制措施，投资者对发展中国家调拨资金是十分谨慎的。七十年代，跨国公司和发展中国家政府着重于把直接投资中的管理、技术和资金部分分解开来，发放许可证（即前面所说的"开包"），以及其他合同协议，使发展中国家可以从直接投资中获得某些益处，而不致明显地使外国所有权付出代价。但是，最近一些国家在吸收外国投资方面，出现了一些积极的转变。

要改善直接投资的环境，需要从下列各方面作出积极的努力。

首先是东道国方面。

直接投资对发展的贡献主要取决于东道国采取的政策结构：是进口替代战略还是对外开放战略。

拥有广大国内市场和实行进口替代战略的国家，得到的外国直接投资额最大，但是这些国家价格偏差也最大，普遍抱怨外国直接投资没有给发展带来什么好处。那些采取比较开放的发展战略的发展中国家，进行的直接投资能够更加紧密地适应国家的比较优势。它们的战略使为国内市场生产和为出口市场生产同样具有吸引力，而且通常要求市场价格能够反映相对的稀缺性。政府倾向于降低关税，并且允许实际利率为正数。

所有发展中国家都有一些政策和机构来处理外国直接投资，包括对外国投资者的投资鼓励，以及提供服务和基础设施；也包括对外国公司经营方式的种种限制。鼓励措施旨在提高公司的收入或降低其成本，包括有关产品的进口关税或进口限额、免税期及各种各样的优惠待遇。一国提供鼓励措施的性质，取决于该国想得到何种投资，以及从其他国家吸收同类投资的竞争。鼓励措施越复杂、变化得越频繁，效果就越差。鼓励措施的影响难以确定：有不少的研究认为，许多企业的经理在作出向什么地方投资的决策时，往往忽视或低估这些鼓励措施；但国际金融公司的一项研究表明，鼓励措施能对投资决策产生影响（如果其他条件相

296

同时）。

限制的形式可以是多种多样的，如股权份额、利息和利润汇出、内销和出口比例等。

控制直接投资的各种专门鼓励和限制措施，对一国的政治经济气候及其金融和汇率政策的影响，往往大于其对吸收外国投资额的影响。这个结论可以通过许多国家的经验加以证实。

> 非洲和加勒比地区许多国家国内市场很小，自然资源有限，尽管提供了重大的鼓励措施，并未能吸收到大量的直接投资。
>
> 印度、尼日利亚和一些拉丁美洲国家，都有潜力吸收外国直接投资用于出口替代，但成就也不显著，因为它们对外国公司采取了种种限制，并对经营实绩提出了要求。
>
> 反之，东亚几个新兴工业化国家（如马来西亚和新加坡）并未提供很多鼓励措施，却获得了大量资本流入。它们的出口引导型的发展政策一直具有投资吸引力，证明了一个普遍规律：对国内投资者有利的政策，同样有利于外国投资者。

尽管宏观经济气候是最为主要的，但实际上是否能进行一笔投资，这往往要取决于具体部门或具体行业的政策。

> 例如。土耳其私营部门的种子工业，政府的有关政策抑制了外国公司的直接投资，限制了种子的供应量和农场主可以买到的种子品种。如对种子的价格控制、限制用于市场开发和实验的种子进口、政府垄断种子的实验、在新种子投放市场前发放许可证的漫长而复杂的验证程序。后来政府取消了价格控制，种子进口更加自由，实验和发放许可证的程序也放宽了。结果，有十一家外国种子公司前来经营业务。

其次是工业国方面。

工业国的一般经济政策对流入发展中国家的直接投资额是最有影响力的。国内的低增长率和高生产成本会增加外国投资的吸引力。

工业国保护并鼓励本国生产的做法，会抑制向发展中国家的投资。例如，为吸收国外投资提供慷慨优惠（尽管是为高技术行业制定的），就会与发展中国家提供的投资鼓励直接竞争；对有弊病的行业给予直接或间接补贴、削弱了鼓励其中许多公司向发展中国家投资的措施；对贸易流量的限制也会产生同样后果。例如1982—85年美国限制从日本进口汽车，就削弱了美国生产者在发展中国家寻求低成本的制造业基地以生产零部件的刺激。为了增加在发展中国家的投资，应当取消工业国保护本国工业的补贴和关税。

工业国的某些政策，在这方面也能起积极的作用。如政府和贸易部门传播有关投资机会的信息，商定解决与发展中国家政府关于投资争端的步骤、制定使个人在国外跨国公司中工作很有吸引力的税法等。但对发展中国家投资最强有力的刺激莫过于放宽贸易政策本身，使公司可以在国外为工业国市场进行生产。日本很多纺织公司在亚洲发展中国家进行直接投资，其目的就是为在出口市场保持竞争力。

　　日本在国外制造业中的投资，经常是由为数众多的中小企业在劳动密集型和低技术行业中进行的。最初的投资在南朝鲜和香港这些地区进行，而且大多是为了用于出口市场。这些特征的形式，大部分是由于日本劳动力短缺和实际工资迅速上涨，导致了劳动密集型制造业的竞争能力下降。

再次是投资保护与保险。

直接投资是一种长期投资，用于建厂和购置机器设备，因此承担着政治风险——没收、冻结存款、战争、革命或暴动。为了使投资者放心，许多国家通过了有关保护外资不受没收的法令，有的还纳入宪法。工业国和发展中国家政府已签署约200条保护投资的双边协议，有二十三个国家（所有的工业国及印度、南朝鲜）

298

制定了投资担保方案，使本国公司和个人免于承担外国的政治风险。结果，发展中国家外国直接投资的保险总额从不到5％增至50％以上。1977—81年，来自有担保方案的国家向发展中国家的直接投资中，大约10—15％是经过担保的。

分担政治风险的另一种途径是进行私人保险。

七十年代初期，伦敦劳埃德保险公司首创海外投资与出口合同的政治保险，此后这种做法得到很大发展。1973年，私营保险商从政治风险保险中得到200—300万美元保险金，对每个项目的保险能力不超过800万美元。1982年，总保险费估计9.5亿美元，单个项目保险能力猛增至4.5亿美元，保险总额估计为80亿美元。

最后是世界银行集团的作用。

世界银行及其附属机构可以在政策设计和刺激生产性的私人投资方面进行帮助。在行动上，国际金融公司作为一个投资者，推动外国投资向发展中国家流动，它在1984年6月提供将近270亿美元的总投资，为八十四个发展中国家的773个项目筹措了资金。它通过把其他贷款者组织成银团所提供的25亿美元，补充了自己的37亿美元投资。它还提供服务，将国内外投资者结合在一起。

世界银行于1965年创建了解决投资争端国际中心（ICSID），通过提供双方均可接受的程序，解决东道国和外国投资者的争端，以改进直接投资的结构，现有七十八个成员国，还有四个已经签字，不久即可成为正式成员。

证券投资

在过去，外国人购买发展中国家企业的股票，在大多数发展中国家不占重要地位，只有在阿根廷、巴西和智利历史中的某一时期是例外。比较兴旺的发展中国家，如墨西哥、土耳其和阿尔及利亚，才偶尔利用国际债券市场。在这种市场上，发展中国家的政府（很少有私营公司）发行长期债券（二——二十五年），以发行政府的全部信誉和信用作担保，债券由各种各样的投资人购买，他们通常都是来自发达国家，业务是通过大经纪人如美国的库恩—洛伯和摩根斯坦莱公司以及法国、英国的罗思柴尔德集团进行的。

六十年代以前，发展中国家的证券投资在总资本流入中为数很小，这种投资的绝大部分采取发行国际债券的形式，在1970年以前很少超过20亿美元。1975年，九十六个发展中国家的国外债券总额估计为55亿美元（相比之下，世界银行一家就有120亿美元）。只有少数（主要是收入较高的）发展中国家利用了这个市场，阿根廷、墨西哥和西班牙共占35%，以色列占40%。[58]1975年后发行量迅速增长，1978年达60亿美元，其中59亿美元为中等收入国家债务，但在1979年降至39亿美元（各国际组织的发行量也降至83亿美元）。[59]

在过去几年中，一些发展中国家出现了证券投资的潜在市场。[60]例如，巴西、印度、南朝鲜和墨西哥组织了股权基金股份。

1983年，发展中国家（地区）股票市场的资本化总额达到1,330亿美元，相当于欧洲股票市场资本化总额的四分之一强，相当于美国以外所有股票报价的10%。如果不计入香港和新加坡，发展中国家（地区）股票市场的资本化总额为750亿美元。

国际金融公司帮助各国建立专门的股权基金（例如南朝鲜基金会），以支持当地股票市场的发展；还提供设立投资信托，使商业银行将一部分贷款作为股份卖给发展中国家，然后将买来的贷款转换成借款机构的股权股本。

工业国对发展中国家的证券投资是高风险的选择。但可以使投资人掌握更大范围的国际资产；资产最广泛地分布在各个市场上，也就可以把风险减少到最低限度。其次，从新兴发展中国家（地区）证券市

58　一般不将以色列看作第三世界国家，而西班牙则世界银行从1982年起已将其列入工业发达国。

59　世界银行，《1980年世界发展报告》，第27—28页。

60　世界银行，《1985年世界发展报告》，第134—136页。

300

场上（香港和新加坡除外）取得的收益一直较高，过去八年按美元计值的累计数约为世界主要证券市场收益的两倍。但是由于货币贬值及发展中国家经济的重大变化，这种收益经常出现波动。债券发行会逐渐成为发展中国家资金的重要来源，但债券市场比较保守，借款人必须努力建立信誉。

世界银行的报告认为，如果发展中国家希望得到证券资本，那它们就必须采取一些步骤来吸引这种资本。当前妨碍证券投资的是：（a）利润收入的资本利得税和过高的预提税；（b）外国资金必须在投资中保留的最低年限；（c）对外国证券的外汇管制；（d）对外国投资者可购买或持有的股票的种类限制；（e）对外国投资者采取的歧视性待遇。消除这些障碍，会有利于证券投资的增长。

商业银行贷款

这是资本转移的一个比较新的渠道，特别是从欧洲货币市场。这一市场始于六十年代初期，是对美国政府为保护美元所采措施的反应。到1979年，这一金融市场的规模净额总计达4,750亿美元左右。欧洲货币只是在货币发行国以外的银行中的存款，有欧洲美元、欧洲马克、欧洲法朗等等。欧洲货币信用或贷款一般不是由一家银行而是由银行新迪加发放的，每家银行提供一个份额。欧洲货币贷款期限一般比债券发行的期限短，利率与银行向其他银行借款的利率挂钩。所使用的传统利率为"伦敦银行间借款利率"（LIBOR），随时波动，1979年和1980年在13%至16%之间，但在1977年低到6.5%。借款人按LIBOR支付升水，其数额依市场对风险的估计而定。由于一般认为对发展中国家贷款风险较大，故收取的升水较高。近年来对某些借款人（1981年的哥伦比亚）低到5/8%，对另外一些借款人（1978年的巴拿马，当时正在运河谈判中）高到2.5%。

1970年以前，只有少数几个发展中国家在欧洲货币市场上进行较大规模的借款。公布的（约有四分之一至三分之一的贷款未公布）对发展中国家的欧洲美元信用，1967年实际上等于零，1973年增至70亿美元左右，1979年已超过420亿美元，最后五年期间，以每年40%的复利率在增长。其中中等收入国家占80%以上。最新的逐年贷款数字如表5.11所列。

表5.11 对发展中国家的欧洲货币银团贷款，1972—84年（单位：10亿美元）

	1972	1973	1974	1975	1976	1977	1978	1979	1980	1981	1982	1983	1984
东亚和太平洋地区	0.4	0.5	2.0	3.3	2.9	2.4	7.5	7.6	8.8	10.7	10.3	7.7	7.4
占总额的%	(11)	(7)	(24)	(28)	(20)	(15)	(22)	(16)	(24)	(24)	(27)	(25)	(33)
欧洲和地中海地区	0.6	0.8	1.2	0.5	0.6	0.9	2.3	6.6	3.9	3.5	3.2	2.9	2.2
占总额的%	(16)	(11)	(14)	(4)	(4)	(5)	(7)	(13)	(11)	(8)	(8)	(10)	(10)
拉丁美洲和加勒比地区 占总额的%	2.0	3.4	4.5	6.0	8.7	9.0	17.4	26.0	19.9	24.9	22.2	15.0	11.4
	(53)	(47)	(53)	(51)	(60)	(55)	(51)	(53)	(55)	(55)	(58)	(50)	(50)
其他地区a	0.8	2.6	0.8	1.9	2.4	4.1	6.9	8.8	3.6	5.8	2.6	4.6	1.7
占总额的%	(20)	(35)	(9)	(16)	(16)	(25)	(20)	(18)	(10)	(13)	(7)	(15)	7
总计	3.8	7.3	8.5	11.7	14.6	16.4	34.1	49.0	36.2	44.9	38.3	30.2	22.7

　　a　包括撒哈拉以南非洲、中国、印度、中东、北非和南亚。

　　来源：经济合作及发展组织，《金融市场趋势》。转引自世界银行，《1985年世界发展报告》，第118页。

　　注：1984年12月底，国际清算银行最新数据所提供的迹象表明，发展中国家所负银行的未付偿款还是4,330亿美元（见世界银行，《1985年世界发展报告》，第117—118页）。

　　在某些方面，欧洲货币市场作为资金来源是有利的。在此以前，发展中国家的外资来源只有向工业发达国政府请求援助，不但须附条件，而且手续繁琐，一个好投资项目有时也得拖延几年。而欧洲货币市场的贷款则不需祈求援助国的赐予，既有伸缩性，又不侵犯借款国的经济独立。但是比起官方援助来，这种借款的代价是非常高昂的。在七十年代的大部份时间内，对发展中国家贷款的利率从来不低于8%（1976年），通常高于8%，1979年和1980年总在13—16%之间。1976年以后这种外部商业借款的迅速积累，使许多国家还本付息成为严重问题，因为商业借

302

款的偿还义务每年增长40％，而可供还债用的出口收益的增长远远落在后面。

1979年以前大多数发展中国家，**特别**是五个主要债务国（巴西、墨西哥、委内瑞拉、西班牙、阿根廷，共占负债的一半），在债务偿还上没有遇到严重困难。可是，到1980年，若干发展中国家（包括秘鲁、苏丹、土耳其、扎伊尔和赞比亚）在还债上遇到了严重的困难，而土耳其和扎伊尔是通过重新安排付款期限才避免了违约拖欠的。八十年代初，有迹象表明，至少有一个大借款国（巴西），由于石油进口价格加倍、过去外债的偿还义务和工业国日益加强的保护主义，已经没有留下什么外汇可供进口使用。[61]

巴西的经验说明了发展中国家债务问题的关键所在。外国借款的重要性，一方面是为了新投资和为普通进口提供资金，一方面是用来偿还过去外债的本息。1970年，整个发展中世界每1美元借款，须用55美分去还债，1980年为70美分，预期到1985年会达到85美分。用于还债的部分就不能用于国内投资。这样，如果想使外债的债台高筑不导致普遍违约和大量重新谈判，那就必须更多地依靠国内储蓄来源，或采取措施扩大外援或抑制工业国的保护主义。否则发展中国家(特别是石油进口国)的国内生产总值增长率会比七十年代低，比六十年代更低。如果达到了外国新借款必须全部用于偿还旧债本息的地步，债务国的国家利益就可能要求宣告废除一切外债，要避免这种不幸的结局，从基本上说，必须限制和取消工业国的贸易保护主义。需要在商业市场上大量借债(特别是就迅速工业化的发展中国家来说)，是因为它们向工业国出售更多的纺织品、胶合板、钢材或橡胶产品，工业国越来越保护本国的高成本工业,使之免受发展中国家的竞争。工业国不放松保护主义,发展中国家就没有足够的外汇还债,它们就会失去使经济继续增长的重要资金来源,这对发展中国家和发达国家都是有害的。

61　世界银行，《1980年世界发展报告》，第25页。

1985年世界银行的《世界发展报告》认为（第121—122页）：

在过去十五年中，国际银行贷款增长总的说来是有益于发展中国家的，尽管它们最近不得不进行困难的经济调整。但是，银行的"一轰而起的本性"，间隙地破坏了发展中国家金融的稳定。而且由于浮动利率贷款左右银行贷款，使发展中国家易受工业国政策多变的损害。

高度竞争的市场中经过十年的空前发展以后，国际银行正在普遍地重新确定战略，现有的谨慎态度是预示着国际贷款的长期较慢发展，还是在开始一个新的发展阶段之前的巩固，尚不可知。不过国际银行正在学习新的合作方法——彼此合作、与国际货币基金组织合作、与本国中央银行合作、与发展中国家最大的借款国合作、与世界银行合作，共同提供资金，并寻找妥善处理国际贷款中一些风险的方法。

发展中国家仍需要银行贷款的继续流入，以重新获得发展势头。但是为了实现这种理想，发展中国家需要恢复借款资信，这就依存于它们自己的政策、世界经济发展的力量与稳定性。

关于发展中国家的债务积累及其偿还途径，将在下节作进一步的探讨。

债 务 问 题

发展中国家的债务积累[62]

（1）1973年以前

发展中国家债务问题引起国际上的关注是在第一次石油危机以后，但这个问题实际上早已存在。1973年底，发展中国家负债余额已达1,124亿美元，未包括短期债务，如表5.12。（国际货币基金组织的统计将短期债务包括在内，共达1,301亿美元。）从1956年至1973年底，已有二十四个国家接受救济。但债务总额

62　参阅日本野村证券株式会社，《战后发展中国家的债务积累》，1985年12月。

304

1,124 亿美元中，只有24%来自私方（包括国际金融市场），债务救济基本上是由巴黎俱乐部[63]成员国多国或两国一起进行，因此债务问题还只是发展中国家以内的问题。

表5.12　　　　1960—1973年发展中国家的债务（单位：10亿美元）

	1960	1965	1970	1973
债务额	17.9	37.1	72.9	112.4
经济合作与发展组织发展援助委员 会各国	14.3	19.3	57.9	76.9
政府发展援助	5.0	12.0	22.6	27.4
商业信用	6.9	12.0	23.8	31.0
其他a	2.4	5.3	11.5	18.5
国际金融机构	2.8	4.6	8.1	13.2
国际金融市场a	—	—	5	12.0
债务偿还额	2.6	4.9	9.0	15.9
利息	6	1.3	2.7	4.9
本金	2.0	3.6	6.3	11.0

　　a　其他及国际金融市场系指私人银行借款。

　　来源：联合国贸发会议资料，转引自野村会社，上引文，表4．

（2）石油危机以后

据国际货币基金组织统计，发展中国家1973年底1,000多亿美元的债务余额到1984年底已达8,277亿美元（表5.13）。债务急剧上升的基本原因，在于发展中国家在此时期投资与储蓄的缺口扩大。

表5.13　　　　1973年以后债务余额和外资所需额的增长
（单位：10亿美元）

时　　期	债务余额		非产油发展 中国家外资 所需额 （2）	1973年债务 余额＋（2） （3）	超出实际 所需的金额 （1）-（3）
	所有发展中 国家	非产油发展 中国家 （1）			
1973	—	130.1	—	130.1	—
1974	—	160.8	25.1	155.2	5.6

　　63　即十国集团，包括美国、英国、法国、意大利、荷兰、比利时、联邦德国、瑞典、日本和加拿大，1961年12月成立。从1964年起，瑞士以联系国资格参加活动。

时　　期	债务余额		非产油发展中国家外资所需额（2）	1973年债务余额+（2）（3）	超出实际所需的金额（1）-（3）
	所有发展中国家	非产油发展中国家（1）			
1975	—	190.8	32.9	188.1	2.7
1976	—	228.0	33.0	221.1	6.9
1977	332.4	291.3	34.4	255.5	35.8
1978	398.3	342.6	48.6	304.1	38.5
1979	470.9	406.3	53.0	357.1	49.2
1980	565.0	489.5	85.9	443.0	46.5
1981	660.5	478.3	102.9	545.9	32.4
1982	747.0	655.2	73.2	619.1	36.1
1983	790.7	693.5	51.2	670.3	23.2
1984	827.7	730.5	—	—	—

来源：国际货币基金组织，《世界经济展望》，1983年，1984年，1985年。

注：1985年该刊不包括（2）系列数字，故这里使用的是1983、1984年该刊资料。

转引自野村社会社，上引文，表5。

从表5.13可以看出，1973年以后外资所需额基本上和债务余额同时增长。但1976—79年的债务余额超过了外资所需额，1979年以后超出部分又开始逐渐下降。从这里可以看出，发展中国家债务问题以第二次石油危机为界线，前后发生了不同的变化。

（a）第二次石油危机前。

第一次石油危机后，世界各国大都采取了财政、金融的缓和政策，结果工业国扩大了对内债务，发展中国家扩大了对外债务，同时通货膨胀恶化。于是，少数国家实行财政缓和而金融不变或略微紧缩的政策；多数先进国家和一部分发展中国家实行抑制通货膨胀政策，只有一部分中小发达国家和较强的发展中国家继续实行财政、金融缓和政策。第三类国家特别是发展中国家为什么在石油涨价的情况下还能保持经济增长？一是由于发展中国家贸易条件恶化程度较低，国内储蓄有所上升；二是由于有足够的资金通过银行流入这些发展中国家。

为什么会有足够的资金通过商业银行流入发展中国家？大致有五

个原因：（a）由于石油价格提高，产油国获得了大量资金，为避免投资风险，将多余资金存入银行。（b）发展中国家经常收支赤字急剧增加，需要大量外资，而发达国家政府由于财政出现赤字，难以扩大政府援助。（c）对商业银行来说，向一个国家提供贷款比一般商业贷款的风险相对要小；发展中国家借款需求大，造成贷款利率上升，对发展中国家贷款的收益率很高，为减轻利率风险采用定期更改利率的贷款方式，为分散国家风险而采取国际银团贷款的方式，这些贷款业务的改进，使商业银行更容易向国家政府提供贷款。（d）美国的政策是，希望把石油资金置于自己可以控制的范围以内，它同产油国之间缔结各种协定，并取消了国内银行对外贷款的自我限制，以促使石油出口国的多余资金流入美国。（e）世界货币量的扩大。特别是1977年美国经常收支出现逆差，大量美元流入欧洲市场。在发展中国家经济恢复的同时，各国对它们开始了提供贷款的竞争。由于这 种 种 原因，私方资金能顺利地流入发展中国家。这样就助长了发展中国家过大的国内需求，使它们从1979年以后开始走上危险的道路。

（b）第二次石油危机后。

发展中国家债务问题于1980年后出现了巨大的变化。原因在于以1978、1979年为中心发生了三个对世界经济有影响的变化。

（a）第二次石油价格上涨。主要是因为沙特阿拉伯为确保在中东的主导权提高了油价，引起其他国家的连锁反应，给经济带来了莫大的影响。64

（b）美国金融政策的改变。1971年美国停止对各国中央银行兑换黄金和美元，建立了浮动汇率体制。同时一方面逐渐解除对美元通货膨胀的控制，一方面要求其他工业国提高汇率，以保护和强化美国的国际竞争力。对石油价格上涨，在采取金融缓和政策的同时，努力控制石油资本。这一政策在实行中引起了一系列的问题：一，通货膨胀和进口物价上升。二，由于通货膨胀，美元汇率降低，石油资金外流

---

64 沙特阿拉伯石油大臣、第三世界著名能源专家亚马尼1986年5月25日在沙特电台发表讲话说："七十年代末八十年代初石油输出国组织两次 提高油价是不正确的，这是导致今年油价暴跌的原因之一。"（《人民日报》，1986年5月28日）

的可能性增大。三，从1976年开始出现贸易赤字，1978年达339.8亿美元，整个经常收支赤字也达154.9亿美元，从而导致了综合收支的庞大赤字。1977年通过国际经济紧急措施法（防止国内石油资金急剧外流，主要针对沙特阿拉伯），1978年采取保护美元政策，1979年又对金融政策进行调整。

美国政策的变化以及其他工业国所采取的金融紧缩政策，共同为抑制石油价格上涨后引起的通货膨胀发挥了作用，并给世界经济带来强有力的通货紧缩效果。加上美元升值和高利率政策，通货紧缩的效果是空前的。

此时维持较高的经济增长率和过高的国内需求的国家，一般都出现了经济急剧恶化的情况。并且内外债越积越多，同时又遭受美国高利率的打击。

发展中国家的债务额，1978年末为3,983亿美元，1982年增至7,470亿美元。浮动利率的中长期债务平均利率，1978年为8.4%，1982年上升到17.1%，因此，全部中长期债务的平均利率也从6.3%上升到10.0%。由于债务额增加和支付的利息增多，1982年债务本息偿还额已达1,239亿美元，偿还率（DSR，债务偿还额在外汇收入中所占的比例）为24.6%（通常超过20%就应引起注意，发展中国家平均值已达24.6%，说明高债务国已处于很危险的境地）。详见表5.14。

表5.14　　　　　发展中国家的对外债务（单位：10亿美元）

	1978	1980	1982	1983	1984（推测）
对外债务余额（年底）	398.3	565.0	747.0	790.7	827.7
短期债务余额	71.9	113.3	154.6	137.3	126.3
长期债务余额	326.5	451.7	592.4	653.4	701.3
还本付息额	56.4	88.5	123.9	111.1	123.1
利息	21.6	45.7	72.3	67.4	71.0
本金	34.8	42.8	51.7	43.7	52.1
参考指标					
债务余额／外汇收入	132.4	110.4	148.0	157.9	151.3
债务余额／国民生产总值	25.6	25.7	32.9	35.6	36.3
本息偿还额／外汇收入	18.7	17.3	24.6	22.0	22.5
利息偿还额／外汇收入	7.2	8.9	14.3	13.5	13.0

来源：国际货币基金组织，《世界经济展望》，1985年4月。

308

（c）阿富汗战争发生后东西方紧张局势的影响。首当其冲的是波兰，它在1980年12月召开的债权国会议上提出债务重新谈判的要求，但到1982年3月才得签署延期偿还债务的协议，拖延是有意使波兰陷入债务困境，对它的内政施加压力。波兰在还债上出现的困难，不仅降低了整个东欧的信誉，而且影响了发展中国家。发达国对发展中国家的债务偿还问题越来越感到不安。1980年巴西筹款只好提高借款利率。

根据世界银行的报告，[65] 一百三十一个发展中国家的债务1985年底约达 9,500 亿美元，到1986年底可能增加到10,100亿美元。

1980年以来，发展中国家外债增长60%以上，1985年增长4.6%，1986年还将增长 6 %。1985年债务偿还额大约高于新贷款额220亿美元，消耗了债务国全部或大部分出口收益，限制了它们为维持经济恢复政策进口物资的能力。世界银行负责经济与研究的副行长安妮·克鲁格指出："短期内偿还债务的义务迫使债务国减少直接投资，也阻碍新的资本流入，这就越来越难为经济发展创造条件。"

债务总额中近半数是由十七个国家借的，它们都是借款最多的国家，其债务总额的80%（3,600亿美元）又是欠私人债权人的，多半为可变利率，随一般短期贷款利率的升降而升降。今年利率即使只下降0.5%，这十七个国家即可少付15亿美元利息。（表5.15）

表5.15　　　　　　　　**十七个负债最重的发展中国家，1985年底**

国　　家	负债总额 （10亿美元）	支付债务利息 的出口部分 （％）	国　　家	负债总额 （10亿美元）	支付债务利息 的出口部分 （％）
巴西	107.3	38.2	秘鲁	13.4	7.9
墨西哥	99.0	34.1	哥伦比亚	11.3	16.4
阿根廷	50.8	25.4	厄瓜多尔	8.5	24.8
委内瑞拉	33.6	10.4	科特迪瓦	8.0	18.4
菲律宾	24.8	12.3	哥斯达黎加	4.2	24.0
智利	21.0	42.9	玻利维亚	4.0	43.0
南斯拉夫	19.6	12.4	乌拉圭	3.6	21.8
尼日利亚	19.3	12.1	牙买加	3.4	12.5
摩洛哥	14.0	12.7			

来源：世界银行，《发展与债务偿还》，1985年。

65　世界银行，《发展与债务偿还》，1986年4月.《人民日报》，1986年5月6日。

债务问题解决的途径

（1）债务重新谈判

1979年前后，石油价格上涨、美国政策的变化和东西方局势的紧张，使发展中国家的债务问题进一步恶化，它们接受重新谈判的次数和金额急剧增加。进入八十年代以后，债务危机急剧深化。特别是1983、1984两年，在世界银行成员国中要求重新谈判的达三十一个，包括政府发展援助的重新谈判和商业银行的重新谈判在内，债务重新谈判达64项，金额超过1,673亿美元，如表5.16。

表5.16 　　　 1975—84年多边债务的重新谈判（单位：百万美元）

	重新谈判总额	重新谈判方式			重新谈判对象国			
		巴黎俱乐部	援助银团	商业银行	东欧	非洲	亚洲	拉美
1975	373	216	157	0	0	0	157	216
1976	1,350	211	169	970	0	211	169	970
1977	373	263	110	0	0	263	110	0
1978	1,806	583	1,223	0	0	105	1,223	478
1979	6,179	1,690	873	3,616	0	1,690	3,513	976
1980	3,723	71	2,600	1,052	0	541	2,600	582
1981	5,757	1,021	263	4,473	0	1,659	3,363	735
1982	3,382	641	0	1,741	1,832	435	0	116
1983	51,089	10,559	0	40,530	3,336	5,654	0	42,099
1984	116,220	3,341	0	112,879	1,746	2,377	5,589	106,508

来源：世界银行，《1985年世界发展报告》，第26页。

债务重新谈判不断增加的原因，是偿还率（DSR）的提高和私人资金向发展中国家流入量的减少。向非产油发展中国家的私人资金净流量，1981年为841亿美元，之后便开始下降，1982年为481亿美元，1983年为191亿美元，1984年为136亿美元。政府部门的资金流入并没有相应的增加。

私人资金流入减少的原因是：（a）随着发展中国家在债务偿还问题上发生困难，贷款的风险性增大。（b）产油国家经常收支出现赤字，减少了欧洲货币资金的储备。（c）美国的高利

310

率政策吸引了大量资金。（d）先进国家的银行管理监督部门加强了维护信誉的政策。

1973年以后发展中国家债务余额剧增，八十年代对债务危机的救济又接连出现，当时的国际经济、金融形势起了一种加速其债务负担的作用，这种外部因素是难以预测的。但日本野村证券株式会社的研究认为，"这些事态的形成，其基本原因是在相对价格千变万化的过程中，发展中国家过分地支持了国内的需要。"它认为："正因为难以预测国际环境的变化，发展中国家也就更应该对国内经济采取谨慎管理的态度。这是在债务问题上应汲取的教训。"[66]

（2）各方面的态度

在世界银行和国际货币基金组织的会议上，在二十四国集团[67]的会议上，以及在其他国际论坛上，均曾多次讨论发展中国家的债务问题，没有取得一致同意的解决办法。

在1985年10月国际货币基金组织和世界银行的第40届年会上，美国财政部长贝克提出了关于解决世界债务问题的三点建议：（a）发展中国家实行"经济改革"和"调整政策"；（b）由世界银行和其他多边机构对那些采取"以市场为方向的"经济政策的债务国给予支持；（c）私人商业银行在未来的三年内对债务国增加200亿美元的新贷款，并要求世界银行在三年中把贷款总额提高90亿美元（从180亿美元提高到270亿美元）。[68]

贝克没有表示美国政府对这项计划将承担什么义务。西方工业国和银行界普遍对贝克计划持怀疑态度。发展中国家认为扩大

66　上引文，第A—11页。

67　二十四国集团是由亚洲、非洲、拉丁美洲（每洲八国）的二十四个发展中国家组成的，它们在世界银行和国际货币基金组织内部代表一百二十多个发展中国家和地区的利益。中国代表以"被邀请者"的身份出席其部长级会议。

68　《人民日报》，1985年10月22日。

贷款的数目太小，而且来得太晚。

二十四国集团1986年4月第34次部长级会议认为：[69]目前之所以还没找出解决债务危机的明确办法，原因在于对问题缺乏充分认识。债务国的问题是工业发达国家的经济政策所造成的。因此，仅仅让债务国采取某些西方国家所采取的市场经济措施是不会奏效的。他们建议债权国把撒哈拉以南低收入国家所欠的某些债务无偿地取消，将其余债务以较宽条件进行长期重新安排。他们希望世界银行和国际开发协会增加资金，并再次呼吁召开国际会议讨论国际货币体系的改革问题。中国代表支持二十四国的立场。

投资标准与成本——利得分析

投资标准的意义

如何将有限的资本最合理地进行分配，涉及到投资标准问题。投资资金的分配包括几种选择：在各个经济部门之间，在每一部门内部的各个项目之间，每一项目应当采取什么技术。这些选择之所以特别复杂，有两个根本原因：（a）什么是经济发展的决定因素很难确定，因此旨在使经济发展最大化的投资政策没有可以依据的正确标准。（b）一般市场经济国家依靠价格来调整资源的配置，但是发展中国家的市场不完全、存在外差因素、价格不均衡，使市场标准不可靠或不中用，所以投资分配必须在市场机制以外去作。这种选择还由于存在着不同的发展目标而变得更为复杂：目标可能是使国民收入最大化，也可能是使人均实际收入最大化，使人均消费最大化，或使就业最大化。因此，投资的优先顺序，没有简单的技术标准。资本分配只能是一种由"判断"来决定的事情，因为最佳的分配要按使之最大化的目标

69　《人民日报》，1986年4月11日。

312

而定。还有，最大化的目标是要在多长的时期内实现？需要用贴现的方法去得出目标变量的现值，根据现值的大小，去选择投资的对象。因此，投资标准按不同时期内想要达到的不同目标而有所不同。

各种投资标准

发展经济学家提出了各种不同的投资标准，反映了他们对经济发展目标的不同评价，这是确定如何研究这些标准的基础。

这些标准有：[70]

（1）目标在使国民收入或经济增长率最大化的标准

（a）递增的资本——产量比率，或资本系数：根据哈罗德——多马增长模型提出，表现增加——单位的产出要求增加的投资数额。

（b）资本周转标准（the capital-turnover criterion）：由波拉克提出，由于发展中国家资本稀缺，为了使收入最大化，在选择投资项目时应以低资本—产量比率即高资本周转率为标准。[71]

在应用社会产品（social product）方面，有两个主要方案：

（a）国民产品（或消费）标准（national produce or consumption criterion）：由J·丁伯根提出，[72]建立在对项目的直接的、间接的和第二级的效果的估计之上。

（b）社会边际生产率标准(social marginal productivity，或SMP)：

先由卡恩提出，[73]后由钱纳里将其应用于几个国家的若干实际情

70　参阅G·M·迈耶，《经济发展中的主要问题》，1976年第3版，第七章。

71　J·J·波拉克，"利用外国借款进行重建国家的国际收支问题"，（美）《经济学季刊》，1943年2月，第208—40页。

72　J·丁·伯根，《发展的设计》，巴尔的摩，1958年。

73　A·E·卡恩，"发展规划中的投资标准"，（美）《经济学季刊》，1951年2月，第38—61页。

H·B·钱纳里，"投资标准的应用"，（美）《经济学季刊》，1953年2月，第76—96页。

况使之数量化。[73]两人主张，在分配投资资源时，应当考虑到边际单位投资对国民产值的贡献总额（即社会边际生产率），而不只是考虑归于私方投资人的那一部分贡献（或那一部分贡献的成本）。有效的分配就是要使国民产品的价值最大化，达到这一目的的办法是使不同用途中的资本的社会边际生产率大致相等。社会边际生产率的定义为：

$$SMP = \frac{V}{K} - \frac{C}{K}$$

V＝年度总产值，K＝总投资，C＝年度折旧成本总额。

为调整对国际收支的净影响总额（由于一单位国际收支的变化而产生的收入变化，即VB），上面的公式可改写为：

$$SMP = \frac{V}{K} - \frac{C}{K} + \frac{VB}{K}$$

（2）目标在使人均收入最大化的标准——边际人均再投资系数标准（The marginal per capifa reinvesfmcnt quotient, 即MRQ），或可投资剩余创造率最大化标准（The maximation of the rate of creation of investible surplus principle，MRIS）

这个标准是由盖伦森和莱本斯坦提出的，[74]它的主要目标，是使人均实际收入在未来某一时刻最大化。他们强调资本积累在达到最高增长率中的作用，主要论据是：（a）国民收入可分为工资和利润两部分；（b）工资收入的储蓄率为零，利润收入可以全部用于储蓄；（c）在整个经济中通行一个生产函数，[75]它使每单位劳动的产出成为每单位劳动所用资本的函数。在这种假设下，在未来某一时刻人均实际收入的最大化，要求现在每单位劳动所用资本的增长。这意味着，要求在每一个前面时期的投资最大化；这又要求使利润在国民收入中所占的份额最大化（或使工资所占的份额最小化）。因此要选择资本密集程度较

74　W·盖伦森和H·莱本斯坦，"投资标准、生产率和经济发展"，（美）《经济学季刊》，1955年8月，第347—70页。

75　生产函数指生产一定数量产品所需的资本与劳动的不同组合，假定技术水平不变。

314

高的项目(即资本——劳动比率最高的项目)。使全部资本在不同项目中的分配达到"边际人均再投资系数"相等时,就算取得了分配的效率。

(3)目标在使人均消费最大化的标准——边际增长贡献标准(marginal growth centribution, MGC):

这是由埃克斯顿提出的。[76]他的社会福利函数是从给定的现行投资K以及由它带来的再投资二者所产生的消费流量的贴现值。现行投资要在可供选择的项目之间去分配,这些项目的产出流量及其再投资潜力彼此不同。所有再投资(在将来某一时刻)均导向一个单一项目,即使其社会福利函数最大化。要达成K的最佳分配,须使投在每个项目上的MGC相等。一个项目的MGC是下列二者之和:(a)项目对消费流量的直接贡献的贴现值;(b)从与项目有关的再投资所产生的消费流量的贴现值。

(4)目标在使就业最大化的标准

(a)就业吸收标准:即选择用丰富的劳动去代替稀缺的资本的项目。

(b)动员就业不足的劳动力的标准。

纳克斯提出了另一种吸收劳力的办法。[77]他提醒人们注意在农村就业不足中所掩盖的储蓄潜力,提出动员它来用于资本形成。从前的过剩现在用于生产以后所得的产出,减去这一劳动的最低维持生活费后,可以完全用于资本货物的生产。这里包含有强迫储蓄的意思。虽然这种办法可以试用,但莱本斯顿怀疑:"没有证据可以令人相信,纳克斯提出的办法是获得强迫储蓄的最好途径,或这样获得的储蓄数量是最佳的数量。"[78]

此外还有道布和森提出的再投资剩余标准(reinvestible

76 O·埃克斯顿,"经济发展的投资标准和国际福利经济学理论",(美)《经济学季刊》,1957年2月,第56—85页。

77 R·纳克斯,《不发达国家的资本形成问题》,牛津1953年,第36—47页。

78 H·莱本斯坦,《经济落后与经济增长》,纽约1957年,第261页。

315

surplus, RS）。[79]

（5）目标在使国际收支逆差最小化的标准

对于投资标准的评论

对上述各种投资标准的批评，主要来自三个方面。

第一是它们只注意了资本分配的静态方面而忽视它的动态方面。[80] 没有考虑到在未来某一时刻可能起作用的制约因素，如劳动力的存在与否。

第二是它们忽视了资本分配的微观效率和宏观效率的区别。

在微观一级看来，一家公司利用资本密集的生产方法是完全合理的。这可以提高技术效率，使生产成本降到最低。但这可能同整个经济的资源有效分配相矛盾，如果一国有过多的劳动，实际工资很低，则要获得整个经济的经济效益，就不一定要采用给个别工厂带来技术效益的资本密集型生产方法。宏观效率和微观效率二者的冲突，在发展中国家是可能发生的，因为那里受到高度扭曲的价格结构使过多的供给和过多的需求永久存在下去。许多发展中国家工业部门的资本货物常常定价过低，而劳动则定价过高。结果是，在一个资本密集的城市部门的周围，存在一种储蓄缺乏和劳动过多的经济。[81] 这种冲突不仅存在于工业中，在农业中也同样存在。例如种籽肥料革命可能给不成熟的拖拉机机械化提供刺激。机械化虽然可以给大农场主增加利润，但就农业工人绝对数量迅速增长的农业部门来说，可能是不经济的。[82]

第三是只注意经济的分析而忽视了非经济的分析。

79 毛利斯·道布，《经济增长与计划化》（第1版），1960年；A.K.森，《技术的选择：计划化经济发展理论的一个方面》（第3版），牛津1968年。参阅G.M.迈耶，《经济发展的主要问题》，1976年第3版，第423—424页。

80 T.N.斯里尼瓦森，"投资标准和生产技术选择"，《耶鲁经济论文集》第2卷第1期，1962年，第59—63页。

81 参阅劳芝林·居里，《使发展加速》，纽约，1966年，第56页。

82 布鲁斯·F·约翰斯顿和约翰·考尼，"种籽肥料革命与劳动力吸收问题"，《美国经济评论》，1968年9月，第573—4页。

316

从非经济的观点来看，资本分配的标准可能同只以经济分析为基础的观点完全不同。若问经济发展的社会方面和文化方面需要的是什么，人们可能开出一个以经济效率为基础的投资类型完全不同的处方。因为投资类型可能改变发展中社会的关键性价值标准和制度，而这些又会影响经济发展的速度。例如，有人提出广泛使用马达和机器将影响人们的价值观念，从而使他们的行为更有助于发展。[83]这是赞成采用资本密集的生产技术的一个论点，尽管它可能与相对的要素供应相悖。

其他非经济投资标准可能还有：（a）对要求劳动受过长期高级训练的工业部门进行投资，以便使儿童从幼年起进入训练学校，不但可以获得技能，而且可以获得新的价值观念；（b）在这样一些改变乡村生活的项目上投资：它们吸引人们离开乡村而去就业中心，因为乡村生活是产生变革阻力的一个泉源；（c）在雇用妇女的项目上投资，使妇女脱离锅台，因为妇女是一种文化中最保守的成员，要使她们能对子女给予新的价值观念，就必须使她们受到外部影响。

这些非经济的考虑可能与经济标准冲突，但它们仍然是对投资标准作出总的评价的一个重要组成部分。

根据上面的分析，迈耶教授得出结论说：[84]"困难的任务不在于建立各种各样的投资标准，而在于如何去解决各种标准之间的冲突；""为了分配投资资源而使用投资标准，是不能同国家的目标或一国的发展计划分割开来的。"他引证了联合国工业发展组织《项目评价指南》[85]中的两段话：

"在项目选择中进行社会利得—成本分析的一个主要理由，就是使项目选择服从于国家政策的一系列互相配合的总目标。选

83　戴维·C·麦克莱兰，《走向成功的社会》，纽约1961年，第399—403页。

84　G.M.迈耶，"资本分配的原则"，《经济发展中的主要问题》，1976年第3版，第424—5页。

85　联合国工业发展组织（D·达斯古普塔、A·森和S·马格林），《项目评价指南》，纽约1972年，第11页。

317

择一个项目而不是另一个项目，必须从总的国家影响的角度去看，而这种总的影响，又必须用一系列互相配合的合适的目标去评价。

"避免在项目选择和全国计划化之间完全分而为二，是进行社会成本——利得分析的主要理由之一。当选定一个项目而不是另一个项目时，这种选择对于就业、产出、消费、储蓄、外汇赚取、收入分配以及其他与国家目标有关的事情均会产生影响。社会利得——成本分析的目的，就在于看出：这些后果加在一起，从国家计划化的目标来看，是否称心如意。"

成本——利得分析

成本——利得分析（cost-benefit analysis），又称项目评价（project appraisal），是发展计划化中应用最多的工具之一，因为大多数公布的计划，是由对许多项目及其成本的描述组成的。这里略述这一分析的基本原理。[86]

（1）现在价值（present value）

按照现在价值来进行项目评价，要考虑三个因素。

（a）净现金流量（net cash flew）。

一笔投资的净现金流量是用来衡量出售产品的现金收入与用于投资、各种原材料投入、工资和薪水、购入的劳务等等之上的现金支出之间的差额的。不耗费公司的现金资源的成本（如折旧），不计算在内。

一个投资项目在投资期间会有一连串的净现金流量：最初几年因进行投资，所以流出量大，然后有流入量（新设备开始产生超过经常成本的收入）并逐渐增大。这种净现金流量的"时间分布"（time profile）如图5.2，这是几种可能有的分布图中最普通的一种。

86　参阅吉利斯等，《发展经济学》，1983年，第134—143页。

318

图5.2　　投资的时间分布图：净现金流量

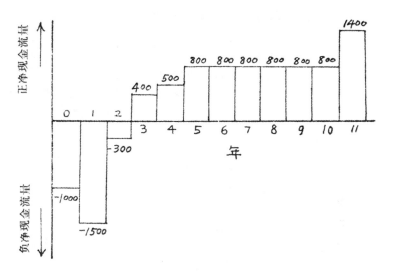

0、1年：建筑和设备投资

　　2年：开始运转期

3、4年：逐渐增加产出

5—10年：稳定的产出和现金流量

　　11年：项目终了，由于某些设备的残值，现金流量较大

（b）净现在价值（net present value）。

在将来才能到手的现金不及现在已在手中的现金有价值，因为后者可以赢得利息或利润。如利息为每年8％，则 1,000元现金存款一年后可得1,080元,因此一年后的1,000元只等于现在的926元（＄1000÷1.08）。这一减少未来流量的价值的程序,称为贴现（discounting）。由于利息可以再生利息，故贴现须用复利率（compound interest rate）。1,000元按每年8％计息，两年后会等于1,166元。两年后1,000元的现值，只有858元（＄1000÷1.166）。求现值（P）的公式为：

319

$$P = \frac{F}{(1+r)^n}$$

F = 未来实现的价值（＄1,000）

i = 利率（8%）

n = 年数

随着利率和支付延期的增加，现值即减少。

将上述现金流量的价值用一个数字表示出来，须将每年的净现金流量用有关的贴现因素去乘，然后将所得结果相加，即得净现值。

$$NPV = \sum_{t=0}^{n} \frac{(B_t - C_t)}{(1+i)^t}$$

Bt = 每年利得（收益）

Ct = 每年成本（包括投资）

i = 贴现率

n = 项目运转的年限

对公司来说，正确的贴现率为从一切来源可以获得的额外资金的平均成本，即公司的资本成本（cost of capital）。

如果一个项目的净现值（按公司的平均资本成本贴现）恰好等于0，那就意味着该项目提供的净现金流量仅足支付投在该项目上的一切资金的本金及贷款人的利息和股东的股息。当 NPV = 0 时，贴现率有一个特别名称：内部回收率（internal rate of return，IRR）。如净现值为正数，则项目能支付一切金融成本并有一些利润。如其为负数，则不足以支付一切成本。净现值越高，则项目越好。87

---

87 另外一种衡量项目可取性的办法就是"利得-成本比率"（benefit cost ratio, BCR）。

$$BCR = \frac{\sum_{t=0}^{n} B_t(1+i)^{-1}}{\sum_{t=0}^{n} C_t(1+i)^{-1}}$$

这只是把上面的公式重新排成比率的形式。当 NPV = 0 时，BCR = 1。因此可取项目的 NPV 应大于 0，BCR 应大于 1。BCR 的缺点是，当确定何种现金流量应列入分母、何种应列入分子时，有时须作出武断的决定，因此不免影响它的准确价值，而 NPV 和 IRR 则无此弊。可是 IRR 另外有一个问题：如果在最初的投资以后现金流量在任何时候又变成负数，则一项现金流量可能不止一个 IRR。

图5.2的现金流量，在表5.17中用12%的贴现率进行贴现，净现值为正数$518，表示投资项目会赚得足够的收入，除偿还总投资＄2,500以外，还有盈余＄518。

表5.17　　　　　　净　现　值

年	现金流量a （美元）	贴现因素b （12%）	现　值c （美元）
0	−1,000	1.000	−1,000
1	−1,500	0.893	−1,340
2	− 300	0.797	− 239
3	400	0.712	285
4	500	0.636	318
5	800	0.567	454
6	800	0.507	406
7	800	0.452	362
8	800	0.404	323
9	800	0.361	289
10	800	0.322	258
11	1,400	0.287	402
净现值d			+518

a. 现金流量＝公式中的（Bt−Ct）

b. 贴现因素＝公式中的1／（1＋i）t。在此例中，i＝12%；t为每年价值。1—11。一系列贴现率的贴现因素，很容易从贴现表中查到，例如迈克尔·罗默和约瑟夫·J·斯特恩，《发展项目评价》，纽约1975年，附录表。

c. 现值＝现金流量×贴现因素。

d. 净现值＝各年现值的代数和。

（c）项目比较。

许多项目的净现值均为正数时，应当如何选择？

应当就整个投资预算，选择一组净现值相加总数最高的项目。这是假定公司在任何一个时候都有一组可供选择的项目，并且有一个投资预算，它能供应其中的一些项目，但不能供应所有的项目。

（2）机会成本（opportunity cost）

一个国家要想从可供投资用的资源中获得最大可能的未来收

321

331

入（或消费时），面临着一家公司所面临的同一问题。唯一的不同是，国家感兴趣的是"资源流量"及其机会成本，而不是现金流量。当一个项目在公共部门或私人部门使用货物或劳务时，它就否定了其他项目再去使用这些货物和劳务。例如，在一个水坝上进行投资，它就得利用可以投在一条乡村公路或一个纺织厂中的储蓄；纺织厂使用的棉花，本来是可以用于出口去赚取外汇的；筑路所用的劳动，本来是可以用来筑坝或植棉的。对社会来说，从事一个项目的成本，等于用来购置这种新设备的投资和进行营运的资源（货物和劳务）。这些资源的价值，用它们被使用在其他项目中可能提供的净利得，即机会成本，去衡量。

举例：新建立一个纺织厂，从农村雇来劳工。对工厂来说，劳动成本是支付的工资。可是从社会来说，成本是农村中除去成本以后的生产价值的减少。如果十个劳动者迁往新厂，他们的机会成本就是由于他们离去所造成的农产品的减少（减去生产这部分产品所用劳动以外的经常成本）。这种净产出的减少就是西方经济学价格理论中的"边际收益产品"（marginal revenue product, MRP，其定义为：一种生产要素的MRP是，在生产过程中，在所有其他要素保持不变时，投入这种生产要素一个单位后所造成的额外物质产出所得的收益），在本例中就是劳动的机会成本。同样，如果在纺织厂的投资意味着从其他项目吸走的储蓄本来可以赢得平均12%的收益，则资本的机会成本为12%，应当用来作为评价纺织厂的贴现率。由于项目评价更便于按不变价格（constant price，即扣除通货膨胀的价格）计算，故贴现率也应为"实际利率"（real rate，扣除通货膨胀）。在本例中，如通货膨胀率每年为10%，则相应的名义利率（市场上看到的利率）应为23%。88

88 有关的公式为：$1+in=(1+ir)(1+P)$，这里in为名义利率，ir为实际利率，P为通货膨胀率，通常我们知道名义利率，需要计算的是实际利率：$ir=\dfrac{1+in}{1+P}$ $-1=\dfrac{1+in}{1+P}=\dfrac{1+P}{1+P}=\dfrac{in-P}{1+P}$，例如P=10%，ir=12%，则in=23%。如in和P的数值很小，则ir可以从ir=in—P取得大概数值。

322

外汇在成本—利得分析中起着特别重要的作用。

大多数发展中国家面临外汇短缺，即出口收入和外国投资不足以支付为达到增长及其他发展目标所需要的进口。当一个项目需要进口时（如资本设备或原材料），就减少了可供其他项目使用的外汇。如果它能出口其产品或用其产品代替进口品以提供外汇，那它就对其他项目有利（为它们提供了更多的外国购买力）。这样，任何能够用于出口或代替进口货物的机会成本或利得，应当用它所代表的净外汇的数量去衡量。例如，纺织厂使用的棉花如果本来是可以出口的，它的机会成本就是它能赚得的外汇。如果织出的布本来是需要进口的（在没有纺织厂时），它的机会成本（在此例中是利得）就是本来需用的外汇。

（3）影子价格（shadow price）

对整个经济的货物和劳务机会成本的估计，称为影子价格。影子价格（关于土地、劳动、资本、外汇的）的第一个近似值是市场的私方参加人所支付的价格。市场上的许多干扰因素使市场价格偏离了它们的机会成本：各种税收和补助，垄断势力，最低工资规定，利率管制，关税和进口限额，价格管制等等。只有对市场上看到的价格根据这些影响去进行调整以后，才能找到影子价格的优良近似值。举纺织厂工人的工资为例。如果政府推行最低工资规定，工厂要付出的工资可比来自乡村的工人和处于正式的、受到保护的城市工资部门以外的城市工人的机会成本要高。

估计影子价格是一项研究工作，要求熟悉一国经济的运转情况（它的各种宏观关系和它的各种要素市场的微观动态）。这项工作应由一个中央计划机关承担，然后由它命令其他计划单位（各部、国营企业、各地区和地方政府）将全国范围的影子价格应用于各个发展项目的评价。所有的计划单位和国营企业都应用全国统一的一套影子价格，是使分散的计划参加者协同一致地完成全国目标的重要关键之一。影子价格估计不仅能改进计划项目的选择，而且对这些机会成本

323

的估计能使研究人员熟悉经济的运转情况，**这件事本身对一个中央计划机关就是一种重要的副产品。**

虽然对影子价格的估计在经济学家中还有很大的争议，但就许多发展中国家来说，却已经得出一些通用的结果。最重要的是，影子汇率比用每美元值多少本国货币表示的官方汇率要高，或许高出10—50%。这反映了广泛使用进口税和限额，以及许多国家尽管国内物价上涨，也不愿贬低官方汇率。结果，任何赚得的外汇多于其所使用的外汇的那些项目，或任何节约的外汇多于其所使用的外汇的那些进口替代项目，都从影子价格得到了好处。按照上面的净现金流量分布图，应用影子价格于这一项目时，所要提高的四—十二年正数净现金流量，在比例上会比它所要提高的负流量更多，从而使这一项目在应用同一贴现率时具有较高的净现值。

（4）项目评价与国家目标

利用机会成本进行项目评价，是促进一定的国家目标的简单而又有力的办法。它的基本原理是：储蓄应当分配于能在未来提供最大收入或消费的投资，自动地实现有效利用资源以促进最大增长的目的。这还意味着，对稀缺的资源（如外汇）比市场所指示的估价更高，因此促进外汇收益或减少进口依赖的次要目标也能实现，因为对任何能够增加出口或减少进口的项目，通过影子汇率，能给予较高的净现值。一旦中央计划机关建立了一个用影子价格进行项目评价的制度以后，凡是从事投资项目的设计、评价和提出的机关，就都在自动地将国家目标贯彻在自己的工作之中。

表5.18是说明影子价格的力量的一个实例。

它描述的是两个具有同一现金流量的项目。可是，一个（纺织厂）比另一个（电信系统）能提供更多的外汇。（除去使用的外汇以外），还使用更多的劳动。由于影子工资率低于市场工资率，两个项目的净现值均被提高，但更加劳动密集的纺织厂这一项目得益更大（第2部分）。

324

当应用影子汇率时，赚取外汇的纺织厂净现值提高很多，但电信系统作为外汇的净使用者，净现值下降并变成负数（第3部分）。

表5.18　　　　　　　　　**影子价格对于净现值的影响**

1. 设有两个具有相同现金流量的项目，但项目A赚取更多的净外汇，使用更多的劳动。

项　　　　目	投资(第一年)	净年度现金流量(后五年)	净现值(按10%计算)
A　纺织厂	−1000	+300	+137
净外汇赚得	−500	+400	
工资支付	−350	−100	
B　电信系统	−1000	+300	+137
净外汇赚得	−800	0	
工资支付	−1000	−50	

2. 影子工资为市场工资的75%，因此所有工资成本降低25%，结果得出以下净现金流量。

项　　目	投　　资	净年度流量	净现值（10%）
A　纺织厂	−913	+325	+319
B　电信系统	−975	+313	+212

3. 影子汇率比官方汇率高12%，因此净外汇流量提高20%，结果得出以下净现金流量。

项　　目	投　　资	净年度流量	净现值（10%）
A　纺织厂	−1100	+380	+340
B　电信系统	−1160	+300	−23

来源：吉利斯等，《发展经济学》1983年，第141页。

但也不是所有的国家目标均能方便地纳入项目评价，有两类目标特别值得注意。

（a）对非熟练劳动应用低影子工资率会鼓励就业创造，但只在工人的机会成本低于其在项目中将会生产的净利得时才是这样。但是政府可能要鼓励就业创造超过这一点，因为就业是人民参加发展的最重要的方式。而在业工人可以被看作是在政治上较稳定的。如果象农村公共工程一类项目为了解决就业而没有效率地使用工人，那末成本一利

325

得分析的作用就在于估计就业的成本，用如果投资和劳动分配在其他用人较少的项目时可能获得的较大净利得去衡量。

（b）第二类目标，即收入再分配或减轻贫困，也可以用项目评价去达到。不过效果可能很微弱，因为在成本——利得分析中，分配目标仍然是服从于有效增长的。需要作出结构改变或进行大量投资以减轻贫困的场合，可能达不到在短期中项目分析的高效率要求。因此，有些经济学家建议，有些政府也考虑，在项目分析中使用"福利权数"（welfare weights）。这些权数会使某些目标集团（在收入分配中属于最低的40%的家庭）的净额外收入获得较高的价值（如增加75%）。这样，创造这种收入的项目会有较高的净现值，能够更多地被选中。这种办法是很有力量的，但也有危险。福利升水是武断的权数，随计划人或政治家的判断而转移。而且这些权数可以大大超过其他的以经济为根据的影子价格，使项目选择几乎完全建立在武断的权数之上。这不能算是精确的。当然，以现存经济状况为基础的影子价格，也不是没有价值观念的。它们隐含着这样一种福利加权办法：它接受现存的收入分配及造成的需求类型。折衷的办法是使两个目标分列，使净现值的衡量只使用经济变量，然后单独制定各个项目在分配方面的利得。两者可以相互比较，使决策人可以权衡利害，并对目标的优先顺序有进行选择的机会。

当公司进行投资分析时，称为商业的项目评价（commercial project appraisal），它使用市场价格。一旦引进影子价格去反映有效增长的目标和生产要素的实际稀缺时，习惯上称为社会的项目评价（social project appraisal）。但社会一词可能涵义太广，因为纳入的只有经济目标而没有其他的社会目标。世界银行改用更为正确的名称：经济的项目评价（economic project appraisal）。社会评价一词保留用于第三阶段，即应用福利权数去反映分配目标时。但是这种最近新创的区分，在经济文献中尚未通行。

（5）将市场价格变成影子价格

326

如果政府使用影子价格进行经济分析，在此基础上选定项目，就产生了一个执行的问题。一家公司（不问是公营还是私营）只能在按市场价格偿付成本并赚得利润时，才能说在财务上是健全的。计划人员的影子价格只存在于纸面上，在市场上是行不通的。

例如一家生产化学品的公营企业，因为它雇用许多机会成本很低的工人，所以受到计划部门的鼓励。可是，企业不能按很低的影子工资去支付工人，而是要按政府规定的最低工资（高于影子工资）去支付。如果这样做使公司亏本，它就会破产，国家的经济利得就会丧失（私营公司自然是决不会从事这种投资的。）因此，如果政府想要使这一项目得以执行，它就必须赔偿企业。最有效的赔偿方法是直接补贴工资，直到影子工资与最低工资的差额消失。这不仅会改变公司的现金流量，也会刺激公司去使用更多的劳动，因为它的工资成本较低。这正是政府想要作的：雇用更多的工人（一种机会成本很低的丰富资源），使用较少的其他相对稀缺的生产要素（如资本和外汇）。

用影子价格计算的任何生产要素均是如此：劳动，资本，外汇，某些商品。每当影子价格将在商业上无利可图的项目推进到经济上有利的领域时，就可能必须支付补贴，去诱使一家公司采用这个项目。反之，如在经济上不足取的项目按市场价格则有利可图时，政府应当考虑课税，以便阻止公司采用这一项目。

可见，影子价格代表的机会成本，是在合乎理想地起作用的市场上应当产生，去为私方生产者和消费者提供正确的价格信号的。如果市场的不完全造成市场价格偏离这个理想时，政府政策的一个目标，就是要用消除市场不完全的办法，或用补偿性课税或补贴的办法，使所有的市场价格接近影子价格。如果政府能做到这一点，资源就会被有效地利用，即根据它的稀缺性来利用。一般说来，这会促进经济增长。可能某些干预仍有必要，以便针对外差因素、幼稚工业和制度上的缺陷作出调节。

使市场价格趋向影子价格的政策是"理顺价格"（getting prices right）的核心。 这里包含着减少管制和使价格接近机会成本，可能要求在间接税方面进行变革以及市场价格方面的其他变革。

328

第三编 战　略

第六章　技 术 发 展

科学技术与经济发展的关系

科学技术在发达国家经济增长中的作用

科学技术在现今发达国家的经济增长中起着重大的作用。据美国经济学家 E·F·丹尼森的研究，促进经济增长的因素，主要有下列八种：[1]

（a）就业人数及其年龄、性别的构成；

（b）劳动时间、包括部分时间工人变动的情况；

（c）就业人员的教育；

（d）资本存量的大小；

1　E·F·丹尼森，《美国经济增长核算，1929—1969年》，华盛顿1974年．将这八种因素与第三章第一节所论决定经济增长的六种因素比较可以看出，前者系后者的进一步具体化．参阅杨敬年，《科学·技术·经济增长》，天津人民出版社1981年．

329

（e）知识进展状况；

（f）劳动配量不当的比例；

（g）市场的大小；

（h）需求压力的强度及其短期变动的格局。

上述诸因素中，知识进展是最大的增长泉源，从表6.1可以看出。

表6.1　　　　美国国民收入增长中知识进展所作的贡献1929—1969年

	全部国民收入的增长（%）		
	1929—1969年	1929—1948年	1948—1969年
国民收入	3.33	2.75	3.85
全部要素投入量	1.81	1.49	2.10
其中教育	0.41	0.40	0.41
单位投入量的产量(余额)	1.52(45.6%)	1.26(45.8%)	1.75(45.5%)
其中知识进展及其他	0.92(27.6%)	0.62(22.5%)	1.19(30.9%)

注：括号中数字系占国民收入增长额的百分比。

来源：E·F·丹尼森，上引书，第127页。

上述各种因素，也是欧洲各国及战后日本经济增长的泉源。其中所谓"余额"（residue，包括科学技术的进步）在增长中起了很大的作用（表6.2）。

表6.2 若干资本主义国家第二次世界大战后经济增长中知识进展的贡献[a]

	日本	美国	比利时	丹麦	法国	西德	荷兰	挪威	英国	意大利
实际国民收入增长率	10.13	3.22	3.20	3.51	4.92	7.26	4.73	3.45	2.29	5.96
全部要素投入量	4.03	1.95	1.17	1.55	1.24	2.78	1.91	1.04	1.11	1.63
其中教育	0.14	0.49	0.43	0.14	0.29	0.11	0.24	0.24	0.29	0.40
单位投入量的产量(余额)	6.10	1.37	2.03	1.96	3.68	4.48	2.82	2.41	1.18	4.30
余额占总增长的%	0.60	0.41	0.63	0.56	0.75	0.62	0.60	0.70	0.52	0.72

a 日本为1955—1968年，其他各国为1950—1962年。

来源：联合国，《五十至七十年代的欧洲经济》，纽约1972年，第103页。

丹尼森认为："可以合理地假定，同样的因素，也将支配未来的经济增长，从中可以找到主要的变数，采取适当的政策。"（上引书，第1—2页）。

330

上列两表中的"余额"，西方经济学家称之为"综合要素生产率"（total factors productivitg，TFP），即总产值增长率减某些投入物总额（即以上两表中的"全部要素投入量"）增长率以后的差。高投资率（包括对物质资本的投资和对教育与培训的投资）对于经济增长是必要的，但是还不够，必须同时提高效率、改进技术，而综合要素生产率的提高，就是效率提高和技术改进的反映。

世界银行1984年中国经济考察团指出：2

对某些国家和某些时期所做的研究，不同的人往往会得出极为不同的估计，但大多数研究结论均说明：中等收入发展中国家净产值增长总数中，有三分之一是因为综合要素生产率的增长而获得的，而在实行市场经济的工业国家，则将近有一半净产值增长是由于综合要素生产率的增长而获得的。苏联综合要素生产率的增长，显然比大多数市场经济工业国家缓慢，占产值增长的比例也较小。对中国所做的粗略计算说明，中国1952—82年期间综合要素生产率的增长，同其他发展中国家相比，总的来说较低，虽然有的部门和有些时期的成绩要比另外一些部门和时期好一些。

对不同国家和不同时期综合要素生产率增长产生变化的原因所作的研究成效有限，部分原因是对那些可以说明问题的变数（如技术进步、知识增长、更加细致的分工、促进节约材料和资金以及更有效地使用刺激职工的因素）很难确定其数量。但是比较明显的是，部门之间综合要素生产率的差异，不如国家之间的差异那么显著而有规律；在增长迅速的国家中，所有部门的综合要素生产率的增长，都比其他国家迅速。这就进一步证实，总的政策方向和经济管理体制是决定经济发展速度的关键因素。中国自1978年以来的经验同样证明了这一点。

发展中国家的技术改造与经济发展

根据联合国贸发会议秘书处的《发展中国家技术改造战略》

2 世界银行经济考察团，《中国：长期发展的问题和方案》（主报告），第37页，中国财政经济出版社，1985年10月。

报告3，应当建立一个新的技术秩序。这种提法充分说明了技术改造与发展中国家经济发展的关系。

在第二次世界大战以后的时期内，发展中国家取得了政治上的独立，但是不久就发现，这种独立受到自己在经济上和技术上依赖性的严重束缚。开始认识到迫切需要有强有力的、依靠自力更生的发展。这就要求加强自己在决定生产能力的范围、规模、步伐和格局方面的能力。现代科学技术的巨大成就过去与它们是无缘的，现在却必须加以利用，以便完成这一任务。它们的经济和社会进步以技术改造为关键。

技术改造不只是进口外国的技术及由本国吸收这种技术。它要求有结构方面的根本变化——产品生产及其分配的变化，对外贸易方向和构成的变化，技术的外部和内部来源（或供应者）的平衡的变化。技术改造不仅仅是技术投入的增长；它在事实上是技术本身的发展。技术变化（technological changes）可以由大量进口外国技术来形成，而国家在掌握新的工艺流程，在控制、组织、计划和生产这种工艺流程本身方面的能力则没有丝毫改变。反之，技术改造（tehnological transformation）具有更多的质的内容。它包括体现在生产货物和劳务工具、工艺流程中的物质技术（physical technology），此外，它还体现社会技术（social technology）的成熟过程：掌握生产这些工具和工艺流程的技能，组织、管理、经营和计划它们的未来发展，公平分配它们的成果，保证整个社会协同一致地和谐地进步。技术改造同时把经济改革和社会改革联结起来。资本形成和技能形成是这一改造的先锋。

具有这种规模和性质的质的改造很难归结为传统的质量指标，如人均产出和生产率。它包括这样一些因素：资本密集和劳动密集；产出、支出和对外贸易结构；教育和训练水平的扩大与分配；医疗、卫生、社会福利和生活质量的进步，各个社会阶层之间的关系；本国和其他国家的关系。它要求有一个新的技术秩序——国家的和国际的。

需要改组现存的技术关系，已由1974年联合国大会及其建立国际

3　文件TD／277，1983年6月，第1—5段。

经济新秩序的宣言和行动纲领所承认（大会决议 3201（S—VI）及 3202(S—VI)）。它还体现在联合国贸发会议第III、IV、V、VI届大会的决议中。联合国有关发展的科学技术会议(1979年)在《维也纳行动纲领》中重申，要求在发展中国家迅速建立技术能力。第三个发展十年的国际发展战略指出：“获得并掌握现代科学与技术知识，对于发展中国家的经济和社会进步是至关重要的。对于增加发展中国家的科学与技术能力，必须给予高度优先的地位。”

发达国家技术改革的经验

发达国家（市场经济国家和计划经济国家）的技术改革史，可以为发展中国家的技术改革提供参考。其中最重要的一个方面就是技术改革在这些国家经济增长中的反映。这曾经是一项非常广泛和详细的研究课题。[4] 各个国家和各个时期的经验有所不同，不能盲目地应用于发展中国家，但在过去百年中在发达国家发生的技术改革有若干特点，可供今日的发展中国家参考。[5]

1875年的技术背景

1875年，纺织业、采煤业和铁路运输业是从工业革命开始以来决定新技术采用速度的三个部门。

胜家缝纫机已在1851年问世，自行车出现了，但还没有滚珠轴承（要等到1877年才有）或气胎（1888年）。贝尔尚未发明电话。卡尔·本兹还在和他的机动三轮模型作斗争，这将在1878年以每小时行驶 7 英里。爱迪生的碳丝白炽灯（1879年）此时尚有四年等待，静电发电器（1880年）还有五年等待。戈特利布·戴姆勒的轻型高速汽油发动机要到1885年才能发明，而交流发电机则要到1888年才能发明。

---

4 关于这个题目最卓越的著作，有S·库兹涅茨，《经济增长六讲》，1959年，及《现代经济增长：速度、结构与扩大》，1966年。

5 参阅《发展中国家技术改造计划化》，联合国贸发会议秘书处的研究，1981年（TD／B／C、6／50），第1条。

333

吉尔克里斯特和托马斯刚刚发明了从铁矿石提取磷的过程；但是钢（机器所有运动部分的基本金属）还只有100万吨左右。 1875年这些国家使用的全部能源中，将近有90％是人力和畜力。除了在纺织、采煤和铁路三个部门，在随后一百年中登上世界技术舞台的演员此时均尚未出场。

1875年欧洲最先进的首都，也没有现今在最不发达国家的首都所看到的技术设备。因此，在1875年以前，在现今发达国家生产系统中体现的技术改革均未大规模地出现。的确，在那一年，柴油发动机、发电机和电动机，以及化学中的主要发明，甚至都还没有离开发明家的画图板。个人发明家——1875年所有改革的泉源——还没有被完全从事研究与开发的实验室所代替。[6]

1875年以来的技术改革浪潮

（1）技术改革的规模

对于技术发展的衡量，可以用（例如）在专利权统计中所反映的发明与革新的数目，可以用在研究和发展上的经费支出，也可以用从事研究和发展的人员的数目。但从发明的出现到它在生产过程中被采用，在时间和空间上总有一些差距。只有在一种发明已经大规模地体现在生产中成功的技术革新时，才能说这种技术已经体现在经济制度本身中。这时，只是通过生产率的变化才能衡量技术改革的程度。

在衡量生产率变化本身时产生了复杂的问题，特别是在服务部门。为了估计技术改革在经济制度中体现的程度，可以用实际人均国民生产总值水平的增长作为大致的和方便的指标。[7]

实际产值的增长

现代发达国家过去技术改革的最主要特点，是1875年后一百年间

6　关于详细情况，参阅 D·F·诺布尔，《设计中的美国：科学、技术和公司资本主义的兴起》，纽约1977年。

7　详细的讨论，参阅库兹涅茨《现代经济增长》，特别是第 74、75、160、223—234页。

334

总产品合计的数量猛增至二十倍。由于其人口从1875年的3.75亿增至1975年的10亿左右,故实际人均产值的增长要比较小些,略高于七倍。[8]

人均产值增长率的逐渐上升

不同的国家在不同的时候进入技术改革过程,后到者的实际增长率会有所不同。也没有任何一国的增长率是在整个时期始终不变的。可是,有一个特点是很明显的:每一个新来者在其技术改革的时期中人均产值增长速度都是逐渐上升的。这种上升在英国和法国为 1.2—1.4％,丹麦、德国、瑞士、美国和加拿大为1.6—1.8％,挪威、瑞典和日本为2.1—2.8％,苏联、东欧社会主义国家以及近几十年的若干发展中国家为3—4％或者更高。

这种情况,部分地是因为有机会从世界技术知识的积累中获益。从开拓国来说,经济增长不能比技术存量新近增加所施加的 限 制 更快。新技术只在开发了以后才能应用。而新来者则不需要每一种新技术都要通过过去一步步发展的缓慢过程。一个国家开始它的技术进步越晚,它所能应用的技术存量就越大,它的增长速度就可能越快。

但是发展中国家开始它们的发展过程时,环境已经改变。上述各种因素不免受到了极大的限制。国际立法和司法环境严格了,它们有利于发达国家,而对发展中国家则施加了严格的限制。获得外国技术的条件更为苛刻了。进口的技术缺乏作为开拓工业国特征的主要的技术实验和伴随的训练。结果,尽管一些发展中国家经历了很高的增长速度,却并不总是伴随有本地技术的平行发展。

技术改革的规模

若把世界经济看作一个整体,其组成部分逐渐提高了生产率,则可以看出有越来越大的一部分世界人口居住在较高劳动生产率的国家中。1875年世界人口估计为14.5亿,其中不到10％(不到1.5亿)住在人均收入约500美元(按1975年价格)的国家。随着技术改革推广到其他国家,这个比例在1975年已达到45％ (在世界人口40亿中占 18

8　实际生产率的增长事实上要高得多, 因为1875 后这些国家的工作人／时下降了10—40％.

亿)。这意味着，世界人口总增长中有三分之二以上被吸收进人均收入水平在500美元以上的国家中。

（2）技术改革的特点

农业与工业相对份额的改变

发达国家过去的技术改革，是同生产结构的变化相联系的。在1875年以前，农业占总产值的一半左右，工业占五分之一左右。技术改革引起这一比例的完全颠倒，到1975年，工业份额已升到一半左右，农业的份额降到十分之一以下。这一整个时期每年的相对增长速度农业为1.4%，工业为4%，两者的比率是1：3。这样，在一百年中，农业产量增至四倍，工业产量增至二十倍以上。农业增长对实际总产量增长的贡献不到十分之一，农业的技术改革没有导致总产量的巨大增长，而主要是导致了人均劳动生产率的提高。结果，农业中的劳动力大为下降。

工业生产结构的改变

工业生产由（a）采矿、（b）制造、（c）电力、煤气和水三个部分组成，用于（a）直接消费、（b）其他货物（中间产品）生产的投入，以及中间产品或最终消费品生产工具生产的投入。这两大部类有不同的名称，后者称为资本货物或生产资料，前者称为消费品。

显然，当工业随着分工的增长而发展时，直接用于消费的产品份额降低了，而生产资料的份额相对地上升了。这两个部门的增长速度在不同的国家和不同的时期有所不同。尽管如此，生产资料工业的增长速度常为消费部门的一点三——二倍以上。结果，消费品部门的份额从工业总产值的三分之二以上降至三分之一以下。这种相对份额的颠倒，是几乎所有现在的发达国家的一个共同特点。

世界工业生产地区分布的改变

技术变革的扩散这一概念的意思是，其他的国家参加了这个行列。结果是工业生产（包括采矿，制造，建筑，电力、煤气和水的供应）在先行国家之间的集中程度逐渐减少见表6.3。

336

表6.3

表6.3　　　　　　世界工业生产的分配估计（％）[a]

年　　份	发达的市场经济国家	东欧社会主义国家	发展中国家
1875	96	3	1
1900	95	4	1
1953	70	20	10[b]
1975	53	30	17[b]

　　a　本表的地理和工业内涵比利马目标所使用的大，参阅《关于工业发展和合作的利马宣言和行动纲领》，联合国贸发会议第二次大会通过，利马，1975年3月12—26日，第IV章。

　　b　包括南斯拉夫和罗马尼亚，还包括亚洲社会主义国家(中国、朝鲜民主主义人民共和国和越南）的估计产量，假定其等于发展中国家的人均工业产值。

来源：W·G·霍夫曼，《工业国家的增长》，纽约1958年；国际联盟，《工业化和对外贸易》，销售号1945、II．A．10；S·J·佩特尔，"过去一个世纪的工业增长速度，1860—1958年"，《工业发展与结构改变》（美国）第9卷第3期，1961年4月，第316页；联合国《统计月报》和《统计年鉴》。转引自目前引《发展中国家技术改造计划化》，第3页。

（3）技术改革的推动力量

　　发达国家过去的技术改革，是以模仿、进口、改造、发展和创造等国内努力为基础的。因此，这些国家成功地创造了本国掌握和发展技术的能力。虽然在各大技术强国之间、特别是在美国和其他发展中国家之间，在技术上现在仍有很大的差距，但是这种差距却正在变得越来越小。

　　技术是体现在生产工具（即资本货物）和人类获得的技能之中的。

　　在考察对各国经济增长作出了贡献的各种要素的历史证据时，库兹涅茨说："不可避免的结论是：人／时和资本积累的直接贡献，对人均产值的增长速度不会超过十分之一，也许还要少些。剩下来的大部分必须归功于生产资源效率的提高，即每单位投入所得的产出的增长，这或者是由于资源质量的改进，或者是由于改变着的安排的效果，或者是由于技术改变的影响，或者是由于三者同时发生作

337

用。"[9]

自从 R·M·索洛对1949年以前四十年中美国人均收入增长的将近十分之九归之于技术进步[10]以来，关于这一投入对其他投入的关系有过许多讨论，并得出了数量广泛的结论。现在再没有人否认科学和技术在解释现今发达国家总转变中的作用了。回顾一下这些国家科学与技术以及二者与其他要素和力量的相互关系，其意义不仅仅只是说明"后来者"的问题。

现在普遍承认，在工业革命之初，科学从工业学到的比它给与工业的要多。提高蒸汽引擎效率的努力，导致了能量守恒和能量转化规律的发现。对蒸汽力的需求，导致金属切削的周密方法和优质金属尤其是钢的大量生产。但是这些都没有涉及很多的科学原理。需要有新的科学进展才能使化学工业和电力工业得以兴起。但科学与工业的相互影响是根本的。在十九世纪末期，开始了有组织的研究与发展（R and D），特别是在德国，目的是在发展技术。但在更早得多的时候，就牵涉到科学与技术以外的东西。从不是科学家的实际发明家詹姆斯·瓦特的经验可以得出的教训是：一种想法要变为成功的机器，需要有时间、金钱上的刺激以及各个方面的信仰和信心，"技术是可以远远跃进在基础科学之前的。"[11]

在解释技术改革的过去历史和展望未来时，应当强调的是：[12]第一，科学——技术——发展的先后顺序，以及这一顺序的经常的前向或后向的相互作用。第二，为掌握财务资源、新的组织形式和新的制度（这些同得到并掌握技术一样重要）所需要的时

---

9 前引《现代经济增长》，第80—81页。

10 R·M·索洛，"技术变革与总生产函数"，（美）《经济学与统计学评论》第39卷，1957年，第312—320页。

11 S·朱克曼，《技术的映象》，伦敦1967年，第14页。

12 S·库兹涅茨，"科学—技术—发展中的缺口：一个评论"，载W·小贝拉内克和古斯塔夫·拉尼斯编，《科学、技术与经济发展》，纽约1978年，第341页以下。

338

间。例如，美国花了半个世纪才发展了现代企业公司作为一种新的法律形式；没有大量的物质和社会基础设施，大规模的现代工厂就不可能出现。

最后，在说明发达国家的变革时，还应记住早先的农业革命（如十八世纪末在英国发生的）或同时发生的农业革命，以及工业革命所起的作用，还有世界规模的人口移动所作的贡献。[13]凡是有农业发展的地方，技术自然总是一个主要的因素。

在了解增长过程时，事实上需要考虑两种类型的技术：体现在用来生产货物和服务的工具中的技术，和体现在人的技能中的技术。社会技术——技能，包括社会的结构方面和组织方面——决定着这两类技术的相互作用，以及整个生产制度的工具由劳动力制造并使用的方式。因此，这两类技术一方面同资本形成、另一方面同技能形成有广泛的联系。此外还有国家作用的改变。

总资本形成

关于资本形成和投资的讨论，经济文献是很丰富的。这里只简单地谈谈它的一个特点：在时间上的变化。在现今发达国家的国民生产总值中，总资本形成从1875年左右的10—12％增至1975年的20％以上。在此期间实际国民产值增至二十倍，这就意味着，资本形成的实际规模大体扩充至四十倍，年增长率约为3.8％。

技能形成或人力资源投资

自从第一次世界大战以来，经济学家和统计学家对资本形成的衡量，都不包括用于教育、卫生和娱乐上的支出，而这些实际上是对技能和社会技术的改进有直接贡献的。如果这些现行支出也被看作是投资，则——例如——美国在1956年的总投资已达国民生产总值的40％，为了更好地理解技术对增长的贡献，应当考虑这种数字。

13　参阅Ｗ·Ａ·刘易斯，《国际经济秩序的发展》，美国普林斯顿大学出版社，1978年。

339

直到1875年，教育在大多数现今的发达国家中还不是世俗的，并且只限于学龄人口中的一小部分人。高等教育仅少数上层人士才能享受，并主要限于神学、法律和医学。

十九世纪七十年代，英国总人口中只有4％至5％上小学，1975年发展中国家相应的数字为12％。英国入学率的迅速增长，是在1870—1880年之间。中等教育和高等教育的扩大要晚得多，只是在1890年以后。英国中学生人数1904年为2.9‰，日本在1900年为3‰。发达国家平均中学生人数1974—1975年升至85‰，而发展中国家（不包括中国）为35‰。

第三级教育（大学及其他高等学校）的扩大，在现今发达国家甚至比中等教育更晚。美国高等学校学生在1870年为52，000人，占人口1‰略多，1900年增至4‰，1975年增至48‰。相应的数字，在北欧、西欧和中欧1900年不到2‰，日本1900年为0.5‰，俄国1914—1915年为0.8‰。现在所有的发达国家均已增至25‰以上，而发展中国家为4‰。

国家的作用

现今发达国家政府的活动，1875年仅限于作战、签订条约、征收赋税来维持有限的行政服务。随后态度开始改变，特别是在欧洲大陆，尤其是在法国和德国。14现在的公共部门，即使在发达的市场经济国家，已占国民生产总值的三分之一以上。

国家的特别显著作用，是在一些重要的、后来起步的发达或半发达的国家中，作为经济扩大的引擎——例如在苏联及其他东欧社会主义国家，以及在日本和南朝鲜。甚至在政府不直接起计划经济作用的国家，政府通过财政及行政援助，对基础设施改善的贡献，对社会技术的发展、从而对技术改革的促进也是必不可少的。

---

14 在法国，国家干预是直接的．在德国，国家干预是间接的，通过办展览会、发奖金、补贴、技术咨询及设立各种技术和科学机构来训练人才。

340

五十年代以来发展中国家的技术改革

战后初期不平等的技术秩序

　　发展中国家从前在世界经济和技术舞台上的地位是记忆犹新的。它们在五十年代中期占世界人口的将近四分之三，但在世界生产中的份额不到五分之一。农业在生产中占统治地位，在就业中尤甚。绝大多数居民住在乡村，以过去两千年中因袭的技术从事农业，收成几乎完全依靠自然力量（降雨量、虫害）。各处零星散布着少数先进的农业区域，但这些大多数是种植园，由外国人拥有和经营，以供应宗主国的市场。即使是十八和十九世纪欧洲比较简单的技术进展，也尚未出现。

　　现代工业作为一个行业，还处于发展阶段。统计学家提供了工业收入的估计，但他们所说的"工业"并不是现代的工业。将近80%的这种工业收入来自手艺的、工匠的、小规模的活动（而不是来自运用现代技术的工厂），或是来自向宗主国供应矿石和原油的矿井。有些发展中国家已开始制造少数消费品，特别是纺织品。三十年代的大肖条和第二次世界大战期间的供应短缺提供了最初的刺激。笨重而难于运输的物品（如水泥）已开始制造，但只在几个国家。不知道有基本化学品的生产。在资本货物部门这种现代化的真正力量中，没有任何值得注意的活动，只设立了一些维修工场，作为铁路的附属物。

　　发展中国家的这种极端的技术依赖情况，在其对外贸易的格局中集中地体现出来。几乎所有的进口均来自宗主国，实际上全是制成品。所有的出口主要指向相同的宗主国，几乎全是初级产品，即农产品和矿产品。

　　15　由于材料所限，本节讨论一般不包括亚洲发展中的社会主义国家。参阅前引《发展中国家的技术改造战略》第一编第 II 章。

有一些教育，甚至有几个大学。但它们全都讲授人文科学，只有少量古典的物理学和化学。在全世界大学和高等学校学生中，来自发展中国家者不到十分之一。技术工程学院根本不存在。只在来到港口的轮船上、在铁路上、公路上和连接城市的电报网中，以及城市居民区的电力中，才能看到现代技术的一些迹象。

1950—1975年是国际社会经济增长的黄金时代。发达国家和发展中国家的经济增长速度（或技术吸收）远远超过了工业革命以来的任何其他可比时期。这种趋势对发展中国家就更为显著，它们大多数在这个时期才从殖民依附中解放出来。在一个大大改观的世界上，它们开始采取步骤，来尽快地实现自己在经济和社会方面向现代化的转变。

发达国家是技术进展的中心，而发展中国家则在技术上处于绝对依赖的状态。两类国家技术关系的不平衡，可以归结为[16]：

（a）在商品格局方面，穷国生产的消费品类型大大地受富国所消费的商品的影响。

（b）在生产资料方面，穷国生产的资本货物非常有限。

（c）在技术知识方面，在信息和适用性上都有差距：第三世界不知道别处可以得到的东西，也不理解自己所需要的那种专门知识。

（d）在技能方面，根本的区别是，在先进国边有着更多的一面作一面学的机会，这种机会同在工业革命之初一样重要。

（e）在贸易方面，发展中国家使用进口技术制成的出口品常常受到限制，而进口品则常常被规定须来自技术发源的国家。

（f）在金融方面，大多数发展中国家获得资本的可能性是有限的，而且是不确定的。

（g）在控制方面，主要的决策常常是在外国作出的。

（h）在主动权方面，发展中国家没有能力作出技术上的决定。

---

16 《技术依赖：它的性质、后果和政策会议》，联合国贸发会议秘书处报告，TD/190，第一条。

342

现今发展中国家与发达国家在技术上的差距

发展中国家在过去三十年中已经取了很大成就，尽管如此，发展中国家同发达国家今天在技术上仍然存在着很大的差距。

对于这种技术差距，有两种极端不同的看法。一种认为差距非常之大，并且正在日益扩大。一种认为差距不是太大，并且发展中国家正在建立基础，使之迅速缩小。很少有系统的分析，能据以作出实在的结论。

这两种极端的看法，以及任何界于二者之间的看法，都受到所根据的资料和概念的限制。例如，如果考虑的是拥有专利权的数目、用于研究和发展的人均支出以及从事这项工作的人员数目，或最先进部门（如计算机、原子能和空间技术）的状况，那么差距可能很大，甚至还正在扩大。但是，如果考虑的是不同部门的现行生产水平（在工具和人员中所体现的技术的综合结果），则差距可能不是那么大。

不同的看法有不同的主张。认为差距很大的人强调过份依赖外国，并且不可能在短期内减轻这种依赖，因此将最大的注意力放在外部因素上，将其看作是阻碍国内经济发展，或刺激国内经济发展的东西。把差距看作不是太大的人，一般主张建立国家生产能力，以便最大限度地利用已经开发的、目前可以得到的技术，并将其体现在生产工具及劳动中，使生产率迅速提高。他们主张迅速扩大生产资料的生产、训练技术人员、提高设计和工程技术能力，以便尽快达到更大的经济和技术独立的目标。

对于技术的这两种看法相差悬殊，需要对能作出判断的基础进行系统的考察。这里只作一个一般的衡量。[17]由于使用的资料不全，分析只是初步的，所以得出的结论只是作为一个发端，供以后进一步研究参考。

（1）总的技术差距

上面已经说过，任何一国对技术的吸收，最好以人怎样能通

17　前引《发展中国家技术改造的计划化》，第19—22页。

过体现在生产工具中、体现在利用这种工具的技术去生产更多的货物和劳务来衡量。因此，可以利用按总人口平均的产值或从事经济活动的人口平均产值（二者在作用上是互相联系的，并且是按照同一个方向变动的），作为技术吸收程度的一个大致的和方便的衡量。如表6.4所示。

表6.4　　　　　发达国家和发展中国家按部门的国内生产总值
（总的和人均的）1975年[a]

	总　　额			按总人口平均[b]			按经济活动人口平均[b]		
	发达的市场经济国家（10亿美元）(1)	发展中国家c（10亿美元）(2)	比率 (1)／(2) (3)	发达的市场经济国家c（美元）(4)	发展中国家c（美元）(5)	比率 (4)／(5) (6)	发达的市场经济国家（美元）(7)	发展中国家c（美元）(8)	比率 (7)／(8) (9)
农业	179	185	0.96	230	100	2.3	5,190	430	12.2
工业	1,844	337	5.5	2,320	180	13.0	14,230	2,370	6.0
采矿	57	47	1.2	70	30	2.9	17,810	9,220	1.9
制造业	1,154	168	6.9	1,450	90	16.3	13,640	1,870	7.3
消费品d	374	81	4.6	470	40	11.0	10,600	1,290	8.2
中间产品e	219	40	5.5	280	20	13.1	18,720	3,250	5.8
资本货物f	561	47	11.9	710	30	28.2	14,960	3,070	4.9
电力、煤气、水	102	16	6.4	130	10	16.0	36,430	7,270	5.0
建筑业	241	51	4.7	300	30	11.2 ⎫			
运输和交通	290	54	5.4	370	30	12.6 ⎬	12,610	2,650	4.8
服务	2,056	340	6.0	2,590	180	14.4 ⎭			
共　计	4,079	862	4.7	5,130	460	11.2	12,290	1,230	10.0

注：a、各部门国内生产总值估计，系将每一地区的部门估计百分比份额应用于地区国内生产总值数字（在贸发会议资料中可以得到）得来。前者系根据编制国内生产总值及世界工业生产指数（1970＝100)中使用的部门权数估计，使用部门的和次部门的指数将其续至1975年；有关的数字在联合国资料中可以找到。从事经济活动的人口总数及其在农业中的比例，根据粮农组织《生产年鉴》，1970年和1977年；工业中的比例，根据联合国《统计年鉴》中工业就业指数表所用部门权数以及国际劳工组织在《劳动估计及展望，1950—2000年》第五卷《世界总结》（日内瓦，1977年）中对某些年中制造业就业人数的估计而作的估计。其他部门从事经济活动的人口，系作为余额

得出的。由于这些估计方法很粗糙，又由于对不同数列的国家分类略有差异，故本表只提出了大致的比较数字。

　　b、化零为整，使之接近10美元。

　　c、不包括中国及亚洲其他社会主义国家。

　　d、ISIC（国际工业标准分类）：31、32、33、34及39。

　　e、ISIC：35及36。

　　来源：联合国贸发会议，《国际贸易和发展统计手册，1977年补编》。及联合国《统计年鉴，1977年》。转引自《发展中国家技术改造计划化》，第20页。

　　从表6.4可以看出，1975年的国内生产总值按现值汇率折算成美元，按总人口平均，在发展中国家为460美元，在发达的市场经济国家为5,130美元，二者的比率大致为1：11。按从事经济活动的人口平均，则分别为1,230美元及12,290美元，比率为1：10。（东欧及亚洲社会主义国家因数字不易得到，及测算概念上的不同，故不包括在内。）

　　假定1975年的技术差距大致为1：10，那末要达到1975年发达国家的技术水平，发展中国家进行技术改革所需要的时间就容易计算了。如果人均国内生产总值每年增长3％，就需要八十年；每年增长4％，就需要六十年；每年增长5％，就需要五十年。这种关系，自然因差距的大小（即依存于要达到的是1975年的水平，还是过去任何其他的水平或假定的未来水平），关于每年增长率的假设、或要完成转变的时期而有所不同。

　　的确，上述时间和速度可能是高估了而不是低估了实际的情况。它们是根据人均收入按现行汇率来比较的，这种作法在五十和六十年代是很通行的。现在大家承认这种比较方法可能引起很大的误会，事实上是对现实的扭曲，但是最新的比较方法，即按购买力计算的方法，也尚难付诸实施（第一章第三节四）。

　　（2）各个部门的技术差距

　　不同部门的技术差距有很大的不同，表6.4提供了这方面的情况。这些情况只是粗略的全球性估计，以简化的方法为基础，提供大致的数字，但是也能从中作出几种有一定政策含义的观察。

（a）从国内生产总值看，发展中国家和发达国家在农业和矿业的产值方面差距很小，1975年发展中国家的农业产值略高于发达国家，矿业产值则略低。其他部门的差距则要大得多，发达国家的制造业生产为发展中国家的六点九倍，其他部门则略为小一些。

（b）由于发展中国家的总人口比发达的市场经济国家多，因此比较各部门的人均数字意义较大。按总人口平均的农业产值，发达国家仅为发展中国家的二点三倍，而制造业、特别是其中的资本货物的差距则要大得多，分别为十六点三倍和二十八点二倍。服务部门的比较意义较小，因为两类国家现行工资水平的差异不一定反映生产率的差异。

（c）第三个观察或许更切合技术（或生产率）差距的衡量。用从事经济活动的人口平均计算的生产率衡量技术差距，在采矿业最小（一点九倍），农业最大（十二点二倍），前者是由于采矿业大部分是面向出口的活动，常常为外国人所有和控制；后者则显然反映农业这个巨大部门仍然没有被技术进步的影响触及到。在农业中，发展中国家的劳力，特别是妇女劳力，主要是使用体力，借助于旧式工具进行生产。制造业的差距为七点三倍，消费品工业略高（八点二倍），资本货物工业略低（四点九倍），这种生产率的差距综合反映了技术的密集（更有利于生产的工具及更有效力的劳力和经理人员）和技术在各部门间的扩散。

这些大致的指标也指明了发展中国家进行技术改革的主要路线。

技术改革的进程

表6.5说明了发展中国家要达到1975年发达国家的技术水平所需要的时间和速度。尽管这些数字很粗略，却可以从中看出，

346

如果发展中国家的人民要得到不仅可以满足基本需要，而且可以提供与发展过程相联系的舒适的一系列货物和服务，生产需要发展到什么程度。

表6.5　　　　　　　发展中国家技术改革动态指标

部　门	发达的市场经济国家与发展中国家按人口平均所能得到的货物和劳务比较，1975年[a]	为达到1975年发达国家水平所要求的人均产值增长率(%)		
		50年（至2025年）	35年（至2010年）	25年（至2000年）
农业	2.0	1.4	2.0	2.8
采矿业	3.0	2.2	3.3	4.5
制造业	16.0	5.7	8.2	11.7
消费品	11.0	4.8	7.0	10.1
中间货物	13.0	5.3	7.5	10.8
资本货物	28.0	7.0	10.0	14.3
服务	14.0	5.4	7.8	11.1
共　计	11.0	4.8	7.0	10.1

a、化零为整数字。发展中国家不包括中国及其他亚洲社会主义国家。

来源：联合国贸发会议，《国际贸易和发展统计手册，1977年补编》及联合国《统计年鉴，1977年》。转引自前引《发展中国家技术改造计划化》，第21页。

表6.5估计的数字表明了为消灭差距所需要的时间和增长速度。如果认为现行差距被高估了，需要进行调低，则所需时间显然就要短些。如果通过迅速的技术发展能提高增长率，时间还可以缩短。

可以看出，消灭差距不是毫无希望的事情，也不需要几个世纪。

发展中国家的技术发展战略

技术发展战略的重要性

（1）联合国第三个发展十年的国际发展战略与技术发展 18

18　《发展中国家技术改造战略》，联合国贸发会议秘书处报告，TD/277，1983年6月，第21—38段。

这个战略为八十年代发展中国家的发展规定了一些广泛的目标，并列举了为达到这些目标应采取的行动方针。国内生产总值应按平均每年7％的速度增长，比第二个发展十年规定的速度高1％。按照这个速度，发展中国家平均的人均收入到九十年代中期可以提高一倍。为达到这个增长率，这些国家到1990年应将其国内生产总值的28％左右进行投资，比七十年代已经达到的27％略高。工业增值每年须扩大9％，从而为达成利马目标奠定基础（利马目标规定在本世纪末使发展中国家占世界工业生产25％）。出口和进口须分别每年增长7.5％和8％。战略规定这些增长速度应通过发展中国家的自力更生来达到，而辅之以发达国家和国际社会的支持行动。

战略在《用于发展的科学技术》一节中，规定了一些广泛的国家性、地区性和国际性行动的政策措施。但战略包括全部发展问题，不可能对技术改造战略作出详细规定。贸发会议的《发展中国家技术改造战略》就是用来弥补这个缺陷的。

（2）从技术政策和技术计划到技术发展战略技术政策

第三世界大多数国家在刚独立时，并没有专门的技术政策。许多国家制定了管理外国投资的法令，但大部分只在为外国提供刺激。积累了一些经验以后，才开始寻求专门的技术政策，特别是关于许可制。在过去十年中，有几个国家制定了管理技术进口的法律、条例、准则或政策。这些法规在性质上是关于特定事项的，它们的时间视野很缺，与其他部门没有直接联系。为执行政策而设置的机构职权有限，主要只是登记全国的安排，并在符合一定的条件时予以批准。它们即不同就发展的主要路线作出根本决策的计划机关发生联系，也不同促进研究与发展（不论其为进口的还是本国开发的）的科学和工业研究单位发生联系。

技术计划

认识到上述作法的缺陷以后，少数国家（例如巴西、印度、墨西

348

哥）才开始制订技术计划。这些计划至多也不过是就几个方面继续进行技术研究的蓝图，或只不过要求给研究单位分配更多的资源而已。这些计划并没有构成整个计划化过程的组成部分，也没有在决策过程中的每一阶段提出下列根本问题：本国是否有这种技术？能否开发它们？能否改造进口的技术？需要多少时间？需要什么资源？现在进口技术和等待国内开发二者孰优孰劣？为什么不现在就进口，而要这样去计划，以便在将来不致重复进口？除此之外，有些简单的问题在大多数发展中国家也没有人提出，例如，本国在事实上究竟有多少这样的合同？它们在财政上的含义如何？它们的条款和条件怎样？是否探索过其他选择途径？是否尝试过不进口成套设备？

总之，国家发展计划和刚出现的技术计划是没有任何联系的。任何计划只是包括几个项目和方案，每一个都有财务的和技术的含义。但发展计划通常只是从财务方面来表达的，听凭公私企业去挑选其技术的含义。大多数国家只在口头上说要开发本国的技术能力。结果，新建立的研究和发展机构只是站在发展计划主流的旁边。它们的资源很少达到关键性的数量。即使它们研究了一些革新，也不能扩大业务的规模去加以试验。因此，大多数公私企业严重依靠外国的技术，这种技术是和其他要素的供应结合在一起、并常常是按附条件的信用提供的。

技术发展战略

现在，上述弱点已经被广泛承认，并正在企业、研究和发展机构、国家发展计划三者之间作出建立密切联系的尝试。

在这种结合的过程中，日益看清了进口替代的各个阶段——从消费品的进口替代，到资本货物的进口替代，再到技术本身的进口替代。在这条锁链中，追求一个阶段而不为下一阶段准备条件，常常导致计划中的基本弱点。当看到了各阶段之间的联系以后，也就看清了这些阶段是在时间上连结在一起的，通常长达三、四个五年计划的时期。

在计划体现技术的两个要素（资本货物和劳动技能）时，时间的关系特别重大。两者都需要很长的酝酿时期。如果没有很长的计划视

349

野，包括十五—二十年甚至更长的时期，任何进展都是不能取得的。技术政策和技术计划的时间都比较短。只有在有几个五年发展计划来形成一个长时期战略的连续步骤时，才能做到加强技术能力。因此，技术改造战略必须成为加速国家发展战略的一个关键因素。

任何战略（不管多么完善和精细）都要求有社会力量（企业、农场和个人）的积极参与，才能付诸实施。技术包括物质的技术和社会的技术，特别是执行技术改造战略的社会关系和组织体制。"技术的社会运载工具"（The social carriers of technigues）——即企业、农场和个人——可能没有动力，要去采取为实现技术改造所需要的措施。他们对技术发展的看法——在量的方面和质的方面、在短时期内和在长时期内，必须同国家计划机关的看法保持一致。只有这样，他们才会全心全意地、积极热情地参加技术改造战略的执行。可见，群众参加是这一战略的柱石，而这种参加只在所有的技术运载工具都深信自己能公平地享受发展的果实时，才会充分有效。这种参加将会刺激增长，并创造一种社会气氛——稳定和全国团结，使长期技术改造战略能够有条不紊地付诸实行。

技术在生产中的地位

技术是不是生产要素？如果把任何影响生产的东西都看作是生产要素，那么技术无疑地是一个生产要素。可是，如果将生产要素定义为普通意义的"投入"（input），那就难于把技术说成是生产要素，因为它不是一种投入。

例如，如果农民用第一种方式耕种，用100单位的劳动获得100单位的产品；然后用第二种方式耕种，只使用80单位劳动却获得了120单位产品。后者没有其他的投入，使用的劳动较少，产量的增加是由于较好的技术。技术把投入和产出联系起来，而较好的技术则改进了这种关系（没有更多的投入，甚至投入减少，但能得到更多的产出），尽管它不是通常所说的投入。

关键的问题是技术能否影响生产，而不是它是否以生产要素的形式进入生产中。如果只把技术看成一个生产要素，那么对它

350

在生产中的作用就会产生误解，对它的总作用就不能充分理解。

技术以许多不同的方式影响生产。第一，选择图纸和设计，这会影响结合各种资源以生产货物的方式。这可以称为"方法问题"。第二，通过采用新产品或服务作为可能的产品，来扩大生产的可能性。这可以称为"产品问题"。第三，通过改进在生产中使用的人力资源的质量，可以扩大生产机会。这可以称为"技能问题"。第四，也可以改进非劳动资源的质量，新技术一般是体现在新资本货物中的，技术进步常常采取这种形式。这可以称为"工具问题"。技术影响生产的可能性，有这四种不同、但并不是彼此独立的方式。如果试验了一种新的生产方法产生了一种新的技能，那末这种试验就同方法问题和技能问题都有关系，而试验就有两种不同的、然而不是独立的效果，两者都是重要的。

因此，技术虽然不是一种普通所说的投入，有时为了方便起见，也可以使用"技术投入"（technology input）一词，来指技术对生产的影响的加强。较好的方法、较高的技能、较好的工具和较多的适用的产品，全都反映了"技术投入"的扩大。它们全都会影响生产的可能性，从这种意义说，技术是在对经济作出贡献。

可是，从另一种意义说，即从加强经济中的技术财富来说，技术又可以看作是"产出"。这里注意的，是一国提供更多的技能、更好的方法、更有效的工具和更优越的产品的能力，而这是技术"获得"（acguisition）的问题。从最近的意义说，获得是从国内和国外得到技术，并使之适合经济要求的问题。从比较遥远的、但最终是重要的意义来说，这也产生了技术上不依赖的问题（有时称为技术上的自力更生）。一个落后国家开发较好的方法、较高的技能、较有效的工具和较优越的产品的能力，在很大程度上要看是否能打破作为发展中国家与发达国家关系特征的依赖关系。

351

我们在这里只谈"技术"而不谈"科学和技术"，并不是要贬低科学或科学不断发展的重要性。但科学不是唯一重要的，单凭它本身也不能多作贡献。当缺乏其他的辅助性投入（高水平的技能，强大的刺激制度，动员资源的有伸缩性、有反应性的组织结构）时，即使有高度创造性的科学界，也不能产生经济结果，反之，证据表明，当一国在过去已经有了这些其他的投入时，它通常就能克服自己科学机关不发达状态所造成的困难。[19]

中间技术（intermediate technology）**或适用技术**（appropriate technology）

中间技术又称适用技术，指所使用的生产技艺（technignes of production）不象国外普通所使用的或由外国人拥有的公司或外国顾问们鼓励采用的那样资本密集，依靠家庭种植或本国生产的原料、简单的方法、农村的技能、当地的市场、简易的维修、工资货物（即一般工人消费的货物，如简单的食品、现成的衣服、大量生产的耐用消费品）的生产。[20] 这个概念的全部内涵大致如下：

> 穷国不具有造成技术变革的、大规模的有效能的机构，只有富国才能建立这种机构（在公共部门和私营实门）。这种研究和发展组织取得成功的主要动力似乎是双重的，即利润和战争。
>
> 因此，穷国觉得进口技术（通常体现在机器中）比自己去开发要

---

19 联合国早期的研究著作似乎对科学比对技术更为强调，但联合国发展科学技术会议的结论比较公允。前者见《科学技术应用于发展的世界行动计划》，为联合国第二个发展十年科学技术应用于发展咨询委员会准备（联合国刊物销售号E.71.Ⅱ. A．18及勘误），第六章AⅡ节。后者见《联合国科学技术应用于发展会议报告》，维也纳1979年8月（联合国刊物发行号E．79．Ⅰ．21及勘误）。

20 布鲁斯·赫利克和查尔斯·P·金德尔伯格，《经济发展》第4版1983年，第515，236—238页。关于广义的适用技术，参阅康荣平，"适用技术的产生与发展"，《人民日报》1986年2月3日。

352

便宜些。可是，进口的技术虽然比它所代替的生产方法优越，从进口国的经济状况着眼，它却远远不是最佳的。

理由很简单。在富国，劳动的价格相对于资本货物（机器）的价格而言，随着时间的推移而增长了。这种增长，大部是由于每一个工人所体现的人力资本的增长；此外，较好的营养和环境卫生条件 也 意 味着，即使是不熟练劳动，在富国也比在穷国更有生产能力。"劳动"的相对更昂贵，就是由这两个原因造成的。

有些（不是全部）技术变革是由要素价格的变化引起的。劳动的相对价格上升，诱使公可和政府去寻找用较廉生产要素代替较贵生产要素的办法。如能成功，则使用较多机器和较少劳动的生产过程便展开了。

尽管相对要素价格的影响诱致了上述技术变革的方向，却不是所有的研究均以此为方向。特别是，大学的研究可能不受利润或战争的支配。可是，环绕着大学研究的价值制度，一直在奖励应用技术在最"先进"领域中的发现，看不起那些被视为平凡的领域。例如，关于激光和高速陆地运输的研究就比对（例如）磨木薯的简单机器和引水的竹管系统的研究更受重视。很遗憾，在某些发展中国家，甚至政府设立的科学技术研究机关也默许采取相同的价值标准，使研究的性质发生偏向。尤其是，行政人员、工程师和设计师坚持这种价值标准，意味着他们提出的革新会使用较多的进口物质资本。如果他们公开受到奖励去促进比较适用的技术，情形就会两样。

这样，穷国进口的工艺，是在相对要素价格不同、革新奖励制度不适于发展目的的环境中发现及提高的。从总的资源使用来看，即使在穷国，新技术可能优于旧技术。但是使用比较劳动密集的技术的可取性也是明摆着的。

此外，如果能找到使用较少的进口机器的技术，也是很有好处的。虽然"任何"资源的节约都是可取的，但是国际收支的困难，以及总资本形成与进口物质资本的存在二者的联系，迫使我们集中于这一类进口。

大学的经济学家们认识到这些基本事实已经有二、三十年了。[21]可

21 理查德·S·埃考斯，"不发达地区的要素比例问题"，《美国经济评论》1955年9月.

是,将这种政策处方变成实际行动,就要求建立机构,并要求这些机构能进行成功的研究和传播这些新思想。美国的技术援助志愿队(Volunteers in Technical Assistance, VITA)、英国的中间技术开发小组(Intermediate Technology Development Group)是公认的领导者。他们的工作集中于利用本国材料和现有人力资源去达到质朴的目标(modest ends),而这些目标是不能用昂贵的进口技术来达成的。他们工作的例子有,改善太阳能灶、纺车、阿基米德螺旋(世界上最旧的和最简单的水泵),风车和产生沼气的机器。在某些场合,研究同富裕国家的能源保持运动相类似,但所用的材料和工序几乎总是比较简单些。这种简单性又反映在较低的资本密集中。

除了对劳动的生产性利用和依靠本国的(而不是进口的)材料以外,适用技术常常是小规模的,是容易维修和适合本地技能的,它会生产"适用"货物,即工资货物。既要考虑需求,也要考虑成本。按理想,生产方法的采用应当同受到直接影响的人进行广泛的协商,并从"广泛的可行性中,在考虑了社会和自然环境的后果以后"[22]作出选择。

发展中国家的技术改造战略[23]

(1)总目标

发展中国家应当减少对外国的技术依赖,增强自行作出技术发展决策的能力,其途径就是进行技术改造。这种技术改造不仅应当与一国的长期发展计划相一致,而且应当成为其组成部分。这个广泛的目标又划分为若干具体目标。由于各国的资源和发展水平不同,发展目标和技术改造目标在各国之间也彼此不同。大体说来,技术改造的主要具体目标是:

---

22 参阅 E·F·舒马赫,"要求开发中间技术的社会和经济问题",联合国教育、科学及文化组织,1965年。E·F·舒马赫,《小的是美好的》(1973年)转载,参阅商务印书馆中译本第三部分十二,第115—128页。还可参阅全国科学基金会,关于"适用技术"的通知第80号,1980年2月15日。

23 前引《发展中国家的技术改造战略》。

354

（a）在技术战略的范围内，制定技术计划和技术政策。

（b）促进关键性部门、特别是体现技术的资本货物和技能部门的技术发展。

（c）建立适当的制度安排和基础设施，来执行技术计划和技术政策。

（d）加强研究与发展以及技术革新，并增加用在这些方面的财力和人力。

（e）建立适当的法律体制——法律、法规和条例——来管制技术转让，并促进本国的技术发展。

（f）促进发展中国家之间的技术合作。

（g）对最不发达国家采取特别措施。

（h）同发达国家建立合作体制，以补充本国的努力。

（i）通过国际合作，创造合适的国际环境。

当这些目标被体现在政策和合适的数量措施之上时，就可用作衡量一国技术改造过程已经取得的进展的标准。一国的资源基础、社会经济状况和制度环境，将决定它对每一目标强调的程度以及为达到这一目标所应采取的政策措施。这些长期政策工具的结合，即构成一国的技术改造战略。

（2）关键部门的技术发展

（a）农业和其他初级活动。

发展中国家进行技术改革的一个基本要求，是减少它对农业部门和对一般初级生产的依赖。因此，技术计划须详细规定提高农业生产率和减少农业对气候条件和其他自然现象所依赖的技术政策。技术先进农业的一个显著特征，就是有能力生产一定的最低数量的产品，几乎完全不管当时当地的自然条件如何。

提高初级部门（农业、林业、矿业）的生产率，须伴有在国内对初级产品进行最大可能的加工（当其在国内外市场上销售之前）的能力。这种国内加工，会通过多样化来扩大工业化的过程。除非初级部门得到改造，否则发展中国家会因为需要更多地出售初级产品换取外汇、进口原料供本国工业所用，而增加对外部的依赖。

（b）工业化。

强调农业是因为它在大多数发展中国家居于主导地位，对于生存具有极端的重要性，以及发展中国国家与发达国家的技术差距以这一部门为最高。但技术改造的尖端，还必须是加速工业化的步伐。第三个发展十年的国际发展战略规定发展中国家工业每年的增长率为9%，这样迅速的增长，将对基础设施（包括能源、运输、交通和分配网）的改进提出很大的要求。这些部门的发展，可以增加"现代部门"在经济中的份额。因此，必须强调现代部门在国民生产中升至主导地位，从而使初级部门的份额下降，以此作为技术改造的关键指标。加强国家技术自主性的过程，主要体现在它一方面创立和发展资本货物部门，一方面汇集人的技能和技术知识的努力中。

工业化过程包括各个主要部门的均衡发展：消费品（包含食品加工），用来向人民供应主要的制造品，中间产品，如水泥、钢和金属，基本化学品（包括肥料和药品），为农业、建筑业、运输、卫生事业和机器制造供应所需的投入；资本货物，为经济的全面发展供应主要的工具、仪器和设备。

工业化的进展，严重依赖于成功地供应必要的技术投入。因为技术体现在资本货物和人的技能中，故迅速扩大在国内生产所需要的资本货物和有技能的人力的能力特别重要。这两个部门需要有较长的酝酿期，不是一两个五年计划所能济事的。

以扩大生产能力和加强技术自主性为目标的长期战略，其目的不仅应当是在国内创造再生产所获得的技术，而且也应当是创造一种设计能力，以改造和改进现有技术（不论是国内的还是进口的），并生产适合于本国需要的新技术。

（i）资本货物：

创造资本货物部门，其本身并不是目的。它为一国扩大本国生产能力并确定其性质提供可能性。获得设计和制造机器或生产机器的

356

力，不是为了自给自足或国家地位；是为了选择和造成最适合自己需要和自己环境的技术。要克服技术依赖的继续（甚至加强），创造本国的资本货物部门是极端重要的。

各国发展资本货物部门应当和经济中各个主导部门有机地联系起来。例如，在国民收入大部分来自采矿的国家，就应当有能生产采矿机器和矿产品加工机器的资本货物部门。

资本货物部门的多样性和精密程度，应当随经济本身的多样性和成熟程度为转移。其次，这一部门的性质在很多发展中国家特别是在最不发达国家，大大依存于发展中国家之间技术交流的前景。为了防止这种交流造成新的依赖并使之永久化，每一个国家都应当有区别不同的技术并改造它们（哪怕是略微地）的基本能力。

（ ii ）技能形成：

人的技能也可以说是代表生产资料，因此，用于教育、卫生等方面的支出可以看作是投资。这一部门的性质，即体现在人力资本（human capital）中技术的类型和水平，必然依经济的性质及经济的部门构成为转移。

在大多数发展中国家，有训练有技能的人力依然是非常稀缺的资源。它的稀缺本身，常常会阻止技能的进一步发展。有资格的人力异常缺乏，是技术进步的重大制约。因此，需要有越来越多的资源，用于有技能有资格的人才的开发。

所有这一切技术要求（扩大生产能力，提高若干部门的生产率，发展某些关键部门，创造一个包括物质生产资料和人力生产要素的资本货物部门）均应列入一国的技术计划之中，这种技术计划又应成为一国总的发展计划的基础。这种技术计划已在巴西、印度、墨西哥、巴基斯坦和委内瑞拉编制。只在这种计划内，才能制定并执行一套相辅相成的政策，构成技术改造的战略目标。

技术发展中的实际问题[24]

"外延增长"（extensive grow）是指通过重复现有的生产来遵循以往的扩大格局。"内涵增长（intensive growth）则涉及降低成本、提高生产率和采用新的和更好的产品。一国的长期经济增长目标，只有将二者结合起来才能达到。需要更有效地使用各种投入，这是很明显的。改良的产品同样重要。陈旧的或质量不高的资本货物会提高其使用部门的成本和降低其产品的质量。低劣产品会使出口不能扩大，生活水平下降。

如何看待技术

产量的增长，有很大一部分是由"综合要素生产率"的增长所促成的，即是说，产出的增长比总投入的增长快（本章第一节）。

为了提高生产率、改进产品质量，往往无需引进新技术，只要改进操作规程、改善原材料质量、健全组织和管理、利用规模经济．就能达到目的。单纯强调引进新技术，往往会转移人们的注意力，使之忽视了更为根本的问题。

对生产成本高、产品质量低的问题，在技术上并没有万应灵丹可以一举而加以解决。新技术只有经过慎重的选择和长期的适当应用，才能改进经济效果。由于本国技术能力不足，引进的新技术也许不能被充分吸收。有些革新反而会增加成本，如进口价格高、耗电大的机器去代替廉价而丰富的人力即是一例。

各国引进外国技术的经验表明：技术是不可能简单地转让的，因为它既不能完全显示在图纸上，也不能完全体现在资本设备中。要掌握任何技术，并在相关的生产中、管理中和技术本身中作出改动，须花很大的力气，作大量投资。对"边干边学"的

---

24 参阅《中国：长期发展的问题和方案》，财政经济出版社1985年，第七章。

358

研究表明，生产率的提高常常是通过生产中的经验得来的。采用一种新产品或新工序后，就产生一条学习曲线，在其中，当总的累计生产量增长时，单位成本首先急剧下降，然后拉平。但是沿着学习曲线下降的事不会自动发生，需要有自觉的努力和投资。生产经验还须用各个企业和专门化机构的基本技术知识和技能的不断改善去补充。

其他国家还有两条技术进步的教训值得注意。第一，连续不断的小革新——包括修改（modifications）、改造（adaptations）、材料和操作方法（work practices）的改变——对于生产成本和产品质量的累积的影响，比起采用全新产品或工序的影响要大。因此，企业每天寻找小小改善工作的方法，要比偶尔进行一次根本革新更为重要。

第二，在每一个工业部门和国家中，最新的（或"功效最大"的，"best practice"）技术与使用中的平均技术之间，存在着很大的差距。由于决定经济总成绩的是平均技术，所以缩小一个工业部门中先进者与落后者之间的技术差距，对于降低成本和改善产品来说，也同先进者获得新技术的速度一般重要。

如何规划技术发展

良好的投资决策（关于根本的革新和小的革新），对于改进技术是至关重要的。重要的是要有一个健全的投资项目分析，由讲求效率的企业和计划人员使用其他国家已经确立的方法（成本——利得分析）来进行。但是主要的投资决策，还应当在一个经济部门（sector）的战略框架之内去采取。传统的成本——利得分析须用对各种不同的技术途径的评价去补充。

例如一国生产机械手表，生产效率较高，国内市场很大，还有部分世界市场。但他国多已转向电子手表生产，成本正在下降。该国如想用较低成本生产电子表，必须进口元件，因本国原件价贵质差。问题是：该国是继续生产机械表，还是转而生产电子表？如为后者，是进口元件，还是自制？要作回答，必须对现有成本差额及今后技术变革方向的判断作细致分析。恰当的选择是：在一定时期内继续生产机械表，同时试验生产电子表，因前者成本较低，而后者则有可能为整个经济开辟新的路子。

获得、吸收、利用、改造、变更和创造技术，需要有三种能力：生产能力，投资能力，革新能力。生产能力是用来运转生产设备的。它反映在技术效率和改进运转使之适应于改变着的市场情况的能力上。投资能力是用来建立新的生产设备和扩大现有的生产设备的。它反映在项目成本和使项目设计适合投资环境的能力上。革新能力用来创造新技术或在新的环境中引进已有的技术。它反映在采用成本较低的工序或服务，或开发更适合特殊需要的新产品或服务的能力上。

开发技术能力的普通顺序，是首先开发生产能力，然后开发投资能力，最终开发革新能力。如果一个国家已经有了一个相当完整的工业体系，从机器到最终产品均有，却需要提高每一个部门的技术，究竟应该从哪个环节来打破这一低生产率的圈子？是进口外国技术来提高最终消费品的生产能力，还是首先注意提高生产资料工业的技术？哪些工业应当进口技术，哪些工业可以通过本国的研究与发展去提高现有技术？哪一类产品暂时可以完全依靠进口？

战略选择问题最好是逐个工业去分析，从生产资料到中间部件到最终产品，要看到生产的所有各个阶段。然后就使用现有国内设备、进口体现较新技术的设备及试图在本国制定较新设备三种办法对生产成本和产品质量的效果进行客观的比较。

例如，在一个比较成熟的工业，如纺织业，应当先提高纺织机械的生产能力；然后用本国生产的改进了的纺织机械去提高纺织品的生产能力。更一般地说，如果一国是大规模机器的生产者，提高通用机器（如机床和锅炉）的生产应居于优先地位。

360

在尖端技术（如电子）工业，战略的考虑有所不同，此时应区分电子产品"使用"的好处和"生产"的好处。在许多工业的工序中使用电子产品，为提高生产率提供最大的潜力。至于生产电子产品的好处，则是次要的。即使在美国，在过去十五年创造的新就业机会中，尖端工业也只占3%。许多较小的先进国家几乎不生产电子产品，只是利用进口元件去在其他工业降低成本，改善产品。

如果这个国家有很大的国内市场，很低的劳动成本、生产的物质密集程度也不高，最终是可以生产电子产品的。如果现在就开始生产，可以加快学习过程，使得以后易于赶上。但是也可以等待（这样要便宜些），直到世界工业学习曲线开始拉平，然后再去赶上，从而跳过其他国家所走过的一些阶段。这就得一个工业一个工业地去评价。如果这个国家的技术能力远远低于世界先进国家，而后者的学习曲线仍然处在下降阶段，倘若迫使其他工业采用本国生产的价格奇昂而质量又常常低劣的电子产品，那就会限制其使用，并牺牲许多降低成本和改进产品质量的潜力。

鼓励使用和鼓励生产电子产品之间存在着矛盾，帮助解决的一个办法，就是集中掌握选定的几种产品的生产，在扩大生产基础以前，先解决关键的生产问题。例如，要在整个经济中最快地最有效地增加计算机的使用，可以先进口完成的系统。本国制造一个完全的计算机系统是不合算的，因为，除非设备开发计划的各个部分均已成功，否则系统的运转不会很好。此外，本国生产的系统到它得到开发的时候，已经早已过时。由于其他的原因，如外国实际上或有可能限制计算机的供应，本国可能被迫要去自己制造。此时最好是先集中力量开发某些关键性元件的生产（如中央处理机和电视屏幕监测器），同时进口那些国内生产难于保证质量的元件（如磁盘机、打印机等）。国内生产可在后来逐渐多样化，以代替进口元件。目标应当是，所生产的东西在价格和质量上均合乎国际标准，避免生产自己没有竞争能力的东西。

部门投资战略在日本的发展过程中居于显著地位，而日本是唯一的从落后走上（在某些场合并超过）世界技术先进国的国

361

371

家。日本的教训是什么？

第一个教训（它已由别国的经验多次证实）是，计划人员和企业都不可能一贯地选中优胜的技术。因此第二个教训是，长期技术改造计划不需要、一般也不应该是指令性的。

> 日本的通产省（通商产业部，即国际贸易与工业部）有时被誉为具有非凡的远见和力量。事实上，它只不过是帮助创造了一种有利于技术进步的气氛，即促进生产者间的信息流通，减少投资的风险。但它并没有强迫生产者遵循它的计划。有些大企业（如索尼和丰田）常常采取与官方目标相左的战略，例如尽管通产省当初决定不支持开发汽车作为出口工业，私营汽车厂商还是使汽车成了日本的主要出口品之一。也有失败的事情：如通产省和私人厂商均错误地期望过石油化工产品会变成一个有竞争能力的工业部门；有时通产省不想支持的工业（如商用飞机），私方厂家单独尝试，也失败了。

日本工业战略还有两个特点是至关重要的。第一，成功的标准是，经过一个幼稚工业的保护时期以后，有能力在国际市场上竞争。第二，企业本身承担失败的风险，获取成功的报偿。

通产省给予开发在国际上有充分竞争能力的工业部门细心照顾，常常有人比作母亲给予准备参加入学考试的学生的照顾。可见日本具有伸缩性的战略计划制度，它容许犯错误，容许就不同的技术途径进行试验；在这种制度中，竞争（国际的和国内的）提供了强大的刺激，使人去寻求富有希望的技术道路，并从引向死胡同的道路上迅速退出。

如何使研究和引进保持平衡

日本采取吸收战略，目的在于尽快地消化和改造（adapt）外国技术。对于技术上的后进国来说，这种战略有很多好处，因为有选择地进口或借用技术，一般说来风险较小、耗费时间较短、获得技术的成本较低。

各国的研究表明，是通过本国研究还是通过进口来提高技

362

术，两条道路是互相补充的。具有强大的研究与发展能力的国家（和企业），能对进口技术作更有效的利用，因为它们能把一套技术分解开来，有选择地进口。它们能利用从自己的研究所开发的信息去加强自己的谈判地位，利用进口的东西去加强自己的研究，并通过自己的研究与发展去改造外国技术，使之适合于本国的情况。

在利用进口来提高技术时，选择性是个关键。在进口成套设备与完全依靠自己的研究与发展这两个极端之间，有许多中间性的选择方案。可以进口的"开包"（unpackaged）技术的要素有：许可证，设计，关键设备及帮助解决经理、推销和工程问题的顾问。技术的个别要素是可以买卖的，而设备则不一定是最重要的要素。

但是进口政策应当保持灵活。"怎样"得到外国技术并不重要，重要的是要得到"什么"和"为什么"要去得到。获得的方式是否适当，依存于所追求的目标：要想在一种崭新的技术中得到"生产能力"，进口成套设备依然是最便宜、最有效的方案；要想在生产更好的化学设备中开发"投资能力"，购买一套总体设计和某些专门部件也就够了。目标将要决定所要获得的具体要素和获得的方式；在每种转让方式中，有很大的余地，可以谈判有利于促进目标实现的条件。

获得技术有两种重要方式：直接外国投资和购买许可证；购买技术援助。其他的方式也可以是有效的，其中之一就是开发的"学徒"模式（"apprentice" pattern）。一个工业中头一家工厂用购买成套设备来建立，大量培训本国人员及让本国人员参观。在以后的项目中，本国技术因素可以代替外国因素，"投资能力"的消化变得比"生产能力"的掌握更为重要。许多发展中国家已经有效地利用了这种办法，去在几个工业部门中提高本国的技术能力。

获得外国技术的"非正式"方式也很重要。对1976年南朝鲜

363

112家出口公司的调查表明，本国和外国加工技术的 最 重要的来源，绝大部分是非正式的。正式办法（许可证、技术援助、政府资助的研究所）的重要性只占28%。非正式的方式，特别是来自供应商或买主的帮助，以及来自具有国外经验或国内公司经验的雇员（前者包括外国经理，例如在制船业中）的帮助，远 更 重要。海外买主在提供革新信息中所起的作用是从事出口的额外好处，也部分地说明了增长最快的东南亚各国（具有强大的出口倾向）为什么能迅速提高技术。

仿造进口设备是获得技术的另一种非正式方式，但是必须慎重从事. 因为，即使在技术上有能力仿造，这样做可能 并 不 经济。但在某些工业部门（特别是使用简单机械的工业部门），仿造仍然是能够奏效的。

国际经验表明，自下而上的"需要拉动"（need—pull）的革新，一般比自上而下的"技术推动"（technology—push）的革新更为成功。

对1953—73年美国主要革新来源的研究表明，80%的新思想来自实行革新的企业内部，其中四分之三来自生产部门；来自大学和政府实验机构者不到5%。一项欧洲的研究也表明，70%以上的主要革新思想来自进行革新的公司内部，而且绝大部分获得成功的思想来自商业人员而不是来自技术人员（见表6.6）。 可见市场信息反馈是革新思想的最重要的泉源。

表6.6　　　　欧洲公司中得到成功的革新的泉源

	商业上的		技术上的失败	案例数	失败率 %
	成 功	失 败			
技 术 人 员	8	19	4	31	74
商 业 人 员	33	21	6	60	45
上层经理人员	1	4	1	6	83

来源：（英）《经济学家》周刊，1982年6月26日，第96页. 根据欧洲工业管理协会资料。

364

研究和发展机构如果只注意"技术推动"而不对用户的革新需求作出反应，则研究成果很难完全用于生产，因为这种成果往往是不完全的、原型的、需要进一步开发，而生产单位无力办到。

在机械部门，用户的反馈是非常重要的。所以在机械的使用者和生产者之间必须相互影响。如果用户同供应商有直接接触，能选择自己的供应商（包括外国公司），提出自己的特殊要求，则机械制造商会更加频繁地从事革新。研究单位与生产单位直接挂钩，成立联合研究小组，也是解决问题的一个途径。不过苏联的研究生产联合组织对革新影响极小，研究也只停留在名义上，双方仍然各自独立活动。

有些工业部门正在建立"向导工厂"（pilotplant），使研究与生产结合起来。日本早期工业化战略的一个显著特点，就是由政府设立向导工厂，虽然它们一旦达到一定的效率水平以后就转归私营工业所有。

研究与发展走向商业化和应用，是值得提倡的，但不适于基本研究，也不适于所有的应用研究。大多数基本研究和某些应用研究虽然会对整个经济有利，对于生产却不能普遍应用或只能间接应用，不会有自行出资的使用厂商愿意定购。强调财务上的自给自足，可能会造成研究机构的经费不足，使之沦为生产单位，忽视那些没有直接商业收入的研究。

在工业化的资本主义国家，大多数研究与发展工作是在生产企业中进行的。政府为这种研究提供大部分资金，部分地为了国防的目的，但主要是因为所涉及的风险，以及某些研究成果难于取得专利权或在商业上应用，如果政府不加补助，这种研究就会被忽视。但即使是由政府供给资金的研究机构，也常常设置在企业中，以便对用户需求作出反应，并利用企业的生产经验。使应用研究设置在企业中，也是与上述积累小改小革比根本革新对于

365

技术进步更为重要的原则完全一致的。

如何为革新与推广提供刺激

要赶上世界的技术先进国家，必须对革新的刺激制度作根本的改革，这种改革会具有深远的经济和社会意义。这样的改革应当包括：（a）企业及经理人员必须对财务成绩负担更大的责任，成绩不佳的必须受到严厉的处罚，成功的必须受到奖励。（b）使价格合理化，以保证盈利和亏损能反映所生产的东西的成本效率和经济利得。（c）大大加强企业之间的竞争。苏联和东欧的经验证实，只对计划和刺激制度作小小的改动，对于革新和生产率的影响是很少的。如果企业最重要的生产指标只是产品数量或生产总值，那么企业就不会容许采用新产品或新工序去打断（或冒打断的风险）现有的生产。即使规定降低成本、节约原材料、提高产品质量作为计划的次要指标，也无济于事。如果质量不同的产品在价格上差别很小或没有差别，如果企业自己不负销售责任，如果货源短缺（卖方市场）以致任何产品均可售出，那么市场压力就不存在。

苏联的技术推广制度和政策，是强调知识自由流动的好处。专门研究机关开发的革新无偿地送给生产单位。企业开发的新产品和技艺同样无偿地送给其他企业。结果是技术推广异常缓慢。

传播技术之所以失败的一个重要原因，就是缺乏上述的革新刺激。其他的原因也是制度方面的，但牵涉到技术的性质。技术并不是可以简单地从一个使用者传给另一个使用者的机器或兰图，技术是做某件事情的全部方法，它要求懂得有关的工作程序和组织，它只有付出很大的努力和代价才能消化，有时还要求进行很大的改造。所以在各个部、各个地区和各个企业之间应当加强信息交流，打破行政界限，进行横向联系。需要有将新技术传播给其他生产者的刺激，如采用专利权、国内技术许可证、技术援助收费。较大的人员流动会加强技术传播，因为在大多数国家，雇用有经

366

验的技术人员和经理也许是企业获得新知识的最重要的 泉 源 。（当然流动性过大也会产生反刺激，使企业不愿在人员培训上投资）。日本是这一普通规则的显著例外，至少是在大规模制造部门。日本用来代替的办法是，由通产省设法把企业专家召集到一起来交流经验，对未来的发展取得一致的看法；由现在在不同公司工作的学校或大学同学进行非正式的接触。尽管如此，日本企业在雇用人员方面还是有很大的伸缩性，例如，纺织厂能雇用电子工程毕业生。专业代理人可以成为技术生产者和使用者之间的媒介，或提供缺少的技术要素。顾问和其他专业代理人有加速技术传播的刺激，而互相竞争的企业则可能限制传播。设立咨询公司，以利用研究和设计机构、大学和各部的专家，也有利于技术的传播。此外，还应促进专门从事与技术有关的货物和劳务生产的新企业和组织的建立。在别的国家，提供维修一类服务的单位，常常从母公司分离出来，根据合同对母公司及其他公司 提 供 服 务，使大多数工业化国家的公司不致那样无所不包。

更多地依靠小企业去从事革新，也可能有助于技术的进步。其他国家的研究表明，工业方面的小企业同大企业一样富于革新精神，特别是在专用机器、电器及其他消费品部门，以及在计算机及有关的软件中。即使是在以大规模生产为最佳的部门，如基本化学和冶金工业（以及在电子和半导体工业），小型专门化公司也贡献了许多有用的革新，有时则对大公司起分包商的作用。

认为小公司必然技术落后、大公司必然技术先进，会使有强大刺激去从事革新的集体和个体企业得不到所需要的技术人员、现代设备和外汇。如果将很大一部分技术人才、进口技术和研究支援在竞争的基础上给予小企业，毫无疑问地就会加速 技 术 进步。此外，对革新的强大刺激带来的社会后果，在小企业也不及在大企业严重。如果革新成功，个人和集体获利是理所应当的，而不担风险的大企业的经理和研究人员由此获得大笔收入，就很难使人心服。如果失败（在别的国家，小企业在创办一年左右就倒闭，虽然创办人常常要再试一番），也只影响到少数工人和少量资本，对于本地区的繁荣并无多大妨碍。

如何处理陈旧和废弃问题

所有国家都是新旧工艺和新旧产品同时并存，因为在新工艺和新产品出现之际即行废弃和替代最近才获得的工艺或产品，是很不经济的。普通的经济象一个百足之虫，最新的产品和技艺领先，最老的殿后。这个动物不断地向前移动，在头部进行革新，在尾部弃旧。但它总是很长的：使用中设备的年代可能长达二十年，企业的盈利率相应地发生变化；同时，不同质量的产品，按照不同的价格，在市场上售予不同的买主。

如果这个百足之虫异样地长，并且变得越来越长，那就反常了。出现这种情况，是因为新工艺和新产品被引进，头向前移，而尾却不动。设备很少废弃，旧产品不肯放弃。过了时的设备不但还在使用，而且继续生产，在新投资中大规模地应用。质量高低不同的产品按同价出售，结果低质产品在库房积压，而名牌产品则进行配给。

出现这种变态有几个缘故。在制度方面，是缺乏对革新的刺激、没有竞争、经常性的货源短缺、价格不合理。在心理方面，是普遍认为，将仍然使用的设备或仍能达到某种目的的产品予以废弃，那是"浪费"。同时极其不愿裁汰工人，唯恐其失业。

对现有企业进行技术改造，是对症良方。在这方面，应当懂得设备的经济寿命常常短于它的物质寿命。已经牢固树立的规则是：如果使用新设备时的总生产成本（包括所使用的新资本的利息和折旧）比现在的营运成本（材料、能源和工资）更低时，旧工序在原则上就应当予以废弃和替代。如果加以改善后所节约的营运成本大于改善投资的资本成本时，对旧工序便应予以改善。如果现有设备的营运成本和新的或改善的设备的预期总成本均超

368

过产品的价格时，新工序便应予以废弃而不用替代。[25]

这些原则在逻辑上是有充分说服力的，可以应用它们来选定技术改造的项目。但是，如果价格、工资和资本使用费不反映其对经济的真实价值，这种经济上的计算便难于应用。

例如，廉价燃料会鼓励能源消耗量是大的设备迟迟不予替换；而资本无偿拨给低息贷款和不熟练劳动的过高工资，会使企业对设备的废弃和替代过高。又没有陈旧设备的市场，使一个企业放弃的设备在别的企业得到经济的使用，或者完全抛弃。在此种情况下，在短期内可应用影子价格来对现有设备进行审计，决定废弃或替代。在长期内，应实行价格改革，以便企业能作出合适的决定。

对于产品的废弃或替代，也存在类似的原则。就资本货物来说，标准是：供应一个新的和更好的项目的较高成本（因为需要额外的投资）是否能被使用者可以降低的成本所抵销。这个标准又只在价格合理时才是正确的。至于消浪品，则要看花费的更高成本是否小于给消费者带来的利益。在市场经济中，新旧产品的价格差别就是消费者所得利益的衡量。但在发展中国家，政府可能不认为市场价格是配置技术资源的合适指针。

废弃对就业可能产生不利影响，也应正确对待。许多替代过程可能在现有企业中发生：例如在日本，大公司中的终身就业制证明同产品和工艺的高速革新是可以并行不悖的，其他国家也大体如此。同时，日本及他国的小企业的经验表明，新旧产品和工艺的演进竞争，不可避免地会使企业倒闭，工人失业。可是，一般说来，旧企业的倒闭会积极刺激在技术上更先进的企业的扩大，创造新的就业机会，去吸收被裁汰的工人。因为落后企业的继续存在，会拖住进步企业的后腿，使之丧失能够更加有效地使用的原材料、技术劳力、资本和市场。

25　究竟某一项目在某个时候应否废弃，在经济上的正确计算是：现有设备的营运成本的大小。至于折旧率的高低，是与此无关的。

经济上的逻辑推理和他国的经验均表明，从长期看，从经济整体看，高的废弃和替代速度会使现代工业就业增长更快，而不是更慢。这就要求许多工人更频繁地改变工作，有时不免暂时失业；更严重的是，还可能使某些工人或某些地区的工人长期失业。有些政策和制度可以减轻丧失工作的人的经济困难，帮助他们重新受训和重新就业。但是在任何进行迅速变革的社会中，某些个人和集团由于技术进步而遭受的损失，仍当从大多数人得到的好处去衡量。

第七章 农业发展

农业在经济发展中的作用

对农业作用的认识过程

西方发展经济学对农业在经济发展中所起的作用，在认识上经历了三个阶段。

（1）在二次世界大战后的经济发展计划初期，常常赞成迅速的工业化。为了改变不发达国家的传统经济结构，工业化显然是必要的，而在初级产品出口国，一方面看到国外对这种出口品的需求停滞不前，一方面又要为迅速增长的劳动力提供 就业 机会，更感到迅速实行工业化的必要。[1]可是经验表明，过份强调工业化是有局限性的，后来人们越来越认识到，农业在发展过程中必须起重大的作用。消除农业对经济发展所造成的限制，即所谓"瓶颈"，是一个战略性的政策问题。获得工业建立与农业扩大间的合适平衡，对发展中国家是一个持续的麻烦的问题。把工业发展同农业对立起来是错误的。

农业是一个特别重要的经济部门，这是因为：（a）在 一 国

---

[1] 参阅劳尔·普雷维什的外围国家必须工业化的主张，不发达国家的 商业 政策"，《美国经济评论》，1959年5月；保罗·N·罗森斯坦—罗丹的"大推动"理论，（"东欧及东南欧国家的工业化问题"，英《经济学杂志》，1943年6—9月）。

早期的发展阶段，它的就业人数最多，它的产品在国民总产值中的比重最大；（b）它有几千年的历史，传统的技术造成了人们不易改变的习惯和态度；（c）土地的极端重要性；（d）所产的粮食是人们不能替代的生存必需品。

（2）承认农业发展对工业发展具有"工具价值"（instrumental value），即它能支持非农业部门的扩大。迈耶教授说，[2]现在习惯上用四种方式来总结较高的农业生产率和产出对一国经济发展的贡献：（a）对经济中其他正在扩大的部门提供粮食和原料；（b）提供储蓄和税收这种"可投资剩余"（investible surplus），以支持其他正在扩大的部门的投资；（c）将"可销售剩余"（markefable surplus）出售变成现金，以提高农村居民对其他正在扩大部门的产品的需求；（d）通过出口以赚取外汇，或通过进口替代以节约外汇，从而放松外汇对经济发展的制约作用。

考虑到这些贡献，发展经济学家认为，要使产出和劳力在长期内有结构性的转变，首先就必须在短期内有"成功的农业发展政策"去促进这种转变。

西蒙·库兹涅茨将上述四种贡献归结为市场贡献（market centribution）与要素贡献（factor centribution）。[3]

> 市场贡献：当一个经济部门提供了使其他经济部门出现的机会，或使整个经济能参加国际贸易及其他国际经济流量时，它就对一国经济作出了"市场贡献"。这个部门之所以能提供这种机会，是因为它在国内或国外市场上提供自己的产品，交换国内或国外其他部门所生产的货物。农业对经济增长的市场贡献是：（a）从国内或国外其他部门购入一些生产投入；（b）出售自己的产品，不仅是为了支付上项

---

2 G·M·迈耶，"农业对发展的贡献"，载他所编的《经济发展的主要问题》，1984年第4版，第427—31页。

3 西蒙·库兹涅茨，《经济增长与结构》纽约1956年，第244—245，250页。

购入。，**而且**是为了向其他部门或 国外购入消费品 ，或在本部门内用消费**以外的方式处理**自己的产品。

要素贡献：当一个部门向其他部门有**资本**转移或贷出时，就出现**要素贡献**。如农业向其他部门转移资源 、而这些资源又是 生产要 素**时**，它就对经济作出了要素贡献。

总之，农业必须为全体人民（包括城市居民）提 供粮食，为轻工业的发展提供原料，为现代经济增长提供 重要的资本泉源 ，为工业品提供国内市场，为国家增加或节约外汇 ，并 为现代工业的发展提供劳动力。

（3）经过战后三、四十年的经济发展,发现（a）农村中仍有大量赤贫人口存在：（b）发展中国家的粮食供 应 大大成为问题 ，即使在农村，也有许多人吃不饱：（c）由于人口增长很快，新增加的劳动力不能单单依靠城市工业的发展去全部吸收。如果说在发展的最初几十年农业曾经起过工具作用，那么在未来几十年它就应该同时具有自己的真正价值。农业与工业必须保持平衡的发展，然后才能使整个经济得到稳定的持续的增长。不首先或同时有农业的发展，任何一国都不能维持持续的发展。

农业在经济发展中期的地位

农业在经济发展的中间阶段仍然处于重要的地位，这从农业增长与整个经济增长之间的强大联系可以反映出来（表7.1）

说明 表中所列1970年农业占国内生 产总 值20％以上的五十六个国家中，农业每年增长超过 3％的 有二十 五国，其中十七国国内生产总值的增长每年超过 5％。在同一时期，国内生产总值增长低于3％的十七国中，有十一国每年的农业增长只有 1％或不到。在经历中等程度增长（ 3—5％）的十六国中,有十国的农业增长和国内生产总值增长速度相差不到 2％。自然有些例外 ，但是大体上证明了 这样 一条规律：农业增长和国内生产总值增长是密切相关的 。国内生产总值增长快而农业增长慢，是一些以石油或矿产品为经济基础的国家的特征，如阿尔及利亚、厄瓜多尔、摩洛哥和尼日利亚。

表7.1   七十年代农业增长与国内生产总值增长的联系，1970年

农业增长	国内生产总值的增长		
	超过 5%	3—5%	不及 3%
超过 3%	卡麦隆　　　　马拉维 • 中国 •　　　　马来西亚 哥伦比亚　　　巴拉圭 多米尼加共和国　菲律宾 危地马拉　　　泰国 印度尼西亚　　突尼斯 科特德瓦　　　土耳其 肯尼亚　　　　北也门 南朝鲜	玻利维亚 缅甸 • 马里 • 索马里 • 坦桑尼亚 •	利比里亚 尼加拉瓜 塞内加尔
1—3%	哥斯达黎加 厄瓜多尔 埃及 莱索托	孟加拉国 • 中非共和国 • 萨尔瓦多 海地 洪都拉斯 印度 • 巴基斯坦 • 斯里兰卡 • 苏丹 布基纳法索 •	布隆迪 • 塞拉利昂 • 扎伊尔 •
1% 以下	摩洛哥 尼日利亚	多哥 •	安哥拉 • 乍得 刚果 埃塞俄比亚 • 加纳 马达加斯加 • 毛里塔尼亚 • 莫桑比克 • 尼泊尔 • 尼日尔 • 乌干达 •

　• 低收入国

来源：世界发展指标，转引自世界银行，《1982年世界发展报告》，第45页。

374

农业和国内生产总值平行增长表明：影响农业增长的因素，可能是同在整个经济中实行的社会经济政策相联系的。在农业占统治地位的许多低收入国家，农业方面有效的政策、制度和投资规划，同有效的整个经济管理实际上就是一件事情。农业同国民经济其他部门之间是有许多重大的增长联系的，所以上述情况是不足为奇的。通过技术变革和贸易去扩大农业生产，就为其他部门的产品（特别的化肥、运输、商业服务和建筑业）创造了重大的需求。同时，农业常常是在工业发展最初阶段占重要地位的消费品的基本市场，如纺织品和衣着、加工食物、煤油和植物油、铝制器皿、无线电、自行车、住房建筑材料。在大多数中等收入国，农业政策的影响只是略为小一些。

世界银行关于中国经济的报告指出：[4]农业[5]在今后二、三十年内仍将是中国经济中最大的和最重要的部门之一。甚至到了公元2000年，食品仍将占家庭消费的一半，同时有将近一半的劳动力还将从事农业活动。农业同其他部门的经济联系将更加密切：农业发展的速度将日益取决于非农业部门对于粮食、原料和劳动力的需求增长情况，以及非农业部门的货物和劳务的供应情况。同时，非农业部门的发展速度也将继续取决于农业购买力的增长、取决于农业向工业加工和非农业部门提供农产品的能力。此外，体制改革和政府的政策也将大大影响农业同其他部门之间的相互关系。

农业在经济发展后期的地位

农业在经济发展过程中的地位虽然重要，但是随着经济的增长，它在国民生产总值和就业中所占的比重却会不断地下降。在发展的高级阶段，劳动力在农业中的份额还会绝对地下降。

4　世界银行1984年考察团，《中国：长期发展的问题和方案》（主报告），中国财政经济出版社，1985年10月，第63页。

5　农业一词，不包括乡镇工业。

在发展过程的中心，有两种主要力量造成这种结构 上 的 转变.[6]

（1）农业增长的步伐，受到对农业产品需求增长的限制

除了少数几个国家之外，几乎所有发展中国 家的农业产品90％是粮食。对粮食需求的增长，受到家庭用于粮食的支出比重下降趋势的限制。例如，印度人均收入为240美元，家庭收入用在粮食上的占60—70％；加拿大人均收入为10，000美元，粮食支出就不到20％。

这种趋势称为" 恩格尔定律"，在所有国家的经济发展过程中均可看到。可是，国内需求增长对农业增长所加的限制是可以克服的，办法是：（a）使收入增长在经济中得到广泛的分配；（b）出口剩余农产品。但是这种办法也只能在一定的范围内有效，因为这个定律不但在个别国家起作用，也在全世界范围内起作用。

至于粮食以外的农产品，则有来自工业代替品方面的竞争，当投资和技术革新降低了工业品和服务相对于农业原 料的价格时，这种竞争就加剧了。最普通的例子有：在衣着方面用合成纤维代替天然纤维（棉花、羊毛、黄麻）；在燃料方面用煤或石油代替材薪，在建筑方面用钢筋水泥代替木料。可是代替从来不是完全的，因此对天然产品的需求常常继续增长。为了获益，生产者应当集中注意的，不但是要提高生产的效率，还要加强推销。

随着经济的发展，农民变得离消 费者越来越远了。当自然经济的农业让位于商品经济的农业时，推销、运输、加工、包装的专业化范围扩大了，这些活动比农业本身生产更多的新增价值，提供更多的就业机会。粮食的农业出门价格现在仅占消费者对 它支付的价格 的 三 分之一。

（2）由于技术革新和累积起来的公私投资，使农业劳动生产率不断提高。随着农业中劳动者人数的相对下降，就 业 扩 大了、多样化了

在发展的最初阶段，几乎每一个人都在农业中劳动。后 来 列 为

6 世界银行，《 1982年世界发展报告 》，第43—44页。

"工业"和"服务"的活动，最初大部分是在农业内部进行的，至少也是在农村地区进行的，如衣服、家具、工具的制造，住宅及其他建筑，运输、加工和推销，教育、医药、社会和文化活动。随着经济的发展，这些活动逐渐各自独立而离开了农业，只有核心的农业生产职能保留下来。虽然有些非农业活动仍在农村地区进行，其中有许多却要求有相当高的技能和教育。尽管这种过程是增长最理想的好处之一，在人力安排方面却是一件最困难的事情。

劳动力从农业转到工业和服务业是提高收入和产量的关键，因为每一个劳动者平均资本数量和平均劳动生产率在农业中比较低，在工业和服务业中比较高。非农业部门中较高的平均劳动生产率反映在它和农业收入的差别上。在大多数国家，农业收入比别的经济部门低，这从农业的产量份额一贯低于就业份额可以看出。7这种收入差别刺激了人们离开农业而进入城市中心的非农业活动。只在后来的发展阶段，农业的产量份额同就业份额才能大体上彼此相等。

用历史的眼光看，这种变革过程可能是非常迅速的。在日本和欧洲的一些欠发达地区，直到1950年农业劳动力还占总就业人数的40—50%。现在发达国家不再是主要依靠农业了：在工业化的市场经济国家农业只占产量的4％，占就业人数的6％；在苏联东欧计划经济国家，分别为15％和17％。与此相比，低收入国家农业仍占产量的30—50％，平均占就业的70％。即使在大多数中等收入国，也有10—20％的产量、40％以上的就业属于农业。

目前在中等收入国，从农业经济到工业经济的结构性转变已经进展很大，农业进步正在帮助其余经济部门的增长，也受到后者的帮助。越来越多的中等收入发展中国家将要达到一个重要的里程碑——农业劳动力人数开始下降，农民的生产率和收入迅速提高的前景在望。在低收入国，农业对整个经济的增长有更大的影响，因其占国民生产总值的很大份额。主要的问题是，如何使农业增长率高于人口增长率。这对减少贫困和促进整个经济增长会提供最好的希望。

7　参阅前面，第一章第一节。

三十年来世界农业的发展

在过去三十年中，农业生产的增长速度比早先增加了一倍，但是这种增长速度正在减慢。就全世界来说，产量增长在五十年代平均每年为3.1%，六十年代为2.6%，七十年代为2.2%。大体的格局是：非市场工业国的速度在下降，市场工业国和发展中国家维持了迅速的增长，如表7.2所示。[8]

表7.2　　世界主要地区农业及粮食生产增长率（包括中国）（%）

	农 业 生 产				粮 食 生 产			
	共　计		人　均		共　计		人　均	
	1960-70	1970-80	1960-70	1970-80	1960-70	1970-80	1930-70	1970-80
发展中国家	2.8	2.7	0.3	0.3	2.9	2.8	0.4	0.4
低收入国	2.5	2.1	0.2	-0.4	2.6	2.2	0.2	-0.3
中等收入国	2.9	3.1	0.4	0.7	3.2	3.3	0.7	0.9
非洲	2.7	1.3	0.2	-1.4	2.6	1.6	0.1	-1.1
中东	2.5	2.7	0.0	0.0	2.6	2.9	0.1	0.2
拉丁美洲	2.9	3.0	0.1	0.6	3.6	3.3	0.1	0.6
东南亚	2.9	3.8	0.3	1.4	2.8	3.8	0.3	1.4
南亚	2.5	2.2	0.0	0.0	2.1	2.2	0.1	0.0
南欧	3.1	3.5	1.8	1.9	3.2	3.5	1.8	1.9
市场工业国	2.1	2.0	1.1	1.2	2.3	2.0	1.3	1.1
非市场工业国	3.2	1.7	2.2	0.9	3.2	1.7	2.2	0.9
全　世　界	2.6	2.2	0.7	0.4	2.7	2.3	0.8	0.5

　　　　注：生产数字按世界出口单位价格加权。十年增长率根据五年平均数的中点，除1970年为1969—71年的平均数之外。
　　　　来源：联合国粮农组织。转引自世界银行，《1982年世界发展报告》，第41页。

　　8　世界银行，《1982年世界发展报告》，第39—43页。这种报告每年都有一个重点，1982年报告的重点是农业。

市场工业国

在市场工业国，农业增长是因为对高值产品（肉类、家禽、奶产品、水果、蔬菜）的需求增长引起的，这就刺激了谷类生产的迅速增长，特别是在北美和澳大利亚，因为畜牧业的变化产生了对饲料作物的巨大需求，目前牲畜饲养占谷物消费的70％。在他们中间，牲畜和饲料占农业总产量的65％。经济迅速增长使人们离开了农业。农业在劳动力中所占的份额，在大多数发达国家今天只有1960年的三分之一，1980年在发达的市场经济国家平均只占6％。由于转向节约劳动的技术，劳动生产率（每一个工作者的产量）在农业中常常比别的部门增长更快。农业大大增加了其他投入量（如化肥和机器）的使用，这些现在几乎占总产品价值的一半。因此，农业增值比总产值增长得慢，七十年代在许多国家每年要慢1％

苏联和其他东欧国家

在苏联和东欧这些非市场工业国，五十和六十年代农业增长迅速，因为开垦了荒地，增加了化肥和机器的使用。可是在七十年代，在两个最大的国家农业增长大大减慢，苏联平均每年只增1.9％，波兰只增1.3％，这正发生在对肉类和其他畜产品的需求迅速增长之时。尽管饲料谷物的进口大为增加，农业增长却不得不减慢，去适应这种需求格局的改变。失败的原因，有一些要归之于历史（苏联农业在战争中受害惨重；1917年革命后三十五年中一直忽视农业），有一些是由于过分集中的制度造成的困难。

发展中国家

在整个发展中世界，农业生产以历史上空前的速度增长，在六十和七十年代，每年增长将近3％。但是人口增长也空前迅速，结果人均农业产量和粮食产量增长不大，平均分别为0.3％及0.4％。可是这种总的数字掩盖了巨大的差异。特别是在东南亚，农业生产增长加速，六十年代仅与发展中国家的平均数（人均每年0.3％）相同，七十年代达到1.4％。拉丁美洲国家也增加了人均农业产量，从六十年代的每年0.1％增至七十年代的每年0.6％。在非洲，农业产量增长速度则下降（从六十年代的2.7％降至七十年代的1.3％），而人口增长加速，结果人均产量从每年增长0.2％降至每年减少1.4％。生产下降的部分原因，是非粮食作物（热带饮料和纤维）的生产增长缓慢；但人均粮食产量由六十年代的略有增长（0.1％）变为七十年代的下降（－1.1％）。在南亚，人口增长与农业增长之间的平衡，二十年间依然保持不变：农业增长分别为2.5％和2.2％，人均产量增长六十年代只有0.1％，七十年代几乎等于零，这是很令人失望的，因为南亚是绿色革命和在灌溉与化肥上进行大量投资的主要受益地区之一，这不得不使人清醒地认识到人口持续高度增长的后果。

自然，上述增长率在每个地区和每个国家之内都不是均一的。例如在印度，并不是所有地区均赋有肥沃的土地，能有效地控制洪水，具有灌溉和排涝系统，能通过采用新的作物技术，去大大增加农业生产的。六十年代，在印度的281个县中，大约只有三分之一的县每年农业增长超过5％，有五分之一的县农业生产实际下降，另有五分之一每年增长不到1％。

农业增长中这种地区差别，在发达国和发展中国家本来都是普通的现象。例如，在欧洲经济共同体各国内部，1960—80年有的农业收入增加，有的减少。可是，在发展的最初阶段，这种地区差别有加剧的倾向，因为在不利的地区，自然条件的影响要大些，技术的影响也有不同，政府支持农业增长的能力有限。例如在美国，联邦政府和洲政府对于农业均给予支持，所以1930—1970年每一州的农业产量均有增长，虽然增长率有1.7—6％的不同。

总之，在过去三十年中世界农业有了很大转变，产量几乎增长一倍，部分地由于发展中世界生产粮食的能力大为增长，部分地由于发达国家发生的变化，特别是整个世界农业技术有了空前的变革。可是，在这种显著的成绩下，却发生了"世界粮食问题"，发展中国家仍然有几亿人民得不到足够的粮食。人口增长，收入分配高度不平等，大大减少了粮食增长的人均利益。南亚和非洲低收入国家人均农业增长速度很低，甚至下降，是对国内政策制定人和国际社会的重大挑战。在南亚，过去二十年在植物选

380

种、化肥使用和灌溉投资方面的重大进展，使农业生产和人口增长之间的竞赛打成平局。在非洲，农业技术方面没有堪与比拟的进展，这个比赛现在是输了。挑战是要加速生物革新的步伐，提供政策环境和辅助资源，使新技术能在增加产量和收入中发生效果，以及降低人口增长的速度。

农业增长的泉源

农业增长的泉源有六，即扩大耕地面积、实行集约耕种、发展畜牧业、改良技术、进行科学研究和提供辅助性服务。在讨论这些以前，先介绍发展中国家的五个粮食作物区，因为这些国家的农业增长主要靠粮食生产。9

五个粮食作物区

发展中国家由于土壤和气候不同，作物制度千差万别，但大体能区分五个主要作物区，以在各区占主导地位的大宗粮食生产为基础（表7.3）。

表7.3　　　　　　　发展中国家的主要作物区

	主要的农业气候条件	总人口（百万）	农业人口（百万）	农业人口密度（人/公顷）	主要作物的平均单位产量（公斤/公顷）	尚未使用的耕地
块根作物区	湿热带	193	120	1.6	750	充裕
稻谷区	湿热带和湿温带	574	358	3.5	2,050	相当充裕
玉米区	亚湿热带	353	161	1.1	1,450	充裕
高粱和小米区	半干旱热带	86	70	1.6	670	相当充裕
小麦区	温带/地中海型	395	182	1.0	1,850	稀少
混合区（印度）	暖温带和干热带到湿热带	673	439	2.5	1310	很稀少
混合区（中国）	冷温带到亚湿热带	977	572	5.8	2,700	很稀少

来源：国际粮食政策研究所，联合国粮农组织。

转引自，世界银行，《1982年世界发展报告》，第58页。

9　参阅世界银行，《1982年世界发展报告》，第57—77页。

〔说明〕

（1）块根作物区　如木薯、甘薯，种植在潮湿的热带地区，那里土质不太肥沃，不适宜种植谷物。例如西非、中非，以及太平洋和拉丁美洲的部分地区。木薯的种植也推广到了泰国北部，成为一项重要的出口作物。

（2）稻谷区　稻谷首先种植在亚洲湿热带能保持水份的土地上，现在已经能适应更广泛的环境。在中国南部、南亚和东南亚的河谷和海岸平原，印度尼西亚群岛，菲律宾群岛，日本，朝鲜，以及拉丁美洲、东非、西非的小部分地区上，现在均种植稻谷。在许多降雨量大、具有渗透性土壤的附近，旱稻和其他作物一起种植。

（3）玉米区　玉米是拉丁美洲和非洲亚湿热带地区最主要的产品。最常见的和玉米种在一起的作物有棉花、花生和黄豆，较干燥地区还有高粱，较潮湿地区有咖啡、可可和含淀粉的块根作物。

（4）高粱和小米区　高粱是半热地区比较偏湿部分的主要作物，而小米则是偏干部分的主要作物。最常见的和它们种在一起的作物有花生、棉花、豇豆和木豆。

（5）小麦区　小麦是大部分温带地区的主要作物，但现在作为越冬作物，也逐渐推广到较为凉爽的热带地区，同雨季栽种的粮食和棉花一起种植。

扩大耕地面积

多少世纪以来，农业增产主要是靠扩大耕地面积。现在情况已经改变了。过去二十年发展中国家农业生产的增长，由于扩大耕地面积者不到五分之一，在发达国家，这个比例就更小了。

但是世界上仍有大量的未被利用的可耕地。发展中国家估计有5—11亿公顷，目前耕种的土地为8亿公顷。不过耕地面积扩大受到两种限制：

一是人民和土地后备的不平衡，即可耕地并不位于人们迫切需要它的地方。

据联合国粮农组织估计，到2000年时，1980年未使用的可耕地也

382

许只有10—15%能被耕种。拉丁美洲和撒哈拉以南非洲的潮湿带和半潮湿带还有大量的可耕地。但在地中海地区和亚洲大部分地区（印度尼西亚除外），未使用的可耕地非常有限，中国已达到可耕地使用的极限，还有一些国家很快也要达到这个极限。

二是在热带和亚热带的大部分地区，疾病妨碍了人们永久定居。

五十年代根除了疟疾，开辟了广大的新种植区域，特别是在亚洲。今天，限制定居和耕种的主要疾病是河盲症（盘尾丝虫病）和昏睡病（由采采蝇引起的锥虫病）主要是在撒哈拉以南非洲。两种疾病使大片肥沃土地或高雨量地区不能耕种，根治的努力收效甚微。

发展中国家耕地面积的扩大，是通过农民自发地进入森林和牧场开始的。移民带来了经费问题和森林砍伐问题。

移民大大增加了巴西、泰国和菲律宾的农业生产，最近已成为撒哈拉以南非洲农业增产的主要原因。

移民中的问题有二：

一是经费问题。自发垦殖的好处是费用低廉，并由农民自行担负。然而，即使在有土地可供利用的国家，人们并不总是具有移民的财力和刺激。有些政府已执行垦殖计划，如在马来西亚及印度尼西亚的外部岛屿，但为清理土地及建设公路、市场、学校和卫生机构，费用十分昂贵（每公顷土地一般需用1,000—2,000美元）。

二是森林砍伐问题。1900—1965年间，发展中国家的森林地区约有一半被砍伐以经营农业，现在湿热带和亚湿热带土地仍有一半被森林覆盖，但半干燥热带和温带的森林覆盖率已降至10—15%。森林可以调节雨量，防止水土流失，补充土壤的营养物质，影响当地气候。此外，发展中国家砍伐木材，有五分之四是用作柴薪。砍伐森林的后果极为严重。解决办法，部分地依存于开发新的能源供应，部分地依存于国家采取更有效的保护森林的办法。

实行集约耕种

开辟新土地是农业过去增长的重要泉源，它在未来时的作用显然只限于少数国家。今后的增产主要靠实行集约耕种，这方面的努力过去非常成功，最近二十年已耕地的平均生产率每年提高2.2%左右，除了在半干旱的高粱和小米区以外，产量增长的一半以上是由于较高的单位面积产量。在中国这个混合作物区，耕地实际上减少了，而单产则每年有所增长。

生产率的提高。主要是靠改进灌溉（有效和可靠），以及扩大使用新种籽和化肥（图7.1）。

灌溉对亚洲、北美和中东大部分地区农业生产的增长作出了巨大贡献。它能使主要生产季节的收成增加一——二倍，还可以种植二——三迭作物，能大大减少歉收的风险。农业投资特别是灌溉工程的好处是不难计算的，除了增加农业生产之外，还有提供基建工作的机会、使消费者得到廉价食品、增加农场收入等。此外还有广泛的不易计算的好处，即所谓"后继效果"（downsfream ellects）。

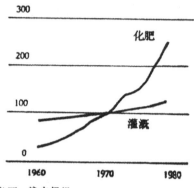

图7.1　　1960—79年发展中国家的
农业投入（1970＝100）

来源：粮农组织。

转引自世界银行、《1982年世界发展报告》，第61页。

世界银行曾对1972年批准的马来西亚穆达地区增加稻谷生产的2.4亿美元灌溉工程项目的间接的后继效果进行了调查·分析。结果发现，水稻每增产1美元，大约产生0.75美元的后继效果。换言之，农民从水稻增产收入产生了对商品和劳务的需求，主要是建造住房和其他基建工程、商业、道路交通、旅馆和饭馆等方面的服务（这些在马来西

384

亚农村都是劳动密集的活动）。这些部门收益的增加,又会提高其他部门工人的就业和收入。此外,稻谷需要过碾,碾米厂又必须在厂房和设备上进行投资。穆达工程吸引了5,000万美元的私人净投资,这些投资接下去又产生了更多的收益。结果,参加工程的稻农收入大约增加70%,无地的农场工人的收入增加了73%,非农民收入增加14%,未参加这项工程的农民收入增加10%。

改进灌溉有两种困难:一是世界上大部分地区不能得到供灌溉用的地下水和地上水,二是基础设施很费钱。发展中国家的灌溉投资已大为增长,1980年达150亿美元左右,占政府投资支出的很大一部分。今后改进的关键,一是降低灌溉工程的建造费用,二是改进现有灌溉工事的利用效率,三是鼓励私人灌溉。

例如印度和苏丹有丰富的经验,大运河工程连同水库每公顷灌溉面积平均只需投资2000美元;而在西非和东非,同样的工程需10,000美元以上,这是由于国内建筑业缺乏经验,以及材料和设备依赖进口。

提高利用效率方面,可以改进对用水的收费、对农业收入的课税、加强专业管理、避免水的浪费等等。

私人灌溉的例子有:南亚自1960年以来,农民投入了150亿美元,用来开挖水井及建设管道水井,灌溉了3,000万公顷土地。

但是发展中世界的耕地仍有80%靠雨水灌溉,维持将近三分之二农民的生活。农业产量的增长仍然依靠土壤、水、种籽、阳光之间的微妙相互作用,对这种过程的理解,在雨小灌溉区还不如在人工灌溉地上更深。各地条件极为不同,要找到解决办法常常很费钱,而且又不能在别处照样搬用。然而,即使在现有知识的条件下,仍有谋求产量增长的余地。新的耕作方法,新的作物轮种,增加使用化肥和农药,水土保持和排涝——全都可以起作用。研究雨水灌溉区农业的问题在许多国家日益成为重大的挑战,包括墨西哥这样的国家在内（这里的灌溉已经尽量扩大

385

了）。

关于新种籽和化肥的扩大使用，将在下面分别讨论。

发展畜牧业

在许多低收入国家，畜牧业在今天经济上的重要性 仍 然 很 小，但在未来可能迅速增长；在中等收入国畜牧业正在扩大（表7.4）由于畜产品是较为昂贵的热量和蛋白质来源，所以 穷人吃得很少。当收入增加时，肉、牛奶、蛋、家禽的消费就急剧增加。在拉丁美洲，畜牧业占农业总产值的33％，在 中 东 和 北 非 占25％，在南欧占31％。在输出石油的发展中国家，过去二十年畜牧业从农业产量的20％跃增至36％，而在发达 国 家 则 平 均 达50％。

世界各地畜牧业的情况彼此大有不同。在发达国家，对牛奶和肉类的需求很大，又有组织良好的市场和加工工业，故畜牧业商品化的程度很高。农民通常专门从事一种生产，进行 " 工 厂化"经营。在发展中国家，相当多的农场将畜牧与作物种植结合进行。在过去十五年中，许多发展中国家的家禽饲养和养猪业发展很快，集约程度也越来越高。需用的技术是可以迅速推广的，但需要的饲养粮和油籽粉相当多，这些全靠进口。

"工厂化"经营的新企业与传统的家禽饲养业发生竞争，后者往往吃亏，因为集约型家禽饲养的生产率要高得多，因而成本和价格可以大大下降。家禽已从最昂贵的肉类变成最便 宜 的 肉类，因为家禽生产每年增长5—10％。

发展中世界干旱天然牧场的饲养业，继续面临一些妨碍发展的不易克服的障碍。牲畜饲养需要大量土地，而这些地区土地贫瘠，产权也不明确。例如在非洲的萨赫勒地区，[10]放牧区是公有财产，农民个人无意投资去改进其质量。结果很少作出改良，放

---

10 萨赫勒地区包括八个国家：布基纳法索、佛得角、冈比亚、几内亚比绍、马里、毛里塔尼亚、尼日尔、塞内加尔和乍得。

386

表7.4 农业产品结构的改变（按部门和地区分，%）

地区和国家类别	谷物		其他主要作物		牲畜		其他食品		非食品		农产品贸易占农业生产的%			
											出口		进口	
	1961–1965	1976–1980	1961–1965	1976–1980	1961–1965	1976–1980	1961–1965	1976–1980	1961–1965	1976–1980	1961–1965	1976–1980	1961–1965	1976–1980
发展中地区														
非洲	31	31	11	10	21	22	27	29	11	9	13	12	6	6
中东和北非	17	17	26	27	16	18	25	25	16	14	21	15	5	7
拉丁美洲	30	26	5	4	22	25	46	40	7	5	16	10	19	34
东南亚	16	17	16	8	31	33	20	31	17	11	20	20	5	7
南亚	46	44	10	10	15	12	22	26	9	8	14	17	7	9
中国a	43	45 (49)	10	9 (15)	14	13 (18)	26	27 (13)	7	7 (5)	4	3 (2)	4	4 (3)
南欧	28	27	7	5	27	31	35	33	4	4	6	8	7	8
发达地区	23	25	9	6	46	47	19	20	3	2	10	15	15	17
市场经济国家	23	25	5	3	49	48	21	22	3	2	14	21	18	22
非市场经济国家	23	26	17	12	41	44	16	15	3	3	5	4	7	8
高收入石油输出国	25	11	1	2	20	36	53	51	1	(·)	1	1	69	158
共计	26	27	10	8	36	36	22	24	6	5	11	14	11	14

a 估计数，不包括在共计内。

来源：粮农组织。转引自世界银行，《1982年世界发展报告》，第65页。

牧往往过度，须由国家对牧群的移动和规模进行直接控制，或对土地所有权进行法律和制度上的变革。

技术与科学研究

应用现代科学技术，可以改进农业用地的质量，提高农业劳动生产率。工业对农业的最大贡献，在于提供机械、农药和化肥。遗传科学的发展，促进了育种与选种。

（1）机械

除非政府实行补助，否则农业机械化的速度就依存于土地和劳动的相对稀缺性。

在亚洲大部分地区及其他劳力丰富地区，机器的使用首先是在集中的动力或速度优于人力或畜拉工具的操作方面。例如固定打谷机、磨坊、水泵。拖拉机的使用，是为了清除难以耕作的土地或运输。近年来，有的用动力耕耘机耕耙稻田，例如泰国和菲律宾。

因劳力短缺或工资上升而转到机械动力，是非常有选择性的。例如，在孟加拉国，灌溉水泵使用广泛，而拖拉机则实际上不存在。在泰国中部使用稻谷脱粒机，因为那里的第一迭稻谷脱粒和第二迭稻谷种植在时间上碰到了一起；而在单迭作物地区，用水牛耕种的劳动密集方法仍然通行。

（2）农药

对于虫害、疾病、野草所造成的植物损失，估计上有很大的不同：低到5—10％，高到30—40％。但是毫无疑问，近年来为对抗虫害而使用化学药品已迅速发展，大大提高了作物产量。

除虫剂对防止高产作物的损失是十分重要的，同时它的不良副作用也引起人们的真正关怀。除虫剂能改变昆虫的免疫力，能摧毁害虫的天敌，能造成第二代害虫的突然蔓延，能保留潜在为害的残余。除虫剂的代替办法也有其缺点。一种有希望的可能性是促进对疾病的更广泛的遗传抵抗力。这可以同植物轮作、培养天敌、更有差别地使用的化学药品联合并用。但这种结合进行的虫害管理实行起来很复杂，要

388

求有熟练的科学家和综合性的组织去保护作物，这是超出大多数国家的行政力量的。可是这种办法的某些要素可能极为有效。

除草剂主要具有节约劳动的功效。在土地多而从事耕种和除草的劳力少、以致限制了种植面积时，除草剂尤为有用。但除草剂须慎重使用，因它对健康和就业均有影响。

（3）化肥

直到六十年代初期，发展中国家使用化肥仅限于少数有价值的出口作物。随着灌溉面积的扩大和高产种籽的采用，化肥使用已增至八倍。1950年以来谷物收获量的增长，是由于更多地使用化肥以及实行灌溉和采用新种籽的结果。

使用化肥的地区差别，大部分是看农民对水的供应的控制程度。在降雨量低的地区，每公顷地只使用3公斤化肥；在降雨量高的区域，每公顷地平均使用20公斤化肥；在有可靠灌溉的地区，每公顷地能使用110公斤左右的化肥。在较干地区农民使用化肥很少，因为缺乏水时植物对化肥没有反应，而歉收的风险也使农民不愿使用化肥。

能源成本的上升和对化肥生态影响的关怀，鼓励重新研究化肥的代用品，如动物粪肥和有机废物、通过微生物的生物固氮作用等，但大规模应用为期尚远。因此，化肥仍然是发展中国家生产率提高的主要的和增长的泉源。

（4）科学研究

十九世纪中叶遗传科学的出现以及由公款维持的农业研究中心的设立，促进了农产品的科学育种与选择。植物选择和改良正在几百个国家和国际研究中心进行，它们组成了一个世界范围的研究网，共享数据、种植资料和成果，探索地球上具备有用性能的野生植物。

国际农业研究机构，有1960年在菲律宾设立的国际水稻研究所（IRRI），1966年在墨西哥设立的国际玉米和小麦改良品种中心（CIMMYT）。1971年成立了国际农业磋商小组(CGIAR)，设有技术咨询委

389

员会(TAC)，它向十三个国际研究中心 和规划提供资金。新成立的机构有：国际热带农业研究所（IITA），国际半干旱热带地区作物研究所（ICRISAT），国际干旱地区农业研究中心（ICARDA），非洲家畜国际中心（ILCA），国际动物疾病研究所（ILRAD）。

尽管研究的价值已经得到证明，发展中国家用在研究上的资源却很不够。

最近的调查表明，在五十一个发展中国家，用于研究的支出在过去十年大有增长，但还是只占1980年农产品价值的 0.5％，比用在农业推广服务上的支出要小得多。工业国用在研究上的支出占农产品价值的 1 — 2％，相当于用在推广方面支出的四倍左右。由于农业研究的收益极大，发展中国家应当在这方面作出更大的投资。

国际研究中心的作用也在改变（当各国的研究制度 建 立 起来，接管了更多的发展新技术的任务以后）。今天，它们特别着重训练各国研究人员，正在起着高度专门知识和遗传资料的清算所的作用。"中心"还从事开发研究"方法"，特别是研究农场取得进步中克服社会和经济障碍的方法。

某些小国和缺乏从事基本研究技术人才的国家有着 特 殊 问题。它们必须更多地依靠清算中心的方法和资料，而自己的大部分努力则用于实用站和农场的应用研究。在中美洲和撒哈拉以南非洲这样的地区，有着扩大区域合作的巨大余地。不幸过去的这种尝试收效甚微。

辅助性服务

改良土地、采用新的耕作方法、进行科学研究，全都是农业增长的必要条件，但还不是获得增长的充足条件。如果将科学的潜力变为获得更大成效的现实，还需具备许多辅助性服务，这可以从基础设施、技术推广、销售和信贷四个方面提供。

（1）基础设施

在亚洲和拉丁美洲，基础设施的存在和扩大对农业产量的增

390

长贡献很大。

一是农村用电。

例如菲律宾将农业发展支出的 5％用于农村电气化，现在70％的农村居民能用上电。这不但给农村生活带来了方便，而且电信交通可以使农民得到市场信息、设备修理和货物交运。农村工业常常受益最早。

二是基本道路。

没有运输和交通，提高农业生产的许多措施都是徒劳的，因为农民的产品无法送往市场，他们也无法得到新的生产资料、新的技术和新的思想。改进乡村与市场的关系，可以带来许多非农业企业，如商店、修理服务、谷物磨坊，也有助于改变旧的习惯和意识。[11]除了基本道路之外，乡村支路也很重要，如在非洲许多地方，农民要步行一天以上才能到达最近的公路。

（2）技术推广

新技术的采用，依存于农民的知识、技能和动机，以及其他许多影响农民接近研究所水平的能力的因素。发展中国家的农民很少能达到发达国家或农科所已经达到的单产记录。产生单产差距的原因很多，要缩小这种差距，必须采取相应的发展战略。用图7.2来说明。

〔说明〕

图中横轴表示耕种面积（％），纵轴表示单产水平。AE为农业科学研究所达到的单产最高限度，AD为农民土地的技术限度，AC为农民土地的经济限度，AB为农民的实际成就。

产生单产差距的因素很多。

（1）农民单产技术最高限度低于科研所的最高限度（AD＜

---

11 世界银行对墨西哥尤卡塔州乡村公路产生的影响进行了研究，表明公路交通使采用新思想、教育、保健和提供经济出路成为可能；扩大了妇女的作用，妇女晚婚的多，子女少，更多地从事非家务劳动。

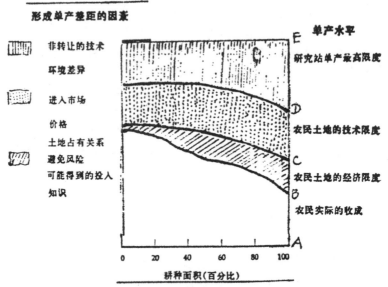

图7.2 单产差距和农业推广

形成单产差距的因素

非转让的技术
环境差异

进入市场
价格
土地占有关系
避免风险
可能得到的投入
知识

单产水平

E

研究站单产最高限度

D

农民土地的技术限度

C

农民土地的经济限度

B

农民实际的收成

A

0   20   40   60   80   100

耕种面积（百分比）

来源：世界银行，《1982年世界发展报告》，第73页.

AE）。农科所使用的技术在农民的生产规模上是不可行的，研究所通常设在上等土地上，必要时可依靠灌溉，农民很少有此条件。

（2）农民单产的经济最高限度常常又低于其技术最高限度(CA ＜AD)，因为农民为获得最高利润所投入的生产资料水平，往往低于为获得最高产量所需要的水平。这是因为投入物投资收益递减的缘故。

（3）农民的实际单产通常甚至低于经济的最高限度（AB＜AC），因为主要的投入物（如化肥、水、劳力）在需要时可能得不到，或者因为产品价格多变或降雨量不可靠而减少预期的收益，这些因素也可迫使农民采取"保险第一"的策略。农民也可能不懂得各种投入量的最佳组合，或最好的耕作方法。

要缩小各种单产差距的幅度，必须采取相应的发展战略：

392

402

（a）要缩小ED差距，要求进行投资（防洪、土地开发、灌溉），或进行研究，以开发更适应农场条件的作物品种和耕作方法。

（b）要缩小DC差距，要求检查价格政策，改善农民进入市场的渠道。

（c）要缩小BC差距，要求加强农业推广或咨询服务，使投入物的供应和信贷制度更加合理化，或建立收成保险制度。

由此可见，推广工作能使差距缩小，但不能完全消灭它。全世界的经验表明，农业推广在下列场合效率最高：

（a）提供农民所不知道的可以获利的、无风险或风险低的技术；

（b）使农民及时得到化肥和良种；

（c）使农民增产的产品能随时进入市场。

总之，技术推广的主要任务，在于把比较好的生产方法和知识传播给农民，并帮助他们克服运用这种方法的困难。除了一些重要的例外情况，发展中国家在这方面的成就还不大。

（3）销售

农作物的销售活动是打破自然农业的关键。如果有中介人能为农民提供资金，使农民能购入、售出、运输、加工和储藏农产品，以及购入所需要的生产资料，各个地区、村庄和农场就能按照自己的优势实行专业化。在大多数热带的发展中国家，这种活动是在物质条件困难，特别是在产品运销和储藏方面困难的条件下进行的；也是在不利的政策环境下进行的。

尽管如此，发展中世界的农民一般对市场机会还是作了热烈的反映。自从十九世纪销售渠道建立以后，小自耕农即迅速在马来西亚种植了橡胶树，在西非种植了可可、花生和棉花。可可是一种难于培育的植物，非洲农民从来没有种植过，然而在半个多世纪内，在两代人中间，西非生产的可可豆已经达到每年100多万吨，夺取了世界市场的70%，使农民每年得到的现金收入比过去种植其他作物时要多。最近在科特迪瓦，可可的生产在1960年以来的二十年中，从 8 万吨增加到40万吨以上，主要是因为有公平的价格和销售。

销售的经营，可以是公营部门、私营部门或二者混合进行。由于它在政治上和经济上的敏感性，常常是一种公营垄断事业。

（4）信贷

大农一般能从政府信贷计划和农业银行获得贷款，而小农则难于获得这种方便，大部分来源于非正式信贷，所付利息要高得多。为了补救这种不平衡，许多国家采取小农信贷计划，其记录是成败参半，贷款常常还是归于大农，或移作非农业用途。为了改进农业信贷的质量，有几个教训值得注意：

（a）及早制定偿还计划（在歉收时予以宽免）。不仅可以保证贷款机构在金融上的健全性，而且可以促使农民提高效率。

（b）扩大获得贷款的机会，对小农的好处比在利率上实行补助更大。因为后者实际上是对可用贷款进行配给。如果要为更多的农民服务，利息及其他费用应反映贷款及其回收的真正成本。有时可以接受象牲畜这样的资产作为贷款担保。

（c）正式信用机构过分强调了贷款本身，而忽视了其他的金融服务。农村储蓄计划对于扩大贷款的金融基础及鼓励还债特别有用。有充分证据表明，当给予有吸引力的储蓄利率时，小农确实愿意储蓄。

（d）为了促进贷款和储蓄，农业银行可以尽量利用现有的农村机构。它们也可以同合作化计划和发展农民小组紧密地联系起来，例如在马拉维就是这样。

土地改革与经济发展

土地制度同农业生产的增长有十分密切的关系。当其束缚生

394

产力的发展时，土地改革便成为经济发展的先决条件。

土地制度的类型与土地改革的必要性

（1）土地所有和使用制度的六种类型

影响世界不同地区的土地所有和土地使用制度的因素是很多的。这些因素可以归结为：（a）政治制度和政治形势，（b）经济结构，（c）社会制度，（d）法律制度，（e）人口状况，（f）农业制度，（g）国家资源基础。考虑到这些因素的相互影响，可以将世界上的土地所有和土地使用制度分为六种类型：（a）封建亚洲型，（b）封建拉美型，（c）传统公社型，（d）市场经济型，（e）社会主义型，（f）种植园大农场型。这些类型的特点比较见表7.5。

（2）传统领域

在传统领域，土地控制的类型，一方面有某些亚洲和拉丁美洲国家的封建地主——佃农制，另一方面有某些非洲部落的公社土地所制。在地主——佃农制下，土地所有权属于少数地主，大多数人通过各种租佃才能利用土地。土地所有权高度集中，收入分配及不平等。占用地（holdings）面积小者起数多，在农地（farm land）面积总额中比重小；占用地面积大者起数少，在农地面积总额中比重大。两者在耕地（cropland）面积总额中的比重则相反，见表7.6。

在若干拉丁美洲国家，土地所有制尤为集中。从表7.7可以看出占用地在50公顷以上者，达到总面积的85—95%。

反之，在公社土地所有制下，土地是公共财产，利用土地比较不受限制。在封建的地主——佃农制下土地所有权和利益的分配高度不均，阶级差别极为明显，而在公社制下则土地利用比较平等，阶级差别不那么明显。

在有利的条件下，上述两种制度是比较稳定的，但是当人口增长时，除非有技术上的革命，否则人——地比率下降，它们就

395

表7.5

各种类型土地所有和使用制度的特点

类型	所有制	社会平等	经济平等	土地生产率	劳动生产率	技术水平	经营	劳动密集	资本密集	生产目的	制度结构
封建亚洲型	高度集中	巨大不平等	巨大不平等	低	低	低	主要由分成农a经营	劳动密集高	资本密集低	主要为生存而生产	集中化
封建拉美型	高度集中	巨大不平等	巨大不平等	低	低	低	劳动由占地农b c及近邻流动工人提供，由地主或雇用经理外加奴隶劳动或成农经营	粗放	粗放	为生存及出口而生产	高度集中
传统公社型	低度集中，主权归公社	中等或高度社会经济平等		低	低	低	分散耕种，集团成员有用益权	劳动密集中等	资本密集极低	为生存而生产	支持性服务结构不发达
市场经济型	中等集中	中等社会经济平等	中等社会经济不平等	高	高	高	分散耕种	粗放	密集	为市场而生产	机构和服务分散
社会主义型	财产权归国家或单一集体	低或中等高度社会经济平等		低、中或高	低、中或高	中等	集中或分散耕种			为市场或生存而生产	各种支持性制度构高度集中化
种植园大农场型	高度集中，由国家或外国人所有	巨大不平等（巨大收入不平等）		高	低或中	中等或高	由经理和雇用人员经营			主要为出口生产	

来源：世界银行，《土地改革》，1975年5月，第16—18页。

a. 分成农（sharecroppers）：指用实物缴纳地租的佃农。

b. 占地农（squatters）：指定居在公地或无主土地上的农民。

c. 小农（small-holders）：指小土地所有者。

表7.6　占用地按面积大小及其在总占用地中的比重的分配；占用地按其在农地和耕地中的比重的分配

面积大小分配 （公顷）	占用地起数		占用地在全部 农地总面种中 的比重（％）	占用地在全部 耕地总面种 的比重（％）
	百万	百分比分配		
1以下	53.90	38.90	1.10	3.40
1—2	26.55	19.20	1.70	5.30
2—5	28.73	20.70	4.00	12.00
5—10	13.24	9.60	4.20	11.50
10—20	7.27	5.20	4.40	10.70
20—50	4.40	3.20	5.80	11.80
50—100	1.97	1.40	5.80	9.80
100—200	1.40	1.00	6.60	11.00
200—500	0.67	0.48	8.60	11.50
500—1,000	0.23	0.16	6.50	5.90
1,000及以上	0.23	0.16	51.30	7.10
共　计	138.59	100.00	100.00	100.00

来源：联合国粮农组织，《1960年世界农业普查报告》，罗马1971年，第34—36页。转引自世界银行，《土地改革》，1975年，第56页。

表7.7　若干南美国家超过1公顷的占用地按大小和面积的分配

	1－5公顷		5—50公顷		50公顷以上	
	占用地总 起数（％）	占面积 （％）	占用地总 起数（％）	占面积 （％）	占用地总 起数（％）	占面积 （％）
阿根廷	14.9	0.1	38.5	2.4	46.6	97.5
巴西	28.0	1.0	52.6	12.8	20.3	86.2
智利	37.7	0.7	30.3	5.2	32.0	94.1
哥伦比亚	50.3	4.1	40.6	10.1	9.1	85.9
巴拉圭	43.5	1.1	51.0	6.6	6.5	92.3
秘鲁	73.8	4.2	22.9	8.0	3.3	87.8
乌拉圭	14.7	0.2	49.2	4.6	36.1	95.2
委内瑞拉	36.3	1.3	42.9	6.7	20.8	92.0

来源：联合国粮农组织，《1960年世界农业普查报告》，罗马1971年。转引自世界银行，《土地改革》，第58页。

面临困难。在地主——佃农制下，土地压力反映在无地农业工人的人数增加和收入差别的扩大上。公社制也受到同样的压力，反映在休耕期缩短、土壤肥力下降、放牧过度、水土流失增长上，伴随有广泛的贫困和容易受季节的影响。

两种制度对外界条件的变化，特别是对新技术的反应有所不同。地主由于其特权地位和权力，能够受教育，通过试验和采用外界思想进行革新。但他们所关心的主要是自己在财富和权力方面的狭隘利益，例如用机械化去代替佃农。公社制一般缺乏这种制度上的机制，在技术上倾向于停滞，同外界也比较隔绝，但很少能完全摆脱外界的影响。

（3）现代领域

在现代领域，土地控制的类型，一方面有私人土地所有制，这是市场经济的根本方面，是大多数欧洲国家共有的；另一方面有国家或集体所有制，是社会主义国家所特有的。在私有制下，土地由个人占有，能够进行买卖，虽然常常受到限制。这种占有地，一般以家庭为单位来经营，很少有雇用劳动。可是这一类中又有一小类，其面积从许多发展中国家以生存为主的小占有地到北美和澳大利亚的大占有地，彼此不等。虽然在法律和制度方面相同，但在技术和各种投入，以及面向市场的程度方面，彼此有很大差异。

反之，在社会主义制度下，个人不能购入和积累土地，所有权属于国家或集体。但社会主义制度下也有一些差别，常常准许私人小占有地同大社会单位并存。

现代领域中特殊的一类是种植园和大农场，在发展中国家和在某些发达国家都有。在某些方面，它形成了市场经济型的特殊一类，但公司法人结构和依赖雇佣劳动二者使之与私有家庭农场不同。

虽然私有制同技术进步与农业经济调整常常是可以相容的，但当人们被迫放弃从事农业时，这种所有制就造成了不公平。一般说来，在人口压力能由开垦处女地或使人们移出农业部门而抵销时，土地由私人控制是行得通的。但是，由于大农场的增长，

398

再在加上人民移出农业的机会有限，随之出现经济上的二元结构，致使所有制类型变得大小不均时，情况就坏透了。国家或公社控制虽然在多数场合不免存在经济上的缺乏效率，但导致个人间的不公平较少。

（4）土地改革的必要性

土地改革在传统和现代两个领域都提出了公平问题。特别是在传统的封建和公社制度下，土改常常是一件政治上的事情。在许多场合，租佃状况是发展的主要障碍。例如，土地分割过细能使河渠灌溉无法进行，严重影响了机械化（即使是小规模的）。在其他场合，合同分成安排使地主和佃农都不能采用新技术，因为地主不能就投资收益得到有利的份额，佃农又无力投资，或缺乏租佃安排以保证其获得收益。在另外一些场合，社会环境的不公平和压迫，摧毁了人们提高生产率或在现行体制内解决问题的动力。在这种情况下，土改就成为发展的先决条件。但是，不论主要是从公平还是从生产出发，土改显然涉及不同类型情况下的不同变革。

土地改革的范围

（1）不同程度的改革

土地改革涉及土地使用的生产率和公平这两个互相关联的方面。进行土改常常本身就是一个目标，但在发展中国家却被看作是农业改革或农村发展方案的组成部分。土地与政治、行政、财政或货币改革不同，它通常仅限于一个经济部门，涉及对一种有形资产控制的改革，这种资产不仅在供给上是有限的，而且为发展中国家大多数人民提供一种依之为生的基本要素。

土改可以涉及各种不同程度的改革，包括下列各项的一部分或全部：

(a)重新分配公地或私地，改变土地的分配和占有地面积。通常，这涉及增加小农场或中等农场的数目，减少大地产的数

399

目。反之，也可使全部土地收归国有，重新组成属于国家的许多地产，全都是大的。

(b)将各个地产归并起来，改组对土地控制的物质类型。将分散的地产重新造成大块的土地。进行时可以改变或不变土地所有权，即归于每一个所有者的那部分面积或价值。

(c)改善所有权和租佃权，可以或可以不在物质上重新分配土地。重分的土地可给予新所有人或原在土地上耕作的农民。反之，土地不须重分，只是使佃农或工人成为所耕作的土地的主人。结果一般是将收入从旧土地所有人重新分配给新所有人。新所有人可以组成合作社，也可个体经营。

(d)改变租佃条件，而不改变所有制，也不重新分配土地。在土地上耕作的人们，权利受到法律保护。租佃条件的改变，包括提供租佃安全、采用作物分成安排、实行合作经营土地等等。这些改革也包括将对土地的习惯权利转变为法律权利。

（2）结构改变与财政措施

土改主要被看作是在农业部门进行结构改革的手段，从而改变地产的面积分配或收入分配。实行何种结构改革，依通行的土地占有制度及提出的替代办法而定。从实行了土改的各国经验来看，大多数变革涉及从传统型转变为现代型。

> 如台湾省、南朝鲜和日本是从"封建亚洲"型转到"市场现代小地产"型；印度和伊朗从"封建亚洲"型转到"市场现代"型，在某些地区保留一些传统农场和一些"种植园大农场"型的变种。肯尼亚和摩洛哥重新分配殖民时代的大规模归外国人所有的"市场经济"型地产，有些归于"市场经济"型的小所有者，有些归于"种植园大农场"型单位。墨西哥从"封建拉美"型转到"市场现代混合大小地产"型；秘鲁从"封建拉美"型转到混合的"市场现代"和"社会主义"型。这些占有制度的变革全都伴有相关的组织和服务方面的改变。

400

常常认为可以达到与土地改革同一目的的手段，有课征土地税和对土地收入课征"优先税"（preemptive taxes）。一种有效的土地税可能对土地使用有影响，但它的主要目的，常常是在使闲置的生产性土地或在生产能力以下使用的土地变得成本更高，从而鼓励更加集约的生产。但对增加土地生产率潜力或使新地投入生产这两方面的投资，可能产生消极影响。不论怎样，使用一种财政手段（如土地税）不能导致农业中的结构改变——至少是在短时期内不能办到。鼓励结构改变的一种更有效的财政手段，是课征累进的地产税，迫使所有人出卖土地去纳税，但这只在一个长时期内才能造成结构改变。尽管土地税和地产税常常被看作是重新分配收入的财政政策的重要因素，它们却不能保证达到象土改所能达到的那种程度的结构改变，并且一般是收效甚微的。在财政措施（不论是在分配性的或为国家提供收入的）不能奏效的地方，如果要寻求经济发展，土改可能是唯一的选择。

（3）土地改革与农业改革和农村发展

农业改革（agrarian reform）是比土地改革（land reform）更为广泛的概念，因为它包含对影响农业部门的广泛的条件进行改革。这些改革可以包括改变价格政策，使贸易条件（即农工产品的比价）于农业部门有利；增加对农业部门的投资拨款，以扩大研究、推广、训练、储藏等设施；保证物资（如肥料）供应，增加用来购买这些物资的信贷；提供基础设施，促进农业生产。农业改革可以也可以不包括土地改革。在某些场合，不需要进行土改，因为土地业已平均分配。在另外的场合，在政治上不可能进行土改，但是通过农业改革的措施，在政治上和经济上都有可能提高产量。问题是，土改可能是农业改革的必要条件，但并不是增加农业产量的充足条件，因为土地只是生产要素之一。

农村发展（rural development）这个概念含义更广，因为它包含农村部门（农业部门与非农业部门）的一切方面，更关心的是农村人民的福利，或不只是把农业产量或生产率本身当作目的。因为土改具有重大的公平含义，所以它可能是成功的农村发展的伴随条件，这要看土地控制的类型如何。在土地所有权直接影响地方制度的性质和大多数农村人民参加这些制度的地方，土改可能是重要的。可是，从执行方面看，在某些场合，建立地方机构和小所有主服务可能是土改的先决条件，而不是相反。在现有服务制度和行政机构皇为大规模农场工作的地方，进行土改而不伴之以农村发展活动，就可能造成困难和经济损失，这些会超过土地重新分配所获得的公平利益。反之，租佃改革，只要能稳定地主与佃农之间的关系，就可能成为农村发展方案的有益的前奏。

（4）土地改革的政治与社会含义

地产结构和土地收入分配的重大改革，没有政治行动是不能完成的。例如，在半封建状态盛行的地方，土地权利和租佃条件是传统建立的，不能通过市场力量去改变，因为实际上不存在有组织的土地市场。在别处，大地主积累了资本，通过市场购买而扩大了地产；在大多数以市场为方向而土地分配不均的国家，这种分配有日益不均的趋势。不管状况如何，没有来自市场以外的行动是不能改革的。既然这些行动是以改革土地分配和占有的政策为基础，这些政策的执行就依存于政策制订人的政治意志和行政人员执行这种意志的能力。

土地控制的集中，是许多非工业化社会权力者的基础。在各个集团的权威是来自土地的国家，土改不可避免地会摧毁或限制这些集团的权力基础。土改能改变一个国家的政治均衡和权力结构。土改剥夺了大地主（不论其为军事的、宗教的或政治的人物）的权力。在政治辩论中，土改常常是辩论的中心问题，并且常常涉及到财富和政治权力的再分配，这是不足为奇的。必须考

402

虑到土改的政治含义，除非政治思想和权力有所转变，否则土改方案很少能够实施。许多国家有了土改的法律，但能贯彻执行者为数甚少，而这少数国家也只在政府改组以后才能实行。

大规模改革方案的实行，常常依存于受益者的有效组织。在日本、台湾省和委内瑞拉(单提三处)就建立了这种组织去保证土地的转移。在其他国家，如印度和巴基斯坦，改革家所考虑的唯一执行机构就是政府机关。因为文官和地主有共同的利益，由于缺乏受益人方面的有组织的压力，大规模的立法未能产生重大改革。许多亚洲和拉美国家的经验表明，农村人民参加与否，是土改能否成功的重要条件。

土地控制权的分配不均，依赖土地为生者人数众多，历史地导致了土改压力的日益增长。尽管土改的重心涉及到济经发展，但土地压倒一切的社会职能表明，有必要对私人土地权利施加限制，这一看法似乎得到了许多集团的支持。

土改的另一方面是，实行土改以后可以产生一种新的社会结构。

> 墨西哥、玻利维亚和埃及过去都是半封建社会，在这种社会中，大量佃农和工人被束缚在土地上受到人身奴役，这是从习惯、传统和仅仅是由于负债产生的。土改改变了这种状况。在墨西哥，打破了对许多人不能自由选择谋生道路的制度。如果墨西哥(它的土改时期最长)的经验能表明一种长期趋势，那么改革已导致了社会流动性的增长

土改是一个复杂的问题。它涉及的方面很广，措施因情况而异。它具有高度的政治性，对经济发展有重大意义。

土地改革与经济发展

经济发展有三个基本目标：迅速的经济增长，充分就业，分配上的公平。某些政策和有关的投资，如在发电厂和大规模工业方面，主要是为了经济增长；其他的，如农村工程，有时是为了

403

就业；还有一些，如土地改革，本质上是为了公平。面向某一个目标的一套政策和投资，对其他两个目标也有重要影响。当衡量某一政策对经济发展可能产生的作用时，必须考虑到这些影响。因此，要从增长和就业两方面考虑土改的代价究竟有多大。

（1）土改对生产率的影响

土改对生产率的影响，最好是比较一个地区土改前后生产率的变化。但不幸的是，这是不可能的。因为任何一定时期内的变化都不是只在一个变数（农场面积）的影响下产生的。最接近的另一个办法，是比较某一地区各类不同农场在一个时期内生产率的变化。理想的比较，要考虑到所有各种生产要素的贡献，从而衡量综合的要素生产率。因为得不到这种资料，于是公认每一公顷土地的产量变化是最合适的替代。

不同面积的地产分配对于产量的影响，曾有过几种多国的比较分析。联合国粮农组织曾经进行过一次对十三国的比较研究，世界银行也进行了对四十国的类似研究，后者的结果如表7.8。两种研究表明，平均地产面积越小，所有权集中程度越低，则每一公顷的产量越高，如希腊、台湾省、南朝鲜、日本等。

个别国家按部门的研究，也有相同的发现。

例如在斯里兰卡，1966—67年，一英亩以下的农场平均每英亩的大米产量为36—37蒲式耳，而在较大的地产上则为33—34蒲式耳。在泰国中部，2—6英亩的单位面积（rai＝0.4英亩）平均产量为306公斤，而140英亩以上的地产平均仅为194公斤。菲律宾的农场（不到2公顷）每公顷生产2.9吨大米，而4公顷以上者平均每公顷只产2.2吨。在阿根廷、巴西、智利、哥伦比亚、厄瓜多尔和危地马拉，对大的"多家庭"农场和小的"次家庭"农场的差别所作系统的分析表明，每公顷的产量在小农场平均比大农场多出2—13倍，见表7.9。

404

表7.8　若干国家的生产率、就业和土地分配

国　别	年　份	按公顷平均的农场国内生产总值（美元）(1)	按工人平均的农场国内生产总值（美元）(2)	每公顷就业人数（人）(3)	平均地产面积（公顷）(4)	土地集中程度（吉尼指数）(5)
欧洲						
希腊	1961	424	848	0.50	3.18	0.597
西班牙	1962	90	980	0.09	14.85	0.832
中美洲						
哥斯达黎加	1963	83	951	0.09	40.70	—
多米尼加	1971	129	463	0.28	8.64	—
萨尔瓦多	1961	186	489	0.38	6.95	—
危地马拉	1964	144	492	0.29	8.17	—
墨西哥	1960	22	569	0.04	123.90	—
尼加拉瓜	1963	55	580	0.09	37.34	—
南美洲						
阿根廷	1970	18	1,903	0.01	270.10	0.873
巴西	1960	14	285	0.05	79.25	0.845
智利	1965	18	692	0.03	118.50	—
哥伦比亚	1960	67	663	0.10	22.60	0.865
巴拉圭	1961	11	479	0.02	108.70	0.947
秘鲁	1961	50	477	0.10	20.37	0.833
乌拉圭	1966	14	1,333	0.01	208.80	0.936
委内瑞拉	1961	31	925	0.03	81.24	—
亚洲						
台湾省	1960—61	841	410	2.05	1.27	0.474
印度	1960	172	141	1.22	6.52	0.607
印度尼西亚	1963	323	149	2.17	1.05	0.624
伊朗	1960	187	581	0.32	6.05	—
南朝鲜	1970	1,085	377	2.88	0.85	0.473
日本	1960	1,720	1,188	1.45	1.18	—
尼泊尔	1961—62	352	138	2.54	1.23	—
巴基斯坦	1960	240	249	0.96	2.35	0.607
菲律宾	1960	250	200	1.25	3.59	0.580

国 别	年 份	按公顷平均的农场国内生产总值（美元）(1)	按工人平均的农场国内生产总值（美元）(2)	每公顷就业人数（人）(3)	平均地产面积（公顷）(4)	土地集中程度（吉尼指数）(5)
斯里兰卡	1962	376	337	1.12	1.61	—
泰国	1963	166	137	1.21	3.47	0.611
土耳其	1963	155	243	0.64	5.03	—
越南	1960	355	127	2.79	1.33	—
非洲						
博茨瓦拉	1969—70	168	142	1.18	4.75	—
埃及	1960—61	681	360	1.89	1.59	—
肯尼亚	1969	183	140	1.31	4.20	—
马尔加什	1961—62	293	88	3.32	1.04	—
马里	1960	98	48	2.06	4.35	—
摩洛哥	1961	144	295	0.49	4.62	—
塞内加尔	1960	209	174	1.20	3.62	—
多哥	1961—62	189	180	1.05	2.62	—
突尼斯	1961—62	42	341	0.12	15.41	—
乌干达	1963—64	167	198	0.84	3.29	—
赞比亚	1960	68	101	0.67	—	—

来源：第 1 栏和第 3 栏：粮农组织，《生产年鉴，1971年》，第10—11，21—23页. 第 4 栏：联合国《统计月报》，1972年 4 月,1973年11月. 汇率：参阅国际货币基金组织，《国际金融统计》，1973年 8 月. 农业中的国内生产总值：包括农、猎、林、渔.

转引自世界银行，《土地改革》，1975年，第26页.

表7.9　　　　拉丁美洲按农场大小的平均产量

		最小的次家庭农场 (1)	最大的多家庭农场 (2)	(1)栏与 (2)栏之比 (3)
		每一农业公顷地的平均产量（国币单位）		
阿根廷	1960	2,492	304	8.20
巴西	1950	1,498	170	8.80
智利	1955	334	41	8.20
哥伦比亚	1960	1,198	84	14.30
厄瓜多尔	1954	1,862	660	2.80
危地马拉	1950	63	16	3.90
		每一农业工人的平均产量（国币单位）		
阿根廷	1960	40	192	0.21
巴西	1950	1,197	8,237	0.14
智利	1955	268	1,171	0.23
哥伦比亚	1960	972	9,673	0.10
危地马拉	1950	74	523	0.14

来源：巴勒克拉夫和科拉特，《拉丁美洲的农业结构》，1973年。转引自世界银行，《土地改革》，1975年，第28页。

还有证据表明相同的结果　包括对墨西哥、日本、台湾省的研究。这并不是说所有的情况都是一样的，研究只是表明：小农场产量比大农场高。

重要的含义是，减少地产的面积或土地的集中程度，不一定会减少每公顷的产量；恰好相反，在有控制的情况下，每公顷的产量可能还要高些。这有两个原因：（a）在大多数农业生产中，规模的经济效果是有限的。（b）小规模生产者由于通过劳动密集而能使产量最大化，而大规模经营者通过雇佣劳动来使利润最大化只到增加的产量能抵销增加的成本为止，这常常比目的在使产量最大化所能达到的每公顷产量为小。

大体说来，如果纯粹从提高生产率着眼，以每公顷的产量多少为标准，则土改是能同发展相容的。然而，平均每一劳动者的产量却可能减少，简单的理由是：小农场每公顷会使用更多的劳动。换言之，较大的收入将由更多的家庭来分享。这种劳动生产率的下降只是反映了土改在就业和公平两方面的好处：同一土地

407

能使用更多的人，生产的收入会被更多人分享。

（2）土改对就业的影响

证据表明，在每公顷土地上使用的劳动，小地产比大地产多。上述十三国的比较研究表明，每公顷农场使用的人力，与地产的面积有关系：地产越小，人力投入量越大。小农场的较高生产率表明它们具有长期的均衡潜力。但这种潜力的实现，依存于土地以外的投入供应在农场面积减少时立即增加。在亚洲和拉丁美洲数量不多的研究也证明了同样的结论。

例如，在印度旁遮普邦的费罗兹普尔县，1968年，地产面积不到30英亩者，每英亩的劳动吸收量为33—39人日，在较大的地产上则为20—23人日。在哥伦比亚，1960年，小地产（不到0.5公顷）上每公顷吸收的劳动为2.7人年，而大农场（500—1,000公顷）则为0.17人年。在其他拉丁美洲国家（阿根廷、巴西、智利、危地马拉），每公顷农场的工人人数估计，最小的农场（次家庭单位）为最大农场（多家庭单位）的30—60倍。

比较密集的劳动使用，是小农场的单位面积产量比大农场高的主要原因。但在小农场上，劳动以外的投入也使用得比较密集，可惜这方面缺乏资料，不能进行研究。不过发达国家的资料表明，1961年，在平均地产面积较小的国家，每单位土地上化肥和固定资本的形成都比较高些。在发展中国家，小农场无疑地也需要更多的非劳动投入去提高生产率。单凭再分配土地和增加就业人数，是不足以大大提高产量的。因此，伴随土改还必须有对农民的有效推广和投入供应制度。在有这种制度的地方（如日本、南朝鲜、台湾省），即使地产面积小，农业的吸收能力也会高，同时每公顷的产量也高。如果每公顷的产量高，小地产对劳动提供的报酬也高，前者只有在应用收获量高和劳动密集的技术时才能实现。

（3）土改对公平分配的影响

408

土地改革越彻底，土地相对于总有形财富的份额越重要，则土改方案的公平效果越大。在农村地区，农业土地占总财富的极大份额，以致常常成为收入和权力的唯一最重要的决定因素。这一点可以从许多拉美和中东国家看到：那里的大地主常常支配着商业和政府。在那里，土改能产生重大的公平影响。可是，在财富以金融资产、房地产和农地以外的其他投资形式出现的地方，而商业又操纵在商人手中，则单是农村的土地再分配并不能大大改变总财富的分配状况。地主可以很容易在土改前夕改变资产的构成。

如果把城市地区和农村地区一同考虑，单单分配农地的局限性就更为严重。在城市，房地产、金融资产和商品存量的分配比农村的农地分配更为不均。因此，在有着强大的城市工商经济部门的国家，如果不同时进行城市财产改革或对城市财富课征高额累进税，单是土地改革也是不够的。因为这不但不能减少全国总财富分配的不平等，甚至可能增加这种不平等（特别是城市与农村之间的不平等），因为它将冻结农村主要资产而不冻结城市资产可以容许的最高所有权。

总之，土改的公平效果，只在下述条件下才是很大的：（a）有效的最高限额很低，（b）受益人都是较贫困的人，（c）推广和（非土地的）投入分配制度有利于受益人，（d）自有自耕的土地和租入的土地都进行再分配。

还有一个人口因素值得注意。重新分配土地的机会，在很大程度上依存于现有地产分配格局和人口密度。有些国家，特别在拉丁美洲，土地分配不均，人口密度不大，土改能够减少不平等。但在其他国家，人口压力很大，并没有足够的土地来满足所有的人的要求。

例如在亚洲某些国家，即使将一定面积以上的地产一律取消，也不能使最小农场的面积达到最低限度，或为无地农民提供土地。在印

409

度，即使将最大地产定为20英亩，可用地（43百万英亩）仅足以使最小农场面积达到 5 英亩，没有土地可以供给无地农民（2,000—2,500万户）。在孟加拉国，如将最高地产定为10英亩，也不足以使最小农场达到 2 英亩。在斯里兰卡，即使将地产的最高限额和最低限额定得低（5∶1），每个最小农场也只能有 2 英亩。在海地，平均五口之家的农户只有1.5公顷地。在这种情况下，农村贫困的解决办法，显然不能完全从农业部门去找，最好是只将土地分给最小农民，对无地农民的贫困问题，通过大规模的农村工程规划去解决。如有空地，也可移殖，或在可能时移居城市。

（4）土改对商品生产和储蓄的影响

重新分配土地对于获得可供销售的剩余、对农业部门的总储蓄均有影响。地产面积分配的改变将使可供销售的剩余和储蓄二者的来源改变。由于剩余产生农业收入并从而产生现金储蓄，它就决定了国内工业产品农村市场的规模。剩余也代表对城市居民农产品的供应，大部分是粮食。这种剩余的下降会要求进口，从而给国际收支增加压力。但是增加剩余不一定会增加储蓄。即使增加储蓄，也不一定是货币形式，可能是在农场上的投资，如改良住宅、水井、道路等。

通过土改使土地集中程度减小，可能导致可销售剩余下降。小农户所消费的自有产品在比例上大于大农户。因此当农场面积变小时，可销售剩余对总产量的比例就下降。如印度，小农户（2.5英亩以下）只出售其产品的24.5%，而大农场（50英亩以上）则出售65.4%。但这两类农户均只生产全国总产量的9.5%。如果产量不变，而在一定面积以上的农场被取消并将土地转归小农，则剩余对产量的比例可能下降。可是，如果最大最小两类农户只占总产量的很小比例，则下降的速度可能不会很大。

各类面积不同的农场的剩余——产量比率及其在总产量和销售量中的份额，各国和各地区之间有很大的不同。

410

例如，在普埃布拉（墨西哥），61%的玉米农根本不出售玉米；另有16%则出售其产品的25%或还少一些。反之，在智利，分成农普通出售其产品达43%。在墨西哥，6.6%的可销售剩余来自70.7%的农民，而55.4%则来自1.7%的农民。在印度，48%的农场（不到2.5英亩）只贡献总销售量的6%，而1%的农场（50英亩以上）则贡献16%，51%的农场（2.5—50英亩）贡献78%。

这些差别会决定土改后剩余比率的下降程度，但是这个比率会下降，从而给经济带来不利的影响，则是没有疑问的。不过可销售剩余比率虽然下降，只要总产量有补偿性的增长，就不一定会造成总剩余的下降。因为小农场每英亩的产量可以比大农场高些，故产量会有足够的增长（如果土改之后具备了小农场实现其全部生产潜力的必要条件）。此外，从福利的观点看，市场剩余比率下降会使小农的生存消费增加，并对生产率有积极影响。

在考虑土改对生产率的影响时，必须考察农场面积结构变动对整个农场部门总储蓄率的影响，因为储蓄率代表这一部门对自己的生产能力和对其余经济长期增长的贡献。可以预期，储蓄率的变动会与可销售剩余的变动相类似。在农场面积规模最低一级，生存农民可能是净的"负储蓄者"（例如，使现有土地肥力下降）。当农场面积增加时，储蓄率会一同增加（虽然大农民也可能因将资本用于消费而是"负储蓄者"）。

最近在印度哈里亚纳邦进行的一次调查表明，小农的储蓄率为－0.24%，中农为8.5%，大农为16.3%。在印度的奥里萨邦进行的另一次调查表明，净资本形成占收入的比率，最小一类农场（0—2英亩）为5.5%，大农场（8英亩以上）为19.3%；在无灌溉的村庄，比率要小些，前者为2.6%，后者为11.2%。

可以看出，土地集中程度下降时，农场部门的平均储蓄率会下降。但是，如果在土改后能通过增加每单位土地的投入从而使总收入有补偿性的增长，则总储蓄可以不致下降。

411

上述一切的政治含义是：任何土改方案所造成的农场面积结构，须规定最高的和最低的农场面积。最低面积显然须根据通行的家庭最低收入国家标准去制订。但确定最低收入本身的标准之一是，至少要使小农不再是"负储蓄者"。从可销售剩余的变动也可得出相同的标准：小农至少要有足够的土地，可以出售一些剩余。

绿色革命与粮食问题

绿色革命

（1）绿色革命的意义

在十年多的时间里，发展中世界一半以上的小麦播种面积和三分之一的稻谷田都改用了新的高产、半矮品种，只要有良好的灌溉和适当数量的化肥和农药，其产量能比传统的品种高出一倍到两倍，这种根本的变革被称为"绿色革命"（green revolution）。它开始于六十年代中期，由设在墨西哥的国际玉米和小麦改良品种中心研究出的小麦新品种、和由设在菲律宾的国际水稻研究所研究出的稻谷新品种开始。新的小麦品种于1966年引进巴基斯坦和印度。印度小麦生产到1970—72年已增加一倍，达23.4百万吨。这时，小麦受到称为锈病的疾病侵害，生产停滞。到七十年代中期，印度科学家研究出一个品种，不但能抵抗锈病，而且成熟较早，种子也分配得更为广泛，于是生产又开始增长。1978—80年达33百万吨。印度在1966年是世界第二大谷物进口国，到七十年代末已经能够自给。

印度旁遮普邦进行绿色革命的实例是饶有兴趣的。[12]它处于半干旱的容易遭受旱灾的恒河平原，从殖民时代起就具有广泛的灌溉基础设施和良好的运输设备。它的农村繁荣而进步，但除河水之外，几乎

---

12 世界银行，《1982年世界发展报告》，第71页。

不使用现金投入。小麦是最重要的作物，种植在30%的耕地上。五十年代至六十年代初，旁遮普农民开始从传统农业转到商品农业，使用小量化肥，产量不断增长。1966年能对化肥和灌溉作出良好反应的第一批高产小麦品种公布后，该邦农民立即采用，前1969年，种植面积已达三分之二以上，平均产量为每公顷2.2吨，而1966年只有1.4吨。这一革新，改革了旁遮普邦的农业，到1972年，即采用新品种后的第六年，发生了一系列事件：（a）农场收入增加了一倍，储蓄增长更快。（b）储蓄主要投在生产设备上，私有管井和拖拉机分别增加了五倍和三倍。（c）新小麦代替了某些低值作物，以前旱季休耕的土地现在能够耕种（因新近有井水可用），小麦播种面积增加了50%。（d）化肥使用增加五倍。（e）由于小麦种植成功，农民开始种植其他高产作物品种，在七十年代初增加了这些作物所使用的投入。七十年代初部分地由于病虫害，小麦生产未能继续增长。七十年代中期采用新的抗病品种后，产量又继续增长。此时，其他作物已取代小麦作为增长的先导。稻谷、土豆及其他非传统作物在播种面积和产量上均迅速增长。大农首先采用新技术，小农和佃农不久也采用。整个旁遮普邦现在均采用现代农作方法。作为农业商业化的组成部分，佃农过去缴纳的实物地租已逐渐由固定的货币地租取代。随着农业收入的扩大，小工业和服务业也繁荣起来。许多无地的农场工人已改就非农场职业。过去二十年人均收入平均每年增长3—3.5%。有若干因素对旁遮普邦的成就作出了贡献。特别重要的是广泛的水道系统和良好的地下水资源，二者的利用成本均不太高。价格水平维持在能刺激农民去采用新耕作方法的水平上。政府在公路、市场、农村电气化及其他辅助性基础设施上的投资使农民能利用新的机会。最后，地方性的研究，导致了小麦、稻谷、土豆、棉花及其他作物的品种继续改进。

新小麦品种在世界上许多地区迅速采用。其中中国、巴基斯坦、土耳其在产量上均获得了巨大的增长。孟加拉国是向来不种小麦的，到1980—81年，也生产了120万吨小麦。

第一批新稻谷品种在干旱季节的晴朗天空下生长最好，南亚和东南亚的农民迅即采用，他们能在旱季进行灌溉。两年以后，适合季风季节的品种又公布了，但其采用比较缓慢，而且是有选择性的，因为这种半矮植物在生长季节需要一定的水量保证，不能在深水淹浸地区种植。然而在有利的条件下，新品种的短成熟期使得能够种植两选甚至三选，每选的产量都很高。

玉米和高粱的种植虽然也取得了一些进展，但没有这种革命性的成就。

热带和亚热带玉米品种已适应于非常小的地区的条件。许多育种站已经培育出有根本改进的杂交品种和混合品种，但在其他地区移植的尝试未能成功。例如一个品种在墨西哥高地的河谷能得到高产，在临近的山谷产量就极低，在印度中部则可能完全失败。但改进了的玉米品种已在阿根廷、中国、肯尼亚和津巴布韦广泛应用。

供人食用的杂交高粱于1964年首先在印度产生，但是需要经过十二年才能大量生产，开发它对疾病的抵抗力，克服人们不愿食用。改进的小米未被农民广泛采用，而豆科植物虽然也进行了积极的研究，但很少改进。

新谷物品种发展的成就是惊人的。在发展中国家，1961—1980年间谷物收获量每年增长2％。其中小麦增长2.7％，高粱2.4％，玉米2％。在整个发展中世界，稻谷每年虽只增长1.6％，在菲律宾和印度尼西亚（两个最适于种植新品种的国家）却每年增长3％。

（2）绿色革命的问题

绿色革命是农业技术的主要进步，但是要将其从技术革新变成经济发展的真正动力，还要有适当的政策，否则难于实现其潜在的全部经济利益。这种政策，可以从三类互相关联的问题去考虑。[13]

13　H·敏特，《七十年代东南亚的经济》，亚洲开发银行，纽约1971年，第 5 —11、15—17页.

414

(a)技术问题。　能从稻谷、小麦新品种得到的产量非常高，但要实现潜在的全部利益，不仅要求有大量的肥料和农药，而且要求有发展得很好的灌溉制度，适时控制的水量供应。稻谷新品种能在短期内收获，宜于种植两迭，这样不仅须改变作物格局，而且须改变收获方法，雨季收获须有机械排水及增加仓储设备。优良品种不是奇迹般的一次突破，它需要国际中心及各国继续不断的研究，使新品种适应于不同国家的不同条件，更适合消费者的口味，并集约利用土地及使作物多样化。为了充分利用灌溉系统的分摊成本　有人建议在同一土地上每年应种植四、五种作物。

(b)组织问题。　组织机构须执行两种互相补充的职能：一是给千百万农民分配优良种子、化肥、农药及灌溉用水；一是收集产品，必要时储存，及运输到最终消费者。还需要有农村信贷。这些业务的经营，是交给私人企业和依靠市场力量，还是交给政府机关和非市场组织（如合作社、农民协会等），是长期辩论的题目。

(c)中心经济问题。　基本问题是怎样利用绿色革命的机会更有效地分配可用资源(私人的和政府的)。绿色革命一般是通过政府给予农民以适当的粮食价格、通过政府对价格的支持、通过限制进口（使国内价格超过世界市场价格）来发动的，又由种子、肥料及其他投入按补助价格或免费分配而加强，使农民从私人利润的动机去扩大生产。问题是，给予的刺激是否能使资源在粮食生产与其他农作物生产之间、在农业部门与其他经济部门之间作有效的配置。绿色革命显然要求政府进行大量投资，特别是在灌溉设备方面，此外还有运输和仓储设备。究竟有多少资源可用于绿色革命，有多少资源可用于其他经济部门的公共投资，这是需要认真考虑的。要利用耗资巨大的灌溉设备生产多种作物，农业要适当地多样化，生产粮食及非粮食作物。新技术生产率

415

425

高，有些土地和劳力可从作物生产中解放出来，用于畜牧、森林及果树。这种改变如能成功，则将增加整个农业部门的生产：米、麦及其他粮食作物；更多的其他食品，如蔬菜、水果、肉类、奶品；供出口及国内工业用的原料。

(d)社会问题。 除了上面三个与政策有关的问题之外，绿色革命还会造成大小农民间分配的不平等。

这不是因为大规模生产的经济效果，而是因为农民必须购入的现代投入增加，因而现金支付增加。这可能导致更大的更商业化的农民购尽小所有主的土地，驱逐佃农，从而增加社会的政治的紧张。是否应当采取政策去控制大农增长，执行以小农为基础的绿色革命（如日本、台湾省），这是一个值得考虑的问题。

（3）绿色革命的局限性

绿色革命改变了千百万农民的生活。但是由于下面的原因，未能使更多的农民受益：（a）这种技术不适合于他们那里的气候和土壤；（b）没有本国的研究系统去使国际品种适应当地条件；（c）没有足够的雨量和灌溉，或未能控制洪水；（d）缺乏运输和推销网；（e）价格不适当或其他刺激条件不够。

尽管有了很多成就，绿色革命在世界上许多地区并没有实现。农业增长在发展中世界的主要地区间、在每一地区的各个国家间、在每一国的不同地域间有着广泛的差异。在有些地方成就很大，在其他地方则没有成就。把成绩加在一起，没有使人可以安心的余地，特别是在与人口对比时：六十及七十年代农业产量增长近3％，只比人口增长略快；人均产量每年只增0.4％，而且平均数掩盖了极大的地区差异（东南亚年增1.4％，拉美0.6％，低收入国增长很少或没有增长；在整个南亚，农业产量增长与人口增长保持同步；在非洲，人均增长六十年代为0.2％，七十年代为-1.4％）

416

426

粮食问题

（1）对粮食的需求

农业对粮食的贡献是很清楚的（古典经济学中称粮食为"工资货物"（wage goods））。如制造业及其他正在扩大的经济部门的劳动力是来自农业，新工人当离开农村部门时必须"携带自己的午餐"。日益增长的城市劳动力必须有日益扩大的粮食供应来维持。日益增长的人口也必须是这样。对粮食需求的年增长率（D）是：[14]

$$D = P + yg$$

P＝人口增长率

g＝人均收入增长率

y（efa，读：iːtə）代表对农产品需求的收入弹性

例：如人口每年增长2％，人均收入每年增长5％，对粮食需求的收入弹性为0.2，则对粮食需求的年增长率为：

$$D = 2\% + 2\% \times 5\% = 3\%$$

在发展中国家，不仅人口增长率高，而且对粮食需求的收入弹性比高收入国要大得多（低收入国约为0.6或更高，而在西欧、美国和加拿大则为0.2或0.3）。因此人均收入的一定增长率对农产品需求的影响，在低收入国比在发达国大得多。

如粮食供应不能随同需求的增长而增长，结果可能造成粮食价格大大上涨，造成政治上的不满及对工资率的压力，最终影响工业利润、投资和经济增长。关于不发达国家粮食需求的价格弹性，少有证据。一般假定对"所有食物"的价格弹性极低，比经济发达国低。廉价淀粉大宗食物（谷类及块根）在低收入国提供全部吸收热量的60—85％，少有用廉价品替代的可能，抵制热量

14　布鲁斯·F·约翰斯顿和约翰·W·梅勒，"农业在经济发展中的作用"，《美国经济评论》，1961年9月，第571—81页。

吸收减少的压力很强大。[15]

（2）饥饿问题

勃兰特委员会的报告指出，[16]"没有人能够确切地说出，世界上有多少人在挨饿，又有多少人营养不良，但所有的估计都指出，这样的人有几亿之多。"报告又说：

> 在1950年到1975年之间，所有发展中国家的粮食产量每年增长2.5%以上，但随着人口和收入的增加，粮食需求的增长则大大超过了3%。因此，发展中国家的谷物进口迅速增多，从五十年代的较低水平增加到了1960年和1961年的2,000万吨，七十年代初期又增加到5,000万吨，1978年至1979年增加到将近8,000万吨。按照这个趋势，到1990年，第三世界的粮食进口量可能达到14,500万吨，其中亚非贫穷国家的需要量是8,000万吨。

联合国粮农组织总干事爱德华·萨乌马在1982年12月举行的四十九国粮农组织委员会会议上要求采取新的主动行动来结束"饥饿的耻辱"。[17]据这个组织1982年年底的统计数字：

> 1981—1982粮食年度世界粮食总产量达15.37亿吨，比上一年度增产6,700万吨，约增长3%，高于人口增长率。但是世界粮食安全并未获得普遍的全面改善，如需优先提供粮食援助的六十九个国家集团，人均粮食产量下降3%。占这一集团人口一半的三十三个国家的粮食总产量急剧下降，其中远东地区国家下降7%，非洲地区国家下降9%，近东和拉美地区国家下降13%。据初步统计，上述六十九个国

15　日本粮食产量增长1880—90——1911—20年间，与需求增长相当，年增长率为2%左右。按现行人口增长率及人均收入不太大的上升，对粮食需求的增长率很容易超过3%，这对不发达国家的农业是一个可怕的挑战。此外，由于城市及工矿中心人口扩大均依靠购粮，对市场供应的需求增长比总增长率要快得多。还有发展运输及推销设备的问题。

16　国际发展问题独立委员会报告，《争取世界的生存（发展中国家和发达国家经济关系研究）》，中国对外翻译出版公司1980年，第98—99页。

17　《人民日报》1983年2月22日。

418

家在1982—1983粮食年度需要进口粮食4,200万吨，比上一年度增加500万吨。

联合国世界粮食理事会主席墨西哥代表弗朗西斯科·梅里诺·拉瓦戈在1983年9月第九届会议上指出：[18] "在发展中国家里有3亿人失业或半失业，每年有4,000万人死于营养不良，还有4.6亿人在挨饿"。

1984年初，非洲的情况尤为严重。联合国秘书长佩雷斯·德奎利亚尔在访问西非八国之后发表声明说，[19] 严重干旱使几乎半数的非洲国家面临严重的粮食短缺，使1.5亿人受到饥饿和营养不良的威胁。造成非洲这次灾荒的直接原因，是最近连续三年发生了1973—1974年以来最为严重的干旱，从撒哈拉地区一直到南部非洲和东非，遍及三十四国，1983年粮食产量1,620万吨，比1982年减少8%，比1981年减少20%。其他的原因是：（a）人口增长率超过粮食增长率；（b）过去二十多年一些国家政局不稳，战乱频仍，导致粮食牲畜减产，还造成大批难民在忍饥挨饿；（c）西方国家转嫁经济危机，使非洲国家共欠外债800多亿美元，无力改进农业；（d）农业政策方面的失误。

联合国非洲经济委员会1985年4月的一份特别备忘录说，[20] 非洲的旱灾已导致100多万人死亡，1,000万人流离失所。世界环境与发展委员会1985年6月发表的一项声明说，[21] 非洲粮食危机不仅仅是旱灾，而且是环境、经济发展和人口增长之间的不平衡造成的。美国农业部1985年6月发表的一份报告说：[22]

全世界有六十九个国家受到粮食短缺的严重影响，今年缺粮1,170

---

18 《人民日报》,1983年6月29日。

19 《人民日报》,1984年2月20日。

20 《人民日报》,1985年5月5日。

21 《人民日报》,1985年6月28日。

22 《人民日报》,1985年6月25日。

万吨，预料明年略有减少，下降到1，140万吨。由于缺粮，这些国家明年不得不进口1，950万吨粮食，以满足最起码的营养需要。还须进口2，190万吨以补充库存，今年补充的库存为2，600万吨。

（3）全面解决粮食问题的途径

目前救急办法，是实行粮食保证、配给和补助。但是据世界银行和粮农组织的研究，即使假定农业发展和整个经济增长均符合于最有利的假设，贫困和营养不足在本世纪内也不能消除。[23]

发展中国家粮食问题的症结，一是粮食生产不发达，二是人口增长太快，三是收入分配不公平。发展生产是解决发展中国家粮食问题的根本途径。应当从各国的国情出发，在发展生产的基础上，采取改善分配、建立储备、讲究合理消费、通过国际贸易以求互通有无，再配合必要的社会经济措施（如计划生育和控制人口发展等），这些都是全面解决粮食问题的战略性措施。[24]

各方面对农业的支持[25]

支持农业的必要性

在许多中等收入国，结构改变过程已经进展很快，农业对国内生产总值和就业的贡献已经下降到很低的水平，农业劳动力开始在绝对数上下降。在这种情况下，机械化及其他节约劳动的技术（如除草剂的使用）在支持农业增长中起着主要作用。需要用教育和训练去帮助人们转到工业和服务业去，特别是对来自落后地区的人们。在某些先进的中等收入国，可以销售的农产品剧增，常常比农产品总增长率快好几倍。需要有在公路、铁路、港

---

23 《世界发展报告》，1980年；《农业：走向2000年》

24 参阅我国代表在1983年4月联合国亚洲及太平洋经济社会委员会第39届年会上的发言，《人民日报》，1983年4月24日。

25 参阅世界银行，《1982年世界发展报告》，第45—56，90—93页。

420

口等方面的巨大投资，还需要有政策和制度方面的措施以保证有效的运输、加工和储藏。同样的考虑也适用于工业投入物资（如化肥）的及时供应，种类和成本。最后，农民和商人还依靠有效的和日益复杂的金融安排，为投资和流动资本提供信贷。在中等收入国，农村贫困变得比较不那么严重，因此是比较容易处理的问题。在较为富裕的农村社会，非农场就业越来越重要：对许多人来说，耕作本身已成为部分时间的行业。在贫困问题确实还存在的地方，许多国家已将农村卫生、营养和基础设施定为投资目标。

可是，在发展的最初阶段、当经济本身还是以农业为主时，农业发展的挑战显然是比较难于对付的。农业需要有支持和刺激，却只能由自己来提供，它是收入、增长和储蓄的唯一源泉。同时，国家还有其它竞争性的优先项目要满足，包括工业和城市发展。在这种背景下，有两类政策问题特别重要：一是国内的——应当给予农民什么刺激，并如何及时加以改变？一是国际的——发达国家的政府怎样才能帮助发展中国家的农业谋求进步？

国内方面的支持

多少年来，农业增长的原因是一个争辩的题目，现在已经不再是这样。关于政府和农民在促进农业增长中各自应起的作用，证据和经验都支持下列关键性的命题。

（1）农民方面

所有农民（大、中、小）均能对经济刺激作出反应。那种认为农民对任何刺激都没有反应，农产品价格越高则供应越少（即所谓"供给曲线向后弯曲"）的看法，是陈腐的、错误的。农民远远不是"被传统束缚的农民"，他们的理性远远超过了自己的社会和经济条件的差异。在大部分是面向市场的经济国家（如巴西、肯尼亚）以及中央计划经济国家（如中国、罗马尼亚），农民对经济刺激均有反映。南亚灌溉区农民对绿色革命提供的新刺激有剧

421

烈反应。在尼日利亚干旱区，农民比为他们计划新工程的设计人员更理解制约因素和机会。

农民对农业投资有贡献。全体农民，即使只耕种几英亩土地的人，均将额外收入储蓄一大部分，投之于农场。他们还用自己家属的劳动去平地、种树、挖渠、建设稻谷梯田。这些活动都创造资本，能在未来生产出更多的农产品。例如巴基斯坦，从私人建设的管井流来的水比从公家建设的水库流来的水多。假定有刺激及利用刺激的手段，农民是能够扩大产量的。

（2）政府方面

研究和技术均需要开发，并使之适合当地条件。缺乏适合非洲条件的技术改良，是非洲农业至今成绩不佳的主要原因。

农村发展规划有助于克服农业产量增长的障碍，也有益于穷人。可是，农村工程项目须将对发展中国家稀缺的行政和经理才能的需求减至最低限度。最有效的项目是简单设计的，在设计及执行过程中有本地农民参加的。

在溉溉、运输、销售网方面需要有大量的投资。

土地改革，在有些地方农业进步很少，有时是由于所继承的不良地产结构造成的。巴西东北部只是一个地区，那里无地劳动者和小农就业不足，而大农场却有大片土地未被利用。有几个国家，土改在提高农业产量中起了很大的作用。在所有的国家，使用权的安全是重要的，否则，农民就不愿改良土地及培养它的长期肥力。

政府干预销售和投入物资的供应，在发展的初期可能重要，但当让它垄断这些职能时，常常是反生产的。经验表明，在混合经济中，私人部门常常被鼓励去承担这些活动的重要部分，政府主要是起调节作用。

国际方面的支持

（1）奖励出口

许多发展中国家传统上在农业中鼓励专业化，去利用大自然

422

给予它们的比较利益。近年来，如科特迪瓦、马来西亚、菲律宾这些国家的农业之所以获得迅速的增长，是由于鼓励出口作物，同时也扩大粮食生产。贸易对发展中国家农业增长的重要性，从出口在农业产值中的比重可以看出。

　　根据联合国粮农组织的统计资料，1979年在九十个发展中国家，出口占农业产值50%者有十国，占20%以上者三十国，占10%以上者五十国。在出口占农业产值一半以上的国家中，约旦、马来西亚、毛里求斯、中美洲及加勒比海国家最为突出。在出口占一半至三分之一的国家中，将近半数在撒哈拉以南非洲。在这两类国家，出口市场是决定农业增长的主要因素。又因为农业是主要部门，所以农业出口也是整个经济增长的重要因素。

出口是有报偿的但也是担风险的营业。

　　1961—1978年，非洲可可生产国对拉美失去了市场的份额；南亚对茶的统治地位受到非洲、中国出口的影响，从占世界出口80%落到50%以下；拉美咖啡生产者1978年仅供应市场51%，而1961年为62%；加勒比海生产食糖的小岛国因不能扩充到新的食糖市场，对东亚及拉美生产国丧失了阵地。

专业化包括大量投资及承担研究。

　　巴西大豆出口，是一个重要的最近例子，利用已在本国种植的一种作物的比较利益。但对非常小的穷国有较大的困难（如布隆迪、冈比亚、几内亚、乌干达），因其缺乏研究能力，几乎完全依靠一种或少数几种热带出口作物（占其赚得外汇的75—95%）。在主要的农业国中，要求作出更多的努力去获得较大的稳定性及多样性，包括国际社会的支援。

常常是宏观经济政策，而不单单是应用于农业的政策，引起了刺激不足。共同的失误是汇率定得过高，这减少了农民出口作物得到的价格，同时使进口农产品更贱。这样，汇率使农民收到的价格遭受普遍下降的压力。如何使汇率同市场的实际状况一

423

致，对于恰当的农业定价至关重要。

（2）外国私人资本

许多初期的农业发展，主要是由于外国私人投资，但这常常附带产生外国的控制，例如在阿根廷、巴西、马来西亚、西非和东非。外国私人投资和贷款在某些中等收入国家的农业中至今仍然重要。但在低收入国，最近很少有外国私人投资或贷款进入农业。

（3）外国官方援助

外援是外汇和技术援助的主要来源。六十年代中期，官方发展援助将近有四分之一是粮食援助（在59亿美元中占14亿），用于农业规划项目和技术援助者很少。七十年代初的粮食危机，以及由此越来越认识到在世界大部分地区的贫困和营养不良是一个持久的问题，造成了对农业进行援助的大转变。1973—80年，开发援助委员会及其他官方援助在农业方面增加一倍以上，多边机构贷款中农业和农村发展的份额增至将近30%，见表7.10。

表7.10　　对农业的官方援助（承担义务），1973—80年
（百万美元，按1979年不变价格）

项　　　目	1973	1974	1975	1976	1977	1978	1979	1980
官方发展援助								
开发援助会[a]	1,594	2,819	2,359	2,246	3,279	3,633	4,304	3,773
多边机构	1,533	1,833	1,530	1,814	2,139	2,761	2,503	2,969
石油输出国组织								
（双边及多边）	69	218	640	378	461	307	245	179
共计	3,196	4,870	4,529	4,438	5,879	6,701	7,050	6,921
百分比变动	//	+82	−6	−2	+32	+14	+5	−2
其他官方流量								
开发援助会[a]	351	275	137	395	159	403	329	222
多边机构	902	1,610	2,944	2,150	2,816	3,275	2,319	3,621
石油输出国组织								
（双边及多边）	63	90	333	221	80	49	99	48
共计	1,316	1,975	3,414	2,766	3,055	3,727	2,747	2,891
百分比变动	//	+50	+60	−19	+10	+22	−26	+5
总计（所有援助者）	4,512	6,845	7,943	7,024	8,934	10,428	9,797	9,812
百分比变动	//	+62	+16	−9	+24	+16	−6	（·）

　　a　包括欧洲经济共同体国家。
来源：经济合作与发展组织。转引自世界银行，《1982年世界发展报告》，第51页。

424

此外，对食物需求的未来增长的深刻意义，远远超过农业本身。现在发展中国家所用的粮食仅 8％是靠进口供应的，它们所用的农产品仅 9％是靠进口供应的。这个比例正在迅速增长，任何一国都会遇到国际收支问题。为了满足对粮食需求的增长，发展中国家所需要的绝大部分必须自行供应。它们能否应付这一挑战，对几亿人民的未来是一个严重的问题。如果过去的经验可供借鉴，则政策的改进能获致巨大的成果。过去二十年农业产量的增长已经挫败广泛饥饿的预言（这种预言在五十和六十年代很是普遍）。也证明马尔萨斯认为的农业增长，受超出人能控制的铁的规律的支配这一看法是不正确的。如果农业技术能够改进，额外资源能够动员，工业国及发展中国家都能采取合适的政策，那么迅速的农业增长就能实现。经济发展，特别是穷国的经济发展就能加快，贫困将要减少。

425

第八章 工 业 发 展

工业化与经济发展的关系 [1]

工业化的定义是：借人力资源和资本货物之助，将原料变成下列各项新货物和服务的过程：（ a ）消费品；（ b ）新资本货物，它能借人力资源之助，生产更多的消费品（ 包括粮食 ）；（ c ）一般社会资本（social overhead capital），它同人力资源一道，能向个人和企业提供新的服务。如果工业化创造的新货物和服务没有在居民中广泛分配，那就可以说只发生了 经 济 增长。但是如果新创造的货物和服务是用来满足大部分居民基本需要的，那么，工业化就伴随有发展。

发展的概念和工业化过程密切相关，以致二者常常被用作同义语。工业化被认为是在许多发展中国家获得较快的经济增长速度和较高的生活水平的主要战略。最初的发展计划就是以工业化为基础的，经济学家也是根据它来创建发展理论的。例如关于平衡增长与不平衡增长的辩论，就涉及了工业化的途径。其所以要采取这种战略，有几个主要理由：

（ 1 ）认为经济上先进的国家通常比经济上贫困的国家更工

---

1 参阅索布拉达·加塔克，《发展经济学》，伦敦1978年 ，第 150页；克拉伦斯·朱维克斯，《经济发展》，伦敦1979年，第242—243页。

426

业化，这个证据的力量，得自发达国家经济史上的教训。公认世界上第一个发达国家是英国。工业革命（围绕着蒸汽动力的一系列节约成本的革命）在十九世纪上半叶使英国的工业生产增加了三倍。[2] 在十九世纪，欧洲强国（德国和法国特别成功）和美国追随了英国的脚步。二十世纪初，日本和俄国也通过工业化而成为世界强国。

（2）认为工业化是解决发展中国家失业和就业不足问题的主要途径，因为许多发展中国家的人／地比率极为不利。刘易斯—费—拉尼斯的两个部门的模型，就是集中讨论人力资源从农业转到工业以发展工业为途径的。

（3）许多发展中国家对外贸易的性质促使它们选择工业化，作为解决出口（主要是初级产品）盈利不稳定问题的办法。国际市场对初级产品的需求常常是缺乏价格弹性和收入弹性的。发展中国家经常出现国际收支逆差。由此产生了进口替代与出口替代的理论，即工业化被认为是减少依赖进口从而克服外汇限制的手段。

（4）只有工业化才能改变许多发展中国家现在的经济和社会结构，这种结构不能达到较高的经济发展水平，因为工业化所伴随的动态的外部经济效果是获得高水平增长的必要条件。有些主张"大推动"理论的人，实际上就是根据这种效果强调工业化必要性的。

（5）由于大多数发展中国家的劳动生产率水平很低，特别是在农业中，所以主张通过工业化来提高劳动生产率，增加全体人民的收入。

（6）自给自足的愿望，促使许多发展中国家选择工业化的道路。

（7）工业化被认为是发展中国家进行经济、社会根本改革

2 E.J.霍布斯鲍姆，《塘鹅不列颠经济史》，第三卷《工业与帝国》，1969年。

的重要政策，是提高增长潜力的必要条件。它能给予一个国家和人民控制自己经济生活的巨大能力和信心。

对于工业化持怀疑态度的人也是有的。有人认为，象丹麦、澳大利亚、新西兰这样的国家，依靠农产品出口也能变得比较富裕，这就表明，小国如能进入工业大国市场，也可以不靠工业。最近，由于工业化未能将增长的好处带给穷人，特别是农村的穷人，导致有人采取另外的发展战略，使农村发展和人类基本需要的满足居于优先地位。3 这种关切是有道理的，但是只顾解决这一问题的战略是不会成功的，就象最初只注意工业化的战略没有成功一样。第三世界国家，即使是最关心贫困问题的国家，也很少放弃工业化的目标。

当然，工业化不是医治不发达的万应灵丹，因为没有任何一个单独的生产要素、政策、部门能够完成"发展"所要求的复杂的变革。工业发展不能忽视农业发展，二者是相辅相成的。工业并不能为日益增长的劳动力提供充分的就业机会，也不能使收入分配平均化。不过工业化确实可以减少对发达国家的依赖。

一般承认，工业化是经济发展的主要途径，这是绝大多数发展中国家发展计划的主要战略。发展中国家为使本国经济工业化已经作出了巨大的努力。但是只有少数国家成功地创造了很大的和多样化的工业化基础。

发展中国家工业化的程度

一国工业化的程度，用工业在国内生产总值中所占的份额去衡量。各国的情况比较如表8.1。

---

3 例如，托达诺的书就没有专门讨论工业的一章。关于基本需要的满足，参阅保罗·斯特里顿，《首要的事情先作：满足发展中国家的人类基本需要》，牛津大学出版社为世界银行发行，1981年，及本书第十章第五节。

428

表8.1　　主要各类国家工业化程度及其与人均国内生产总值的关系
1960年和1978年

国家类别	1960年		1978年	
	工业化程度[a]（％）	人均国内生产总值[b]（1975年美元）	工业化程度[a]（％）	人均国内生产总值[b]（1975年美元）
发达的市场经济国家	37.4	3,430	38.4	6,130
主要工业国[c]	37.8	3,660	38.3	6,580
其他工业国[d]	35.7	4,110	38.4	7,180
其他国家	33.9	1,600	37.2	3,085
非石油出口发展中国家[e]	25.2	270	32.5	440
其中：非洲	19.6	235	24.7	305
亚洲和大洋洲	19.7	165	28.7	270
拉丁美洲和加勒比海	31.8	715	37.6	1,200
最不发达国家	11.8	140	16.7	150

来源：联合国，《世界发展指标摘要》，1980（PPS／QIR／3／1980），
　　　转引自联合国贸发会议，《1982年贸易和发展报告》，附表A30。

a　工业(制造业、采矿业、公用事业和建筑业)在国内生产总值中所占的份额，按不变美元(1975年)计算。

b　化零为整，接近5美元。

c　加拿大、联邦德国、日本、英国、美国。

d　奥地利、比利时、丹麦、芬兰、卢森堡、荷兰、挪威、瑞典、瑞士。

e　除主要石油出口国以外的所有发展中国家。

　　拉丁美洲国家工业化程度最高，1978年与发达国家的平均水平实际上相差不多。而亚非国家的相应数字要小得多。

　　工业在国内生产总值中的比重，在经济发展的最初各阶段增长是迅速的，但达到比较成熟的水平时，服务部门就变得越来越重要。因此，工业的比重似乎实际上只接近40％的水平，除石油出口国的特殊情况以外。工业化程度的差别，是同人均实际生产

――――――――――

　4　参阅贸发会议，《1982年贸易与发展报告》，第245段及图VIII。

429

水平的差别密切相关的，当工业在总值中的比重加速增长时，人均国内生产总值即上升。就一定的工业水平来说，小国的人均国内生产总值比大国的要高得多。4 在三个区域中，平均说来拉美的工业化要先进得多，1960—1978年人均国内生产总值增长也最快。最不发达国家工业化虽有进步，但在二十年中却未伴有平均人均实际产值的很大增长。

工业化与人均国内生产总值是互为因果的。不但工业化程度的提高会促进人均产值的增长；反过来，人均产值的增长又可促进工业化程度的提高。在所有的发展水平上，对工业产品的需求有收入弹性；产出的类型随需求结构的变化而变化。随着实际收入增长而来的市场扩大，会促进最佳规模工厂的建立，和人员技能与体现进步技术的设备的积累。同时，结构的改变（反映在工业化水平较高上）本身，也构成提高实际收入水平的因素。在某种程度上，这是由于劳动人口从低生产率部门（例如农业）转到高生产率部门（例如制造业），但发展中国家对实际收入的刺激，来自工业部门的生产率增长还是比别处更快。

在大多数发展中国家,制造业占工业总产值的较大部分,从大国（如印度、墨西哥、智利）的三分之二到小国(地区)的五分之四以上（如香港）。如以制造业在国内生产总值中的份额作为工业化程度的标准，显然发展中世界的大多数人口住在工业化严重不足的国家。1978年有数字的七十六个非石油出口国家中，总人口的75％住在制造业所占份额不到20％的国家，当年人均收入，只及制造业份额占20％以上国家的四分之一，按1975年价格，前者为230美元，后者为990美元。过去二十年虽有许多进步，制造业比重占20％以上的国家已从1960年的八个增至1978年的十七个，但是大多数发展中国家依然严重依靠初级部门，特别是农业。5见表8.2.

5　根根世界银行《1985年世界发展报告》，1983年制造业占国民生产总值20％及

430

表8.2 发展中国家的人口、国内生产总值和人均国内生产总值

按工业化程度分,1960年和1978年

制造业在国内生产总值中的份额(%)	1960年				1978年			
	国数	人口(百万)	国内生产总值(10亿美元)a	人均国内生产总值(美元)a	国数	人口(百万)	国内生产总值(10亿美元)a	人均国内生产总值(美元)a
5—9	25	197	35	175	20	227	40	175
10—14	21	596	95	160	21	149	43	290
15—19	9	101	51	505	18	921	215	235
20—24	5	50	26	520	8	200	155	775
25及以上	3	95	68	710	9	213	213	1,195
共计b	63	1,039	275	265e	76	1,710	666	415c

来源:根据联合国统计局、世界银行及各国资料的数字。

转引自联合国贸发会议,《1982年贸易与发展报告》,附表A31。

a、按1975年价格及汇率定值。

b、此外还有大量的发展中国家制造业产出不到国内生产总值的5%。

c、原文如此。

发展中国家制造业的剖析

制造业的增长

从第二次世界大战以来,发展中国家从非常小的基础出发,竭力扩大自己的制造业,其增长速度大大超过了发达的市场经济国家制造业的增长率。但是由于发展中国家制造业原来的水平太低,所以制造业的增值和人均增值都要比它们小得多。见表8.3。

以上的国家(地区)共十二个(津巴布韦21,菲律宾25,尼加拉瓜26,秘鲁26,土耳其24,智利20,巴西27,南朝鲜27,阿根廷28,墨西哥22,香港22,,新加坡24),不过许多国家(如中国)没有统计数字。

431

表8.3　　　　　发达的市场经济国家和发展中国家制造业的增长
1963—80年

	制造业增值^a（10亿美元）			人均制造业增值^b（美元）		
	发达国家（1）	发展中国家（2）	百分比（2）/（1）	发达国家（1）	发展中国家（2）	百分比（2）/（1）
1963	650	70	11	950	50	5
1973	1,150	150	13	1,510	85	6
1980	1,290	190	15	1,580	80	6
绝对变化（每年美元）						
1963—1973	+50^c	+8	16	+55	+3.5	6
1973—1980	+20	+6	30	+10	+1.0	7
百分比变化（每年%）						
1963—1973	5.8	8.1	··	4.8	5.4	··
1973—1980	1.6	3.6	··	0.6	1.0	··

a　按1975年价格及汇率。

b　按总人口平均。

c　（1150—650）÷10(年数)＝50，余类推。

来源：联合国《统计月报》，1982年2月；联合国.《世界发展统计手册》，1979
　　年；联合国贸发会议秘书处估计.转引自贸发会议，《1982年贸易与发
　　展报告》，第73页。

〔说明〕

（1）制造业增长速度：1963—1973年发展中国家为每年平均
8.1%，发达国家为5.8%；1973—1980年分别为3.6%与1.6%。

（2）制造业增值：发展中国家1963年仅为发达国家的11%，1973
年为13%，1980年为15%。

（3）人均制造业增值的绝对数：1973—1980年，发达国家从1963
—1973年每年平均55美元降至10美元，发展中国家从3.5美元降至1美
元。

从七十年代初期起，发展中国家制造业增长速度普遍放慢，

432

各个主要国家的情况如表8.4。

表8.4　　　　若干发展中国家制造业生产及国内生产总值增长率
1963—1980年

国别[a]	制造业[b]的增长		国内生产总值[b]的增长		制造业占国内生产总值份额
	1963—73 年度%	1973—80 年度%	1963—73 年度%	1973—80 年度%	1980,%
较大的国家					
阿根廷	7.8	—0.2	5.4	1.7	32
巴西	9.2	6.8	7.7	7.6	30
印度	4.5	4.0	3.1	3.3	17
墨西哥	8.7	5.9	7.1	5.4	23
较小的国家(地区)					
埃及	4.7	—2.7[d]	5.1	7.6	23[e]
肯尼亚	8.6	9.3[d]	6.1	3.7	13[e]
尼日利亚	9.1	14.7[d]	5.8	7.8	8[f]
香港	12.7	4.6[d]	9.0	8.7	26[e]
印度尼西亚	9.2	12.8	6.2	6.8	11
马来西亚	9.2	10.2	7.2	7.3	17
巴基斯坦	··	4.4	6.5	4.9	16
菲律宾	6.6	1.4	4.9	6.1	24
南朝鲜	20.1	18.3	9.8	7.8	35
新加坡	16.6	9.0	10.8	8.2	22
智利	5.0[c]	4.8[g]	3.1[c]	3.7[g]	22
哥伦比亚	6.9	4.6	6.1	5.2	22

a　根据制造部门的绝对规模分类。

b　根据用不变价格计算的价值。

c　1963—72年。

d　1973—77年。

e　1978年。

f　1977年。

g　1972—80年。

来源：联合国《统计年鉴》(各期)，《统计月报》(各期)，《世界发展统计手册》，1979年.转引自联合国贸发会议，《1982年贸易和发展报告》，第154页。

433

〔说明〕

（1）四个制造业规模最大的国家，制造业产值（未加权）1973年以前十年中平均每年增长7.5％〔（7.8＋9.2＋4.5＋8.7）÷4＝7.5〕，而1973—80年只增长4.1％。

（2）尼日利亚和印度尼西亚在两个期间的显著增长，反映了石油出口外部收益的扩大。

（3）其余的国家（地区）除肯尼亚稍有增长外，制造业的增长率均明显下降。不过南朝鲜的增长率依然很高，尽管1980年在该国是急剧衰退之年。

制造业增长普遍放慢，有外部和内部两方面的原因，即在这两方面都受到了限制。

外部的限制

发展中国家制造业的持续增长，要求有相应扩大的外汇才能维持，因为实际上所有发展中国家的制造业均有比较高的进口内容。不仅厂房设备这些资本货物有许多要依靠进口，就是各种原料、中间产品和部件也有许多要依靠进口。此外，当制造业是由跨国公司的分公司或利用它们的许可证来经营时，就需要有利润、使用费等汇出。发展中国家在出口制造品的基础上扩大自己的制造业，其速度在很大程度上依存于制造品出口盈利的增长率。这种出口引导的增长有几个国家（地区）行之有效，特别是香港、南朝鲜和新加坡。但在实行进口替代工业化战略的国家（以初级商品出口盈利迅速增长为基础）就要困难得多，因为发达国家对大多数初级商品的需求，在价格和收入两方面均缺乏弹性；发展中国家即使能扩大出口数量，贸易条件也会恶化。

内部的限制

如果粮食生产不和非农业劳动力的增长保持同步，正在工业化的发展中国家将迅速进入粮食短缺阶段。即使以前是出口粮食的国家，此时也会变成粮食进口国。许多初级商品出口国际收支的限制，就这样变成了长期性的，结果造成继续短缺资本货物和主要的原料与

434

部件。

从1973年以来，大多数发展中国家的贸易条件恶化了，包括那些在工业上比较先进的国家。虽然它们继续设法扩大自己的出口量，但出口购买力却大受影响。因此，出口部门刺激正在工业化国家经济增长的效力，已比六十年代小得多了。通过出口购买力增长对国内生产总值增长的贡献可以看出。见表8.5。

表8.5　　若干发展中国家出口部门对国内生产总值增长的贡献
1963—1980年，年度平均百分比

国　　别[a]	贸易条件		出口购买力[b]		出口购买力／国内生产总值[c]	
	1963—73	1973—80	1963—73	1973—80	1963—73	1973—80
较大的国家						
阿根廷	2.0	—8.6	4.3	—1.6	8.0	—7.9
巴西	2.0	—7.1	10.7	—1.9	13.4	—2.1
印度	0.0	—7.5	1.4	—5.9	3.2	—8.7
墨西哥	0.7	7.1	3.1	17.7	2.2	19.7
较小的国家（地区）						
埃及	—0.2	—1.5	3.4	—0.7	11.1	—1.1
肯尼亚	—0.3	—3.3	4.9	—6.4	27.8	—41.8
尼日利亚	5.4	19.7	15.5	18.6	30.7	57.9
香港	0.9	—0.3	9.8	10.3	93.8	111.2
印度尼西亚	2.1	12.7	11.4	16.2	23.5	50.9
马来西亚	—1.9	1.4	5.7	7.6	42.0	52.0
巴基斯坦	—0.7	—4.6	4.9	—1.8	10.3	—3.9
菲律宾	0.7	—7.7	4.6	—1.3	20.3	—3.5
南朝鲜	1.8	—5.7	37.4	7.9	43.7	28.1
新加坡	0.6	—0.7	10.3	11.8	111.3	182.2
智利	4.7	—12.4	3.5	1.7	25.4	10.0
哥伦比亚	1.3	3.9	5.3	6.0	11.9	15.6

a　按制造业绝对大小分类。

b　出口购买力等于贸易条件加出口数量。

c　出口购买力变化占国内生产总值变化的份额，均按1675年价格及汇率，用美元计算。

来源：贸发会议，《国际贸易与发展统计手册》，（各期）；联合国，《世界发展统计手册》，1979年；各国资料。

　　转引自联合国贸发会议，《1982年贸易和发展报告》，第75页。

435

〔说明〕

（1）贸易条件：后期有十一国恶化。在没有恶化的五国中，有三国（墨西哥、尼日利亚、印度尼西亚）是靠石油价格上升弥补的。

（2）出口购买力：除石油出口国外，其余十三国中有七国绝对下降；两国（南朝鲜、智利）虽有增加，但比前期小得多，只有四国或地区（香港、马来西亚、新加坡、哥伦比亚）有所增长。

（3）出口购买力对国内生产总值的比例，前期均为正数。由于出口量按总值（包括投入量的价值）计算，而国内生产总值则按净值计算，这一比率不免夸大了出口对国内生产总值的贡献，但仍可看出大致的趋势。后期，在十三个非石油出口国中，有七国为负，下降程度从1.1%到41.8%。两国贡献也减少，只四国有增加。

制造业的结构

（1）制造业结构的分析

制造业的增长速度各国大有不同，一个国家在不同的时期也有所不同，这要依外部经济环境的变化及国内为工业化而动员资源的效率高低而定。制造业本身的结构，一般主要是反映经济发展所达到的阶段。在发展的最初阶段，消费品的生产占主要地位，如食品加工、纺织品、衣着等。在发展的中间阶段，化学品和基本金属（依原料有无而定）起着越来越大的作用，在某些国家，还同机器和运输设备的装配一同进行。到了比较先进的阶段，资本设备生产的相对重要性比较大，可是发展中国家（即使是工业化成绩最好的国家）还远远没有具备综合的工业结构，尤其是资本货物的生产还只占其工业生产的一小部分，因此，大部分资本设备还严重依靠工业化先进国家供应。根据对十五个处在工业发展不同阶段的国家1978年制造业结构的分析，可以看出这种情况。见表8.6。

436

表8.6 **若干发展中国家制造业的生产结构**
按工业化程度分，1978年左右

	占制造业总产值的份额[a]			人均制造业产值（美元）
	消费品[b]	中间产品[b]	资本货物[b]	
工业化程度较高的国家（地区）				
新加坡	51.3	24.6[d]	24.1	680
香港	80.5	11.6	7.9	665
委内瑞拉	51.7	40.8[d]	7.5	450
墨西哥[e]	59.8	28.6	11.6	300
南朝鲜	64.3	21.4	14.3	210
智利	54.7	34.1	11.2	190
平均[f]	60.4	26.8	12.8	415
工业化程度较低的国家				
哥伦比亚[g]	68.3	23.3	8.4	120
菲律宾[g]	74.5	16.1	9.4	95
突尼斯	72.5	20.0	7.5	70
埃及[c]	65.1	22.0	12.9	50
尼日利亚[c]	64.2	29.6[d]	6.2	35
肯尼亚	75.9	12.6	11.5	35
印度尼西亚	75.8	14.9[h]	9.3	25
印度	48.7	29.0	22.3	20
孟加拉国	72.3	23.4	4.3	10
平均[f]	68.6	21.2	10.2	50
（除印度外）[f]	(71.1)	(20.2)	(8.7)	(55)

a　除特别指明者外，均为1978年的百分比。

b　"中间产品"工业包括基本金属、石油提炼、石油及煤产品、化学品和塑料。"资本货物"工业包括电机(无线电、电视机等除外)、非电机和运输设备。"消费品"工业包括所有其他制造业。

c　1977年增值，依1975年价格和汇率计算。

d　其中石油提炼、石油与煤产品两类，新加坡为15.1，委内瑞拉为23.2，尼日利亚为12.9。

e　1976年的产值结构。

f　未加权。

g　1977年的产值结构。

h　不包括石油提炼、石油与煤产品。

来源：联合国，《工业统计年鉴》1979年版，第一卷《一般工业统计》。转引自联合国贸发会议，《1982年贸易与发展报告》，第152页。

〔说明〕

（1）六个工业化程度较高的国家人均制造业产值平均为415美元，不到发达国家相应平均数1,740美元的四分之一。这六个国家资本货物的产值占制造业总产值的13%，而发达国家为27%，高出一倍以上。

（2）九个工业化程度较低的国家，人均产值50美元仅为发达国家的3%，资本货物比重10%，仅为发达国家的五分之三。

（3）在最不发达国家，除表中列入的孟加拉国之外，资本货物的比重非常之低，例如海地为6—7%，埃塞俄比亚还不到1%。

（4）消费品生产的比重，在工业化程度较低一类国家最高（近70%），在工业化程度较高一类国家比较低（60%），在发达国家最低（47%）。

（5）在解释个别国家的数字时应当慎重，因为在某些场合，中间产品的比重由于石油提炼而大为增长，特别是尼日利亚、新加坡和委内瑞拉；其他国家资本货物的比重因包括汽车生产而增长，其中有一部分称为耐用消费品更合适。新加坡的资本货物产值有很大一部分是在船上的修理工作和建造石油钻探塔。

从消费品生产进到资本货物生产，通过制造业不同部门的各国比较可以看得更加清楚。表8.7说明，一个"平均"的国家达到人均收入350美元（1978年价格）时，各食品工业部门已达到停滞状态，即它们在国内生产总值中的份额不会随着产量增长而有显著增加。纺织品、服装和皮革部门已经大大发展。这些可以称为制造业"最初发展"的部门。当发展程度增长、制造业在国内生产总值中的份额上升时，超平均数的增长率大部分系由资本货物(及耐用消费品)提供，这些部门包括所谓的基础工业或重工业：纸浆和纸张、化学品、基本金属及金属产品。

表8.7　　制造业的结构：在不同收入水平（按1978年美元计算的人均国民生产总值）时，制造业各部门在国内生产总值中所占的份额（％）

	大　国		小　　　　　国			
			制造品出口国[b]		初级产品出口国[b]	
	350美元	1,300美元	350美元	1,300美元	350美元	1,300美元
部门						
1 食品	4.2	4.6	4.6	4.9	5.5	5.9
2　纺织品	2.7	2.6	2.0	2.9	1.2	1.6
3　服装和皮革	0.8	1.4	1.1	1.8	0.6	1.0
4　木材、纸张和印刷	1.5	3.0	1.4	3.0	1.2	2.2
5　化学品和橡胶	2.7	4.0	2.3	4.0	1.5	2.1
6　矿产品	1.0	1.6	1.1	1.7	0.7	1.0
7　基本金属	1.2	2.5	0.3	1.6	0.3	1.0
8　金属产品	8.0	7.8	2.8	6.9	1.0	3.4
制造业[a]	17.0	27.0	15.3	25.5	12.1	18.0
分类合计						
1　简单消费品"最初发展"部门(1—3)	7.7	8.6	7.7	9.6	7.3	8.5
2　资本货物和耐用消费品(2—8)	9.4	18.9	7.9	17.2	4.7	9.7

a　从一个回归方程式估计，不是八个部门的总计数字。

b　小国的人口和人均收入相同而制造品出口份额高于平均国者称为制造品出口国家(地区)，如智利、肯尼亚、台湾省、比利时或挪威。其初级产品出口份额高于平均国者称为初级产品出口国，如玻利维亚、加纳、科特迪瓦、马来西亚、秘鲁、委内瑞拉、丹麦或澳大利亚。

来源：维诺德·普莱卡什和谢尔曼·鲁滨逊，"增长格局的各国比较分析"（世界银行，1979年7月草稿）.转引自吉利斯等，《发展经济学》，1983年，第543页。

〔说明〕

（1）制造业结构曾由霍利斯·钱纳里和兰斯·泰勒在1968年进行分析（"发展的格局：各个国家和不同时期"，《经济学和统计学评论》，50（1968年），第391—418页），本表反映了他们研究结果的

439

最新修正数字。

（2）人均国民生产总值从350美元增至1300美元，增至四倍，如每年增长2.5%，需时五十年。在转变过程中，国家大小似乎不及资源天赋和发展战略重要。在表中两种收入水平上，小国和大国具有大体相同的特点。出口初级产品的小国，工业化一般比较慢。

资本货物部门之所以比较小，是由于若干互相关联的因素造成的：发展中国家的工业化程度比较低；在科学和技术上依赖发达国家；相对地缺乏足够的金融资本和人力技能去维持巨大的资本密集部门；国内经济规模比较小。因此，从扩大资本设备进口来说，经济增长的乘数效应6有许多不免漏往国外。同时，从发达国家进口的资本货物在各国工业化过程中起着特殊作用，因它体现了现代技术，所以构成使用国工业部门劳动生产率提高的主要泉源。

实际上，所有正在工业化的国家，制造品生产和出口的扩大在或大或小程度上不仅依存于发达国家的资本货物，而且依存于从它们那里进口的中间产品。例如，1973—1980年间，非石油出口国制造业生产增长近40%，而进口的工业原料在数量上增长25—30%。从表8.8可见，某些国家（如印度、墨西哥）原料进口的增长超过了制造品生产的增长，虽然一般说产出的进口内容有所降低。

---

6 乘数(multiplier)效应：表示投资变动对总收入的倍增作用。例如，建造一个新工厂的钱会发生连锁反应：增加直接从事工厂建设的工人的收入，增加和工人做买卖的商人的收入，增加商人的供货者的收入，如此等等。但钱数不是无限地倍增的，因为人们通常要储蓄收入的一部分。乘数最终效应的数值，可用下式计算：

$$乘数 = \frac{收入变化}{投资变化} = \frac{1}{MPS} = \frac{1}{1-MPC}$$

MPS代表边际储蓄倾向，MPC代表边际消费倾向。例如，人们将新增收入储蓄20%，则增加10亿美元投资，最终将提高总收入50亿美元（1／.20＝5，5×10亿＝50亿）。

440

　　　非输出石油的发展中国家（地区）：制造品的出口
和生产与工业材料进口的比较，1973—1980年
（年度平均变动百分比）

	制造品出口[a]	制造品生产	工业材料进口[b]
共计[c]	9.0	4.7	3.6
其中：阿根廷[d]	4.9	0.0	— 4.0
巴西	19.8	6.8	3.3
香港	10.0	••	16.1
印度	1.7	4.0	4.9
墨西哥	— 2.3	3.7	8.8
南朝鲜	18.1	18.7	10.8
新加坡	17.3	9.0	3.8

a　国际工业分类标准5—8减68，数量变动约数。
b　农业原料、矿石和金属，数量变动约数。
c　发展中国家，不包括石油输出国组织成员国。
d　1970—1979年。
来源：各国贸易统计：联合国《统计月报》1982年2月.转引自联合国贸发会
议，《1982年贸易和发展报告》，第76页。

（2）投入—产出分析法的根本原理

投入—产出（input-output）可以追溯到法国经济学家弗朗
斯瓦·魁奈（1694—1774）和他在1758年提出的《经济表》。这
个表的用意，是表明在法国革命以前，货物和劳务如何在地主、农
民、商人和工厂主四个社会经济阶级之间流动的。魁奈的著作，奠
定了经济活动之间依存关系的原理。以后法国经济学家里昂·瓦
尔拉（1834—1910）又在他的《纯粹政治经济学纲要》（1874年）
一书中，用一组联立一次方程式建立了必要的数学骨架。直到诺
贝尔奖金获得者瓦西里·里昂惕夫才刊行了关于美国经济的头一
套投入—产出表，使这一方法成为一种应用经济学的而不只是理
论经济学的工具。[7] 由于他的工作成果，使结构分析的任务变得简

7　参阅他的"美国经济制度中数量的投入—产出关系"，（美）《经济学与统计学
评论》杂志，18(1936年)，第105—125页。

单一些。介绍投入—产出分析方法的书籍很多，这里只说明它的基本原理，以便进一步分析制造业结构的转变。[8]

基本原理说明

如一国经济由三个部门组成：农业、机器制造业、建筑业，其国内产出用 x_1、x_2、x_3 表示。对每个部门的最终需求用 y_i 表示：又分为私人消费、政府消费（如用于国防）、投资和国外贸易（出口 减 进口）。对某种最终需求，如机器，写成：

$$a_{21}x_1 \qquad + a_{22}x_2 \qquad + a_{23}x_3 \qquad +$$

$\left[\dfrac{\$机器}{\$农业}\right]$ 〔$\$农业$〕 $\left[\dfrac{\$机器}{\$机器}\right]$ 〔$\$机$〕 $\left[\dfrac{\$机器}{\$建筑}\right]$ 〔$\$建筑$〕

$$y_2 \qquad\qquad = x_2 \qquad\qquad (1)$$

$\left[\begin{array}{c}对机器的\\最终需求\end{array}\right]$ $\left[\begin{array}{c}机器部门\\的总产出\end{array}\right]$

机器产出的一部分用于农业部门和建筑业部门，例如 a_{21} 表示每单位农业产出所需的机器数；一部分由机器制造业部门本身消费；一部分用于最终消费（出口、政府购买等）。整个三个部门可用三个等式表示：

$$a_{11}x_1 + a_{12}x_2 + a_{13}x_3 + f_1 = x_1$$
$$a_{21}x_1 + a_{22}x_2 + a_{23}x_3 + f_2 = x_2$$
$$a_{31}x_1 + a_{32}x_2 + a_{33}x_3 + f_3 = x_3$$

通常可用一个更简洁的矩阵形式表示（n 代表经济部门数）[9]

$$A \qquad X \qquad + f = \qquad x \qquad\qquad (2)$$
$$(n \times n) \quad (n \times 1) \quad (n \times 1) \qquad (n \times 1)$$

---

8 参阅彼特·迈耶，《发展中国家能源制度分析》，纽约1984年，第167—174页。比较系统的说明，有联合国统计局编，《投入产出表和分析》，1973年(中国社会科学出版社中译本，1981年)；迈克尔·P·托达诺，《发展计划化：模型与方法》，纽约1971年(中国社会科学出版社中译本，1979年)。

9 另一种常用的公式是：

$\displaystyle\sum_{i=1}^{n} x_{ij} + F_i = x_i$，$n = 1$，$2 \cdots n$，其中 $x_{ij} = a_{ij}x_i$，a_{ij} 即(2)中的 A。

假定最终需求的矢量已给出，于是问题变成解x。将（2）改写为：

$$X - Ax = f, \qquad\qquad (3)$$

$$或 (I-A)x = f \qquad\qquad (4)$$

然后用$(I-A)^{-1}$乘两边，得

$$X = (I-A)^{-1}f \qquad\qquad (5)$$

$(I-A)$有时称为里昂惕夫矩阵，而$(I-A)^{-1}$称为里昂惕夫逆阵。

最终需求矢量f在投入一产出框架中分解为：

$$f = C + G + E + I + S \qquad\qquad (6)$$

其中C为私人消费矢量，G为政府消费矢量，I为投资矢量，E为出口矢量，S为存货变化矢量（在简单的投入／产出计算中常常不考虑）。

如再假定资本和劳动在每一部门为产出的线性函数，则投入一产出框架提供了一个基础，可将最终需求具体水平对资本与劳动需要结合起来。如部门劳动一产出和资本一产出比率分别为a_L和a_K，则一国经济的总劳动和资本需求为：

$$L = x_T \ a_L \qquad\qquad (7)$$
$$(1\times1) \ (1\times r) \ (n\times1) \qquad\qquad (8)$$
$$K = X_T \ a_K$$

一国的投入一产出表如表8.9。其中又增加了电力和石油提炼两个部门。这个表又称"交易"表，用货币单位表示部门之间的买卖。例如，表中指明电力部门从建筑部门购入5单位，从石油提炼部门购入15单位（石油）。本表分为四个部分：

部门之间的交易	最终用途
I	II
价值增加	直接要素购入
III	IV

例如，电力工业部门的总投入为向其他部门的购入（I）；加进口；加对劳动、政府（税收）、资本使用的支付（三者代表"增值"，代表对最终需求的总产出或销售与从其他部门的购入二者的差额）。注意投资与资本的区别：资本横列代表这一年中资本存量的折旧部分加

443

453

资本使用的支付，而投资纵行代表一年中新资本的流入。

直接要素购入部分（Ⅳ）表示由最终使用人（政府和家庭）使用的投入。政府雇用的文官是劳动横列与政府消费直行的交叉，而劳动横列与家庭消费直行的交叉代表对家庭仆役的支付。家庭纳税和出口纳税（出口税、许可证）也在这部分表示。本表进口超过出口：53－27＝26单位。进口也可算作负出口，此时出口改为净出口，进口横列取消。

表8.9 投入—产出表

		农业	机制造器业	建筑业	电力	石油提炼	中间共需求计	家庭	政府	出口	投资	最后共需求计	产出总计
1	农业	15	3	5	0	0	23	26	14	20	12	72	95
2	机器制造业	10	10	15	5	5	45	10	5	5	15	35	80
3	建筑业	5	7	10	5	5	32	5	10	0	5	20	52
4	电力	5	3	2	0	2	12	5	25	0	0	23	35
5	石油提炼	7	4	3	15	0	29	15	14	0	3	33	62
	国内采购共计	42	27	35	25	12	141	59	64	25	35	183	324
6	进口	8	3	0	0	37	48	5	0	0	0	5	53
7	劳动	20	30	10	5	3	68	1	12	0	0	13	81
8	资本	5	10	3	3	5	26	0	0	0	0	0	26
9	税收	20	10	4	2	5	41	35	0	2	0	37	78
	价值增加共计	45	50	17	10	13	135	36	12	2	0	50	185
	投入总计	95	80	52	35	62	324	100	76	27	35	238	562

中间需求部分（Ⅰ）的每一直列用部门产出去除，得技术系数的"A—矩阵"，其计算如下：

$$\begin{pmatrix} \frac{15}{95} & \frac{3}{80} & \frac{5}{52} & 0 & 0 \\ \frac{10}{95} & \frac{10}{80} & \frac{15}{52} & \frac{5}{35} & \frac{5}{62} \\ \frac{5}{95} & \frac{7}{80} & \frac{10}{52} & \frac{5}{35} & \frac{5}{62} \\ \frac{5}{95} & \frac{3}{80} & \frac{2}{52} & 0 & \frac{2}{62} \\ \frac{7}{95} & \frac{4}{80} & \frac{3}{52} & \frac{15}{35} & 0 \end{pmatrix} = \begin{pmatrix} 0.157 & 0.037 & 0.096 & 0 & 6 \\ 0.105 & 0.125 & 0.288 & 0.142 & 0.081 \\ 0.052 & 0.0875 & 0.192 & 0.142 & 0.081 \\ 0.052 & 0.0375 & 0.038 & 0 & 0.032 \\ 0.073 & 0.05 & 0.057 & 0.428 & 0 \end{pmatrix} \quad (9)$$

444

由此，[10]

$$(I-A) = \begin{pmatrix} 0.842 & -0.037 & -0.096 & 0 & 0 \\ -0.105 & -0.875 & -0.288 & -0.145 & -0.081 \\ -0.052 & -0.0875 & 0.807 & -0.142 & -0.681 \\ -0.052 & -0.0375 & -0.038 & 1.0 & -0.032 \\ -0.073 & -0.65 & -0.057 & -0.428 & 1.0 \end{pmatrix}$$

而逆阵为：[11]

$$(I-A)^{-1} = \begin{pmatrix} 1.212 & 0.072 & 0.173 & 0.042 & 0.021 \\ 0.205 & 1.22 & 0.487 & 0.307 & 0.147 \\ 0.130 & 0.157 & 1.33 & 0.267 & 0.128 \\ 0.0815 & 0.059 & 0.084 & 1.03 & 0.045 \\ 0.142 & 0.100 & 0.149 & 0.479 & 1.03 \end{pmatrix} \quad (10)$$

读者可以自己用最后需求矢量（f）去乘逆阵（$(I-A)^{-1}$），从而得出表中的总产出（$1.212 \times 72 + 0.072 \times 35 + \cdots \cdots$）。

也可以计算这一个国家的储蓄—投资平衡。设26单位的资本收益中，4单位为公司储蓄，22单位为对个人的支付。根据定义，

可支配的收入 = 总收入 - 公司储蓄 - 直接税

$$= (81 + 26) - 4 - 37 = 66$$

但可支配的收入 = 消费 + 私人储蓄，故

私人储蓄 = 66 - 65 = 1

政府储蓄为，

10　在本式中，

$$I = \begin{pmatrix} 1 & 0 & 0 & 0 & 0 \\ 0 & 1 & 0 & 0 & 0 \\ 0 & 0 & 1 & 0 & 0 \\ 0 & 0 & 0 & 1 & 0 \\ 0 & 0 & 0 & 0 & 1 \end{pmatrix}$$

11　逆阵的计算比较复杂，普通须借助计算机.但在里昂惕夫逆阵中，因系数均小于1，可以应用一个简单的方法计算，$(I-A)^{-1} = I + A + A^2 \cdots + A^n$. (参考前引《发展中国家能源制度分析》第23页注4.)逆阵系数又称r_{ij}.

445

政府储蓄＝间接税＋直接税－政府支出

$$= 41 + 37 - 76 = 2$$

外国储蓄为，

外国储蓄＝进口减出口，

$$= 53 - 25 = 28。$$

现在储蓄总额等于投资，即

$$I = 4 + 1 + 2 + 28 = 35$$

要使投入－产出技术有任何的实用价值，必须清楚地理解它的一些重要假设。其中最重要的是投入系数不变：每一单位的额外新产出是由各种投入的结合遵循不变的比例造成的。其次是假定规模的收益不变。这样，投入－产出模型就不容许在各种投入之间有进行替代的可能性，在计划视野越来越长时，这一假设就变得越来越有疑问。提出了若干补救的办法。参阅 M·托达诺，《发展计划化：模型与方法》（牛津大学出版社，内罗毕，1971年），对各种假设的含义有简单的数字举例说明。比较深入的讨论，参阅 L·泰勒，"理论基础和技术含义"，见 G·布利策尔和 L·泰勒，《经济广度模型与发展计划化》（牛津大学出版社为世界银行发行，1975年）。

（3）制造业结构的转变

制造业结构的转变，通过发展程度不同的两类国家的投入－产出表可以得到说明。在刚刚开始工业化的国家，各个工业部门之间很少或根本没有联系。例如，"后向结合"（backward integration）很少，许多制造业部门须从国外购买各种投入；各部门之间的货物也很少流动。反之，工业化的经济是高度结合的，各部门之间有着大量的货物流动。缺乏结合，意味着发展中国家制造业的最终产品多于中间产品或资本货物，而工业化过程则要求向资本货物工业部门转变。见表8.10及表8.11。

446

表8.10　　　　　　　　　　一个"欠发达"国家的经济结构

从＼到	中间需求									最终需求	总产出
	传统农业	种植园	食物加工	纺织品	制造业	运输与动力	建筑业	采矿业	服务业		
传统农业	605	86	795	371	127	11	69	16	7	6,238	8,325
种植园	..	14	..	62	..	..	..	..	..	1,476	1,552
食物加工	55	..	48	6	13	..	..	..	8	1,201	1,331
纺织品	4	13	7	25	16	1	..	3	..	822	891
制造业	41	78	16	53	486	227	630	75	16	542	2,164
运输与动力	8	35	6	26	29	13	..	8	2	1,026	1,153
建筑业	..	..	..	..	..	..	..	..	..	1,626	1,626
采矿业	8	..	..	..	69	17	22	3	..	317	436
服务业	..	12	5	3	26	4	..	..	3	112	165
增加价值	7,604	1,314	454	345	1,398	880	905	331	129	13,360	
总投入	8,325	1,552	1,331	891	2,164	1,153	1,626	436	165		17,643

来源：布鲁斯和金德尔伯格，《经济发展》第4版1983年，第86页。

〔说明〕

表中数字是从一个实有的国家的数字提炼出来的，代表用该国货物进行的交易量。数额反映了一种人均收入水平很低的经济，和结合得不紧密的经济结构。部门之间的交易是比较小的，或者根本没有。产出主要是用于最终需求。各个农业部门或与农业有关的工业部门构成经济产出的大部分。考察种植园使用的部门间的投入，可以看出它的技术比传统农业更加现代化。

447

表8.11　一个"比较发达"国家的经济结构

到＼从	中间需求											最终需求	总产出
	传统农业	种植园	食品加工	纺织业	制造业	运输与动力	建筑业	采矿业	服务业	汽车工业	电子工业		
传统农业	860	127	3,417	682	1,026	..	66	28	17	..	..	2,978	9,261
种植园	..	25	2,360	895	28	17	123	22	6	36	12	1,832	5,356
食品加工	254	212	1,100	12	84	..	..	..	4	..	..	7,876	9,542
纺织业	70	112	4	1,456	538	12	47	4	72	136	28	2,516	4,995
制造业	522	312	574	594	1,420	786	4,604	86	341	3,560	238	19,452	32,489
运输与动力	64	193	152	88	1,046	214	676	66	213	786	132	1,754	5,384
建筑业	..	..	..	12	..	..	..	..	..	..	..	16,436	16,436
采矿业	2	17	26	12	1,216	166	188	14	112	47	12	-642*	1,170
服务业	189	42	126	72	312	67	116	32	38	71	16	4,217	5,298
汽车工业	312	220	160	68	1,416	93	375	46	39	27	3	2,960	5,719
电子工业	6	22	17	89	463	212	26	17	46	87	312	-387*	910
增加价值	6,982	4,074	1,606	1,027	24,880	3,817	10,215	885	4,410	969	157	58,992	
总投入	9,261	5,356	9,542	4,995	32,489	5,384	16,436	1,170	5,298	5,719	910		96,560

* 造成最终需求为负的因素，可能包括进口，出口超过进口，负净投资（折旧超过新的总投资），以及存货的减少。

来源：布鲁斯和金儒尔斯，《经济发展》1983年第4版，第87页。

〔说明〕

经过一定时间，表8.9代表的经济会发展成为表8.10代表的经济。国民总产值增加了四倍以上，部门间的交易变得更加复杂而且在数量上也比较大，经济结构中增加了新的部门。

很显然，在这种经济转变中发生了许多值得注意的变化。这些变化包括从日益增长的收入水平和嗜好的改变对最终需求构成的影响，到技术变革和革新对生产函数、从而对部门间交易的影响。相对要素价格和商品价格变化的影响也在起作用。伴随着经济结构剧烈改变的各种推动经济增长的力量，在表中是不明显的，就象它们在实际生活中也并不明显一样。

本表代表一种比较发达的经济结构，就是说，它更加专业化、一体化。这从中间产品的部门间交易有着更多的种类和更大的规模表现出来。

世界工业结构改变的趋势

（1）制造业结构改变的方向

七十年代，发达的市场经济国家工业结构呈现一种普遍的趋势，就是转向劳动生产率较高的工业部门，即雇用人员的平均增值高于平均数的部门，美国、西欧和日本莫不如此。[12] 这种普遍趋势，反映了对不同产品的需求增长速度不同，以及在产出增长比平均数快的部门生产率提高较快。

为了更好地理解工业增长的格局，可将人均增值分为二类：一类是人均工资，它是劳动的技能密集的指标；一类是除工资以外的人均增值，它是生产的物质资本密集的指标。[13]

12　可是有若干工业部门是例外。其人均增值虽比较低，增长率却比较高，这是由于政府的支持。也有相反的情况，人均增值高，而增长率低。

13　这些指标最先由哈尔·B·拉里使用（《来自欠发达国家制造品的进口》纽约1968年），最近亚力山大·耶茨等的分析（"论要素比例作为发展中国家未来出口的指标"，《发展经济学》杂志，第七卷第四期，1980年12月）证明拉里的指标对近年的情况仍然适用。

449

按照拉里的办法，制造业可以作如下的分类（见表8.12）：

表8.12　　　　　　制造业按要素密集程度分类

资本密集	劳　动　密　集	
	低技能（LS）	高技能（HS）
低（LC）	纺织品 服　装 皮革及其制品 木材及其制品 金属产品^a 杂类制造品^a	橡　胶^a 印　刷 电　机 非电机 运输设备
高（HC）	食品加工^a 非金属矿产品^a	化学品 石油提炼及煤制品 基本金属 纸　张

a 边际情况

LC＝低资本密集

HC＝高资本密集

LS＝低技能密集

HS＝高技能密集

来源：H.B.拉里，上引书。

在1970—1978年，美国和西欧制造业改革的类型大体相似，不问其是否为资本密集，都转向高技能密集的工业，尤以西欧最为显著。日本转向高技能低资本密集工业（包括电子及电气设备）的现象特别显著，转离低技能低资本密集的工业。它们的就业类型，虽然相对于产量和生产率的转变来说转变较小，但也仍有转变。在美国和西欧，产量增长最快的是高技能高资本一类，用人均产值表示的生产率也最高。它们的高技能低资本一类工业比平均数增长较快，而低技能高资本一类的增长则小于平均数，虽然生产率比较高。在产量增长与生产率提高之间有正的关系，日本也是如此。见表8.13。

450

表8.13　　西欧、美国和日本根据相对要素密度的产出、就业和生产率增长
1970—78年（年度百分比）

地区／国家	工业部门[a]				共计
	高资本／高技能	高资本／低技能	低资本／高技能	低资本／低技能	
西欧					
产出[b]	3.1	2.2	3.0	1.3	2.5
就业	−0.8	−0.9	−0.4	−1.7	−1.0
生产率[c]	3.9	3.3	3.4	3.0	3.5
（相对生产率）[d]	（134）	（112）	（101）	（74）	（100）
美国					
产出[b]	4.7	3.9	4.6	3.7	4.3
就业	0.1	−0.2	1.3	0.5	0.6
生产率[c]	4.6	4.1	3.3	3.2	3.7
（相对生产率）[d]	（133）	（119）	（100）	（74）	（100）
日本					
产出[b]	4.0	2.0	6.2	2.1	4.3
就业	−1.3	0.2	−0.7	−1.4	−0.9
生产率[e]	5.3	1.8	7.0	3.5	5.2
（相对生产率）[d]	（158）	（88）	（107）	（68）	（100）

a　按表8.11分类。
b　按1970年价格的增值。
c　按雇员人均产出。
d　1970年雇员人均增值（整个制造业＝100）
来源：H·B·拉里，上引书。转引自联合国贸易会议，《1982年贸易与发展报
告》，第70页。

（2）制造业结构改变的程度

关于结构改变的程度，有一种简单的衡量方法，就是联合国
欧洲经济委员会所使用的指数。[14]制造业结构改变指数（Ⅰ）
为：

$$I = \text{sum of } [a(i_2) - a(i_1)] \text{ for all } a(i_2) > a(i_1)$$

a（i）=工业i在制造业总产值中的百分比

1、2 = 比较的时期

14　《1980年欧洲经济概览》，联合国出版物，销售号No.E.81.Ⅱ.E.1，第189
页。

sum of＝相加总数

for all＝对所有的

〔说明〕

（1）指数的数值越大，结构改变的程度越大。

（2）指数的数值，依存于结构本身改变的数量，以及工业部门细分的程度。

按照这个指数计算的发达的市场经济国家工业结构的改变如表8.14。可以看出，制造业增长速度与结构改变程度之间有密切的关系。除意大利不计，欧洲制造业每增长 1 %，结构改变指数即增长0.17%。加上美国和日本，情况稍有不同。

表8.14　　西欧、美国和日本制造业中的结构改变指数（Ⅰ）与产出增长率（g），1958—78年（年度百分比）

地区／国家	1958—60年至 1968—70年		1970—78年		变　化	
	I	g	I	g	I	g
西欧						
比利时	1.07	6.5	1.02	3.4	−0.05	−3.1
芬兰	1.04	6.9	0.87	3.1	−0.17	−3.8
法国	0.94	6.3	1.32	4.4	+0.38	−1.9
联邦德国	1.02	6.3	0.77	2.0	−0.25	−4.3
意大利	0.94	8.3	0.66	2.9	−0.28	−5.4
荷兰	1.36	6.8	0.79	2.9	−0.57	−3.9
挪威	0.93	5.3	0.90	1.5	−0.03	−3.8
瑞典	1.12	6.9	0.68	0.7	−0.44	−6.2
英国	0.77	3.3	0.73	0.7	−0.04	−2.6
美国	0.63	4.9	0.56	4.3	−0.07	−0.6
日本	1.77	13.9	0.95	4.3	−0.82	−9.6

来源：《1980年欧洲经济概况》；《工业统计年鉴》，1979年，第一卷，《一般工业统计》。转引自联合国贸发会议，《1982年贸易与发展报告》，附表A34。

〔说明〕

（1）欧洲各国制造业增长速度与结构改变程度之间有密切关系，在各个时期以及两个时期之间均是如此。

452

（2）意大利的结构改变程度与其制造业增长速度比较，不免偏低。其部分原因是意大利工业专门从事劳动密集活动，越来越大的一部分体现了技能劳动，因而工业的扩大未能象其他欧洲国家那样刺激到向资本密集的产品转变。

（3）本表包括制造业十八个部门，按不变价格计算。欧洲数字根据欧洲经济委员会的计算，日本和美国数字由贸发会议秘书处计算。

比较各类国家的情况（表8.15），可以得出两个结论：（a）结构改变与工业生产增长之间的关系，在各类国家同时存在。（b）对工业结构改变步伐的阻碍，在发展中国家比在其他两类国家要大得多，表明发展中国家的工业化近年来大为退步。

表8.15　　　　按国家类别区分的制造业结构改变与生产增长
1970—1980年（年度百分比）

	结构改变指数[a]			制造业产量增长		
	1970—1973	1973—1980	改　变	1970—1973	1973—1980	改　变
发达的市场经济国家	0.60	0.47	—0.13	6.4	1.7	—4.7
东欧社会主义国家	1.33	1.02	—0.31	8.7	6.7	—2.0
发展中国家	1.71	0.66	—1.85	9.5	4.7	—4.8

　　a　根据十个工业部门的数字，同表8.13根据十八个工业部门的数字者不是严格可比的。

　　　来源：根据联合国工业生产指数（联合国《统计月报》各期）。转引自联合国贸发会议，《1982年贸易与发展报告》，附表33。

制造业发展的连锁作用

（1）后向连锁和前向连锁

制造业发展的途径是：消费品生产部门首先增长，然后资本货物生产部门随之发展，这就表明制造业内部和外部的连锁作用（linkage）对于发展是十分重要的。

阿尔伯特·赫施曼的"不平衡增长"的概念[15]表明，一个或

15　见第三章第四节。

几个工业部门的迅速发展，会刺激与之有关联的其他部门的发展。"后向连锁"（backward linkage）是：纺织品生产的增长，会导致对棉花和染料生产的投资，以供应纺织工业。"前向连锁"（forward linkage）是：本国纺织品的生产，会导致对使用工业（如服装）的投资。曾有几种尝试去测算赫施曼提出的连锁，其结论是：要使增长是不平衡的，须由制造业起领导作用。

在测算连锁的几种公式中，P·尤托波洛斯和J·纽金特所使用的公式比较方便。[16]这种公式直接依存于投入产出表。

任何工业j的直接后向连锁的测算公式为：

$$L_{bj} \frac{\sum\limits_{i} x_{ij}}{x_j} = \sum\limits_{i} a_{ij}$$

L_{ij}＝工业部门的后向连锁指数

X_j＝产品j的价值

X_{ij}＝用来生产j产品的由本国供应的产品（或服务）i投入的价值（即投入—产出表的纵列）

a_{ij}＝里昂惕夫（投入—产出）系数

例如，纺织工业的增值等于其产出的30％，进口的投入等于其产出的15％，其后向连锁即为55％，国内购买的投入所占份额L_b（100－30－15＝55）。增值越高，进口的投入越多，则指数越小，这个部门对各供应部门发展的刺激越小。

这个指数只包括了直接连锁。如果纺织品生产刺激了棉花种植，则后者又会刺激肥料生产。很容将这种影响体现在一个总后向连锁指数中，其办法是将里昂惕夫逆阵系数r_{ij}加在一起：

$$L_{tj} = \sum\limits_{i} r_{ij}$$

L_{tj}＝j工业部门直接加间接（总）后向连锁指数

16　参阅吉利斯等，《发展经济学》，1983年，第544—547页。潘·A·尤托波洛斯及杰弗莱·B·纽金特，"连锁假设的均衡增长解释：一种测验"，《经济学季刊》，:87(1973年5月)，第157—171页。勒鲁瓦·P·琼斯，"赫施曼连锁测算的评论"·《经济学季刊》，90(1976年)，第323—333页。

454

同样，直接前向连锁指数为：

$$L_{fi} = \frac{\sum\limits_{j} X_{ij}}{Zi}$$

L_{fi}＝i工业部门的前向连锁指数

x_{ij}＝每一个j使用工业所采购的i工业部门的产出

Z_i＝中间用途和最终用途所生产的货物i的总和

也可以定出一个直接加间接的前向连续指数，但实际意义不大。

（2）连锁指数的应用

尤特波洛斯和纽金特曾就五个发展中国家（地区）——智利、希腊、墨西哥、西班牙、南朝鲜——的十八个工业部门应用投入—产出表去测定其连锁指数，所得结果如表8.16。

表8.16　　五个欠发达国家各经济部门的连锁指数和等级a

	直接前向连锁指数（L_j）	等级	直接后向连锁指数（L_b）	等级	总后向连锁指数（L_t）	等级
皮革制品	0.645	4	0.683	2	2.39	1
基本金属	0.980	1	0.632	5	2.36	2
服　装	0.025	18	0.621	6	2.32	3
纺织品	0.590	8	0.621	7	2.24	4
食品、饮料制品	0.272	16	0.718	1	2.22	5
纸　张	0.788	3	0.648	3	2.17	6
化学品和石油提炼	0.599	7	0.637	4	2.13	7
金属产品和机器	0.430	13	0.558	9	2.12	8
木材、家具	0.582	9	0.620	8	2.07	9
建　筑	0.093	17	0.543	10	2.04	10
印　刷	0.508	10	0.509	12	1.98	11
其他制造品	0.362	15	0.505	13	1.94	12
橡　胶	0.453	12	0.481	14	1.93	13
矿产品（非金属）	0.870	2	0.517	11	1.83	14
农　业	0.502	11	0.368	15	1.59	15
公用事业	0.614	6	0.926	16	1.49	16
采　矿	0.618	5	0.288	17	1.47	17
服　务	0.378	14	0.255	18	1.41	18

a　智利、希腊、南朝鲜、墨西哥和西班牙。

来源：尤特波洛斯和纽金特，前引文，表2。

〔说明〕

本表说明，例如，每增加1美元的皮革制品，全部投入必须增加

455

465

2.39美元。高指数表明，这一工业部门的扩大，会刺激其他工业部门的生产。这样，不平衡增长战略应从享有高总后向连锁指数的工业部门开始，因为这种指数表明，各个工业供应部门会随后进行投资，从而导致最大限度的经济增长。制造业各部门无论是直接的还是总后向的连锁，都占据了表中的较高等级。因此，不平衡增长战略应首先强调制造业，特别是消费品，其次要注意化学品及金属产品。赞成进口替代战略的人，显然从这些发现中找到了根据。

（3）对连锁指数的评价

上述连锁指数的测算公式受到了许多批评。吉利斯等人认为，许多批评是正确的，可是也有更复杂的测算公式得出了同样的等级。一个技术问题是，各部门间的投入—产出表在各国之间难于比较，因为工业部门的定义不同，或因为工业（例如纺织业）在两国之间有内在的不同。其次，这种指数的数值大小，依存于投入—产出表细分的程度。

连锁是用国内生产的投入和产出去测算的。所以，例如，墨西哥的连锁指数说明的是墨西哥已经达成的后向或前向连锁。要发现墨西哥未来可能实现的潜在的连锁，就得使用比它工业化程度较高国家（如加拿大）的指数。墨西哥的连锁指数只能供工业化程度较低的国家（如巴拉圭）使用。

真正的问题是，把一国的投入—产出系数机械地相加，能否对另一国的动态增长过程有任何启示。纺织工业在表8.15中的总后向连锁等级很高，可能需要棉花和合成纤维。但能否导致种植业和合成品的新投资，还须依存于许多条件，这些条件是表中不曾反映的。如棉花能否在该国种植？成本如何？可能进口棉花较贱，而将土地种植更有利的作物。如棉花已在种植和出口，产量扩大能否供应纺织厂，或只是使出口转向？对合成纤维的潜在后向连锁引起更多的问题。石油化工有极大的规模经济，对它进行大量投资只有纺织业大大扩张才值得。如用保护办法来防止合成

456

纤维进口，纺织业本身就会成为高成本，甚至丧失扩大的刺激。

制造业有效前向连锁的要求甚至更为严格。例如纺织业有很大的前向连锁指数，主要是由于服装工业。国内布匹能否刺激服装工业，还要看它的价格是否低于进口布匹的价格。换言之，纺织工业的前向连锁若要有效，它的产品必须在世界市场上有竞争能力。

前向连锁的概念，对非贸易货物，如本国运输、电力及其他公用事业和许多服务更为有用。它们提供的丰富而廉价的供应，将刺激各使用工业部门。通过铁路或公路来开放一个新区域，是基础设施通过前向连锁来刺激发展的典型实例。

制造业发展与规模经济

（1）规模经济（economies of scale）的意义

上面曾提到"专业化与生产规模"是决定经济增长的一个因素（第三章第四节）。

专业化（specialigation）是指对不同的个人、产业部门和地区之间的不同生产活动的划分。专业化就是分工，它可以存在于生产某种商品的不同操作中（亚当·斯密曾举出过制针的实例，现在有装配线生产），可以存在于社会生产中（如专业化手艺人和商人），还可存在于地区之间或国家之间。专业化可以提高效率，降低成本。它使不同的工人能够利用自己的不同能力，在自己生产效率最高的领域工作。它能使人获得与自己情况相适应的高效率生产技能。它能使人一生专门从事某种操作或职业，避免改行的时间损失。生产过程专业化能简化劳动，以便实现机械化和使用节约劳动的资本。工业专业化可以促进机器的发明创造和有效利用。地区专业化能使自然资源、土地和资金得到最有效率的使用。但实行工业和地区专业化的程度是有限制的，这种限制来自成本和市场各方面。

规模经济或称大规模生产的收益（benefits of large-scale

457

product:ion），是指当一个生产单位的规模扩大时，它的"长期平均成本"（long-run average costs）就降低，从而产生节约。

长期平均成本可用图8.1表示：

图8.1　　　短期和长期平均成本曲线的关系
（假设数字）

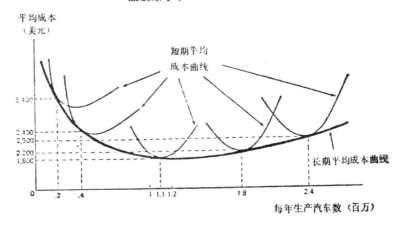

来源：沃纳·西奇尔和彼得埃克斯坦，《基本经济概念》，1977年第二版，第117—118页。

〔说明〕

本图代表一家汽车制造厂，有一条长期平均成本曲线（又称计划曲线），它和五条短期平均成本曲线相切，但它只能和最低短期成本曲线的最低点相切，因为其他短期成本曲线的切点在其上升或下降方面。每一个短期工厂规模代表一种不同的成本结构。当每年生产20万辆汽车时，最低的平均成本为每辆为5,400美元；40万辆时为3,400美元；110万辆时为1,800美元；180万辆时为2,200美元；240万辆时为2,900美元。沿着长期平均成本曲线的坡度下降时，可以获得规模经济。

造成规模经济的因素有：

458

（ a ）资源的更大专业化。较大的规模能容许工人和设备的更大专业化，后者又会造成更高的生产率。

（ b ）更有效地利用设备。较大的批量生产能减少每批的设备布置或调整时间。

（ c ）减少各种投入的单位成本。采购大批原材料时，可以享受折扣优待。某些设备的单位价格，能量大者比能量小者低．因为资本设备中使用的物资数量和成本会随着产量而增长，但不一定总是比例地增长。每平米建筑面积的成本，大厂比小厂低。

（ d ）副产品的利用。

（ e ）辅助设施的增加。如货栈、推销和运输设施。

（ f ）某些成本，如研究和设计工作与开办费用，在大量的产出范围内可能是固定的。

（ g ）存货和流动资本的数量，不一定会同产量成比例地增长。

（ h ）在公司一级，如所属工厂加多，可以在经理、运输、推销和财务各方面产生节约效果。

规模经济的数学公式是：

$$C = AQ^d \qquad\qquad （ 1 ）$$

C=总成本
Q=总产出或规模
A = 一个常数
d = 规模系数或成本弹性

公式的意思是：当一个设计最佳的工厂产出增长时，如其规模系数小于1，则成本的增长比例较小。参数d衡量总成本增长百分数与产量（规模）增长百分数的比率，即

$$d = （ \Delta C/C ）/（ \Delta Q/Q ） \qquad\qquad （ 2 ）$$

这就说明了为什么d也称成本弹性。弹性越小，随着规模 扩 大 而

增加的成本也越小。公式（1）可转换成关于平均成本（c）的公式：

$$C = C / Q = AQ^{d-1} \qquad\qquad (3)$$

由于在规模经济情况下 d＜1，故（3）表明，平均成本随着产量的增加而下降。

（2）规模经济对发展的影响[17]

在制造某些产品时，成本的节约可能十分重要。1969年英国几个工业部门的规模经济如表8.17。

表8.17　　　　　　英国制造业中的规模经济1969年

产　　品	按最低有效规模的一半建造和经营的工厂的平均成本增长　（1）	成本弹性^d（2）	最低有效规英模占国市场%（3）
面包	15	0.80	1
啤酒	9	0.88	3
鞋类	2	0.97	0.2
染料	22	0.71	100
硫酸	1	0.99	30
聚合物	5	0.93	33
水泥	9	0.88	10
钢(联合)	8	0.89	80
机床	5	0.93	100
发电机	15	0.80	60
汽车（一种型号）	6	0.92	50
自行车	小	—	10
柴油机	4	0.94	10
家庭电气用具	8	0.89	20

来源：C·F·普莱顿，《制造业的规模经济》，剑桥大学出版社，1971年。

〔说明〕

（1）最低有效规模（minimum efficient scale）的定义是：这个工厂的规模已经够大，再建一个更大的厂也不会得到更多的经济效果。或者说，产出超过它之后，平均成本即不再下降。换言之，它代表长

17　参阅吉利斯等，《发展经济学》，1983年，第548—552页。

期平均成本曲线上的一个点，从这一点起，曲线拉平。在实践上，如果现有的最大工厂的潜在规模经济尚未耗竭，研究人员就会认为那种产出就是最低有效规模，直到建立一个更大的工厂并测算它的成本为止。

（2）第一栏指，按最低有效规模的一半建立和经营的工厂中，平均成本增长的百分数。

（3）第二栏是成本弹性 α，指公式（1）和（3）中的系数，用（3）公式根据第一栏的数据计算。可是，虽然公式（4）的成本函数要求平均成本继续无限制地下降，最低有效规模的概念却包含：当规模比它更大时，成本并不下降。

（4）第一栏的成本增长有些是很大的：面包、啤酒、染料、水泥、钢、发电机和家庭电气用具为8％以上。但是我们还得知道这样一个工厂在全国市场上所占的份额，这个数字才有意义。就英国的面包和啤酒来说，规模经济在很小的产出（相对于总消费而言）上即已耗竭，因此可能有许多足够规模的工厂。可是，在染料、钢、发电机和汽车，一个最低有效规模的工厂（在1969年）就能满足英国需求的最少一半。这就表明，当这些产品的制造商通过成本节约来追求利润时，产出可能集中在很少几个厂商手中，即使在英国这样大的市场上也是如此。

（5）表中鞋类、硫酸、自行车的规模经济微不足道，面包、啤酒和鞋类的最低有效规模也很小。

从英国的例子可以看出，所有的大规模工业都是生产资本货物或耐用消费品。化学品（染料，在较小的程度上还有聚合物）、基本金属（钢）、资本设备（发电机，在较小的程度上还有机床）和耐用消费品（汽车、电气用具）这些工业部门通过大量生产，能获得规模经济效益。然而小国市场狭窄，因此面临最大的不利处境。[18] 非耐用消费品工业发展较早,至少部分地是因为

18 对市场大小的粗略衡量，可用国民生产总值，但不很精确，特别是对某些产品来说。在比较全面的衡量中，应包括人均收入和人口，前者有助于表明对各种商品的人均需求。

规模经济并不是一个很大的障碍（除非是在极小的国家）。后向连锁的障碍，也可以部分地归罪于规模经济。

尽管如此，在发展中国家建立小厂还可能是有效率的。例如，一个炼钢厂如能以低于进口钢的价格来生产，还是应当建立。在市场扩大到能容纳最低有效规模的钢厂以前，就可能先建一个小厂。经济规模只是影响效率的因素之一。其他因素——生产率、资本和劳动的机会成本、能否得到原材料和补充投入、潜在的连锁、竞争性进口品或物质投入的运输成本、经理技能、市场组织——也有影响，并且可能超出规模经济的影响。项目评价和国内资源成本方面的技术，可以用来分析所有这些因素对盈利的影响。

此外，国内市场也不是实现规模经济的唯一途径。"良性循环"（通过它，出口市场能获致规模经济，后者又增加出口竞争力）即是英国工业化背后的一种力量。如果一个小发展中国家的国内工业效率很高，能在任何给定产量上与外国竞争，那么规模经济就没有什么关系了：国内工业能出口足够的数量，以达到任何想要的规模。最近，南朝鲜和巴西已借出口市场之助，达到规模经济，即使在钢、汽车这类企业也是如此。

对小国来说，规模经济和低要素生产率相结合，可能成为工业化的严重障碍。对较大的国家，如能避免对垄断组织（它是这些大规模工业的典型结果）予以过高的保护，这种障碍是可以克服的。解决的办法是，实行适度的，逐渐下降的保护，鼓励出口，从而进入良性循环。正是这种大规模的生产资料和耐用消费品工业，发展中国家的关税同盟及其他贸易促进措施可能最为有益。如拉丁美洲自由贸易协会、安第斯集团、东南亚国家联盟一类集团订立了协议，在成员国间分配钢、石油化工产品、肥料、机床及其他大规模工业的生产，以便各自能进入较大的市场，从获致规模经济中得到好处。

462

（3）小规模工业[19]

小规模工业具有长远的历史。今天的发达国家在过去实行从农业社会向工业社会转变时，都曾经依靠过小企业。近在1960年，美国、英国、联邦德国制造业的产出大约有四分之一是在雇工人数不满100的厂家进行的；在日本，小企业作为大厂商的分包人，总是起着重大的作用，1960年制造业的产出有一半以上是由雇工不满100人的厂商完成的，他们雇用了全国三分之一的工人。[20]战后第三世界国家也注意发展小规模工业，作为大工业的补充，或是作为另一条发展道路。

小厂商在发展中国家的重要性，有一项研究表明：二十一个发展中国家在六十年代，全部制造业中79％是在雇工不到十人的小厂进行的，占制造业工人总数31％、价值增值11％；雇用工人不到五十人的厂商占制造业总厂商的81％，雇用了52％的工人，占生产增值的24％，其中若干国家的情况如表8.18。

表8.18　　若干国家（地区）小企业在制造业中的地位

国家（地区）／年份	制造业厂商的就业人数（%）		制造业厂商的价值增值（%）	
	1—9人	1—49人	1—9人	1—49人
巴西（1980）	16	35	10	26
哥伦比亚（1968）	22	36	10	20
伊拉克（1964）	37	49	25	40
南朝鲜（1967）	14	38	7	23
黎巴嫩（1964）	39	66	29	63
马来西亚（1968）	20	57	11	33
墨西哥（1965）	24	37	8	20
秘　鲁（1963）	24	43	4	15
台湾省（1966）	13	36	14	28
泰　国（1963）	68	80	12	28
土耳其（1964）	54	60	19	28
日　本（1971）	16	41	8	26
挪　威（1963）	13	38	10	31
美　国（1967）	2	12	3	14

来源：拉纳德夫·本纳奇，"制造业中的小规模生产：国际部门比较研究"，（德文）《经济学档案》，114（1978年）：67。

19　参阅吉利斯等，《发展经济学》1983年，第556—562页。

20　尤金·斯特利和理查德·莫尔斯，《发展中国家的现代小工业》，纽约1965年，第17页。还可参阅巴西圣保罗大学经济管理系教授安东尼奥·巴罗佐的《巴西和日本中小企业的经验》，巴西《圣保罗州报》，1986年3月4日。

不同经济制度国家工业企业的规模分配如表8.19（按雇用人数多少划分的五类企业在各国企业总数中的比重）。

表8.19　　　　　　　　工业企业的规模分配
（占雇用5人以上企业总数的百分比）

规　　模 （雇用人数）	英　　国 （1979）	美　　国 （1977）	南朝鲜 （1981）	日　　本 （1972）	印　　度 （1976— 77）	南斯拉夫 （1981）	匈牙利 （1981）
5—33	65.2	56.4	70.6	80.2	51.7	6.6	2.2
33—75	15.7	20.3	14.7	10.7	35.3	15.8	4.8
75—189	10.8	12.4	9.2	6.1	7.8	32.1	18.7
189—243	1.4	3.8	1.5	0.8	0.8	12.0	9.2
243以上	6.9	7.1	4.3	2.2	4.4	33.5	65.1

来源：根据各国统计数字。

可见，不论是从就业人数看，从价值增值看，还是从厂家数目看，小企业均占居十分重要的地位。

何谓小企业？可以有很多的分类。一般说来，一端有传统的小工业，包括手工业、工匠、作坊和家庭工业，一般雇用不到五人，至多十人，使用传统技术（如手纺车），生产传统产品（如棉布）；另一端有现代小工厂，雇用十人至五十人或一百人，生产现代产品（如塑料或金属产品）。大工厂和小工厂之分是有伸缩性的，雇用二百人的工厂在大国或工业国会被看成小工厂，而在大多数发展中国家则会被看成是大工厂。按资产价值的大小分类似乎用处不大，尤其在通货迅速膨胀的年代。

通常认为小规模工业有四大优点：

（a）增加劳动就业人数

说小工厂能比大工厂提供更多的就业机会，是根据这一观察：在每单位产出上，小企业比大企业使用较多的劳动和较少的资本。世界银行从几项研究得到的数据证实了这一点。[21]例如在日本，资本——

21　世界银行，《小企业的就业与发展：部门政策论文》，华盛顿D.C，1978年，第65—67页。

464

劳动比率,在雇用三十人以下的厂商为30,雇用三百人以上的厂商为100以上,同时资本生产率(用产出—资本比率衡量)从190降至100(但雇用十人以下的极小企业为122)。六十年代末期,产出—资本比率随着厂商规模的扩大而下降,在印度、马来西亚、墨西哥、巴基斯坦和菲律宾也可看到。

但是,吉利斯等提出异议。[22]他们认为,平均指数可能不仅掩盖了在劳动和资本使用方面的差异,而且可能掩盖了制品方面的差异。可能在同一个工业部门中,小企业制造的是更为劳动密集的产品,而使用的却是和大企业相同的资本—产出和劳动—产出比率。为了分析这一点,需要有按产品和按厂商规模划分的要素比率。

拉纳德夫·本纳奇在他的二十一个发展中国家的抽样调查中,搜集了劳动生产率的资料。[23]在十七个制造业部门中,小企业(一至九人或一至四十九人)的劳动生产率各国平均比同一部门的大企业低,这同小企业使用劳动密集技术的常识是吻合的。但在某些国家,也有在同一部门中小企业的劳动生产率高于大企业的例子,达尔和林德尔对印度的详细研究,[24]及威尔逊·F·斯蒂尔对加纳的研究,[25]均部分地证明了这个令人吃惊的结果。两人均发现,有几个工业部门的资本生产率(产出—资本比率)在较大的厂均上升,反映了资本密集程度的缩小和劳动密集程度的增大。达尔和林德尔提出了不同的解释:传统工业部门(雇用不满十人者)可能比所有的大厂更劳动密集,但是一旦使用现代方法,规模经济即发生作用,而大厂使用的资本和劳动,二者均较少。

如果达尔和林德尔的观点正确,则通过小企业去达到就业目标时,要么(a)所鼓励的是传统企业而不是现代企业,要么(b)所鼓励的是小的现代工厂,但可能使用更多的劳动和资本。在两种场合,小企业都不是"增长对就业"这个两难选择问题的解决办法。相

---

22 《发展经济学》,第558页。

23 前引书,第80页。

24 《小企业在印度经济发展中的作用》,纽约1961年,第14页。

25 《发展中国家小规模企业的就业与生产:加纳的证据》,纽约1977年,第107页。

465

475

反，要有就业，就会牺牲现代化和消费者选择的扩大，或牺牲劳动生产率和效益的提高。但问题尚有待于进一步研究，现有数据还不能提供明确的答案。

（b）导致工业的分散（deeentralization）

小工业的产出不要求有大市场，从而不一定要设置在大城市。小工业设置在乡村地区，还可帮助乡村的发展。这里需要区分传统的小工业和现代的小工业。前者已经是在乡村，加以鼓励，可以增加农村收入并扩大就业人数。反之，现代小工厂不易设在农村地区，它本身也不是使工业向小城镇分散的推动力量。虽然消费品的生产者可以在小市镇中心找到足够的市场，资本货物的供应者却需要位于其所服务的大城市制造商的附近。而且所有的小生产者均须接近物质投入，这就意味着需要位于港口和有运输设施的附近（除完全依靠本地原料者外）。更重要的是，它们需要接近城市增长中心，那里有企业家和技术工人。总之，除了消费品市场以外，小工厂也象大制造商一样，依存于城市外部经济条件。

（c）促进收入分配的较大平等

小企业能雇用更多的工人,能办在农村或小城镇,因而能促进家庭之间、地区之间和城乡之间收入分配的更大平等。小厂商一般比大厂商支付较低的工资，因为它们使用的资本（按工人分摊）较少，位于贫困地区，又不受最低工资立法的限制（或易于逃脱这种限制）。因此，小厂商的工人收入，介于大企业工人与非正式部门工人和农业工人的收入之间。如果这种工人比现代大工业中的工人多，则工业化的利益可以更加广泛地分享。虽然小厂商的盈利可能优厚（相对于其投入的资本而言），可是投资和利润均小，所以这种企业的所有主不如大企业所有主富裕。如果传统工业得到鼓励,农村收入就会直接增加。如 果 小 规模制造业能代替大工业，平等化的效果就会更大。即使小工业只是现代大工业的补充，也不能广泛分散，它也不会加强二元经济和不平等，并且仍然可以在某种程度上促进平等化。总之，小工业是促进公平的稳妥工具。能否广泛做到这一点而不影响增长，依存于

466

476

就业创造和分散的实践。

（d）动员两种资源：企业人才和本地原料

大多数社会在零售贸易、耕作、运输和其他小规模经济活动中均有潜在的或实际的企业人才。小规模企业为它们提供了进身之阶，否则他们是难于进入制造业的。小企业也可以仿效较先进的创业人，因而需要的企业精神比较小。其次，自然资源的小小蕴藏（如磷酸盐和石灰石），难于由大的肥料厂或水泥厂有效利用，当地小工业能以竞争成本利用这些资源。但大规模的采矿常有竞争利益，因此小单位只在运输成本高昂的僻远地区才算经济。此外，如果想象中的企业家能储蓄更多，以便进入小规模制造业的话，小企业还可动员额外储蓄。

此外小企业可以从事革新，促进技术进步。[26]

在提倡小企业方面，政府应当作的是，消除障碍比积极鼓励更为重要。

例如，价格的扭曲和管制一般是牺牲小厂商而有利于大厂商的。关税有利于大生产者生产的货物，因为他们有获得保护的政治影响。大制造商可以得到工业投入的进口许可证，因为他们有时间和金钱去运动官吏。利率管制和信贷分配也有利于大而又有势力的厂商，迫使小厂商进入利率高得多的非正式货币市场。唯一有助于小经营者的管制是最低工资，因为他们常常可以规避工资管制，获得在劳动成本上的竞争利益。因此政府应当减少管制，更多地依靠市场。当然，政府还可以采取积极的鼓励措施，如控制大规模产出、限制可能与小厂商竞争的大厂商投资、只对大制造商征收货物税、补助小规模生产者等。

即使在自由化的经济中，小工业也可能需要政府的特殊帮助，来克服它的最初障碍，因此出现了一套比较标准的援助办法。

这些办法是：（a）信贷：由小工业开发银行或类似机构按市场

_____
26 见第六章第五节。

利率发放。（b）技术咨询：按农业推广服务的方式去组织。（c）训练经理和技术人员。（d）帮助建立采购和推销渠道。（e）工业财产：提供具有基础设施的场地和一个进行各种援助的中心点，帮助没有经验的企业家克服最初的障碍，将其引入正规的市场渠道，最后使之能独立经营。当然这样做也有流弊，如费用大、严重消耗政府有限的经理和技术力量，并且这些援助也只能达到一小部分厂商，因此不能代替有利于小经营者的一般经济政策。

制造业与城市化

（1）制造业与城市化的必然联系[27]

自从工业革命以来，城市化与工业化同步进行。十九世纪初，英国城市居民只占居民总数的30％，到十九世纪末，已达70％以上。在今天，随着工业发展而产生的城市化趋势也很明

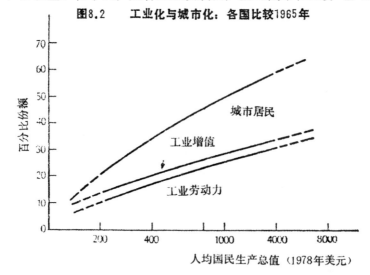

图8.2　　工业化与城市化：各国比较1965年

来源：霍利斯·钱纳里与莫伊西斯·赛尔奎因，《发展的格局：1950—1970年》，伦敦1975年，第36、50、55页。
转引自吉利斯等，《发展经济学》，1983年，第552页。

27　吉利斯等，《发展经济学》，1983年，第552—556页。

468

显：当人均收入从200美元左右增至1,000美元，平均工业增值从国内生产总值的18%左右增至30%时，城市人口在总人口中的份额平均说来也从20%增至50%（见图8.2）。虽然各国情况有所不同，但是经济发展与城市化之间的关系是十分明显的。

当工业化进行时，城市也必然发展，原因有以下各项：

(a) 外部经济效益[28]。制造业厂商设在城市，有许多外部经济效益。

> 人口众多会减少雇用各种劳力、特别是技术工人和工程技术人员的成本。在城市，工人通常自己寻找住所，而在农村或小市镇则厂商必须提供这种住所。基础设施（工业基地、电、水、下水道、公路、铁路、电信、港口等）在城市是由政府提供，其成本反映了巨大的规模经济。卫生和教育设施在城市比较发达。在偏僻地区，这种服务有一些可以由厂商提供，但不能提供其全部，而且成本要高得多。

(b) 聚合经济效益（economies of agglomeration）。每家厂商也从同在一个城市的其他厂商那里获得许多好处，因为许多必要的投入和服务容易得到。

> 制造商如果与供应商邻近，就可以减少许多运输成本和拖延。他们也可从接近修理及其他服务而获益。金融市场集中在城市，在那里，国内和国际通信设施种类齐备而价格低廉，制造商是需要接近银行和其他金融机构的。他们也需要城市的通信设施，去同远处的供应商和市场，特别是出口市场保持联系。如果是在一国首都或省会，制造商就容易接近政府官员，后者手中掌握着投资许可证和奖励手段、进口分配以及影响厂商利润的无数其他政策与行政措施。此外，资本家、经理和技术人员也极端喜好大城市的种种赏心乐事。

---

28 外部经济（external economies）指生产单位内部效率提高，但本单位并不支付代价，而是由单位外部的经济行为产生。这个单位可能是一家厂商或一个工业部门。例如，一家厂商进入一个工业部门可能降低该部门所有原有厂商的成本。这种经济效益在各厂商之外，但在这个工业部门之内。如果因而引起效率的损失，就称为"不经济"（disecenomg）。

（c）大市场的吸引力。一个城市一旦建立，它的大市场就会创造自行增强的吸引力。

当一家厂商邻近它的最大市场时，分配成本会降到最低限度。如果产品的运输成本在一家厂商的成本中比重很大时，特别是当它比运送投入的成本更大时，厂商就会被拉进大城市。这种吸引力在发展中国家特别强大，那里城市之间和城乡之间的运输网是稀疏的。在发达国家，运输网稠密而效率高，制造业的流动性就比较大，去寻找象廉价劳动一类的好处，而不大考虑运费。制造商与工人、货运公司、银行家之间的吸引力是相互的，难于分出谁先谁后，从而导致了发展过程明显的二元性，使现代部门成为工业的、技术上先进的和城市的。

（2）城市化带来的问题

每一个大城市的居民每天都可以看到：过分拥挤、不卫生的条件、农村流入人口无法安排就业、罪行，这一切都是城市化的代价。这是两个世纪以来工业化的特征。

城市化的主要问题有三：

（a）基础设施问题。

提供城市基础设施仍然是城市化最大的直接成本。1967年对印度城市与城镇的研究估计[29]，为制造业提供基础设施的资本成本，每1000美元的制造业增值为820美元；人口一百万的城市中每一雇工为430美元，其中只有四分之一是由于工业区本身的建设，其余的是住宅区服务，一般可以解释为在城市中维持工人的资本成本。如果这笔成本每年按10％摊派，再加上维修成本（每一雇工200美元），则为制造业提供基础设施的城市，其每年支出占制造业增值的13％。

（2）农村移民问题。

正在工业化的城市，已成为寻找工资较高职业的农村工人有吸引

29　斯坦福研究所等，《发展中国家同城市规模比较的为工业提供基础设施的成本：印度例案研究》，门洛帕克，加利福尼亚，1968年。

470

力的去所。这种移民的社会成本30很高。城市每创造一个工作机会，就有不止一个移民离开农村，因此机会成本31增加几倍。移民常常是农村最年轻、最有活力、受过最好训练的人，因而减少了提高农业生产率的潜力。在城市，他们的大量到来加剧了拥挤及其带来的弊端：不卫生的居住条件，疾病和营养不良，学校负担过重，罪行，社会混乱，政治骚动。尽管有失业的风险及生活条件恶劣，城市生活相对于在家乡可以得到的机会而言，对许多农村居民仍有吸引力。因此拥挤的代价变成外部的不经济：每一个新移民平均说来会得到好处，但会同时降低其他的人的福利（尽管不大）。可是社会成本很高，因为这个少许的减少必须乘以居民的人数。

许多国家的政府都在设法阻止这种人口移动。在长期中，可以鼓励农村发展，在土地占有、投资、价格、刺激及其他方面采取政策措施。可以鼓励新工业分散到较小的城市，办法是提供基础设施、刺激和地点控制。分散投资能减少拥挤，减少人口流动，至少可以减少这种流动的成本，因为在不太吸引人的地方提供就业机会，可以缩短旅程，能寻找职业而不必在远离家乡的城市寻找永久住处，还对农业有利，即将城市市场和制造品供应在居民中作更平均的分配。

可是工业分散是要求付出代价的。基础设施的成本在小城市会比较大，因为未能提供象大城市那样多的基本便利条件。上述对印度城市基础设施的研究表明，在一个五万居民的市镇，基础设施的成本比在一个一百万人的城市高13%，包括资本支出和经常费支出在内。此外还要加上较高的运输成本以及把各个分散的工业地点连结起来所需要的其他基础设施的成本。

（3）环境污染问题，特别是城市环境污染。

在发达国家，环境保护是决定对重工业（化学品，金属）和能源工业（石油提练，发电厂）投资的成本和位置的重要力量之一。有些

---

30 社会成本（social cost）：由于一个决策所造成的全体社会成员必须放弃的所有机会的价值，而不仅仅是一个决策人自己所放弃的机会的价值。
31 机会成本（opportunity cost）：在经济学中，按最佳的另外用途去使用一种生产要素所得到的货币数量。

人认为，对环境的日益关心给第三世界国家提供了一种机会，使它们能迅速进入重工业，将其原料出口改变成半制品出口。这种机会是否实在，依存于两个因素：（a）污染能由建立设备加以控制，后者会提高投资成本。只在这种成本超过工业国现有投资的利益时，才能将投资赶往第三世界。（b）发展中国家要实现发达国家反污染措施所提供的任何成本利益的潜力，唯一办法就是自己放弃这种措施而接受污染。由于它们在开始建设时工业较少，所以有些欠发达国家的环境被破坏较小，更能接受一些额外的污染，至少是在某一点以下。但有些国家已从冶铁炼钢厂、纸浆厂、干鱼粉厂以及其他以资源为基础的工业受到环境损害。其他国家是否接受污染工业，已成了政治的选择：工业化和收入增长的好处，是否值得用承担污染作代价（包括生活质量的降低）去获取？

根据现有的统计，发展中国家城市化的进展是非常迅速的，如表8.20所示。

表8.20 城市化

| | 城市人口 | | | | 城市人口百分比 | | | | 50万人以上的城市数 | |
| | 占总人口的 % | | 年平均增长率(%) | | 最大城市 | | 50万人以上城市 | | | |
	1965	1984	1965—73	1973—84	1960	1980	1960	1980	1960	1980
低收入国家	17	23	4.5	4.6	10	16	31	55	55	147
中国和印度	18	23	〃	〃	7	6	33	59	49	114
其他低收入国家	13	22	5.2	5.9	26	28	19	41	6	33
撒哈拉以南非洲国家	11	21	6.2	6.1	34	42	2	36	1	14
中等收入国家（地区）	36	49	4.5	4.1	28	29	35	48	54	126
石油出口国（地区）	29	42	4.4	4.4	27	30	32	48	15	42
石油进口国（地区）	40	45	4.5	3.6	28	28	36	48	39	85
撒哈拉以南非洲国家	16	28	6.4	5.9	18	24	15	50	2	14
下中等收入国	26	37	5.1	4.2	27	31	28	46	23	59
上中等收入国	49	65	3.9	4.1	28	29	40	51	31	67
高收入石油出口国	36	70	9.2	7.7	29	28	0	34	0	3
市场经济工业国	72	77	1.8	1.2	18	18	48	55	104	152
东欧非市场经济国家	52	64	2.6	1.8	9	7	23	32	36	65

注：由于本表所列估计数字是以各国对"城市"的不同定义为根据的，故在各国之间进行比较时应慎重处理。各国的具体数字，可参阅原表。

来源：世界银行，《1986年世界发展报告》，表31。

472

许多发展中国家迅速城市化的过程引起了人们对于城市化的"成本"（costs）的关心。W·亚瑟·刘易斯指出：[32]

> 城市化起决定作用，因为它是那样费钱。城市发展成本与乡村发展成本的差别，不是通过比较工厂所需资本和农场所需资本所能决定的。两者均只占总投资的一小部分，而人均差额并不总是于工业有利的。差别依存于基础设施。城市住房比乡村住房更要费钱得多。在不到60%的儿童能够上学的发展阶段，准备了学校上学的儿童比例在城市要比在乡村高得多。城市须提供它自己的医疗服务、自来水供应和公共汽车运输。在所有这些方面，从数量上讲，城市人均需要比乡村地区高得多。即使人均数量相同，城市的设施也比乡村的设施费钱更多。乡村居民用自己的劳动为自己做更多的事情，如建筑住宅、共同兴修乡村公路或灌溉设施。他们雇用建筑工人时也花钱较少，因为一般价格水平较低，也没有强大的建筑工会要对付。乡村居民也不请建筑师。

世界银行的约翰内斯·F·林对这个问题结合各国的实例进行了比较深入的研究。[33] 他认为对发展中国家城市化成本的关心，有四个共同的原因：

（a）财政的。城市化给政府增加了沉重的负担，因为它们必须满足迅速增长的对城市服务的需求。

（b）金融的。城市化的高昂金融成本是发展中国家国际债务负担沉重并日益增长的主要原因。

（c）效率。城市化的经济成本（包括拥挤和污染成本）被认为超过乡村增长的成本；这又被认为是从经济效率着眼判断城市发展过分的基础。

（d）公平。乡村住户被设想为在对城市化的高昂成本付出

32　"国际经济秩序的演进"，讨论文章No.74（普林斯顿，新泽西州：普林斯顿大学，伍德罗威尔逊学院，发展学科研究计划，1977年），第39—40页。

33　"发展中国家城市化的成本"，《经济发展与文化变革》，第30卷第3期，1982年4月，第625—48页。（世界银行重印论文No.227）。

473

补助。

他环绕这四个方面进行考察，得出的结论如下：

财政方面的考虑

第一，从总体来看，在提供公共服务中，不可能说出是否有规模或聚集的经济效果或不经济效果。即使是按各种服务分别衡量的成本关系，也不免遭到巨大的怀疑，而且在一国以内和各国之间可能有很大的不同。因此，关于公共服务的总成本怎样随着城市的大小规模而变动，不可能作出一个全面的判断。

第二，对各种公共服务的需求，以及从政治上确定的投资决策，伸得大多数公共服务的人均服务水平在较大的城市比在较小的城市要高。而不是由于单位成本较高，使得城市地区的人均公共支出比乡村地区高，和在大城市比在小城市高。

第三，对公共支出的空间和部门分配的一个主要决定因素，是城市人口比乡村人口增加更快。因此，不问单位成本或人均需求水平如何，城市的确面临着对公共服务的需求扩大更快。

第四，对城市服务、特别是对公用事业的需求，工商企业占很大的份额。由于工业发展和商业发展不可避免地要位于城市而不能位于乡村，所以将城市化的财政成本同工业化的财政成本分割开来是不可能的，也是不必要的。

总之，工业化、人口增长和人均收入增加全都会集中在城市，使发展中国家政府的财政负担迅速增长。除非降低工业化的速度，或是降低人口和收入的增长，否则单单使城市化过程本身减慢是不能减轻这种负担的。

金融方面的考虑

主张迅速城市化是发展中国家在国际上债台高筑的主要原因，这是不正确的，是容易引起误会的。在今天的发展中世界，并没有直接的、在统计上有意义的证据，去证明城市化速度与债务比率之间的关系。即使这样一种统计关系存在，那也是一种没有多大意义的联系，因为不可能把城市化同发展过程的其他因素、特别是同工业化分割

474

开来。

效率方面的考虑

单是成本并不能决定城市化的最佳程度或城市的最佳规模。还必须考虑利得。即使成本随着城市化而增加,利得则增加得更快,那是完全可能的。要想从经验上确定一个转折点,在这一点上城市增长的递增成本超过递增利益,过去没有可能,也许永远没有这种可能。不管怎样,城市规模并不是决定城市生产率的唯一变数——它肯定不是起决定作用的变数。还有许多其他的考虑,例如城市的位置以及它在特定国家条件下的职能,在确定一个城市有效增长的大小和快慢中可能起着主要的作用。此外,城市非效率的许多明显象征,特别是拥挤和污染,那是由于城市内的不适当政策,而不是由于非效率的城市规模或非效率的高速城市化。应付这种低效率(inefficiencies),是消除城市内的政策偏向,特别是公共服务的补助方面,以及未能通过(例如)收取污染费和拥挤费去抵销外差因素。34

公平方面的考虑

最近的经验研究表明,普通假想乡村居民在贴补城市化的成本,这不一定是正确的。即使有这种情况,其原因也不在于城市化的成本本身,而在于不公平的(还可能是非效率的)公共定价政策和税 收 政策。因此,较好的对策是纠正这些政策,而不是直接干预城 市 化 过程。

跨国公司的作用35

过去十多年有一种越来越明显的趋势,就是跨国公司在决定很多发展中国家的经济和社会发展的步伐和类型中起着越来越大的作用,尽管它们在各个国家所起的作用极为不同。

在初级产品领域,跨国公司(包括纯粹的贸易公司)对发

---

34 外差因素(exteralities):在私人费用和 社会费用之间或私人得益与社 会得益之间的不一致。其关键方面是相互影响而又没有相应的报偿。

35 联合国贸发会议,《1982年贸易与发展报告》,第76—77页。

展中国家所有主要商品出口的国际销售和分配均居于支配地位。据估计，1976年，在发展中国家的出口中，由跨国公司销售的超过70％，包括热带饮料（茶、咖啡、可可）、香蕉、烟草、橡胶、棉花、黄麻、木材及主要金属矿石等商品。对许多这类商品来说，跨国公司在发展中国家市场上是控制少数买主，在发达国家市场上是控制少数卖主，它们从这种贸易中获得的利益份额是大到不成比例的，结果使发展中国家出口的实际盈利水平，比在有比较平衡的讨价还价力量时要低得多。

在制造品方面，跨国公司在各国的相对重要性彼此不同。一方面有象新加坡这样的小国，工业发展大部分依靠外国投资，七十年代中期跨国公司占制造品出口的70％；另一方面有象印度、巴基斯坦这样的大国，它们有比较多的国营企业，跨国公司在制造品出口中的份额不到10％（表8.21）。七十年代中期，在其他正在工业化的国家（地区），跨国公司在制造品出口中的份额，香港最小，而南朝鲜、阿根廷、哥伦比亚、墨西哥和巴西则要大得多。跨国公司对许多发展中国家制造品生产的控制程度也很大。

表8.21 跨国公司在若干发展中国家制造品生产和出口中所占的份额

七十年代初期或中期

国　家 （地区）	生　产		出　口	
	1975年增值 （10亿美元）	跨国公司所占份额 （百分比）	1975年价值 （10亿美元）	跨国公司所占份额 （百分比）
香港	2.0	··	6.48	10
印度	12.6	13	1.84	不到10
巴基斯坦	1.9	··	0.65	不到10
南朝鲜	5.5	11	3.90	28
新加坡	1.3	30	2.84	近70
阿根廷	18.4	31	0.71	30
巴西	33.7	49	2.10	超过40
哥伦比亚	2.9	··	0.30	30
墨西哥	18.0	28	0.88	30

来源：联合国跨国公司中心，《世界发展中的跨国公司：重新考察》；D·纳雅，"跨国公司与穷国的制造品出口"，（英）《经济学杂志》，1978年3月；联合国贸发会议，《国际贸易与发展统计手册：1980年补编》；联合国，《世界发展统计手册》，1979年.转引自贸发会议，《1982年贸易与发展报告》第77页。

476

发展中国家在制造机器设备方面吸收外国投资，可能是为了进入发达国市场的方便，因为跨国公司或其子公司生产的制成品或部件，出口可以得到保证。许多发展中国家在政策上普遍转向外向战略，为在出口生产中吸收新的外国投资造成了更大的刺激。这又使发展中国家越来越竞相吸收外国股本资本，在财政上及其他方面给予更大的优惠，这在许多场合大大限制了归于东道国的净利益。

这种政策趋势的一个标志，是建立"出口加工自由区"（export—processing free zones）的国家增多，1980年已有三十个国家建立了这种加工区，还有十四个国家正在筹建。在加工区内，外国投资人享受各种优待，如免征所得税、自由汇出利润、按低工资使用丰富的劳动力等等。分析在加工区内外国经营的企业表明：就业主要是从事简单体力任务的低技能劳动，生产有很高的进口内容（即生产所用的设备和原材料大部分是进口的），不能对东道国其余经济部门的发展产生很大的后向连锁。

另一方面，许多东道国政府已采取步骤，改进自己对由跨国公司拥有或控制的现有投资的谈判地位（特别是在矿产部门），以增加自己在税收、使用费及其他收入方面的利益。此外，越来越多的发展中国家正在采取措施，把加强本国的科学技术能力作为自力更生的发展型式的主要内容。这种措施可以保证跨国公司越来越多地参与这些国家的经济，支持而不是阻碍东道国的一般发展目标。

发展中国家工业化的道路

历史的说明[36]

发展中国家最初的发展计划是强调工业化，但后来对于工业

36　杰拉德·迈耶，《经济发展中的主要问题》，1976年第3版，第629—31页。

化的作用给予了重新评价，不赞成通过"进口替代"的工业化，而赞成由进口替代转到一种不同类型的国内产出[37]及通过"出口替代"的工业化。与这种转变同时发生的是，关于对工业和农业何者给予优先的争论不再是实际问题了，现在的问题是怎样使工农业和谐地同时发展。

现在看来，进口替代与出口促进的理论是互相补充而不是互相排斥的。许多发展中国家的工业化努力最初是建立在进口替代的基础上的，由于实际执行的结果，许多国家已经从这一内向政策转到出口引导的外向政策。

进口替代

（1）进口替代的历史渊源和意义

现今的工业发达国家在十九世纪时均遵循英国的先例，实行保护主义来发展本国的工业。在第三世界，进口替代首先由拉丁美洲国家实行，当它们的初级产品出口市场首先被1929—33年的大萧条、然后被二次世界大战中商业航路中断所打扰的时候。二次世界大战以后，拥有弱小工业的拉美国家，如阿根廷、巴西、哥伦比亚和墨西哥，均对来自美国的竞争制造品树立关税及其他壁垒，以维持自己的厂商。普雷维什、辛格尔等人的出口悲观论加强了保护主义的情绪。于是拉丁美洲建立了一套进口替代制度，有着一系列的保护技术，后来为其他发展中国家所效法。除了印度和土耳其在第二次世界大战以前已开始工业化之外，其余亚非国家大多数只在独立以后才走上进口替代的道路。到六十年代，进口替代已成为占统治地位的经济发展战略。除了促进工

37　即一种比较简单的较为合适的工业化。保罗·斯特里顿认为，发展中国家的工业应当生产人民所需要的简单的生产资料和消费品，如锄、简单的动力耕作机械、自行车。在简单的大众消费品（常用劳动密集、资本节约的方式生产）中，发展中国家有比较利益，能扩大彼此之间的贸易。要对满足大量穷人的简单需要给予优先：生产衣服、食品、家具、简单家用品、电子仪器、公共汽车、电扇的工业，没有很高的保护也能繁荣。（参阅他的"在一个统一发展战略中的工业化"，《世界发展》杂志，1975年1月。）

478

业化之外，普遍相信进口替代还有助于解决国际收支问题。

进口替代的意义是：（ a ）根据过去多年大量进口的事实，确定哪些产品在国内有广大的市场。（ b ）确保这些产品的生产技术能为国内厂商所掌握，或者外国人能提供生产它们的技术、经理和资本。（ c ）建立保护壁垒，或 是 关税，或是进口限额，以克服本国生产成本最初可能很高的困难，并使选定的工业部门的投资人有利可图。最初的投资一般是选定消费品工业部门，特别是食品加工、饮料、纺织品、服装和鞋类。这些产品不仅是用本国生产者容易得到的比较标准化的技术来制造的，而且消费者能负担其在国内生产的较高成本，而不致影响发展。工业化以前进口的另一大类制造品是资本货物，因其资本设备成本较高，故不适于最初生产。

（ 2 ）进口替代的理论依据

（ a ）幼稚工业论。

大家承认，对--种幼稚工业实行暂时性的关税保护是一种正确的政策，它所建立的工业最后能以较低的成本生产，同外国生产者作有利的竞争。

对这种论据的补充意见有：

（ a ）为了证明政府干涉的必要性，只是靠实现国内的规模经济是不够的。因为，如果未来的好处只是归于私人厂商，那么投资仍然可以由厂商作出而不必加以保护，公司可以从后来的利润中补偿先前的增长成本。反之，保护应根据这样的条件，即投资的社会收益率超过私人收益率。38其所以能超过，是因为同新近独立的国家有关的两个特殊理由：（ i ）在被保护工业中获得的新工业技术知识，也可以和其他生产者分享；（ ii ）劳动力的训练也可以促进其他雇主的利益。当外部经济效果存在时，社会利益将超过私人利益，而市场力量不会产生社会的最佳产出。为获得额外的利益，可以主张政 府 支

---

38 收益率(rate of return)：计算一项基本投资的预期盈利率的方法，以预期利润与其资本成本之比表示。

援。

（b）应当认识到，保护不仅使社会须负担工业在其幼稚时期所承担的损失，而且须负担在此时期在高价进口代替品形式下对消费者的成本。因此，成本中的最后节约，应足以补偿社会在"增长"时期所负担的过高成本。

（c）当社会收益率超过私人收益率时，较好的政策是直接补贴各种设施，去促进生产方法的"学习过程"，或由政府提供劳动训练。这种补贴优于保护关税，因其避免了对消费者的中间损失。

（b）吸引外国投资论。

当进口替代工业的建立依存于获得先进的技术和管理经验时，保护可能是促进工业化的有效政策，因为，当一国对外国进口品征收禁止性的关税或施加其他进口限制时，外国制造商为了逃避对他们的产品的控制，愿意在关税壁垒后面建立一个分厂或子公司。保护对于面向供应（supply—oriented）的工业部门没有什么吸引力，而对于面向市场（market—oriented）的工业部门，促使它们去建立"关税工厂"（tariff factories）则有很大的效果。当对制成品课征进口税而对原料和中间产品不课税时，尤为有效。

（c）历史经验论。

研究某些工业化国家的经济史，可以看出：不仅工业生产所占的份额会随着经济的发展而上升，而且基于进口替代的工业增长在总的工业增长中占的比重很大。[39]其次，某些迅速发展的不发达国家的最近经验也表明：它们的工业化历史，是从"最后完成阶段"向国内制造中间产品、然后制造基本工业原料倒写的。[40]

对这个论据的批评意见有：

（a）关于进口替代对工业化有所贡献的论据，只能适用于某些国家。因为在这些国家，通过进口替代来促进工业化，不仅由于需求

39　这方面的证据，参阅H·B·切纳里，"工业增长的格局"，《美国经济评论》，1960年9月。

40　A·O·赫施曼，《经济发展战略》，纽黑文1958年，第112—24页。

结构随收入增长而有所改变，而且大部分是由于要素供给的条件有所改变。要素供给的改变，特别是按工人平均的资本存量的增加，职工教育水平和技能的提高，是当人均收入增加时造成比较利益不断改变的关键。但就现在的不发达国家来说，没有理由预期：对工业品进口课征关税，社会使资本、人员技能、自然资源有很大的改变，足以使国内生产代替进口。其他国家供给状况改变的经验，现在不能单凭工业保护政策去使之重演。

（b）工业保护主义也不能用从最后完成阶段倒回由国内生产以前进口的材料这种工业化历史类型去为之辩护。相反，这种类型表明，正是进口的增长诱发了国内的生产，它正是为最终创造进口替代工业铺平道路的有效途径。如果在过早的阶段限制进口，就会扼杀进口对工业化的诱导作用。只在国内工业已经建立以后，一个国家才能不用进口所起的"创造"作用。只有在这时，才有保护国内工业的理由。保护性商业政策只是用代来代替进口，其本身并不能保证资本积累的增长。尽管工业化可以通过进口替代 来 开 头，也仍然存在着如何支持工业化的势头、使之超过进口替代这样一个问题。

（d）需求增长速度不同论。

通过进口替代来实行工业化还有一个特殊的理 由，就 是"外 围 国"对工业品进口的需求增长快，而"中心国"对初级产品进口的需求增长慢，外围国由于出口增长缓慢，它就必须生产所有无力进口的工业品。如果我们承认对工业品和初级产品的需求有收入弹 性 的 差别，而工业品又必不可少，必须进口或在国内生产，一个国家，又无法增加自己的进口能力，那它就有理由实行工业保护，去鼓 励 进 口替代。

反对者认为：

（a）就各个初级产品的出 口 国而言，有关的不是对初级产品需求的总收入弹性，而是对它们的各种出口品的需求弹性如何。认为食品、金属、原料或其每一类中所有商品的出口前景都不利，那是不合理的。此外，世界市场上对一种商品的需求弹性虽然可能很低，但对来自不同国家的同一商品的需求弹性可能还是很高的。其次，工业国对进口品的未来需求不能简单地从收入弹性去看，也依存于其收入的增长速度（高增长速度可能抵销低需求收入弹性），依存于工业国的长期供给弹性的转变（例如，国内生产的某些矿产品和原料未能赶上需求的步伐，因此进口需求相对于收入增长而增长），依存于进口国商业政策自由化程度。因此，不对个别商品和个别国家进行研究，就很难对由于出口地位削弱而要实行工业保护的论据的适用性进行衡量。

（b）一个发展中国家进口工业品的能力，不仅依存于它的出口数量，也依存于外国资本的流入、贸易条件的变化和代替进口品（如粮食和原料）的能力。只要这些其他因素可以提高进口工业品的能力，工业保护的必要性就要小些。

（e）扩大就业论。

主张进口替代的另一个理由，涉及在农业以外扩大就业机会的需要。为了对现在就业不足的人员提供就业机会，为了吸收因农业采用先进技术、提高生产率而会变成多余的人员，为了安排因人口增加而增加的劳动力，工业化是必要的。

反对者认为，提供新的就业机会肯定是发展规划的一个重要组成部分，强调工业化是完全必要的。问题是：投资是否应当用于进口替代工业？促进非农业部门的扩大，工业保护主义是否为最合适的政策？

首先，更多的就业和更迅速的发展这两个社会目标可能是有矛盾的，这个问题必须首先解决。通过进口替代工业化的政策还应当和通过农业改进而逐渐诱致的工业化政策、通过生产出口制造品来促进工业化的政策相比较。还有一种趋势，就是夸大了进口替代所能提供的就业数量。根据各个国家的研究表明，进口替代直接提供的就业人数，在一个穷国一般是很有限的。

其次，可以怀疑：通过保护的工业化对就业不足是否是最好的补救办法。农业中剩余劳动力的影响是生产率低，其补救办法是资本形成而不是工业化。虽然农村剩余劳动构成了"可投资的剩余"，这个剩余却可以应用于各个投资渠道，不能得出结论说，最佳的资源利用

482

是在进口竞争工业部门。其他的政策，在刺激劳动流动方面可能比保护更加有效。当职业流动受到制度的和文化的障碍的限制时，对保护产生的价格刺激和收入刺激的反应必然是微弱的，需要采取超经济的措施，如教育和训练、土地改革和促成文化变革的政策。最后，必须区分剩余劳动者的存在以及将其实际转变为有效的和完全承担责任的工业工人这种生产性就业。

（3）进口替代的实际效果

许多实行工业保护主义政策的发展中国家的实践经验表明，这些国家是很可能过份强调工业进口品替代的范围的。在超过消费品替代阶段以后，进口替代工业化政策变得越来越难于实行，因为通过中间货物和资本货物阶段的每一种连锁的进口替代活动中，进口替代项目的资本密集程度就会增加，结果造成了投资的较大的进口内容。在需求方面，项目要求有越来越大的国内市场才能达到生产的最低有效规模，而发展中国家的国内市场往往很狭小。

从实际的进口替代政策实践中产生的限制性和有害影响，可以简单归结为：在许多场合，保护主义政策造成了价格较高质量较低的国内产品，进口竞争工业中的过剩生产能力，以及对农业生产与扩大的限制。在进口替代工业中常常出现投资过多。有些国家用随着加工程度提高进口税率的办法（进口的中间产品税率低、制成品税率高）来促进进口替代，实际上造成了负的增值。虽然对制成品的高保护税率使进口替代品的私人生产用本国货币计算是有盈利的，可是按世界价格计算的投入价值超过了制成品按世界价格计算的价值，进口替代过程从社会方面来说 是 非 效率的。

进口替代的实际过程不仅在资源使用上没有效率，而且常常加剧外汇的限制。当各种政策对进口替代实行补贴时，对出口的扩大也产生了阻止作用，但在进口中没有发生净储蓄，因为替代完成的进口商品要求大量进口燃料、工业材料和资本货物，而在农业发展受到损害的地方，还须进口粮食。

在进口替代工业化实行一个时期以后，收入分配不均和失业的问题也比以前更为严重。使用补贴汇率定价过高、配给定价过低的许可证、高水平的有效保护、按负的实际利率发放的贷款、以资本密集和劳动节约的方法去生产进口代替品，这一切造成了被保护部门的高额工业利润和少数工人的高额工资，加剧了收入分配的不平等。城市进口替代工业部门的就业创造赶不上农村来到城市的移民，失业问题由于将农村的就业不足变为城市的公开失业而变得更为严重。

因此，发展中国家应集中注意通过农业发展来逐渐进行的工业化过程，和通过制造品的出口来进行工业化的可能性。认识了内向工业化战略的限制性以后，许多发展中国家已经改变了重点，转到通过加工的初级产品、半制品和制成品的出口，以代替初级产品的出口，促进工业化。

出口替代

（1）出口替代的意义和历史渊源

所谓出口替代（export substitution）的工业化，就是用非传统的出口品（如加工后的初级产品、半制品和制成品）去代替传统的初级产品出口，从而促进工业化。

最初有四个国家(地区)，由于资源贫乏，国内市场狭小，初级产品出口和进口替代两种战略均不能提供持续发展的希望，于是改用出口密集地使用丰富资源——劳动来生产的制成品的政策。这就是台湾省、南朝鲜、香港和新加坡，西方称之为"四霸"（Gang of Four），也有人称之为四个"小老虎"（Baby Tigers）。虽然亚洲型的出口替代以劳动密集的制造品和服务（建筑业、旅游、金融等）出口为主，出口促进的概念现在已经扩大到非传统产品的出口，不管它是劳动密集或土地密集、制成品或农

484

产品、抑或是服务，共同之点是，要看它是否有潜在的比较利益，就是说，它的生产成本是否比世界市场低。其显著特点是：彻底实行密切反映世界商品价格与国内生产要素稀缺性的定价政策。这个定义可以包括巴基斯坦、哥伦比亚和加纳各国，虽然它们的贸易制度主要还是保护主义的，但它们还是实行了部分的出口促进。

（2）出口替代的理论依据

主张出口替代的人认为，出口替代过程比进口替代过程有几个明显的优点。[41]

（a）从外汇看。

就放松一国的外汇限制而言，通过进口替代所节约的一个单位的外汇同通过出口替代所赚得的一个单位的外汇是相等的。但是赚得一单位外汇的国内资源成本，比节约一单位外汇的国内资源成本要小些。换言之，进口替代中使用的资源，转用于出口扩大时所赚得的外汇数量，能比在依靠高有效保护率的进口替代中所节约的外汇数量大。有些关于工业出口和进口的要素要求的经验研究表明，如果资本和外汇是真正的限制而劳动则不是，那么用一定数量的稀缺要素所能生产的出口价值就比其所能代替的进口价值大。[42]

（b）从市场看。

在具有外部世界需求的条件下，出口替代的工业化过程可以超出进口替代过程的狭窄的国内市场。支持出口替代的外国资本流入，不依存于对国内市场的保护，而是出对资源成本的效率这一方面的考虑诱发的。

（c）从吸收剩余劳动看。

41　G·M·迈耶，《经济发展中的主要问题》，1976年第3版，第671—77页；1984年第4版，第394—397页。

42　约翰·希罕，《贸易与就业：墨西哥工业出口与进口替代比较》，威廉斯大学发展经济学研究中心，研究报告43，1971年。

出口替代的外国投资，当其涉及初级产品加工时，会同农业有更多的联系。当其涉及劳动密集的半制品和制成品的生产时，它能提高劳动技能。更重要的是，出口替代比进口替代能对提供更多的就业机会和改进收入分配这些目标有较大的贡献。非传统出口品在生产技术上是劳动密集的，又依存于外部需求，所以比进口替代能直接吸收更多的劳动，也能减少就业的成本（从资本和进口投入这些稀缺要素的补充使用来说）。出口替代过程比进口替代过程能更加密集地利用剩余劳动要素，也让稀缺的补充要素成为更生产的。

（d）从工业就业看。

出口替代能通过避免农业瓶颈状态[43]（它会妨碍城市就业），间接地帮助城市工业部门创造就业。通过出口制成品和半制品，能进口粮食，从而使以工业品表示的实际工资水平很低。反之，如果农业生产增长缓慢，农产品的价格（相对于工业品的价格）上升，以工业品表示的工资就会上升。这又会导致用资本代替劳动，也会减少利润边际，从而使储蓄下降，使资本形成率降低。因此，工业就业会受到不良影响。[44]

（3）出口替代的利弊权衡

对于出口替代，象进口替代工业化一样，也能通过一套差别待遇政策，使补助过分。作为最佳资源分配的一个条件，赚取外汇的边际成本应当与节约外汇的边际成本相等。因此，不惜一切代价去促进赚取外汇，也和不惜一切代价去节约外汇一样，是没有效率的。在出现过分补贴出口的地方，就将出现资源分配的低社会效率，如在实行补贴进口替代的政策时一样。可是，有证据

---

43 瓶颈状态（bottleneck）：生产中的薄弱环节，如供应不足等而发生的生产流程中的阻碍和困难。

44 参阅J·C·H·费和G·拉尼斯，《开放二元经济中的发展与就业》，耶鲁经济增长中心，讨论文章No，110，1971年4月。两人表明，有的国家用出口劳动密集的工业品以扩大食物进口的办法，来对农业停滞的局势作出调整。现代的例子有南朝鲜及台湾省，历史的例子包括英国的废除谷物法和日本在1900年以后从殖民地进口粮食。

486

表明。出口替代过程的过分补贴比在进口替代工业化中出现得少。

根据对个别国家的经验分析[45]可以看出，实行面向出口的发展战略的国家，在促进新出口方面，大体上也象其他国家在进口替代方面一样，实际上干涉得同样多，同样"混乱"。但是，偏向出口促进的刺激的经济成本，似乎比偏向进口替代的刺激的经济成本要小些，前一类国家的增长成绩也比后一类国家的更加令人满意。如果这个结论是正确的，那么教训是：宁可让赚取外汇的边际成本比节约外汇的高一些。

从理论上说，有四个理由可以说明为什么出口促进是较好的战略：

(a)一般说来，过多的出口促进的成本，比起进口替代来，更容易被决策人看见。

(b)面向出口的发展战略一般会引起比较多的间接干预（而不是直接干预）的使用。从个别国家的研究有充分的证据表明，直接干预的成本可能比一般承认的要高昂得多。

(c)出口公司在国内市场上不管受到多大的庇护，在国际市场上必须面对成本和价格的竞争。

(d)如果有很大的不可分性[46]或规模经济，那么面向出口的战略会使具有足够规模的厂商去使之实现。如果二者很重要，面向出口的战略会提供较好的刺激，去扩大现有路线的生产潜力。这样，面向出口的增长战略会比进口替代战略更适合于实现潜在的规模经济，而在后者，厂商的视野一般受到国内市场规模的

---

45 杰格迪什·N·巴格瓦底和安妮·O·克鲁格，"外汇管制、自由化和经济发展"，《美国经济评论》，1973年5月。

46 不可分性(indivisibility)：某些生产要素(劳动力和设备)不能分为若干更小的单位的限制条件。如一个单个的大机器是不可分的，但能以其生产能力的一半来运转。(虽然单位成本较高)。不可分性是产生大规模生产的许多经济节约好处的主要因素。不可分的要素，在产量大时可以最有效地利用。

限制。

认识到这样一种新工业化战略的潜力，有越来越多的发展中国家想促进非传统商品的出口。给亚洲开发银行准备的一个报告提出：[47]

为了在七十年代给工业化找到一个满意的基础，东南亚国家应当放弃进口替代政策，采取工业化的一个根本不同的办法。这个新工业化战略应当以下面的考虑为基础：

（a）东南亚国家的国内市场小，但它们有丰富的自然资源和日益增长的劳动供给。它们的丰富自然资源使之能通过初级产品出口的扩大来获得迅速的经济增长。新工业化战略必须适应这个一般的经济发展格局，即工业生产不是以有限的国内市场为方向，而应面向出口市场，在七十年代作出坚决的努力，打入制造品出口的市场。

（b）何种类型的制造品出口？在以纺织品及其他轻工业消费品为代表的劳动密集型制造品市场，它们会面临邻近亚洲国家（地区）的剧烈竞争（一方面有巴基斯坦和印度，一方面有台湾省和香港）。新加坡已成功地走上了这一种发展道路，但对其他东南亚国家来说可能更加困难。为了成功地出口劳动密集的制造品，工资成本必须保持很低。工资成本不仅依存于工资水平，而且依存于劳动生产率。东南亚国家最初也可能必须这样做。但传统上，由于可用农地上人口稀少，东南亚农民要求有比印度和中国来的移民较高的工资，才肯去矿井和种植园工作。如果这种高工资传统也带到制造业，那么，这些国家就难于在不熟练劳动的价廉这一点上与邻国竞争。它们的最佳前景，在于专门从事某种特别的制造业，能利用其劳动力的特殊技能和才力。

（c）比较有希望的扩大出口的路线是"出口替代"，即用加工的和半加工的材料的出口代替现在的原料出口。菲律宾和泰国已在这方面开了头。既然东南亚初级产品出口的范围和数量很大，那就有很大的余地，去就各种矿产品、木材和林产品增加本地加工的程度。但是

47　亚洲开发银行，《七十年代的东南亚经济》，伦敦1971年，第19—21页。

单凭接近原料来源并不能保证加工工业获利，其成功还依存于若干其他因素，如，有加工活动相对于现有工资的劳动生产率、能利用地方优势的运输设备，以及充足的动力来源。在许多场合，"出口替代"政策的成功，可能受到缺乏这些设备的阻碍。但大体说来，这一政策仍然会给东南亚国家提供最有希望的扩大制造品出口的途径。

（d）东南亚国家扩大制造品出口的企图，不论是采取劳动密集制成品还是采取加工和半加工材料的形式，不免要同代表最大潜在市场的发达国对这种产品所施加的贸易障碍进行斗争。特别是广泛应用的"关税升级"（即对加工材料按其经历的加工阶段提高税率的制度），这对出口替代政策极有损害。在目前，尽管并不低估克服贸易障碍的困难，出口替代仍然是比进口替代更有希望的工业化途径。

（4）出口替代的实际效果

过去二十多年的证据表明，发展中国家劳动密集的制造品出口的范围已经扩大，从事出口替代的发展中国家的数目已经增多，证据表明，出口增长率说明了不能用初级投入说明的收入增长率差别的很大一部分；一般说来，各个发展中国家最大的收入增长同出口的关系，比同任何其他变数的关系更为密切；高收入的发展中国家有较高的出口对国民生产总值的比率和较快的增长率；而较快的出口增长率又是同更多样化的出口基础相联的。[48]

但是对出口替代的实际效果，也有一些不同的看法。

(a)依附效应。

有的分析家认为，这种新工业化战略是用二十世纪的创造一种"分厂社会"（branch plant society）去代替十九世纪的"种植园社会"，使外国企业拥有过多的讨价还价能力，或造成贸易和投资利得的国际不平等。G·K·赫伦勒指出要注意这种"依附效应"。[49]面

48　参阅C·卜哈罗米罗斯，"发展中世界的出口增长和收入"，援助讨论文章No、:28，1973年11月。

49　G·K·赫伦勒，"出口制造业、跨国公司和经济发展"，《世界发展》杂志，1973年7月。

向出口的劳动密集的工业将产品售予跨国公司，与本国经济的其余部分完全没有联系，把面向国外和外国投资的一些最不好的特征连结在一起，特别是在有"出口加工区"的地方，制造业出口部门构成一种"飞地"（enclave）———一个"母国的前哨"——就象任何由外国人拥有的矿山一样。东道国的谈判能力减到最小。出口制造活动是异常"自由走动的"（foot→loose），既不依靠本地原料，也不依靠本国市场；而且它还会把东道国所无法控制的投入来源和产出市场结合在一起。一个制造部件和从事中间阶段加工的国家，比起一个原料出口国来，进行谈判的能力要小得多。因为铜和可可豆到底能在世界市场上售出，或同社会主义国家易货，或在本国使用。而按费尔科电视机规格制造的谐调器，除了售予费尔科公司以外别无出路。在跨国公司范围内生产出口品诚然可以分享世界市场具有收入弹性的产品市场扩大的好处，但这可能使东道国特别"依附"有势力的外国人；外国公司或政府可能处于强有力的地位，去影响东道国的对内对外政策——直接地或通过它们的雇员或本地供应商。这种依附关系的根本问题是：这种出口制造业的继续或进一步发展，包括厂址、新产品开发、技术选择、市场分配等等，均须由外国厂商来决定，东道国对这些公司极少影响。因此，在采取这种方针时，应慎重考虑。

(b)肤浅的发展。

当出口替代是由外国纵向联合的跨国公司进行投资时，康斯坦丁V·韦特索斯批评其为只构成"肤浅的发展"（shallow development）。[50]在出口加工产品时，这样的厂商发展成为非熟练劳动密集的技术知识的重要供给者。例如，高雄的台湾出口加工区每单位劳动所要求的平均固定资本为1,500美元左右。这种结构还造成了外国厂商在发展中国家的影响问题，因为他们仍然控制着所有权、经理、销售和使用的技术。

发展中国家对跨国公司的基本吸引力，显然是在它们的非熟练劳

---

50 "外国直接投资的就业效果"，载埃德加·O·爱德华兹编，《发展中国家的就业》，纽约1974年，第339—341页。

动的工资极低（假定其有最低的生产率）。表8.22就可比职业分类的
工资（包括津贴）进行一些国际比较。

**表8.22　在国外和在美国国内加工或装配美国材料的工 人平
均每小时的报酬（ 美元 ）**

	国外平均每小时报　酬	美国平均每小时报　酬	美国报酬对国外报酬的比率（ 倍数 ）
消费用电子产品：香港	0.27	3.12	11.6
荷兰	0.53	2.31	4.4
台湾省	0.14	2.56	18.2
公司机器部件：　香港	0.30	2.92	9.7
墨西哥	0.48	2.97	6.2
南朝鲜	0.28	2.78	10.1
新加坡	0.29	3.36	11.6
台湾省	0.38	3.67	9.8
半导体：香港	0.28	2.84	10.3
牙买加	0.30	2.23	7.4
墨西哥	0.61	2.56	4.2
荷属安的列斯群岛	0.72	3.33	4.6
南朝鲜	0.33	3.32	10.2
新加坡	0.29	3.36	11.6
服装：英属洪都拉斯	0.28	2.11	7.5
哥斯达黎加	0.34	2.28	6.7
洪都拉斯	0.45	2.27	5.0
墨西哥	0.53	2.29	4.3
特立尼达	0.40	2.49	6.3

来源：联合国关税委员会，《影响美国关税税 率 807、00和806、
30各项使用的经济因素》，华盛顿D，C，1970年。转引自赫伦勒，"欠发达国家的制造品出口与跨国公司"，（英）《经济学杂志》，1973年3月。

跨国公司对这种"国际探源"（international sourcing）的开发，
对发展中国家有重大的影响。在这种场合，它们的比较成本在于从事
不熟练劳动的专门化，其工资须保持比较低，同时从国外进口"一篮
子"投入（物质的和无形的）。由于技能与技术、资本、部件及其他
货物在国际上是可以流动的，而不熟练劳动则不能流动（或 最 好 是

491

不流动，因为涉及大量的社会成本），跨国公司会被诱使去加强这种国际探源，使它们的不熟练劳动的来源多样化，以保证供给。

这样一种发展过程的"肤浅性"是由于下列原因造成的：所用劳动的类型一般代表着工人阶级中最软弱、最没有组织的部分，从而限制了增加劳动收益的可能性。如果工资上涨，外国投资人就会转到别国去，因为他们的位置利益是从存在低工资产生的。在这种活动中，本地劳力所需要的训练是很小的，限制了"伴随的效果"。[51]最重要的是对东道国缺乏推销技术知识效果，因为交易的货物是在子公司控制的市场内。最终产品促进是由决策的外国中心在国外作出的。

很明显，出口替代工业化战略产生的问题是有争议的。这些问题不能独立地解决。这种战略的效果，依存于外国投资的实绩、跨国公司与东道国的关系以及发达的进口国的贸易政策。

十一个"半工业化"国家（地区）的工业化战略

进口替代和出口替代两种工业化战略孰优孰劣，应由实践证明。世界银行在1982年对十一个"半工业化"国家的发展战略和经济成就进行了研究。[52]

这十一个"半工业化"国家（地区）是根据其制造部门的大小来选定的，在发展中国家，只有它们的制造业增值在1970年超过30亿美元。1973年，它们共占发展中国家制造品出口的68%，另有16%来自香港（作为制造品出口者，香港有较长的历史）。其他发展中国家没有一个超过出口总额2%的。虽然最近的情况已经有了很大的变化，这种历史经验仍是值得借鉴的。按其在第二次世界大战后采取的政策，它们可分为四类：

第一类：南朝鲜、新加坡、台湾省。在进口替代第一阶段完结后即采取外向政策，前者引起了用国内生产去代替非耐用消费

51　伴随的效果（spillover effect），或溢出的效果，因某种商品的供应不足而引起的对其他有关商品的需求。

52　贝拉·巴拉萨，《半工业化国家的发展战略》（世界银行研究报告）巴尔的摩，1982年，第三章，第38—62页。

品及其主要投入的进口。它们对出口都提供了本质上是自由贸易的制度，从而在刺激制度中消除了不利于出口的偏向。

第二类：阿根廷、巴西、哥伦比亚、墨西哥。在国内市场上继续执行进口替代遇到了越来越大的困难以后，才开始努力促进出口。它们对出口提供了各种补助，但大体说来，当有国内代替品可用时，就排除在出口生产中使用进口投入。由于这些措施，不利于出口的偏向有所减少，但未完全消除。

第三类：以色列、南斯拉夫。早期就开始了出口促进，但是后来放松了努力。

第四类：智利、印度。在此时期继续执行进口替代政策（原书出版于1982年，分析到1973年）。

> 进口替代的第一阶段（"容易的"阶段）包括用本国的生产去代替非耐用消费品及其投入的进口。这个阶段可能不会引起很大的经济成本，因为这些工业使用的主要是不熟练和半熟练劳动，这在大多数发展中国家是很丰富的。其次，这种工业不要求精密的技术和按单位产品计算的大规模投资，需要辅助工业部门的投入也很少。最后，它们不受本国市场大小的严重障碍，因为它们业务的有效规模比较低，小厂的成本也高不了太多。

> 这个阶段一旦过去，用国内生产去代替进口成本就会越来越高。因为在第二阶段所要代替的产品，特别是各种中间产品、耐用消费品和耐用生产资料，均有较高的技术和技能要求，需要有来自其他工业部门的原料、零件和部件。还需要有大规模的经济，在较低的生产水平上单位成本较高。

> 除了香港以外（那里的工业化是在一个开放经济的体制中发轫的），出口促进政策一般是在被保护的国内市场上实行进口替代到某种程度后才采用的。可是，保护的程度以及进口替代与出口促进发生的先后顺序各国不同，依客观条件及决策人对其他行动可取性的判断为转移。虽然政策的不同常常用客观条件去解释，但是政府的决策在这几个国家（地区）实际上起了重大的作用。

493

香港就是一个显著的例子。常常听到说，客观条件迫使两个城市国家（地区）——香港和新加坡以出口市场作为制造工业的方向，因为它们几乎完全没有自然资源，没有农村内地，也没有足够大的国内市场作为工业化的最初基地。可是，香港在1950年有二百万人口和来自贸易活动的较高人均收入，它的制造品国内市场比大多数发展中国家都要大，后者中已有许多在高保护壁垒后开始工业化，突尼斯就是一例。香港本来也可以依靠国内市场，在保护后面建立广大范围的工业部门，只出口少数制造品，以补充贸易活动收入。但它的决策人避免了在大多数发展中国家所看到的反对出口的偏向，在国内市场和出口市场间采中立态度，使香港人均收入在1960—1973年平均每年增长6.6%，比采取内向政策的国家要高得多。

（1）出口扩大

第二次世界大战后，由于这十一个国家（地区）采取了不同的发展战略，所以出口扩大和经济增长的成绩各不相同。

第一类国家（地区）对大多数出口品提供了大体相同的刺激，保证了刺激制度的稳定性，使出口的成绩最好。第二类国家通过采用出口刺激而减少了不利于出口的偏向，大大改进了出口的成绩。第三类国家由于放松了促进出口的努力，相对于前两类而言丧失了自己的出口地位。第四类国家坚持出口替代政策，使出口成绩在绝对方面和相对方面均极为不佳。见表8.23。

（2）经济增长

出口扩大对经济增长似乎有良好影响。从表8.24看，各个国家的出口加速经常伴有国民生产总值的增长加速。这反映了从外向战略得到的好处是：根据比较利益配置资源，增加生产能力的使用，利用规模经济，当出口增加了对劳动的需求时，在就业方面也有收获，从而改善了收入分配。实际工资的提高和对农业歧视的减少，有助于减少收入的不平等。

出口扩大和随后的国民生产总值的增长，是由所应用的刺激

494

表8.23　　11个"半工业化"国家（地区）出口和进口价值的增长（平均年度百分比）

		南朝鲜	新加坡	台湾省	阿根廷	巴西	哥伦比亚	墨西哥	以色列	南斯拉夫	智利	印度
初级产品 传统的	1953—60	-17.5	—	-3.2	0.7	-5.3	-4.5	-0.3	16.8	3.6	4.3	2.4
	1960—66	26.5	—	8.0	6.7	2.0	-0.5	3.8	15.2	11.6	9.5	0.3
	1966—73	16.9	—	1.2	6.9	7.6	6.5	1.7	16.7	12.5	5.1	0.2
非传统的	1953—60	7.1	..	12.7	3.4	5.4	11.9	12.2	47.0	19.6	-5.6	5.6
	1960—66	22.5	29.5	36.5	14.0	9.6	5.9	10.3	16.8	2.3	11.3	9.2
	1966—73	35.5	19.5	25.0	33.5	26.5	25.5	3.8	16.9	11.1	7.6	10.4
全部初级产品	1953—60	-5.4	..	-2.1	0.2	-3.1	-3.5	3.5	20.5	12.4	2.5	3.7
	1960—66	24.0	29.5	17.3	6.3	4.7	0.3	6.3	15.5	5.7	9.7	4.5
	1966—73	26.0	19.5	17.0	7.8	17.0	10.7	4.3	16.8	9.8	5.5	6.5
其中农产品	1953—60	-3.2	..	-2.1	0.2	-3.5	-4.8	5.4	18.3	14.5	-9.0	3.9
	1960—66	25.2	2.9	15.6	7.9	4.5	11.1	7.7	9.5	6.7	22.5	3.7
	1966—73	29.5	19.2	16.3		16.7	5.7	5.7	11.7	9.8	2.7	9.5
制成品	1953—60	14.0	..	29.5	11.7	9.9	0.0	5.6	18.0	28.0	3.2	1.3
	1960—66	80.0	24.5	36.5	14.6	27.5	35.0	12.7	15.3	21.5	15.6	6.7
	1966—73	50.0	42.0	47.0	33.5	38.5	27.5	20.0	17.5	14.9	0.0	7.7
出口品共计	1953—60	-3.2	..	..	-0.6	2.8	3.4	3.9	19.6	17.2	2.6	2.6
	1960—66	40.0	28.5	23.5	6.7	5.4	1.5	7.8	15.3	13.6	10.1	5.5
	1966—73	44.0	28.5	35.5	10.8	19.9	12.7	8.1	17.0	13.8	5.3	7.0
进口品共计	1953—30	0.0	..	6.2	6.7	1.5	-3.6	5.6	8.5	11.1	5.9	9.8
	1960—66	13.0	8.0	13.1	-1.8	24.5	3.7	6.9	8.8	17.2	6.9	5.4
	1966—73	29.0	25.5	29.5	10.3		6.7	14.5	20.0		5.7	-0.3
出口购买力 a	1960—66	38.0	26.5	22.5	4.0	4.0	0.2	6.5	13.0	12.9	8.8	4.2
	1966—73	36.5	21.5	28.5	4.9	13.5	6.7	2.3	10.2	7.7	-0.6	1.2

a 出口价值用发达国出口制造品单位价值指数调整。..不详。

来源：各国的和国际的贸易统计数字。引自 B·巴拉萨，《半工业化国家的发展战略》，1982年，第45页。

〔说明〕（1）初级产品包括农业、林业、渔业、加工食品、饮料和烟草，矿产和能源，钻石，未加工黑色金属。
（2）传统初级产品指1953年在一国出口总额中至少占2％者。
（3）农产品包括牲畜、渔业、森林产品。
（4）在估计出口增长率时不得不用当年价格数字，因为不能得到大多数国家本国的价格指数，因此计算了出口购买力。
（5）在解释1960—66年出口增长率时，应记住大多数国家是从很小的基础开始的。

495

表8.24　11个"半工业化"国家（地区）的经济增长（平均年度百分比）

	南朝鲜	新加坡	台湾省	阿根廷	巴西	哥伦比亚	墨西哥	以色列	南斯拉夫	智利	印度
农业中的新增价值											
1953—60	2.3	··	3.9	0.5	4.0	3.3	5.7	10.0	3.5	—0.3	2.5
1960—66	5.8	2.5	5.3	3.2	3.8	2.7	4.7	2.6	3.2	2.7	—0.5
1966—73	3.2	3.1	3.8	0.7	5.9	4.7	2.4	5.6	2.0	—0.7	3.0
制造业											
1953—60	13.6	··	10.1	5.8	10.1	6.6	8.5	10.3	13.2	2.8	4.8
1960—66	13.0	10.3	12.3	5.3	4.5	5.7	9.7	8.0	9.9	7.2	6.2
1966—73	21.0	15.0	22.0	7.3	11.8	7.6	7.6	10.9	8.4	3.7	4.7
国民生产总值											
1953—60	5.6	··	6.9	3.2	6.3	4.3	6.5	10.0	5.6	2.8	3.5
1960—66	7.3	7.3	9.4	3.6	4.1	4.7	7.1	8.4	5.8	5.1	2.8
1966—73	10.7	12.7	10.7	4.8	9.3	6.1	6.4	9.8	7.1	2.4	3.8
人均国民生产总值											
1953—60	3.0	··	3.2	1.2	3.4	1.3	2.8	4.8	4.4	0.4	1.6
1960—66	4.5	4.5	6.2	2.1	1.1	1.5	3.7	4.5	4.8	2.6	0.5
1966—73	8.8	10.9	7.9	3.3	6.4	2.9	2.9	7.0	6.0	0.2	1.5
人口增长											
1953—60	2.7	··	3.6	2.0	2.9	3.0	2.9	5.3	1.2	2.4	1.9
1960—66	2.7	2.8	3.2	1.5	2.9	3.3	3.4	3.9	1.0	2.6	2.3
1966—73	1.9	1.8	2.8	1.5	2.9	3.2	3.4	2.8	1.0	2.2	2.3

来源：联合国《国民核算统计年鉴》，各年度；经济合作与发展组织，《欠发达国家的国民核算，1950—60年》（巴黎，1970年）；世界银行，《世界统计表，1976年》（巴黎的摩）（巴西的摩），引自 B·巴拉萨，《半工业化国家的发展战略》，1982年，第52页。

造成的。计划和规划在这一过程中起的作用很小。在进口替代阶段的高保护和持久的反出口偏向，可能阻碍而不是促进随后的出口扩大。

这里强调的是选择发展战略对出口和经济增长的影响，并不是说其他因素的影响（包括政治的和社会的因素）对这些结果不起作用。不过，发展战略的改变大大影响了各国的经济成效，而它们的政治和社会环境并无多大改变。

未来的工业化

联合国经济和社会事务部计划委员会在1974年总结了过去二十年发展中国家工业化的经验，[53] 认为需要对工业化的基本目标和促进工业化的方法采取新的态度。工业化本身不是目的，它只是达到某种目的的手段。如果至今取得的进步不象预期的那样，其部分原因可能是忘记了这些基本目的，因而采用的政策和方法与目的不相适应。在工业中，纯粹技术态度的危险，可能比在发展的任何其他领域更大。

（1）工业化的目标

(a)改善人民生活。

工业化应当主要看作是改善全世界贫苦大众的工作条件和提高他们的生活水平的手段，而不只是应用现代技术去生产各种产品的手段。如果不记住这一点，工业化的努力对大多数人民的生活就不会有影响。

如果工业化要对发展中国家人民的生活条件有广泛的影响，它就必须同所有其他经济部门、尤其是农业部门的发展密切交织在一起。事实上，没有农业和工业的和谐发展，两者均不能走得很远。近年来在发展中国家出现的许多紧张局势，都是直接或间接地反映了这两个部门发展的不平衡。

然而，单是农业和工业获得很高的产量增长率是不够的，这种高增长率有时可以通过在每一部门建立一种发展"飞地"来达到。重要

53　联合国经济和社会事务部计划委员会，《新的发展所需要的工业化》，纽约1974年，第8—12页。

497

的是，经济增长过程中产生的收入，要尽量分配得广泛，以促进各方生活标准的明显改善。如果能产生这种具有广泛基础的收入，它也会反映在与大众要求更为密切的产品构成上。

(b)促进自力更生。

工业化的另一重要目标是，它应当促进发展中国家更大的自信心和自力更生感，这些国家过去过分地依赖了他人。但是这种自力更生并不意味着自给自足。工业化的优点之一，事实上是，一方面它能使一个国家在很大程度上满足自己的要求，另一方面也通过发展过程的复杂性创造一种相互依存网，经过一个时期以后，它能使各国更加密切结合，相互依存。这种均衡的相互依存可以构成一个重要因素，去为建立各国之间更加稳定的合作关系奠定基础。

（2）工业化的方法

可是，除非特别注意工业化政策和方法的合适性，否则上述目标是无法达到的。象在其他领域一样，每一种具体计划的客观环境和所使用的方法，对于实际成就具有独特的影响。

(a)创造有利的国内环境和国际环境。

首先，发展中国家的工业部门是比较小的（不论就其对总产量的贡献来说，还是就其在总劳动力中所占的份额来说，)它的进一步发展的类型容易受到其余经济部门产生的拉力和压力的严重影响。在这方面特别重要的是农业部门财富和收入的分配，以及贸易和金融机构采用的政策的偏向。除非从这种广泛意义讲的机构体制适应于促进基础广泛的发展，否则工业化的过程就不可避免地会是畸形的。这在许多国家已经发生了。在这种情况下,救济的办法与其说在于与工业本身有关的政策和规划，不如说在于创造一种更有助于沿着选定路线发展的社会和经济环境。

影响发展中国家工业化的另一个一般的环境因素，是先进工业国采取的保护政策。这就限制了发展中国家的选择范围，迫使许多国家采取它们本来不愿采取的政策。在许多场合下，这种政策采取限制进口的形式，它导致寡头垄断利润和资本密集的生产方法，对出口、

498

收入分配和大多数人民的生活水平产生了不良影响。就许多发展中国家、特别是经济基础薄弱的国家来说，参加更自由、更开放的世界市场的机会，计划自己的经济与其他国家经济和谐地发展的机会，对于充分利用自己的自然与人力资源来从事工业化，都是不可缺少的。

如果工业化要达到上述目标，就应有更强大更一致的努力去应付这些问题。如果不能办到，未来的进步可能不会比已有的经验更好。

(b)开辟国内市场和国外市场。

为了鼓励未来的工业化沿着健康的路线发展，必须提供日益扩大的国内和国外市场，这就要求采取一系列的协调措施。工业化的基础必须在地理上扩大，其办法是更多地注意农业的扩大和现代化，在乡村地区发展中小规模的市镇中心。这会创造条件，去发展这样一种类型的工业化：在目标中包含农产品及其他地方原料的加工。这种类型的工业化又会提高农村地区的收入，从而为大量生产的工业消费品提供日益扩大的市场。此外，还会需要增加农业及其他农村活动的制造品投入。

这种为工业品创造更大市场的努力，需要用降低这些工业的成本去推进。一个办法是，通过训练和技术援助，提高所有一切水平上的劳动生产率。另一个办法是，在已经建立的工业部门逐渐降低保护水平，在发展中国家相互间更多地进行工业品及其他产品的贸易。许多发展中国家现在已达到这样的工业发展阶段，能从更多的相互贸易中大大获益。

(c)提供就业机会。

工业化对就业的影响，主要依存于总投资率和投资在各个部门和小部门间的配置。如果总投资率足够高，投资在各个部门和部门间的配置又很和谐，就能提供迅速扩大的就业机会。当制造品生产的增长使其他部门如农业、建筑业、住宅服务和基础设施能有很大的增长时，工业化就完成了自己在发展过程中的主要任务。正是从这种广泛的意义说，工业化被认为是扩大就业的主要工具。

(d)扩大产品品种和提高产品质量。

工业化不仅引起工业产品数量的扩大，而且引起货物品种和质量的改进。新的和更好的商品必须出现。其所以必要，是为了满足广大的国内需求，及获得在国外市场的竞争能力。同时，发展中国家须尽可能避免产品的过分差异化，以免导致资源使用的浪费（包括过多的广告）；过分差异化除了帮助生产者实行垄断定价外，不起什么作用。

(e)改进技术。

大多数发展中国家从事自己的工业化时，严重依靠工业化国家的技术。必须加强自己的研究工作，以开发更适合于自己需要的技术。这些国家技术革新的主要目的，应当是充分利用自己所有的人力和物质资源，用最低的成本生产人民大众的日用必需品。有着很大的余地来从事这种革新工作，在这方面工业先进国家也能有所帮助。在技术改造方面，现在的主要需要是通过改造和革新，开发不那么资本密集的适用技术，到时候发展中国家也会经历一种相反的技术调整；在积累了资本和工业经验并扩大了工业化和技术精密度的范围以后，它们的技术能够越来越多地同最先进国家的技术合流。

(f)利用外资。

常常有人主张，工业化中的技术转让最好由外国投资去完成，后者以"一篮子"形式，将技术、经理、推销、资本结合在一起。可是，这种转让有时造成东道国社会的和政治的摩擦。此外，外国投资有时进入按国家目标说属于低优先权的领域。为了避免外国投资这种不足取的结果，有时最好是由发展中国家政府有选择地进口外国投资，或进口同外国资本和经理控制分割开来的技术。

(g)智力投资。

工业化自然不仅要求物质资本的扩大，而且要求人力资本的扩大和发展。后者比前者甚至更加重要，因为它将是自力更生的永久基础。训练技术工人，各级水平的教育，经理人员的优选和训练，对研究的支持——这些都是对成功的工业化不可缺少的活动。

(h)专业化和多样化之间的选择。

就某些发展中国家来说，专业化和多样化是一种两难的选择。如果走到极端，两种强调都不会令人满意。专业化提供机会，去利用规模经济，获得越来越大的照例行事，和生产某种产品的国际声誉。同时也有风险。外部市场一旦失去，一个高度专业化的工业部门所遇到的麻烦，可能会影响整个经济。反之，"防御性的"多样化可能导致资源分散，成本高昂，销售地位不那么稳固。每一国必须自行作出选择，不忽视审慎结合的可能性。例如在有些国家，先在工业中实行多样化，然后再在工业内部实行专门化，并与贸易伙伴交换产品。国家会在不同的发展阶段实行不同的选择，自然要使作出的选择同国家的大小和地理位置相适应。所有这些因素，以及一国的一般发展目标和同其他发展中国家实行一体化的可能性，都值得考虑。

(i)人民的参与。

工业化是为了人民的，应当由人民来实行。如果工业化能使他们消费的货物范围扩大、价格低廉，就能帮助他们生活得好一些，在长期和短期内都是如此。还必须增进企业参加者的福利，关心他们的训练和工作条件，保护他们的健康。

(j)早日起步。

联合国第二个国际发展十年的国际发展战略期望作出更 大 的 努力，去促进发展中国家的工业发展，以此作为主要手段，使它们能自行生产现代的必要货物，解决贫困、失业和一般落后的问题。在第三个国际发展十年，这仍然是发展战略的必要组成部分。对有些国家来说，工业化自然需要从很低的基础开始。它们首先必须创造相应的环境和制度，以促进工业，而这是需要时间的。因此，对这些国家来说，更需要早日起步。要记住中国的一个古训："以十年之病，求三年之艾。苟为不畜，终身难得。"

501

第九章　贸　易　发　展

国际贸易与经济发展

国际贸易是发展中国家必须慎重对待的问题之一。某些为经济发展所必不可少的东西,如先进的机器设备、先进的技术和先进的管理方法,只有在国外才能得到。要想得到重要的进口品,只有通过三种途径之一:(a)出口更多的东西;(b)以国内的制造品来代替进口品;(c)获得官方发展援助、外国贷款和投资,以支付必要的进口。从历史上说,国际贸易在十九世纪似乎起了"增长引擎"的作用,至少对目前的工业先进国是如此。现在有人主张国际贸易既不是增长的引擎,但也不只是增长的侍婢,如果使出口同技术进步相结合,就可以促进经济增长。1

究竟国际贸易有什么好处?这就是"利 得"(benififs)问题。为了说明这个问题,有传统的贸易理论,还有为发展中国家提出的贸易理论。根据传统理论,贸易利得可分为静态利得和动态利得,前者是根据比较利益原则从国际专业化得来的,后者是从贸易对生产可能性边界的影响得来的。此外,贸易还能给剩余商品提供出路,使资源得到充分利用;也能使一国从国外买到可以消除国内生产障碍或具有更大生产能力的货物。

1　参阅前面第三章第四节一。

贸易的静态利得

这种理论是在静态条件下解释各国为什么要进行贸易，以及它们怎样从贸易获利。所谓静态条件，就是假定国内生产要素（土地、其他自然资源、劳动和资本）的供应是固定不变的。这就得出了比较利益理论，它认为贸易的利得有三：（1）任何国家均能通过贸易增加收入，因为国际市场提供了机会，可以用比在国内较贱的价格买到某些商品；（2）国家越小，从贸易获利的潜力越大，但所有国家均能多少获利；（3）一个国家，出口最密集地利用自己丰富的生产要素所生产的商品、进口需用较多的自己比较稀缺的生产要素才能生产的商品时，获利也最大。

这种理论的最简单的形式，是大卫·李嘉图在十九世纪提出的，它假定有两个国家、各用一种生产要素（劳动）生产两种商品，如表9.1所示。

表9.1　　　　　　　　生产成本和比较利益

	墨西哥	美　国
生产所需的劳动日		
蔬菜　（一吨）	5	4
汽车　（一辆）	30	20
比较价格（每辆汽车所值蔬菜吨数）	6	5

〔说明〕

在墨西哥，生产每吨蔬菜或每辆汽车均需要比美国更多的劳动日，但美国向墨西哥购买蔬菜和出售汽车仍对自己有利。美国向墨西哥出售一辆汽车能购回6吨蔬菜（比在本国多1吨），故专门制造汽车，消费者能吃到更多蔬菜，仍不少用汽车。同时，墨西哥用5吨蔬菜（比在本国少1吨）就能买到一辆汽车，故专门生产蔬菜。

比较利益的关键是：当两国商品在贸易前的比较价格不同时，两国就均能从贸易获利。

在本例中，贸易时用汽车表示的蔬菜相对价格在5—6间，这种

503

世界价格的决定，每每接近于较大国家的最初市场价格，因此 小国获利较大（因为贸易前的相对价格与贸易后的世界价格相差越大，获利越多）。

有的经济学家认为，国际贸易是经济增长的引擎。以比较利益为基础的国际分工和国际专业化的例子，是建立在一种简单的静态模型之上的、两个国家，两种商品，一种或另一种生产要素（数量是固定的，只能在一国以内移动），规模的收益不变，充分就业，完全竞争等。很容易证明，两国在实行自由贸易时均能获利，至少一国能获利而另一国也不受损失。

这种理论的比较复杂的形式，是许多国家和许多货物同时进行贸易。瑞典经济学家赫克舍尔和奥林将其扩充为两个生产要素，如劳动和资本，这就得出了上述第三种利得。赫克舍尔——奥林理论的精义是：不同的货物要求有不同的要素比例，而不同的国家具有不同的相对要素天赋；各国倾向于在比较密集地利用其比较丰富的生产要素来生产货物上具有比较利益；因此，每一国最终会出口其要素丰富的货物，去换取比较密集地使用它所稀缺

图9.1　　贸易的利得

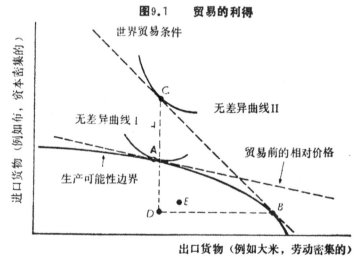

的要素来生产的进口货物（图9.1）。[2]

〔说明〕

一国在生产大米（使用丰富的劳动和土地）上有很大潜力，但生产布（使用劳动和稀缺的资本）较少。生产可能性边界线表明利用现有要素所能生产的每种商品的最大数量。社会无差异曲线表明以同等满足水平所消费的两种货物的结合。

贸易前：该国在A点生产和消费会获得最大的效用，即无差异曲线Ⅰ与生产边界线相切处。在这一点上，生产边界线的坡度（等于无差异曲线的坡度）决定米、布国内贸易的相对价格。在世界市场上，米、布的相对价格会高些，因为整个世界的资本较多。

贸易后：该国按世界市场上米、布的相对价格出售米、进口布，这个价格即世界贸易条件。在B点生产，即世界贸易条件与该国生产边界线相切处。出口米，进口布，该国在C点能消费更多的两种商品，C点是世界价格与社会无差异曲线Ⅱ相切处。社会无差异曲线Ⅱ在曲线Ⅰ的东北，故消费者的满足和国家的收入均比贸易以前高。出口米（BD）、进口布（DC）的数量，是由贸易三角形BCD给定的。只要贸易前的国内相对价格与世界相对价格不同，任何国家均可从贸易获利。

许多经济学家认为，比较利益原则虽然是静态的，却仍能适用于发展中国家。一国应当而且可以根据这个原则实行生产专业化，通过进出口在国际市场上进行交换，以使自己的实际收入最大化。即使比较利益的基础改变了，新的基础还是会存在的。

生产专业化的一个好处，是可以提高效率。发展中国家为了实现迅速、持续的经济增长，需要采用更先进的技术，但是更重要的是需要提高全部资源的使用效率，而对外经济往来就有助于提高这种效率。世界银行的报告说：[3]

2　吉利斯等，《发展经济学》，1983年，第409页。

3　世界银行1984年经济考察团，《中国：长期发展的问题和方案》（主报告），中国财政经济出版社，1985年10月，第127页。

对外贸易可以通过专业化和大规模生产来提高效率,即:将资源集中用于生产本国生产成本比国际竞争者低的出口产品,进口国际购买价格低于国内生产成本的商品。这种性质的效率增益,对中国来说不如对一些较小的国家那么重要,因为中国许多部门的国内市场已经很大,可以容纳若干最佳规模的企业进行竞争(虽然小规模、高成本、低质量、受保护的地方企业的数量继续增加)。但是,不应该低估国际专业化能给中国带来的好处。以农业为例,一些可耕地面积有限的国家通过出口高价值的土地密集型产品和进口低价值产品(例如粮食)的方式,使本国的经济得到不少改善(荷兰就是一个突出的例子,虽然国家比较小)。在工业方面,经济规模大于中国的国家发现,从事专业化生产和大规模的商品交换是有利的。……对外贸易能为国内生产企业提供急需的竞争;从而进一步激励国内经济效率的改善。

但是,吉利斯等教授认为:"不管比较利益理论对于发展中国家多么具有启发性,它究竟不处于发展的中心。这个理论不能解释经济增长和结构改变,因为它把生产要素存量的增长以及这些要素的质量的改进(或其生产率的提高)排除在外。因此,这个理论没有提供一种机制,去说明一国经济怎样随着时间演进,以及它的产出、消费、贸易各种构成如何变化。这种理论的扩展曾被利用来解释增长的某些方面,但即使这类扩展也对许多东西不能解释。"[4]

贸易的动态利得

贸易的主要动态利得是,出口市场使一国生产者的总市场扩大了。如果生产是受规模的收益递增(即当所有投入量均增加一倍时,产出的增加超过一倍)[5]支配时,贸易的总利得将超过由资

---

[4] 吉利斯等,《发展经济学》,1983年,第412页。原注:"杰拉德·M·迈耶曾在《国际发展经济学》(纽约,1968年)第二章总结了这些研究方法。"

[5] 规模的收益递增(increasing returns to scale)又称大量生产的经济效果(economies of mass production),它常常是由于下列因素之一造成的:(a)使用人力、畜力以外的动力,(b)使用自动的自行调节的机械,(c)使用标准化的、可以互换的部件,(d)将复杂的生产程序分解成简单的、重复的动作,(e)职能专业化和劳动分工,以及许多其他技术的因素。汽车生产的装配线和纺织业的历史发展就是实例。

源的更有效配置获致的静态利得。随着规模收益的增加，任何一国均可能从贸易获利，而不问贸易条件如何，希克斯指出，除非强调收益递增（因为收益递增与资本积累有密切关系），否则不可能解释国际贸易现象。[6]对于一个没有贸易的小国来说，在先进资本设备上进行大规模投资的范围非常有限，专业化受到了市场规模的限制。但是如果一个贫穷的发展中国家能进行贸易，那就有希望工业化，放弃传统的生产方法。如果有规模的收益递增，则市场越大时，资本积累越容易。在这方面，大国比小国处于更有利的地位。

贸易的其他重要的动态利得是：刺激竞争，获得新知识、新思想和传播技术知识，伴随而来的资本流动的可能性，增长着的专业化导致更间接的生产方法，[7]以及态度和制度方面的变化。

贸易的剩余出路利得

贸易能为一国的剩余商品提供出路，这些商品没有国际贸易就卖不出去，成为资源的浪费。这就是所谓贸易的"剩余出路"（vent for surpeus）利得。这自然是说，"剩余"出口资源没有其他的用途，不能转归国内使用。考虑到一国资源的天赋和它的人口多少与社会嗜好的关系，这种假设也不是不合理的。例如，矿藏和渔场就没有其他的用途，如果需求仅限于国内消费，则消费这种产品的边际效用[8]不久就会达到零。米因特认为，[9]

6　J·希克斯，《世界经济学论文集》，牛津1959年，第181页。

7　简单的直接的生产方法常常可通过利用费时的间接生产方法而得到改进。在发达的工业国，几乎没有一个人看来是在生产最终产品，人人看来都在作准备工作。如果每一个人都只能利用双手在赤裸裸的土地上劳动，生产率和消费都会很低。长期以来，先进工业国积累了大量的厂房、设备、存货、住宅以及排干的土地。通过生产生产资料去生产消费品和生产资料，就是间接生产的真谛。

8　边际效用：所消费的商品每一单位的变动造成的总效用的变动，即边际效用 $= \dfrac{\text{总效用的变动}}{\text{消费数量的变动}}$，它衡量从一个额外单位的货物得到的满足是有所得还是有所失。

剩余出路理论在解释十九世纪发展中世界大部分地区出口生产的迅速扩大中，比比较成本原理更为可信，他的理由是：（a）如果没有未被利用的资源，扩大过程就不可能继续下去；（b）比较成本理论不能说明，当两国相似时，为什么一国开发了一个主要的出口部门，另一国则没有，而剩余出路（与相对的人口压力有关）则是一种可能的解释；（c）剩余出路在解释贸易的肇始时更为合理：很难相信没有剩余的小农能开始按照比较利益法则实行专业化，期望达到较高的消费可能性曲线。[10]

贸易的供给利得

除了以上三种贸易利得之外，还有第四种贸易利得。只有出口，才能进口比国内资源直接地或间接地更能生产的货物。进口可以被看作是国内资本货物的代替品，通过其极高的效率和对整个经济的影响，特别是当其能克服国内阻碍时，有能力降低总的资本——产量比率。从这种意义说，出口除了对需求的影响之外，还有对供给的影响，在考虑出口与增长的关系时，这是不能不注意的。世界银行关于中国经济的报告指出：[11]"增加对外经济往来在其他许多方面对中国有好处。特别重要的是，进一步对外开放，不仅会带来新的产品、新的技术、新的标准和新的见解，也会为中国掌握这些新技术提供帮助。"

9　H·敏特，"国际贸易的'古典理论'与欠发达国家"，（英）《经济学杂志》，1958年6月。

10　关于第三点，A·P·瑟沃尔认为，应当区分用来进行贸易的商品的类型和贸易的基础，也就是使贸易能够开始的东西。剩余出路可以较好地解释贸易的原始基础，而比较成本理论则可以较好地解释贸易商品的类型。参阅他的《增长与发展（特别注重发展中国家经济）》，第2版1978年，第337页。

11　世界银行1984年经济考察团，《中国：长期发展的问题和方案》（主报告），中国财政经济出版社1985年10月，第127页。

508

普雷维什的贸易理论

这是普雷维什为发展中国家创建的新贸易理论。[12]劳尔·普雷维什是发展理论开拓者之一，他怀疑按现行路线的国际分工对发展中国家是否也和对发达国家一样有好处。他是从国际收支而不是从实际资源的角度来考察贸易与发展的关系的。他的主要论点是：不受限制的贸易对发展中国家的贸易条件和国际收支的不良影响，远远超过了从资源更有效的配置所获得的任何利益。他关心的是两种不同的然而又是互相联系的现象：一是技术进步的利得从发展中国家转移到发达国家，一是对不同类型产品需求的收入弹性[13]不同对国际收支的影响。他区分世界为工业"中心"和"外围"国家，然后在两个国家、两种商品的传统体制内对国际贸易理论进行分析，把发展中国家同初级生产者（"外围"）发达国家同二级生产者（"中心"）等同起来。

12 关于劳尔·普雷维什的生平及其著作的介绍，参阅《发展的先驱者们》，杰拉德·M·迈耶和达德利·西尔斯合编，牛津大学出版社1984年，第173页。他在贸易理论方面的著作，有《拉丁美洲的经济发展及其主要问题》，纽约1950年。后来的著作有"欠发达国家的商业政策，"载《美国经济评论》，1959年5月。卓越的评论文章有M·J·弗兰德斯的"普雷维什论保护主义：一个评价"，载（英）《经济学杂志》1964年6月。

13 需求的收入弹性与需求的价格弹性（一般通称为需求的弹性）不同，它是相对于消费者的收入变化而言的。设所有的价格不变，需求的收入弹性就是对所消费的一种商品的需求量的相对变化与收入的相对变化之比，即

$$需求的收入弹性（EI）= \frac{需求数量的百分比变化}{收入的百分比变化}$$

$$= \frac{(Q_2-Q_1) \diagup (Q_2+Q_1)}{(I_2-I_1) \diagup (I_2+I_1)}$$

需求的价格弹性是需求量的相对变化与价格的相对变化之比，即

$$需求的价格弹性（Ep）= \frac{需求数量的百分比变化}{价格的百分比变化}$$

$$= \frac{(Q_2-Q_1) \diagup (Q_2+Q_1)}{(p_2-p_1) \diagup (p_2+p_1)}$$

弹性有五种：完全有弹性（E=∞），比较有弹性（E＞1）.单位弹性（E=1），比较无弹性（E＜1），完全无弹性（E=0），

（1）技术进步与贸易条件

在理论上，物物交换中的贸易条件可望变得于发展中国家有利：一则初级产品生产是收益递减的，[14]二则技术进步，在制造业比在农业快，如果价格反映成本，人们在理论上就会预期，初级产品对制成品价格的比率会上升。然而这个比率却下降了。普雷维什对此提出两种解释，并得出技术进步的利得从发展中国家流向发达国家的结论。

（a）收入与生产率的关系。在发达国家，要素收入（工资）随着生产率的提高而增加；而在发展中国家，由于人口的压力和剩余劳动力的存在，要素收入的增加比生产率的提高慢。因此，对最终货物价格的上升压力，在发达国家就比在发展中国家大，使价格的比率走向与技术进步相反的方向。

（b）有某种"棘齿轮效应"（rachet effect）在起作用，影响初级产品与制成品的价格关系。在经济周期的上升阶段，初级产品的价格比工业品的价格上涨更多，而在经济周期的下降阶段，则初级产品的价格比工业品的价格跌落更多，而跌落的幅度超过了上涨的幅度，这就产生一种棘轮效应，使初级产品价格的趋势离开工业品价格的趋势，如图9.2

图9.2 工业品价格（IP）与初级产品价格（PP）的变化趋势

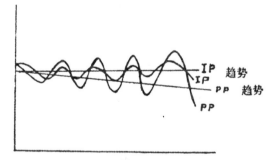

时间

来源：瑟沃尔，前引书，第347页。

---

14 收益递减规律也称报酬递减规律。在技术不变的条件下，在某种数量固定不变的生产要素（如土地）上面连续增加等量单位的可变生产要素（如劳动），则在达到某一点以后，每次所得到的产出增加量越来越小，最后会等于零，这就是收益递减规律。

510

所示。这样,贸易条件自然就会恶化。如果必须降低价格以使货物全部脱售时,由于对初级产品的需求没有价格弹性,出口收益必然减少。

因此,技术进步的利得从发展中国家转移到发达国家。

(2)对产品需求的收入弹性与国际收支

普雷维什注意的第二种现象,是对不同类型产品的需求收入弹性不同对国际收支所产生的影响。大家承认,对大多数初级产品的需求,收入弹性比对制品需求的收入弹性低,平均说来,这种弹性或许小于1,结果用在这些产品上的收入在总收入中所占的比例越来越小(通称为恩格尔定律)。在两个国家,两种商品的分析中,对初级产品需求的收入弹性意味着,在世界收入某种增长的情况下,生产初级产品的发展中国家的国际收支,相对于生产和出口工业品的发达国家而言,必然会自动恶化。

举例说明,如果世界收入增加3%,对发展中国家出口的需求收入弹性为0.8%,对发达国家出口的需求收入弹性为1.3%,则发展中国家的收入增长2.4%,发达国家的收入增长3.9%。现在只有两类国家,一类国家的出口即为另一类国家的进口。发展中国家出口增长2.4%,进口增长3.9%,而发达国家则出口增长3.9%,进口增长2.4%。假定原来的国际收支是平衡的,这样一来,发展中国家的国际收支就自动恶化了。发展中国家进口比出口增长更快,而国际收支又在恶化,这就会造成通货贬值,使贸易条件随之恶化。如果进出口均无价格弹性,则国际收支会进一步恶化。

由于上述国际收支和贸易条件的两种原因,普雷维什主张,发展中国家应保护国内生产的某些商品,实际上规定一种垄断的出口价格。他预期从保护可以得到几种好处:

(a)能使稀缺的外汇在不同的进口类型中实行配给,纠正由于对某类进口需求的高收入弹性所造成的国际收支不平衡。

(b)窒息对进口的需求,以阻止贸易条件的恶化。

(c)能提供机会,使出口多样化,开始生产和出口在世界市场上具有很高的需求收入弹性的货物。

511

发展中国家的贸易战略

要理解贸易与发展的相互关系，一方面要研究贸易理论，一方面要研究贸易战略。所谓贸易战略，就是对不同种类的进口或出口采取不同的态度，从而导致不同种类的经济发展。发展中国家主要的贸易战略有三种：初级产品出口引导的增长战略，进口替代战略（内向发展战略），出口替代战略，（也称出口促进战略，或外向发展战略）。[15]本节扼要地讨论这几种贸易战略。

初级产品出口引导的增长战略

在五十年代以前，一般认为，发展的最迅速的道路，就是遵循比较利益的原则，出口食物和原料，提高人均收入，从而使经济结构发生改变。美国、加拿大、澳大利亚和丹麦之所以成为发达国家，至少是部分地因为选择了这条道路；阿根廷朝这个方向已经走得很远；有些第三世界国家，如哥伦比亚和墨西哥、加纳和尼日利亚、马来西亚和菲律宾，虽然在发展的道路上走得还不很远，也因为出口初级产品而发生了重大的结构改变。1960年这些国家的生产结构和出口结构如表9.2。

表9.2   1960年若干发展中国家的生产结构和出口结构

	国内生产总值（100万美元）	国内生产总值的分布(%)				各类出口商品所占百分比				
		农业	工业	（制造业）	服务业	燃料矿产金属	其他初级产品	纺织品、服装	机械运输设备	其他制成品
阿根廷	12,170	16	38	32	46	1	95	0	(·)	4
哥伦比亚	3,780	34	26	17	40	19	79	0	(·)	2
墨西哥	12,040	16	29	19	55	24	64	4	1	7
加纳	1,220	41	10	..	49	7	83	0	0	10
尼日利亚	3,150	63	11	5	26	8	89	0	0	3
马来西亚	2,290	36	18	9	46	20	74	(·)	(·)	6
菲律宾	6,960	26	28	20	46	10	86	1	0	3

来源：世界银行，《1984年世界发展报告》，表3，10。

---

15 进口替代及出口替代作为经济发展战略，既同工业化有关，又同国际贸易有关，参阅第八章第四节。

512

观察到这些例子的发展经济学家，认为初级产品出口引导的增长（primary-export-led growth）不失为一种大有希望的贸易战略。

（1）初级产品出口引导战略的客观基础

初级产品出口在发展中国家的出口总额中占极大份额，这是发展中国家实行初级产品出口引导战略的客观基础。表9.3用二十八个发展中国家作为实例，说明这种出口的特点。[16]

表9.3　　　　　　　若干发展中国家的出口特点　　　1980年

	1 人　口 1980 (100万)	2 人均国民 生产总值 1980 (美元)	3 出口占国 内生产总 值份额 1977—80 (%)	4 初级产 品占商 品出口 份额 1980(%)	5 主要出口商品i	6 第5栏 在商品 出口中 的份额 1977— 80(%)
大国						
巴西	119	2,050	7[c]	61	咖啡，黄豆，铁矿石	36[f]
印度	673	240	7[d]	39[h]	黄麻纤维，茶	11[f]
印度尼西亚[a]	147	430	27	97	石油，橡胶，木材	78
墨西哥[a]	70	2,090	12[c]	61	石油，咖啡	47
尼日利亚[a]	85	1,010	29[e]	99[h]	石油	93
巴基斯坦	82	300	11	44	大米	'9
石油出口国						
伊朗	39	2,160[b]	38[d]	97[h]	石油	97
沙特阿拉伯	9	11,260	65	100	石油	100
委内瑞拉	15	3,630	29[c]	99	石油	95
其他国家						
玻利维亚	6	570	19	97	锡，天然气，银，石油，锌	85
智利	11	2,150	20[c]	80	铜	50
哥伦比亚	27	1,180	17	78[h]	咖啡	62[c]
古巴	10	810[a]	n[a]	99[h]	糖	高
埃及	40	580	21[c]	80	棉花	22[c]
埃塞俄比亚	31	140	13[f]	100	咖啡，兽皮	85
加纳	12	420	19[g]	99[h]	可可，木材	64[d]
危地马拉	7	1,080	22[c]	77	咖啡，棉花，糖	56

16　表中使用的是1980年的数字。1983年的最新数字，参阅联合国贸发会议，《国际商品统计年鉴》，1985年，纽约1985年，第一编：总表，第一部分：份额。

513

（续）

	1	2	3	4	5	6
	人 口 1980 （100 万）	人均国 民生产 总值 1980 （美元）	出口占 国内生 产总值 份额 1977— 80（%）	初级产 品占商 品出 口 份额 1980 （%）	主要出口商品i	第5栏在 商品出口 中的份额 1977—80 （%）
科特迪瓦	8	1,150	41e	92	咖啡、可可、木材	67c
牙买加	2	1,040	43	48	铝、铝矾土、糖	78
肯尼亚	16	420	29c	86	咖啡、茶	45
南朝鲜	38	1,520	34	11	—	45
马来西亚	14	1,620	53c	82	橡胶、木材、锡、石油、棕榈油	73
秘鲁	17	930	24	89h	铜、鱼粉肥料、铅、银、锌、咖啡	55c
菲律宾	49	690	19c	65	糖、可可豆、铜、木材	48
斯里兰卡	15	270	34	88	茶、橡胶	59
坦桑尼亚	19	280	19	83	咖啡、棉花、西沙尔麻、腰果	54
泰国	47	670	23	75	大米、橡胶、玉米、锡、木薯淀粉、糖	55
赞比亚	6	560	40c	87	铜	88c

来源：3、5、6栏——国际货币基金组织，《国际金融统计 年鉴》，1980、1981年；1、2、4栏——世界银行，《1982年世界发展报告》。转引自M·吉利斯 等，《发展经济学》，1983年，第411页。

na不详

a 也可列入石油出口国。

b 1978年。

c 1977—1979年。

d 1975—1977年。

e 1976—1978年。

f 1974—1976年。

g 1974—1977年。

h 1979年。

i 商品至少占总出口收益的5%。

(a)从出口占国内生产总值的份额看。

1977—80年在巴西、印度、墨西哥和巴基斯坦几个大国，只占7—12%。在石油丰富的国家，不论大小，这个比例都很高，沙特 阿拉

514

伯竟达65%。在较小的和不出口石油的国家，则从13%至41%不等。一国的这个比例越高，它对国际市场的依赖性就越大。

(b)从初级产品占商品出口的份额看。

发展中国家出口主要依靠天然资源和丰富的劳力，如出口石油的中东和其他地方的国家；出口铜的赞比亚、扎伊尔、智利和秘鲁；出口木材的印度尼西亚、菲律宾和加纳；出口热带食物（如咖啡、可可、香蕉和植物油）的热带国家；出口用劳动密集方法生产的作物（如咖啡、茶、大米和烟草）和制成品的劳动力丰富的国家。除了巴西、印度和巴基斯坦三个大国、成功地出口制成品的南朝鲜、以及墨西哥、菲律宾和牙买加之外，其余各国初级产品出口占商品出口的份额至少为70%。

(c)从出口初级产品的种类看。

在初级产品出口中，有的一种商品占很高的比例，如石油、铜或咖啡，有的则比较多样化。当出口集中于少数商品时，国际商品价格的波动会更加强烈地影响一国经济的其他变量，如收入和就业等。

发展中国家相对地缺乏物质资本和人力资本。它们如能通过出口初级产品来进口密集地使用这两种资本生产出来的货物，就能促进本国的工业化和发展。这种货物包括大多数机器设备，以及来自化学、石油和金属工业的中间产品。

（2）初级产品出口引导战略的好处

发展经济学家观察到，初级产品出口引导增长战略的好处有三种。

(a)要素利用的改善。

一个国家在开始国际贸易以前，要么所有的生产要素均已得到充分利用，要么还有闲置的资源。如为前者，以图9.1为例，可以重新配置资源，生产和出口更加土地密集的货物，如大米或可可，进口更多的制成品，如布或化学品，该国可以消费更多的

515

两种商品，增加自己的福利，沿着生产可能性边界线从A点移至B点。土地这个丰富的生产要素也因贸易而得到更充分的利用，即当劳动从手工业转移到农业或采矿业时，土地的生产率（每公顷的产量）得到提高，如果有闲置的资源，则从贸易可能获得的好处更大。在图9.1中，生产边界线以内的D点和E点表明有未被充分利用的资源。贸易能刺激经济，使所有的生产要素均得到充分利用，从D点和E点移到生产边界线上，生产更多的两种商品。

历史的例证是：在十九世纪，美国和加拿大有丰富的土地，而劳动和资本则相对稀少，许多土地闲置，只能在生产边界线以内生产。英国需要小麦和棉花，使北美能用闲置的土地来生产和出口这两种商品，同时进口自己不能象英国那样有效生产的制造品。米因特的"剩余出路"（亚当·斯密的用语）论中引用亚洲和非洲一些国家的例子，认为它们成为欧洲殖民地以后，国际贸易使它们能更加密集地利用自己的土地和劳动，以生产热带食物，如大米、可可和棕榈油等供出口用，因而使土地和劳动得到更充分的利用。

不过，当未被利用的土地或劳动找到"出路"以后，十九世纪的本地居民就得付出很高的代价才能获得这种贸易利得。土地从耕者手中被夺走，殖民主义者用强制手段为种植园或矿井提供劳动，廉价的进口品挤垮了传统手工行业。贸易利得的分配有利于殖民主义者而不利于本地居民。所以当衡量贸易的静态利得和动态利得时，要注意的是何人得利与何人遭受损失。

(b)要素赋有的扩大。

一旦热带农业或自然资源有获利机会时，就会引来外国投资。首先是利用比较利益，然后是开发其他部门。所有矿产品出口工业和热带产物种植园都是实例。伴随外资而来的是外国移民。在十九世纪美洲和澳洲"新大陆"的开发中，外国投资和移民劳工自然起了突出的作用。出口生产新路线的出现，会开辟许多新的有利可图的投资出路，这是外国资本不能完全满足的，不论是在出口部门本身还是在有关的工业。这就会引起国内储蓄和投资。

所以，初级产品潜在市场的扩大，能导致外国投资、本国储蓄、劳动和技术人才供给的扩大，去补充固定的生产要素，即土地和自然资源。贸易不仅能帮助一国经济走向它的生产边界线，然后沿着它移动，而且可以使这个边界线向外扩张，能比以前生产出更多的货物。

（c）连锁效应。

出口引导的增长包含有对其他工业部门产生某种刺激的意思，这些部门没有出口的刺激是不会扩大的。这就是所谓的连锁效应。连锁效应有以下六种：

一是后向连锁（backward linkage）。这是赫施曼创造的名词。[17]当一个工业部门增长时（如纺织工业），它就会创造对某些投入（如棉花或染料）的足够需求，刺激本国去生产这种投入。当用料工业部门变得极大，以致供应投入的部门能获得自己的规模经济效果，从而能降低生产成本，并在国内甚至在出口市场上更有竞争力时，后向连锁的作用就特别大。十九世纪北美的小麦生产对运输设备（特别是铁路机车及车辆）和农业机械产生了足够的需求，使这些工业部门得以在美国建立。五十和六十年代秘鲁渔业的迅速发展，直接导致渔船和加工设备的生产，造船业发展到能向邻国出口渔船，加工设备业使秘鲁能创立一种资本货物生产，它能供应各种食品加工工业部门。[18]

出口食物加工（大米、菜籽油、茶）与加工设备工业之间的

17　阿尔伯特·O·赫施曼，《经济发展战略》，耶鲁大学出版社，1958年，第六章。

18　迈克尔·罗默，《渔业与增长：秘鲁出口引导的发展，1950—1967年》，哈佛大学出版社，1970年。

连锁关系要求有三个条件：（i）最初的生产应在使用简单技术的小单位中进行，使幼稚的设备工业有机会掌握生产技术；（ii）出口工业应不断增长，为设备的供应继续提供市场；（iii）出口部门应当很大，使设备制造厂最终能获得规模经济效果。鱼粉肥料和若干农产品可以满足这些条件，而采矿业则否，因为采矿业要求有复杂的设备，须在短期内进行大规模的投资。

二是消费连锁（consumption linkage）。这是通过收入获得者对消费品的需求间接产生的连锁。如果使大量的劳动力得到高于以前水平的工资，那就会创造对大量消费品的需求，如加工食物、衣服、鞋、家具、无线电、包装材料等。北美洲的小麦生产有广阔的天赋土地、很高的劳动生产率和以家庭农场为基础的平等的收入分配，成功地刺激了本国各个消费品工业部门的发展。非洲的种植园农业劳动力虽多，但工资不高，采矿业工资很高但工人较少，均不能产生这种连锁作用。

三是一般社会资本连锁(social overhead capital linkage)。出口工业要求提供一般社会资本，如公路、铁路、动力、水、电信交通等，这些可以降低成本，并为其他工业部门创造机会。典型的实例是十九世纪的美国铁路建筑，用来联络东海岸和生产谷物的中西部各州，它使小麦出口区制造业投入和产出的成本降低了。为方便南部非洲的铜、加纳的可可和木材的出口而建设的海港、铁路和公路网，对国内制造业也产生了类似的作用。

四是人才培养连锁。初级产品出口部门也可以鼓励本地企业家和技术人才的开发。秘鲁的鱼粉肥料工业是在许多小厂的基础上发展起来的，它激发了许多新企业家，训练了许多技术工人去操纵和维修设备。这些人才可以促进后来的经济发展。马来西亚的橡胶、棕榈油和锡的出口生产也激发了一批企业家，而几个非洲国家的小规模出口农业也不失为企业人才的出路。

五是财政连锁（fiscal linkage）。石油、矿物和某些传

513

统农业作物出口的最大好处，就是来自这些出口的大宗 政 府 收入(税收或股息)可以用来为其他部门的发展提供资金。但是否能有效地刺激其他部门的持久发展，主要依存于政府实行的方案和干预的种类。

六是前向连锁 (forward linkage)。 自然资源出口国认识到有必要使自己的经济多样化和提高生产率，已开始转向出口品加工，以此作为发展的工具。石油和采矿工业虽不能创造后向联锁，却可以创造前向联锁。如委内瑞拉利用它的铁矿石、天然气和水力发电去生产钢，一部分出口（代替铁矿石），一部分供本国用。只要本国钢比进口钢便宜，又可以对使用钢的部门产生前向连锁，如建筑业、运输设备、加工设备、甚至石油钻井架。其他矿产品和木材出口国也在利用前向联锁，用加工过的产品代替原料出口，或将一部分出口原料用作本国工业的投入。这种以资源为基础的工业化战略 (resource-based industrialization strategies) 可以扩大工业基础,增加来自自然资源的经济利得。[19]

（３）初级产品出口引导战略遇到的困难

自从五十年代晚期以来，一般认为，除了石油之外，初级产品出口并不能有效地导向经济发展。因为这种出口遇到了种种困难：工业发达国家对初级产品的需求增长太慢；初级产品在世界市场上价格跌落，贸易条件恶化；出口收入不能保持稳定；工业发达的市场经济国家经济周期的影响。

(a)需求增长缓慢。

工业化国家对于初级产品出口国出口的大宗食物和饮料需求

---

19 关于出口工业通过各种连锁形式对经济发展的影响，有若干 文 献，总 称 为
"大宗货物理论" (staple theerg)，它试图通过生产技术的不同特点去解释不同的影响。具有综合性的一篇文章是：阿尔伯特·O·赫施曼， "对发展的一项普遍化 的连锁研究，特别强调大宗货物，"载曼宁·拉施编，《经济发展与文化变革论文集》，芝加哥大学出版社，1977年，第67—98页。

的增长，小于其收入的增长，这就是前面提到的恩格尔规律。其次，工业国制造业中的技术变革也不利于原料的消费，因为生产者企图通过在一定的原料投入量中减少浪费和提高制成品产量来降低成本。金属罐头盒含锡量减少，现代织布机浪费棉纱较少，锯木厂把刨花变成纤维板，如此等等。再次，在富裕社会中，支出有从货物转向服务的趋势，因此，食物和原料的输出更难随着发达国家收入的增长而增长。

尽管总的趋势是很暗淡的，但就某些初级商品或某些初级产品出口国来说，也不是前途毫无希望。对于石油、橡胶、铜、铝、白报纸、三合板和植物油等，由于技术革新或需求的高收入弹性，需要量是很大的。在食物中，肉类和奶产品的需求也很大。1961年至1977年，按不变价格计算，黄豆产品、可可豆和棕榈油、木头和木材、铝、铁矿石、磷酸盐石和石油的出口，全都每年至少增长了5％。[20] 有几个出口这些商品的国家已经有了相当迅速的经济增长，特别是在六十年代的马来西亚、牙买加、利比里亚、毛里塔尼亚和约旦。许多石油出口国在七十年代有了迅速的增长。还有几个国家，包括肯尼亚、象牙海岸、泰国、危地马拉、尼加拉瓜和巴拿马，由于使其他传统出口品多样化而刺激了经济增长。

这并不是说工业国对于初级产品的需求将会迅速增长，足以支持第三世界经济的迅速发展。这只不过是说，对于某些商品的需求将会迅速增长，某些国家将会从生产这些出口品而迅速获利。就整个初级商品来说，需求的增长将会低于七十年代中期以前的战后时期。吉利斯教授等预测，由于工业国增长较慢，由于恩格尔规律的影响，由于节约物资的技术革新，发达国家在本世纪内不会进口足够多的热带食物和原料，去推动一个第三世界迅

20　世界银行，《商品价格预测》，1979年5月。

速发展的时代。[21]

(b)贸易条件恶化。

由劳尔·普雷维什和汉斯·辛格领导的思想流派认为，初级出口品不仅面临着出口需求的增长缓慢，而且面临着贸易条件的恶化，即在世界市场上初级商品的价格相对于发展中国家进口制成品的价格会下降[22]。

根据世界银行的报告，[23]"由于技术发展的步代超过了需求的增长，初级产品的实际平均价格至少在过去的五十年中一直下跌；近期的世界经济研究预计这种趋势将继续下去。但是初级产品市场将继续呈现出价格变动大、不稳定和难以预测的特点。"

以能源为例，目前大多数世界经济研究的预测是，现有的资源和技术能力或今后进一步的开发可以满足世界能源的预期增长。技术上的进步很快就可以使非传统的石油和天然气资源（如油砂、沥青、页岩和冻结天然气）的开采变得经济上合算，从而使石油和天然气作为主要能源这一局面可以维持到下一世纪。世界煤炭储量要比较二者丰富得多，随着二者使用的减少，煤炭的使用可能会增加，核能的使用也将增加，新能源的工作业已开始。不过这一切并不意味着今后二十年内必然会保持稳定或下跌。

关于农产品原料，更好和更广泛地应用现有的技术和生物技术领域内的科学发现，预计可以大大增加全世界的生产能力，并导致大多数农产品的实际价格下跌。

衡量比较价格最通用的方法是"商品贸易条件"，又称"换货净值贸易条件"(net barter terms of trade,简称Tn)：

21　吉利斯等，《发展经济学》，1983年，第418—419页。

22　普雷维什的文章见上引。汉斯·W·辛格的文章是"贸易在投资国与债务国之间的分配"，《美国经济评论》，1950年5月。关于这些论点的论评，参阅G·M·迈耶上引《国际发展经济学》第三章。

23　世界银行1984年考察团，《中国：长期发展的问题和方案》，中国财政经济出版社版，1985年10月，第132—133页。

521

$$T_n = \frac{Px}{Pm}$$

Px = 一国出口的平均价格，大致等于出口收益指数除以出口数量指数。

Pm = 一国进口的平均价格，大致等于进口货款指数除以进口数量指数。

如果一国出口价格相对于其进口价格有所上升，则贸易条件上升；反之则下降。

世界银行称之为"贸易比价"，它指出："贸易比价，或称换货比价净值，用来估量与进口价格相比的出口价格的相对水平。它是作为一国出口单位价格指数与进口单位价格指数之比而计算出来的，这个指标展示了长时间内作为进口价格百分比的出口价格水平的变化。"[24]从表9.4可以看出1960年以来各类发展中国家商品贸易条件的变化。

衡量价格变动对收入的影响，一个更好的方法就是"收入贸易条件"（income terms of tradl, Ti），它等于净易货贸易条件乘以出口数量（Qx），即

$$Ti = PxQx/Pm = TnQx$$

例如，设赞比亚增加铜的出口，使世界铜价下降，但下降的比例小于数量增长的比例（即对赞比亚铜的需求弹性的绝对值大于1），则铜的收益会增加，在进口价格不变时，收入贸易条件会上升。假定用于铜生产的资源并不能用来在其他部门生产同等价值的货物或劳务，则赞比亚无疑地会比以前获利。就任何单独一个国家来说，对它的某种出口品的需求弹性总是大于1的，尽管对这种出口品的世界需求弹性可能小于1。收入贸易条件即出口购买力（purchasing power of exports），1960年以来发展中国家出口购买力的变化如表9.5。

―――――――――
24　世界银行，《1984年世界发展报告》，第278页。

522

表9.4 　　　　　　　　　　贸易条件指数 　　　1980年=100

	1960	1961	1962	1963	1964	1965	1966	1967	1968	1969	1970	1971	1972
发达的市场经济国家	117	117	122	117	121	120	120	120	120	119	122	122	123
发展中国家和地区	51	49	48	48	46	44	45	41	42	42	42	43	42
其中：主要石油出口国	22	22	22	22	21	20	20	19	19	19	19	22	21
其他发展中国家和地区	120	114	111	114	116	115	120	112	117	122	125	119	119
其中：主要制成品出口国	151	143	142	147	158	154	153	143	145	148	158	159	162
最不发达国家	127	120	110	106	109	110	113	106	109	113	115	111	112
其他国家	115	109	106	109	110	109	115	108	113	118	119	111	108

	1973	1974	1975	1976	1977	1978	1979	1980	1981	1982	1983	1984
发达的市场经济国家	122	108	109	109	106	108	107	10	98	100	101	100
发展中国家和地区	45	80	79	79	80	75	83	100	106	103	99	99
其中：主要石油出口国	23	61	60	63	63	56	69	100	117	115	104	105
其他发展中国家和地区	120	131	129	117	124	116	109	100	92	87	93	94
其中：主要制造品出口国	165	156	157	134	133	127	118	100	91	90	95	95
最不发达国家	109	109	106	115	133	117	108	100	93	92	98	108
其他国家	107	124	122	111	119	112	106	100	92	86	92	91

来源：联合国贸易和发展会议，《国际贸易与发展统计手册》，1985年补编，第45页，表2.5。

523

表9.5　　　　　出口购买力　　1980年＝100

	1960	1961	1962	1963	1964	1965	1966	1967	1968	1969	1970	1971	1972
发达的市场经济国家	28	30	33	34	39	41	44	47	54	60	66	71	79
发展中国家和地区	23	23	26	26	29	29	31	31	33	37	43	44	48
其中：主要石油出口国	11	12	12	13	15	15	16	16	18	19	22	25	27
其他发展中国家和地区	42	42	43	43	49	49	53	53	58	66	71	69	70
其中：主要制造品出口国	22	22	23	26	25	27	31	31	36	42	49	54	64
最不发达国家	85	86	88	97	100	101	110	104	105	114	117	106	105
其余国家	56	56	56	61	65	68	72	68	74	82	88	82	86

	1973	1974	1975	1976	1977	1978	1979	1980	1981	1982	1983	1984
发达的市场经济国家	87	82	80	88	90	97	103	100	100	101	104	113
发展中国家和地区	57	83	70	83	85	82	93	100	99	90	87	97
其中：主要石油出口国	33	73	60	72	73	60	80	100	99	82	70	74
其他发展中国家和地区	90	87	78	93	102	108	106	100	101	101	112	130
其中：主要制造品出口国	83	73	68	88	99	113	108	100	109	109	125	154
最不发达国家	102	90	82	102	110	98	105	100	96	96	103	114
其余国家	97	100	91	100	105	107	107	100	93	94	99	106

来源：联合国贸易与发展会议，《国际贸易与发展统计手册》，1985年补编，第45页，表2.6。

同样，赞比亚铜生产的增长如果是由于劳动生产率的提高，也可以使世界铜价下跌。但是如果下跌的幅度小于从事出口生产的一切要素生产率(Z_x)提高的百分比，则从事铜矿开采的各要素会比以前更加得利。"单一要素贸易条件"(single factor

524

terms of trade，简称Ts）是用来衡量相对于要素投入量的要素收入的：

$$Ts=（Px/Pm）Zx=TnZx$$

不论是收入贸易条件上升，还是单一要素贸易条件上升，均意味着一国的收入或福利比以前有所改善。但是，如果两种指数的上升小于出口量的增加（情形常常是如此），则出口国是在和进口国分享这种潜在利得，如普雷维什和辛格所说的。

（c）出口收入不稳定。

不论商品贸易条件是否有长期下降的趋势（关于这一点是有争论的），它确实是波动很大的。这种不稳定的根源，或者是由于出口供给，或者是由于世界需求，它们对于出口收入会产生不同的影响。如果出口供给不稳定（大多数出口农产品是如此），如图9.3，产量从Q_1（天气好）降至Q_2（干旱），则价格从P_1升至P_2，出口收入（PQ）的变化受到抑制。如果对出口的需求不稳定（金属的市场就是如此，如铜），如图9.4，数量从Q_1降至Q_2，价格也从P_1降至P_2，出口收入的变化就比两者的变化大。[25]因此，供给不稳定造成的出口收入的变化，比需求不稳定造成的变化小。据说，即使一国是一个"价格接受者"（price taken，即比较小的购买人或出售人，他们对于市场价格没有影响，此处指面临对其出口的需求有着完全弹性的国家），这个论点也同样适用，据麦克贝恩对四十五个发展中国家1946—1958年的情况研究表明：出口收入的不稳定同出口价格的不稳定没有什么关系，而在数量变动与收入变动之间则有很大的关系。[26]

（d）连锁作用的微弱。

出口部门纵然增长顺利，价格有利而稳定，倘若连锁作用不

_____

25　参阅吉利斯等，《发展经济学》1983年，第421页。

26　阿拉斯代尔·I·麦克贝恩，《出口不稳定与经济发展》，伦敦1966年，第46—48页。

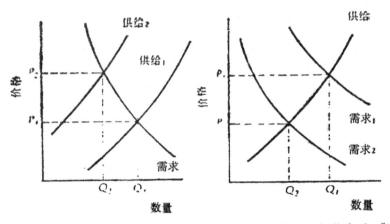

图9.3可变的出口供给　　　　图9.4可变的出口需求

能发生，于刺激发展仍无裨益。石油业和采矿业一般停留在"飞地"（enclaves）状态，远离其他生产中心，在经济上不适于同它们发生联系。同生产资料和设备供应商的后向连锁以及消费连锁均不起作用，在某些场合，为采矿而建设的铁路和港口确实可以通过降低成本和刺激投资而有助于其他工业的发展，但也可以找到一般社会资本过于遥远和专门的例子：利比里亚和铁矿相连的铁路与港口的位置不能刺激农业和其他工业，石油工业的管道和油轮港口只适用于本部门。有些农业出口部门，特别是非洲的种植园，有效的连锁也很少。但是一般说来，农业因规模较小、劳动密集程度较大，比矿产品能起较大的带动发展的作用。

财政连锁常被用来逃避为推动发展所必须作出的困难选择。以赞比亚为例，它的铜的出口收入，使之能在受到高度保护、效率极低、毫无国外市场开发潜力的一些工业部门进行投资，以逃避在一个由欧洲大农场主统治的部门中刺激小规模非洲农业的困难问题。石油出口国也面临同样的选择：要么把石油收入用在与提高农民和工人劳动生产率无关的就业和福利方案上，要么抵制

526

这种诱惑，将其投放在最后能在世界市场上竞争、从而使经济多样化的农业和工业上。

选择更难作出，是由于资本密集的石油和采矿工业的工资往往很高，使得其他部门的工资标准也很高（由于工会的集体谈判或政府的最低工资规定）。当工资上升时，以低成本劳动为基础的发展规划就不易实行了。于是二元经济长期存在下来：一方面是现代部门中人数极少、收入较高的劳动者，一方面是由农民和城市边际工人（大部分从事临时工作和零星服务）组成的人数众多、生产率很低的劳动大军。

丰富的出口收入对于外汇汇率的影响，是一个障碍，使矿业飞地和某些其他初级产品出口部门不能产生连锁作用。图9.5表明：当传统出口品如矿产品或树本作物（如可可或咖啡）在一国

图9.5一个资源丰富国家的外汇市场

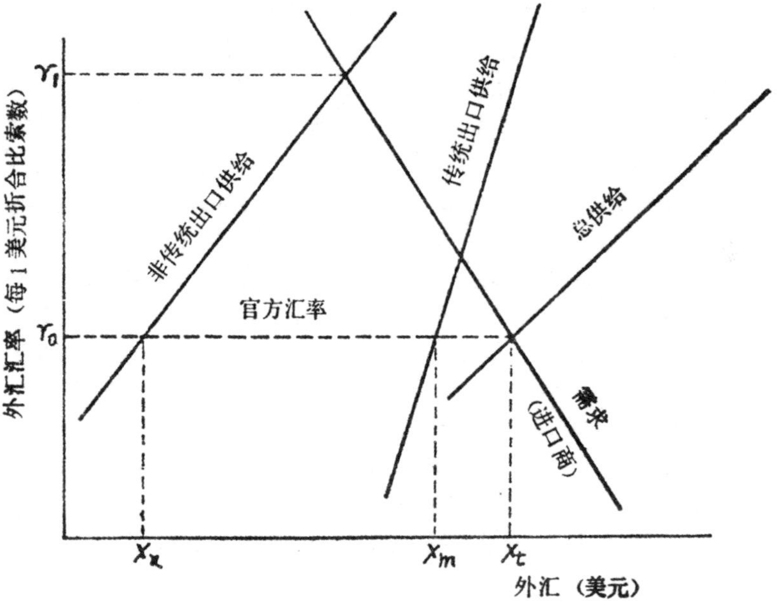

外汇收入供应中占统治地位时，汇率就会估值过高，从而挫抑新工业部门的发展，使经济不能多样化。

〔说明〕

图中横轴表示外汇数量（美元），纵轴表示汇率（每美元所值比索）。需求曲线是一条总收入曲线（total revenue curve 表示一家厂商的总收入，等于单位价格乘售出的单位数），表示进口商在任何给定的汇率下会支出的外汇数（每吨的美元价格乘吨数）。供给曲线也是总收入曲线，共有三条：（a）传统的矿产品或农产品出口供给，很丰富但相对无弹性，或因资源已被充分利用，或需长时间才能勘探出新供应并使之投入生产。（b）非传统出口品供给。（c）总供给，为前二者的横轴相加额。假定非传统产品的供给是：在给定的收入数额下，它的单位成本会比传统出口品高得多，这在资源丰富国是现实的。就一个主要的石油或硬燃料出口国来说，传统出口供给线可能更少弹性而远在右边，完全统治着总的出口供给。

如由市场来确定汇率，它将处于 r_0，即总供给曲线与需求曲线相交处。传统出口 x_m 在总出口 x_t 中占统治地位，非传统出口收入 x_n 比较小，因为价值 1 美元的出口所得的本国货币太少（汇率为 r_0），使得大多数为出口或为进口替代而生产的非传统工业部门无利可图（假定它们的成本很高）。对它们来说，汇率就是定值过高，因为本国货币的美元价格太高（也即美元的本国货币价格太低）。如果传统出口的供给突然失去，汇率最终会处在 r_1 上，进口需求等于非传统出口的供给，这要比 r_0 高得多。这个高汇率不仅会挫抑进口，而且会大大刺激新的非传统出口品的生产。估值过高的汇率连同高工资会挫抑新工业的发展，从而阻止经济的多样化。自然资源蕴藏丰富国家的这种不良影响也曾发生在荷兰，所谓"荷兰病"）就是因为沿海石油和天然气的开采和大量出口，引起荷兰盾汇率上升，对一度具有竞争能力的各个出口工业部门产生了消极影响。在发展中国家，相似的例子有"特威特效应"（参阅吉利斯等，《发展经济学》，1983年，第427页。）

有几种政策上的干预，被用来提高非传统部门的有效价格，从而鼓励其发展。

（1）初级产品出口税（faxes on primarg exports）——不论是为了收入，还是为了限制供给从而提高其世界价格——具有使汇率贬值的效果，图9.6可以说明。

图9.6出口税和分别汇率

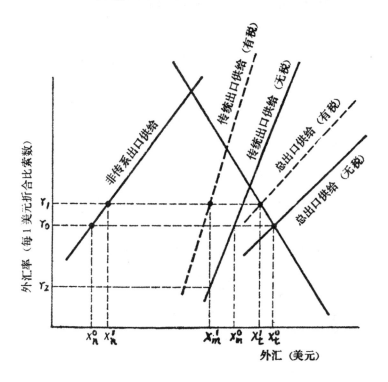

〔说明〕

图9.6为图9.5的重复。对传统出口课税前汇率为r_0，出口收入为x_t^0，其中x_n^0来自非传统出口。对传统出口课税（假定面临有弹性的需求时）的效果，是使出口供给向上移动，因为出口商必须获得较高价格去付税并偿付成本。在新的均衡下，汇率贬值到r_1，传统出口者的收入付税后为r_2。虽然传统收入和总出口收入均较低（x_m^1，x_t^1）对

非传统工业的较大刺激却使非传统出口上升（x_n^0升至x_n'）。但是，一个矿产丰富的国家，特别是石油，有很大利润（地租），供给曲线几乎是完全无弹性的，即使课征巨额税收，也不会有图9.6的效应。如果这个国家面临对传统出口的无弹性需求，传统出口供给曲线会向后弯曲，课税会发生相反的效果，即增加外汇总量，降低用本国货币表示的汇率，从而减少非传统出口的供给。

（2）维持分别汇率也会产生同样的效果。在图9.6中，中央银行对非传统出口的每1美元支付r_1比索（要求进口商支付同样的汇率），而对传统出口的收入则每1美元只支付r_2比索。可是，要达到此目的，政府必须防止传统商品出口人将外汇售予进口商或其他出口商，他们会支付比传统出口官方汇率更高的价钱。这在实际上几乎不可能实行，特别是在长时期内。

（3）用进口关税和限额来提高进口的本国价格，从而保护与进口竞争的工业部门，刺激它们的发展（见下）。

就前向连锁而言，资源加工对于促进发展也是有限度的。大多数矿产品加工工业也具有与采矿业相同的特点，即规模大、资本密集、技术精、工资高，因此常常成为出口飞地的扩充，不能增加就业并对经济的其余部分产生连锁效应。如果加工产品大部分用来出口，也不能增加经济的多样化。

结论是：初级出口若要成为有效的发展引导部门，必须是自然资源的性质和生产过程的性质均有助于发展。缺乏这种特点时，发展引导任务就比较困难，要求有开明的、有力的和持久的政府干预，使收入导向能提高生产率的投资。

（4）工业发达国家本身经济波动的影响

发展中国家出口的初级产品，绝大部分是输往工业发达的市场经济国家。这些国家经济周期的变动，对于发展中国家的出口数量、贸易条件和出口收入，从而对它们的经济发展，都不可避

530

免地产生重大影响。[27]

著名发展经济学家W·亚瑟·刘易斯1979年12月在瑞典斯德哥尔摩接受诺贝尔奖金时发表演说，[28]阐述发展中国家经济增长与发达国家经济增长的关系。他认为，过去一百年间发展中世界的生产增长依存于发达世界的经济增长：后者快，前者也快；后者慢，前者也慢。世界刚刚经历了二十年空前未有的繁荣，贸易增长比过去快一倍，每年平均实际增长8％左右，而1913—1939年仅为0.9％，1873—1913年为4％弱。在这二十年中，欠发达国家有能力使总产值每年增长6％，并规定6％作为平均每年最低增长目标。他提出一个问题：这种联系是否不可避免？如果发达国家回到以前的增长速度，每年贸易增长只有4％，欠发达国家的增长率是否一定会大大下降？

他认为，发达国家控制发展中国家增长率的主要环节是贸易。当发达国家增长较快时，进口的增长率就加速，而发展中国家的出口也增多。1873—1913年世界初级产品贸易的增长率为发达国家工业生产率的0.87％，1973年以前的二十年中，这种关系也是0.87％。[29]世界初级产品贸易的概念比发展中国家初级产品出口的概念要广些，但二者密切相关，可用前者代表后者。因此，欠发达国家初级产品出口的增长率预期只有发达国家生产增长率的三分之二。

这个系数小于1，它表明：如果增长引擎是发达国的工业生产和欠发达国的初级产品出口，那么，发达国的引擎比发展中国家的引擎转动得稍快一些。当前者较快时，预期贸易条件会对欠

---

27 参阅第一章，第一节。

28 W·亚瑟·刘易斯，"增长引擎的放慢"。《美国经济评论》，1980年9月。

29 数字可参阅W·A·刘易斯，《增长与周期波动，1870—1913年》，伦敦1978年，第175—176页。

发达国家更有利（可是这并未发生）。国内市场繁荣，因此欠发达国家国内市场的工业化加速（这发生了）。发达国放宽了制成品进口的限制，因此这种贸易也加快了。外国资本流入制造业、采矿业和基础设施。外国接受了更多的移民，其侨汇在兴旺时期数额较大。所有这些加在一起，包括欠发达国家比发达国家工业生产增长较快，使在1973年以前的四分之一世纪中两类国家国内生产总值的增长速度大致相同，即每年5％左右。由于欠发达国家人口增长较快，故两类国家人均产值的增长有很大的差距：发达国家为4％，而发展中国家为2.5％。

这里产生了一个难题：大家都想要缩小人均收入的差距，但是如何才能使两类国家总产值的增长率连在一起呢？也许可以设想发达国家有较低的增长率。但是发达国家的增长率下降，发展中国家的增长率也会随之下降，而且由于贸易条件会变得于后者不利，它的受害将是最大。假定这种联系不变，则发达国家应当尽快增长才对发展中国家有利。但是世界经济有过长期的繁荣（如1850—1873年），也有过长期的停滞（如1913—1950年，）今后二、三十年可能是困难时期，也可能变得相当繁荣。

世界银行的报告指出：[30] "全球经济活动的短暂波动是问题的另一个来源，虽然它对'行政隔离'(administrative airlock)和对'开放门户'（open-door）两种体制同样严重。这种波动会使出口收入波动（常常需要调节外汇储备或外部借款予以抵销），后者又会造成国内经济活动的波动，特别是由于面向出口的制造业的生产受到影响。从原则上讲，这种波动可以通过国内财政政策和信用政策或汇率与贸易刺激制度中的反周期变化使之减弱（但前者可能使外贸平衡中的波动加剧）。实际上，这在其他国

30　世界银行1984年经济考察团，《中国：长期发展的问题和方案》（主报告），中国财政经济出版社1985年10月，第130—131页。

532

家是很难办到的（除了在有限的规模上），至少在不牺牲比较长期的目标时难于办到"。

进口替代战略

马来西亚、泰国、肯尼亚和科特迪瓦通过初级产品出口多样化而得到发展；石油出口国则遵循其占压倒优势的比较利益。此外，绝大多数发展中国家都曾把发展同工业化等同起来，在工业化上采取进口替代战略。这种工业化战略反映在贸易上，就成为进口替代的贸易战略。

关于进口替代的历史渊源和意义，已见前述。[31]这里只讨论在贸易领域中实行进口替代的政策工具以及进口替代在贸易领域中的成就和问题。

（1）进口替代的政策工具

进口替代的政策工具主要是保护关税、进口限额和估值过高的外汇汇率。研究这三者，可以懂得进口替代是怎样起作用，和它为什么最后又失败的。

(a)保护关税。

关税是保护国内幼稚工业和具有战略意义的工业、缓解它们面临国际竞争的一种采用广泛和行之有效的工具。将它作为发展工具的辩护理由，是以幼稚工业（infant industry）这个概念为中心的。想通过工业化谋求发展的国家，可能会从几种制造行业方面看到机会，并从这里起步。由于本国的资本家、经理、技术人员和工人对这些行业缺乏经验而需要几年才能熟悉。然后，通过"一面做一面学"（learning by doing），这些新工业部门的一切生产要素的生产率将会提高，新企业在世界市场上具有竞

31　参见第八章第四节二. 关于进口替代的经验总结，参阅 约翰·H· 鲍尔，"进口替代作为一种工业化的战略"，《菲律宾经济学杂志》，1966年第5 期；亨利·J·布鲁顿，《经济发展的进口替代战略》，《巴基斯坦发展评论》，1970年第10 期（两文的摘录均见G·M·迈耶，《经济发展的主要问题》，1976年第3版）。

争能力，即是说，在本国能同进口商品竞争，无须有关税保护，甚至能够出口。可是在这几年中，生产者不能从制造中获利，并按与之竞争的进口品的价格出售。因此，除非政府给予补贴，或通过关税或限额来限制进口，否则这些幼稚工业是难于产生的，更谈不上成熟而成为有效的竞争者了。可是补助或保护都是暂时的，当生产率逐渐提高、成本逐渐下降时，关税应逐渐降低，以至于降到零，补贴也是如此。关税的主要不利之处，是阻碍了幼稚工业的出口，从而减慢了幼稚工业的技术进步。出口补贴或生产补贴可以代替关税，优点是明确地表现了创办一个新工业的成本或代价，缺点是增加了政府的负担，而且如不符合国际惯例（国际规则允许间接税回扣），容易引起其他国家采取报复措施。大多数政府感到征收关税比较容易，它可以使国内消费者担负这项成本。如果建立新工业对于社会的最终利益不能超过保护的成本，即使只是暂时课税和补贴也是不应该的。许多国家不加区别地用高关税去代替汇率调整（当汇率估值偏高时），会进一步加剧反出口倾向，并产生其他严重的经济扭曲。

幼稚工业理论可以扩大到同时包括几个工业，甚至包括全部制造业。一个同时开发许多工业部门的平衡增长战略可以从征收统一的保护关税开始，逐渐使之降低。这是使经济摆脱依赖少数出口初级产品而变成多样化的第三种办法（另外两种办法是征收初级产品出口税，或实行分别汇率）。对竞争的进口品课征统一的保护税，虽然保护成本的分配不同，对非传统工业却会产生相同的效果。对市场进行干预的理想效果是：（a）使经济多样化，走向一个新的、更有效的结构；（b）能在合理的时间内达到希望的结果；（c）市场干预应当是暂时性的措施，如果多样化战略成功，干预的影响要逐渐下降。但事实上，用来促进进口替代的保护结构偏离了这种理想。

在实行进口替代的最初阶段，当对竞争性的进口消费品课征

534

保护关税时，对国内制造商同时提供了两种援助：一是 名 义 保护，二是有效保护。

　　因课征进口税而使一种商品的国内价格高于世界价格时，这种国内价格增长的效果称为名义保护（nominal protection），可用图9.7来说明。

图9.7　　名义保护关税

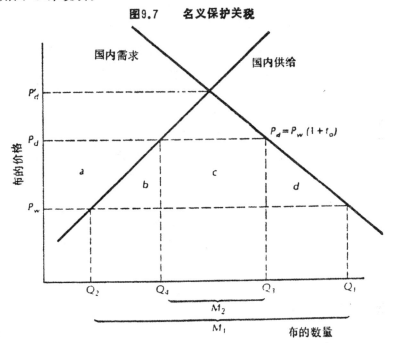

〔说明〕

　　有一种进口商品（如布），世界价格为 Rw（等 于 国 境 价 格，即成本、保险加运费），消费者需求为Q_1，本国只生产Q_2，进口额为M_1（Q_1-Q_2）。如征收从价税t_0，而世界供给有完全弹性，则国内价格升至P_d，使需求降至Q_3，国内生产增至Q_4，进口减为M_2（Q_3-Q_4）。保护效果（即国内产出从Q_2增至Q_4）产生了一种地租即"生产者剩余"（a），和一种"资源成本"（rescurce cosr）b，因为生

535

产要素从更有利的用途转入了布的进口替代。政府税收 为 $C[=t_o p_w(Q_3-Q_4)]$。消费者为国家实行保护而支付的代价是损失了"消费者剩余"（$a+b+c+d$），是由价格提高和消费减少二者造成的。$b+d$为"重负损失"（deadweighf loss），没有人因此得到好处。一种禁止性的关税可将国内价格提高到P'_d，此时国内需求等于国内供给，不进口布。

参阅吉利斯等，《发展经济学》，1983年，第434页。

对进口的制成品征收关税，而对进口的投入（如用于纺织工业的棉花、化学品和染料）则不征收关税，这对国内制造商又是一种援助。这可以扩大国内价格中的价值增殖（value added）部分（即国内制成品出售价格与进口投入的价格之间的差额）。关税结构的这种双重作用，即提高进口制成品的关税，或降低进口投入的关税，或两者并用，以扩大国内价格中的增值边际，称为有效保护（effective protecticn）。有效保护率（ERP）的计算方法如下：

公式：

$$ERP=\frac{按国内价格计算的增值}{按世界价格计算的增值}-1$$

$$ERP=\frac{P_d-C_d}{P_w-C_w}-1=\frac{P_w(1+t_0)-C_w(1+t_i)}{P_w-C_w}-1$$

$$ERP=\frac{P_w t_0-C_w t_i}{P_w-C_w}$$

〔说明〕

（1）按国内价格计算的增值（V_d）为国内价格（p_d）与每单位产出的物质投入的国内成本（c_d）之间的差额。

（2）国内价格等于世界价格（p_w）加对进口制成品征收从价税以后的增长额（t_0）。

（3）国内成本等于按世界价格计算的成本（c_w）加对进口投入征收从价税以后的增长额（t_i）。

（4）按世界价格计算的增值等于进口制成品的世界价格（P_w）与

536

546

按世界价格计算的投入成本（C_w）的差额。

举例：今有按世界价格计算的布值 $100，其投入（棉花、化学品）按世界价格计算为 $60，按世界价格计算的价值增值为 $40。如果政府对进口制成品和进口投入课统一从价税20%，则

$$ERP = \frac{100(\ \cdot 20)-60(\ \cdot 20\ )}{100-60} = 0.20$$

为了鼓励对纺织工业的投资，如果政府让纺织厂商进口棉花和化学品不纳税，则

$$ERP = \frac{100(\ \cdot 20)}{40} = 0.50$$

有效保护率50%，为名义保护率（20%）的二倍半。

如进口投入仍课税20%，而进口制成品课税32%，则有效保护率也为50%。

可以看出，名义保护率虽低，有效保护率却可以很高，国内厂商如加以利用，就能赚得极高的利润，支付高工资，或维持低效率与大大超过外国竞争者的成本。大多数国家（包括工业化国家）的关税结构都是如此：对进口的工业投入课税很低，进口的竞争性制成品课税逐渐升高。有效保护率可以高达100%以上，如表9.6所示：

表9.6　　　　　　　有效保护率

部　　门	巴西（1966年）	巴基斯坦（1963—64年）	菲律宾（1965年）	挪威（1954年）
农业	46	—19	33	34
采矿业	—16	29	—9	—7
制造业	127	188	53	9
消费品	198	348	72	29
中间产品	15l	160	45	9
机器	93	110	24	18
运输设备	—26	—	—3	—6

来源：贝拉·巴拉萨等，《发展中国家的保护结构》，1971年，第55页。

〔说明〕

负有效保护率可有两种含义：（1）如其很小，则意味着该部门的

投入或产出须缴纳高税，许多初级出口部门就是如此。（2）为其很高，通常表示这个部门没有效率，以致按外汇计算的投入高于按成本、保险和运费计算的产出，即按世界价格计算时增值为负。运输设备不包括小汽车，因其为耐用消费品不包括在资本货物之内。

参阅吉利斯等，《发展经济学》，1983年，第437页。

农业得到的保护大大低于制造业，资本货物（机器和运输设备）得到的保护大大低于消费品和中间产品，进口替代制度不能刺激经济的持续发展，这是一部分原因。

国内资源成本（domestic resource cost）与有效保护率不同，它的计算公式是：

$$DRC = \frac{用本国货币表示的用国内价格计算的增值}{用外国货币表示的用世界价格计算的增值}$$

〔说明〕

分子是用比索、卢比等表示的对生产要素的实际支付额，即工资、租金、利息、折旧和利润，这同有效保护率常常（但不一定必须）以关税结构所创造的潜在的国内增值为基础者不同。分母是按世界价格计算的增值，与有效保护率相同。

国内资源成本表示出每单位外币值多少本国货币，如一美元值若干卢比。如果某项投资的这一比率低于官方汇率，就表明一国可以通过这个项目节约或赚得外汇，把美元按官方汇率换成卢比，支付生产要素后，仍有剩余，这当然是可取的。但是为了达成发展目标，一国可能不得不采用国内资源成本在官方汇率之上的项目。这表明官方汇率水平与发展目标不相适应，它是"估值过高"的。按国内资源成本将各个项目进行排队，可以用来选择最有效的投资项目，例如印度的情况如表9.7，当时的官方汇率为1美元＝7.50卢比，除了粮食生产以外，至少须10卢比才能节约1美元，这些部门是不能和进口竞争的。石油产品的比率比粮食的比率高五倍以上，这同关税的升级趋势是一致的，国内资源

538

成本比率低的是农产品和资本货物，高的是消费品和中间产品。如果是受保护的工业，它的资源成本预期会逐渐下降，可以容许暂时的关税保护，不必改变汇率。[32]

表9.7　印度若干工业的效率指标1968—1969年

等级	工业	国内资源成本（卢比／美元）
1	粮食	7.5
2	木材	10.7
3	水泥	10.8
4	棉花	11.5
5	运输设备	12.1
6	木制品	14.2
7	电气设备	16.5
8	皮鞋	16.9
9	皮革	17.1
10	金属制品	17.5
11	菜油	18.0
12	铁和钢	18.9
13	纸和纸制品	20.4
14	棉纺织品	24.3
15	肥料	42.1
16	碾磨厂产品	46.6
17	石油产品	47.6

a官方汇率1968—69年，1美元＝7.50卢比

来源：杰克迪什·N·巴格瓦蒂和T·N·斯里尼瓦森，《外贸制度与经济发展：印度》，纽约1975年，第179—81页。

(b)进口限额。

关税的保护效果，也可以通过限制进口来达到，称为数量限制（QRs）、限额（quetas）或进口许可证（import licensing）。不过限额可以预先知道准许进口的数量，而关税则须视

32　关于国内资源成本，参阅迈克尔·布鲁诺，"国内资源成本与有效保护：说明与综合"，（美）《政治经济学杂志》，1972年第80期，第16—33页；贝拉·巴拉萨和丹尼尔·M·施德洛夫斯基，"国内资源成本与有效保护再论"，（美）《政治经济学杂志》，1972年第80期，第63—69页。

供给与需求的弹性如何。在图9.7中，限额与关税t_0产生相同的效果。

但在两个方面，进口限额的效果与关税的效果不同。

第一，政府不再征收关税。政府只对人数有限的进口商发给许可证，授权进口布到图9.7中的M_2。如果政府拍卖这种许可证，进口商是愿意按每单位进口品高达$P_d - P_w$的价格购买的，他们能按世界价格P_w购入进口布，按国内价格P_d售出，而不亏不赚。这样，许可证卖价就会等于t_0，这会导致同等数量的进口，政府也会得到相同的收入，即图9.7中的C。但大多数政府都是免费发给许可证，因此产生了贿赂与循私舞弊。

因为进口商对进口货物支付的价格是P_w，而在国内出售的价格是P_d，从而自己保持暴利，或称地租，即$P_d - P_w = t_0$。这种地租常称为"限额升水"（quota premium），可能数目很大。有这样大的好处，进口商常对管理许可证的官吏给以贿赂。进口管制越严，进口许可证的价值也就越大，政府腐败的倾向也越大。此外，由行政部门分配进口，可以导致循私（favoritism），大生产者、富人、有势力的人、特别是支持政府的人，可以优先得到许可证。

图9.8　由关税保护的国内垄断　图9.9　由等同限额保护的国内垄断

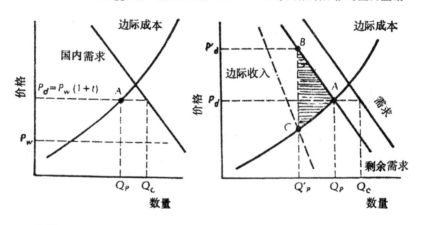

540

第二，限额可以把国内单独一家制造商变成垄断组织，它可以任意规定价格，来取得最大限度的利益。图9.8和图9·9可以说明这一点。

〔说明〕

图9.8说明受关税保护的单独一家国内生产者的市场。进口价格为 $P_w + tP_w$，即世界价格加关税。当世界供给有无限弹性时，国内消费者能按 $P_d = p_w(1+t)$ 购买所需全部产品（Q_c）。国内生产者必须同这个价格竞争，这是他的边际收入。他只提供 Q_p，这个产出使他的边际收入和边际成本相等（点A）。其余部分（$Q_c - Q_p$）进口。

图9.9说明政府用特许来维持原来的进口水平（$Q_c - Q_p$），使余下的需求只能由国内生产去满足。不受进口竞争影响，厂商面临的边际收入曲线是在剩余需求曲线的下面。它使边际收入和边际成本在C点相交，只生产 Q'_p。在供给者垄断的剩余国内市场上定价为 P'_d。从而产出和消费均下降，价格上升，社会面临无谓的损失ABC（即载重损失，是消费者剩余和生产者剩余的减少）。

参阅吉利斯等，《发展经济学》，1983年，第441页。

许多国家对进出口实行直接的数量控制，作为课税和补贴等间接调节的补充。对某些产品的进口，常常明确规定最高限额（包括完全禁止），而对其他商品的进口，则用政府和国营工业采购程序、产品安全法律、复杂的行政手续等各种办法故意加以阻挠。有时对出口也规定最高限额；在某些场合，对企业给以正式的或非正式的出口配额（这是抵销反出口倾向的一种原始的但很有效的办法）。

但是对于对外贸易的数量限制不宜滥用。[33] 为了达到一定的目的，数量限制比起相应的课税和补贴来，在经济上是一种较劣的手段。例如，某些有限额的出口品，成本不必要地高昂（从生

33　参阅世界银行1984年经济考察团，《中国：长期发展的问题和方案》（主报告），中国财政经济出版社1985年10月，第130页。

541

产来说，或从限制国内消费说）；某些有限额的进口品，分配没有效率，或以高价转卖。但是限额能更直接、更准确地应用，有时它可能是执行某种战略的有效工具，例如建立某种工业，或在某个国外市场上获得立足之地。这种战略本身在经济上是健全的，没有这种控制它也能存在下去。可是在大多数场合，实施贸易数量的限制（以及课税和补贴）并不是为了这种战略。

（C)估值过高的汇率。

前面已经提到汇率的估值过高。在进口替代中，这种估值过高的汇率可用图9.10来说明。

图9.10　估值过高的汇率

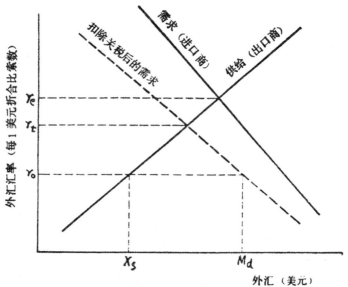

〔说明〕

在没有关税或限额时，汇率re刚好使外汇的供求平衡。对进口课税（但不对出口课税）后，须有较低的汇率rt才能使之平衡。但官方汇率ro则在二者之下。由于美元的比索价太低，所以进口需求（Md）高

542

552

而出口供给(X_S)低，使国际收支的经常帐户发生逆差。为了减少这种逆差，政府一般采用进口限额。r_0被认为是高估的，即是比索的美元价太高，美元的比索价太低。

参阅吉利斯等，《发展经济学》，1983年，第442页。

汇率估值过高有各种原因，其根源有时在于初级出口供给丰富，能支持本国汇率，并挫抑对非传统工业部门的投资，已见前述。当收入增长、进口需求上升时，就要求实行本国货币贬值，以刺激进口替代品或出口品的生产，从而维持国际收支的平衡。本国通货膨胀（它使国内价格和成本比世界平均数上升较快）也要求贬值，以维持出口，限制进口。大多数发展中国家政府过去均维持固定汇率，不愿实行贬值，因为贬值会带来政治影响，所以汇率有保持高估的趋势。1971年以后，世界汇率有较大的浮动，但在第三世界，汇率依然被控制在估值过高的水平之上。

从图9.10可以看出，估值过高的汇率是会挫抑出口的，因为出口所得美元能换得的本国货币很少；但也鼓励进口，因为所要支付的本国货币比应付的低，不过这是不利于进口替代工业的。那么，它为什么能同进口替代同时存在呢？

这要从汇率、关税、限额三位一体中去寻找答案。由于汇率非常之低，进口竞争工业如消费品和中间货物就会严重依靠关税保护、进口限额或从进口许可证得到额外帮助，以免受廉价进口品的竞争。没有得到这种保护的部门（例如农业和资本货物），则暴露在进口竞争之下，并感到无利可图。

世界银行的报告指出：[34]

不加区别地使用数量限制以及课征关税的共同原因，是不适当的汇率政策，特别是维持过高的汇率（就每单位本国货币所值美元来说），这会鼓励过多的进口（通过使之价格低廉），挫抑出口（通过使之无利可图）。反之，维持一种竞争性的甚至是低估的汇率的国家，能

34　《中国：长期发展的问题和方案》，第130页。

够更加有选择、有目的地进行干预，免受外汇经常短缺之害（大多数发展中国家均受此害）。可是，汇率过低也会产生问题，包括不需要的外贸顺差、通货膨胀压力及挫抑有用的但不进入国际贸易的货物和服务的生产。

外汇汇率是否适当，必须经常检查，在必要时作出调整。原因是：（1）无法预料目前的汇率能否使进口一方与出口加希望的资本流入一方大体保持平衡，可能发现汇率过高，结果出现很大的贸易逆差；或是汇率过低，结果净资本流入太少，或出现贸易顺差。（2）一国的最佳汇率也不会是经常保持不变的，因为（a）国内通货膨胀率和外部的通货膨胀率可能有差别，存在这种差别时，就需要（如果其他条件相等）经常改变（名义）汇率，去消除平均世界通货膨胀率与国内通货膨胀率之间的差别。（b）经济情况的根本变化，可能会逐渐地或偶尔地改变这样一种实际汇率：为维持适宜的资本流入长期水平（以及充分利用本国的生产能力）所需要的汇率。这种根本变化的例子可能有：本国技术水平相对于其他国家（包括在出口市场上与本国竞争的其他发展中国家）而言得到不断的改善；一种主要商品（如石油）的价格发生突然的和持久的变化；一个主要市场的开辟（由于战争或政治上的重新结盟）。净资本流入的适宜的长期水平的变化，也可能需要改变汇率。

（2）进口替代的成就和问题

如果用进口对国内生产总值的比率去衡量进口替代战略的成效，我们可以看到，从1960年至1980年，实行这种战略的国家，有的比率确实下降了，有的比率有所上升，有的则没有什么变化。不过比率的上升可能还有其他原因，不能完全归结为进口替代战略的失败。表9.8可以说明这些情况。

〔说明〕

（1）从1955年或1960年，到1970年或1977年，在二十四个国家中，只有六国的比率下降：玻利维亚、加纳、印度、肯尼亚、墨西哥和秘鲁。其中墨西哥增长率高，加纳增长率低。

544

（2）有些坚决实行进口替代的国家，如智利、巴基斯坦、菲律宾和土耳其，比率上升

（3）有些实行进口替代的国家比率不变，如巴西（它实行进口替代的刺激或许在1960年以前即已出现）、哥伦比亚和坦桑尼亚。

（4）上述2、3两类结果，不一定表明进口替代政策未能用本国生产去代替进口。如果一国能扩大其初级产品出口，或者出口价格上升，

表9.8　　进口对国内生产总值的比率　1960—1980年

| | 进口对国内生产总值的百分比 | | | | 国内生产总值每年增长率（％） |
	1955	1960	1970	1980	1960—1980
玻利维亚	—	20	20	15	5.0
巴西	6	6	7	11	6.8
智利	8	17	14	23	3.3
哥伦比亚	14	16	16	17	5.5
埃及	—	20	19	47[a]	5.7[c]
埃塞俄比亚	—	10	11	20	3.0[d]
加纳	31	35	23	12[a]	0.7
危地马拉	14	15	18	25	5.6
印度	8	8	5	7[h]	3.4
印度尼西亚	—	13	16	23	5.5
科特迪瓦	—	35	38	38	7.3
牙买加	37	38	38	54	1.6
肯尼亚	44	34	31	33[a]	6.2
南朝鲜	10	13	24	45	9.0
马来西亚	35	41	39	57	7.1
墨西哥	16	13	10	16	6.1
尼日利亚	17	20	17	22	4.5
巴基斯坦	—	15	15	26	5.6
秘鲁	23	21	16	21	3.9
菲律宾	13	10	19	25	5.7
坦桑尼亚	—	26	28	28	5.4
泰国	22	19	22	30	7.8
土耳其	8	5	9	16	5.9
赞比亚	40	41	37	43	2.2

来源：进口对国内生产总值的百分比——世界银行，《世界统计表》，第2版1980年，第384—89页；增长率——世界银行，《1982年世界发展报告》，第112—13页。转引自M·吉利斯，《发展经济学》，1983年，第446页。

a　1979年。

b　1977年。

c　1960—1979年。

d　1961—1980年。

则进口比率仍可上升。智利、印度尼西亚、科特迪瓦、马来西亚、尼日利亚和菲律宾，都是有几个部门实行了进口替代，同时初级产品出口收益增加，因而进口能力增加。如果某些部门的进口替代刺激了收入增长（有使用进口货物的偏向），或进口替代工业本身要求有进口投入，则进口比率的降低有一部分会被抵销。

不管整个进口的情况如何，有一种趋势是很明显的：当进口替代从制成消费品转向生产用的中间产品时，进口构成就有很大的转变。表9.9是四个实行大规模进口替代国家的资料，全都表明非食物消费品的进口份额大大下降，中间产品的进口份额大大增加。资本货物的趋势则不明显：虽然保护的偏向并不利于它在国内的生产，但巴西和土耳其的这种份额却急剧下降了。巴基斯坦粮食进口的增加，证明了汇率结构中于农业不利的偏向。一旦进口结构从集中于消费品和资本货物转变到材料和中间产品占较大份额时，一国经济就更容易受贸易中断的影响。在遭遇干旱、出口生产和价格下降时，必须减少非粮食的进口。过去这种减少主要是影响不太重要的消费品，现在却影响中间产品和资本货物。由于工业生产和就业依存于进口的投入、继续增长依存于进口的资本货物，出口收益的消长就直接影响产出、就业和增长。对于进口的依赖（import dependence）并没有减少，只不过改变了形式而已。

进口替代制度在长时期内产生了一系列互相联系的效应，加强了对外依赖，阻碍了自行持续发展所要求的结构改变。

第一，关税和限额是政府进行干预的工具，对谁有利，利大利小，自然是有钱有权的人占居上风。

第二，进口替代工业一般以高成本生产，没有大量的政府补贴就不能打入世界市场，出口补贴是巴基斯坦、哥伦比亚、加纳等国进口替代制度的一个组成部分。同时，价格刺激制度是不利于农业生产和出口的。出口多样化和增长同进口替代制度是水火

546

表9.9　　　四个国家的进口结构

国家	进口类别	占总进口的份额（％）	
巴西		1946—48	1960—62
	小麦	6	13
	其他消费品	15	9
	中间货物	41	49
	资本货物	38	29
加纳		1956	1969
	消费品	54	30
	中间货物	31	47
	资本设备	15	23
巴基斯坦		1951—52	1964—65
	谷物和面粉	0	13
	棉纱和棉布	29	0
	铁、钢产品	7	17
	资本设备	9	33
土耳其		1961	1970
	消费品	23	15
	原　料	41	62
	资本货物	36	23

来源：巴西—乔尔·伯格斯曼，《巴西：工业化与贸易政策》，伦敦1970年；加纳—J·克拉克·利思，《对外贸易制度与经济发展：加纳》，纽约1974年，第176页；巴基斯坦—斯蒂芬·刘易斯，《巴基斯坦的经济政策与工业增长》，伦敦，第6页；土耳其—安妮·O·克鲁格，《对外贸易制度与经济发展：土耳其》，纽约1974年，第127页。转引自M·吉利斯，《发展经济学》，1983年，第448页。

不相容的。

　　第三，进口替代制度限制了后向连锁的工业化。一旦消费品工业建立以后，它自然要在国内生产自己使用的中间货物（如化学品、金属产品），但是由于中间货物的国内市场较小，而其生产的规模经济效果很大，这些部门的投资遇到了天然的障碍。通过保护本来可以克服这种困难，但会使已经建立的工业投入成本提高，既得利益者自然要加以抵制。这对后向连锁不是一种绝对的障碍，由第三世界建立的许多化学厂、化肥厂和炼钢厂可以证明。大国如巴西和印度，获得规模经济效果的能力可以在某种程

547

度上减轻后向连锁的成本，而小国则只有听任工业发展放慢。

第四，外汇缺口由于进口替代而进一步加宽。不利于农业的偏向使粮食供应不能随着人口和收入的增长而增长，工业生产的投入转向进口，投资方面继续依靠进口的资本货物，制造业的后向连锁受到阻碍——所有这一切使得进口水平继续增长，保持与国民生产增长相同的速度。然而价格刺激制度是不计较效率高低、偏袒为国内市场的工业生产、常常对农业不利的，因此非传统出口品不能迅速增长，不能偿付日益增长的进口帐单，也就不得不向国外借债，或者放慢发展的速度。

第五，进口替代还会导致资源配置的严重失调。估值过高的汇率鼓励使用进口的投入，因为进口材料价格低廉，使用者无意讲求节约，造成稀缺外汇的浪费。如进口的是资本设备，就会鼓励资本密集的投资，使资本—产量比率提高，加上利息率低（其原因与贸易战略无关)，使资本的成本与其稀缺的程度极不相称。

第六，在进口替代的工业部门，由于过多地使用进口投入和资本，劳动得不到密集的使用，就业人数不能迅速增加。在进口替代制度下，劳动成本一般很高（政府规定最低工资及福利费、限制解雇工人)，这恰恰加强了保护主义政策的反就业偏向。在资本低廉的情况下，投资人自然不会去寻找和利用劳动密集的技术。加上世界市场上的资本货物都是为节约劳动而设计的，投资人要找劳动密集的技术就得作出特别的努力。农业和出口部门本来是比较劳动密集的，由于价格偏向不利于这些活动，这就减少了经济增长产生的就业潜力。

第七，进口替代制度在发展的最初阶段使收入分配更不平均。首先，有限的就业机会使社会最贫穷的乡村无地工人和城市失业者无法找到工作。最低工资政策使收入分配恶化，因为它不保护没有工作的人。其次，在小自耕农占优势的农业（亚非许多国家是如此）中，改善农产品与工业品的相对价格是平均收入最有效的工具，而保护制度恰好起了相反的作用。当然收入分配问题不能单靠贸易战略来解决，不过进口替代起了不良的影响。

上述种种缺点，已为经济学家和第三世界的许多政策制订人所公认。不过许多国家的工业成绩不佳，并不能由进口替代本身负责，而是由伴随它、促进它的那些不适当的政策造成的。如果改用比较适当的、以市场为方向的定价政策去促进它，进口替代还是可以成为一种成功的发展方式的。

出口促进战略

（1）出口促进的政策工具

出口促进战略通常运用下列各种工具：

第一是外汇汇率。促进新出口增长的一个必要条件就是维持这样一种汇率：能使国内生产者在世界市场上出售作物、制成品和服务时有利可图。促进出口的国家必须定期实行货币贬值，最初是为了达到一种平衡的、使市场供求相等的汇率，然后是针对国内膨胀的价格和成本来维持这种汇率。南朝鲜在六十年代初开始实行出口促进时，曾进行两次大规模的贬值，分别为104％和65％，次年又继续贬值，相对于国内价格来维持所达到的汇率。巴西离开进口替代时于1964年进行100％的贬值，以后几年又继续贬值，以克服国内迅速通货膨胀的影响。

第二是补贴。补贴某些出口品以诱使制造商和农场主进行投资，扩大出口能力。打入出口市场比在保护壁垒后面为国内市场生产要冒更大的风险：成本竞争性较大，质量要求较高，需要作出更多的推销努力。可是，一旦生产者学会了如何应付这些要求，他就会享受到广阔而有利可图的市场。给予出口商以免税、降低进口税、降低利息率、支付现金等补偿，对于吸引他们去克服进入世界市场的障碍是有作用的。这种出口补贴，同用关税保护幼稚工业的理由完全相似。但是补贴比关税优越，因为除了优惠利率之外，成本由政府预算负担，财政压力有时会限制补贴的数额和时间，从而影响幼稚工业走出预期的关税保护阶段。

第三，如果政府想使生产者面向世界市场，就要加强为世界市场而生产的相对吸引力。这包含减少对受优待工业部门的高关税保护，避免对进口施加数量限制。要使出口促进战略成功，就必须有按世界标准进行生产的厂商，所以不能在高关税和限额的基础上来建立和扩大工业部门。其次，因为投资人寻求的是最有利的机会，所以进口替代的利润必须同出口部门的利润保持一致，这意味着关税保护不能高于出口补贴，并对所有厂商给予统一保护。有效保护中的偏差（表9.6）即使不能根除，也必须减少。南朝鲜的保护制度恰好与表中所列者相反：农业的有效保护率为18%，比制造业（－1%）高，出口12%，出口销售－9%。[35]

(a)有效汇率。

汇率、补贴、关税和限额升水四者的联合刺激作用，可以通过一个非常有力的概念来掌握，这就是"有效汇率"（effective exchange rate，简称EER）。[36]它考虑到平均税额、补贴和限额升水，纠正了名义（官方）汇率的偏差，可以衡量为价值一美元的进口实际支付的本国货币数额，或从价值一美元的出口实际得到的本国货币数额。一个国家的有效汇率，可以同它用来进行贸易的货物一样多，但是一般说来，可以分为出口有效汇率(EERx)和进口有效汇率（EERm）两种。

$$EER_x = r_0 (1 - t_x + s_x)$$
$$EER_m = r_0 (1 + t_m - s_m + q_m)$$

r_0 = 官方汇率

t_x = 出口平均税率

t_m = 进口平均税率

s_x = 出口平均补助水平

35 查尔斯·R·小弗兰克等，《对外贸易制度与经济发展：南朝鲜》，纽约1975年，第195—200页。

36 参阅吉利斯等，《发展经济学》，1983年，第455页。

550

S_m = 进口平均补贴水平

q_m = 全部进口的平均限额升水

区别外向制度与内向制度的一个办法，就是比较一国的出口有效汇率和进口有效汇率，如表9.10所示。

表9.10　　　　有效汇率^a（每一美元所值本国货币数）

国　家	年　份	出口有效汇率	进口有效汇率
1　有利出口的偏向			
南朝鲜	1964	281	247
2　无偏向			
埃及	1962	43.5	42.9
3　有利进口的偏向			
智利	1965	3.31	3.85
巴西	1964	1,974	2,253
印度	1966	6.79	9.23
菲律宾	1970	5.15	8.70
加纳	1967	0.84	1.50
土耳其	1970	12.9	24.0

来源：安尼·O·克鲁格，《对外贸易与经济发展：自由化尝试及其结局》，1978年，第73页。转引自M·吉利斯，《发展经济学》，1983年，第456页。

a、在表中所列年份实行贬值以后。

〔说明〕

表中所列各国只有南朝鲜实行最彻底的出口替代政策，所以出口商从每美元外汇得到的本国货币比进口商必须支付的多。即是说，偏向对出口生产比对进口替代有利。在智利，外汇制度是中性的。在所有其他国家，偏向于进口替代有利，它们都不能使出口多样化，以利于制造品出口（巴西只在它改变贸易制度以后才开始出口制造品）。

然而，仅仅在短期内提供有利于出口偏向的有效汇率是不够的，因为对出口的投资依存于政府是否有长期维持有利于出口刺激的意愿。在国内价格（和成本）比国外价格上升更快时，汇率就受到侵蚀，变得越来越估值过高，必须进行贬值，以恢复出口商的利润，如表9.11所示。

551

表9.11　　　通货膨胀和货币贬值对出口商利润的影响

第1年：汇率＝12比索／美元
1、出口商售货价值　　　　　　　　　　　　　　　　$ 100,000
2、出口商获得本国货币　　　　　　　　　　　　　　P 1,200,000
3、如果出口商的成本（全是国内的）为　　　　　　　P 1,000,000
4、则出口商的利润为　　　　　　　　　　　　　　　P 　200,000

第2年：国内通货膨胀为每年20％
1、出口相同货物，仍值　　　　　　　　　　　　　　$ 100,000
2、出口商获得本国货币　　　　　　　　　　　　　　P 1,200,000
3、但出口商的成本现在高20％　　　　　　　　　　　P 1,200,000
4、因此现在出口商赚不到利润　　　　　　　　　　　P 　　　　0

第2年：如果货币贬值20％，得P14.40／美元，则
1、出口商售货价值　　　　　　　　　　　　　　　　$ 100,00
2、出口商现在获得本国货币　　　　　　　　　　　　P 1,440,000
3、成本为　　　　　　　　　　　　　　　　　　　　P 1,200,000
4、利润为　　　　　　　　　　　　　　　　　　　　P 　240,000
5、贬值20％，回到第1年价格，利润仍为　　　　　　P 　200,000

来源：吉利斯等，《发展经济学》，1983年，第456页。

因此，为了衡量长时期内的有效汇率，用指数代替上列二式中的实际价值，再加上价格指数，得"剔除物价变动因素的（price—deflated）有效汇率"（IEER）：

$$IEER = R_o T P_w / P_d$$

　　　　R_o ＝官方汇率指数
　　　　T ＝ 1 ＋平均税率（扣除补贴）指数*
　　　　P_w ＝世界价格
　　　　P_d ＝国内价格

上列公式可以用于进口或出口（代入适当的数字），也可按某一种或某一类商品分别计算。如果国内价格比世界价格上涨快，即指数下降，表明汇率已变得估计过高，即比索—美元的比率现在太低，或美元—比索现在太高。

南朝鲜制造品出口迅速增长中的一个因素，就是政府愿意并有能力调整汇率、关税和补贴，以在长时期内维持有效的出口汇

* 即是说，$T_m = (1+t_m-s_m+q_m)/(1+t_m^o+s_m^o+q_m^o)$，写在右上的0代表基年。

552

率，并防止进口汇率高出出口汇率。表9.12显示1960—1975年有效汇率的变动，以1964年的出口价值为100，进口指数已经过调整，以表明它相对于出口的水平。可以看出出口汇率水平相当稳定，并在整个期间都维持在进口汇率水平之上。这就需要进行一系列的货币贬值和补贴调整，因为南朝鲜在整个时期的国内通货膨胀是很可观的。巴西也是促进制造品出口很成功的国家，格局大致相同。它从1968年起实行小规模的定期货币贬值，保持与国内通货膨胀相同的步伐，同时增加税收优待及其他出口刺激，二者的共同效果是，在1967年后大大提高了制造品出口的有效汇率；对进口竞争制造商的有效关税保护则从1966年的180%降至1973年的47%，缩小或消除了进出口有效汇率之间的差别。

表9.12　　南朝鲜、巴西有效汇率指数

南 朝 鲜			巴 西	
年　份	IEERx	IEERm	年份	IEERx（制造品）
1960	104.9	71.2	1963	73.2
1964[a]	100.0	87.9	1964	100.0
1965	99.9	96.2	1967	85.0
1970	101.1	85.4	1970	98.0
1975	94.9	85.8	1972—3	107.9

来源：迈克尔·罗默等，《南朝鲜现代化的研究，1945—75年：增长与结构改变》，1979年，第73页；威廉·G·泰勒，《巴西的制造业扩大与工业化》，1976年，第220页。转引自M·吉利斯等，《发展经济学》，1983年，第457页。

a、所有进出口指数均以IEER为基础，1964年=100，

(b)要素价格与政府支持。

要使外向制度运行有效，还必须使国内生产要素的相对价格反映它们的稀缺程度。根本的原则是，出口最密集地使用本国最丰富的生产要素所生产的物品。为了保证公私企业的投资和生产决定符合这一原则，它们对劳动、土地和资本支付的相对价格，必须与一定的供求条件下由市场力量决定的价格相差不远。如果

劳动丰富，它的工资和其他成本就应当很低，而稀缺资本应当对投资人更为昂贵。于是，不仅工厂和农场会在可能时用劳动代替资本，而且那些更加密集地使用劳动的生产行业会比资本密集的行业获利更大。有四个亚洲出口国家和地区，全都避免支付过高的工资。

要使出口多样化，政府并不单靠市场价格去完成这一任务。它们也进行干预，帮助羽翼未丰的出口商去寻找市场，并推动生产者面向世界市场。政府在国外建立贸易机构(有时附设在使馆内)，以提供市场信息，发展市场联系；重视港口设施、运输网和通信设备。鼓励商业银行和政府银行对出口商给予优惠贷款，必要时对外国顾主提供信用。市场诱导和政治力量结合一起促使出口增长和多样化，威力是不可低估的。

（2）出口促进的成就和局限性

只有少数国家（地区）遵循了出口替代的工业化战略。其中五个成绩显著的，是亚洲的"四霸"再加上巴西，见表9.13。

表9.13　　外向经济的增长 1960—1979年

国家或地区	平均年度增长率（%）1960—1979年			制造品出口占商品出口%1978年
	人均国民生产总值	制造业增值	出　口	
香港	7.0	9.3[b]	10.5	97
新加坡	7.4	11.2	7.3	46[d]
南朝鲜	7.1	17.7	30.0	89
台湾省	6.6[a]	14.8[a]	17.1[a]	85[e]
巴西	4.8	10.1[c]	6.0	34
所有中等收入国家平均	3.8	6.8	5.8	36

来源：世界银行，《1981年世界发展报告》；《世界统计表，1980年》。转引自吉利斯等，《发展经济学》1983年，第459页。

a　　1960—1978年。

b　　1964—1977年。

c　　1965—1977年。

d　　不包括矿产品和燃料加工，二者约占新加坡出口的30%。

e　　1977年。

在小国，外向政策刺激新产品出口的增长从而使经济多样化；刺激工业化和国民收入增长；通过就业创造、实际工资上升和农产品价格上涨，使增长利益得到广泛分配。小国在各个方面都可能获得很大的成就，而在大国（如巴西）则不能产生如此广泛的、结构上的效果。

出口替代在亚洲虽然获得成功，但是否所有国家都能采取这种战略？对这个问题，有两种不同的答案。

世界银行报告的含意可以被认为是"能"。[37] "无论是大国或小国，人均收入的增加常常是伴随制造品在总出口中份额的增长发生的（表9.14）。而且，制造品贸易在鼓励生产多样化、促进新技术和新思想、刺激本国经济效率的提高中，常常比初级产品的贸易更为有效。近年来，尽管世界经济增长缓慢，中国仍能

表9.14　　制成品占全部商品出口的比率

	在总出口中的份额（%）			
	全部制造品		机器和运输设备	
	1960	1981	1960	1981
美国	63	70	35	44
联邦德国	87	86	44	45
法国	73	73	25	34
日本	79	97	23	57
南斯拉夫	37	79	15	29
乌拉圭	29	30	—	2
匈牙利	66	65	38	31
巴西	3	41	—	18
智利	4	10	—	2
南朝鲜	14	90	—	22
泰国	2	27	—	5
斯里兰卡	—	21	—	—
中国	n、a	53	n、a	5
印度	45	59	1	8
缅甸	1	n、a	—	n、a

n、a、不详

来源：世界银行，《世界发展报告，1984年》，第236—237页。

37　世界银行1984年经济考察团，《中国：长期发展的问题和方案》（主报告），中国财政经济出版社，1985年10月，第133页。

555

迅速扩大纺织品及其他制造品的出口，以其贸易顺差去抵销一部分机器和设备进口的贸易逆差。但是中国已经开始受到对某些种制造品的市场制约因素的影响，由于国内和国际工业变化的步伐迅速，对未来的贸易格局难于预测。"

近年来，服务方面的世界贸易增长非常迅速。服务所包括的活动很多，[38]预计世界经济结构的变化将导致服务贸易的持续迅速增长。在南朝鲜，劳动出口在总出口增长中起了非常重要的作用。

是否所有的国家都能采取出口替代战略，吉利斯等的答案是"可能不"，[39]原因有二：

(a)国内方面。

四个亚洲国家（地区）促进制造品出口，因为它们别无出路。缺乏丰富的自然资源，不能养活自己（除了台湾省），认识到国内市场有限，这些国家（地区）必须外向，以创造持续的增长。资源和土地丰富的国家，有机会在世界市场上出售原料和谷物，可能觉得这样作有利，而开发制造品出口工业是代价比较高昂的。如农业能按小农占有制原则组织，初级出口活动至少可以和工业方向的出口促进相等。亚洲出口国虽然缺乏自然资源，却具有相当丰富的人力资源，特别是企业家和一支受过教育的劳动大军。这一类资源较少的国家，会感到象南朝鲜那种多样化的、小单位的又有国际竞争能力的制造部门难于开发。换言之，供给弹性太低。

从进口替代转到出口促进，在经济、社会和政治各方面是要付出高昂代价的。诸如进口品与出口品、农产品与工业品相对价

---

38 国际贸易包含的主要服务有：银行业和金融服务，保险，货运和港口装卸，客运和旅游，建筑设计、施工和工程、修理和维护，影片，通讯，数据处理，印刷，专门职业服务（技术、卫生、教育、法律、会计），其他服务（特许专营、租赁）。

39 《发展经济学》，1983年，第461—462页。

556

格的转变，获得进口和获得信用的路子放宽，实际利息率的上升，实际工资增长的减慢——所有这些都会影响到过去从收入增长获利最大的集团：工商业家，工会，文官，军官（最关键的集团）。他们会抵制任何变革，特别是自由化的变革，因为它们的损失最大。而潜在的获利者——小农、乡村劳动者、小厂商和失业者，在政治上却没有势力，在以城市为基础、维持现有收入份额的斗争中，力量很小。

自由化、外向政策的好处需要有几个月甚至几年的时间才能呈现出来。而等着投资者的计划是以旧价格为基础的，他们需要时间来调整自己的期望和投资计划，以适应新情况。有些现有生产者可能立即作出反应，即转向出口市场，但他们所需要的大量出口增长，可能需要一年或更长的时间才能在某些国家发展。直到那时，可能要维持对进口的某些控制，这就限制了供应。其次，最初的进口高价(由于货币贬值)——这只能在取消限额和增加进口后才会放松——又会助长通货膨胀心理。

这种使有势力的人受到损失，获益者需要一定的时间才能认识自己利得的根本转变，对于任何政府都是有巨大风险的道路。

(b)国际方面。

进入工业国市场也不是那么容易。

发展中国家已成为工业化市场经济国家重要的制成品供应者，1978年共达450亿美元，按不变价格计算，比1960年扩大了五倍（参阅表9.15）。虽然其中三分之一为纺织品和衣服，但也包含了木板、机器、电子和化学品。由“四霸”领导的亚洲出口国（地区）占70%以上。虽然只占工业国制造品进口的9%，但1978年在纺织品中已占17%，在服装中占40%。它们遇到了进口国日益加剧的保护主义，美国和欧洲经济共同体的进口关税和限额，使发展中国家面临巨大的困难。况且发展中国家六十和七十年代初制造品出口的扩大，是在工业世界收入和贸易空前繁荣和增长的环境中发生的。八十年代发达国家的经济增长显著放慢，发展中国家的出口商须同工业国制造商进行更激烈的竞争，才能扩大自己的市场渗透。

表9.15 发展中国家向市场工业国的制成品出口

	1960	1978
A、出口价值（10亿美元）		
1、所有出口（0—9）a	20.0	212.5
2、制造品（5—8）	2.6	44.6
a、化学品（5）	0.2	2.0
b、机器（7）	0.1	8.8
c、其他（6+8）	2.3	33.7
1）纺织品（65）	不详	4.4
2）衣服（84）	不详	8.9
B、出口价值指数（1970＝100）		
1、所有出口（0—9）	52	139
2、制造品（5—8）	37	225
C、占工业化国家进口份额（%）		
1、所有商品（0—9）	25.0	25.6
2、制造品（5—8）	6.5	8.7
a、化学品（5）	4.5	3.4
b、机器b（7）	0.7	4.0
c、其他（6+8）	10.7	15.0
1）纺织品（65）	不详	16.6
2）衣服（84）	不详	39.6

来源：联合国，《国际贸易统计年鉴》1979年第一卷，1981年，特别表C。转引自吉利斯等，《发展经济学》，1983年，第463页。

a 括号中的数字代表标准国际贸易分类（SLTC）。

b 包括运输车辆。

各种贸易战略的对比和综合

世界银行的报告对国际经济战略作了如下对比，见表9.16。

五种经济战略可以说是三种主要战略的具体化。从第二次世界大战以后实行的三种主要贸易战略的经验中，能否得出一些一般性的规律，吉利斯教授等认为，[40]应当采取实用主义的和折衷

40 吉利斯等，《发展经济学》，1983年，第470—472页。

表9.16　　国际经济战略对比

战　　略	实　　例
1、高度开放的经济：对进口很少采取保护措施，对外国投资限制极少	
（a）政府很少为限制贫困或指导投资进行干预	智利，1973—82年
（b）为实现社会目标，有较多的国内干预	新加坡，1967年以后
2、比较开放的经济：强调出口促进，特别是对工业品；但利用保护措施和政府管制经济较多	日本 南朝鲜，1962年以后 巴西，1964年以后 南斯拉夫，1964年以后 匈牙利，1968年以后
3、地区性集团：地区内工业品贸易比较自由，但每一国对农业实行保护，对地区外制造品实行适度的保护措施	欧洲经济共同体
4、高度保护的经济：没有强大的出口倾向，但企图促进工业化，吸引一些外国投资	巴西，1964年以前 哥伦比亚，1967年以前 印度
5、比较封闭的经济：对贸易和投资实行严格限制	缅甸，1962年以后 斯里兰卡，1976年以前 中国，1977年以前 苏联

说明：各类战略并无严格定义，每一类都有许多细节上的差异，因此同一类国家的实际效果极为不同。

来源：世界银行1984年经济考察团，《中国：长期发展的问题和方案》，第128页。

主义的态度，而不是采取教条主义的和单一目的的态度，找出和分析三种战略的组成部分，以加深对它们的理解，并把它们行之有效的成分摘取出来，去建立一种新的贸易战略，使一个国家能够有效地达到自己的发展目标。

（1）保护问题

进口替代之所以失败，是由于保护过度，生产决策脱离了市场情况。如果在某一发展阶段，在一个或几个工业部门有必要实行进口替代，也不应当用高而持久的关税和限额，而应当用不过分的关税或补贴，并按预定计划逐步降低，以迫使幼稚工业早日成熟。在大多数发展中国家，关税是政府收入的必要来源；在某些资源丰富的国家，它还可以支持出口多样化，使之脱离传统的初级出口。但是永久性的关税保护应当是适度的和统一的，包括一切进口（资本货物在内），避免妨碍后向联系。这样成长起来的进口替代工业就不致长期缺乏效率，并且最终可以打入世界市场。

（2）初级产品出口问题

资源丰富国家自然应当利用其天然优势出口初级产品，但应避免明显的二元经济结构。对初级产品课征出口税可以限制利润和供给，而汇率和适度的关税保护可以用来刺激有效的进口替代和出口多样化。非资源部门工资上升的趋势应当受到抑制，使之能按劳动密集的方式发展。

（3）价格问题

如果投资是由私人和市场力量决定的，则在相当开放的经济中产生的价格信号，可以导致能促进发展目标的有效投资。如果政府宁愿实行工农业的计划投资，那就应当根据成本—利得分析（或线性规划模型）去选定投资项目，而不应根据预先决定的标准（如进口替代）。其结果可能是一些进口替代工业占优势，也可能是初级产品或制造品出口部门占优势，这些都是次要的，主要是看整个投资计划能否推动想要的那种发展。投资计划一旦确定，就应仔细设计市场环境，避免价格的过大扭曲，并使生产者处于竞争之中，不论公私企业均不能有例外。"理顺价格"（getting prices right）不是发展的万应灵药，但扭曲价格却已证明是失败的公式。

在许多方面，国内价格和国际价格之间的联系越直接越好，因为国际价格按适当的外汇率折算后，可以向本国的生产者和消费者提供合适的信息，使之了解出口商品在国际市场上的价值和

560

进口商品的成本，少生产有亏损的商品，多消费生产成本低于国内的进口商品。这样可以拉开同类商品的质量差价，有这种差价，企业才有开发新产品和提高产品质量的积极性。其次，从事出口贸易的企业与外国买方和竞争者直接接触，这是企业从理论上学习新的更好的产品及其工艺、在实践上学习怎样（并且有压力）引进这些工艺的极其有效的方式。同样，企业（包括商业企业）和消费者有从进口产品与本国产品之间直接进行选择的较大自由，这会增加对本国生产者的竞争压力，使之生产新的更好的更廉价的产品。国内外企业直接接触还会大大促进专业化的过程。

在拥有决策权的企业，必须提高对成本、顾客需求、利润和亏损的敏感性，因此应当进行内部改革。

（4）大国问题

上述处方对大国不如对小国有效，关键在于大国具有潜在的国内市场。中国和印度人口多，巴西和墨西哥人均收入高，均能提供足够大的国内市场。印度尼西亚、尼日利亚和南朝鲜处在分界线上。在大国，外贸在国民收入中所占份额不大，对国内市场影响很小，应求工农业平衡发展，如果过分依靠贸易，就会影响世界市场价格，使贸易条件于己不利。国内需求大，即使在生产资料部门也可获致规模经济效果，不致造成垄断。只要管理得法，竞争的、有效率的工农业发展的好处在国内就能得到，而不必借助于贸易。

然而，即使在大国，对外贸易仍然可以帮助自己获得有效率的和公平的增长。进口（特别是在发展的最初阶段）能克服从事开拓的厂商的垄断倾向，出口能帮助初创厂商获得规模经济效果，并为国内进行更有效率的生产。任何外向汇率制度均能鼓励竞争，使货物价格不致离开世界市场太远。

至于小国，则无法避免上述各种贸易战略的含义。总供应的

561

571

大部分来自进口，除了通过外向政策使本国经济同世界价格连在一起、或付出内向的保护制度的代价以外，别无其他选择。这种代价可能很高，足以阻止长时期的经济发展。小国能否成功，关键在于它把外部贸易世界看作是一种发展的桎梏，还是一种发展的机会。

世界银行关于中国经济的报告指出：[41]在选择不同的国际经济战略时，中国在指导和保护国内经济发展的特性同利用对外接触所能带来的利益这两个愿望之间，不可避免地会产生紧张关系。更大地卷入国际经济，无疑地可以提高中国的效率和收入，但也会增加经济不稳定和地区差别。一个能对国内和国际情况的变化作出迅速而灵活反应的经济制度，在实现从更多的对外贸易和接触中可能得到的利益并将代价减至最低限度中，是起决定作用的。

但是，对外贸易是要付出代价的。世界银行的报告说：[42]

增加对外经济往来对于中国国内经济的发展目标来说也有若干严重的不利之处。其一是，随之而来的国外竞争可能会扼杀国内的幼稚工业或有战略意义的工业（幼稚工业是指那些经过学习、掌握过程后，将来能够取得经济优势的工业）。其他的不利之处包括：初级产品的价格不稳定、一般的通货膨胀和对工业品世界需求的波动可能会影响国内经济；地区不平等会加剧；可能会出现过于庞大的贸易逆差或顺差以及不需要的资本流进流出。

但是，建立一个健全的管理制度，利用适当的政策工具，可以缓和对外贸易利害冲突：使付出的代价最少，获得许许多多好处。

---

41 世界银行1984年经济考察团，《中国：长期发展的问题和方案》（主报告），中国财政经济出版社，1985年10月，第125页。

42 同上，第127页。

562

发展中国家对国际贸易的要求和对策

在对外贸易方面，发展中国家要求有一个有利的国际环境，具体说来，要求有以下五点：[43]

（1）对初级商品出口的需求有蓬勃的和持续的增长，这是从发达国家经济活动的高水平产生的。

（2）在主要由发展中国家出口的初级商品与它们所进口的制造品之间，贸易条件有所改善，至少要能保持稳定。

（3）减少出口收益的不稳定，有足够的资金来源去抵销发展中国家因出口购买力下降而产生的国际收支逆差。

（4）改善进入市场的机会，可能时应在优惠的基础上（在发展中国家半制品和制成品进入世界市场、取得技术和提供金触方面特别强调这一点）进入市场。

（5）为了弥补贸易缺口（即贸易平衡中的进口额超过出口额），应当有长期资本向发展中国家的净转移。由于发展的步伐要比国际市场力量所决定的增长速度快得多，所以这个缺口预期会扩大很快。按照国民生产总值 0.7% 提供官方发展援助，是操在国际社会手中的财政工具，它可以保证，即使市场条件不利，发展目标仍能达到。

发展中国家为了克服对外贸易和经济发展中所遇到的困难，采取了一些集体行动，主要有以下四个方面。

发展中国家一体化

1947年10月在日内瓦签订的《关税与贸易总协定》，是关于调整各国在贸易政策方面的相互权利与义务的多边条约，现在大多数国家均已参加。协定禁止国际贸易中的差别待遇，凡一国给予另一国的优惠待遇，应立即无条件地适用于所有其他缔约国，

---

43 联合国贸易和发展会议，《1981年贸易与发展报告》，第24页。

是谓"最惠国原则"。但有一个显著的例外，即允许成立关税同盟或自由贸易区。

有三种贸易安排，依经济一体化程度的大小而定：

（1）自由贸易区(free-trade areas)。 在成员国之间取消关税，但各自规定从区外进口的关税。在欧洲经济共同体扩大之前，欧洲自由贸易联盟曾经是一个突出的例子。现在最大的实例，是拉丁美洲自由贸易协会（已于1980年3月改组成为拉美一体化协会）。由于成员国可自由决定其外部关税，自由贸易区合作和一体化的程度最小，一般不是非常有效。

（2）关税同盟(customs unions)。 取消相互关税，对同盟以外的进口建立共同的关税。这有时是贸易集团所宣布的目标，如拉美西海岸的安第斯条约集团，但难于实现。

（3）共同市场(common markets)。 离完全一体化又前进了几步。除成员国间的自由贸易及对外实行共同关税之外，又取消或大大减少相互间劳力和资本移动的限制。甚至可能促进协调的财政、货币和汇率政策，并在许多其他方面进行合作。中美和东非共同市场均曾在经济一体化上取得重大的成就，直至成员国在政治上发生分歧使集团崩溃为止。

根据联合国贸发会议的数字，目前存在的发展中国家地区贸易集团，计非洲十七个、亚洲四个、拉丁美洲和加勒比海十一个、地区间组织十二个。除了这四十四个经济合作和一体化组织之外，发展中国家之间自1961年起还建立了八种清算机构和五种信用机构，见表9.17。

表9.17　　目前存在的发展中国家地区贸易集团 44

（甲）非洲

　　1 中非关税与经济同盟（CACEU，VOEAC）

---

44 联合国贸发会议，《1983年贸易和发展报告》，第Ⅱ编，1983年10月5日，附录A，第66—70页。

564

2 马格里布常设协商委员会（OPCM）

3 协约理事会（Council of The Entente）

4 西非国家经济共同体（ECOWAS）

5 大湖国家经济共同体（GLEC，CEPGL）

6 马努河联盟（MARIVN）

7 萨赫勒地区干旱控制国家间常设委员会（CILSS）

8 东非和南非国家优惠贸易区

9 西非经济共同体（WAEC，ICOWAS）

10 乍得湖盆地委员会（LCBC）

11 尼日尔盆地组织（Niger Basin Authority）

12 西非统一组织（OAU）

13 西非毛里公社组织（OCAM）

14 卡盖拉河盆地管理和发展组织（OKB）

15 冈比亚河发展组织（OMVG）

16 塞内加尔河发展组织（OMVS）

17 南部非洲经济发展协调委员会（SADCC）

（乙）亚洲

1 东南亚国家联盟（ASEAN）

2 曼谷协定

3 海湾合作理事会

4 南亚经济合作计划

（丙）拉丁美洲和加勒比海地区

1 安第斯集团

2 加勒比海共同体（CARICOM）

3 加勒比发展合作委员会（CDCC）

4 中美共同市场（CACM）

5 东加勒比国家组织（OECS）

6 拉丁美洲经济体系（SELA）

7 拉丁美洲能源组织（OLADE）

8 拉丁美洲一体化协会（ALADI，LAIA）

9 普拉特河盆地体系

10 亚马孙合作条约

11 乌巴玻集团

（丁）地区间组织

1 不结盟及其他发展中国家经济合作行动纲领（APEC）

2 非洲、加勒比海和太平洋国家集团（ACP）

3 发展中国家贸易协商议定书

4 阿拉伯共同市场

5 伊斯兰会议组织

6 阿拉伯经济统一体理事会（CAEU）

7 阿拉伯国家联盟

8 阿拉伯石油输出国组织（CAPEC）

9 石油输出国组织（OPEC）

10 地区发展合作（RCD）

11 三方协议

12 政府间联系和协调委员会（IFCC）

地区优惠安排对成员国的好处，有静态利得（资源配置的一时改进）和动态利得（刺激对出口工业及有关工业的生产投资）两种。[45]

静态利得：传统分析区分贸易创造与贸易转向。

贸易创造（trade creation）

当地区优惠安排（如关税同盟）降低从所有成员国进口的关税以后，有些成员国（如甲国）可以对另一成员国（如乙国）出口更多的货物，以代替乙国本国工业部门的生产，乙国的进口竞争工业原来是能在本国市场出售的，因为保护关税使之免他国效率更高、成本更低的工业部门的竞争。当地区优惠安排降低从其他成员国进口的关税以后，后者的效率更高的工业就能同乙国的厂商在乙国国内竞争。贸易量增加了，是谓贸易创造。虽然乙国某些生产者由于这种变化而处于不利地位，但尚有其他生产者能从其他成员国的市场获利，

45　参阅吉利斯等，《发展经济学》，1983年，第466—70页。

566

而且消费者能从低价和更广泛的选择获益。贸易创造的利得与贸易开放的利得相似，但只是在范围有限的地区优惠安排之内发生的。

贸易转向（trade diversion）：

由于关税同盟也对外部国家实行差别待遇，因此可使贸易转向，即使得成员国甲向成员国乙出口更多，以代替乙国以前从非成员国的进口。如乙国在成立同盟前有最惠国关税，则外部国家的出口必然比甲国便宜，否则当初乙国必须从甲国进口。同盟成立后，乙国消费者向甲国生产者购买，对消费者成本较低，但对全国来说则成本较高。以前从非成员国进口赚得的收入（关税），现在有一部分付给甲国的出口商，他们和外部竞争者相比，是效率较低的生产者。

从每个成员国的观点看，如贸易创造超过贸易转向，则关税同盟有利。如成员国有不同的资源天赋或其消费者有不同的嗜好、以致成员国在不同的商品出口上有不同的比较利益时，关税同盟尤为有利。

例如，墨西哥在蔬菜和石油上有比较利益，而哥伦比亚则在咖啡和纺织品上有比较利益，二者成立同盟后就会创造贸易，使两国均获利。但是，整个说来，相邻的发展中国家出口的货物多半相同，因此贸易转向必然很大。例如东非共同市场，进行贸易的制成品（如肯尼亚制造的车胎）来自不能和外部世界竞争的工业，坦桑尼亚和乌干达须比向市场以外购买时支付较高的到岸价格。即使在同盟内部贸易创造超过贸易转向，但只要有转向存在，非成员国就会受到损失。

动态利得和风险

大多数赞成发展中成立关税同盟的人，主张主要的利得是动态的而不是静态的。同盟扩大了所有成员国工业的市场，带来了亚当·斯密所说的"附带好处"。

规模的经济效果在某些工业可以实现；如果限于国内市场，它们的产量就会太小。较广阔的市场对幼稚工业特别有利；它们还不能在世界市场上竞争。如果较大的保护市场帮助它们达成这种规模，它们就可以缩短学习时间，早日获得在世界市场上进行竞争的能力。安第斯条约组织和东南亚国家联盟一个潜在的重要特点（虽然大部分尚未实现）就是补充协议(complementation agreement)，即将大规模的幼稚工业分配给成员国，使每国均能从创办如石油化工产品、纸浆和造纸、车辆制造、基本金属等工业部门获益，每一国均分摊其成本。

关税同盟也可增加成员国生产者之间的竞争，减少保护的不良影响。还有一种更普遍的影响，就是提高所有工业部门的企业和经理成效。

欧洲经济共同体成立后，竞争的好处被认为是在刺激欧洲经济增长中起了主要的作用；竞争对于中美共同市场的一时成功也有帮助。竞争增长的一种表现，是关税同盟贸易的一种特别类型：许多增加的贸易是在相似的甚至相同的产品上。在某种程度上这就代表了细分的专业化：一个纺织厂将其生产范围缩小到几种它做得特别好的产品上。在某种程度上它可能代表了更有效率的亚地区贸易格局：一旦边界不再成为障碍时，重新安排可以减少运费。但是类似货物的贸易，大部分可能只不过是反映了较大的竞争和消费者更广泛的选择。它肯定证明了贸易创造论的虚伪，后者预言只有出口不同的货物时各国才能获利。

这些动态效应，在长期内诱致了在同盟内部更大的投资，刺激了增长的加速，改组了经济使之出口所有各种产品，建立了难于创办的工业部门。既有这些好处，为何第三世界关税同盟的成功实例如此之少？一个主要问题是利得分配，不问其为静态的还是动态的。

东非共同市场说明了这一点。当其顺利时，坦桑尼亚和乌干达相信，肯尼亚从制造业发展中获益最大。肯尼亚迅速实现工业化，更能利用同盟，对邻国的出口比进口更多。（肯尼亚对外贸易接近平衡，主要由此；过去它的对外贸易一般都是逆差。）一旦肯尼亚的工业开始出口，更多的投资就向它流入，以利用工业的基础设施和内罗毕的中心地位。

568

这样，肯尼亚、特别是内罗毕，就起了整个东非市场的增长极作用。

利得（真正的或想象的）集中于比较先进的成员国导致了政治上的紧张，有时加剧邻国间的政治问题。反之，邻国间的政治分歧（这或许是不可避免的），当这些国家结合在关税同盟或其他经济安排中时，变得更加危险。如果决策于其不利时，每个成员国、特别是经济上比较落后的国家，可以利用参加同盟与否作为武器，威胁其他参加者。阿明的兴起，坦桑尼亚与肯尼亚之间的紧张，最后导致东非共同体的瓦解。智利退出安第斯条约，是由于在政治上与秘鲁及其他国家的意见不同。这种潜在的分裂可能性总是存在的，当一国参加一体化方案时，这种风险就大大增加。肯定说，一国从与邻国一体化能得到很大的经济利益；但要实现这种利益，须使自己的经济发展方式在同盟以外就没有多大意义。马来西亚可以在一个化肥厂上投资，目的在为东南亚组织各国生产。但是如果这个自由贸易区不发展，或者如果政治争议使之无效，它的化肥生产能力比自己所能使用的要大得多，特别是当它仍是高成本生产者时。这种例子在几个工业中可以加几倍，如果关税同盟解体，能导致严重的资源配置不当和停滞。

发展中国家会趋向彼此更大的贸易吗？潜在利得大，风险也大。若要成功，任何一体化计划均必须带来大大增加投资的希望，并必须对同盟利得作普遍而公平的分配。成员国须由强有力的领袖们治理，他们能认识到共同的利益，和谐地一起工作。即使如此，也不能排除政治变动的风险，以及将来能使同盟瘫痪的意见分歧。成功的一体化所要求的条件，似乎同成功的外向发展战略所要求的条件一样严峻。可是，如果同盟的成员国很广泛，没有一国能通过退出而使同盟解体时，政治风险会小一些。

赫利克和金德尔伯格两位教授对地区贸易集团失败的原因作了如下分析：[46]

（a）发展中国家之间的贸易虽有增加，事实依然是：发展中国家彼此进行的贸易比同发达国家进行的贸易少，在已经成立贸易集团的

46 布鲁斯·赫利克和查尔斯·P·金德尔伯格，《经济发展》，1983年第4版，第481—483页。

国家之间则更少。例如，在非洲，只有6％的进口来自非洲内部； 在中东，只有2％的进口来自本区。而欧洲经济共同体的进口则有一半以上（53％）来自共同体内的其他国家。

因此，对低收入国说，现有区域初级商品贸易中大大降低成本的机会是有限的。任何一国贸易创造的前景远远不及贸易转向。

（b）国际收支地位脆弱的国家，降低关税的问题是：使进口更具吸引力而又不能同时刺激出口。当履行贸易自由化协定使一国的国际收支恶化时，就难于作出决策。

（c）各国最初可能同意在原则上协调它们的工业生产计划，但是谁来生产什么的争执是很普通的。每一个国家都想生产"最先进的"产品，这一般是资本最密集的，有最大的规模经济和最高的收入弹性。同时，没有一个国家想继续向其他国家提供基本原料或农产品，它们至少是理解恩格尔规律的。

在最初，往往没有一个国家就正在生产和想要生产的产品磋商降低关税问题。可是到后来，在一个工业中渐露头角的国家想要通过关税减免使之更快地发展时，其他落在后面的国家则想推迟减免，以待自己改进竞争的机会。达到这种比较困难的阶段时，贸易自由化的步伐一般减慢，甚至停止。

（d）关于利得和损失的适当分配意见不同，由于各国最初的发展水平不同而加剧。西非国家对尼日利亚总是感到不安，怕它在任何区域集团中起支配作用。拉丁美洲自由贸易区经常遇到的问题是：一方面是巴西的庞大和工业化迅速，另一方面是厄瓜多尔、玻利维亚和巴拉圭的相对落后。的确，安第斯条约组织的形成，部分地是由于对巴西增长的条件反射。在历史上，意大利的统一导致了南北两部分的收入差距变得比以前更大。

国际商品协定

除了地区贸易集团之外，出口关键性商品的国家还试图通过组织生产者联合会（西方经济学中称之为"商品卡特尔"）来改善自己的经济地位。其中最著名的是"石油输出国组织"（OPEC，欧佩克），它在七十年代，曾成功地两次提高油价。生产其

570

他初级商品的穷国也想仿效它。富国则担心这类的组织可能扩散，因为它们依赖某些进口原料。

组织国际商品卡特尔并不是一种新想法。卡特尔是一群生产者公开串通一气，限制产量和分配市场，以便维持超出竞争市场的价格。根据美国的余尔曼法，卡特尔就大多数来说被认为是非法的；根据罗马条约，卡特尔在共同市场也受到限制。但是由许多国家组织的卡特尔，国际法是不加禁止的。在五十年代，锡、咖啡、糖、小麦等都有这种类型的商品协定，成功的程度彼此不等。1983年某些主要商品订有协定的如表9.18，大多数是晚近期形成的。

表9.18　商品协定及其包括的产品范围

OPEC	石油输出国组织，包括十三个主要生产国，能成功地限制生产、提高油价、通过有选择的出口禁运利用石油资源作为政治武器。不过最近遭到了较大的困难。
IBA	国际铝矾土协会，1974年成立，包括十一个生产国，牙买加是最突出的。
ITC	国际锡理事会，为对锡进行缓冲储备而建立。
IRA	国际橡胶协定，1979年签订的缓冲储备计划。
ISO	国际糖组织，定有出口限额计划，宣布了价格幅度目标。
ICO	国际咖啡组织，给生产国规定出口限额，主要出口成员国包括哥伦比亚、巴西、中美各国及东非生产国。
ICCO	国际可可组织，利用缓冲储备去稳定价格，包括二十一个出口国和二十七个进口国。*主要的非签字国有：科特德瓦（生产国）、美国（进口国）。
UPEB	香蕉出口国联合会，最初由四个中美生产国外加巴拿马组成，哥伦比亚和厄瓜多尔是拒绝参加规定每箱征收1美元共同出口税方案的生产国
	许多其他初级商品有贸易组织，但没有卡特尔。最重要的是铜、棉花、茶、黄麻、铁矿石、镍、钨、炼钢用合金材料（例如锰、钴）和稀有泥土（例如钶、钽）。

来源：赫利克和金德尔伯格，《经济发展》，1983年第4版，第484页。

＊　可可生产者联盟于1962年成立，现有十一个成员国：加纳、尼日利亚、科特迪瓦、喀麦隆、巴西、加蓬、特立尼达和多巴哥、多哥、厄瓜多尔、圣多美和普林西比、多米尼加。1984—85年，它们供应国际市场的81.42％，其中非洲供应65％（《人民日报》，1986年5月16日）。

在过去，商定协定的动机是稳定价格。关键性商品出口价格的 不稳定，可能使一国的出口收入每年之间有很大差别。"公平和有利的"（fair and remererative）价格是在同样追求之列。"但大多数提议所追求的，并不是长期均衡中所有的价格"，赫利克和金德尔伯格教授说。"反之，较高的收入似乎才是目标，而不是周期的 价 格 稳定。所谓'公平'价格，原来是支持者短期的收入的价格， 而不考虑这种价格对最后的供求数量不平衡的影响。"47

他们认为，任何单独一种商品的卡特尔安排能否成功，可以用单独的微观经济分析去估计。国际商品卡特尔的成功条件， 与旧式的串通一气的垄断条件相同。这些条件如表9.19所列，它们表明， 要成功地管理一个卡特尔是多么困难；它们也表明，随着时间的消逝。 越来越使卡特尔解体的力量是多么强大。

表9.19　　　国际商品卡特尔的成功运用受着基本经济原理的支配

1、成员数目小。新成员加入的成本高。
2、产品没有代用品；需求无价格弹性。
3、世界需求有增长趋势；世界需求有高收入弹性。
4、适度的而不是"过高的"价格政策。
5、主要消费国的公开同意，至少是默许。
6、对新生产者或对要退出卡特尔的现有生产者，有着有效的制裁办法。
7、是一种能耐久的产品。
具备这些特点时，预示一种国际商品卡特尔能够成功，否则就会失败。

如果一种商品的世界产量绝大部分集中在少数几个国家， 卡特尔就可能成功。成员数目太多，会给组织带来不稳定。 因为数目越多，执行卡特尔协定就越困难，每个成员进行"欺骗"——生产多于协定分配给它的份额——的可能性也越大。

只在成员国使价格高于平常而限制产量时，卡特尔才起作用 。 整个卡特尔面临的需求弹性比任何单独一个生产国所面临的 需 求 弹 性小。整个卡特尔的价格越高，这一集团的总收入也可能越高。 但是，任何单独一个生产国所面临的是一种有弹性的需求曲线， 因为消费者可以用一国生产的标准商品，去代替另一国的同一商品。 卡特尔可能同意采取垄断价格。 在它们的心目中至少常常有一个价格幅度。如果

<hr>

47　B赫利克和C·P·金德尔伯格，《经济发展》1983年第 4 版，第485页。

个别生产国略为降低那种价格，它自己的销售量就可以猛增。面临着卡特尔和各生产国的不同需求弹性，这就是为什么会有欺骗动机的原因。生产者越多，弹性的差别也越大，每一个生产者略为减价和生产多些的刺激也越大，有效执行协定的可能性就越小。

第二个成功的标准，是同世界需求的价格弹性有关的。欧佩克的成功，可以用这个理由解释：石油作为燃料、润滑剂和化工原料，在短期内没有相近的代替品。其他的商品协定就不会那样成功。铝和铜在许多用途上可以互相替代。香蕉虽可口，如果价格提高一倍，除了最热心的消费者外，在餐桌上就会被用其他水果代替。

如果国际市场的规模迅速扩大，卡特尔就能够比较容易地团结一致去反对自己的成员为追求较大的市场份额而进行内部斗争。对产品需求的收入弹性，可以衡量世界需求是否随着收入增长而旺盛起来。某些商品（咖啡又是最好的例子）的需求增长比收入增长慢，而石油则更富收入弹性。

管理一个卡特尔的价格政策是一件微妙的事。如果采取维持高价的政策将会怎样？只有适当地限制产量，供给才能减少到这样一点：在这一点上，价格能维持在大大高于以前的竞争均衡水平上。卡特尔成员必须面对如何分配生产削减额的困难问题。有些成员，例如欧佩克中的沙特阿拉伯，可能更愿意在未来的价格上投机，为了维持价格，比较缓慢地开采自己的自然资源。其他的国家可能急于生产和出售，而不愿等待。在普通情况下，对提高价格最激进的成员国，应当是最愿意敦促（并吸收）削减生产的国家，而比较稳健的成员国，可以赞成将产量维持在接近现行的水平上。但欧佩克的类型正好相反。沙特阿拉伯同意以大大低于其潜力的水平进行生产，也主张价格要适度，而利比亚和尼日利亚（以及其他国家）则主张抬高价格而又不削减生产。

卡特尔定的价格越高，对下列三种刺激越大：（1）刺激卡特尔成员国进行欺骗和提高自己的产出；（2）刺激消费者开发同一种商品的其他来源，特别是在国内，以代替现在昂贵的进口品；（3）刺激人们寻求其他代替品，如自然产品的替代和合成产品的开发。因此，"适度的"（moderate）价格政策能促进卡特尔的稳定，同时又不会把消费者推往其他的市场渠道。维持适度价格政策的困难，部

573

分地由于各成员国的成本条件不同。有效率的（即成本低的）生产者在价格只比竞争均衡水平略高的情况下仍能维持令人满意的利润，但旧式的传统的高成本生产国在这种情况下会有压力，要求限制生产和提高价格，特别是当它们能迫使有效生产者接受大部分限制时。

消费国支持的可取性，在预测卡特尔的成功与否时常常被人忽视了。如果需求的价格弹性足够低（如对石油），那就不必寻求进口国的支持。但在替代品比较容易找到或非卡特尔成员国企图公开进行竞争时，就必须由进口（消费）国同意只进口卡特尔成员国的产品。

消费国的同意，还必须通过有效地制裁可能的新生产国而加强。这种制裁可以是经济的（抵制进口或抵制向犯规者提供援助），政治的（在世界各种理事会中使之孤立），甚至是道德的（使用敌对的舆论）。每一种都有不同程度的效果。但是除非具有某种强制执行的力量，否则，卡特尔的稳定时期不会超过三、四年。

最后，卡特尔的成功依存于一种耐久的产品。石油可以留在地下。大多数矿产品容易储藏。农产品的耐久性各有不同，通常需要有比较费钱的储藏设备，以避免时间和老鼠的破坏。七十年代中期香蕉协定的最大困难，在于这种产品的自然属性，在跌价时期，它也不能离开市场。

除了单个商品以外，低收入国还寻求全面的保护，以免遭受商品价格下降的损失。目前有三种制度方面的安排：

（1）国际货币基金组织的出口波动补偿贷款(Compensatory financial facilily或Compemsatory financing of expert-fluctuations)

1963年创设。是初级产品出口国因出口收入暂时下降而发生国际收支困难时，在原有普通贷款以外，向国际货币基金组织另行申请的一项专用贷款。贷款条件要求：出口收入下降必须是短期性的，而且是由会员国本身不能控制的原因造成的；借款国有义务同基金组织合作，采取适当措施解决其国际收支困难。贷款数额，1966年扩大到份额50％，经基金组织同意，最高可达份额100％。贷款期限规定为三—四年，但要求在出口收入恢复时尽早偿还。

574

（2）欧洲经济共同体对非加太国家规定的稳定出口收入措施

1984年12月欧洲经济共同体与六十六个非洲加勒比和太平洋地区的发展中国家签订了第三个洛美协定。第一个协定是1975年签署的，为期五年，第二个协定于1985年3月期满。

稳定出口收入制度（Export Stabiligation System，简称Sfabex）是洛美协定的一个重要内容。协定规定："为了弥补出口收入不稳定的有害后果，从而保证亚加太国家经济的稳定、盈利和持续增长，共同体实施一项旨在保证这些国家向共同体出口某些产品稳定出口收入的措施，这些产品是它们的经济所依赖，并受价格和数量波动影响的。"具体规定是：

（a）包括的出口产品：其出口收入在该国出口总收入中须占一定比重（第一个协定为7.5%以上，第二个协定在6.5%以上，对最不发达国家放宽，分别为2.5%和2%）。

（b）产品品种：第一个协定为十二类共三十种，第二个协定为四十四种，第三个协定为四十七种。

（c）当这些产品的出口价格跌至参考价格（第一个协定规定为前四年出口收入平均数7.5%以下，第二个协定为6.5%）以下时，即发生财政转移。其资金对最不发达国家是无偿的，其他国家则在补偿产品的收入增加到一定程度时无息偿还。

（d）基金总额在第一个协定期间为3.75亿欧洲货币单位，实行支付3.87亿，超出部分记入第二个协定时期，这期间出口损失全部得到补偿。在第二个协定期间，由于初级产品价格暴跌，符合条件的偿还额达4.64亿，只有52%得到补偿。1981年补偿比例又下降到42%。

第三个洛美协定已经生效，它规定给非加太签字国的农产品和工业品在共同体的销售提供优惠，并要求共同体在五年内向这些国家提供一揽子85亿欧洲货币单位（合83亿美元）的援助。

（3）联合国贸发会议的综合商品方案和共同基金（Integrated program for commodities: the common fund）

575

这是一个最全面的计划，包括十八种主要商品，为之建立缓冲储备。按照现在的缓冲储各办法（如锡），当一种商品的价格跌到预定的最低限度以下时，价格稳定基金即将其购入；当价格涨到可以容许的最高水平以上时，即将其售出。从原则上讲，缓冲储备在数量上会环绕着它的最初水平上下波动，在长期内买卖的收支相抵，行政支出是它的唯一成本，而商品价格变动减小是它的好处。基金中包括的商品达十八种之多（数目自然还可以磋商），意味着这种好处将推广到今天很大数量的初级产品出口国。

这个问题在第十二章将继续讨论。

普遍优惠制

许多发展中国家想增加制造品出口，接近工业国市场对考虑外向战略的国家是个难题。一个回答是贸发会议１９６４年开始的运动，即普遍优惠制（Generized System of preferences，或GSP）。[48]

根据普遍优惠制，所有发展中国家的制造品应被免税进入发达国家市场，而来自发达国家的竞争性进口品则须缴纳关税。关税优惠有两个含义。第一，它使资源从进口国政府（它不再征收关税）转移到出口国，让后者得到较高的价格，而仍能与工业国的制造商竞争。第二,由于这一转移，提高了发展中国出口制造品的资本收益，因而创造了额外的投资刺激，帮助发展中国家的出口制造业进一步多样化。到1976年，通过十多年的讨论和抵制以后，所有工业国都采取了某种形式的普遍优惠办法，但同贸发会议最初设想的基础广泛的制度，仍有很大差距。

美国是提供优惠的最后一个国家，它的立法制度所施加的各种限制，可以作为实例来说明大多数国家所实行的限制。

美国将几种发展中国家有强大比较利益的商品排除在优惠之外，包括纺织品和鞋类；美国就某种制造品出口占美国市场50％或向美国

---

48 吉利斯等，《发展经济学》，1983年，第464页。

576

出口总额在2,500万美元以上的国家，规定不得享受普遍优惠待遇；此外，还制定规则，确保货物的一定部分必须是在发展中国家本国制造的。其次，欧洲经济共同体施行一种有系统的"关税限额"，从所有发展中国家的进口在一个特定限度以内免税，超过限额者课征全税；任何一国只能占限额的一部分，50％或更少，以保证没有一国能得到全部好处。最后，某些国家或地区，如西班牙、葡萄牙、希腊、香港和台湾省，被排除在普遍优惠制各种方案的至少一种以外。

这些限制性的优惠方案，对发展中国家提供的好处是不大的。据鲍德温和默里估计，[49]最后实行的普遍优惠制各种方案，在1971年会使发展中国家的制造品出口增加4,800万美元，不到出口总值的4％。而这种好处又大抵为比较先进的发展中国家或地区所得。他们估计，普遍优惠制的好处有四分之三归于十来个国家或地区，如台湾省、南朝鲜、印度、巴西、墨西哥、南斯拉夫等；它们在出口制造品方面已有很大进步，还表明没有优惠待遇也能竞争。

贸易改革

对优惠方案的某些观察家认为，在最惠国原则下对所有商品的普遍关税减少，会使发展中国家将来得到更大的好处。[50]成功地出口制造品的发展中国家已经证明，它们不需要优惠待遇就可以竞争。而比较不那么先进的国家，开始就简单的劳动密集制造品进行竞争，又发现这些商品已被排除在优惠待遇之外。吉利斯等教授认为：[51]中等收入国和低收入国也许会从具有三个目的的贸易改革得到好处。

第一，工业国必须在调整自己的经济结构方面取得较大的进展，离开发展中国家有比较利益的工业，主要是纺织品、衣服、

---

49 R·E·鲍德温和 T·默里，"最惠国待遇关税减少与普遍优惠制下发展中国家所得到的好处"，（英）《经济学杂志》，1977年3月，第30—46页。

50 参阅，例如，上引鲍尔温和默里的文章，以及莫迪凯·E·克雷伦，"对国际经济新秩序的批判性考察"，《世界贸易法杂志》，1976年第10期，第493—512页。

51 吉利斯等，《发展经济学》，1983年，第465—6页。

鞋类，对许多国家来说还有钢。这个问题涉及南北关系的核心，由于国内的政治干预，使得工业国难于就劳动密集的制造品作较大的调整。在受到影响的工业部门许多工人将要失业，在一段时间内找不到工作。最后，当工业化国家有比较利益的工业部门成长起来并雇用更多的工人时，失去工作的人大部分或全部会恢复工作。在长期内，当资源在南北双方都配置到更有效的工业 部 门 时，所有的国家均能获益。但在短期内，调整意味着北方衰落工业部门的失业，造成政治上的压力，要求保护，而不是要求自由化。

第二个目标，是对发展中国家出口的加工原料和加工食品降低关税。虽然这种关税大部分并不太高（从5％到20％)，但对原料进口的关税却要低得多，或不课税。因此，有效保护率高，挫抑了发展中国家加工自己的原料和食物。这种关税降低自然会帮助各国从事以原料为基础的工业化。

最后，对贸易的非关税壁垒（如限额、包装和标签要求、卫生规定、海关拖延和高货栈费）的普遍降低，会使发展中国家和许多工业化国家都得到好处。这些壁垒常常看起来不显眼，但常常主要是为了保护本国的制造商，甚至是为此而规定的。例如，日本的非关税壁垒在限制性进口方面，常常和关税一样有力。

发展中国家对外贸易的前景如何？[52] 一般预测，国际环境今后仍将是不确定和不稳定的。目前市场经济工业国仍占世界收入和贸易的60％左右。一般预测，这些国家今后二十年内的发展速度（实际国民生产总值）每年为3．5％左右，比五十和六十年代慢，但比七十年代及八十年代初稍快；通货膨胀也将继续存在，但比七十年代低（每年为5—6％）；经济和技术形势在不断变化，这些国家在调整本国经济结构（尤其是在需要将许多工业转移到发展中国家，而代之以更新的工业和服务）中，会继续面临困难，因此保护主义会继续存在。但是预期世界贸易增 长 速 度

---

52 世界银行，《中国：长期发展的问题和方案》，1985年，第125—127页。

578

仍将超过生产增长速度，市场工业国彼此的贸易仍将占世界贸易中的较大比例（目前在40％以上），发展中国家所占比例将继续增加，其中工业品出口增长尤为迅速（年增长率8—10％）。因此，预计发展中国家实际国民生产总值年增长率平均为5％左右，由于人口增长速度快，在人均收入方面同工业化国家的悬殊几乎不会缩小。又由于持续的外债困难或国内存在的根本问题，某些发展中国家的经济增长要缓慢得多，但东南亚地区各国的增长率将继续超过平均数。

全球性预测不会完全正确。1950年许多经济学家预测以后二十年会出现衰退，结果出现繁荣；1970年预测繁荣将会继续，结果却没有。世界经济的发展，在很大程度上取决于世界经济管理体制的改革和改善（目前市场经济工业国的大部分贸易和发展中国家的一部分贸易均遵守一项多边体制所规定的框架，东欧非市场经济国的相互贸易受经互会管辖），而各国接受多边或地区性的规定和惯例到什么程度，是难于确定的。此外，周期性波动发生的时间和幅度，更是无法预测。但在一个多样化的大国经济中，外贸比重小，所以国际经济中意外不利会带来的损失就不会太大。53

---

53 目前中国商品及"非要素劳务"出口额占国内生产总值9—10％，比印度高，和中、高收入水平大国（如巴西、美国）接近。

第十章 人力发展

人 口 问 题

　　人在发展过程中起着双重作用：一方面他是发展的最后受益者，另一方面他又是生产增长和转变过程中即经济发展过程中最重要的投入。

　　人力投入在过去简称为劳动，只研究它的数量方面，它被看作是均一的或无差别的，至多也只区分为熟练劳动和不熟练劳动。现在称人的生产要素为"人力资源"（human resources）或"人力资本"（human capital），既包括数量方面，也包括质量方面。发展经济学家谈"开发人力资源"或"人力资本投资"。这种同"自然资源"（natural resources）和"物质资本"(physical capital）的类比在许多方面是合适的，但是如果认为人力资源的性质及其对于生产的贡献也和机器设备与原料一样，那就错了。人力资源所起的作用比起这些要复杂的多，微妙得多。要讨论人力资源怎样通过类似投资的过程去创造和开发，首先应了解人口与经济发展的关系问题。[1]

人口状况

<hr/>

　　1　世界银行，《1984年世界发展报告》，以讨论第三世界国家的人口问题为重点，可参阅。

（1）过去的世界人口

莱斯特·B·布朗将世界人口的历史划分为四个时期：农业前时代，从农业定居到工业革命，从工业革命到第二次世界大战，二次世界大战以后。[2]

(a)在第一时期，人类以狩猎为生，人口密度（每千平方公里人数）不大。出生率（或粗出生率，每千人中的出生人数）或为35—50‰，死亡率(或粗死亡率，每千人中的死亡人数)也一定很高，否则自然增长率（出生率与死亡率之差，通常用百分比表示）在大约二百万年中一定比实际的数字大。考古证据表明，死亡的半数是由于暴力。杀害女婴似乎很普遍。人口分布稀疏有助于阻止传染病蔓延。

(b)从农业定居到十九世纪初的工业革命，约有一万二千年。谷物栽培及牲畜饲养扩大了食物供应并增加了供应的可靠程度。死亡率下降，预期寿命增加，人口开始缓慢地、逐渐加速地增长，间或为瘟疫、灾荒和战争所打断，战争（它又导致瘟疫或灾荒）在一定时期内可能使人口减少五分之一、三分之一，甚至二分之一。

(c)第三时期中世界人口大为增长。现代经济增长的肇始，使地球负载人口的能力大为扩张。工业中的创新引起了农业中的创新，后者释放出劳力供给工业，又提高了从事农业者的生产率，为日益增长的城市人口提供食物。运输的改进，特别是洲际道路和海洋航运的发展，进一步促进了世界的食物生产。饥荒的次数和严重性都减少了。食物价格绝对下降。现代医药卫生开始发展。这一切因素使死亡率下降。人口增长加速，到二次大战时达到每年1％左右。人口位置发生很大变化。1846—1930年约有五千多万人离开欧洲到世界各处定居：大部分到美国，少数到加拿大、巴西、阿根廷、智利、南非、澳大利亚和新西兰，据估计，"欧洲种"在世界人口中从22％增至35％。大萧条使大量国际移民阶段宣告结束。数以百万计的劳工和商人，从人口过剩的印度和中国移居东南亚、非洲、南太平洋以及人口稀疏的其他地区。各种殖民帝国的存在，有利于此种迁移。

2 莱斯特·B·布朗，《为了人类的利益》，纽约1974年。比较详细的叙述，见卡洛·西波拉，《世界人口经济史》，英国企鹅丛书，1962年。

(d)第二次世界大战以后,食物供应和疾病控制进一步得到改善。上一时期工业国采用的技术向全球扩散。死亡率和预期寿命实际上发生了革命,人口自然增长率跃增至2%、甚至3%。这个时期到目前只有四十多年。

人口以递增的(即复利率的)速度增长,其结果是十分惊人的。在纪元开始前,世界人口不过2.5亿,十九世纪初达到10亿,1950年也只25亿,目前世界人口约为48亿。现在的世界年度人口增长率是1.65%,而六十年代是2%,发展趋势是下降的。

所有工业发达国家都经历了"人口的转变"(demographic transition);开始是高出生率和高死亡率;然后死亡率下降,使自然增长率上升;再过一些年,出生率也下降,使自然增长率回到1%左右。英格兰和威尔士的转变情况如图10.1。

图10.1　　　　英格兰和威尔士的人口转变,1970—1950年

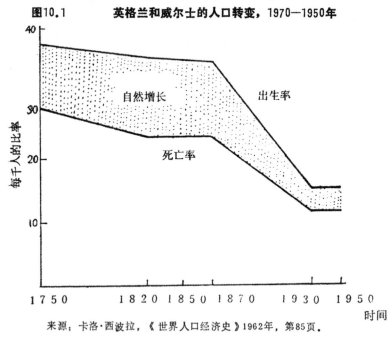

来源:卡洛·西波拉,《世界人口经济史》1962年,第85页.

582

592

在当今这个时期，发展中国家也在经历一次人口转变。二次世界大战后，死亡率下降，但下降开始时的人均收入水平远远比现今发达国家的过去低，下降速度也快，而出生率则下降很少，例如斯里兰卡的情况（图10.2，与图10.1比例尺相同）。这就使世界人口的自然增长率超过了历史上的任何时期：整个世界人口的自然增长率为2％左右，有些国家在3％以上。

图10.2　　斯里兰卡的人口转变，1900—1950年

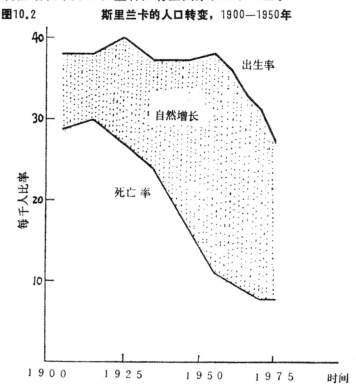

来源：吉利斯等，《发展经济学》，1983年，第154页。

有的学者将人口转变根据历史事实加以系统化，划分为四个阶段，如图10.3。

583

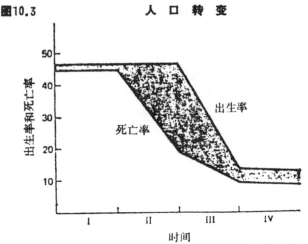

图10.3　　　　　　　人 口 转 变

来源：赫利克和金德尔伯格，《经济发展》，1983年第4版，第364页。

〔说明〕

Ⅰ最初，出生率和死亡率都很高。生殖基本上不受抑制，虽然不会达到生理上的极限。死亡率逐年有很大差异。歉收和谷贵导致饥荒，并降低对疾病的抵抗力。由营养不良与一般健康状况不佳开始的循环，以疾病流行结束。图中抹去了各年的波动情况，只表示了出生率和死亡率的平均数。

Ⅱ死亡率下降：因为用于保健的支出增加，科学的发现能使生命得救。出生率继续处于以前的水平。因此，人口增长率提高。

Ⅲ死亡率继续下降，但速度减慢（因为保健支出的收益递减）。出生率现在也下降，反映了城市化、教育、更有效的节育技术等各种力量的作用。

Ⅳ出生率和死亡率最后都拉平。死亡率的进一步下降越来越困难（即费钱）出生率反映了对小家庭的新愿望，以及其他的人口和经济力量的作用。人口增长率又一次接近零，如同在第一阶段。

（2）现在的世界人口

现在的世界人口，以1980年为代表，如表10.1所示。

584

表10.1 　　　　　　　　世界人口，按地区和发展程度分，1980年[a]

	总　　人　　口		年度增长率 1970—1980年 （%）	人口密度 （每平方公里千人）
	人数（百万）	占总人口 %		
按地区划分				
非洲	476	11	2.7	17
亚洲	2,345	53	2.1	95
大洋洲和印度尼西亚	169	4	2.2	16
欧洲	802	8	1.6	29
北美和中美洲	373	5	2.2	17
南美洲	238	18	0.8	14
按发展程度划分				
发展中国家	3,300	75	2.2	46
低收入国家	2,161	49	2.1	70
中等收入国家	1,139	26	2.5	27
高收入石油出口国	14	1	5.0	4
发达国家	1,068	24	0.8	20
市场经济国家	714	16	0.8	23
东欧非市场经济国家	353	8	0.8	15
全世界	4,403	100	1.9	34

　　　a 人口密度栏和表的上半部（按地区划分）只包括人口在100万以上的国家。苏联和土耳其列入欧洲。

　　　来源：世界银行，《1981年世界地图集》；《1982年世界发展报告》，第110—111、142—143页。

可以看出，当前人口可以分为两种类型：欧洲和北美发达国家已处于人口转变的终了，发展中国家则处于人口转变的初期。

　　在前者，出生率不到20‰，自然增长率不到1％。它们的人口会保持很低（美国战后的婴儿猛增是例外）。在某些国家，现在的出生率不会造成人口的增长，有些人主张的零度人口增长率（ZPG）的目标可能不久即可达到。

　　在后者，许多低收入国家的出生率为40‰以上，而死亡率则只有10—20‰，因此自然增长率为2—3％（有的国家达到4％）由于四分之三的世界人口处在发展中国家，所以世界人口的平均增长率将近为 2 %。

世界人口的特点，可用表10.2说明。

表10.2　　　　　按人均国民生产总值划分的各国人口特点，1980年

A、人口生死方面

收入类别（美元）	粗出生率（‰）	粗死亡率（‰）	自然增长率（%）	婴儿死亡率（‰）
200以下	43	20	2.3	139
200—300	43	17	2.6	129
300—500	47	18	2.9	127
500—1,000	41	12	2.9	93
1,000—2,000	35	9	2.6	64
2,000—5,000	24	9	1.5	39
5,000以上	18	10	0.8	22

B、人口分配方面

收入类别（美元）	14岁以下人口，1978年（占总人口%）	城市人口增长率1970—1980年（%）	城市人口（占总人口%）
200以下	43	5.2	16
200—300	41	5.7	16
300—500	44	6.1	22
500—1,000	44	4.9	38
1,000—2,000	43	4.2	49
2,000—5,000	35	2.8	64
5,000以上	26	2.7	74

来源：世界银行，《1982年世界发展报告》，第110—111，142—145页；多萝西·L·诺特曼和艾伦·霍夫斯塔特，《人口与计划生育：资料简编，截止1978年》，纽约，人口理事会，1980年，第4—16页。

转引自吉利斯等，《发展经济学》，1983年，第156页。

从表10.2可以看出世界人口的三个特点：

（a）从表的上半部分可以看出类似"人口转变"的一些情况。从人均收入达到500元以后，出生率开始下降，自然增长率也随之下降。

（b）婴儿死亡率的下降特别敏感，从收入最低一类到收入最高一类下降了84%。年龄结构的改变使"扶养比率"（dependency ratio），即非工作年龄人口（普通按0—14岁及65岁以上计算）对工作年龄人

586

口（15—65岁）的比率提高。高扶养比率会使人均收入降低，因为一定数量生产者的产出须在更大数量的消费者中分享。

（c)城市化是发展的不可避免的现象,因为移居城市可以获得较高的收入，享受较多的福利（教育、卫生、文化等方面）。阻止城市人口增长几乎是不能办到的事情。有些发展中国家政府想通过发展较小的城市和落后地区来解决这个问题，但收效甚微。

当前发展中国家的人口情况，世界银行的报告概括成七点：[3]

（a)发展中国家战后人口增长率之高是空前的。过去二十年中虽然某些国家的人口增长率由于人口出生率下降而有所下降，但增长率仍然异常高（大部分国家每年增长2—4％），而出生率也并非处处都在下降。

（b)六十年代中期高生育率和婴儿死亡率降低，意味着发展中国家今天约有40％的人口只有15岁或更小，见表10.3。

表10.3　　　　1980年发达国家和发展中国家人口年龄结构的比较

	年　龄　分　布（岁）					总和生育率[a]
	0--4	5--14	15--64	65以上	所有年龄	
所有发达国家	7.6	15.5	65.6	11.3	100	1.9[b]
所有发展中国家	13.6	25.5	57.0	4.0	100	4.2[b]

a总和生育率是指一个妇女能活到育龄结束、并在其生育年龄内按当时的特定年龄生育率生育的条件下,生育孩子的数目。发展中国家的总和生育率在3—8间。

b加权平均数。

来源:《1984年世界发展报告》，第67页。

（c)国内和国际间移民都不能真正解决人口增长问题。人口自然增长率高比从农村向城市移民更是促使发展中国家城市迅速增长的重要因素。尽管农村人口大量移向城市，亚洲和非洲低收入发展中国家农村地区人口增长率平均每年仍达2％或更多。目

3　《1984年世界发展报告》，第63—78页。

前国际间移民的规模，永久的和临时的加在一起，只占发展中国家人口的很小一部分。

发展中国家的城市人口正以几乎两倍于整个人口增长的速度在增长，增加人口中，一半以上是由于出生多于死亡，其余部分是由于从农村迁入及将农村地区变为城镇所致。拉丁美洲是发展中世界城市化最高地区。发展中国家的世界最大城市越来越多。

与十八、十九世纪从欧洲向外移民的情况相比，现代永久性移民率不大：1970—1980年向外移民只吸收了欧洲和拉美人口的4％，亚洲和非洲则不到1％（表10.4）。永久性向外移民对减少发展中国家人口压力影响不大。临时性向外移民也只占发展中国家劳动力的很小比例。

表10.4   永久性移民占各移民国家人口增长的百分比

时　　　　期	欧　　洲	亚　　洲[a]	非　　洲[a]	拉丁美洲[b]
1851—1880	11.7	0.4	0.01	0.3
1881—1910	19.5	0.3	0.04	0.9
1911—1940	14.4	0.1	0.03	1.8
1940—1960	2.7	0.1	0.01	1.0
1960—1970	5.2	0.2	0.10	1.9
1970—1980	4.0	0.5	0.30	2.5

注：数字按澳大利亚、加拿大、新西兰、美国总入境移民数据计算。

a、1850—1960年只计算向美国的移民。

b、只计算向美国的移民。

来源：古鲁希里·斯瓦米，《人口、国际移民与贸易》，1984年（世界银行工作人员报告）。

(d)在多半情况下，目前的生育率和死亡率与收入水平正好相反——但这一规律有很多明显的例外。

一般说来，一个国家的平均收入越高，其生育率越低，预期寿命越高。用来进行分析的国家中，有一些国家的数字是相同的。

撒哈拉以南非洲和印度次大陆（孟加拉国、印度和巴基斯坦）生育率和死亡率最高，收入最低，每个妇女的平均生育率为5—8个孩

588

子，预期寿命低到50岁。东南亚和拉丁美洲的生育率较低（3—5个孩子），预期寿命较长（约60岁），收入也较高。有些国家进步较快：巴西、印度尼西亚、墨西哥和泰国1972—1982年生育率下降较快，但有些非洲国家生育率还略有上升。

但不能认为一国必须先富起来才能降低生育率并提高预期寿命。平均收入只不过是有关因素之一。有些国家的生育率比收入相同的国家要低（如中国、哥伦比亚、印度、印度尼西亚、南朝鲜、泰国和斯里兰卡）。也有相反的例子。这说明能否获得和如何分配卫生保健和教育方面的服务、成年妇女在社会上的地位（除生育子女外）以及穷人能否得到计划生育服务等问题的重要性。

(e)收入和预期寿命之间的关系以及收入和生育率之间的关系，随着时间的推移已经有所变化。

1982年同1972年相比，与同样的平均收入联系起来，生育率比以前降低而预期寿命则有所提高。后者的主要原因，是由于公共卫生系统改善、教育进步以及政治上更大程度的稳定。收入增加和营养、卫生改善只起次要作用。结果，发展中国家今天的预期寿命比今天的发达国家在本世纪初还要高，虽然收入和教育水平仍比那时的发达国家低。很多发展中国家的出生率也比今天发达国家过去的出生率下降快。在收入水平较低的地方，生育率也降低了。

这种长远性的变化使人乐观。即使在最贫困的国家，死亡率和生育率也是可以降低的。

(f)死亡率已经普遍降低，生育率也在很多国家开始下降，但差别很大。在有些地区和国家，看来已经停留在相对较高的水平上不再下降。

自1975年以来，哥斯达黎加、印度、南朝鲜、斯里兰卡等国，生育率下降的速度有所减慢，甚至已经停止下降，而出生率水平仍然相当高，这同今天的发达国家在历史上生育率一旦开始下降即继续下去是不同的。下降停滞的原因各国不同，停滞也可能只是暂时的现象，例如南朝鲜，生育率下降在六十年代一度停滞，以后又恢复了。但下降停滞也可能意味着，最初的容易满足的避孕需要已在低于过去的生育率水平上达到饱和，这一水平相对而言仍然较高。在那些认为理想的家庭规模应为四人或更多些人的国家，人口增长还会很快。只有当社会和经济情况进一步改变，并作出更大努力为更好的家庭生育计划服务送到更多人手中时，生育率才会进一步降低。

预期寿命增加的趋势也正在减慢。就未来而言，其增长将比以往更多地依靠生活条件的改善、妇女受教育的程度以及穷人能享受到的更好的医疗保健条件。

(g)死亡率进一步降低将促使今后人口增长的速度比五十和六十年代慢得多。

对大多数发展中国家来说，死亡率降低而导致人口高速度增长的时代正在转变。部分地因为，与发达国家相比虽然死亡率仍然很高，但已经降低很多。但也还有其他原因。当生育率正在降低时，死亡率降低对人口增长的影响比较小，而这正是大多数国家今天和将要发生的情况。从长远看，人口增长主要不在于将生命保存下来的人增多了，而在于以后他们将要生育的子女数目。在生育率高时，保留一个孩子的生命就增加了很大的再生殖潜力。保留一个男婴和一个女婴的生命，他们将来再生六个孩子，三十六个孙儿女，二百十六个曾孙儿女等等。但生育率降下来，大量过多的再生殖能力也减少了。一个女婴活下来，生三个子女，就只有九个孙子，二十七个曾孙。此外，死亡率降低了，就有越来越多的人死亡时年龄越来越高，延长一个60岁老人的生命只不过增加一个人，不会再增加后代。

降低死亡率还直接有助于降低生育率。就单个家庭说，死得少往往意味着生得少（虽然净效果是使平均家庭变得稍大一些）。

最后，由于进一步降低死亡率要更多地依靠改进妇女教育、改善生活和医疗保健条件，因而降低死亡率的计划也会同时降低生育率。

（3）未来的世界人口

590

世界人口如果按每年 2％（甚至只按 1％）的速度继续增长，总人口数目是令人吃惊的。例如按 2％的速度增长，2000年世界人口会达到63亿，2050年达到170亿。即使只按 1％的速度增长，世界人口到2000年也会达到50亿，另据美国人口研究所统计，世界人口已于1986年 7 月达到50亿，2050年83亿。世界人口如果比现在增多一——三倍，对于活动面积和自然资源的影响如何，是很难设想的。发展中国家现在都已将计划生育提到议事日程上来。中国计划生育的突出成绩已为世界所公认。

世界银行报告根据对人口趋势的预测，提出几点看法：

(a)即使出生率和死亡率都迅速下降,发展中国家人口到2050年仍将增加一倍以上，达到69亿。

(b)2000年以后的人口增长速度，关键在于今后一、二十年间生育率下降的情况。

(c)在决定世界人口最终数字方面，生育率比死亡率更起作用。

即使生育率下降到"更替水平"（The replacement levels）之后，一国人口还会增长，原因在于年龄的分布状况，即过去人口的高增长率所造成的进入育龄的妇女所占人口的比例较大。结果必然是出生率继续高于死亡率，人口增长率在几十年内仍将是正数，这就是"人口势头"。一国人口的年龄分配状况要调整到与变化了的人口生育率相应的程度，需要五十一——七十五年。在此以后，才能逐渐达到"稳定人口"。这里有几个概念需要解释：4

净再生产率(NRR)，指在固定的特定年龄生育率和固定的一套死亡率的假设条件下，一名新生女孩在一生中将生育的女儿数目。所以净再生产率用来计算在一定的生育率和死亡率情况下，一组新生女孩繁

4　世界银行，《1984年世界发展报告》，第281页。该行所称稳定人口，是指静态的。

殖她们本身的程度，净再生产率为 1，即指生育率达到了更替水平：达到这个比率时的育龄妇女，平均计算起来其新生的女儿数目在人口中只能更替她们自身的数目。

稳定人口，指特定年龄和特定性别的死亡率长期不变，而特定年龄的生育率也同时保持在更替水平(净再生产率为 1)情况下的人口数。在这样的人口状况下，出生率保持不变且和死亡率相等，年龄结构也不变，增长率为零。

人口势头，指已经达到更替水平生育率后人口继续增长的趋势，即在净再生产率已经协调之后人口仍然增长的趋势。七年中的人口势头为最终稳定人口数与七年人口数之比，前提是假设生育率从七年起保持在更替水平。例如印度在1980年的人口是6.87亿人，假定净再生产率在1980年前为 1，最终稳定人口是11.95亿，则人口势头为1.74。

人口与经济发展

（1）人口增长首先是一个发展问题

在二十一世纪的大部分时间内，世界人口还会继续增长，其中绝大部分将发生在第三世界，亚洲的人口密度最大，非洲和拉美的人口增长速度最高。是祸是福，争论颇多，仁者见仁，智者见智。1974年在布加勒斯特举行的联合国世界人口会议上，有人主张真正的问题是不发达，而不是人口增长。有一个流行的口号，"关心人民，人口就会关心它自己"（Take care of The people and The population will take care of ctself）。罗马天主教会、穆斯林教义以及一些人口稀少的国家，均不主张节制生育。

最老最有影响的人口学家，当推英国的传教士马尔萨斯。他论证说，由于可耕地的供应有限，人类固有的人口增长能力将超过粮食增产能力（即人口以几何级数增长，粮食以算术级数增长），最终导致工资下降和粮食价格上升，只有死亡率的上升才能制止人口的增长。[5] 到二十世纪,这种论点已经扩展到可能获得多少能源和矿产,以及日益增长的环境污染的影响等方面,认为生活水平的降低和环境污染的日益严重,将在一百年内引起人口的锐减。[6] 再有一种资源收益递减的观点:认为土地、森林、渔场等资源虽可更新,但所能承受的产出却有一个极限;人口需求如果超过能承受的产出,平均收入在长时期内势必降低。

另一方面有一种相反的主张。在资源消耗过程中,价格上升会减少消费,并加速寻求替代品,刺激技术改革。因此,自然资源实际上并无限制,因为人口增长本身促进了调整,会把"世界的末日"不断向后推迟。朱利安·西蒙说:[7] "最终的资源是人——技术熟练、生气勃勃和充满希望的人们,他们将为自己的利益发挥自己的意志力和想象力,这样,不可避免地也将造福于我们全体。"他认为,更多的人口意味着更多的思想,更多的创造性才能,更多的技能,因而有更好的技术;从长期看,人口增长不但不是一个问题,反而是一种机会。

上述各种不同的观点均包含有一部分重要的真理。西蒙也承认,在短期内(三十一—八十年),人口增长可能会对人类的福利造成危害。然而,经济增长的关键又是人和通过人体现出来的人类知识的进步。因此,世界银行的报告"采取了一种既不绝望又不过分乐观的立场"。[8] 报告认为,人口增长引起的困难不能归咎于有限的自然资源,至少在全球范围内并非如此;但人口迅速增长也不能自动地触发技术进步和对新情况的适应。人口增长能自动地导致的结果是:它减缓了技能的积累,而技能积累是可以

---

5 托马斯·R·马尔萨斯(1766—1834),《人口原理论》,1878年(商务印书馆中译本)。

6 D·梅多斯等,《增长的极限》,1975年第2版(商务印书馆中译本,1984年)。

7 朱利安·西蒙,《最终资源》,普林斯顿大学出版社,1982年。

8 世界银行,《1984年世界发展报告》,第80页,专栏5.1。

促进技术进步的。只要土地和资本的收益递减还存在，就可能导致收入不均等，这一点在家庭一级表现得特别明显（高生育率对孩子们的生活是一个很坏的开端）。同时，人口迅速增长的代价，在不同的国家也大不相同：自然资源缺乏当然极关重要，但潜在的问题还是低收入和低水平的教育。二者既是人口迅速增长的根源，又使所需采取的调整工作更为困难。因此，人口迅速增长首先是一个发展问题。

（2）低水平均衡陷井模型（a model af the low—level equilibrium trap）

这个理论认为，人口迅速增长对发展之所以起阻碍作用，有两个主要的互相联系的原因。第一，人口迅速增长则人均收入可能降低，使储蓄不足以达到经济增长所要求的资本形成的数量。第二，如果人口增长超过了工业吸收新劳动力的能力，城市失业人数就会增加，或者会加剧乡村的就业不足，降低农业部门的劳动生产率。而且可以设想，在发展最初阶段人均收入的增加可能伴随有（甚至会导致）人口增长超过收入增长，使人均收入降低到仅够维持生存的水平。今天我们看到，伴随发展而来的是死亡率下降，增加了人口的压力；而在过去若干世纪内，在大多数国家，人口是围绕着生存线而上下波动的，生活水平的小小提高（由于技术进步），由于高出生率和疾病、灾荒、战争等原因而化归乌有。经济发展理论必须回答的一个重大问题是：在什么样的人均收入水平上，收入增长才能永久超过人口增长，从而维持人均收入无止境地不断上升呢？这个问题不能用在某一个具体时间偶然观察到的事实去解答，因为人均收入增长本身可能在未来引起人口增长比收入增长更快。需要有一个完全的行为模型，和一个能解释在发展过程中人口增长的格局的人口理论。当人均收入增长时，人口会发生什么变化？当人口增长时，国民收入会发生什么变化、因而人均收入又会发生什么变化？

594

低水平均衡陷井模型企图把人口和发展理论结合起来，它承认在人口增长、人均收入、国民收入增长三者之间有相互依存的关系。这个模型渊源于五十年代，旨在（a）表明发展中国家在收入水平不断提高的过程中可能遇到的困难；（b）为采取政策行动提供指针。R·纳尔逊提出了这样一个模型，它包含三个因素：人口增长，资本形成和国民收入增长。[9] 可用图10.4说明。

人口增长

这个模型从马尔萨斯的人口原理出发，认为当一国人均收入上升到最低生存水平以上时，人口即将增加。随着人均收入的上升，人口最初是迅速增长，但这种增长速度有一个物质的上限，譬如说3％左右。超过这个限度，人均收入的上升不伴有人口增长速度的继续加快。反之，人口增长速度甚至可能会随着人均收入的增加而逐渐下降，这可以由西方国家以及日本最近的经验表明。

图10.4（α）中，s点代表最低人均收入水平。在s点左边，死亡率超过出生率，人口下降；在s点，人口处于稳定状态；在s点右边，人口增长速度pp'曲线加快（由于死亡率下降），直至达到物质上限3％左右，在此以后，它会逐渐下降。

资本形成

这是一个大家熟知的论点：在人均收入很低的水平上，人民太穷，无法进行很多的储蓄和投资，而这一很低的投资率将造成国民收入总额很低的增长率。但当人均收入增至某一最低水平（在此水平储蓄为零）以上时，总收入越来越大的一部分将用于储蓄和投资，这将导致收入以较高的速度增长。

在图10.4（b），×点表示没有储蓄的收入水平。在达到这个水平以前，所有的收入均会用于消费，此时储蓄为负，靠过去的资本生活。在×点右边，人均投资率（II'曲线）将上升，它是没有上限的。

---

9 R·纳尔逊，"不发达国家的低水平均衡陷井理论"，《美国经济评论》，1956年12月。

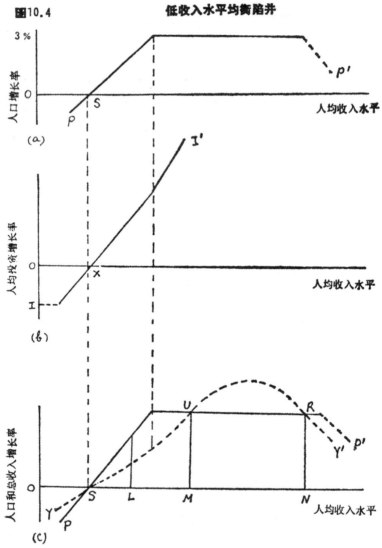

图10.4　　　　　**低收入水平均衡陷井**

来源：H·敏特,《发展中国家经济学》，1980年第5版，第88—90页.

总收入越来越大的一部分将用于储蓄和投资，特别是 在 人 口 增 长

596

速度达到8％以后。只在后来达到很高的收入水平时，总收入中用于储蓄和投资的部分才稳定在固定的比例上。（假定全部储蓄均用于投资）。

国民收入增长

收入增长曲线如图10.4（c）中的YY′。在S点（＝×点），人口处于固定不动的状态，由储蓄创造的人均资本的增长率为零，因此收入也处于固定状态。随着人均收入的增长超过这个固定状态的均衡，由于劳动力的增加和人均资本的增加，人均收入的增长也上升。可是，由于人口增长达到了最大限度，储蓄占国民收入的百分比就接近不变，收入的增长也会稳定下来。在没有技术进步时，收入增长最后将减少，这是由于可变比例（variable proportion）的规律，在这一场合就是由于资本—劳动比率的下降。

三者的结合

在图10.4（c）中，国民收入增长曲线YY′与人口增长曲线pp′在S（＝×）处相交，S点就是"低收入均衡"陷井。

在维持生存点(S＝X)和OM之间人均收入水平的任何小量增加，如从OS增至OL，均伴有人口增长比收入增长更快，迫使人均收入降到它以前的稳定均衡OS，即低收入水平均衡陷井。人口增长速度对一定的人均收入水平上升反应越快，总收入增长速度对投资增长的反应越慢，（譬如说，由于最初的人口对土地的压力），则低收入均衡陷井的力量越强。

但是，如果能够通过一种跳跃式的方式将人均收入水平提高到OM以上（这意味着使收入增长速度超出8％的壁障），那么我们就会到一个新的不稳定的均衡点U。但是人均收入水平上升超过OM，而人口增长率不继续上升，则会导致一种收入上升的积累过程，即人均收入持续上升，直至两条曲线又在R点相交，这是一个新的稳定均衡，此时人均收入为ON。

为了逃脱低水平均衡陷井，要么人均收入必须升至OM，要么YY′、

597

607

pp′两曲线必须作有利的移动。各种"大推动"发展理论的始原，以及"关健性最低努力"的概念，都是相信：为了脱离这个"陷井"，必须一下子把人均收入提高到OM。可是，如果处在这个陷井之中，更大的希望或许在于通过技术进步，使YY′曲线在一定时间内 向 上 移动，或通过出生率的降低，使pp′曲线突然下降。吸收国外资本以提高YY′曲线，向国外移民以降低pp′曲线，也能使一国经济脱离这种 陷井。

考虑到除人口以外能使人均收入减少的因素，以及除人均资本的增加以外能使人均收入增加的因素，低水平均衡陷井理论能通过采用里宾斯坦的收入迫降力量（income—depressing forces）和收入催升力量（income—raising forces）两种概念而使之推广和普遍化，如图10.5所示。10

图10.5

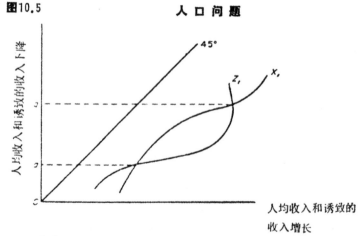

人 口 问 题

代表收入迫降力量的曲线Zt，从离45°线在横轴上衡量；代表收入催升力量的Xt线，从离45°线在纵轴上衡量。人均收入水平Oa是唯一的稳定均衡点。在Oa与Og之间，收入迫降力量大于收入催升力量，人均收入将滑回到Oa。只在超过Og以后，收入催升力量才大于收入迫降力

10 H·里宾斯坦，《经济——人口发展理论 》，伦敦1954年，和《经济落后与经济增长 》，纽约1957年。

量，使人均收入持续增长成为 可能。Og是脱离低水平均衡陷阱的关键性人均收入水平。

（3）最佳人口理论

究竟人口增长对发展和人类福利有何影响？如果影响是有害的，如何才能将害处减少或消除？

一国的人均收入与人口多少的关系，或未来人均收入增长与现在人口增长速度的关系，是首先应当解决的问题。

最早的和最简单的答复是，每张口都带着一双手，即人均收入不受人口增长速度的影响。这个答复忽视了非劳动资源的作用，以及人口扩大时可能遇到的收益递减的影响。

其次则有最佳人口理论。一个国家在一个特定时期内，当非劳动资源的供应不变时，有一个使人均收入最大化的独一无二的规模。处在最佳人口之下，人均收入比应有的低，因为缺乏足够的劳动去有效地利用现有的非劳动资源；处在最佳人口 水 平 之上，人均收入也比应有的低，因为劳动太多，遇到了收益递减的作用。在图10.6中，最佳人口为OP，相应的人均收入最高水 平 为OY。

这种静态的比较分析，同人口不足或人口过多国家的情况是符合的，但未能充分反映不同的人口增长速度对经济增长的动态影响。资本积累、技术变革、自然资源的发现等，使得有可能既提高人均收入，又增加最佳人口，如图10.6中的OY′和OP′。两条最佳人口曲线的形态是相似的，但新线完全处于旧线之上。

人口对物质福利的动态影响，首先由科尔和胡佛以印度为例加以分析。[11] 他们认为，印度出生率降低会加速人均收入增长，这有两个重要原因：一是在家庭一级，人口增长较慢会降低扶养比率，后者又会降低消费函数（消费支出与收入之间的关系：收

11 安斯利·J·科尔和埃德加·M·胡佛，《低收入国的人口增 长 与经济发展：印度前景的例案研究》，美国普林斯顿大学出版社，1958年。

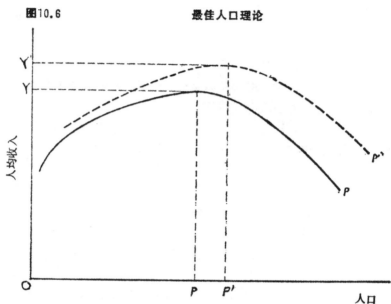

图10.6　　　　　　　　　最佳人口理论

来源：吉利斯等，《发展经济学》．1983年，第168页．

入增加，消费也增加，但不如收入增加得快），提高储蓄函数；二是在社会一级，人口增长较慢会减少用于为增长的人口提供社会服务的支出所占公共部门收入的份额，增加其中用于提高人均收入的投资的份额。以后的理论家使这种分析更加精密了。但是也有少数反对派，他们不相信较快的人口增长会妨碍人均收入的增长，甚至认为人口增长快是有利的（人口增长可以产生较大的投资需求，从而实现规模经济并刺激变革，这样就会促进人均收入增长）。

　　但是大多数分析家认为，在几乎所有的发展中国家，人口增长减慢会使人均收入加快，这有两个理由：一是在许多国家，人口相对于土地及其他自然资源的密度已经很高，人口增长会减少人均收入。许多亚洲国家、埃及、若干加勒比岛国的情况就是如此。但在某些土地富裕的国家，特别是撒哈拉以南的非洲却不然。二是迅速的人口增长（与现有的高密度不同）会使稀缺的资本承受更大的压力，阻止人均生产资本和公共服务的改善，这一点适用于所有的发展中国家。这是社会成本在个人的婚育刺激中不能充分反映，因此需要政府干预。同时，人口增长也是一个国际上关心的问题（人口增长会扩大军事力量，争夺土地和其他资源，因而导致战争；要求向国外移民的压力）。

（4）人口迅速增长的后果

人口迅速增长（每年超过2%）对发展起着制约的作用。大多数国家，在任何一种资源条件下，较慢的人口增长率均有助于促进经济和社会的发展。[12]

当然，人口增长也不是没有好处的。

（a）人口多，可以增强一国的经济、政治和军事力量。世界银行的报告认为："在经济、政治不稳定的世界环境中，印度和中国这样的国家单凭它们的国内市场规模看来就能获得好处。"（b）在某些情况下，人口按中等速度增长是有益的——它可以刺激需求，鼓励技术革新，并减少投资风险。如欧洲、北美和日本的经济增长就伴有中速的人口增长。（c）在人口稀少的国家里，人口迅速增长可以缩短达到在交通、通信、社会服务和生产领域中实现规模经济所需人口数量的时间。

但是今天发展中国家的人口增长，和当代发达国家的历史情况相比，经济负担更为沉重。

（a）人口增长要快得多。现在大多数发展中国家在二次世界大战以后人口平均每年以2—4%的速度增长，而过去欧洲在工业化过程中人口增长速度很少超过1.5%。（b）今天大规模向国外移民已不可能。（c）与欧美日本人口增长最快的时期比，发展中国家的收入很低。人力和物质资本尚未很快地形成，有的国家政治和社会机构也不健

---

12 世界银行，《1984年世界发展报告》，第79—105页。

全。（d）许多主要依赖农业的国家，没有大片处女地可供开发。

人口增长对发展中国家的影响并不一样。

有些国家或地区教育水平已经很高，交通、通讯系统已有大量投资，政治经济制度相对稳定，已有充分准备去应付人口迅速增长，例如香港、南朝鲜、新加坡、马来西亚、泰国，但其人口增长却正在减慢。

有些国家自然资源有待开发，从长远看是能供应更多人口的，但人口迅速增长，使之难于发展为开发本国资源所需的人才、技术和行政机构，如巴西、科特迪瓦和扎伊尔，或难于进行为开发处女地，在公路、公共服务、排水和其他农业基础设施上所需的大量投资。自然资源不是维持经济继续增长的充足条件，甚至不是必要条件。

在土地或其他资源有限的国家，短期困难更为明显，如孟加拉国、印度、中国、印度尼西亚的瓜哇、尼泊尔、埃及、卢旺达、布隆迪、马拉维，有的地区农作物产量较低，仍有发展余地；有的发展制造业或以提供出口商品去进口粮食，但二者均需要大量投资，需要发展新机构及进行大量的社会和经济调整。如果技术迅速进步，变革会比较容易。但是现代技术进步带来的是节约劳动力。劳动力使用的新方法有待于资本和研究去开发。人口大量迅速增长本身对促进新技术发展并无影响。

人口增长对经济增长可以通过几种方式产生影响：
（a）对人均储蓄的影响。

公司和政府储蓄与人口增长的变化并无系统的联系。从理论上讲，家庭储蓄（通常占国内储蓄最大份额）因家庭扶养的沉重负担而迅速减少：家庭扶养人口多则消费迅速上升，人均储蓄随之下降。但事实表明，这种关系在发展中国家并不密切，这是因为：（a）大量货币储蓄来自相对少数的富裕家庭。绝大多数贫困家庭储蓄很少，高生育率使之只得限制对土地的投资、限制对子女教育的投资和养老保障的投资，因而加深贫困。（b）发展中国家银行和信贷制度不健全：贫困家庭无法在金融帐户上显示出金融储蓄。（c）穷人可能把孩子本身看作是防老的"储蓄"办法。所以家庭扶养的沉重负担在发展中国家不象在工业国家那样降低家庭储蓄率。

(b)对人均投资资本数量的影响。

人口迅速增长虽不会影响储蓄的供给，却会影响对它的需求。为了维持收入，必须维持人均资本（包括人力资本，即每个人的教育、健康和技能）。随着人口增长，须用"资本分散"办法（即把资金分散给越来越多的人）去维持人均资本，这是于生产不利的。

人口迅速增长促使资本分散的途径，一是教育需求，二是劳动力增长。在工业国家，学龄人口即使增加也比较慢，有些发展中国家（如中国、哥伦比亚、南朝鲜）由于生育率在六十年代后期开始下降，情况也相同。对于生育率高的国家，例如肯尼亚，学龄儿童到本世纪末将增加一至二倍，即使只维持目前的入学率和入学标准，也是学龄儿童越多，需要的教育经费也越多。况且大多数发展中国家想要改善学校的数量和质量，就不得不缩减其他领域的投资，如电力和运输。

生育率下降五—六年后，学龄人口开始下降，而工作年龄人口的增长则在十五—二十年间基本保持不变。1980—1984年出生的人口到2000年将加入劳动大军，而且几乎到下一世纪中期一直要留在这个行列之中。资本总额必须继续增长，才能维持每个工人的人均资本和目前的劳动生产率，否则，使用减少了的土地和资本去工作的每一个工人的生产将会减少，劳动生产率及由此造成的收入就会停滞或下降，工资将会降低（与利润、地租相比），收入不均衡的现象就会加剧。

为了使收入增加，必须使资本存量比劳动力增长更快，以确保资本深化（capital deepening），从而扩大每一个工人使用的资本数量，提高每一个工人的平均产出。资本深化包括对教育、卫生、道路、能源、农业机械、港口、工业等开支的需要不断增长。发展中国家即使投资的增加与劳动力增长保持一致，同发达国家相比仍然差别惊人。即使象南朝鲜这样的中等收入国家，1980年投资率（国内投资总额在国民生产总值中的比重）高达31%，按每个工人计算的新投资额

603

仍不过 3 万美元,而美国为18.9万美元(投资率不过18%),日本为53.5万美元。按每个潜在新工人计算,绝对投资水平最低的国家,劳动年龄人口的增长往往也最快。为了维持目前的少量投资额（1980年,孟加拉国、尼泊尔、埃塞俄比亚、卢旺达等国每一新工人分到的投资额还不到1,700美元）,就不得不迅速增加投资;而发达国家即使每年投资增长率在 1 %以下,到2000年潜在新工人分摊到的资本也能增加。

劳动力迅速增长还有其他两方面的影响：（a）加剧收入分配不均衡的状况,尤其是当许多新工人教育水平很低时。如果大部分工人均年轻而缺乏经验,他们的劳动生产率往往比较低;除了教育程度比老工人高者外,其他工人的工资起点也将比较低,而且彼此之间必须互相竞争。经过一段时间后,不熟练工人所占人数比重不断增加,其工资将被压得比熟练工人的工资低得多。（b）劳动力迅速增长,使各种形式的失业增加了。

(c)对经济运转效率的影响。

资本深化和在现代部门中相应地吸收劳动力是使经济得到增长的一种办法,另一种办法是更好地利用现有资源、发明创造和改善企业的经营管理。提高效率常常需要进行政策改革。例如,对于资本的补贴不利于劳动密集型生产,并导致稀缺资本的利用效率降低。即使进行改革,效率也不会轻易提高:发展中国家得到的新技术均能节省劳动力,因其来自资本富有的工业国家。而人口迅速增长,却使效率更难提高。

例如,社会和政治压力要求雇用年轻人,这就会使公共部门庞大起来,而且还会使一些国家制定规章制度,限制私人雇主削减劳动力。政府对城市中受过教育的年轻人的关心,使埃及政府采取保证所有大学毕业生就业的政策,其效率降低,又伤害了未受过大学教育的人（稀缺的公共开支用来使那些相对富裕的人受益）。年轻人失业也会增加犯罪和造成社会不稳定,促进大量的服务性就业（如城市中的警察和私人警卫,不能增加国民收入）。犯罪主要与贫困和社会混乱

604

有关，有大批年轻人失业的地方，犯罪往往增加，发达国家也是一样。

（5）人口政策

经验证明，生育率会随着社会发展而下降。但是今天发展中国家的人口增长率太高，不能坐待生育率的自然下降，因此要实行人口政策。

人口政策的出发点有二：（a）在大多数低收入国的情况下，人口采取较低的速度增长会使人均收入的提高较为容易。（b）如果能改变刺激以使夫妇生育较少的子女，而收入又能在长期内上升，则生育率会下降。根据这些原则。提出了各种限制人口增长的办法。

最普通的是实行全国性的"计划生育"（family planning）方案。

这些方案在有的场合获得了良好的结果，在另外的场合则看不出有什么效果。这种方案的实行，似乎有两个必要条件：(a)要管理得好；（b）要有已经存在的少生子女的愿望。实行得好的国家，是发展较快以及具备其他有利于生育率下降因素——识字率高、婴儿死亡率下降、妇女在社会上的广泛就业（这些因素之所以对降低生育率有利，是根据调查研究得出的结论）——的国家。在不具备这些因素的国家，计划生育在比较富裕的、城市的和受过教育的居民中推行较快，而在其余的人口中则推行非常之慢。

其次是"人口重新分配"（population redistribution）办法。

在特殊情况下，能使增长的人口得到安排，但其效果不会太大。首先必须有可居的地域能将人口移入。其次，当政府组织移民运动时，须投入大量资本，并具有极大的组织能力。印度尼西亚、巴西以及其他地方的经验表明，要迁移足够的人民去造成真正的差异，是很难办到的。虽然较小的移动（出于政治的和经济的考虑）仍在进行，不过，象十九世纪那种国际人口重新分配，今天是不可能再现的。

再次是比避孕"**更激烈的人口控制办法**"（more drastic methods of population control）。

如人工流产和绝育手术，在几个欧洲、南美和东亚国家的人口增长减慢中起了重大作用。

有些人相信政府不必过分操心人口政策，而应集中注意于"发展"，听凭人口转变去促使生育率下降。

在国际会议上，"计划生育论者"和"发展论者"常常进行论战。这是不必要的辩论，因为真正的问题并不是"发展还是计划生育"，而是在具体情况下各种政策的最佳组合。单是计划生育并不能降低生育率：在没有发展的地方，计划生育根本不发生作用。此外，计划生育对结婚率的影响还需要有晚婚，而晚婚只在发展较快的社会中才会出现。

近年来计划生育对发展中国家的生育率下降作出了独特的贡献。[13] 实际上，计划生育和发展是互相补充而不是互相替代的。如果把发展看作是影响子女人数理想的力量（公式的需求一方），而把计划生育看作是实现这种理想的手段（公式的供给一方），那就容易理解这种相互关系。

最近有人提出修改发展过程的方法，以增加其对生育率的影响，即所谓"计划生育以外的人口政策"，或"对选择性干预的寻求"。[14]

提出的"选择性干预"（Se'ective interventions）有：提高妇女

13　W·帕克·莫尔丁和伯纳德·贝雷尔森，"发展中国家生育率下降的状况，1965—1975年"，《计划生育研究》，1678年第5期。

14　罗纳德·G·里德克尔编，《人口与发展：寻求选择性的干预》，美国约翰斯霍浦金斯大学出版社，1976年。

606

的教育（特别是使所有妇女识字）；增加妇女的就业机会，正式实行社会保险制度；禁止童工；达到一定年龄之前的强迫入学；一般地提高妇女的社会地位，使之成为自己生活的主宰。也主张把金钱方面的奖罚办法同子女人数结合起来，优先提供政府服务，实行税收减免等。困难在于，这些办法可能阻止妇女再生孩子，但对已经出生的孩子则往往是一种惩罚。其次，降低婴儿死亡率可以看作是一种"选择性的干预"：根据"子女替代论"（The child replacement thesis），一对夫妇所有的子女人数是同他们期望其生存的人数一致的，因此，如果生存希望得到改善，出生率就可下降。最后，有些国家提出了结婚的最低法定年龄。

还有一个比较广义的提法，就是"改善收入分配"会降低出生率（相应的一个提法是，不平等的分配会导致较高的生育率）。[15]

这是有道理的，因为在发展中国家，贫困家庭的婴儿大约占婴儿总数的四分之三，因此要使收入增长能导致生育率下降，就必须提高他们的收人。一个有关的想法是，发展的一般公平类型，包括改善对穷人的社会服务，会使人们相信生活正在改善，自己能逐渐控制自己的运命，因而使生育率迅速下降。

就 业 问 题

发展中国家劳动的特点

发展中国家劳动的最显著特点，是大多数人在农业以及其他初级部门工作，生产率一般都比较低。这种格局，在最穷的国家最为明显，以后随着发展的水平而不断变化。当人均收入增长时，在农业中工作的人员份额下降，而在工业和服务业中工作的人员份额上升。

另一个众所周知的特点是，按工业国的标准来看，大多数工

---

15   参阅吉利斯等，《发展经济学》，1983年，第176—209页。

人报酬低微。主要的原因是，相对于辅助资源而言，**劳动的供应一般很丰富**。辅助资源如资本设备、可耕地、外汇以及企业和经理才具这种比较无形而却很重要的资源都很稀缺，没有这些就不能提高劳动生产率，以支付较高的工资。

第三个特点是，具有不同技能和教育水平工人的工资差别比在发达国家大（表10.5）。部分原因是这些品质少，因而在市场上得到了丰厚的报偿；但也是由于各种劳动市场的彼此隔绝、互不通气。

表10.5　　　　　体力劳动中熟练工人工资与不熟练
工人工资的比率，六十年代初

非洲		拉丁美洲	
阿尔及利亚	2.01	巴西	1.84
加纳	2.40	智利	2.09
尼日利亚	1.57	哥伦比亚	1.81
坦桑尼亚	2.11	秘鲁	1.71
亚洲		发达国家	
香港	1.75	英国	1.18
印度	1.68	法国	1.39
巴基斯坦	1.59		
菲律宾	1.40		

来源：戴维·特南姆，《欠发达国家的就业问题；证据评论》，巴黎，合作与发展组织，1971年，第79页。转引自吉利斯等，《发展经济学》，1983年，第188页。

第四，除上述各种结构方面的特点外，发展中国家劳动的供给与需求动态也很重要。在大多数国家，劳动力现在按每年2—3％的速度增长（表10.6）。劳动力的增长是同总人口的增长密切相关的，人口加速增长经过十五年左右的间隔后，劳动力也随之迅速增长；所以人口增长减慢不会对劳动力的增长立即产生影响。劳动力在六十和七十年代的增长势头在八十年代还会维持，到九十年代才可能下降。

608

表10.6　　　　　　　　　劳动力的增长，1960—2000年

	平均年增长率，%			
	1960—70	1970—80	1980—90	1990—2000
东亚和太平洋	2.4	2.6	2.3	2.0
低收入亚洲	1.7	2.0	2.0	1.9
拉丁美洲和加勒比海	2.4	2.7	3.0	2.7
中东和北非	1.9	2.6	2.9	2.2
撒哈拉以南非洲	2.2	2.2	2.5	2.6
南欧	0.8	1.3	1.3	1.2
所有发展中国家	1.8	2.2	2.2	2.1
工业国家	1.2	1.2	0.7	0.5

来源：世界银行：《1984年世界发展报告》，第47页。

最后是，常常有大量的劳动未被充分利用。这种利用不足的情况，并不采取工业国所称的公开失业的形式，有很大一部分是采取隐蔽（或变相）失业（disguised unemployment）的形式。人们从事某项工作，甚至劳动时间很长，但对产出的贡献很低。通过资源的重新配置和制度的改善，他们的劳动能够变得更有生产性（productive），这是对发展政策的重大挑战。

当然也有许多例外，如东亚和太平洋的一些国家，现在已进入劳动力增长减慢的阶段；劳动力利用不足的情况也大有不同，主要依可耕地及其他辅助资源的供给情况而定。

发展中国家劳动市场的结构

可以设想，劳动服务就象其他的货物和服务一样，是在市场上进行买卖的。然而劳动市场是不完全的，在发展中国家尤甚。

"典型的"发展中国家的就业结构，可以分为三层(图10.7)：

"城市正式部门"（urban formal sector）是人们向往的地方，由政府企业和大规模企业组成，如银行、保险公司、工厂和商号。人们希望有在现代设备中工作的机会并和一个有名望的

609

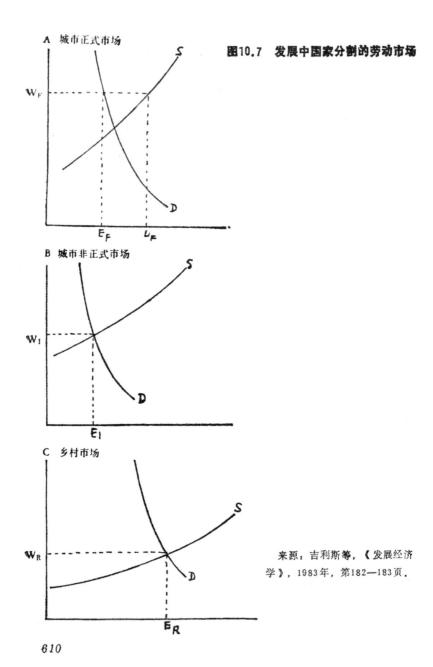

A 城市正式市场

W_F

E_F L_F

B 城市非正式市场

W_1

E_1

C 乡村市场

W_R

E_R

图10.7 发展中国家分割的劳动市场

来源：吉利斯等，《发展经济学》，1983年，第182—183页．

610

单位结合在一起，但正式部门雇主的主要吸引力，是他们支付较高的工资，和提供比较稳定的就业。他们支付高工资的一个理由，是他们雇用了具有专业知识和技能的大学和中学毕业生。但他们也为一定类型的劳动支付较高的报酬。由于法律、习惯及其他因素使工资处在市场出清水平（market-clearing levels）之上时（图10.7A中的W_F），几乎总是有工人排队等待工作（图中的$E_F - L_F$）。招收一个工人可能引来成百的甚至成千的申请人。

"城市非正式部门"（urban informal sector）是一些提供多种货物或劳务的小店铺或路边摊贩，它们有时同大企业竞争，有时填补正式部门不屑去做的空白或为刚从乡下来寻找正式工作的人提供就业机会。可是也有许多从事这种职业的人是长期城市居民和各行各业的专门人才。进入这个部门比较容易，开业所需资本也不大，连10—100美元也筹不到的人还可为他人工作，但工资要比正式部门低得多。在雅加达，几年前估计三轮工人有20—40万。由于进入这个部门比较容易，这个劳动市场总能保持均衡（图10.7B）。

"乡村劳动市场"（rural labor marhet）的工资比城市非正式部门还要低。这种工资差别部分地是表面现象，因为城市居民对食物和房屋开支较高，有些东西（水、煤，建筑材料）在乡村不一定要花钱买。然而，调查表明，即使扣除生活费用的差别，所有城市居民（包括新从乡村移入的人），实际上都比最富有者以外的乡村居民生活要好一些。

发展中国家劳动供给与利用的衡量

由于发展中国家劳动市场的结构复杂，所以对于政策制订人最关心的两个关键问题不如在发达国家那样容易确定和衡量。这两个问题是：经济中有多少可以利用的劳动供给？劳动利用的充分程度如何？

611

发达国家用"劳动力"（labor force）这一概念来衡量劳动供给。劳动力包括已经有工作或积极寻找工作的每一个人。劳动力主要是由总人口、人口的年龄和性别构成以及决定不同人口部分的工作参加率的社会因素（如教育类型、妇女在外工作的意愿）所决定的。劳动供给有某种短期的伸缩性（弹性）：在特殊情况下（如许多国家的妇女在第二次世界大战中首次到工厂工作），短期弹性可能很大；但在通常情况下则很低。五十年代许多欧洲国家也曾经感到劳动供给不足。

　　在发展中国家，劳动供给一般说来不是发展的制约因素。许多人想工作而找不到工作，许多有了工作的人也是利用不足。"有工作"或"积极寻找工作"的意义难于确定，许多人常常同时有几个工作，或作部分时间的工作，或为自己的家庭工作。"丧失信心的工人"（discouraged workers，因为绝望而不再找工作的人）人数比发达国家多。随着经济的发展，妇女参加劳动行列的人越来越多，家庭以外的工作机会也越来越多。这表明在发展水平很低时，有大量的潜在妇女劳力在统计中没反映出来（她们在家庭的劳动不算作劳动力的一部分）。

　　在发达国家，主要用"失业"（unemployment）的概念来表示劳动利用不足。失业的定义是：正在积极寻找工作而尚无工作的人。"失业率"（rate of unemployment）是失业总人数占劳动力的百分比。工业国的失业率是大家密切注视的一个经济指标。

　　在发展中国家，失业率对劳动的利用不足是低估了。劳动调查中反映的失业者，许多只是住在城市的年轻人，比一般人受过更多的教育，从未参加过工作；这些人大都出身富裕家庭，有条件等待合适的工作。至于极穷的人，在失业统计中往往反映不出来；就是反映出来，也不能长久存在，因为他们无力等待，只好接受任何一种工作。所以有人说，在穷国，失业是一种奢侈。发展中

612

国家没有发达国家普通都有的社会保险和其他形式的社会维持。

发展中国家有几种不同形式的劳动利用不足：

类 型	失 业	就 业 不 足
有形的	大部分是城市的新进工人	乡村劳工； 季节性的
无形的	大部分是妇女 （"丧失信心的工人"）	乡村劳工 ＋ 城市非正式部门 （"隐蔽失业"）

发展中国家的失业在这里表现为"有形的失业"（visible unemployment）。这一类中的许多人是城市中新参加劳动行列的人。这一类中也可能有乡村工人，但他们更可能是落入"有形的就业不足"（visible underemployment）一类，就是说，在淡季，他们找不到足够的劳动时间（但他们继续工作一定的时间，故不能列入失业一类）。这两种都是容易衡量的。

在低收入国家，其他重要形式的劳动利用不足是"无形的"或"隐蔽的"。"无形的失业"代表上面所说的"丧失信心的工人"："无形的就业不足"即"隐蔽失业"，在发展经济学的理论探讨中占居突出的地位。

（1）有人主张，穷国劳动利用不足的主要形式是"隐蔽失业"，这一类中的工人在乡村部门或城市非正式部门中全时间就业，但不是生产性的。典型的例子是街头摊贩，长时间坐在那里，一天做不了一两次生意；还有擦皮鞋的小孩、羊倌。这些人对生产贡献很少，或根本没有贡献。象失业者一样，他们能转到别处去工作，而机会成本很低、或者为零。这一类人为数极大，极关重要，但难于精确地下个定义并加以衡量。1970年国际劳工局派往哥伦比亚的就业调查团曾对该国的劳动利用不足进行调查，[16] 结果表明，城市的有形失业占劳动力的14%，加上"丧失信心的工人"及就业不足者（非自愿地工作较短

16　国际劳工局，《走向充分就业》，日内瓦1970年，第13—28页。

时间的人），城市劳动利用不足至少高达25％。如果再加上"隐蔽失业"（由收入极低表示），则高达三分之一。在乡村，农忙季节每一个人表面上都有事做，但至少有六分之一的劳力所赚收入，低到足以列入"隐蔽失业"。

（2）衡量劳动利用不足的另一种办法，是"对剩余劳动的计量经济学的估计"。先估计两种数量：可供利用的劳动数量，利用某种特定技术为生产现有水平的产出所需的劳动数量。二者之差，即为劳动剩余。此法常被应用于亚洲国家的农业部门，例如梅拉在1966年发表的文章中，估计印度农业中的剩余劳动等于可用劳动的17％。17 此法的缺点是，难于精确限定什么是可用劳动，什么是所需劳动。"需要"（needs）是因技术而异的。因此，计量经济学的方法，只能成为"隐蔽失业"的一个抽象的指标。

（3）由于难于衡量发展中国家的劳动利用不足，有些分析家提出，发展中国家的失业应当根据收入去重新下定义，用"收入标准"去代替劳动利用标准。18 他们认为，低生产率是比失业更普遍的现象，代表着资源的更大浪费。赚取低收入的就业人口是比中等阶级的失业子女更大的社会问题（但后者可能是更大的政治问题）。因此，失业的定义应当集中于低生产率，而不问原因如何。要衡量的是收入，而不是失业或工作时数。但是，贫困并不能代替对劳动利用的程度和形式的分析，作为低生产率和低收入的"原因"。换言之，我们不能只注意低收入这个"结果"，还必须看到原因。最需要的是衡量就业的质量或"稳定性"（hardness），因为在贫困的社会里，差不多每一个人都必须找到某种事情做，以便活下去。

（4）另一种尝试，是豪泽提出的"劳动利用体制"（labor utilization framework）。19 它将10岁以上的人口分为四类：（a）为工资或利润而工作的人；（b）在家庭外面工作而没有货币报酬的人

17　S·梅拉，"印度农业中的剩余劳动"，《印度经济评论》，1966年4月。

18　戴维·特南姆，前引书。

19　费利浦·M·豪泽，"劳动利用的衡量"，《马来亚经济评论》，1974年4月；"劳动利用的衡量——更多的经验结果"，《马来亚经济评论》，1977年4月。

614

（即没有报酬或只有实物报酬的人，包括分成制佃农、无偿仆役或产品交换者）；（c）在家庭中工作而没有货币报酬的人（无偿家庭工人）；（d）其他的人（学生、残废人、退休者、犯人）。根据这些资料，就可以分析几种不同的劳动利用不足形式：失业；由于劳动时间短的利用不足；由于收入少和生产率低的利用不足；由于所从事的工作不能充分利用自己的教育水平的利用不足。对于六个亚洲国家的研究表明，男劳动力的利用不足在马来西亚为11％，而在菲律宾则高达42％。女劳动力的利用不足相应地为15％和58％。在所有这六个国家，公开失业是最重要的利用不足形式，次要的是低收入（低生产率）。

由于劳动利用的定义和衡量方面的许多困难，所以不能确定劳动利用程度与经济发展水平之间的关系。在低收入和中等收入国家的城市中，有形失业率常常高达劳动力的10—20％。根据利用不足的广义，劳动力利用不足的份额还要大，而在最穷的国家，总的利用不足人数也许是最大的。利用不足的"隐蔽"形式在最穷的国家比在稍富的国家更为重要。在豪泽和国际劳工局调查所包括的半发达国家中，"隐蔽失业"也很重要，但在数量上比公开失业者少。

许多观察家认为，大多数发展中国家劳动力利用不足的程度在七十年代有所增加；在供给方面，这反映了劳动力的迅速增长；在需求方面，是由于限制劳动力吸收增长的因素在起作用。

劳动的重新配置

（1）就业扩大的成本与利得

在发展战略中，怎样能将没有得到充分利用的劳动加以使用，这是发展经济学家长期争论的一个问题。

在五十年代的理论著作中，有两个著名作家强调指出有大量的人从事对国民产出毫无增益的工作，并以此作为其对发展进行分析的基础，这就是纳克斯和刘易斯。纳克斯把剩余劳动重新配置到比较生产的用途、特别是劳动密集的建筑项目上，看作是资

615

本形成和经济增长的主要泉源。[20] 刘易斯所设想的也是同样的重新配置过程，但他把"资本主义部门"、特别是工业，看作是剩余劳动的主要雇主。[21] 他们均将劳动重新配置过程看作在实际上是没有成本的，虽然他们没有讨论怎样从农业部门取得食物去供养重新配置的劳动者。

在这方面，过去就什么是发展中国家农业中的劳动边际产品，以及怎样才能把剩余劳动动员到工业和建筑项目中去这两个问题进行了长期辩论。吉利斯等从辩论中总结出的共同意见为：[22]

(a)劳动的边际产品虽然可能很低，例如在人口稠密的亚洲国家，但它又几乎总是正数，而不是零。至少就全年的时间来看是如此；如果真有象零度边际产品的劳动这样的事，那也可能只是季节性的。

(b)即使放弃的产出为零或负，如果要使工人从乡村的农业转移到城市的工业或建筑业去，也还需要有迁移的费用，并不是毫无成本的。

(c)虽然从长期看经济增长在于将劳动力重新配置到生产率较高的用途，但在短期内这样作并不能得到不付代价的收益，甚至也不能得到容易获致的好处。

因此可以说，几乎在所有的国家和所有的时候，都有机会去工作，例如作为一个农业工人，可以得到一些工资和一些边际产品，尽管数量低微。虽然有这种机会，但有些人还在失业。他们拒绝接受所出的工资，可能认为它不足以补偿休暇（leisure）的损失，并想寻找报酬较丰的工作机会。

20　拉格勒·纳克斯，《欠发达国家的资本形成问题》，牛津1957年（初版1953年）。

21　w·亚瑟·刘易斯，"具有无限劳动供给的经济发展"，《曼彻斯特学院》，第22卷第2期，1954年。

22　《发展经济学》，1983年，第189页。

616

果真如此，发展中国家政府应如何看待创造就业机会的发展项目？前面已经说过，对任何发展项目，均可用社会成本——利得分析去评价。任何投入的社会成本中的一个重要组成部分，是它的机会成本。城市正式部门项目雇用的劳动，很可能是从城市非正式部门吸收的，后者的空缺可以由来自乡村部门的工人填补。本例中损失的产出，就是以前在乡村部门的工人的产出。因此，有些分析家认为，付给临时农业工人的工资，可以衡量不熟练工人的社会成本。可是，这种衡量可能低估了雇佣劳动的真正社会成本，因为后者还有其他的组成部分。

一是"诱致的移居"（induced migration）。

有一个有影响的乡村—城市移居模型，是由哈里斯和托达诺创立的，[23] 它认为，移居的工人要在城市得到报酬较高的工作，在本质上是买彩票。当在城市创造一个新的工作岗位时，彩票变得对潜在的移居者更有吸引力。一个岗位，可能不只吸引一个移居者，依其对改善的工作机会反应如何而定。这样，被放弃的产出可能是两个或更多农业劳动者的产出。如果家属随同外出，则放弃的产出更多。

二是"城市化的成本"（cost of urbanization）。

有些开支已变成移居工人的成本的一部分，如较昂贵的食物、住宅及其他开支；其他的则须由全社会来负担，如只对城市居民提供的或在城市中更昂贵的社会服务、污染、拥挤、额外的安全需要。这些成本使发展中国家的政府感到为难，尽管它们愿意实行工业化。

三是"国民储蓄减少"（reduction in national savings）。

农民移出后，他原来消费的那部分食物可能只是用来增加留下的人的人均消费量，城市工人的食物不得不靠进口来供给，于是全国总

_____
23　约翰·R·哈利斯和迈克尔·P·托达诺，"移民、失业与发展：两个部门 的分析"，《美国经济评论》，1960年3月。

消费将上升，而国民储蓄会下降。

城市就业的主要利得是产出的增加。

一个生产率很高的项目可能很容易补偿上述各项成本。而市区的生产率低、为使工作者不闲散而分配工作的项目，则可能要负担成本，很少有可供抵补的利得。此时乡村的劳动密集项目（特别是使用季节性闲置劳动的项目）可能更有好处，因其不要求工人移居。

城市就业的另一个好处是提供训练。

在现代经济中学习有用技术的机会每每集中于城市，例如操作及修理各种机器。这对工人本身有好处，对社会也可提供"外部利得"（external benefit）：工人（如公共汽车司机）的技术提高对人人都有好处，消费者和雇主均能获益。

通过低生产率劳动者的重新配置来促进发展的过程，比学者们在五十年代所想象的要复杂得多。然而就业的扩大依然是增加产出和重新分配收入的重要手段。一个政府如能实施使劳动的边际产品超过其社会成本的项目，就可以同时达到这两个目的。产出增加，而额外的收入落入贫穷的不熟练的劳动者之手。至于劳动的社会成本超过其边际产品的项目，作为重新分配收入的措施仍然是可以接受的，但只有在牺牲增长时才能获得公平。

（2）国内外移民：哈利斯—托达诺模型

在国民生产总值增长、就业结构改变时，肯定会有工人及其家属从一个地方移居到另一个地方。"国内移居"（internal migration）大部分是从乡村迁往城市。许多理论家认为，是经济的因素支配着作出迁移的决定。有些早期理论家区分"拉"（pull）和"推"（push）两种因素。城市有利的经济发展、乡村不利的经济发展，造成了从乡村向城市的移居。哈利斯—托达诺模型把两种因素组合起来，集中注意于城乡工资的差别。这个

618

模型的表述如下。[24]

$$M_t = f(W_U - W_R)$$

M_t = 在 t 时期由乡村向城市的移居者人数

f = 表示反应程度的函数

W_U = 城市工资

W_R = 乡村工资

因为在城市有失业者（假定在乡村没有失业者），不是每一个移居者都能在城市找到工作，模型假设"预期的"（expected）城市工资应和乡村工资相比。预期的城市工资是实际工资乘找到工作的概率：

$$W_U^E = pW_U$$

W_U^E = 预期的城市工资

p = 找到工作的概率

p 的简单定义为：

$$P = \frac{E_U}{E_U + U_U}$$

E_U = 城市就业人数

U_U = 城市失业人数

在这个表述中，所有城市劳动力的成员均假定有同等的机会去获得工作，因此 W_U^E 只是城市工资乘城市就业率。于是，在任何时期的移居者依存于三个因素：乡村与城市的工资差距，城市就业率，潜在移居者对工作机会反应程度的大小。

$$M_t = h(PW_U - W_R)$$

h = 潜在移居者的反应率

只要 W_U^E 超过 W_R，乡村—城市移居就会继续。只有移居迫使城市工资下降，或迫使城市失业率上升，致使 $W_U^E = W_R$ 时，移居才会停止。也可能 W_R 大于 W_U^E，此时就会出现劳力流回农村。

---

24 除注 28 所引文章之外，还可参阅 M·p·托达诺，《第三世界的经济发展》，1981 年第 2 版，第 238—243 页（"乡村—城市移民的经济理论—托达诺模型"）。

根据这个模型，如果城市的预期工资比乡村的工资高出一倍（如120：60），则城市失业率须达到50％，才能使乡村向城市的移民停止。所以，尽管城市的失业率已达到30％或40％，移民还会继续进行。

批评者指出，模型所说的均衡状况是很少能达到的。城市工资普通比乡村工资高50—100％，而失业率则为劳动力的10—20％。这样，预期工资就会总是高于乡村工资，移民在实际上并不能使这个差距消失。这个理论也不能充分说明"移民倒流"（reverse migration）：有些确实是因找不到工作而失望回家的人，更多的则是有意造成的。未婚青年常常暂时移居城市、矿场或种植园去工作，积累一定的储蓄后，回乡在土地或农场改善上投资或结婚，这在非洲的一些国家特别明显。

就国内移民而言，人口从一个地区向另一个地区非强迫地移居，对社会是有利的。人们移居，是为了自己和家庭的利益。只要刺激没有受到太大的扭曲，则社会可以从劳动力与其他资源相应配置的改善中得到好处。在最拥挤的主要城市（圣保罗、拉各斯、雅加达）的贫民窟，移民也比在乡村生活得好些，不愿回去。

国际移民（international migration）常常被认为是一件完全不同的事情。从全球的角度看，如果每一个人都在他的报酬（因而生产率）最高的地方工作，则世界的国民生产总值可以达到最大限度。但从发展中国家的角度来看，熟练（和受过教育的）劳动和不熟练劳动也有不同的机会成本。受过教育的、高度熟练的劳动的移出是大多数国家所厌恶的，称之为"人才外流"（brain drain），这有两个原因：（a）这种人是一国的稀缺资源；（b）他们的教育需要时间、费钱并受到国家大量补贴。离国以后，不仅得不到他们的服务，而且训练一个代替的人成本很高。但如果他们确实生产率很高，为什么不付出足够的工资将

620

其留住？这可能是由于对工资结构的非市场影响。例如，大多数医生和工程师为政府工作，其工资压得很低，以避免工资差别给政府造成政治上的困难处境。国际机构的待遇，往往远远超出各国国内的待遇。其次，熟练人员的国际移民会使穷国和富国之间的收入分配更加恶化，因此，巴格瓦蒂建议课征"人才外流税"（tax on the brain drain），由人才移入的发达国家的政府征收，转交人才移出的穷国，作为损失的部分补偿。[25]

至于非熟练工人的外流，则对流出国是有利的。这种人很多，流出后不会感到有很大损失，而且有好处，侨汇就是一种。在土耳其、阿尔及利亚、埃及等国，侨汇是一种主要的外汇来源。其次是训练，非熟练人员在外国度过几年之后，常常学会了技术回国。近来发展中国家颇为鼓励工人移出，例如南亚各国就曾充分利用石油丰富的中东国家报酬优厚的工作机会。当教育特别价廉时，甚至鼓励熟练人员"出口"，如菲律宾多年来就大量"出口"医生和护士。

就业政策

（1）就业问题

在发展中国家，人口和劳动力的增长相对于自然资源的基础而言，比较迅速。虽然资本存量增长更快，但使用的方式不足以吸收尽可能多的劳动。过去以为工业化能解决就业问题，但工业部门实际吸收的劳动力是令人失望的。其原因可以举例说明。

发展中国家的工业部门一般是从很低的基础上迅速发展的。例如马来西亚从1960年至1979年工业（包括制造业、公用事业和建筑业）中的增值每年约增加10%，但就业增加每年只有5%。从一定速度的工业产值增长所能预期的就业增长为：

$$g(Ei) = yg(Vi)Si$$

25　杰克迪什·巴格瓦蒂和马丁·帕廷顿，《对人才外流课税：一个建议》，阿姆斯特丹，荷兰北部，1976年。

g（E_i）＝就业增长，表示占总就业的百分比

y＝弹性，表示就业增长率与增值增长率的关系

g（V_i）＝工业增值，表现为百分点

S_i＝工业就业在总就业中所占份额

在马来西亚，工业占1960年劳动力的12％，因此

g（E_i）＝0.5×10％×0.12＝0.6％

这就是说，每年只有0.6％的劳动力能为工业扩大所吸收。但1960—1979年劳动力每年增长2.7％，即是说进入劳动力的工人能在工业中找到工作的不到四分之一。其余的必须在初级生产部门（它按净额计算实际上是在驱逐劳力，而不是在吸收劳力）及服务部门去寻找工作。

上面计算的只是工业中直接创造的就业机会。在与工业部门有前向连锁或后向连锁的部门中，还可以间接创造一些就业机会，前者如分配工业产品的服务活动，后者如供应工业投入的农矿业（至于工业部门内部的连锁关系，已在模型中考虑到）。在某些场合，间接创造的就业机会可能是很多的，例如当对国内生产的初级产品的加工能力扩大时；但在进口替代的工业化中，前后向连锁都很少。

从上式可以看出，要增加工业部门就业的比重，即g（E_i），就必须提高y、g（V_i）、S_i三者之一或更多。工业在就业中的份额S_i只能逐渐提高。在中期内，要增加工业的劳动吸收能力，只有提高部门增值的增长率g（V_i），或就业弹性y。

马来西亚例子所用的数值，在许多发展中国家是相似的。但也有少数国家和地区能较快地扩大工业就业，这些也是在出口劳动密集型制造品上取得最大成功的国家和地区。突出的例子是南朝鲜、台湾省、香港和新加坡。它们的成就有两个方面：（a）打开了出口市场，因此不依靠扩大国内市场就能使工业产出增长速度很高，g（V_i）。（b）它们选定出口的货物是使用大量劳动的，故就业弹性y很高（这些国家的y为0.8左右，而不只是一般的0.4—0.5）。这样，南朝鲜在1963年以后，单是出口的制造业就吸收了劳动力总数增长的一半，而大多数其他发展中国家则不到5％。26

───────────

26　Susumu watanabe，"出口与就业：朝鲜共和国的案例"，《国际劳工评论》，1972年12月。

工业部门不仅应当吸收增长劳动力的很大一部分，而且应当从小农业、小服务业和家庭手工业等劳动生产率低的就业人员中逐渐吸收一部分劳动力，当其不能做到这两点时，这些部门的就业人数就会增长。这就可能导致生产率和收入两种水平的停滞，甚至下降。有证据表明，事实上这种情况正在发生，特别是在某些最穷的、发展得最慢的国家。

上面关于工业的讨论，可以推广到整个城市正式部门。大贸易公司、金融组织、运输和交通设备、公用事业等等加在一起，对于部门间的劳动转移可能比工业更为重要。而它们也常常不能迅速增加就业人数。

（2）解决的途径

从原理上讲，劳动利用不足问题，可以从供求两方面去解决。但在事实上，供给方面的调整能做的很少。劳动供给在逐年增长，不能阻止人们去找工作。能做的只是在长时期内通过降低人口的增长去降低劳动力供给的增长。

几年以前，普遍相信只要增加某种类型熟练劳动的供给，通过辅助性非熟练劳动吸收的增加，就能对一般就业产生强大的扩充作用。印度独立后的头几年，扩大工程师的供给去消除所谓人力瓶颈，认为建筑及其他活动中的就业会因此增加。后来工程师供过于求，许多人找不到工作，而对一般就业的影响却难于确定。教训是：尽管技术人才短缺会制约就业和产出的增长，它是可以通过教育和训练（或通过移民）迅速而容易地增加的。在其他国家，教育不发达，技能形成就比较困难，并消耗时间。

政策的重心，应放在解决需求上。工资、工业促进、财政、外贸、教育、人口等方面的政策，对于就业都有重大影响。上面说过，对于创造就业机会，可以用刺激产出的办法（特别是在生产率和工资都比较高的部门），也可以通过在生产一定数量的产出中使用更多的劳动的办法。如何使生产更加劳动密集？发展经

623

633

济学家提出了两种办法：一是改变相对价格，鼓励工商业用劳动去代替资本；一是开发适用技术，使之更适应发展中国家的要素比例。

（3）要素价格

发展中国家现代部门的公司，面临的劳动和资本的价格常常受到扭曲，使资本相对于劳动而言，价格人为地低廉。这种扭曲，会在几种水平上阻碍劳动的吸收：（a）在部门一级，它会促进在技术上更适合于资本密集的生产部门的增长（如基本金属），而阻止比较劳动密集的部门的增长（如纺织业）。（b）在公司之间的竞争一级，它会促进使用比较资本密集的技术的工厂出现和增长（这些可能是大规模的或为外国人所有的工厂），加速比较劳动密集的工厂的衰落和消灭。（e）在工厂一级，它会促进使用机器去代替工人。

要素价格的扭曲为何产生？在大多数场合，涉及政府的某种行为。最低工资法、政府支持工会的要求、迫使公司（尤其是外国企业或国营企业）成为"模型雇主"（model employers），可能使现代部门的工资人为地提高。政府就现代部门的工资单征收工资税或社会保险捐，可能会提高雇主的劳动成本。当外国人担任的工作由本国公民接替时，民族主义的压力使工资仍保留在从前的国际竞争水平上。这些措施限制了雇主吸收更多工人的能力，虽有利于少数已有工作的人，却不利于多数正在失业或在非正式部门或乡村部门工作的人。有着严重失业问题的政府之所以采取这些措施，完全是由于政治上的原因。

另一方面，人为地低廉的资本会加强这种扭曲作用。维持法定的最高利率限额，使能够得到信贷的人可以廉价获得资本设备。本国货币的外汇比价定值过高，也具有相同的作用：它迫使实行外汇管制和进口特许制度，使能获得外汇和特许证的人可以廉价购得资本货物。随投资额大小而异的投资奖励制度（如对投资5千万美元的公司比对投资5百万美元以下的公司予以较长的免税期和较短的折旧期），也会鼓励设立资本密集的工业部门和采用资本密集的生产方式。

怎样才能纠正这种要素价格的扭曲？最直接的办法，是政府不采用上述各种扭曲价格的政策，已经采取的应立即取消。可是，由于政

624

治上的原因，政府每每不愿这样作。其次，可以用课税或补贴的办法加以抵销。

各种纠正要素价格扭曲的提议，在创造就业方面的效果由"代替弹性"（elasticity of substitution）的大小而定。代替弹性的定义是：

$$\sigma = \frac{d(K/L)}{d(w/r)} \cdot \frac{w/r}{K/L}$$

K = 资本数量

L = 劳动数量

w = 工资率

r = 资本成本

d = 第一个微商或差额

这样，代替弹性是由劳动价格与资本价格比例的一定百分比变化〔d（W／r）／（W／r）〕所产生的资本／劳动比率的百分比变化〔d（K／L）／（K／L）〕。w／r也称工资／租金比率（wage／rental ratio）。例如，工资／租金比率下降10％导致资本／劳动比率下降5％，则代替弹性为0.5。在这里，工资／租金比率下降10％意味着，将来雇用一定数量的劳动，投资（资本）可以减少5％；反之，一定数量的投资，可以多雇5％的工人。

对于通过纠正要素价格的扭曲来创造就业机会的效率，是有争辩的。一种是弹性乐观论者。他们认为就业效果可能很大，因为投资人为追求最大利润，有一系列的产出和技术可供选择。当劳动比资本价廉时，他们会作出两种调整：一是集中注意于多使用劳动即能生产的货物；一是使用更多的劳动密集型技术。他们认为投资人实际上有"一架子"（a shelf）的"适用技术"（appropriate techuologies）可供选择。

另一种是弹性悲观论者，他们认为对工资／资金比率变化的反应可能很小，或根本没有。许多现代工业的技术不容许用劳动去代替资本。例如在石油化工和纸浆等"加工工业"（process industries），高度资本密集的技术比起不那么资本密集的技术来，在效率上具有绝对的优势，即是说每单位产出既使用较少的劳动，也使用较少的资本。在许

625

635

多场合，这种技术特点是与规模经济有关的：一个工厂必须非常大并高度资本密集，才能有效率。他们还指出，许多公司在寡头垄断的市场上出售，因此不一定要使利润最大化；它们可能不顾一切地采用最"现代的"（因而是资本密集的）技术；它们生产的货物可能主要是供中等阶级消费，资本密集型技术比劳动密集型技术更合适。因此，他们认为，工资补贴会更加增加企业利润而不是扩大就业。

弹性悲观论者的想法如图10.8，弹性乐观论者的想法如图10.9。

图10.8　　　要素比例相对固定时的要素替代（替代弹性低）

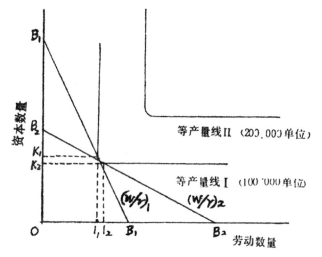

来源：吉利斯等，《发展经济学》，1983年，第201页。

〔说明〕　悲观主义者认为，替代弹性低，要素比例相对固定，等产量线 I 、II 代表不同的产出水平。W/r 由预算线 BB 的坡度 所 给 定（用一定数量的货币支出所能购到的劳动与资本的结合）。就一定的预算线（如 B_1B_1）和相应的工资／租金比率（W/r）而言，生产给定 水平的产出（100,000单位）所用的资本和劳动数量是确 定 了 的（Ol_1，OK_1）。如工资／租金比率下降（到 $(W/r)_2$），对于生产同样数量的产出所使用的资本和劳动的数量变动很小（OL_2，(OK_2)）。因为等产量线差不多是 L 形的。

626

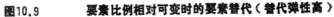

图10.9　　要素比例相对可变时的要素替代（替代弹性高）

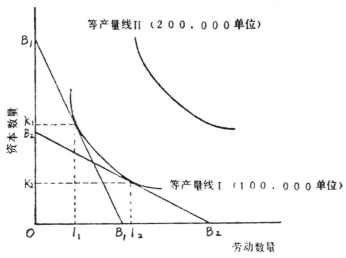

来源：吉利斯等，《发展经济学》，1983年，第202页.

〔说明〕　乐观主义者认为，替代弹性高，要素比例是比较可变的。技术容许要素可以替代，故当工资／租金比率 从（W／r），下降到（W／r）$_2$时，使用的资本数量锐减（从OB_1降至OB_2），而就业大 为扩张（从Ol_1增至Ol_2）。

何者更接近于实际？在发展中国家，计算替代弹性（σ）似乎很简单，因此对它作了许多经济计量学方面的 估 计， 发 现 σ为0.4—0.5，高到足以 鼓励乐观主义者。但也受到许多批评：它认为劳动和资 本是均质的（homogeneous），而事实上并非如此；它忽视了其他生产要素（如经理）的作用；它所研究的工业部门定义广泛，包括若干种不同产品等等。批评者认为，若对假设稍作修改，即可得出极为不同的结论。

因此这种辩论不易解决。然而，有理由可以相信，劳动与资本的相对价格的改变，可以使就业创造发生重大差异。

（а）不管生产某一项东西可供利用的技术是多是少，要素价格通过对生产什么货物的选择，能对就业产生重大的影响。例如上面提

627

637

到的劳动密集型制造品的成功出口国。

(b)即 使核心生产过程的技术是固定的和资本密集的,在辅助业务(如材料处理)中也存在使用大量劳动的机会。同样,在建筑业中,某些业务最好是由机器处理,不问工资／租金比率如何;但是,其他业务如果"价钱便宜",可以采用劳动密集的方法。

(c)如果雇主被迫将其产品在竞争市场上出售,他们对要素的比较价格就更加敏感。路易斯·威尔斯在印度尼西亚进行了一项研究,表明弹性悲观论者所说的不使利润最大化的行为虽是真实的,但在寡头垄断市场条件下工商业者并不是固守成规的。[27] 当竞争迫使他们寻找最有利的技术和要素比例时,本国和外国的企业家在劳动丰富、资本稀缺的国家总是能找到办法去节约资本,用更多的劳动去代替。

结论是,开放(openness)会促进合适的技术选择。在一国之内和各国之间增加竞争的程度,就可以使弹性乐观论者的假设变成现实,有可能通过减少要素价格扭曲去促进就业。

（4）技术的作用

要解决(或大大缓和)就业问题,需要有同低收入和中等收入国家的要素具有相适应的技术。这种技术是否已经存在?否则如何使之产生?

许多人认为,高收入国家的技术不适用于发展中国家。从工业化开始,欧美就缺少劳力,它们的全部创新几乎都以节约劳力为目标。结果几乎一切生产部门均使用越来越机械化、自动化的技术,一个比一个更适用于劳力稀少、资本丰富的国家。除了资本特别密集以外,还有大规模生产、使用技术员工、产品的类型和等级(例如,在棉花较贱、有丰富的劳力可以洗、压棉衣的国家,生产无铁合成纤维品)等方面,发达国家的技术不适用于穷国。尽管如此,富国技术还是原封不动地转让到穷国,因为世界上用于技术研究和发展的支出,90%以上是在富国作出的。第三世界国家邀请跨国公司在其主导部门投资,

27　　路易斯·Ｔ·威尔斯,"经济师与工程师:低工资国家的技术选择",载彼得·蒂默等编,《发展中国家技术的选择:一些谨慎的故事》,哈佛大学国际发展中心,1975年,第69—93页。

628

通过官方援助方案获得设备，东西方的投资人只能提供他们所有的技术。这样提供的技术，都带着起源国的特色。

怎样才能获得更适用的技术？有四个泉源：[28]

（a）使用发达国家的技术，但作出边缘的修正，如在材料的处理上。

（b）从工业国借用老技术。例如，美国在二十、三十甚至五十年前使用的技术可能比它在今天使用的方法和机器更适用于一个发展中国家。

（c）有选择地借用工业国的技术。东南亚的英、法、美、荷旧殖民地在独立以后渐渐懂得。日本的设备比以前从宗主国进口的设备，更适合于自己的需要。

（d）自己进行研究和发展工作，开发适应本地情况而特别设计的技术。以前开发的本国传统技术为此提供了有希望的基础。

既然存在开发适用技术的途径，为什么第三世界使用的技术依旧是不适用的？一个原因是没有竞争的压力，因而没有适应本国情况的刺激。其次是交通困难使信息不灵，这在采用工业国的较老技术方面尤为明显。最后是第三世界国家政府还未完全领悟促进本国研究与发展工作的重要性，以致教育制度不健全，研究机关不充实。

弗朗西丝·斯图尔特认为，关于第三世界国家的技术政策，有三派思想：

（a）"价格刺激学派"　强调"理顺价格"，相信反映社会成本的要素价格不仅会导致从现有供应中选择最有效的技术，而且会为开发比较适用的技术提供刺激。

（b）"技术专家学派"　认为需要作出自觉的决定，在技术开发上进行更多的投资，而不能单纯依靠上述诱致创新的机制。

（c）"彻底改革学派"　认为生产的货物和用来生产的方法是社会制度的内在特征。从跨国公司只能得到资本密集的方法和供中等阶级消费的产品。要创造适用技术和使用合适的要素比例，就需要改变

28　弗朗西丝·斯图尔特，"欠发达国家的技术和就业"，载埃德加·O·爱德华兹编，《发展中国家的就业》，纽约和伦敦，哥伦比亚大学出版社，1974年，第83—132页。

生产方向，生产供大众消费的廉价物品。这又要求大量重新分配收入，没有社会革命是办不到的。

斯图尔特得出结论：三种因素可能都是需要的，他以中国作为彻底改革成功的实例。至于非社会主义政府，最好是依靠价格刺激和研究与发展方面的审慎投资。加纳一度生产世界可可的三分之二，可是由于生产者价格规定过低，研究经费太少，以致多年来产量停滞，使科特迪瓦成为可可主要出口国，而马来西亚橡胶研究所则使该国天然橡胶工业在战后经受住了合成橡胶的威胁，成为世界上最大、最有效率的橡胶出口国。

（5）其他政策

首先，有些理论家认为，改善"收入分配"会加速就业创造。

因为穷人消费的货物是更为劳动密集的，因此穷人收入增多会使需求类型改变。但是若干模拟研究表明，这种做法效果并不太大。主要障碍是：中等和上等收入阶层消费的货物确实更为资本密集，但他们也消费更多的劳务（其中许多几乎全是劳动）。其次，富人和穷人消费的货物都使用相同的中间投入，例如钢。因此，需求类型的转变，对于生产结构的影响是有限的。

其次，认为发展计划人应当寻找的是"补充劳动的投资"而不是代替劳动的投资。

这种投资机会在每个经济部门都存在。例如在农业中，种植和收获的机械化可以代替大量劳动，但灌溉投资实际上会创造大量就业，因为可以更加集约地并在一年的更大部分时间内耕种相同的土地。另一种补充性投资，是为补充技术人员而进行训练。

第三，穷国的现有"资本设备存量常常利用不足"。

工厂开工只达到生产能力的30—60％，不实行三班制。如果这一切闲置设备都能利用，就能在短期内对劳动的需求急剧上升，不需有额外投资。但如何使之实现，尚属疑问。设备闲置有许多种解释，何

630

者是主要的，正在研究。需求不足也许只是原因之一，不合适的价格刺激和缺乏辅助性资源（包括企业和经理人才）也可能有关系。

第四，许多政府和国际组织还特别注意"小规模工业"。

非正式部门的小企业，比起正式部门的较大商号，能使用较少的资本和较多的劳动去生产任何一种给定的产出。一个重要的原因是，小商号面临的劳动和资本的价格，更接近于二者的机会成本。最低工资立法、工会组织、工资税对它们都不适用。无法得到银行的特别低息贷款。小规模工业创造就业的潜力尚未为人熟知。一般情况是，随着经济的发展，小商号的重要性相对下降，而大商号的重要性则相对上升。

应当创造条件，使小规模企业能逐渐现代化，象在日本那样对发展作出贡献，而不是停滞不前，成为国库的负担（如在印度）。大多数发展中国家政府通过各种政策和行政手段（从汇率定值过高、只有大企业才能享受的投资刺激，到苛捐杂税和执照要求），削弱小企业同大企业和进口品竞争的能力。即使不知道怎样帮助小企业，至少也应当停止执行损害它们的政策。小企业可以改善收入分配；其产品大部分由低收入阶层所消费，所以收入分配的改善会加强它们的竞争地位。除此之外，小企业还能通过扩大参加经营企业者的人数来促进民主，动员基层群众的额外储蓄，帮助边远地区的经济发展。

最后，在束手无策时，政府还可以实行"特殊的或紧急的方案"，为特别困难的人提供部分时间的或临时的就业。

许多这样的方案是由外国粮食援助提供资金的，或是把粮食直接分给参加者，或是出售粮食，以其资金支付工资。这种方案将建设对社会有益的设施同救济最穷的人结合起来，但事实表明，这种好处只是偶尔才能得到。29 许多方案管理不善，有时大部分好处落入地方权贵之手，甚至迫使穷人以最低工资建路筑坝，由地主获益。执行一项

29　J·W·托马斯等，"发展中国家的公共工程方案：一项比较分析"，世界银行工作人员论文，第224号，1976年2月。

有效的公共工程，是一件极不容易的事情。

（6）就业计划

加速生产性就业创造的可取性，特别是在希望将一定程度的公平同经济增长相结合的国家，应当是很明显的。这样做的可行性就不是那么明确了，许多不同类型的公共政策，均能对就业创造产生影响。吉利斯等认为，实际上不能为一个发展中国家拟定一个"就业计划"，只能拟定一个一般发展计划，强调就业是一组互相联系的目标之一。

国际劳工组织根据它的"世界就业方案"，通过访问代表团（到哥伦比亚、斯里兰卡、伊朗、肯尼亚、菲律宾、苏丹），拟订出一系列就业计划，但有关政府并未真正执行。

就业作为发展政策和计划的目标，它的重要性只在过去十年中才得到充分承认。究竟增加发展中国家的生产性就业涉及些什么，计划人和学者都在学习。

很明显，一个国家的具体情况（它的大小和经济结构）不同，所奉行的就业创造战略也不相同。

教 育 问 题

人力资本投资

上面讨论的主要是劳动的数量，把劳动看作是均一的发展资源，但是劳动还有一个质量问题。通过对儿童和成年人的教育、改进他们的健康和营养，通过将劳动力迁移到有较好就业机会的地点，通过降低生育率，可以提高劳动(也即人力资源)的质量。

在美国经济学会的1960年年会上，西奥多·舒尔茨（芝加哥大学教授，1979年与刘易斯同时获得诺贝尔经济学奖金）作了一篇有影响的演说，[30] 提出了"人力资本投资"（investment in human capital）这一概念，他认为，上述各种提高劳动质量的

---

30 西奥多·W·舒尔兹，"人力资本"，《美国经济评论》，1961年1月。

支出可以看作是一种资本积累的过程，能靠它来提高劳动者的生产率和收入。在他提出这一概念以前，学术界和政策制订人都忽视了这个问题。随后，舒尔兹和其他人的著作，将这一概念应用于上述所有各种人力资源发展的活动上。近来世界银行进行的研究，进一步阐明了人力资源发展对经济增长的重要性。[31] 可以相信，经济增长能将更多的资源用于教育、卫生和营养，而人力资源投资也有助于加速经济增长，二者是互相促进的。

发展中国家的教育

教育从广义说，包括各种形式的人类学习，从狭义说，则指在学校中进行的学习过程。从几种意义说，教育是最重要的人力资源发展形式：（a）在所有的国家都普遍要求接受教育，特别是学校教育。（b）普遍认为，不论从个人还是从社会来看，教育与收入之间有着明显的联系，如图10.10和表10.7所示。（c）在发展中国家，教育支出在家庭开支和国家预算中均占居重要地位，如表10.8所示。

表10.7 对照人均国民生产总值的教育统计 （二十世纪七十年代）

人均国民生产总值（美元）	成年文盲（%）	入 学 率b				公共支出			
		小 学		中学	高等教育	占国民生产总值%	每个学生美元		
		总额	净额	总额	总 额		第一级	第二级	第三级
200以下	77	56	41	15	1.4	2.6	21	268	765
200—300	66	69	40	19	1.6	3.3	41	216	2,312
300—500	73	68	51	15	1.3	4.2	45	264	2,037
500—1,000	45	87	74	33	8.6	4.4	66	167	1,165
1,000—2,000	38	100	87	43	11.9	4.5	118	272	1,827
2,000—5,000	21	105	93	60	14.7	4.5	280	480	2,162
5,000及以上	10a	99	92	79	24.9	5.8	1,377	1,609	4,678

来源：联合国教科文组织，《1981年统计年鉴》，日内瓦1982年。
　　a　粗略估计。许多有很高识字率的工业国家不再公布文盲统计数字。
　　b　入学率表示入学人数占学龄人口的百分比。粗入学率（总额）将所有年龄的在校学生总数与正常的学龄人口进行比较，可能超过100%；净入学率表示各年龄集团中已经入学的人数。
　　〔说明〕　收入越高，入学人数越多，国家用于教育的支出越大。

31 世界银行，《1980年世界发展报告》及其中所援引的各种文献。

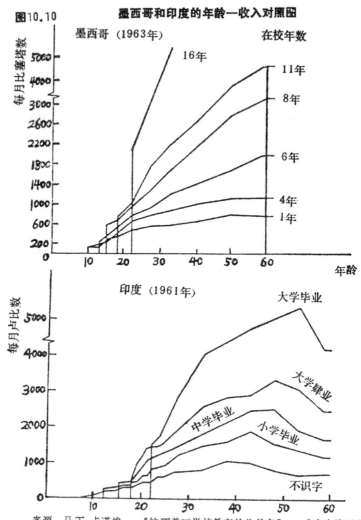

墨西哥和印度的年龄—收入对照图

图10.10

墨西哥（1963年）　　　　　　　　在校年数

每月比塞塔数

5000　　　　　　　　　16年
　　　　　　　　　　　　　　　11年
4000
3800
3000　　　　　　　　　　　　8年
2600
2200
1800　　　　　　　　　　　　6年
1400
1000　　　　　　　　　　　　4年
　　　　　　　　　　　　　　　1年
600
200
0　　10　20　30　40　50　60　年龄

印度（1961年）

每月卢比数

5000　　　　　　　　　　大学毕业
4000
　　　　　　　　　　　　　大学肄业
3000
　　　　　　中学毕业
2000　　　　　　　　　小学毕业
1000
　　　　　　　　　　　　不识字
0　　10　　20　　30　　40　　50　　60

来源：马丁·卡诺埃，"拉丁美洲学校教育的收益率"，《人力资源》杂志，1967年夏季号，第359—374页；M.布劳格、R.莱亚德 和M.伍德豪尔，《印度大学毕业生失业的原因》，1969年，第21页。

转引自吉利斯等，《发展经济学》，1983年，第212页。

〔说明〕　受过教育的年限越长，收入越高。

634

专家们对"教育"（educatien）与"上学"（schooling）二词 加以区别，前者等于"学习"（learning）。有三种教育：（a）正规 教育（formal education），在学校中进行，参加者多为青年人。（b）非正规 教育（nonformal education）. 在学校外进行的有组织的学习，参加者通常为成年人，比正规教育期限短，范围较狭，用于职业技能、识字、家庭生活或公民教育的培训。（c）不规则的教育（informal education），在家庭中、工作岗位上和社会中的学习。

过去三四十年，发展中国家的教育发展非常迅速，其正规教育的特点，有以下各项：

各级学校的在校学生人数，1950年为7,300万， 到1978 年 增 至 37,800万，不到三十年增加了四倍以上，中国及朝鲜民主主义人民共和国尚未计算在内。若加上它们，1978年的在校学生已超过6亿，见表10.8。

表10.8　　　发展中国家ᵃ在校学生人数，1950—1978年（百万）

	1950	1960	1965	1970	1975	1978
小学						
非洲	7	17	24	30	40	50
亚洲	43	77	106	129	150	165
拉丁美洲	15	27	34	44	56	62
共计	65	121	164	203	246	277
中学						
非洲	—	1	3	4	8	10
亚洲	5	17	29	39	51	60
拉丁美洲	2	4	7	11	12	16
共计	7	21	39	54	71	86
高等学校						
非洲	—	—	—	—	1	1
亚洲	1	2	3	6	7	9
拉丁美洲	—	1	1	2	4	4
共计	1	3	4	8	11	14
各级学校总计	73	145	207	265	328	377

来源：联合国教科文组织，《1972年教育统计年鉴》（日内瓦1973年）；《1981年统计年鉴》（日内瓦1982年）. 转引自吉利斯等，《发展经济学》，1983年，第215页.

(a)中国和朝鲜民主主义人民共和国未计入。南非和日本为发达国家未计入。一表示不到50万。

(b)在校学生人数的增加是波浪式地进行的,先是小学学生人数增加,然后是中学学生人数增加,最后是大学和其他高等学校的学生人数增加。斯里兰卡就是典型的例子。但有些拉丁美洲及其他国家,是先从高等教育扩大开始的。

(c)教育迅速发展的结果,产生了一系列的问题：a、教育短缺。b、教育经费支绌。c、辍学及留级人数多。d、教育质量差（学的东西少,只注重升学率）。e、受过教育的人失业的多,如印度和菲律宾,许多受过中等及高等教育的人找不到"合适的"工作；斯里兰卡推行免费教育,七十年代有一半大学毕业生失业,须待经济增长,才能将其吸收。f、学用脱节,在校所学的东西不符合工作的要求。g、非正规教育所起的作用很小。

教育在经济发展中的作用

教育的作用是多方面的,这里只讨论它在经济发展中所起的作用。五十年代单从需要有受过训练的人力着眼,强调扩大中等及高等教育,初等教育入学人数也增加很快。到六十年代,普遍感到教育经费拮据,学校供不应求,而受过教育的人失业的很多,于是产生了一种新的分析教育投资的方法,即成本—利得分析法。它以人力资本理论为基础,从教育的成本和利得两方面着眼,不象过去的人力分析那样只考虑利得。到七十年代进一步采用人力资本的方法。对于教育的作用还在研究过程中,没有定论。

（1）人力计划化

在任何一国都有一种强大的趋势,即只有受过一定教育的人,才能担任一定的工作。

636

例如在发展中国家，差不多所有受过大学教育的人均担任专门职业的、技术的或经理的职务（在政府中，或作为自由职业省）。受过中等教育的人从事文书、销售或服务工作。劳动力中有一半以上为农民或农业工人，所受的正规教育很少，或根本没有受过正规教育。很容易假定，从事某种职业的人须受过某种教育。

因此，经济的发展（职业结构的转变）要求有教育的发展，以便训练出所需要的人才。人力计划化就是根据这种假设来进行的。它认为经济对受过教育的劳力的需要是可以预测的，因此可以计划教育制度的增长，以避免人才的短缺和过剩，减慢经济增长，或造成教育资源浪费、受过教育的人失业或人才外流。

因此，人力计划化的发轫点，是预测人才需要。有几种预测方法。

最简单的是向雇主作调查。其次是根据过去两个时期的数字，计算发展的趋势，然后推广应用于未来。

比较精密的是根据国民生产总值增长的估计，来推演未来的就业结构，即丁伯根和帕内斯的方法，[32]其步骤为：

(a)从计划时期（至少要有几年）国民生产总值增长速度的目标出发。

(b)估计为达成总增长率所要求的产出结构的改变（按来源部门划分）。

(c)估计各部门的就业人数，利用关于劳动生产率提高（或相对于产值增长的就业增长的弹性，这是前者的倒数）的各种假设。

(d)将各个工业的就业人数划分为各类行业，利用关于每一工业中所"要求的"结构的假设，然后把各个工业中同一行业的人数加在一起，得出整个经济所要求的各种职业的组合（occupation mix）。

(e)将行业的要求变成教育的要求，假定每一行业都要求有适当

---

32 赫伯特·S·帕内斯，《预测经济发展的教育需要》，巴黎，经济合作与发展组织。1962年。简·丁伯根和H·C·波斯，"经济发展的教育需要的计划模型"载《教育的数理经济模型》，巴黎，经济合作与发展组织，1965年。

637

的教育。

通过以上五个步骤，可以估计未来某一年的人力需要量。于是通过一种"存量和流量调整过程"来使劳力的供给符合需求。对现在的劳力存量，应根据预期的损失（退休、死亡、移居国外和退出劳动力）来加以调整。这样测定的供给与需求之间的差距，主要通过学校系统的产出来满足，虽然外来移民和不工作的成年人进入劳动力也有帮助。需求一旦确定，要作的就是计划学校系统的学生流量，使需要与其他来源的供给之间的缺口刚好填满。

这种方法对于熟悉投入—产出法的人并不陌生，因为它包含使用一组"固定系数"，去从产出目标，得出投入需要。计算人力需要的推演线索为：国民生产总值→工业结构→各工业的总就业人数→就业的职业结构→就业的教育结构。每个箭头代表一组固定系数。

人力计划的一个主要困难是：这些系数常常是不稳定和无法预测的。劳动生产率受到许多因素的影响，并且常常发生意料不到的变化。各种职业的组合，由于外部的和内部的原因，也发生变化，例如，可能采用新技术，因而带来新的一组职业需求。相对工资的变化，可能使雇主雇用不同的工人组合，这种价格调整在模型中是假定并不存在的。从长期看，系数的改变可能是受过教育的劳动供给改变的直接结果。受过更多学校教育的人，逐渐被利用来做以前受教育较少的人所做的工作，即产生"教育深化"（educational deepening）的过程。根本的原因是，在教育与职业之间不存在唯一的联系：作任何工作所需的知识可以通过几种途径去获得（正规的、非正规的、不规则的教育）；大多数教育方案中所学的东西，只有一小部分适用于某一种职业，大部分可以适用于许多职业。

另一个问题，是人力计划化没有考虑到教育成本。人力"需要"被认为是绝对的，结论是，任何计划差距必须通过教育扩大

638

（一般为高等及中等正规教育）去填补。但这种学校教育是比较费钱的（表10.7）。而比较低廉的非正规教育或工作岗位上的训练则很少考虑。

这些看法，以及竞争性的成本—利得法的出现，使人力计划法被废弃不用了（就大多数学术专家来说）。可是，吉利斯等认为，[33] 实际计划工作者仍在使用它来对一个发展中国家可能有的人力问题获得一个大致的了解。它的拥护者常常是政治家，他们觉得，它表面上的（然而是虚伪的）准确性很有吸引力。

（2）成本—利得分析与教育的价值[34]

人力资本理论的假设是：个人，以及代表个人的政府，在教育、保健及其他人力服务方面的投资，主要是为了提高他们的收入和生产率。在未来年代中将要形成的产出和收入的增加，是所作投资的收益。应用这一思想于正规教育，从一组"终生收益曲线（图10.10）开始。曾经给许多国家计算过这种曲线，全都表明具有一些共同的特点：

(a)根据在校年数及达到的最高学历，收益在40岁左右或稍后增加到最高水平，然后拉平或下降。

(b)在校年数越长，曲线所处的位置越高，上升阶段也越陡。虽然受教育较多的人开始工作时年龄较大，但开始时的收益水平也较高。

(c)受教育的年限越长，则后来的收益越能达到最大限度，退休时的收益也越高。

成本—利得分析可以用来从私人和社会两方面计算教育的价值。

父母教育子女时，心中就怀有上述收益曲线。他们会去计算各级教育未来收入流量的现在贴现价值，并将其和相应的成本比较。

---

33 吉利斯等，《发展经济学》，1983年，第221—222页。

34 同上，第222—227页。

未来任何一年的预期收益的现在价值为：

$$V_0 = \frac{E_t}{(1+r)^t}$$

V_0 = t年收益的现在价值

E_t = t年收益

r = 利率（父母资本的机会成本）

使用利率r将收益"贴现"。因此，直到n年整个收益流量的贴现价值为：

$$V = \sum_{t=1}^{n} \frac{E_t}{(1+r)t}$$

这是成本—利得核算的利得方面。私人的入学成本有两 种：直 接 成本，即直接现金支出，如学费、书籍费、制服费、交通费等；隐含成本，即学生入学后放弃了的工作收益或机会成本。在获得收益之前，先须负担成本。成本与收益比较，可以决定应否作出投资。

但是，比较通用的方法，是计算投资的"内部收益率"（internal rate of return），即贴现率，它使 收 益流量与成本流量的贴现 值相等，即

$$\sum_{t=1}^{n} \frac{E_t}{(1+i)t} = \sum_{t=1}^{n} \frac{C_t}{(1+i)t}$$

或

$$\sum_{t=1}^{n} \frac{E_t - C_t}{(1+i)t} = 0$$

C_t = t年的私人成本（直接的和隐含的）

i = 内部收益率

用此法将家庭在教育投资上的收益率与在其他投资上的收益率比较，如教育支出提供最高的收益率，即会作出这种开支。这是计算私人收益率（private rate of return）的办法。

社会收益率（social rate of return）的计算方法相同，但成本方面包括教育的全部成本（私人的和公共的），即未由学费抵偿的公共部门支出也计算在内。私人收益率不可能低于社会收益率，因为社会成本—利得核算中成本较高（在发达国家，私人成本—利得核算中衡量的收入是纳税后收入，社会成本—利得核算中衡量的收入是纳税前

640

收入，这就使社会收益率可以超过私人收益率。但在发展中国家不如此细分，因其个人所得税不甚重要，数字也难得到。）

教育的社会成本—利得分析，只在成本方面比私人成本—利得分析更加全面。教育的各种社会利得，所有那些在较高收益中不能反映的利得，在两种核算中均被排除在外。最好是将其包括进去，但象较大的社会团结、提高参加政治活动的能力等利得，是难于用数量表示的。

对发达国家和发展中国家教育投资的私人和社会收益率作过许多种核算，表10.9是一些有代表性的结果。

表10.9　　　　　　　教育的收益，按水平和国别分列（％）

国　　别	调查年份	私 人 收 益			社 会 收 益		
		初等教育	中等教育	高等教育	初等教育	中等教育	高等教育
非洲							
埃塞俄比亚	1972	35.0	22.8	27.4	20.3	18.7	9.7
加纳	1967	24.5	17.0	37.0	18.0	13.0	16.5
肯尼亚[a]	1971	28.0	33.0	31.0	21.7	19.2	8.8
马拉维	1978					15.1	
摩洛哥	1970				50.5	10.0	13.0
尼日利亚	1966	30.0	14.0	34.0	23.0	12.8	17.0
罗得西亚	1960				12.4		
塞拉利昂	1971				20.0	22.0	9.5
乌干达	1965				66.0	28.6	12.0
亚洲							
印度	1965	17.3	18.8	16.2	13.4	15.5	10.3
印度尼西亚	1977	25.5	15.6				
南朝鲜	1967				12.0	9.0	5.0
马来西亚	1978		32.6	34.5			
菲律宾	1971	9.0	6.5	9.5	7.0	6.5	8.5
新加坡	1966		20.0	25.4	6.6	17.6	14.1
台湾省	1972	50.0	12.7	15.8	27.0	12.3	17.7
泰国	1970	56.0	14.5	14.0	30.5	13.0	11.0
拉丁美洲							
巴西	1970		24.7	13.9		23.5	13.1
智利	1959				24.0	16.9	12.2
哥伦比亚	1973	15.1	15.4	20.7			
墨西哥	1963	32.0	23.0	29.0	25.0	17.0	23.0
委内瑞拉	1957		18.0	27.0	82.0	17.0	23.0

续

国 别	调查年份	私人收益			社会收益		
		初等教育	中等教育	高等教育	初等教育	中等教育	高等教育
中等国家							
塞浦路斯	1975	15.0	11.2	14.8			
希腊	1977	20.0	6.0	5.5	16.5	5.5	4.5
西班牙	1971	31.6	10.2	15.5	17.2	8.6	12.8
土耳其	1968		24.0	26.0			
南斯拉夫	1969	7.6	15.3	2.6	9.3	15.4	2.8
以色列	1958	27.0	6.9	8.0	16.5	6.9	6.6
伊朗	1976		21.2	18.5	15.2	17.6	13.6
波多黎各	1959		38.6	41.1	21.9	27.3	21.9
先进国家							
澳大利亚	1969		14.0	13.9			
比利时	1960		21.2	8.7		17.1	6.7
加拿大	1961		16.3	19.7		11.7	14.0
丹麦	1964			10.0			7.8
法国	1970		13.8	16.7		10.1	10.9
联邦德国	1964			4.6			
意大利	1969		17.3	18.3			
日本	1973		5.9	8.1		4.6	6.4
荷兰	1965		8.5	10.4		5.2	5.5
新西兰	1966		20.0	14.7		19.4	13.2
挪威	1966		7.4	7.7		7.2	7.5
瑞典	1967			10.3		10.5	9.2
英国 b	1972		11.7	9.6		3.6	8.2
美国	1969		18.8	15.4		10.9	10.9

    a 社会收益率指1968年。

    b 社会收益率指1966年。

    来源：乔治·帕萨恰诺波洛斯，"教育的收益：一个最新的国际比较"，《比较教育》，第十七卷第三期（1981年），第321—341页。

    关于这个问题，还可参阅作者的《教育对经济增长的贡献》，载约翰·W·肯德里克编《生产率的国际比较和减慢的原因》，剑桥，美国企业研究所，1984年，第335—360页（世界银行重印丛刊，第320号）。

    表中所列数字均为边际收益率，即为使某一级的教育造就提到较高一级的教育造就所需"额外"投资的收益率。

从表10.9可以得出三个主要结论：

（a）发展中国家教育的收益率一般很高。在一般场合，它比物质资本投资的收益率高。因此，在大多数发展中国家，教育看

642

起来是一种很好的投资。

　　(b)初等教育投资的社会收益率常常是最高的。在初等教育尚未普及的国家（如智利、肯尼亚、南朝鲜），尤其如此。在几乎人人受过初等教育的国家（如日本、英国、美国），初等教育的收益率无法确定．因为没有更低的一级可资比较。

　　(c)私人收益率和社会收益率可能相差很大,因为政府有时负担大部分成本。如表中美国的中等教育和加纳、肯尼亚、埃塞俄比亚三个非洲国家的高等教育。在其它场合，大部分入学成本由私人负担，两种收益率相差不大。

　　将表10.9加以归纳，可以得出一个比较简单的概念如表10.10。

表10.10　　　　　教育的收益，按地区和国内类型分列（％）

地区或国家类型	国家数	私 人 收 益			社 会 收 益		
		初等教育	中等教育	高等教育	初等教育	中等教育	高等教育
非洲	（9）	29	22	32	29	17	12
亚洲	（8）	32	17	19	16	12	11
拉丁美洲	（5）	24	20	23	44	17	18
发展中国家平均	（22）	29	19	24	27	16	13
中等国家	（8）	20	17	17	16	14	10
先进国家	（14）	(a)	14	12	(a)	10	9

　　来源：同表。

　　（a）由于缺乏可资比较的文盲集团，无法计算。

　　这种核算的实际价值在于：私人收益率可以作为个人教育选择的指导，公共收益率可以为公共投资和政策制订提供指导。但对两种主张的正确性均有人怀疑。成本—利得分析在教育计划化中的用处是有限的。

　　（3）其他观点[35]

　　正式模型制作

───────────

35　吉利斯等，《发展经济学》，1983年，第227—229页。

大多数发展中国家在大部分时间内，教育政策的决定是实用主义的，服从于当时的政治需要。不时也采用人力预测和成本—利得分析，但对实际影响很小。由于两种办法在知能上的局限性，有时有人建议采取更精密和正式的办法，但影响更小。例如，几年前编制了几个线性规划模型，但没有影响。同样，有人努力把人力计划化和成本—利得法综合起来，因为在两个著名方法的极端假设（不同劳动类型的零度替代性对在教育大类中的完全替代性）之间，显然会有处于其间某一处的现实性。可是，对发展国家的教育计划均无影响。

"左倾修正主义者"

有一类经济学家和社会学家认为，教育能提高生产率的思想是根本错误的。教育是把筛子，选择幸运的少数人，给以证明，使之能在社会上担任报酬优厚的职位。有幸者多为有特权地位的人。对其他人的教育，是为了使之居于被奴役的地位。应当彻底改革经济结构和社会制度。应当进行群众教育，使之意识到自己在受压迫。

"右倾修正主义者"

教育计划化已经失调，因此，应当提供何种学校教育及向何人提供的问题，应当由市场去决定。

"中和改革家"

主张教育应当更加注重实际。应当设立农业、技术和职业学校，向人民传授有用的技能。

最近的一个改革建议，是更加重视非正规教育。[36]

（4）教育与发展

吉利斯等就发展中国家的教育与发展的关系作出了如下总结。[37]

---

[36] 菲利浦·H·库如斯等，《向乡村贫困进攻：非正规教育如何能有所帮助》，约翰斯霍普金斯大学出版社，巴尔的摩和伦敦，1974年。

[37] 吉利斯等，《发展经济学》，1983年，第230—231页。

644

广义的教育（即学习）对于经济发展显然很重要。学习态度和技能的差别，可以说明发展水平和速度方面的许多差别。能够促进经济发展的学习态度和技能是通过教育获得的，但并不总是通过正规教育。早在学校建立并得到推广以前，人们在家庭、工作场所、社会获得许多有用的知识。伟大古老的文化（如中国、印度），有传统的学校，有巨大的威望。但使人民大众能在现代化经济制度中生存、帮助他们在移居别处时能成功地进行竞争的教育，主要不是在这种学校中得到的。那是在现场、工场和市场经历几百年斗争和适应的结果。

在过去三十年中，发展中国家的教育制度有了巨大的发展，现在的教育制度，实际上是最近历史时期的产物。教育制度的发展，带来了好处和问题。

正规教育方面，大多数分析家相信，初等教育对发展的增长和公平两个目标作了重大的贡献。这种信念由无数的研究所支持，它们表明：当农民至少有四—六年在校教育时，有高得多的农业生产率。在一个办得比较好的小学中学到的文化、算数及其他基本技能、在经济、社会、政治生活中都有用处。对发展有兴趣但尚未对全部学龄儿童提供基本教育的政府，其诚意是大可怀疑的。幸而大多数发展中国家这一部分人口的入学率很高，或正在朝这个方向努力。小学入学率达到百分之百后，发展中国家在这方面的主要问题是保证充分的教育质量，使他们在实际上达到可以接受的标准。

对发展中国家的中等和高等教育的评价好坏参半。这涉及到选择在未来一代中谁来接替这些社会高层和经济特权人士的地位问题。选择职能虽然重要，却会干扰学习职能。某种工作的"教育资格"更多地是获得相应的文凭，而不是实际学到所需要的技能。此时重要的是，选择须凭客观（"功绩"）标准，而不凭与社会经济出身有关的因素。在这方面，日本和南朝鲜的考试制度很突出。虽然对学生有限制，能达到最高水平及参加"好"单位的人数极其有限,却能给贫穷、有能力而又用功的学生在社会经济的梯子上攀登高峰提供了充分的机会。

第三世界教育发展的主要要求是：对新参加工作的人，使教育与工作发生更密切的联系。部分地可通过改革正规教育制度来达到这个目的。如果技术和职业学校的课程能与工作所要求的技能密切结合，就能成功地准备学生就业。这是传统学徒制的主要优点。较新的方法是，使正规教育和在职训练相结合，如哥伦比亚的"全国学徒训练"、巴西的"全国工业学徒训练"、新加坡的"工业训练部"。这些方案由工资税付款，使雇主负担成本，他们可以从有训练的劳工的供给改善中获益。

学生一旦离校后即很少回到学校,所以改进成年人的教育,必须依靠非正规的教育和不规则的教育。非正规教育须提供给学生在其环境许可下能运用的技能,如其不用,已经认识的字也会忘记。

健 康 问 题

过去大多数发展中国家对于人民健康状况的改善不甚重视。最近对于健康与发展的关系比较注意，一个原因是，采取对"人类基本需要"的公平发展战略，其中基本保健服务必然起重大作用；另一个原因是，保健支出也和教育支出一样，越来越被看作是对人力资本的投资。

健康与发展的关系是相互的。那么,经济发展本身，能在多大程度上导致健康状况的改善？保健计划怎样和在多大程度上能促进经济的发展？

发展对于健康的影响

何谓"健康"？怎能知道某一个人或某一个社会是健康的还是有病的？

646

联合国世界卫生组织对健康提出的定义是："一种完全物质的,心灵的和社会的福利状况"(a state of complete physical, mental, and social well-being),但这远远超过了通常所说的健康。对大多数人说,健康只是没有疾病和不衰弱。但这也不是一个完全令人满意的定义,因为它可以是极其主观的。在健康标准高的国家当作疾病的状况,在健康标准低的国家则极为普遍,甚至不认为是非正常的。

个人的健康状况,可以由有资格的健康专家的临床考察去决定。通常不容易去检查为数很大的人群,整个人口的健康状况必须依靠统计。有两种这样的统计:疾病(morbidity)统计,死亡(mortality)统计,前者不如后者健全。除了缺乏疾病的严格定义以外,许多有病的人(特别在穷国)不去医院,甚至不找西医,因此无法统计。死亡统计要好得多,大多数国家现在都有相当完备的官方死亡登记制度,当然也有缺口。死亡统计对估计居民健康状况最有用,因为它包括有关死亡者的详细情况(年龄、性别、住址等)及死亡原因。

(1)死亡率降低和预期寿命提高的趋势

死亡率与人均国民生产总值有负的关系。当人均国民生产总值从一年不到200美元上升至5,000美元以上时,粗死亡率即减半;婴儿死亡率甚至下降更快,从139‰降至22‰,如表10.2。

另一种观察发展与死亡率关系的办法,是看"预期寿命"(life expectancy),即一国居民成员预期生活的平均年数。出生时预期寿命是最常用的统计形式,如表10.11。

表10.11　　　　　出生时预期寿命,按收入类别,1980年

收入类别(美元)	预期寿命
200以下	45
200—300	49
300—500	47
500—1,000	57
1,000—2,000	63
2,000—5,000	69
5,000以上	72

647

来源：世界银行，《1982年世界发展报告》，第150—151页。
吉利斯等，《发展经济学》，1983年，第234页。

1980年出生于最穷国家的人，平均只能活45岁；而出生于最富国家者平均能活72岁。这种差别，可以衡量经济发展对于健康的影响。

表10.11中有代表性的横截面数字所表示的类型,与现代工业化国家过去发生的情况相类似。当国家发展时，死亡率下降,预期寿命上升,图10.11表示不同类型国家预期寿命的历史趋势。较早的发展中国家（英格兰，威尔士、瑞典、美国）从1850年左右起经历缓慢的稳定的上升。日本是后来的发展者，生命延长比较迅速，到1960年接近最先发展者的水平。欠发达国家也在迅速增长，特别在过去四十年，可是仍然比富国低。在印度及其他低收入国，目前的出生时预期寿命与1910年的英国相同。

图10.11　　　若干国家预期寿命的趋势

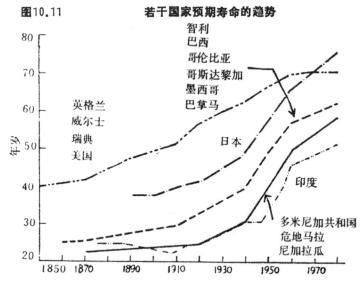

来源：世界银行，《保健部门政策论文》，第2版，1980年2月，第10页。
转引自吉利斯等，《发展经济学》，1983年，第235页。

648

发展中国家人口死亡率在下降。目前穷国与富国间预期寿命的差别，大部分在幼年人这个阶段。从表10.12可以看出，瑞典与孟加拉国出生时的预期寿命差别很大；但幼年以后，预期寿命的差别就小得多。

表10.12 瑞典和孟加拉国男性预期寿命的比较

	一个男性处在下列年龄时可以期望再活岁数				
	新生	1岁	5岁	15岁	65岁
孟加拉国（1974年）	45.8	53.5	54.4	46.3	11.6
瑞典（1976年）	72.1	71.8	67.9	58.1	13.9
差　别	26.3	18.3	13.5	11.8	2.3

来源：联合国，《人口年鉴，历史补编》，纽约1979年，第553页。

〔说明〕 在瑞典及其他健康标准高的国家，当一个人年纪越来越大时，预期再活的年岁就不断减少；而在孟加拉国，一个5岁时仍然活着的儿童，实际上可以预期比新生婴儿多活七年以上。这一事实，可以充分说明最穷国家的婴儿和儿童死亡率异常高。

（2）疾病和死亡的原因

S·普雷斯顿的研究表明，[38] 收入与预期寿命的代表性横截面的关系是抛物线形状的，在二十世纪已经向上移动，如图10.12。即是说，在任何给定的人均实际收入水平上，人们倾向于随着时间的推移而活得越来越长。

可是，近几十年来，收入与预期寿命之间的关系变得不那么紧密了。普雷斯顿发现，三十—六十年代期间预期寿命的延长只有10-25%是由于收入的增长，其他因素占75—90%。

出现这种现象的原因何在呢？识字率提高和收入分配改善可能有影响，但普雷斯顿和其他研究人员的发现在这一点上并不一

---

38 塞谬尔·普雷斯顿，"死亡率与发展水平关系的研究"，《人口研究》，1975年7月。

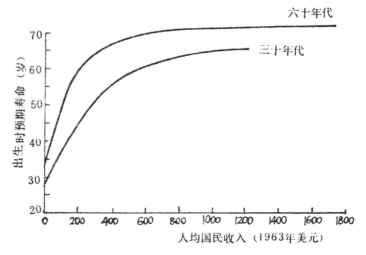

图10.12 出生时预期寿命与人均国民收入的关系，三十年代和六十年代

来源：萨谬尔·H.普雷斯顿，上引文第235页。

转引自吉利斯等，《发展经济学》，1983年，第236页。

致。最可能的原因是象普雷斯顿所推断的，保健技术的国际传播是造成收入与预期寿命关系松驰的原因。

二次世界大战后保健技术的传播成为世界死亡率下降和预期寿命延长的主要原因，但吉利斯等认为，它的影响有时被夸大了。

争论的例子是斯里兰卡1945—1949年粗死亡率下降43%。最初完全归因于使用DDT对疟疾的控制。后来证明，这只是原因的一部分，其他如收入提高、文化推广、廉价食物供给等比较长期和普遍的因素也有影响。

在某些场合，死亡率的差异是与保健政策和社会政策不同有关的。表10.13比较了两种类型的贫困地区；一类采用人类基本需要战略、强调保健服务、教育、营养等可以接受的最低水平；另一类则否。第一类的收入不比第二类高（伊朗要高得多），可

650

是死亡率却比第二类低得多。

表10.13 **两类地区的死亡率，1975年左右**

	粗死亡率	婴儿死亡率	出生时预期寿命
实行满足基本需要政策的各个地区			
中国	10	55	62
斯里兰卡	8	45	68
喀拉拉邦（印度南方）	9	56	62
未实行满足基本需要政策的各个地区			
孟加拉国	20	132	47
印度	15	139	50
伊朗	16	139	51
巴基斯坦	15	124	50

来源：詹姆斯·科克尔和理查德·A·卡什，"在基本需要的结构内达成保健和营养的目的"，哈佛国际发展研究所，发展讨论论文第55号，1979年3月，第19页。转引自吉利斯等，《发展经济学》，1983年，第237页。

富国与穷国造成死亡的原因是不同的。表10.14说明，穷国的传染病、寄生虫病和呼吸器官病（主要影响青年）几乎占死亡人数的一半。这一类中的重要例子包括"腹泻—肺炎综合症"、疟疾、百日咳、脊髓灰质炎、破伤风和白喉。所有这些疾病，在富国都已得到控制。

尽管死亡统计不能令人满意，却容易找出影响第三世界国家广大居民地方病和流行病的数目。有些疾病（肺结肺、疟疾、霍乱）是死亡的重要原因。其他疾病死亡的人可能不多，但限制人的寿命，并可使人早死。另一类是营养不良，这在生活水平较低的地方极为普遍，其影响（虽然有害）却难于发现。

表10.14　　**典型的发达国家和欠发达国家按**
主要原因划分的死亡人数（每10万居民的年死亡人数）

	典型的欠发达国	典型的发达国	差别
传染病、寄生虫病和呼吸器官病	847	97	—777
癌症	74	137	＋63
血液循环系统疾病	296	290	— 6
外伤	70	61	— 9
其他原因	686	315	—371
所有原因	2,000	900	—1,100

651

来源：世界银行，《保健部门政策论文》，第1版，1975年3月，第13页。转引自吉利斯等，《发展经济学》，1983年，第238页。

健康对于发展的影响

究竟怎样好的健康才能有助于发展？保健支出能否看作是一种人力资本投资？

作为一种发展活动的保健服务，并不需要证明保健支出增加了国民产出后才具有合法性。较好的健康，它本身就是一种目的。它增加了人类各种潜力的范围，这是发展的一个重要方面。因此，健康应被看作是一种"人类的基本需要"。每个人都能从较好健康中获益，而青年人健康的改进会导致未来更健康的人口。

象教育一样，健康服务能改进现在及未来人力资源的质量。[39]工人较好的健康，能增加体力、持久力和工作岗位上的注意力，从而提供直接的益处。较好的儿童健康和营养，能帮助儿童成为较壮实、康健的成年人，从而提高未来的生产率。此外，通过入学，能取得生产性技能。已经证明，健康的、营养良好的儿童在校时能有较高的出勤率和较好的注意力。

与教育不同，保健支出也增加未来人力资源的数量。这是通过延长预期工作生命取得的。如果人们能工作较久，教育的收益也就更高。

可是保健投资的收益，比教育投资更难用数量去衡量并从经验上去明证。一是因为对投入个人的健康支出的数量没有简单的代表方法（proxy measure）—类似入学年龄那样。二是因为较好健康的经济效益也难于衡量。试图衡量较好的健康对于劳动生产率的影响的研究，至今结果彼此不同。改进健康不一定能提高生产率，但从人道主义的观点看仍是可取的。

除了增加人力资源的数量并改进其质量以外，保健支出也能

39 将健康支出看作人力资本投资的全面理由以及一些实例，参阅塞尔马·穆施金，"保健作为一种投资"，（美）《政治经济学杂志》，第七十卷第五期第二部分（补编，1962年10月）。第129—157页。

652

使非人力资源得到利用或提高生产率。最重要的例子有：由于地方病使某一地域不能居住，或不能用于特殊目的（如养牛）。疟疾和黄热病在二十世纪得到有效的控制以前，曾使拉美、亚、非许多地区不能居住。即使在今天，血吸虫病使得人们进入非洲某些地方的河川湖泊仍不安全，而锥体虫病（非洲嗜眠性脑炎）则限制了牲畜饲养业的范围。至今仍未发现对这两种疾病的化学控制方法（中国却已经控制了血吸虫病）。

保健支出的生产性利得虽易于假设，却难于从经验上去核实。甚至对健康状况的影响也难于找到。主要原因是：决定健康状况的因素是多种多样的。

更困难的问题是：究竟应当用多少国家资源，去执行健康改善方案。

发展中国家健康问题产生的原因

可以从四个方面去分析。

（1）人口因素

讨论人口增长时有一种"替代假设"（replacement hypothesis），说婴儿和儿童的高死亡率是人口高生育率的一个原因。但是从高生育率到不健康和夭折也有因果关系，在家庭和社会两级都发生作用。

在家庭一级，研究表明，母亲、婴儿、儿童死亡率全都与"高生育数"（high parity）有关。额外的死亡似乎是多子女对各种家庭资源（收入、食物供应、父母的时间和注意力）施加压力的结果。

社会一级也发生类似的情况。人口压力会降低营养标准，使国家提供的医疗卫生设施变得不充分。人口迅速增长和高扶养负担，对健康会产生不良的影响。

（2）营养不良

营养不良是发展中国家人口不健康和早死的主要原因。表

653

10.15、10.16提供一些营养标准.

表10.15　　　　　　　人均每日卡路里供应量，按收入类别及地区分

标　　　　准	共　计	占需要量的%	
	1977年	1960年	1977年
收入类别（美元），1980年			
200以下	2,044	88	89
200—300	2,114	86	92
300—500	2,165	92	94
500—1,000	2,296	87	102
1,000—2,000	2,488	95	105
2,000—5,000	3,079	106	122
5,000以上	3,311	114	127
地区			
非洲	2,219	89	96
亚洲	2,411	91	102
西亚	2,516	90	97
南亚	2,093	91	93
东亚	2,413	91	107
大洋洲及印度尼西亚	2,828	113	110
欧洲	3,360	106	131
北美和中美	2,531	96	108
南美	2,558	97	104

来源：世界银行，《世界统计表，1976年》，第518—521页，《1982年世界发展报告》，第144—145页。

表10.16　　　　　　若干国家的人均每日卡路里供应，1977年

国别	共计	对需要量的%		共计	对需要量的%
玻利维亚	1,974	87	中国	2,441	103
巴西	2,562	111	印度	2,021	89
智利	2,656	110	印度尼西亚	2,272	102
哥伦比亚	2,364	98	南朝鲜	2,785	117
秘鲁	2,274	98	马来西亚	2,610	116
加纳	1,983	85	巴基斯坦	81	99
肯尼亚	2,032	96	斯里兰卡	2,126	97
坦桑尼亚	2,063	87			

来源：同上表。

654

〔说明〕　　两表提供了最常引用的平均每日摄取热量，并与最低每日需要量比较。实际平均每日摄取数字普通系按"国家食物平衡表"（national food balance sheets）编制的，后者系一套帐户，用来表明有多少食物必定已由人类消费，考虑生产和进口供应以及其他用途，如出口、加工、腐坏和虫鼠咬食等损失，牲畜饲养，工业用途等以后，将所得的各种粮食数量按各国的标准等值化为营养价值。推荐的每日消费数字是从这种计算得出的：一个人为保持良好健康一天须消费多少热量及其他营养品，假设有一定的体重及至少从事最低水平的每日活动。

根据这些统计，1977年在非洲、西亚、南亚热量摄取不足，而在其他地区则有余；在不足地区，也只少4、3、7％。可是这些都是平均数，低估了问题的严重性。原因有二：

　　(a)最低标准如何规定的问题。如果人们得不到维持一定体重和活动水平所需的营养，他们可以用减轻体重和少做一些工作去适应。表10.15中对南亚和东亚的标准就比对其他地区的标准低些，因为亚洲人身体较小。但他们身体小至少可以部分地归因于过去的营养不足。如果亚洲人能经常得到足够的食物，那么他们的平均体重和高度、热量需要，会一代一代地增加。

　　(b)食物分配的不平均。即使在吃得最不好的国家，也有人获得超出标准的食物。

因此计算人数比计算热量更有启发性。有一种估计，1970年第三世界人口有四分之一得到的维持身体的热量是不够的，更不要说维持中等的活动水平（这个估计不包括中国、朝鲜民主主义人民共和国、越南民主共和国，当时它们没有统计数字）。[40] 营养不良的最多人数在亚洲，共3亿多人，那里30％的人口所得热量不足。非洲人口25％、拉丁美洲人口13％营养不良。营养不良

40　斯特林·沃特曼和小拉尔夫·W·卡明斯，《供养这个世界：挑战与战略》，巴尔的摩和伦敦，1978年，第23页

655

的普遍及其有害影响在儿童中最为明显。

（3）环境卫生

低收入国环境卫生的主要问题，是饮水供应的污染。由于下水道系统不完善或根本不存在，不能保护公共水供应在分配过程中免受污染。其次，缺乏足够的水，供饮用、洗涤和下水道处理，在第三世界环境中也是严重问题。表10.17说明，能合理地接近水及充分的下水道系统的人，在人数上比例极低。

表10.17　　　发展中国家用水供应和排粪设备，（1970年左右）[a]

	1970年人均收入（美元）			
	100以下	101—150	151—450	450以上
国家数	15	17	34	12
居民中有用水供应者的% ：				
农村，有合理的供应	13	8[c]	28	32
城市，有公共水龙头	24	31	25	17
城市，有家庭水管	21	36	58	63
居民中有下水设备者的% ：				
农村，充分	7	12	26	··
城市，其他排粪方法b	56	67	40	··
城市，下水道系统	4	14	24	··

　　a 这些估计是大约的数字，因为合理（reasonable）充分（adeguate）等词的定义各国不同。

　　b 马桶、茅坑和与公共下水道系统不相连接的化粪池。

　　c 这个数字受印度和巴基斯坦的影响，两国分别报告为6%和3%。

　　··不详。

　　来源：世界银行和世界卫生组织进行的调查，见世界银行，《卫生部门政策论文》，第1版，1975年3月，第19页。转引自吉利斯等，《发展经济学》，1983年，第250页。

第二类环境卫生问题是从住宅引起的：缺乏足够的面积、通风和阳光。这种情况在城市比在乡村更严重，这会加剧由空气传播的疾病的扩散，如肺结核。

从历史上看，环境卫生的改善似乎是和疾病的减少密切相联

656

的，早在有效的医疗方法发现以前就是如此。

（4）医疗服务

大多数欠发达国家的医疗服务极差，分配极不公平。公共卫生服务支出在发展中国家比在发达国家要小得多，即使只算国民生产总值的百分比（1—2％比2—5％，见表10.18）。按人均美元计算，这项支出是完全不够的。在欠发达国家，"现代"或西式医疗卫生服务大部分由公共部门提供，私人医院寥寥无几，主要由富有的城市居民享用。在大多数国家，只有各种本地医生。

表10.18 **卫生设备、人员和支出，1977年**

收入类别(美元)	每 10 万居民			公 共 支 出	
	医院病床	医生人数	护士人数	占国民生产总值%	人均美元
200以下	67	7	22	1.0	1
200—300	144	15	49	1.2	2
300—500	144	9	56	1.1	3
500—1,000	325	45	118	1.7	8
1,000—2,000	240	44	79	1.1	10
2000—5,000	582	143	254	2.1	48
5,000以上	955	169	509	4.5	288

来源：世界银行，《1981年世界发展报告》，第176—177页；《卫生部门政策论文》，第2版1980年，第79—82页。转引自吉利斯等，《发展经济学》。1983年，第251页。

医疗支出低，造成保健设备和人员的存量极为不足。物质设备的欠缺容易弥补，而有训练的保健人员缺乏则难于克服。

医疗卫生服务在居民中的分配极不平均。首都和一般城市医生与人口之比，超过其他地区几倍，见表10.19。

分配不均的另一方面，在于对不同疾病的重视程度和所用的资源不同。大部分钱用来为首都医院或医学院置办高级医疗设备；一次复杂的医疗手术所花的钱，能为几百个乡村病人提供迫切需要的基本服务。其所以如此，原因很多，如"城市偏向"（有势力的

657

表10.19　每万人中的医生比率：首都和城市地区对其他地区，1970年左右

国　　别	首都对其他地区	城市对乡村地区
哥伦比亚	6.4：1	6.4：1
海地	24.7：1	··
巴拿马	5.8：1	3.2：1
加纳	9.5：1	··
肯尼亚	38.1：1	62.5：1
塞内加尔	10.4：1	
伊朗	6.9：1	4.4：1
巴基斯坦	··	6.5：1
泰国	31.1：1	··

··不详。

来源：世界银行，《卫生部门政策论文》，第1版，1975年，第80—81页。
转引自吉利斯等，《发展经济学》，1983年，第252页。

上层人士住在城市、特别是首都），技术热心理等等，而这些原因又互相作用。

　　大多数发展中国家的公共卫生服务还有一个缺点：用于治疗的钱比用于预防的多。

发展中国家健康问题的对策

　　保健政策必须设法解决健康不良和早死的原因：人口增长过速、营养不良、不卫生的居住条件、不充分的医疗服务。有三种解决问题的战略：

　　（1）传统的办法

　　对每一个目标各自射出一箭，有一组面向各自目标的方案，如计划生育方案、几种不同的营养改进方案、共同的或分别的用水供应方案和粪便排除方案。住宅方案、医疗服务方案等等。其中有许多归卫生部管，其它的则不由它管。这种传统办法遇到两个问题：（a）各个计划之间缺乏协调，特别是当这些计划由不同的政府部门管理时。（b）局限于一定范围内的干预对保健问题常常影响很小，有些问题一般是由许多因素造成的，单独用一

658

种方法不能得到改善。

（2）综合服务方案法

即通过同时提供两种或更多的服务，去加强各种类型的健康改进方案。例如，家庭计划生育咨询和服务、母亲和儿童保健、营养服务和教育可以在同一个诊疗所或由相同的流动服务人员提供。这种办法成败参半。通常，较弱的方案由于同较好的方案和同有特别强大需求的服务相结合，因而得到加强。可是，有时一个方案由于目标过多和过于分散，人们对于它的热忱和忘我精神有时就减弱了。

（3）基本需求法

即使综合服务方案法，也只能使解决健康问题局限在比较狭窄的范围内。许多观察家相信，健康状况只在实行更加广泛的政策以后，才能得到改善。如食物供应的增加、食物价格的降低、收入分配的改善、平均收入水平的增长，在较广泛的基本需要法之下，均可称为保健政策。

今天大多数专家会同意，要使发展中国家的健康状况得到改善，人口、营养、卫生和医疗领域服务的改善和以公平为目标的发展类型二者同时需要。根据中国、古巴、斯里兰卡和印度喀拉拉邦的经验，可以看出：一般的公平发展类型，把改善收入分配、普遍识字和增加粮食生产的多方面措施，同较好的营养、卫生和医疗服务结合起来，为改进健康状况和减少发病率与死亡率提供了最好的药方。

贫困与人类基本需要问题[41]

问题的提起

根据通常的经济增长尺度来判断，过去三十年的发展过程是

41　保罗·斯特里顿，《首要的事情先做（满足发展中国家的人类基本需要）》，牛津大学出版社，1981年。诺曼·希克斯和保罗·斯特里顿，"发展的指标：寻找基本需要的尺度"，《世界发展》杂志，第七卷，1979年，第568—579页。

辉煌的、史无前例的和出乎意料的：发展中世界的人均收入每年增长 3％以上。即使按普通的社会发展尺度去衡量，这一发展过程也可称作是成功的。出生时的预期寿命，从1950年的42岁提高到了1980年的将近60岁。但按贫困的减少来说，就远远不是那么成功。上述总的统计数字掩盖了国与国之间以及一国之内的巨大差异。总的经济增长和社会进步并不意味着对人口中的贫困部分的处境有多大的改善。根据世界银行的计算，处于根据营养状况来规定的贫困线下者迄今仍有大约7.5亿人，将近占发展中国家总人口的三分之一。

面对这样多的人口处于绝对贫困状态之中，世界银行进行了较长时期的研究，提出了使穷人能满足他们的"基本需要"（basic needs）的办法。

强调基本需要，关心整个人口的消费需要：不仅是在教育和保健的传统领域，而且也在营养、住宅、用水供应和下水道设施的领域。在制订减少贫困的政策时，经济文献中对改造生产和收入格局一直非常关心，但对消费方面却没有给予同样的重视。如果把基本需要目标放在发展讨论的中心，这种不平衡就可以消除。

诚然，在永久的持续的基础上根除绝对贫困的唯一办法，就是提高生产率。但是直接提高生产率的方法，需要用满足人们的基本需要去补充，理由至少有四个：

第一，要提高生产率，除了机器、土地和信用贷款之外，还要求有教育和保健。经验证据表明，教育和保健服务对于改善劳动生产率比大多数其他的投资作出更大的贡献。

第二，许多穷人没有物质资产，既无小农场，也无小工厂。他们的唯一资产就是一双手和工作的意愿。在这种情况下，最好的投资就是用于人力资源开发的投资。

第三，仅仅使穷人赚得合理的收入还是不够的。他们还需要有将收入用在上面的货物和服务。市场并非总能提供工资货物，尤其是公共服务。要满足大多数人口的基本需要，工资货物的更多生产与公共服

660

务的扩大和再分配就变成绝对必要了。

第四，要提高处于绝对贫困状况者的生产率并使之达到这样一个水平是需要很长时间的；在此水平上，他们自己有能力、至少能满足一个能生产的生命所要求的最低限度的一组基本需要。在过渡期间，某些收入集团，特别是处于最低层的１０—２０％的人，可能需要有短期的补贴办法。

基本需要的尺度

对人均国民生产总值及其增长的失望，导致更大地强调就业与再分配。但是不久就看到，一方面，按发达国家的定义所说的失业并不是发展中国家的问题；另一方面，从增长作出的再分配只提供了极其贫乏的效果。其次，大众贫困可以和高度平等同时存在，而绝对贫困的减少和不平等的增加是并行不悖的。人们的关怀已经转到消除绝对贫困，特别集中在人类基本需要上。满足营养、教育、保健和住宅方面的这种需要，可以通过增长、资产和收入再分配、生产改组三者的不同组合来达到。主要关心的，是生产及其受益人的构成，而不是总产值或收入分配指标。因此，要求有一个或一套指标，以便判断和衡量贫困的程度，并据此提出和监督执行减轻和消除贫困的政策。

现在的基本需要讨论，集中注意于用增加产出的再分配以外的各种办法去减轻贫困。这就用"生产什么"、"怎样生产"、"为谁生产"及"影响如何"去补充了仅仅对"生产多少"的注意。显然，产出的继续增长对于减轻贫困仍然是重要的，而人均国民生产总值依然是重要的数字。此外，还要求某种关于国民生产总值的构成及其受益人的指标，这会补充国民生产总值的数据，而不是代替它。因此，基本需要法可以作为工具，在制订社会指标时给予必要的注意。

第一步，最好是给每种基本需要的最佳指标下个定义。现在主要的基本需要一般认为包括六个领域：基础教育、保健、食物、卫生设施、用水供应、住宅和有关的基础设施。这几个项目是不完全的，各个项目也不是同等重要的。一旦下了定义，就可以用包括上述领域的这套核心指标作为工具，去收集更充分的、标准化的、可比较的国际数据。核心的基本需要指标可用来进行重大的政策分析，例如，关于成就和相对援助水平的国际比较。这套指标，会是分析富国和穷国相对"差距"的有用指针。

在每个领域选择最适宜的指数，最好由各个部门的技术专家去做。为了表明可以包括的指标，下面提出一个初步意见。

保健：出生时预期寿命

教育：识字率

　　　初等学校入学人数（占5－14岁人口的％）

食物：人均卡路里供应，或卡路里供应占需要量的％

用水供应：婴儿死亡率（每1，000出生婴儿）能得到适于饮用水
　　　　的人口％

卫生设施：婴儿死亡率（每1，000出生婴儿）拥有下水道设备的
　　　　人口％

住宅：无

　　究竟社会指标应当反映的是投入还是结果，依其目的而定。就成绩考察来说，衡量结果或产出比较好，因为它更接近于我们所要达成的目标。其次，投入的衡量容易产生偏差，使满足的需要不是普遍的。例如，一个国家的保健标准已经差强人意，而另一个国家则有严重的保健问题，就不应使前者获得与后者同一人数的医生。此外，医生的数目也不能衡量医生和医疗服务的分配以及医生的专门化程度。可是婴儿死亡率或预期寿命却可以表明基本需要满足的程度。同样，识字率可以衡量教育制度的效果，在原则上优于入学学生人数或学生—教师比率。一般说来，产出数字是福利水平和基本需要满足的较好指标。此外，大多数产出也是投入。保健、教育甚至营养之所以受重视，不仅仅因为它们本身的价值，也是因为它们能提高现在和将来的工人的生产率，虽然较高生产率之所以受重视是因为它能对较好的生活作

662

出贡献。

反之，投入数字，如每1,000人中的医生和病床数目、学校的入学率，也有用处。它们可以反映政府提供公共服务的意图、承担的义务和作出的努力。为了估计政策和执行成绩，两种指标都是需要的。投入数字是衡量用于某种目标的资源的有用指标。如果知道怎样把投入与结果连结起来，例如有"生产函数"，就可以追溯手段与目的的关系。即或不知道"生产函数"（例如计划生育支出与生育率下降的联系），把投入和产出数字结合起来，也可为研究二者的因果关系提供初步材料，特别是因为在各种变数互相依存的社会制度中，许多产出也是投入。此外，在产出数字不易得到的地方，可能不得不利用投入数字去代替。

上列一套指标，就是以产出为主、投入为辅的。

如能定出一种可以接受的加权制度，就能将各种核心指标结合起来，得出一种综合的基本需要指数。尽管对综合指数进行了大量的研究，却还没有人能创造出一种合理的加权制度。甚至难于指出继续进行研究的方向（有人可能怀疑这样一种综合指数是否必要，即使能计算出来。）

除了编制基本需要的综合指数以外，另一种办法就是使指标的数目从六种减到同基本需要的发展特别有关系的一两种。这种办法适合于想对社会成绩作出迅速判断者的需要，他们只想要一个数字，不想采用加权综合指数。由于许多所谓"基本需要"事实上是投入而不是最后目的，这样做的可能性就更大。肯定说，营养、饮水供应和卫生设施之所以受到重视，是因为它们能改善居民的健康状况。在更为狭窄的范围内，住宅和教育也是如此。这些全都可以看作是对健康"生产函数"的投入。它们可以因影响健康状况以外的原因而受重视，但各种核心指标之间的高度联系可以追溯到它们对健康的影响。因此，可以主张说，健康的某种数字，如出生时的预期寿命，是基本需要的很好的单一衡量。从一种意义说，预期寿命是满足生理的基本需要方面取得进步的加权"综合"。它的优点是，不仅把非市场因素对于个人的影响，而且把除税收以外的净收入、转移支付和社会服务对于个人的影响都囊括在内，而不牵涉到人均收入衡量所遇到的一切困难，如什么是合适的单位（个人、户或家庭）、合适的数量（资本、消费或收入）、一套合适的价格（市场价格或国际价格）以及什么是最终货物、什么是成本等等。

基本需要法优于收入法

收入法建议采取通过提高穷人生产率去提高他们的实际收入的措施，使他们赚到的钱的购买力，连同他们的自然生产的收益，能使他们获得各种基本需要的满足。毫无疑问，努力使穷人的生产率更高，使他们的活动报酬更多，是所有消除贫困的发展战略的中心环节。以往的收入法中也包含基本需要法的一些特点。可是，狭义的基本需要法认为，以往的收入法是不完全的和部分的，其理由有七。

（1）某些基本需要只能（或更有效地）通过公共服务（教育、保健、饮水、卫生设施）、通过受补贴的货物或服务、或通过转移支付去满足。这种服务要求实行累进税，对奢侈品征收间接税、保证穷人能得到这种服务和有一种制止滥用的制度。提供公共服务自然不是基本需要法的独有特色。但这个方法的不同之处，在于它强调要调查这种服务为什么常常达不到它们所要达到的人，为什么它们常常增剧了私人收入分配的不平等。

（2）有证据表明，消费者（穷人和富人）并不总是有效率的，特别是在使营养和健康最佳化方面、在农民从自给自足转到商品生产的场合。额外的现金收入，有时用于比从前所用食物的营养价值更低的食物上（如用精米代替糙米、用大米代替面粉），或用在食物以外的项目上。

（3）额外收入赚得的方式，可能对营养有不良影响。女性就业可能减少母亲喂奶，从而减少婴儿的营养，尽管母亲的收入有所增加。奶酪生产业（虽能创造就业）可能使土地从较贱的但更有营养的玉米生产中转出。生产一种代替自然农业的出售作物，人类能力成本相对于工资而言可能极高，以致受扶养的家庭成员被剥夺了足够的营养。在这种情况下，更多的食物可能意味着较低水平的营养。水电坝和灌溉或排水工程虽然提高收入，也可能帮助扩散水传染病，如疟疾、蠕尾线虫病和血吸虫病。在某些场合，防止这种疾病的额外支出会超过这个项目的额外收益。

（4）一户之内及户与户之间存在着分配不当问题，妇女和儿童比起男人来，需求得到满足的比例较低。而在许多社会中，妇女的工作负担最重。所以不能主张说，食物是根据出力大小分配的。

（5）很大一部分穷人是有病的人、残废人、老年人或孤儿，他们可能是家庭的成员，也可能不是。他们的需要只能通过转移支付或公共服务去满足，因为他们不能赚钱。这一类人被消除贫困和创造就业的收入与生产率法忽视了。自然，执行的问题特别困难。即使某些非常富裕的社会也未能根除其处境不利成员的贫困，而资源非常贫乏的社会，则任务更为艰巨。

（6）收入法非常注意技术的选择，但忽视了提供合适的产品。许多发展中国家进口或在国内生产过于高级的产品，只供一小部分人口消费。基本需要法的一个主要特点，就是选定合适的最终产品并用合适的技术去生产，从而造成更多的就业机会、更公平的收入分配，后者又会造成对这些产品的需求。这个目标不一定完全由收入再分配和市场反应（虽然不排除对外贸易）去达到。

（7）已经提到，收入法忽视非物质需要的重要性，忽视这种需要本身，以及作为更有效的、按较低成本及在较短时期内满足某些物质需要的工具的重要性。如果非物质需要（如参与）得不到满足，使得基本需要的满足比获得收入增长更加困难时，这一点就更值得重视了。

第四编　综　　合

第十一章　发展计划与市场调节

发展计划的历史教训[1]

发展计划化

（1）发展计划化的意义

计划化（planning）是一个复杂的、多方面的现象。它曾被用极其不同的方式来下定义，但大多数权威人士均同意，计划化在本质上是这样一种有组织的、自觉的和继续的企图：选 择 最 优的、可供选择的办法，以达到预定的目标。印度尼赫鲁 曾 经 给 它

1　参阅艾伯特·沃森，《发展计划化：经验的教训》，约翰霍普金斯大学出版社，巴尔的摩和伦敦，1965年初版，1974年第5次印刷。本书的基本材料，取自亚、非、拉美五十五个国家，包括发达国家和发展中国家，社会主义经济国家和混合经济国家。也从所有其他国家获得了部分情报，因此总结了一百多个国家的经验。

666

下过一个简单而切实的定义：2 **"计划化就是运用智慧去如实地处理事实和情况，以找到解决问题的办法。"**

计划化可以应用于各种不同的目的（使人类登上月球或进入太空，管理企业、城市、地区或国家），可以是暂时的（天灾后、战争中或复兴时期）或长期的（国家的经济稳定、充分就业或经济发展）。

不同的社会，以不同的方式利用计划化来达到不同的目的：计划经济国家利用它，市场经济（也称混合经济）国家也利用它。但所有的计划化都有一些共同的特点：向前看，作出选择，可能时还要安排好达到目标的措施和途径，否则也要为这种措施可能产生的后果定出限度。

发展计划化同反周期计划化根本不同：后者的根本目的是在市场经济的现行经济和社会体制内去增加需求，而前者则是要在加速经济和社会进步的过程中去改变原有的经济和社会体制，它的主要目的，就是变革加增长。变革对发展计划化是非常重要的。

凡属政府作出的自觉不断的努力去增加其经济和社会进步的速度，并改变阻碍达到这一目的的制度的国家，均被认为是在从事发展计划化。这个定义包括了作出某种努力去计划其发展的国家（排除没有从事任何计划化的国家，如美国或联邦德国），但作出计划努力的，必须是政府。

（2）发展计划化的推广

目前，不论是发达国家还是发展中国家，都在推行发展计划化。战后年代中，欧洲经济的空前扩大，使得发展中国家政府深深感到提高本国生活水平的问题是至关重要的。他们相信，国家计划化大大有助于欧洲的繁荣。由于欧洲共同市场内部日益强调计划化，而且差不多每一个欧洲国家都实行发展计划化，上述信念

2　贾瓦哈拉尔，《第三个计划的战略》，第33—34页。

就更为加强。同时，发展中国家迅速增长的人口，使得高水平的经济增长成为迫切需要。

其次是苏联经济计划化的"示范作用"。一个落后的国家，只在四十年内就变成世界第二工业国。法国计划化的成功，又激发了许多国家开始计划化。这个趋势，被外国援助计划和从事贷款的国际组织进一步加以鼓励。

发展中国家对经济发展计划化兴趣的增加，反映在联合国通过的要求采取行动以加强计划活动的许多决议，以及关于经济发展和发展计划化的大量国际会议的举行和研究机构的设立中。联合国亚洲、非洲和拉丁美洲各个经济委员会分别出版了计划和规划技术手册，而且全都建立了经济发展研究机构，为本区训练计划人员和提供咨询。世界银行经济发展学院开设了各种课程。

对大多数国家来说，现在的问题是怎样实行计划。仍然有把计划化同社会主义或同有害于自由和私人企业的中央控制等同起来的人，但他们的人数越来越少了。亚瑟·刘易斯说，"现在我们全都是计划者。"3

（3）计划化的阶段

计划化采取许多形式，在各国彼此不同，在一国的不同时期也有不同。一国的发展计划受许多因素的影响，如可供使用的自然资源，有技能的人力，以及技术的、行政的和经理的能力水平等。但有两个因素更能决定一国计划化的形式和作用：一国的社会、经济和政治结构，一国的发展阶段。由于结构不同，高度社会化国家与混合经济国家的计划化有本质的区别。由于阶段不同，两种经济在发展最初阶段与后来阶段的计划化也大不相同。

在苏联和东欧，国家发展计划化是一种关于资源配置和生产的详细的、普遍的和高度集中的行政体系，通过一种"平衡表"制度（就

3　W·亚瑟·刘易斯，《经济计划化：经济政策的要素》，纽约1966年，第14页。

（a）机器、（b）材料、（c）人力按物质的和货币的形式来编制）来使需要和可能的供给达到数量上的调和，从全国直到每一个工厂和农庄；市场、价格和利润在调节供求平衡中只起次要作用。

在混合经济中，发展计划化差不多总是从一种片断的基础开始的，制订一个个的公共投资项目，没有一个共同的规划或统一的体制。但在两种制度下，国家发展计划化的形式，也随着发展的进程和计划人员经验的积累而不断地演进。社会主义经济中的计划化变得不那么详细、集中了，而混合经济中的计划化则变得更加详细、更加全面和更加集中。

混合经济的计划化可以分为三个阶段。

(a)第一阶段：逐个项目解决的办法(the project-by-project approach)。

公共投资项目的制订彼此很少联系，没有一个统一的设想。除了列入预算之外（多半不列），这些项目从来没有一个单一文件；它们也可以联合起来，组成一个公共部门的具体的发展计划或规划，但从来不涉及私人部门。它们只不过是把一些彼此无关的项目罗列在一起。

印度的"1951—1956年第一个五年计划"和巴基斯坦的"1951—1957六年发展规划"，都主要是把公共部门中已在进行的项目罗列在一起。许多国家或是没有正式发展计划，或是虽有计划，但在编制年度预算时多半不予理睬，仍然是这样"计划"的。

这种零敲碎打的办法有着严重的缺点。

它有时伴有促进经济发展的政策和措施，但是政府并没有一个明确的发展哲学或长远观点。可能提到提高生活水平、扩大社会服务、刺激出口或代替进口，但没有真正企图去使政策同投资或同提出的目标发生联系。的确，经济政策和措施常常是同目标相左的。不存在对投资资源的可靠估计，政府对现行的和未来的公共投资的规模或构成并没有掌握充分的信息。也没有作出努力，去根据统一的经济、技术

669

和行政标准，给各个项目定出优先顺序；或结合可用的资金、原材料及其他供应，以及技术人员、技工和经理人才，去估计整个规划的可行性。

这种办法的结局常常是，把公共投资资源浪费在过多的小而彼此孤立的项目上、或是少数过大的项目上。

它可能导致某些部门的投资过多，因为那里的部、局或机关执行项目比别处有效率。由于不能保证每一个项目有充分的资金或外汇供应，所以资金用尽时工程就拖延下来。准备不充分的项目也可能造成长期拖延。这些不平衡最后虽然可以克服，但在短期内是浪费的，还可能引起严重的通货膨胀、国际收支逆差及其他问题。土耳其的例子（许多例子之一）可以说明。五十年代该国公共投资是各个项目独自进行的，某些部门的产品达到了很高水平，但缺乏部门间协调造成了严重的不平衡，未能使投资支出与资源结合起来又造成了通货膨胀，最后使得经济萧条。

但这种办法也给许多国家在发展之初提供一个手段，来奠定后来发展的基础。

例如，伊朗的"第二个七年计划"虽然只不过是项目的罗列，它的执行产生了浪费和重复，却也有很大的成就。维持了很高的投资水平，建造了几千英里的公路、铁路，扩大了港口系统，飞机场和水库得以建成，通过投资前的研究和项目的准备为未来的发展奠定了基础。

(b)第二阶段：综合的公共投资计划化（integrated pugic investment planning）。

在可能时，最好能用这个办法去代替上面的办法，它可以避免上述许多缺点。

这种投资计划的编制，首先要用本国货币和外汇来估计可用的公共投资资源，并考虑通过税收、非通货膨胀性的内债、外债和外援，去增加这种资源的可能性。然后将这种国内外资源在实行公共投资的各类经济部门间进行分配。最后在每一个部门中，

670

按优先顺序排列的各个项目进行分配。优先顺序是根据对成本和利得的实际估计、每一项目同其他项目（已完成的、正在进行的和考虑中的）的关系、开始建设时行政和技术方面的准备以及其他有关标准来决定的。项目的选择，要尽量增加从一定的投资总额中获致的利得数额。例如，建筑一条通向从前交通不便的耕作区的公路，可以通过土地开垦或灌溉项目，或通过对该地生产的谷物进行加工或储藏的项目，而变成更好的投资。根据对可行项目的考察，可以并且常常需要将资源从一个部门转到另一个部门，以便对具有较高优先地位的项目提供资金。因此，最后的综合公共投资计划是从各个项目开始的，它们联合组成经济部门的规划，然后又组成公共部门的投资计划。

综合公共投资计划可以是年度的也可以是多年的，在可能时，应以五年或十年的部门远景规划为根据，在有些部门（如农业），时间还应再长些。这意味着，在较早的时间，已完成了对电力、运输、农业或其他关键部门的调查。在不具备这种调查的地方，计划应将这种调查列在优先地位。然后，公共投资计划便成为确定公共资本支出和经常费用的项目和数额的基础。在综合公共投资计划中，政府对私人部门只限于采取必要的措施，去改善私人投资的气候，影响私人投资的方向，使之适合于计划的发展目标。

在发展中国家，公共投资计划介于逐个项目处理与综合公共投资计划之间，大多数计划比较更接近于前者。

(c)第三阶段：全面计划化（comprehensive planning）或总体计划化（aggregative, global or over-all planning）。

全面计划化包括整个经济，是最先进的发展计划化形式。

它在开始时先预测计划期内收入或生产的具体增长速度，以此作为主要目标。这个速度，通常是把储蓄或投资数量同收入或产出增长目标联系起来去确定的，联系的方法是通过资本——产

671

量比率或资本系数，它指明增加一个单位的收入或产量需要支出的资本单位数。因此，编制全面计划，包括建造一个计划时期的增长模型，它要估计假定的增长速度对下列各种总数的影响：公共的和私人的消费、储蓄、投资、进出口以及全国产品生产中所包括的供给与需求的含义，这是按经济部门划分、有时也按地区划分的。要进行各种经济的、统计的和数学的计算，去使劳动、原料、土地和资本设备的投入与其所得到的产出联系起来。同样的计算，也可以表明创造的收入与用于消费、投资、政府服务、出口等等的支出之间的关系。要对结果进行测算，看它们是否同目标相适应，看它们彼此之间是否能保持一致，看它们是否处于可用资源能够达到的限度以内。

全面计划化包括制订一个综合的公共投资计划和一个私人部门的计划，两者要互相配合，并同总目标相适应。在混合经济中，私人部门的规划主要是以私人投资规划和政府用来影响这种规划的政策为基础。在编制时有两种程序：一是从一般到特殊，二是从特殊再回到一般。前者称为前向计划化（forward planning）、来自上面的计划化（planning from above）或自上而下的计划化（planning from-the-top-down），它强调从总的计划或目标出发，然后予以拆散（todiraggregate），即将总计划或目标划分为每一经济部门或地区互相联系的计划和分目标。从特殊再回到一般，又称为后向计划化（backward blanning）、来自下面的计划化（planning from below）或自下而上的计划化（planning from-the-bottom-up），它强调由各个提议人提出的公共和私人投资项目与规划，必须组成与全面总计划相配合的部门规划或地区计划。这样就能使各个公私投资项目和规划能与总的计划模型保持一致。

大多数国家在编制全面计划时，自上而下的计划化常常先于自下而上的计划化。但是最佳的计划化要求，自下而上计划化至

672

少要和自上而下计划化开始得一样早，以便使二者能紧密配合，使每一个项目、部门规划和地区计划都同计划的总目标保持一致；反之，计划的总目标也同各个项目、部门规划和地区计划保持一致。

全面计划化在概念上优于部分计划化（partial planning），因为它使得估计为达到实际人均收入增长的预定速度所需要的储蓄、投资、进出口及其他经济变数的水平成为可能。而公共投资计划只包括经济的一部分，在这个范围内是不能作出这种估计的。在部分计划化中，也不能就公私项目的比较利益作出判断，这种项目是以劳动、资本、自然资源可供选择的成本作基础的。这意味着，评价公私部门的相对作用，在它们之间进行恰当的资源划分，只有在全面计划化的体制内才能办到。否则，对资源的需求就有超过供给的危险，导致发生资源稀缺、瓶颈和不平衡，这些都会阻碍发展。

发展计划

（1）计划与计划化的区别

过去发展中国家编制发展计划，有的是为了吸引外资，可以发生一定的作用；有的是为了装潢门面，事后即束之高阁，很少有实际效果。计划本来是手段而不是目的；但是许多国家把编制计划当成了目的，似乎有了计划就算大功告成。

其实计划化（planning）不限于编制一个计划（plan），计划化也不一定要编制一个正式的计划。究竟计划是什么，尚有争论。重要的问题是，一个国家计划化过程是否已牢固建立，并作为一种政府政策。书面文件，远不如计划过程更加重要。把计划与计划化混淆起来，是误将计划化过程的产物看作计划化本身。计划化作为一个过程，是制订有效的发展政策和措施的必不可少的先决条件。这些政策和措施的基础和原则是否应当形诸文字而成为一个计划书，那是另外一回事。把发展计划化的

673

结果写成计划书有它的好处，它可以为协调有关发展的各项决定和改善以前不协调的各项决定提供依据，还可以发动和刺激发展过程，但计划书并不是保证迅速发展的充足条件，甚至也不是它的必要条件。

（2）什么是发展计划

关于什么是发展计划，有些不同的意见。一个一般的战略，只包括财政、货币、工资、物价、外贸等方面的政策，它算不算发展计划？年度的或跨年度的资本或投资预算、公共投资规划，是否都算作发展计划？全面发展计划当然是发展计划，然而一切发展计划是否都必须是全面的？对此尚无定论。

一般认为，仅仅全面还是不够的。例如，一个只是预测整个经济趋势并建议政府采取某些政策的计划不能算作发展计划，它并不是促进发展中国家经济发展的工具，因为它只适用于一个具有能动的私人部门的成熟市场经济的经济稳定计划，它紧紧地依靠着市场力量，而市场力量在发展中国家一般是不能充分起作用的。

资本预算不能视为发展计划，是因为（a）它包括的支出有的不是用于发展的目标，如建设监狱；（b）它常常不包括"类似资本"的支出，如用于农业研究或推广服务、职业培训和保健等对发展影响较大的支出；（c）资本预算中包括的项目和规划的选定，不是以成本和利得分析为基础的，预算编制时间通常很短，对发展项目不能作充分的评价，内部一致性只要求各部分相加等于总数，不考虑实际资源；（d）它只涉及公共部门，不能同私人部门协调。资本预算虽有上述缺点，但是有些国家仍用它来代替发展计划，这当然可以；但它不是刺激增长的最好办法，特别是在发展的后期阶段，此时可供选择的投资机会的收益，不象初期那样容易看出。当资本预算同发展计划联合应用而不是代替发展计划时，效果最大。

一般认为，公共投资规划可以算作发展计划。虽然它只包括

674

经济的一部分，它可能只是罗列彼此不相协调的政府投资项目，不涉及私人投资；也可能是综合的公共投资计划（包括对整个经济活动的预测，以及刺激私人部门按照政府发展目标行动的政策与工具）。大多数国家的发展计划都是公共投资计划。

有的计划人员和专家认为，只有具备总的增长指标的全面计划才是发展计划。但是大多数计划人员和专家，即使是主张全面计划的人，也接受全国的或地区的公共投资规划作为发展计划。

（3）计划的详细程度

国家发展计划在全面性和详细的程度上可能有很大的不同。在公共投资计划中，有的包括几乎所有的政府发展支出，有的则只包括政府投资的一部分。"全面"计划的全面性和详细程度也有很大的不同。在东欧社会主义国家，计划十分详细，以便对每个社会化企业和集体农庄规定指令性的配额和执行的指示。

一般说来，混合经济中的全面计划更依靠广泛的总数，作为收入、产值、储蓄、投资和外贸等变数的指标（indicators），而不是作为有约束力的目标（binding targets）。这就使以简单增长模型作为计划的基础成为可能，这种模型可以少到只包括两个部门，例如消费品与资本货物，或农业生产与非农业生产。有的计划也可能包括二十个以上部门的详细模型，借助高速计算机来编制。计划在复杂程度上也可能有很大的不同：它可以用静态的或动态的假设为基础；可以利用实际的技术、投入—产出分析或更先进的方法（如线性规划或曲线规划）。有些国家，如厄瓜多尔、土耳其、联合阿拉伯共和国和委内瑞拉，在编制计划时使用了数学模型。但大多数编制全面计划的混合经济国家，使用的方法不象计量经济学家所欢喜的那么复杂。构造经济计量模型作为计划编制程序的一部分时，也不一定意味着计划就以这种模型为基础。

例如印度的第二个五年计划编制大纲草案是在印度统计研究所制订的，它提出了一个先进的数学模型。这个模型同印度的实际毫无相同之处，第二个计划事实上大半是以实用的方法编制的。即使法国的比较先进的计划人员，也发现必须修正自己的数量经济模型，以考虑那些不能肯定的情况。

由于缺乏可靠的数据，使以投入—产出矩阵为基础的经济计量模型很少应用于发展中国家全面计划化。简·廷伯根教授在他的《中央计划化》一书[4]中说，在国家计划化中，碰碰试试的方法远比使用模型更为普遍。伦敦《经济学家》周刊在评论这本书时指出：[5]"其所以如此，主要原因是缺乏详细的统计数字。甚至在英国也是这样，那里最新的投入—产出表也落后于现实十年，是应用陈旧的产业分类的。然而在大多数方面，英国在统计上要优于平均数。"

混合经济国家全面发展计划分成部门规划的详细程度，各国大有不同；一国之内，各部门也大不相同。在同一个国家，前后各个时期也不相同，依发展的阶段而定。一般说来，公共投资占主要地位的计划，部门分得比较细；私人投资占主要地位的计划，部门分得比较粗。在大多数混合经济的计划中，这意味着提供基础设施的部门受到最大的注意。但在政府认为农业或工业的某一部分特别重要的地方，计划也最详细。例如印度的基础工业和重工业，特别是钢铁和机器制造业，在国家计划中很受重视。但即使在公共投资部分，混合经济的部门规划也不如社会化国家的详细。

混合经济的全面计划与社会化国家的不同，几乎从来不分为地区计划，使之彼此协调并与总计划协调。只有象尼日利亚那样

---

4 简·廷伯根，《中央计划化》，耶鲁大学出版社1946年。这本书总结了他对各国中央计划机关提出的调查表所得的答复。

5 《经济学家》，1965年1月9日，第126页。

676

的联邦政府和象巴基斯坦那样有分开地区（在孟加拉国独立以前）的政府是例外。其他国家即使提到地区计划，也不过口头上说说而已。

（4）指令性计划与指导性计划

一般说来，混合经济的计划只对政府控制的公共部门有约束力，对私人部门则主要依靠说服，去影响私人部门投资的规模与构成。但在这个一般的格局下，又有很大的差异。

法国计划是比较先进国家和某些采取这种制度的发展中国家发展计划的典型。在法国，由政府提出、讨论和选定计划时期的增长速度；由计划人定出增长指标对未来经济增长的含义；由政府声明它在公共投资方面将要采取的行动，以及为帮助实现增长率所要奉行的政策。在准备计划时，政府官员和实业界、劳工界的代表协同行动，定出部门的及其他的指标，指示(to indicate)计划的投资进程及达成指标需要采取的主要行动。尽管每个企业可以自由采取行动，但在行动中，它们不仅受政府对国有化工业和基础设施的投资决定的影响（这占总投资的一半以上），受对工业的广泛的官方信贷与金融控制的影响，而且受工商企业赞成和鼓励采取集团行动的传统的影响。法国计划在公共部门称为"指令性的"（mandatory），在私人部门称为"指导性的"（indicative），但这不完全正确。因此在必要时，政府可有许多办法，来影响私人部门。法国计划机关的总负责人说："法国的计划化可以说是比指令性少一些，比指导性多一些，它可以合理地定义为'积极的计划化'（active planning）。"6这可以说是意味着，政府将采取一切必要的行动去执行计划。

日本的计划比法国更依靠说服来达成发展目标。计划的主要

6　比尔·马塞，"法国的计划化"，载《计划化》，牛津大学新学院工商经济学家会议上宣读的论文集，1962年4月5—8日。伦敦1962年版，第17页。

目的，是为政府和私人部门提供指导。计划只提出对经济的预测，私人企业可以根据它来制定自己的计划。就公共部门说，计划略为详细地描述了达成指标应采取的措施。但是实际的公共投资是由年度预算确定的，预算受计划及当前经济形势两者的影响。由于公共投资中控制的松弛和波动的幅度很大，有些日本经济学家认为日本并没有计划的经济。可是日本计划人回答说，计划是着意要使之有伸缩性的，在完成指标的过程中是假定有波动的。

印度计划定出广泛的指标，指标的达成，在公共部门，依存于中央和邦政府的各部和公营企业，依存于地方政府；在私人部门，依存于私营企业和农场。由于邦政府和地方政府享有自治权，印度计划对公私部门均无约束力，除了中央政府提出的规划以外。印度的经济学家抱怨说，印度政府调节经济活动的权力，甚至比西欧不编制经济计划的国家还小。在巴基斯坦，计划是强制性的，中央政府和各省政府均必须执行，但私人部门则否。

（5）计划的法律地位

所有社会化国家（包括古巴）的国家发展计划都由立法机关或其他政府机关批准，具有法律的效力。计划指标在法律上对所有执行机构都具有约束力，法律一般规定有对不履行义务的制裁。只有南斯拉夫的计划是例外。

许多混合经济国家也将计划作为法律来通过，尽管它只对中央政府机关直接控制的行政单位有约束力。智利、印度尼西亚、葡萄牙、苏丹、台湾省、阿拉伯联合共和国的发展计划都是法规。柬埔寨、斯里兰卡、法国、印度、伊朗、意大利、南朝鲜、土耳其的计划在实行前也要由立法机关批准。在爱尔兰共和国和挪威，政府先批准计划，然后送往议会，议会批准与否均无不可。在埃塞俄比亚，计划与政府的行政命令有同等地位。在希腊、牙买加和巴基斯坦，计划不送立法机关，它只是政府经济政策的声明。

国家计划应否成为法律，是有争议的。主张者认为制成法律，可以提高计划在政治领袖、公务人员和一般公众心目中的地位，从而加强它实现的机会。如果政府更替频繁，后来的政府对已经立法通过的计划，比对只作为前届政府经济政策通过的计划，执行的可能性要大些。

但是经验表明，计划的正式地位并不是它的执行的关键因素。例如，法国的头三个计划从未送往议会请求批准。但是法国政府仍然大力追求实现发展目标。也没有理由相信，使计划成为法律的政府比没有这样作的政府更热衷于计划的执行。归根到底，不是计划的法律地位，而是一国政府和人民对计划承担义务，决定着它的执行与否。

（6）计划的时期

发展计划总是就一个固定的时期来编制的，但是时期长短有很大的不同。从历史的例子看，从半年至十年乃至十五、二十、二十五年或更长时的都有。时期长短不同，有的是由于国内行政或政治的需要，而大部分则是外部影响的结果。

一般说来，多数国家采取三年到五年的中期计划。在累积了计划经验以后，通常辅之以远景计划，以便为中期计划提供一个改善的体制。中期计划时期的长短，常常决定于政治上的需要。

为了方便，虽然计划一般有一个固定的时期，但是还存在如何使各个计划之间彼此衔接的问题。这个问题在大多数国家迄今并未解决，因此计划之间的转变常常是没有效率的。遇到不可预测的事件，还要对中期计划加以修正。

许多专家赞成采用"逐年扩展计划"（rolling plan），以便保持计划的继续性和伸缩性。这种计划有许多技术上的优点，但也有一些重大的缺点，所以从来没有被任何一国采用。逐年扩展计划的办法是：每年终了时对计划进行修正，在计划的每一年终了时，在最后一年之

679

后加上另外一年的估计、指标和项目。例如，1966—1969年的四年计划，在1966年终了进行修正，并公布1967—1970年的新计划，如此继续不断地下去。逐年扩展计划，渊源于商业公司和市政府的预算程序，波多黎各曾在它的六年财务规划中首先应用这种办法，还有几个国家也曾试用。发展中国家一般没有采用这种办法是因为：（a）计划化是一个继续不断的过程，这一概念未被多数计划人员所理解和接受；（b）计划机构一般无力完成逐年修改和扩展计划的任务；（c）逐年扩展计划是一种技术手段，不象新计划那样能引起公众的兴趣，政治领袖也不能把它当作政治资本；（d）当指标每年都在改变时，企业家和一般公众对于计划的目标和宗旨难于掌握，不能作出计划人员所预期的反应。

（7）计划的目的

明确地说明国家的目的（objectives），对于计划化是必不可少的，它使发展计划有了健全的基础。但是多数政府不能或不愿明确说明自己的发展目的，这一般表明，当局和计划人员对预期从计划中得到什么难于肯定。由于不能使彼此冲突的计划目的调和起来，所以难于确定执行计划的政策和措施。

目标是用数字规定的目的。目标的数目越少越好。经验表明，目标的数目越多，越难于完成。目标的好坏，全看为达到目标所采取的措施如何。没有相应的经济政策工具的目标，最好称之为设想（projection）或预测（forecast）。可是，很少有发展中国家能认识到，目标与用来实现目标的政策和措施是不可分割的。

在确定一个计划的大小时，国家的需要并不是解决问题的实际办法，因为国家的需要实际上是无限的。比较现实的态度，是把计划规模放在可用资源的基础上。但是这种办法提供的增长速度，常常被多数政府认为太低。因此，多数计划人把他们的计划放在比可用资源更多的某种东西上面。

680

有一种主张，就是给发展中国家规定普遍适用的最低增长速度。这种一般规定，对某些国家可能太高，对其他国家又可能太低。主张规定过高或过低目标的计划人，对目标和计划人在计划过程中的作用抱着一种错误观念。如果目标脱离了可用资源，为达到目标所采取的措施就会产生有害的副作用。此外，计划人的任务不仅是规定目标，还应提出一系列可供选择的目标，以便选定合适的目标并制订出实现目标的政策与措施，否则计划目标是不可能达到的。

（8）计划与基本资料

计划化依存于有关资源和经济、社会活动质和量的存在事实。所有的国家都需要有基本资源的信息，以便有效地进行计划。但是所需的统计信息的种类及其详细程度，视计划化的类型而定。

资料有用与否，要看它的正确性、包括的范围、形式和及时性如何而定。如果现有的统计数字充满错误、包括的范围有限并且时常变动、数据的形式限制了它或排除它与其他数据的比较、数字已经过时，那么，它们就会害多于利。

过去，多数发展中国家的计划化受到缺乏可靠数据的严重影响。有的国家缺乏数据，有的国家又由于缺乏协调工作，而产生了两套或更多的类似数据。因此不管实行计划化的种类如何，多数国家都迫切需要改善计划资料的数量与质量。所有的计划化都需要数据，但是部分计划化比全面计划化需要的数据要少些，也不必那么精确。

（9）计划与预算

政府预算是执行发展计划的关键性因素。中期计划（**例如五年计划**）与年度预算之间理想的连接就是年度计划。年度计划一般比传统的行政预算范围广些。

苏联的国家预算，事实上是发展计划财务方面的对应物。相反，在多数混合经济国家，计划与预算之间的关系是不密切的。在编制年度计划的国家，年度计划常常只不过是罗列项目，将其数额归入预算。

有时候，年度计划和预算不可能彼此协调，因为两者的起讫时间不一致。其中一个编制迟延，就会妨碍与另一个的结合。编制计划和编制预算构成了双轨过程，其中一个的资料是另一个的依据，所以二者应同时进行，双方人员必须密切配合。

（10）计划的执行

计划化有助于促进发展中国家的经济发展。但是，尽管把计划化的无形价值都考虑在内，对战后计划化历史的考察表明，在发展计划的执行中，还是失败多于成功。除了在短时期内，多数国家甚至未能实现计划中的最低收入和产出指标。更使人不安的是，当各国继续实行计划时，情况似乎正在恶化而不是正在改善，希望与成就之间的差距越来越大。

最大的失误是在农业中。由于农业在多数发展中国家的国内生产总值中占的比重很大，农业未能达到目标，是经济增长率低于计划的主要原因。在混合经济中，工业增长目标的实现在私人部门大于公共部门。正是私人部门的增长（常常是以有损于计划规定的方式），造成了国民收入的大部分增长。

计划执行的失败，表现在下列各方面：（a）过分强调财务目标而忽视产出目标；（b）有钱用不出去；（c）工期拖延；（d）成本高；（e）工程质量低劣；（f）收益低；（g）设备能力闲置等。

有许多因素可以说明为什么计划在执行中会发生上述种种缺点而终于使计划目标不能完成。某些原因是由环境造成的，国家对于这种环境又无力控制，如社会骚扰和政治动乱、旱涝洪水及其他天灾、出口商品的世界价格意外下降等。但是计划执行的不成功，大部分归因于计划化工作做得不好。其原因有：（a）资源分散；（b）缺乏纪律；

（c）项目准备工作不充分；（d）缺乏工程监督；（e）行政的和手续上的拖延。

有证据表明，在有着发展计划的国家，多数计划不能执行的主要原因是缺乏政府对计划的充分支持。发展中国家计划化的经验是：政治上稳定的政府持续地承担义务，是发展的绝对必要条件。

可以说，计划化过程有三个基本因素：经济上的潜力，行政上的能力，政治上的谋求发展的意志。如果在计划编制中对三者全都考虑到，计划指标就会更接近于这个国家实现其计划的实际能力。由于这种计划指标多半很低，计划就会集中注意于限制计划执行的行政和政治问题，使政府给提供克服这些限制的具体办法，计划化就会变成动员和组织生产资源的合理方式。那时候，在大多数发展中国存在的计划编制与执行的分离现象就会消失。

本章只介绍了发展中国家实行经济计划的一些历史经验。至于计划技术，关于投入—产出法和成本—利得法的基本原理，在前面已经作了介绍，更进一步的阐述，可以参阅有关的著作[7]。

发展计划与市场调节的关系

经济计划与市场制度孰优孰劣，这是发展经济学中长期争论的题目。西方一般将苏联东欧国家称为"中央计划经济国家"，将发达的资本主义国家称为"市场经济国家"。究竟经济计划与

---

7 例如基利斯等《发展经济学》，1983年，第六章"计划化模型"；G·R·迈耶，《经济发展中的主要问题》，1984年第4版，第十章"项目评价"及第十一章"发展计划化与政策制订"；迈克尔·托达诺，《经济发展计划化：模型与方法》，1971年（中国社会科学出版社1979年中译本）；联合国工业发展组织，《项目评价准则》，中国对外翻译出版公司，1984年。

市场调节能否并行不悖？如其可行，又何者为主，何者为从，抑或二者并重？

我国是发展中的社会主义国家，已经明确提出"计划经济为主、市场调节为辅"的原则。一般市场经济国家，如法国、日本等，也有经济计划，显然是以市场制度为主，计划只起辅助性的调节作用了。那么，一般发展中国家又应当怎样呢？

上面提到，二十多年来，发展中国计划的执行，失败多于成功。其原因，一般归之于政治领导和行政能力。许多西方经济学家认为，主要是由于不能或不愿执行，才使发展计划归于失败。亚瑟·刘易斯在他的《发展计划化》一书的前言中说：8 "发展经济学并不很复杂；成功的计划化的秘密，更多地存在于明智的政治策略和良好的行政管理之中。"这个说法的主要含义是，发展计划化的主要问题集中在执行——成功的计划化的秘密，主要在于政治稳定和政治领导，在于有能够胜任的和有效率的公共行政机关去运用可以达到发展目标的政策工具。

究竟经济学家是不是真正知道什么是错误和怎样纠正错误，有人对此提出怀疑。美国斯坦福大学的G.M.迈耶9 认为，发展计划化的主要困难在于经济学家对发展过程的理解不充分，而成功的计划化的秘密也不仅仅是——甚至不主要是——一个执行问题。

迈耶认为，对三个领域我们必须有根本的理解，然后发展计划化才能有比较明智的基础。

（1）一个领域是"没有得到解释的余额因素"。10 当我们对经济发展泉源的知识仍然不足时，我们对于有关的政策变数也

8　W·亚瑟·刘易斯，《发展计划化》，伦敦1966年，序。

9　G·M·迈耶，"发展计划化的未来"，载他编的《经济发展的主要问题》，1984年第4版，第753—757页。

10　参阅第六章第一节。

684

必然是无知的。这就构成了发展计划化一个严重的局限性。即使我们能将余额分解成可以认识的因素（如技术知识、经济知识、组织知识的进展），仍难精确指明这些因素怎样纳入计划化中。在投入的供给方面，可以有效地实行计划化，但是对于组成余额的各种提高收入的力量，很难施展计划化的技术。

（2）很难确定，发展计划采用什么办法才能对人口增长产生影响。可是在许多国家，对于发展计划化的主要挑战是控制与严重的人口压力有关的降低收入的力量。这一领域的发展计划化的记录是一直令人失望的，但是许多发展实践家现在会主张，最重要的是获得有关出生率决定因素的新的有意义的社会学和科学知识，并将节制生育的政策列为发展计划化的主要成分。

（3）发展计划化难于对付的，还有影响发展过程的社会文化的和其他非经济的因素。如果要增进对上面两个问题领域（余额因素和人口增长）的理解，我们也必须能够比较彻底地估计发展过程中的非经济因素。大家都知道，经济的、社会的和政治的变化都是互相联系的。但是我们还不知道，在什么条件下，通过什么机制，才能获得最有利于发展的那种社会文化和政治的变化。没有这种知识，我们不能期望发展计划化会十分成功。究竟计划化怎样才能造成文化变化呢？态度、动机和制度，能够通过计划化去使之变化吗？抑或计划化实际上是反生产的，阻止有利的社会文化因素的出现？如果计划制订人不能指出经济因素和非经济因素在发生作用中的关系以及它们在数量上的大小，他们又怎能确定在经济刺激、态度、组织机构、社会关系、或者其他连接经济变化和非经济变化的诸因素中，究竟该运用哪一种呢？尽管无数次地声明经济变数与非经济变数是相互作用的，过去所强调的仍然是"经济"计划化，对社会变化和政治变化的计划化是微不足道的。但是未来经济计划化的成功，可能依存于懂得怎样计划社会和政治的变革。为了做到这一点，需要有比"明智的政治

685

策略和良好的行政管理"更多的东西。

当（可能是由于）政策制订人对发展过程的这些根本方面依然无知时，在实际计划过程中出现了若干偏差。[11] 不幸的是，这些偏差有的实际上加剧了对发展的制约，有的则使发展的实际速度低于可以达到的速度。

从发展计划化的特征来看，有三种偏差是很突出的：（1）计划制订中偏重于宏观模型，比较忽视计划化的微观方面（例如项目分析）。（2）偏重于计划的数量方面，比较忽视其他不能用数量表示然而是极关重要的发展力量（例如，人力资源开发和社会文化与政治变化的许多方面，这些是没有数据的）。（3）偏重于发展计划的编制，而对计划的执行则未作应有的考虑（即使说编制和执行是应当分开的）。

发展计划化理论中的数量偏差又会在发展计划过程中加剧其他的偏差。部门间的规划模型以及其他的计划模型一般都是全国计划模型，因为工业政策的重心和数据来源常常是全国性的。

数据的取得也加剧了宏观的偏差，强调物质资本而不强调人力资本，集中注意少数大项目而不注意许多小项目。工业发展计划占居统治地位，因为工业产出比农业容易衡量，而工业投入也比农业更易指明。

就其实质的内容而言，许多发展计划直到最近还是强调内向政策，比较忽视外向政策；强调城市工业部门的发展，很少集中注意农村的发展；简单的模仿先进国家的制度，没有革新和改造。

认识到发展计划化中过去发生的偏差，许多发展经济学家现在主张：目前已到了重新思考发展计划化的性质和范围的时候

---

11 它们之所以是偏差（bias），是从统计偏态（statistical skewness）和没有根据的评价（unwarranted valuations）两种意义来说的，参阅冈纳·米道尔，《亚洲的紧张而有趣的事件》，纽约1968年，附录4。

686

了。他们越来越认识到，全面的"重型的"（heavy-type）中央计划化对大多数发展中国家来说仍然为时过早。

可是，这种主张并不是要自由放任，而是要有一种有能力的计划化。为了做到这一点，发展学者必须从事更多的研究，去确定一个发展中国家计划化的合适范围与形式（例如，指导性的计划对控制性的计划化、正式的计划对非正式的计划化）。问题在于，应当给一个具体国家的具体时期找到最合适的计划化方式，并使之制度化。因此，当国家发展时，计划方法本身也应随之演进。

当前，可以对发展计划化提出一些主要的修正，以便消除偏差，并在将来从计划化中获得更多的好处。一方面，要更多地利用市场机制，作为在国内经济中执行发展政策的工具；另一方面，要在国际经济中扩大多国的计划化。

许多发展经济学家终于相信，为了克服计划化中过去发生的缺点并采用与现在的需要和能力更加密切适合的政策，多数发展中国家应当采取一种轻型的计划化。这会更多地依靠通过市场机制起作用的分散的决策，更多地制定使私人行动更加有效的政策。

主张更多地利用市场机制，不应解释为要求减少政府的作用，而是要求政府起一种不同的作用。需要有政府政策来加强市场制度，也需要有更强大的市场制度来让公共政策通过市场更有效地起作用。这样，从某种意义上说，需要有更多的计划化来克服过去计划不充分的后果。需要有改进了的计划工作，去消除武断的直接行政控制所造成的偏差：一种不均衡的制度，一套常常互相矛盾和弄巧成拙的贸易政策、财政政策、金融政策、工业政策和工资政策。

高度的计划化，以大量公共投资和工业化作为计划的核心，这对于土地受着严重的人口压力、但有广大国内市场潜力的国家

687

（如印度、中国）来说，可能依然是强烈的要求。可是对于有着未被利用的自然资源但国内市场狭小的其他国家来说，问题在于创造一个有利的社会和经济环境，以便扩大私人活动、更有效的利用闲置资源和现有的国际贸易机会。

要扩大私人部门，政府必须通过积极的经济刺激和诱导政策，去动员私人部门中潜在的技能和资本，不让任何经济资源闲置。从根本上说，激发多中心的主动精神依存于建立各种市场，鼓励市场机制。经济的和社会的基础设施可以帮助创造市场赖以存在的物质条件，可以支持各种市场的相互依存。在建立诸如银行体系、货币和资本市场、农业合作社、劳工组织、农村信用机构和训练机构等的制度中，政府也起着关键性的作用。还应当认识到，许多能通过改变经济环境去影响个人行动的政策措施，并不是普通的货币政策或财政政策，而是牵涉到法律和制度体制的政策，如土地保有法、商业法和财产权利。

一旦市场的不完全有所减少，市场结构得到改进，市场机制本身就能作为发展的工具。政府可以依靠改变价格来执行政策，提供价格和收入刺激，使私人部门扩张、出口增长、国内市场扩大。这些价格变化可以推及外汇汇率、利息率、关税、国内税收和补贴。补贴和税收，对于诱导企业按照各自的社会机会成本去估价各种投入、利用外部经济或采用新生产技术，是特别有用的。

最重要的是，需要消除国内价格关系中的扭曲，这种扭曲是由使用无数的具体管制造成的。一再听到有这样的批评：城市部门的利息率人为地低，外汇汇率估值过高，在劳动剩余经济中不熟练劳动的工资过高，进口替代补贴处于最优水平以下，出口和农业受到歧视，等等。因此，现在有更多的人赞成采用有伸缩性的汇率，以避免货币估值过高，取消对食品的价格管制，解除对外贸易管制并以国内补贴代替课税。他们主张，比较现实的价格结构会

688

698

使详细的投资计划化成为不必要，并诱致更多的私人活动。

世界银行1984年中国经济考察团的报告指出：[12]

> 对计划工作的新观念来说，非常重要的一点是中国现在新确立的一种看法，那就是计划和市场可以共存，并且可以和谐地发展。当然，我们不应忘记直接控制和间接控制之间可能存在冲突，而且各国政府对待市场和计划的态度有很大的差别，但是国际经验倾向于同意中国目前的看法。各国在各个时期都在不同程度上运用过计划工作这个手段，不容易就其功效得出一般性结论，特别因为实际发展情况如何不能直接归因于计划工作的规模或质量，但是只要市场机制被忽视或未予充分考虑，计划工作的效果就会差一些，国家发展的优先顺序就会被颠倒，并常使有限的资源使用效率极低。相反，很多证据表明，计划工作如能做到使市场力量起增援作用而不成为反对力量，则计划工作反而会得到加强。
>
> 要使计划和市场起到互相配合的作用，计划工作必须立足于对供应和需求这两个方面的管理。应当这样作的根本原因是，主要推动供应结构不断变化的是需求水平的提高和结构的变化，它反映了社会的日趋繁荣兴旺。因此，在经济的很多方面，计划工作主要是国家管理和引导不断变化的需求，而供应方面则是通过农户和企业分散的决策来作出反应。通过计划部门或其他国家行政机构用指示下达指令性的供应计划，在建设基础设施或某些商品的生产和使用进行部分或全部调节方面，仍然是必要的。但是就大量的并不断扩大的经济活动来说，应当通过指导来达到计划目标，包括利用税收和信贷来影响不同类型的生产和投资的相对盈利能力。

12　《中国：长期发展的问题和方案》（主报告），中国财政经济出版社1985年10月，第10.110、10.111段。

第十二章 国际经济新秩序

建立国际经济新秩序的缘起

建立新的国际经济秩序，是在联合国大会倡导之下提出的。进入二十世纪七十年代，世界经济关系的稳定面临一系列的危机。1944年制定并得到大多数市场经济国家同意、称为布雷顿森林协定的国际货币制度，1971年解体；1973年10月中东战争爆发不久，石油价格开始上升。其他商品和制成品价格增长，粮食缺乏，储备枯竭，贸易不平衡，债务负担不断增加。所有这一切，都是造成不稳定的因素。

1973年9月，不结盟国家的国家或政府首脑会议在阿尔及尔召开，会议认为，联合国第二个发展十年失败了。次年1月30日，不结盟国家集团主席阿尔及利亚总统胡阿布·布迈丁要求召开联合国大会特别会议，讨论"原料和发展问题"。

1974年4月联合国大会举行第6届特别会议。会议认为，目前的经济秩序，同国际政治和经济关系的发展是直接冲突的；1970年以来的世界经济危机已经产生了严重的影响，特别是对发

1　联合国新闻部编，《联合国手册》第9版，中国对外翻译出版公司1981年，第131—134页。

690

展中国家。大会在未经表决但有人提出保留意见的情况下，通过了《建立新的国际经济秩序宣言》[2]和《行动纲领》[3]。

《宣言》宣布，"各会员国决心立即进行工作，以便建立一种新的国际经济秩序。这种秩序将建立在所有国家的公正、主权平等、相互依存、共同利益和合作的基础上 而不问它们的经济和社会制度如何。这种秩序将纠正现存的不平等和非正义，使发达国家和发展中国家之间日益扩大的鸿沟有可能消除，并保证目前一代和将来世世代代在和平和正义中稳步地加速经济和社会发展。"

《行动纲领》包括原料和初级商品、国际货币制度和为发展提供资金、工业化、技术转让、对跨国公司的管理、发展中国家之间的合作、各国行使对自然资源的永久主权、加强联合国系统在国际经济合作方面的作用各节。

联合国大会在1974年12月的常会上通过了《各国经济权利和义务宪章》[4]，表决时120票赞成、6票反对（比利时、丹麦、联邦德国、卢森堡、联合王国、美国），10票弃权。这项宪章是为响应1972后联合国第三届贸发会议的决定而进行的准备工作的结果。宪章分为序言及四章，论述了国际经济关系的基本原则，各国的经济权利和义务，对国际社会的共同责任，及最后条款。

联合国大会于1975年9月召开第7届特别会议，专门讨论发展和国际经济合作，一致通过了题为《发展和国际经济合作》的决议。[5] 此时大会认识到，需要在拟议中的国际经济合作会议

2　联合国第3201（S—Ⅵ）号决议。原文见艾尔弗雷德·乔治·莫斯和哈里N·M·温顿编，《国际经济新秩序：1945—1975年文件选编》，联合国国际技术援助方案第二卷，第891—893页。

3　联合国第3202（S—Ⅵ）号决议，原文见上引书第893—900页。

4　联合国第3281（ⅩⅩⅨ）号决议，原文见上引书第901—906页。

5　联合国第3362（S—Ⅶ）号决议，原文见上引书第923—929页。

（也称巴黎会谈或"南北对话"）和联合国之间建立一种联系，因为这个会议的方案将对联合国系统中正在进行的国际经济合作和发展工作有影响，为此，大会要求会议报告其工作结果。

巴黎会议在1975年12月至1977年6月间断断续续地举行，有二十七个国家（发展中国家和发达的市场经济国家）参加。会议是由法国总统瓦莱里·吉斯卡尔·德斯坦倡议召开的，原来只打算讨论能源问题，后来议题扩大到包括发展中国家极为关心的原料、资金、贸易、发展等问题。

1977年9月联合国大会第31届会议审议了巴黎会谈的结果，未能作出意见一致的评价：多数发展中国家认为，这次会谈未能达成任何有助于达到国际经济新秩序目标的协议，而许多发达国家则认为这次会谈取得了一定的积极成果。大会声明，所有关于建立新的国际经济秩序的全球性谈判，均应在联合国系统的体制内进行。

1981年10月，由墨西哥倡议，在该国坎昆城举行关于合作与发展的国际会议，有来自亚、非、欧美的十四个发展中国家和八个发达国家的政府首脑或国家元首参加，我国由赵紫阳总理代表出席，[6] 这是一次就南北经济关系的重大问题交换意见的会议。会议主席（墨西哥总统洛佩斯·波蒂略和加拿大总理特鲁多）在记者招待会上宣读了会议的书面总结，总结指出："会议承认，会上讨论的许多问题是根深蒂固的和复杂的，不可能有迅速的和简单的解决办法。各国领导人同意要共同努力，以便建立一种国际经济秩序，使发展中国家有可能按照自己的准则来发展壮大。"总结强调说，"各国元首和政府首脑认为，有必要在联合国内立即支持达成一致意见。"

1983年6月，联合国贸易和发展会议在南斯拉夫首都贝尔格

6 赵紫阳总理发言，见1981年10月24日《人民日报》。参阅1981年10月22日《人民日报》社论，及1981年10月25日关于会议闭幕的报道。

莱德举行第6届会议，此时世界经济处于严重危机之中，会议的讨论主题是复苏世界经济的办法，促进发展中国家经济持续发展的方法和手段，以及推动建立国际经济新秩序等重大问题。在此之前，七十七国集团举行会议，通过了《布宜诺斯艾利斯纲领》，实际上就是第6届贸发会议的讨论基础。贸发会议通过了一项关于世界经济形势的《贝尔格莱德宣言》和关于国际经济问题的若干决议，但是由于少数发达国家立场僵硬，会议在根本问题上未能达成一致意见和采取具体措施。[7]

国际经济新秩序的目标

根据上述各项基本文件，建立国际经济新秩序的目标可以划分为六大类，共有25个项目。[8]

援助问题

（1）达到联合国规定的官方发展援助目标

联合国第二个发展十年的国际发展战略[9]规定发展援助目标为发达国民生产总值的0.7%。"每一个经济发达国家应逐渐增加其对发展中国家的官方发展援助，并应尽最大努力，到本十年中期时达到按市场价格计算的本国国民生产总值0.7%的最低净额。"《战略》还规定，财政援助在原则上应当是不附条件的，并且在最大可能范围内按长期的继续的基础供给。《建立国际经济新秩序行动纲领》催促加速执行财政资源转移的净额，并增加其中的官方成分，以便满足甚至超过战略目标。关于《发展和国际合作》的决议重申了这一目标。联合国工业发展组织于1975年3月在秘鲁首都利马举行第2届大会，通过

7　1983年7月4日《人民日报》。

8　根据欧文·拉斯兹洛、罗伯特·贝克、小埃利奥特·艾森伯格和文卡塔·拉曼，《国际经济新秩序的目标》，纽约1979年。

9　联合国第2626（XXV）号决议，1970年10月24日通过，原文见上引《国际经济新秩序：1945—1975年文件选编》第二卷，第856—865页。

了《利马宣言和关于工业发展与合作的行动计划》，[10] 重申对发展中国家的资源转移目标应在尽可能短的时期内实现。

（2）为发展提供技术援助，消除人才外流

《建立国际经济新秩序宣言》的原则之一是，"整个国际社会扩大对发展中国家的极积援助，不附任何政治或军事条件。"《行动纲领》具体规定："国际社会借发达国家和发展组织的帮助，应按照发展中国家的具体发展要求，继续扩大业务的和教育的技术援助规划，包括对其本国人员的职业训练和经理开发。"为此应建立"特别基金"，由工业化国家及其他人捐助。关于《发展和国际经济合作》的决议指出，技术和财政援助问题包含了合格人员从发展中国家流向发达国家的问题（也称"人才外流"或"技术反向转让"），认为这是不发达状况造成的，技术和财政援助应当帮助克服这个问题。

（3）重新议付发展中国家的债务

发展中国家债务的增加，引起了国际社会的关切。《建立国际经济新秩序行动纲领》要求"采取适当的紧急步骤，包括国际行动，以减轻由于按苛刻条件借入的外部债务负担所引起的对发展中国家现在和未来发展的不良后果。"还要求"逐项进行债务重新议付，以便订立债务注销、延期偿还、重新安排付款期限或利息津贴的协议。"关于《发展和国际合作》的决议注意到，"发展中国家债务负担的增加，已经达到使进口能力和储蓄十分紧张的程度，"同意贸发会议在第4届会议上考察减轻这种负担的办法。《利马宣言》要求考虑将这种债务改成赠款。

（4）采取特别措施，援助发展中国家中的内陆国、最不发达国和岛屿国

在正式要求建立国际经济新秩序以前，联合国已经认识到有必要对最不发达国家（一般是内陆国和岛屿国，还有经济特别困难的国家）的特殊需要给予特别对待。联合国第二个发展十年的《国际发展

10　原文见上引书第631—650页。

694

战略》已经规定了一系列措施，旨在开发和援助最不发达国家的贸易和发展需要，其中包括通过"赠与和条件特别优惠的贷款，以增进它们的吸收能力"的"技术和财政援助"。《建立国际经济新秩序宣言》要求"注意这些国家在平等基础上的充分和有效的参加"。《行动纲领》还具体规定了对这些国家应当注意的若干特别需要。

（5）将裁军的资金用于发展

联合国第二个发展十年的《国际发展战略》中已经提出这一点，指出全面彻底的裁军可以解放出大量额外资金，为经济和社会发展特别是发展中国家的经济和社会发展所用。《各国经济权利和义务宪章》认为，所有国家均有责任促进全面彻底的裁军，解放出来的资金应为所有国家的社会和经济发展所用，其中很大一部分应当用于发展中国家的发展需要。

国际贸易问题

（6）改善发展中国家的贸易条件：关税和非关税壁垒、普遍优惠制、进口税、无形贸易

许多发展中国家的根本需要，是赚得为支付进口和偿还外债所需要的外汇。它们赚取外汇的能力，高度依存于自己进入世界市场的能力。为此，《建立国际经济新秩序行动纲领》宣布，必须作出一切努力，"通过逐渐消除关税和非关税壁垒以及商业上的垄断措施，改善对发达国市场的进入。"它还敦促"对发展中国家向发达国家出口的农业初级产品、制成品和半制成品普遍优惠制的执行、改善和扩大，并考虑将其推广到一切商品，包括经过加工或半加工的商品。"发展中国家获得所需外汇的另一途径，是由发达国将对发展中国家的出口品征收的关税交还给它们，《行动纲领》作了这种规定。发展中国家积极参加国际贸易的努力，也受到国际贸易领域结构性限制的妨碍，这些限制包括全球贸易被少数国家垄断组织所垄断造成的各种不成文的惯例，运输、保险以及国际贸易中其他"无形"因素的高昂成本。为了促进发展中国家参加世界经济，《建立国际经济新秩序行动纲领》要求促进发展中国家日益增长地、公平地参加世界航运事业；停止并降低日益

增长的运费率，以减少发展中国家的进出口成本；使发展中国家的保险和再保险的成本降至最低限度，促进发展中国家国内保险和再保险事业；保证班轮公会的行动守则及早实施。

（7）采取对待商品的综合态度：综合商品方案、缓冲储备、生产者联合会、指数化

(a)综合商品方案（the integrated programe for commoditiess）。

鉴于商品价格在历史上的不稳定，及其对发展中国家的影响，对待商品采取一种综合态度是非常重要的。《国际经济新秩序行动纲领》要求"拟订一个全面的综合方案，就发展中国家出口的一切商品提出指导原则，并考虑在这一领域的现行工作。"联合国第6届特别会议也要求采取措施，"去扭转尽管商品价格普遍上升，发展中国家却有几种出口商品的实际价格停滞或下降的持久趋势，以致造成这些国家的出口盈利下降。"这两项声明合在一起，构成了对综合商品方案的强大要求，因为它们是在商品价格一般水平很高的时候发表的。普通的看法是，在出口收入一般很高的时期，对这一方案的要求压力应当很低。《经济权利和义务宣言》认为，"各国有义务对货物的国际贸易的发展作出贡献，特别是通过作出安排和订立长期多边商品协定的办法。……所有国家都有责任促进按稳定的、有利的和公平的价格进行贸易的一切商品的有规则的流动，从而考虑到特别是发展中国家的利益，对世界经济的公平发展作出贡献。"关于《发展和国际经济合作》的决议也提出了相同的目标。因此，在商品领域的基本要求是：（a）制定一个全面的方案（安排、对商品的指导原则），以改善市场结构，并导致（b）稳定的、有利的和公平的价格。通过生产者联合会来建立缓冲储备属于前者；使第三世界出口价格指数化，使这种价格同发达国家出口的制造品和资本货物的价格联系起来属于后者。

(b)缓冲储备（buffer stock）。

《行动纲领》要求，"在商品安排的体制内建立缓冲储备，由国际

金融机构、在必要时由发达国家提供资金，发展中国家在可能时也可提供资金，其目的在于有利于发展中国家的生产者和消费者国家，并有助于扩大世界贸易。"总之，《行动纲领》要求（按优先顺序）：（a）国际金融机构，（b）发达国家，（c）发展中国家提供资金来建立缓冲储备。联合国第 7 届特别会议只提到第一种资金来源。

(c)生产者联合会 (producers'Associations)。

认识到使发展中国家在世界商品市场上不能起正当作用的主要原因之一是缺乏初级生产者联合会的正当组织，关于国际经济新秩序的磋商就集中注意于这一方面。《宣言》的目的之一，就是"促进生产者联合会可能起的作用，……即帮助促进世界经济的持久增长和加速发展中国家的发展。"《行动纲领》强调，必须"促进生产者联合会的作用和目标，包括共同的推销安排、有秩序的商品贸易、改善发展中的生产者国家的出口收入和贸易条件、和为了所有国家的利益使世界经济持续增长。"

(d) 指数化 (indexation)。

综合商品方案还有一个方面，就是保证发展中国家的出口价格和进口价格之间有一种公平的关系。《宣言》主张，新经济秩序必须建立在尊重下列原则的基础之上："发展中国家出口的原料、初级商品、制成品和半制品的价格，与它们进口的原料、初级商品、制成品、资本货物和设备的价格之间，必须保持公平的关系，以便使它们的不能令人满意的贸易条件得到持久的改善，并扩大世界经济。"

(8) 制定国际粮食方案

在联合国第 6 届和第 7 届特别会议上讨论国际经济新秩序时，对于粮食问题给予了特别的注意。《宣言》虽只提到"所有国家均须终止对自然资源的浪费，包括粮食产品在内"，《行动纲领》中却列举了粮食方案中应当包含的几点：帮助发展中国家恢复和充分利用那些未被利用或利用不足的土地的潜力，必须采取具体的迅速的步骤，制止涉及几个发展中国家特别是在非洲的沙漠化、盐碱化、蝗虫造成的

697

损害或任何其他同类现象；自然资源和粮食资源必须受到保护，以免遭受损害和恶化，特别是从大海获得的资源，其办法是防止污染，和采取适当步骤保护及恢复这些资源；涉及粮食生产、储藏、进口和出口的政策，应考虑到下列二者的利益：（a）无力为进口支付高价的发展中国家，（b）需要为其出口增加市场机会的发展中出口国；必须保证发展中国家有能力进口必需数量的粮食，而不使外汇资源过份紧张，也不使它们的国际收支意外恶化；采取具体措施，以增加发展中国家的粮食生产和储藏设施（如保证按有利价格从发达国家进口的一切可用的主要投入物资的增加，包括化肥）；逐渐取消构成不公平竞争的保护及其他措施，以促进发展中国家粮食的出口。

（9）调整发达国家的经济政策，以促进发展中国家出口的扩大和多样化

在国际经济新秩序范围内、特别是在贸易和工业化领域内提出的若干目标，都以发达国家在经济政策方面作出适当调整为前提。为此，《行动纲领》要求在发达国家的经济中作出适当调整，在多边贸易谈判中对发展中国家实行非互惠性的和优惠的对待，使它们的外汇收益大量增长，使它们的出口多样化，并加快它们的经济增长速度。这种调整之所以必要，是为了给发展中国家提供一个公平而合理的机会，使它们能分享市场的增长，从而创造一个"合理的、公平的 国 际 分工。"

（10）改善和加强具有不同社会和经济制度国家之间的贸易关系

申述国际经济新秩序各项目标的原始文件没有特别提到 这 个 问题，而只是在发达国家和发展中国家贸易关系的一般题目下 加 以 考虑。但是在以后的会议上，越来越区分发达的市场经济国家和社会主义国家。这种区分之所以必要，不仅因为在社会主义国家与发展中国家之间的净流量同发达的市场经济国家与发展中国家之间的净流量有显著的不同，而且因为社会主义国家(指东欧经互会成员国)在讨论国际

经济新秩序中愿意不同其他发达国家一道被考虑。

（11）加强发展中国家之间的经济和技术合作

《行动纲领》提出下列措施，来加强发展中国家之间 的 合 作：在地区和亚地区的水平上，建立或加强经济一体化；增加从其他发展中国家的进口；对从其他发展中国家的进口实行优惠待遇，促进在金融和信用关系以及货币问题各领域的密切合作；在工业、科学和技术、运输、航运和大众交通媒介等领域促进和建立有效的合作工具。《经济权利和义务宪章》重申各国必须参加亚地区的、地区的和地区之间的合作，以促进其社会和经济发展。根据关于《发展和 国 际 合作》的决议，发展中国家之间的合作应当包括：在发展中国家之间利用知识、技能、自然资源和技术，促进工业、农业、运输和交通中的投资；贸易自由化的措施；技术转让。

国际金融问题

（12）改革国际货币制度：利用特别提款权作为发展援助和国际货币制度的中心储备资产，促进稳定的汇率，保护免受通货膨胀的影响

《宣言》和《行动纲领》是在国际货币制度发生混乱之后的几年中制定的。《行动纲领》要求"通过以世界流通手段（liquidity）需要概念为基础的特别提款权的额外分配，来充分地有秩序地创造额外流通手段。"它还进一步规定，应当"在特别提款权与为了发展中国家的利益增加额外发展资金之间尽早建立联系。"这个利用特别提款权作为国际货币制度的中央储备并使特别提款权的创造与发展援助联系起来的原则，在联合国第 7 届特别会议上得到重申。国际货币制度的解体，由于国际汇率不稳定、通货膨胀从发达国家扩散到发 展 中 国家，以及两种国际储备货币（美元和英镑）的严重贬值而加剧 。 因此，《行动纲领》要求采取"措施，以消除国际货币制度的不稳定，特别是汇率的不确定。"还要求"维持发展中国家货币储备的实际价值，防止其受到通货膨胀及储备货币汇率贬值的侵蚀。"

699

（13）保证发展中国家充分参加世界银行和国际货币基金组织的决策

《宣言》和《行动纲领》要求"发展中国家充分而有效地参加制定一个公平而持久的货币制度决策的一切阶段。"这一原则，也在要求"发展中国家更有效地参加国际复兴开发银行和国际货币基金组织的合适机关的决策过程"中表现出来。关于《发展和国际合作》的决议声明：发展中国家参与决策过程的任何增加不应当对"发展中国家的广泛的地理代表"给予不良的影响，并应根据"现有的和发展中的规则"。《关于工业发展与合作的利马宣言和行动纲领》同样要求"发展中国家充分而有效地参加受托对国际货币制度进行改革的一切组织，特别是国际货币基金组织的董事会。"

（14）通过世界银行和国际货币基金组织，增加资源的转移

这个要求的目的，是在通过世界银行和国际货币基金组织，使最穷的国家能以高度优惠的条件获得额外资金。《宣言》要求，经过改革的国际货币制度的主要目标之一，是"促进发展中国家的发展，以及实际资源充分流入发展中国家。"《行动纲领》注意到，"需要改进各国际金融机构在发展金融和国际货币问题方面的做法，"作为举例，建议"改善补偿性资金供应办法"，并审查国际货币基金组织的信贷偿还条件、支持性安排（standing arrangements）和缓冲储备资金供应。关于《发展与国际合作》的决议指出，"为了扩大支援发展所能利用的资源库，迫切需要大大增加世界银行集团、特别是国际开发协会的资本，使之能以最优惠的条件对最穷的国家提供额外资金。"

工业化、技术转让和商业惯例问题

（15）磋商对发展中国家实行工业生产能力的重新部署

提出将发达国家的工业能力转移到第三世界，特别提到（a）有很高劳动内容的工业部门，（b）要求自然资源的工业部门（例如船坞、

700

石油化工厂和钢厂），（c）加工本地原料的工业部门。在关于《发展和国际合作》的决议中，提出了把发达国家一部分工业生产能力转移到第三世界。发达国家应当促进新的政策的发展并加强现有的政策，包括劳动市场政策，以鼓励将在国际市场上竞争能力较小的工业部门重新部署在发展中国家，从而导致发达国家的结构调整，并使发展中国家的自然资源和人力资源得到更高程度的利用。上述政策应当考虑到有关的发达国家的经济结构，社会的、经济的和安全的目标，以及这些工业转入更容易实行的生产路线或其他经济部门的需要。

（16）建立向发展中国家转让技术的机制

发展中国家接近现代的和适用的技术，对其发展目标的实现是必不可少的。认识到有调节国际技术转让、使之更好地为社会和经济发展目标服务，第二个联合国发展十年的国际发展战略要求：（a）审查关于专利权的国际协定；（b）确认并减少向发展中国家转让技术的障碍；（c）按公平合理的条款和条件，促进发展中国家接近有专利权和无专利权的技术转让；（d）促进利用对发展中国家的技术转让，以帮助这些国家达到它们的贸易和发展目标；（e）开发适合于发展中国家生产结构的技术和采取加速当地技术发展的措施。

《行动纲领》中有关技术转让问题的内容，确认应当作出一切努力：（a）制定一个与发展中国家的需要和条件相适应的技术转让国际行动守则；（b）使之能够按改善的条件接近现代技术，并改进这种技术，使之适合于发展中国家特殊的经济、社会和生态条件以及不同的发展阶段；（c）扩大发达国家对发展中国家在研究和发展规划方面以及在创造适用的本地技术方面的帮助；（d）改造涉及技术转让的商业惯例，使之适合于发展中国家的要求，并防止滥用出售人权利。

（17）管制和监督跨国公司的活动，消除限制性的商业措施（restrictive business practices，也译商业上的垄断措施）

《行动纲领》提出，要作出一切努力，去制定、通过并实施一个跨国公司的国际行动守则；（a）防止干预东道国的内政、并同种族主义制度和殖民地行政当局串通一气；（b）管制它们在东道国的活动，以消除商业上的垄断措施，并使之遵守发展中国家的国家发展计划和目标。必要时，应审查和修正以前订立的安排； （ｃ）按公平和有利的条件，给发展中国家带来援助、技术转移和管理技能； （ｄ）管制营业利润的汇出，要考虑一切有关方面的合法利益； （ｅ）促进其利润在发展中国家的再投资。

在第二个联合国发展十年的国际发展战略中，已认识到应找出商业上的各种垄断措施，以便考虑采取适当的补救办法。限制性的商业措施包括：禁止从发展中国家出口的市场分配，通过反竞争的购入以获得对发展中国家关键性经济部门的支配权，滥用工业财产权利，歧视性的定价安排等。

《国家经济权利和义务宪章》声明，每一个国家都有权利管制和监督跨国公司的活动，以确保其活动不致干预东道国的内政。

（18）改善自然资源的竞争能力，并终止其浪费

自然资源如粮食的问题，在国际经济新秩序的讨论中居显著地位。在保护自然资源、免受合成品的竞争以及采取保护措施以终止其浪费方面，作出了特别的规定。

《宣言》要求"改善自然资源在面对合成品代替竞争中的竞争能力"。《行动纲领》规定，"在自然资源能满足市场要求的场合，不应在扩大合成材料的生产能力方面进行新投资。"《宣言》还要求"充分尊重下列原则：所有国家都必须终止自然资源的浪费，包括食品在内。"

（19）规定公平利用海床洋底的资源

海床和洋底是"人类共同继承的财富"，要求公平分配开发它们所得到的利益，并要求为此订立国际条约。

在《宣言》通过以前，海床资源开发问题已受到联合国大会的重视。在第2749（ⅩⅩⅤ）号决议（1970年12月17日）中，大会规定了一些普遍原则。成立了一个海床问题特别委员会，去进一步审查管理海床资源（已宣布为"人类共同继承的财富"）的原则。委员会的讨论导致建立第三次联合国海洋法会议，从1973年起召开了十多次会议，

并于1982年4月通过了新的《联合国海洋法公约》。

社会问题

（20）获得更公平的收入分配和提高就业水平

第二个联合国发展十年的《国际发展战略》中所使用的发展概念，特别强调社会和经济平等问题。收入和财富更公平的分配、更大的收入安全和就业水平的大大提高，会给所有的人提供一个更美好的生活基础。每个发展中国家应当制定自己的国家就业目标，使越来越大的一部分劳动人民被吸收到现代经济活动中去，从而大大减少失业和就业不足。尤其是，发展中国家应当改进劳动力统计，以便为就业制定现实的数量目标。其他政策，如财政、货币和贸易政策，应当用来提高就业水平和促进经济增长。资本密集的技术应当只限于特殊用途，不应干扰就业水平的提高。要求发达国家采取措施，在国际贸易结构中带来合适的变化，以帮助这一过程。

根据《利马宣言》，在达成提高生活水平和减少极端社会不利和失业的发展目标中，应以社会正义为指导因素。工业化的好处，应当在各个部分居民之间公平分配。

（21）为劳动人民提供卫生服务、教育和更高的文化水平，保证儿童福利和妇女充分参加发展事业

联大第6届和第7届特别会议简单地提到了社会问题。社会福利和社会发展的概念在建立国际经济新秩序的庄严宣言中，与公平、主权平等、相互依存、所有国家之间的共同利益和经济合作以及和平与正义一同出现。第7届特别会议具体指出，要通过优先防止疾病和营养不良，通过对全社会提供基本的卫生服务（包括母亲和儿童的健康与家庭福利），以改善卫生条件。

早先的《国际发展战略》包括各种社会问题。发展的最终目标，是通过改善就业水平、收入保证，教育、卫生、营养、住宅、社会福利和环境保护，来持续地改善个人福利。

《利马宣言》提出，发展中国家应当创造条件，使妇女能在权利平等的基础上充分参加社会和经济活动。发展中国家还应提高人民的

703

一般文化水平，以便有一支合格的劳动力队伍，不但可以从事货物和服务的生产，而且可以从事科学管理。此外，在达成提高生活水平、消除社会处境极端不利（例如失业，特别是在青年人中）的目标中，应以社会正义为指导原则。

政治和制度问题

（22）保证国家的经济主权：自然资源、外国财产、经济制度的选择

考虑到大多数发展中国家依附于外国经济利益和贸易，下列各项构成了主要的有关问题：保证它们在控制和利用其自然资源方面的主权，有权在自己的法律管辖范围内将外国财产收归国有，以及采用自己所选择的经济制度的权利和自由。

《宣言》是在充分尊重下列原则的基础上拟订的："每一个国家对自己的资源有充分的永久主权。为了保护这种资源，每一个国家有权对它行使有效的控制，并用适合于自己情况的方式去加以利用，包括实行国有化或将其转移给自己公民的权利，这是国家的充分、永久主权的表现。任何国家都不应受到经济的、政治的或其他方面的强制，以致不能充分行使它的不可剥夺的权利。"这在《行动纲领》中得到确认。

关于控制外国财产，主权国家实行国有化的权利在历史上是没有争议的。可是输出资本的发达国家却认为，行使这种权利应受到国际法所施加的限制。在国际经济新秩序中，发展中国家否定这种限制，并声明主权国家在自己法律的管辖范围内有权根据本国法律将外国财产收归国家所有。这是《国家经济权利和义务宪章》所规定的。

国家有权选择它认为最适合于自己内部和外部关系的经济和政治制度，这是公认的原则，也是联合国宪章所承认的。它对于建立国际经济新秩序的重要性，在于与它的有效遵守和执行有关的一般原则；这些原则有时从积极的方面加以申述，如要求各国在某些具体领域进行合作；有时从消极的方面加以申述，如禁止国家从事某种行为。它在《宣言》和《宪章》中均有反映。

704

（23）对于外国占领、外国和殖民地统治或种族隔离所加于国家、地区和人民的不利影响的赔偿

根据"对自然资源永久主权"的一般概念，《宣言》宣称："处在外国占领、外国和殖民地统治或种族隔离之下的所有国家、地区和人民，在他们的自然资源或其他资源遭受开采和耗竭时，有权请求归还或充分赔偿。"

（24）在全球、地区和部门各级建立协商制度，以促进工业发展

在《国际发展战略》中还提到就剩余的处理问题需要有一个协商制度。协商是为了避免或减少在处理生产剩余或战略储备（包括矿产品储备）时可能产生的对贸易的不良影响，并考虑到剩余国和缺少国的利益。关于《发展与国际经济合作》的决议，以及《利马宣言》和《工业发展与合作行动计划》都要求建立这种制度。

（25）改组联合国的经济和社会各部门机构

国际经济新秩序目标的实现，要求各国政府、地区和国际组织、跨国公司以及现有唯一具有普遍宗旨的组织——联合国采取适当的行动。有些问题的各方面，要求联合国系统的有关经济和社会计划署、机构和机关去进行计划、协调和（部分地）执行。

《行动纲领》将它自己的执行任务付托给"联合国系统的所有机构"，并要求联合国贸易和发展会议加强活动，以谋求全世界原料的国际贸易的发展。

联合国系统的开发机构（特别是联合国开发计划署）的经费应当增加。各地区开发银行的资金应当补充。

联合国工业发展组织应当成为一个专门的机构，"它应当成为在工业领域进行协商和商订协议的讲坛。"11

11　联合国工业发展组织已于1985年12月改为联合国的第16个独立的专门机构，将为帮助发展中国家工业化，促进国际工业合作做出更多的贡献。1985年12月15日《人民日报》。

工业发展组织和贸易与发展会议应当共同研究"国际工业合作特殊的和变化的要求相适应的、使金融和技术合作多样化的 方法 和 机制。"

各方面对于建立国际经济新秩序的态度

抽象地谈论建立国际经济新秩序，可能没有什么人要坚决反对。而具体地谈按照第二节列举的目标来建立国际经济新秩序，就有人赞成，有人反对。这是因为利害关系不同，所持的立场和观点也就不同。大抵是，第三世界国家和公正的独立人士 表 示 赞成，发达的市场工业国家表示反对。本节从正反两方面各取两种意见作为代表，以供研究参考。在赞成者方面，列举勃兰特委员会的报告和布宜诺斯艾利斯纲领；在反对者方面，列举美国斯坦福大学G·M·迈耶教授的文章和美国国务院负责美国经济事务 的助理国务卿理查德·N·库珀的文章。

勃兰特委员会报告

国际发展问题独立委员会由维利·勃兰特担任主席，所以常被简称为勃兰特委员会。勃兰特是联邦德国社会民主党主席，1969—74年任联邦总理，1971年诺贝尔和平奖金获得者，1985年4月第三世界基金会授于1984年度第三世界奖（第五个获奖者），表彰他为 第 三 世界的政治和经济发展做出的卓越贡献。

1977年9月28日，勃兰特在纽约宣布，他拟筹组上述名称的 委 员会，但决不会干预政府间的谈判以及国际组织正在进行的工作，而只起一种辅助性作用，即提出一些建议，以便改善进一步审议南北关系的气氛。联合国秘书长当即表示,愿意最先收到委员会的报告书。1977年初，前世界银行行长罗伯特·S·麦克纳马拉倡议由勃兰特领导组织这样一个委员会，同年秋又重申了这一建议。

委员会除主席外，共有委员十七人（美国二人，英、法、日、加拿大、瑞典、印度、马来西亚、印度尼西亚、科威特、哥伦比亚、智利、圭亚纳、布基纳法索、阿尔及利亚、坦桑尼亚（各一人），当然委员三人（荷兰、瑞典、南斯拉夫），都是政治、经济、社会、学术界的知名人士。委员会曾经举行过多次会议，并同世界各国和各方面的人士进行广泛接触。

会议提出了两个报告，第一个是《北方和南方：一个争取生存的计划》（中国对外翻译出版公司中译本：《争取世界的生存（发展中国家和发达国家经济关系研究）》，又称《勃兰特报告》，是1980年初提出的。第二个是《共同的危机——北方和南方：为世界的复苏而合作》（中国对外翻译出版公司中译本，《争取世界经济复苏（勃兰特委员会备忘录)》），是1983年2月提出的。

从《勃兰特报告》的各项建议可以看出，国际经济新秩序的各项目标，均在建议中得到反映。可以认为，勃兰特委员会是支持国际经济新秩序的建立的。（第二个报告的内容与第一个报告大同小异。）

（1）援助问题
(a)官方发展援助问题。

委员会的建议比以往前进了一大步，提出了"供应发展资金的新途径。"它认为必须大量增加向发展中国家的资金转移，以便资助减轻贫穷、扩大粮食生产，特别是对不发达国家，能源和矿产资源的勘探和开发，稳定出口商品的价格和收入，扩大商品的国内加工。因此，应当扩大官方发展资金的流量，其办法除了"对工业化国家增加官方发展援助规定一个时间表，到1985年要达到其国民生产总值的0.7%，到本世纪末以前要达到1％"外，还有（a）建立一种按国民收入的高低、按比例地提供资金的制度，除了最穷的国家外，东欧和发展中国家都应参加；（b）通过对下列一些项目的国际性课税，实行自动筹集资金制度：国际贸易、军火生产或出口、国际旅游、全球性共同财产、特别是海底矿产。委员会认为，应该承担提供官方发展援助的长期义务，更多地使用自动筹集来的援助资金，延长国际开发协会的资金补充期限，使资金转移具有更大的预见性。

(b)债务偿还问题。

委员会建议如下：

全面实施关于免除最不发达国家官方债务的承诺。

中等收入国需要有特别的措施，以延长它们债务的偿还期限；比较贫困的发展中国家，应能比较容易地从金融市场上借款。世界银行和其他国际金融机构，应当采取办法共同提供资金、担保及使用优惠性资金来改善借款条件和降低利率等，协助上述进程的进行。

（c）援助最贫穷国家问题。

委员会认为必须制订一项行动计划，以援助非洲和亚洲的贫穷地带，特别是援助最不发达国家。计划应包括各种紧急的和长期的措施。管理水源和土壤的大型区域性项目，提供保健设施，根除诸如河盲症、虐疾、嗜睡症、裂体吸虫病等疾病，营造森林、太阳能的利用，矿藏与石油勘探，以及支持工业化、运输及其他基础设施的投资。在未来二十年中，每年至少需要40亿美元的援助，可用赠款或特别优惠贷款的形式提供。建立新的区域性机构来协调资金的提供，并由借贷双方共同拟订计划。应提供更多的技术性援助，以帮助这些国家拟订各种方案和项目。

对较贫穷国家应给予财政支持和技术援助，以促使它们建立更好的商业基础设施，并有利于它们参加国际贸易谈判。

（d）裁军与发展问题。

委员会认为，必须使公众更清楚地了解军备竞赛给世界带来的可怕危险，给各国国民经济带来的负担，及其使资源不能用于和平与发展的情况。各方面均应准备进行谈判，就建立信任的措施达成协议，使缓和的进程继续下去。必须建立得到全球尊重的维持和平机构，加强联合国的作用。这样的维持和平机构可以通过分摊军费开支、减少冲突地区及其所包含的军备竞赛，把资源腾出来用于发展。军费开支和武器出口可以成为为发展目标而征收国际赋税的新原则的一个因素，对军火贸易的征税率应高于其他贸易。

必须更多地研究把军火生产转为民用生产的手段，以便利用目前军火工业中雇用的具有高度技能的科技人才。

708

应该作出更多的努力去达成协议，披露关于军火和军火生产设备出口的情况。国际社会应更严肃地关注军火转让和军火生产设备出口的后果，并达成协议，限制将其运往缓冲或紧张地区。

（2）国际贸易问题

（a）进入发达国家市场问题。

委员会认为，发展中国家应当更多地参与加工、销售和经销其商品的活动，这样，它们的商品生产部门就能够为经济发展作出很多的贡献。促使发展中国家参加加工和销售活动的措施应当包括：取消歧视发展中国家加工产品的关税和其他贸易壁垒，建立公平合理的国际运费率，废除限制性的商业做法以及改进资金的安排，以利于加工生产和市场销售。委员会认为，保护主义威胁世界经济发展的前途，并且对发展中国家和发达国家的长远利益都是有害的。工业化国家针对发展中国家出口品采取的保护主义应予击退。应该改进组织机构和制定新的贸易规划和原则来促进这项工作。

普遍优惠制关于原产地的规则、例外条款、限额的规定，都应当放宽。该制度目前的有效期限应予延长，并且不得单方面予以终止。

（b）初级商品问题。

必须立即采取行动，使商品价格在有利的条件下保持稳定。应当向共同基金提供充分的资金，使它能够做到：鼓励和资助有效的国际商品协定，使商品价格能在有利可图的条件下保持稳定；为国际商品协定实施范围以外的国家储备提供资金；促使第二窗口开展下列活动，即仓储、加工、销售、提高生产率和实行生产多样化等。应当作出更大的努力，促使关于各个商品的谈判在可能的情况下及早结束。

（c）调整发达国家的经济政策问题。

二次报告建议：发达国家应重新承诺关于实行开放性和遵章贸易制度，以及保证在制订、实施国家贸易政策和法律时，不屈从于保护主义压力的原则。制订新的保障机制，明确规定在何种条件下可采取符合关税和贸易总协定第19条所允许的保护性措施，以及这类措施的范围和期限（两者均应受到限制）。早日撤销对进口热带作物设置的尚存壁垒。

(d)粮食问题。

委员会认为，必须结束大规模的饥饿和营养不良状况。必须提高进口粮食的发展中国家、特别是低收入国家满足自己粮食需求的能力；并应通过这些国家自己的努力，以及为农业发展提供更多的资金流入，来减少它们日益增大的粮食进口开支。应该特别注意灌溉、农业研究、农产品储存和对肥料及其他投入的更多使用以及渔业的开发。

应该通过及早缔结国际谷物协定、扩大国际紧急储备和设立粮食基金，使国际粮食供应得到保障。

粮食援助应该增加，并应同促进就业以及农业计划和项目发生联系，而又不致削弱粮食生产的积极性。

在南、北方各自范围内和在南、北方之间实行粮食及其他农产品的贸易自由化，将有助于粮食供应的稳定。

应该进一步加强地区性合作，来扩大对国际农业研究机构的支持。

土地改革在许多国家中，对于提高农业生产率和使穷人得到更多的收入，都有极大的重要意义。

(e)发展中国家的相互合作问题。

委员会认为，区域和分区一体化或其他加强合作的形式，仍然为加速发展中国家、特别是小国的经济发展和进行结构改革提供了可行的战略。它支持工业化和扩大贸易，并为多国企业提供机会。

发展中国家应采取措施（如取消援助的附带条件等），扩大相互间的优惠贸易制度。应特别重视缔结和扩大相互间的支付和信贷协定，以促进贸易并缓和国际收支问题。

（3）国际金融问题

(a)改革国际货币制度问题。

委员会认为，各有关方面应根据二十国委员会所显示的很大程度

710

的意见一致，并考虑到目前的种种困难和危险，火速进行国际货币体系的改革。改革涉及到改进汇率体制、储备制度、国际收支调整程序以及改进这一体系的全面管理，使整个国际社会都能参加。

应该商定一个办法，创造和分配一种国际货币，用来清偿和结算各国中央银行之间的未付差额，以取代现在作为国际储备的各国货币。它可以采取经过改革的特别提款权的形式，由一种设计适当的"替代帐户"去加以促进。

新创设的特别提款权，应以满足非通货膨胀性地增加世界流通手段的需要为限度。这种无条件的流通手段的分配，应对目前担负沉重调整任务的发展中国家有所照顾。二次报告建议：大幅度增加特别提款权分配额，应特别考虑到发展中国家的需要。

应该通过国内励行纪律和协调各国有关政策的办法，来谋求国际汇率、特别是主要货币之间汇率的更加稳定。

发展中国家在参加货币基金组织的人员班子、管理与决策方面，应予扩大和加强。提高借款国在决策和管理工作中的作用。

(b)增加资源转移问题。

国际货币基金组织应扩大和改进补偿性资金供应，以便更充分地资助商品出口实际收入的亏空：扩大供应的范围，例如放松份额限制，以实际价值计算出口补足额，使偿还的条件更灵活一些。通过扩大和改革"借款总安排"，建立应急借款机构以支持发展中国家。增加向各国中央银行的借款，向资本市场借款。

关于国际收支的调整，应该就一个对世界经济不会增加收缩压力的调整过程取得一致意见。发展中国家应将调整过程与保持经济、社会的长期发展结合起来考虑。国际货币基金组织应避免不适当地或过分地干预发展中国家的经济，不应将高度通货紧缩的措施作为标准的调整政策强加给它们。顺差国应对国际收支的调整负起更大的责任。二次报告建议，货币基金组织在制订计划时，应更重视产量、增长率、就业、收入分配等问题，更加全面执行基金组织自己在1979年制订的新指导方针，即给予成员国的国内、社会和政治目标以适当的考虑。除此之外，二次报告还建议增加低档借款条件的信贷，对较穷的借款国放宽期限和条件。

通过国际金融机构提供贷款的办法应予改进：（a）有效地利用世界银行由于决定将其资本增加一倍（达到800亿美元）而提高的贷款能力；二次报告建议至少将货币基金组织的份额增加一倍。（b）将世界银行的贷款与资本的比率扩大一倍，即由现在的1：1扩大到2：1，各区域开发银行也应采取同样行动。（c）对多边金融机构的业务活动不再强加政治条件。（d）经过区域机构输送日益增多的发展资金。（e）把方案贷款从占贷款总额的10％提高到20％。（f）使用货币基金组织的黄金储备，即出售更多的黄金，将其利润用来补贴发展贷款的利息，或作为借款的附属担保品，以便再转贷给发展中国家。

商业银行和其他金融机构提供发展中国家的贷款必须增加。应当采取措施，使发展中国家便于在国际市场出售债券，包括取消各种限制、提供担保以及为估计风险作出适当的安排。

应该考虑建立一个新的国际金融机构，即世界发展基金组织，全世界各国都参加，借款方与贷款方之间分享决策权，以补充现有的机构，并使贷款的政策和做法多样化。世界发展基金将设法满足现有资金供应结构中未能满足的需要，特别是方案贷款的需要。它还可以成为在普遍和自动的基础上筹集可能的资金的渠道。

（3）工业化、技术转让和商业惯例问题
(a)生产能力重新部署问题。

委员会认为，发展中国家的工业化，作为它们全面发展努力的一种手段，将为世界贸易提供日益增多的机会，而且不一定与发达国家的长远利益发生冲突。发展中国家的工业化应该作为一项国际政策加以促进。

进行调整以适应世界工业生产的新格局，应该被看作是一个必要和可取的过程。工业化国家应该大力推行一项积极而有一定期限的调整方案，通过国际协商来制订，执行时应受国际监督。

b、技术转让问题。

712

为支持发展中国家开发技术，并且把适用技术按合理的费用转让给发展中国家，需要在国际一级、区域一级和国家一级都作出更大的努力。

鉴于能源和生态方面的情况越来越严重，富国和穷国都应该更加努力发展适用技术，应该改进有关这种技术的信息交流。国际援助机构应该改变它们那种限制受援国自由选择技术的做法，并且应该在拟订工程项目方面更多地利用当地的能力。

(c)跨国公司问题。

为了分享管理技术，控制限制性商业做法，并给跨国公司规定活动范围，需要制订有效的国家法律和国际行为准则。委员会建议的投资制度是：（a）在外国投资、技术转让以及将利润、专利权使用费和红利汇回本国等问题上，母国和所在国相互承担义务；（b）在诸如道德行为、公布信息、限制性商业做法和劳动标准等问题上，母国和所在国协作，制订管理跨国公司的法律；（c）在税收政策和监督内部调拨价格方面，进行政府间的合作；（d）在接受投资的发展中国家之间，财政鼓励与其他鼓励办法应协调一致。除改进取得国际发展资金的办法以外，发展中国家、特别是较小的和最不发达的国家同跨国公司谈判的能力，应随着联合国和其他机构提供技术援助的日益增多而得到加强。

(d)自然资源问题。

为了生产国和消费国的共同利益，在开发矿物资源方面需要大量增加多边资金供应，来资助发展中国家的矿产和能源的勘探和开发。这种资金部分地可由现有的一些机构提供，有理由建立新的资金供应的安排，以便达成更公平和稳定的发展矿业的协定，进一步保证世界矿产资源的供应，以及发展中国家更多地参加本国资源的开发工作。

在能源方面，委员会建议采取的国际能源战略是：（a)出口石油的发展中国家和工业化国家均应确保石油的产量；（b）所有主要的能源消费国均应承担具体义务，根据商定的指标来降低石油及其他能源的消费；（c）石油价格的制订应该避免大幅度上涨，价格水平应能

713

723

刺激生产，鼓励节约；（d）必须大量投资，勘探和开发第三世界国家的石油和天然气，以及煤、水力发电等已知的代用能源。委员会认为，必须实行有条不紊的过渡，以摆脱高度依赖日益稀少的非再生能源的状况。应作出包括财政援助在内的特别安排，保证对较穷国家的供应。应在联合国赞助下建立全球能源研究中心，协调信息和预测活动，支持对新能源的研究工作。

(e)海洋资源问题。

二百海里"专属经济区"以外的海洋资源，应当在符合整个国际社会均衡利益的情况下，根据国际规则进行开发。

（4）社会问题

(a)分配和就业问题。

委员会认为，在对国际性贫困发动进攻时，发展中国家内部必须进行社会与经济改革，以补充国际发展环境所起的关键作用。在没有进行改革的国家里，重新分配生产资料和收入是必要的。一系列更广泛的改革政策措施包括：把社会服务扩大到穷人，实行土地改革，增加对农村地区的发展费用，鼓励小型企业，改善税收管理。这些措施无论对满足基本需要还要提高生产率均极重要，对农村地区尤其如此。

要充分发挥非正规部门的潜力以利于经济发展，就需要扩大信用贷款，提供更多资金，并扩大培训与推广服务。

国际上应该就公平的劳动标准取得一致意见，以防止不公平的竞争，并促进贸易自由化。

(b)教育和卫生问题。

加强本地的技术能力常常需要在教育中更注重科学，鼓励国内机械工业，更多地重视中间技术和共同分享经验。

全球环境受到压力，主要是由工业经济的增长造成的。世界人口的增长也是个原因。这种压力威胁着子孙后代的生存和发展。世界各国在管理大气层和其他全球性公有物方面，必须加紧进行合作，防止对生态造成不可挽救的危害。

(c)人口与移民问题。

考虑到贫穷与高出生率之间的恶性循环，发展中国家人口的迅速增长更增加了同饥饿、疾病、营养不良和文盲等现象进行斗争的迫切必要性。委员会认为，发展政策中应包括国家人口计划，免费提供计划生育手段，其目的在于使人口与资源保持平衡。

应该确保世界上许多流动工人得到公正的待遇，并使移出国和移入国的利益更好地协调起来。各国政府应努力进行双边和多边合作，以协调出入境政策，保护流动工人的利益，保持汇款的稳定，减少返回的困难。

难民的受庇护权和受法律保护的权利应得到加强。为避免使第一庇护国承受不公正的负担，各国有义务在安置难民方面进行合作。

(d)经济和行政管理问题。

改善经济管理和更多地调动国家资源，对促进发展是必不可少的。许多国家在税收政策、公共管理和价格制度等方面，均尚有改善余地。

应该鼓励民众更广泛地参加发展过程。为此采取的措施，应包括政府行政制度实行分权，支持有关的自愿结合组织。

（5）政治和制度问题
(a)经济主权问题。

对自然资源的永久主权是所有国家的权利。然而，在实行国有化时，必须根据体现于各国法律中的国际上类似的原则，给予适当而有效的赔偿。这些原则应该体现于各国的法律之中。还应该更多地利用国际机构来解决国际争端。

(b)协商组织问题。

应该不时举行人数不多的最高级会议，来促进协商一致和改革目标的实现。

国际发展领域的各个多边组织的活动，应该由一个高级咨询机关对它们进行经常监督。

二次报告建议，南北双方对谈判问题应采取积极和现实的态度，建立第三世界秘书处，加强南南合作，以及通过更多的官方和民间的支持，在北方国家中促进发展问题的教育，使公众舆论对此具有更坚定的认识。

(c)联合国机构问题。

任务日益扩大的联合国系统需要加强，需要更加有效。这就需要更好地调整预算、计划和人事政策，避免任务重复和浪费现象。

把贸易及关税总协定和贸发会议合并成一个国际贸易组织，是国际社会应该为之努力的目标。

此外，委员会还建议成立世界发展基金组织和全球性能源研究中心，前已述及。

由此可见，勃兰特委员会报告不但反映了国际经济新秩序各项目标的基本内容，而且在某些方面更进一步、更加具体化，此外还提出了一些新的建议。

布宜诺斯艾利斯纲领[12]

这是七十七国集团1983年3月28日至4月9日在阿根廷首都布宜诺斯艾利斯举行第五次部长级会议通过的一系列决议的总称，它涉及同年6月在南斯拉夫贝尔格莱德举行的联合国贸易和发展会议第6届大会临时议程的所有实质性项目。

七十七国集团是发展中国家在维护自己权益的斗争中逐渐形成和发展起来的一个集团。早在1964年联合国贸发会议在日内瓦召开的第1届会议上，七十七个发展中国家和地区联合起来，发表了"七十七国联合声明"，从此它们就被称为七十七国集团，现在成员已有一百二十多个，但仍沿用旧的名称。总部设在纽约，下设若干分支机构，几乎在所有国际组织内部都有七十七国集团（在联合国粮农组织内的

12　联合国贸易和发展会议文件，TD/285，1983年4月29日。

716

称为"罗马七十七国集团",在联合国教科文组织内的称为"巴黎七十七国集团")。

布宜诺斯艾利斯纲领代表了发展中国家关于建立国际经济新秩序的最近主张。纲领内容与以上所述大体相同,不过列举的目标要稍窄一些,因为它所强调的是贸易与金融问题,供贸发会议决策使用。

G·M·迈耶教授的主张[13]

（1）改善国际决策的必要性

迈耶认为,就许多发展中国家来说,国家经济管理已有显著改善。但在国际一级,决策（policymaking）没有什么改善,在几个问题领域,实际上已经恶化了。世界秩序对欠发达国家的需要所作的反应,现在不如十年以前。虽然在欠发达国家的国内经济中市场机制应起更大的作用,在国际一级却需有更有效的决策,以利于发展。国际决策的改善并不能代替必要的国内改革,但能起辅助作用,并扩大国内改革的效果。

迈耶认为,要求改善国际决策,不一定就是赞成建立国际经济新秩序的号召。

（2）对国际经济新秩序的不同解释

迈耶认为,对国际经济新秩序可以有各种不同的解释。

联合国大会第6届特别会议通过的建立国际经济新秩序的提议,包含下列各项:

（a）对发展中国家所出口的若干种商品维持比历史趋势更高的价格水平的"综合"方案。

（b）发展中国家出口品与它们从发达国家进口产品的价格保持指数关系。

（c）官方发展援助达到发达国家国民生产总值0.7%的目标。

（d）发展援助与以国际货币基金组织特别提款权形式表示的国

13　G·M·迈耶,《国际决策与国际经济新秩序》,载他编的《经济发展中的主要问题》,1984年第4版,第758—762页。

际储备的创造，以某种形式发生联系。

（e）使制造能力从发达国家转移到发展中国家，到 2000年时达到世界工业产出25％的所谓利马目标。

（f）向发展中国家转让技术的机制和多国公司行动守则。

在联合国宣布之后，某些拥护者把新秩序解释为给欠发达国家规定了从已经建立的规则得到豁免，从而给予某些重大的短期优惠，如更多的援助、债务解除和贸易优惠。其他的人则把国际经济新秩序同国际制度中的长期结构改变等同起来，从而改变欠发达国与较发达国之间的收入、财富和权力分配上的偏差。有一个国际经济新秩序的拥护者说：

"现在要求建立国际经济新秩序的基本目的，是改组主要由富国及其跨国公司的金融力量所形成的现行市场规则，在国际金融机构中获得更大的发言权；打破穷国对富国善意的经济和政治依附这种历史悠久的格局。不管怎么客气地或巧妙地来陈述，主要的目的是改组"权力"：不论是政治的、经济的、金融的或文化的。"14

这种解释，把战后殖民势力结构看作是统治和依附的继续，这种统治和依附不仅是由富国制订的规则、程序和制度所造成的，而且也是由国家之间的经济、政治、甚至文化关系的总体所造成的。这种观点源于辛格·普雷维什和米道尔的早期分析，这种分析把极化或反浪效应(polarization or backwash effects)看作是欠发达国家失败的原因。根据这种解释，国际关系的规则必须这样改变：消除现行规则中的偏差；在现在感到权力分配不平等的地方行使抵抗力量；抵抗那些不是从规则而是从对欠发达国家不断造成损害的经济过程的性质产生的偏差。要求更大地参与国际决策和纠正国际权力分配中的偏差，不可避免地会削弱富国的势力。15

其他的人指出，国际经济新秩序中实际上没有什么"新"东西。

---

14 马布伯·乌尔·哈格，"在南北合作的口号背后"，载卡蒂加·哈格编，《新秩序的对话》，纽约1981年。

15 保罗·斯特里顿，"国际经济新秩序"，《世界发展》，1982年1月，第1—17页。

它的有些规定，是辛格·普雷维什和米道尔在五十年代就已经提出过的。而且，国际经济新秩序既不是"国际的"、"经济的"，也不是"秩序"。反之，它的许多目标是极端民族主义的，具有"零和竞赛"（zero—sum game，即一方得利引起另一方损失）性质，有利于欠发达国家，而不强调"积和竞赛"（positvve—sum game）中所有参加者的共同利益。其次，政策目标和政策工具不但是经济的，也是政治的。最后，由于某些国家没有一致同意和不愿意进行南北对抗，这些措施只会产生混乱而不会产生秩序。

迈耶认为，经济学家们虽然可以批评国际经济新秩序的措施不当，但它所追求的某些目标仍然是正当的。关键的问题是，这些目标怎样才能实现。相信发达国家会出于利他主义或人道主义或道德感，就会答应欠发达国家的要求，那是不现实的。也不能依靠联合国贸发会议作为穷国的一个有效的利益集团。一个比较有希望的可能性，在于征集国家之间的利益联盟。例如，多国公司和跨国公司是工业国中更好的市场接近的拥护者，可以形成强大的压力集团。

另一种看法是，国际经济新秩序不会通过富国的乐善好施而出现，只有依靠南方努力重建国内的政治和经济势力，并在国际一级组织更大的集体谈判。

可是，对许多欠发达国家来说，获得对抗力量仍然是一种遥远的事情，这种战术仍然会造成不利的处境。一个比较合作的态度，可能在发达国家的私利上、及其与欠发达国家对国际经济管理的某种共同需要上建立起来。共同的需要常常是通过相互依存的世界经济来分析的。近来就有人特别是从能源、资源平衡以及全球粮食与人口均等的角度。写了许多关于相互依存的文章。

（3）经济制度国际化

但是相互依存并非新现象：多少世纪以来，世界经济一体化日益增长，"发展"向国际的扩散只不过是这一过程的延续。可是,在过去二三十年中,相互依存的影响变得更加明显;国际经济冲突的持续时间已经延长;经济利得和损失的范围已经扩大;解决经济冲突的政策措施的无力程度已经增长。这种情况,最好解释为经济制度国际化的结果。

这一国际化过程的主要特征,是商品、生产要素、经理、技术和金融资本国际流量的增长,这些对国内和国外变数之间的差异反应或弹性越来越大。对一个经济学家来说,市场的国际化是可取的,因为它能促进效率、专业化和竞争。可是对一个国家决策人来说,国际化有一个消极的方面,它使一个国家遭受外部发展损害的脆弱性(vulnerability)增加了。决策的国内主动性屈从于国际政策的考虑。国际经济学受到国内政治学的反对。当两个或更多国家的经济目标发生磨擦时,国际紧张和冲突便产生了。

这种冲突可以分为三类:(a)由于一国寻求从贸易或外国投资中获取较大份额利得而发生的冲突;(b)由于一国试图避免遭受另一国发展的损害而发生的冲突;(c)由于一国在面临一种国际事件时想维持本国在决策上的自主权而发生的冲突。

更具体地说,主要的冲突每每涉及下列问题:

(a)市场问题。每一国都企图使自己的出口对他国市场有更大的接近,并准备从他国市场接受所需资源的进口。

(b)贸易条件问题。每一国都企图使出口价格相对于进口价格有所提高,以改善自己的贸易条件。

(c)外国投资条件问题。东道国政府试图提高外国资本流入的利得——成本比率。

(d)对进口调整成本问题。每一国都试图使较大的进口所产生的市场混乱或国内损失降到最低限度。

(e)国际收支调整成本问题。每一国对于自己的国际收支失去平衡试图避免采取补救政策,或试图将一些调整负担加诸其他国家,从而使调整成本降至最低限度。

720

(f)稳定政策问题。每一国都试图行使国家经济自主权来稳定自己的经济，不使自己的政策屈从于外部条件。

对这些冲突的正确反应，比较现实的办法是承认对国际经济新秩序的要求反映了国际化过程带来的紧张与冲突的影响。但是敌对的国家利益蒙上了一层特殊的南北色彩。因此，发展问题必须分解成从国际化过程产生的冲突问题的解决办法。这意味着，经济上的相互依存，不能简单地通过响应联合国贸发会议的要求或国际经济新秩序的立法去解决，好象宗主国为政治独立通过法律那样。经济独立，必须经发展中国家的结构改革，使工业生产变成总出口中的大部分才能达到。

国际经济中的混乱给发展带来了不良影响。在建立世界经济秩序中，现在通行的既不是市场力量（以自由贸易或自由浮动汇率为代表），也不是国际行动守则。总有这样的危险：国际经济行为的调节听从于简单的片面行动，或随讨价还价力量为转移的特别磋商。在这种环境中，经济学家的传统信念，如利益和谐、贸易的共同获利、外国投资作为一种非"零和"活动——所有这些支持国际主义克服民族主义的信念都被淹没了。为了避免民族主义和国家之间政策竞争的危险，需要更多的国际政策协调。对外贸易制度自由化、促进外向政策、动员资源、协调国际货币政策、国际货币基金组织和世界银行与商业银行的合作，全都要求缩小国家政策之间的竞争和采取更多的国际合作行动。

（4）国际计划化与国际合作

虽然就某些问题来说，决策的质量在国家一级可能通过更大地使用市场制度而得到改进，但比较复杂的发展问题就可能要求在更高的国际一级推广计划化来予以纠正。[16] 当一个"民族国家"

16　可参阅简·丁伯根，"建立一个世界秩序"，载 J·N·巴格瓦蒂编，《经济学与世界秩序，二十世纪七十年代至九十年代》，纽约1972年，第145—147页；还可参阅马丁·麦古依尔，"集团分裂与最佳管辖范围"，《政治经济学杂志》，1974年1—2月，第112—132页。

个政治单位和文化单位时，就许多发展问题来说它不是一个合适的经济决策单位。国家一级作出的决定，常常因水平低，不能是最优的。贸易自由化和接近发达国家的市场、监督出口管制和接近来自初级产品出口国的资源、更多的多边援助规划、援助条件的和谐、补偿性资金供应措施、国际稳定政策、补充性金融措施、国际货币政策的协调——所有这些政策，都要依存于国际合作行动。

今后四分之一世纪的中心问题是：没有一个起支持作用的国际公共部门的存在，国家发展规划能否成功？在国内经济中，公共部门负责维持充分就业、收入再分配和纠正市场的失误。但是，在世界经济中，完成类似职能的责任何属？吸收剩余劳动，要求有国际的充分就业政策。国际收入再分配，要求有一个更有效率的机制将资源从富国转移到穷国。国际市场不完全（不论是作为价格扭曲、不合适技术的转让还是作为"反浪效应"（backwash effect）表现出来）的普遍存在，要求有某种超越国家管辖权限范围的国际权力机关去纠正。

一个国际发展学者把各个国际机构应当完成的服务简单地归结为以下内容：[17]

（a）提供一种解决成员国之间冲突的体制；

（b）在成员国间促进联合行动，以获取规模利益。例如生产分担协议；

（c）在动员资源中提供援助；

（d）在要求专门技能的领域提供咨询；

（e）在补充人员或建立组织完成特殊任务中提供援助，例如工程承包人或经理代理人。

（f）在同外部组织（例如外国私方投资人或援助机构）进行协商

17　约翰·怀特，"国际机构：主张增多的理由"，见 G·K·赫伦勒编，《一个分裂的世界》，纽约1976年，第288页。

722

中代表会员国。

为了更有效地促进这些服务，某些国际经济组织可能需要进行改革，而专门化的国际机构也应该更充分地协调它们的规划。特别是，已经有对世界贸易组织进行改革的若干建议。[18] 从国际专门机构、区域机构和穷国与富国政府之间的更多的合作，发展政策最终可能得到改善。如果每一个欠发达国家不支持有利于发展政策的国际秩序，而只是追求狭窄的国家政策，那么，发展成绩会不可避免地继续恶化。如果在追求一个国际新秩序中各国采取敌对立场，满足共同需要的潜力也就会丧失。

如果基本经济原理和历史教训能为未来的发展决策提供一个基础，那么决策就可以得到改进，这样一种国际经济新秩序就能实现："新"是强调富国和穷国的共同利益，而不只是国家的利益。"秩序"是提供解决冲突的手段，以消除国际化过程中的无秩序的冲突。即使不能制定和执行一套完全的政策，有了较好的决策，也能大大减少世界经济中的混乱，减轻绝对贫困，改善收入分配，提供更多的生产性就业，这对于富国和穷国都有裨益。

R·N·库珀的意见

库珀是美国国务院的重要官员，他以《发达国家对国际经济新秩序号召的反应》为题发表的文章[19]，至少就美国的态度来说，是颇有代表性的。

（1）库珀所认识的新经济秩序的内容

库珀认为，近年来各方面要求改革世界经济的运转及决策机构的

---

18 美国国际法学会，《改造世界贸易制度：一项机构改革的建议》，1976年；大西洋协会，《关税贸易总协定的增添：贸易改革的一项建议》，1975年；米里亚姆营，《集体管理》，纽约1981年。

19 原文见《走向一个新的发展战略》，第九章，第243—274页，帕加蒙出版社，1979年。

作用，有几个共同特点：（a）应有更大量的资源和技术从富有的工业国转移到世界上的穷国；（b）贫穷的非工业化国家应当受到特殊优待，一般说来，它应当免受富有的工业国所遵守的政府行为规范的约束；（c）修改支配国际经济问题的决策机构，使贫穷的或非工业化的国家能更多地参加并有更多的发言权。

这种要求的根据，部分地在于主张，所有的人都有权满足某些基本的人类需要，已经能够做到这一点的人，以人类团结的名义有义务使他人也做到这一点。部分地还在于主张，现存的国际经济秩序（意指支配各国间经济往来的一套制度，正式规划和信息传统）往好处说，忽视了发展中国家的问题和所关怀的事务；往坏处说，则有助于剥削穷国，因此，对过去和现在的非正义因素应作某些更改。

从这些要求产生的具体建议包括下列各项：

（a）就发展中国家生产的哪些商品订立国际商品协定，以确保它们获得公平而有利的价格（另外一种办法是，使初级商品价格同制造品价格保持指数关系，以确保在一个通货膨胀的世界中初级商品价格的上升不比其他价格慢）；

（b）增加富国的官方发展援助，直至联合国所定的0.7％的国民生产总值的目标；

（c）在国际货币基金组织重新磋商特别提款权的分配原则，使发展中国家得到较大的份额；

（d）对发展中国家的外债规定一般减免办法，完全勾销或推迟履行偿还义务。

（e）对发展中国家输往发达国家的产品，给予并扩大优惠待遇。

（f）增加向发展中国家的有关技术流量，按减低的价格。

（g）对本国领土以内的一切财产都有权利，因而有权接收外国人所有的财产，而在赔偿方面不考虑国际法律传统。

（h）改变国际货币基金组织和国际复兴开发银行（以下称世界银行）等机构的决策程序，给予发展中国家以更大的分量。

他认为，在联合国的词汇中，这些要求几乎完全是针对发达的市场经济国家，而西欧、北美以及日本、澳大利亚和新西兰的。（以下称"西方"国家)。它们一般不是指向东欧或苏联等共产主义国家。

（2）库珀对国家之间转移资源的看法

他说，发展中国家规定了对若干经济权利的要求。应当给谁这些权利，谁来承担实现这些权利的"义务"，特别是当需要将资源从一个社会转移到另一个社会时。一个社会或国家应当把货物和劳务转移给另一个社会或国家，并非自明之理。过去的传统认为，一个社会有权享有自己所生产的东西。为什么应当把自己的一些产品送给别人？

他说，应当区别三种类型的转移：赠与，赔偿和购买某种无形物。但讨论从发达国家的转移时把这三种转移混同起来了。

库珀不厌其烦地从这三方面作文章。他企图证明，无论从何者来说，都不能为要求发达国家向发展中国家"转移资源"提供论据。

（3）库珀对国际经济新秩序各项建议的评论
（a）商品协定。

库珀认为，商品协定有几种不同的目的：有的提议保证有利的价格，即高于过去的价格；有的提议使商品价格对制成品价格"指数化"，即保持两者的贸易条件不变；有的提议储备一定的商品（特别是食物），以免将来发生短缺。

问题在于商品协定的可行性与可取性如何。先谈商品协定的可行性。

第一种协定旨在直接或间接地保证商品的价格高于原来的价格，将资源转移到商品生产国。问题是这种协定能否维持长久。除非现有的供给来源是有限的和绝无仅有的，否则高价会刺激现有供给来源的扩大，并鼓励开发新的来源。商品卡特尔的历史表明，价格提高以后，在长时期内会刺激新的供应来源（有时在消费国，有时在其他生产国），逐渐削弱维持高价的企图。要对生产（或出口）保持越来越紧的控制，包括对可能进入市场的新人的控制，除了在少数场合，是无法做到的。消费方面的替代，也会使协定的宗旨不能贯彻：很少有原料或食品是不能用其他产品替代的。

再谈商品协定的可取性。多数初级产品事实上是由高收入国生产

725

的。美国、加拿大、澳大利亚、瑞典、法国（更不要谈南非和苏联）都是很大的初级产品出口国。某些发展中国家是初级产品（粮食、工业原料）的大进口国。提高价格的商品协定反而会在发达国家和欠发达国家之间造成利得和损失的十分武断的分配。除了极少数的例外，最穷的国家会从提高商品的价格受到损失。即使获得利益，也是归于拥有资源的人，在农产品方面就是地主。

商品价格指数化也有相同的缺点。此外，在需求高时期，指数化会阻止原料价格上涨。

稳定商品价格或创造应急储备的提议比较受欢迎。但有些人对于其可行性和政府干预市场的可取性表示很大的怀疑：缓冲储备的经理人真正比各种商品的专门商人更聪明吗？市场是不完全的，但政府干预可能使之更坏而不是更好。此外，当价格波动是由于供给变化时，波动可能有助于稳定出口收入，为发展提供资金的关键变数，是收益而不是价格。

可是有人指出，缓冲储备经理的目的不同于私人投机商，后者无意使减少价格变动成为一种社会目标。合适的政府经理能减少价格变动，这种变动有时超过了资源合理配置的要求，如1972—1975年许多商品价格上涨三四倍，然后又猛烈回跌，使全世界的生产者和消费者都感到不安。

从原则上讲，应当有粮食的救急储备，以防止突然歉收，私人部门一般不从事粮食储备，去应付世界低收入地区的短缺。关于价格稳定和缓冲储备的具体做法还存在许多实际问题，但这种想法是值得讨论的。工业国不愿讨论任何一种商品协定，是怀疑这将会提高价格。

(b)制成品贸易的安排。

库珀认为，发展中国家的提议，是工业国对来自发展中国家的产品给予关税优待。这在联合国贸发会议1968年第2届会议和1971年第3届会议上追得很紧。欧洲共同体和日本各自采取了普遍优惠制，但范围极其有限，实际上对发展中国家没有什么价值。美国最后在1975年采用一种稍有不同、但仍然不很慷慨的关税优惠办法。劝说工业国采用优惠制——从而又一次打破关税和贸易总协定的"最惠国"原则——代表发展中国家的一种表面上的胜利,但实际上是对它们有害而不是有利,因为付出的代价是,放松了对工业国采取"保护"(safeguard)行动(保护本国工业免受进口损害)所加的限制。保证接近工业国的市场对发展中国家的贸易利益要比关税优惠(即使是按最好的情况说;如按其实际水平则好处更少)更为重要。从美国获得关税优惠,在1974年的《贸易法》立法过程中,显然付出的代价是,大大放松了"免除条款"(escape clause)行动20可以用来限制进口的标准,日本和欧洲共同体的情况大体相同,虽然二者的关系不是十分清楚,因为它们制订的贸易政策不象美国那样公开。

第二个贸易政策问题涉及工业国的关税结构:由于关税按加工程度"升级",原料的简单加工多在工业国进行,而不在接近原料来源的地方。在现在一轮贸易谈判中,美国提出取消5%以下的关税,在此以上者降低同等比率。一般说来,这样一种削减关税的公式会加剧关税升级问题,对若干加工活动增加保护。

第三个问题是对贸易的"非关税壁垒"增多,其中对发展中国家最重要的所谓自愿出口限制,通常是在实行进口限额(作为"免除条款"的一种行动)的威胁下采用的。

制成品贸易的中心问题是:面临来自发展中国家的进口日益增长,工业国是否愿意改变它们现在的工业结构和改变多快。受到进口的不利影响的经济利益集团——某些商业公司,特别是那些从事能被发展中国家取代的活动的不熟练和半熟练的工人,肯定会起来抵制。

c、金融安排。

库珀认为,在1976年5月联合国贸发会议第4届会议上,在国际经济合作会议的大会上,发展中国家强烈要求延期偿还外债,工业国对此项建议态度冷淡。努力和救济二者的分配是任意决定的,而且与债权

---

20 "免除条款":关税和贸易总协定中的一项规定,如果有关产品的大量进口及其进口的条件会使进口该产品的缔约国的国内生产遭受严重损害,该进口国得撤回其关税减让。

国的金融支持能力、债务国的金融需要是不相关的。尤其是，已经发放贷款最多的国家通过延期偿还，会被要求提供更多的东西。任意借款的债务国也会被给予最大的救济，而不问有无需要和是否能获得令人满意的经济成绩。某些发展中国家在会外承认，它们也不欢迎普遍的延期偿还，因为这会损害它们将来在世界金融中心私方来源（主要是银行）借款的机会，在七十年代初，墨西哥、巴西、南朝鲜、菲律宾和其他国家在这方面获得了巨大的成功。

工业国许多观察家承认，需要采取某种正式行动去处理严重的外债。可是他们认为，这应当一国一国地处理，因为债务的数量和性质有很大的不同，每一个国家的经济情况也有巨大的差异。这种逐国解决的办法，可以定出一个个详细的财务计划，在1974和1975年的特殊情况（当时粮食高价、石油高价和世界萧条结合在一起，给世界上多数国家造成了严重的金融动荡）以后，使各国金融恢复健全。这自然是意味着，债务推迟的希望依债权国的政策建议为转移，后者使有些发展中国家感到恼火；它们不愿在货币政策或预算政策方面听凭别人指使。债权国方面也被它们必须笼统地提供额外资源的观念所恼怒。双方争执的中心，依然是一个控制权问题。

第二个金融问题，涉及创造国际流通手段（liguidity），及其利得的分配。具体说，欠发达国家主张修改国际货币基金组织创造的特别提款权的分配公式，增加它们的份额，它们现在只占总数的三分之一，是以它们在国际货币基金组织的基金份额为基础的。

创造特别提款权只是创造购买力，不是创造实际资源，实际资源还须由最后获得特别提款权的国家提供，用来支付进口，然后将其保持。作为发展援助的泉源，特别提款权不象它们在初看起来那样有吸引力，因为一个国家必须对其特别提款权分配额与其实际持有额之间的差额支付利息（现在为5％左右）。

除了与创造国际储备资产有关的许多技术问题以外，给所有国际货币基金组织成员国直接分配购买力，而不附任何条件或期望的观念，引起了许多西方人的反感，特别是在很多发展中国家政府制度的性质及其对人权漠视（按西方标准）的情况下。这个问题应当通过提

728

供援助的中介人（如国际开发协会）去分配特别提款权来解决，后者可以根据贫困或对经济发展的贡献去选定所要支持的国家和活动，这个条件，发展中国家是要抵制的。

(d) 跨国公司。

库珀认为，由跨国公司与发展中国家关系产生的主要问题，是向母国政府求助、国有化赔偿、转帐价格（特别作为逃避外汇管制规定或利润限制的手段）、干预东道国内政（包括贿赂）。对许多社会主义者（北方的和南方的）来说，跨国公司象征着资本主义制度的罪恶，不管它们的实际行为如何，都应受到谴责。跨国公司的辩护者把对公司的任何批评都看作是向自由企业制度的进攻，因而拒绝考虑批评的正当性。在欠发达国家的政府批评者与西方国家的一般意见之间，比初看起来有更多的共同立场。

例如，跨国公司干涉东道国内政的问题，是同它向母国政府求助的问题相连的。外国人所有的公司应否被看作是当地公司法人？如果是，它就应放弃对公司所有人的本国政府求助（除了在违反政府间条约的场合）。但它也应有自由进行"干预"，印象当地企业那样参加当地的政治。向本国政府要求援助，有时是因为没有本地企业通常享有的那得到补救的政治渠道。

在外国投资国有化方面，问题是赔偿原则；一个国家对任何经济活动实行"国有化"的权利很少有人质疑。许多发展中国家不愿让第三方仲裁来确定赔偿额，这被西方公司执行人员看作是它们想要没收而不只是外国财产国有化的明白证据。欠发达国家憎恨强制性仲裁似乎包含的"主权"丧失。（可是，如果它们真正想要维持从一切意义说的充分主权，它们就不应缔结任何有约束义务的条约；主权的重要表现之一，恰恰是能使自己受未来行动进程的约束。）它们也恐怕按照它们所不同意的标准作出判定。或许通过预先商定的标准可使问题变得简单一些。特别是，作出赔偿的根据可以是历史成本外加一个公平的、甚至是慷慨的收益率，而不必去估计现在的价值。后一个标准是商业公司常常赞成的，但当涉及自然资源或开采"权"时，又会引起特别强烈的不满。

(e)拨付的外国援助.

库珀认为，欠发达国家本身对于拨付的外国援助问题也是矛盾的。一方面，它们对发达国家没有达到官方发展援助目标（在联合国大会上同意的每一个援助国国民生产总值0.7%）表示不满，另一方面，它们对已经支付的双边和多边外援又有许多不满，因为这种援助附带了太多的条件（方案贷款关于经济政策的规定，给予双边援助时要求在赠与国购买，对项目贷款可以购买的货物和劳务的限制）。反应自然是一国与一国不同，但是赠与国和接受国的关系在本质上就是一种困难的事情，可能双方均感不满。

赠与国对发展中国家感到的矛盾越来越表示怀疑：究竟外援对受援国是否有价值，援助是否必要？联合国向发展中国家转移（通过私方和官方渠道，通过官方出口信用和外援赠与）援助国国民生产总值0.7%的目标事实上已在1975年首次达到，总计共390亿美元。没有听到有人高兴。只听说数额还是不够高，条件也不够宽。基于分配考虑的国家间的直接资源转移有一种内在的困难：再多也总是不够的，因此目标是武断地规定的，达到之后又提出更高的目标。

在外援附带条件方面，值得注意的是：在国家"以内"政府之间的转移是很普通的，通常附有含蓄或明确的条件。象发展中国家所要求的完全不附条件的转移是少有的。在大多数国家（例如英国、法国），地方政府是中央政府的法律产物，因此接受者是直接对给予拨款的政府负责的。在美国这样的联邦国家，州政府不受制于联邦政府。但美国政府给各州的拨款是附有条件的。要么这种拨款只限于作某一类的支出，根据方案的规定，如公路建设、援助有子女负担的家庭、城市更新、改进下水道系统等等，根据每一方案在财政上对联邦政府负责。要么，就"税收分成"而言，拨款不限于方案，但对接受州的行为有一般的要求，特别是关于民权和性别与种族歧视问题。在美国内部，转移也是用来影响支出类型和政府行为的。

(f)国际规则和秩序.

库珀认为，在长期内也许更重要的是，发展中国家还提出了若干

730

关于国际经济行为规则的确定以及国际规则对发展中国家适用性的建议。关于后者，它们要求可能时对发展中国家的特殊待遇，包括免除遵守行为规则，甚至免除遵守申诉讨论和争执解决的程序（例如，早在六十年代初，在《关税和贸易总协定》中不得不增加第 四 部 分，去鼓励发展中国家遵守协定；最近，在经济领域的每一个国际协定中照例要加上限制性的文字"适当考虑发展中国家的特殊环境"——即使在1976年1月关于国际货币改革的《牙买加协定》上也是如此，尽管协定本身除了说要通知国际货币基金以外，实际上并没有对国家行动的限制）。如果大部分拥护者有权免除义务，那么一个国际组织或一套规则还能在多长的时间内起作用？成员会逐渐感到不受协定的约束，而使协定被正式废弃（象流产的国际贸易组织那样，大部分因为它变成了一株圣诞树，挂满了例外和对特殊情况的照顾）。

此外，免除遵守国际协定规则和程序的义务，也同发展中国家所重视的国家之间主权平等的"平等"部分不相契合。继续享受优惠待遇，可能会造成继续把它们看作二等国家。要受到尊敬，必须遵守至少是某些竞技规则。

除了特殊待遇以外，发展中国家还要求改变适用于发达国家的规则以及制定这些规则的程序。它们反对国际货币基金组织和世界银行现在所使用的那种加权投票制度（西方国家拥有三分之二的投票权），并希望在作出决策中有更强大的声音。（二十国委员会中有九个正式席位，二十七国国际经济合作会议中有十八个成员国来自发展中国家。）在海洋法的讨论中，发展中国家一直坚持赋予一个新机构以无条件的权力去管理海床开采，在行使这种权力时不受根本法的限制（例如它可以完全停止开采），而发展中国家，在这个机构中拥有绝对的多数。……

建立国际经济新秩序的类似上述要求，以看来似乎是一 边 倒 的《经济权利和义务宪章》一类决议作支柱，其后果之一，就是进一步削弱了美国对联合国作为一个有效的、甚至是可取的国际讲坛的信心。

（4）库珀得出的结论

他认为，从发达国家向发展中国家转移资源的问题走进了一个死胡同。发展中国家要求有通过各种不同渠道的更多的转移：更高的商品价格，国际货币创造中的更大份额，直接的外援，如此等等。在现今美国对一般政府表示怀疑、对发展中国家政府尤其怀疑的情况下，这些提议是不会受到欢迎的。

国际经济新秩序的建议包含一个深刻的矛盾：发展中国家要求有最大限度的行动自由，强烈提出它们对主权平等的要求，包括不干涉它们的内部事务。可是它们提出的许多建议，如果执行起来，会要求西方国家内部的深刻变革，例如市场的作用、技术知识的产生和传播、契约的执行、税收与支出方案等等。立场上的不一致是明显的。

实际上，国家不应服从外部影响和变革（包括发达国家和发展中国家）的提法，在今天这个互相依存的世界是站不住脚的。这会要求采取极端的自力更生的立场，如中国和缅甸（过去）所做的。许多发展中国家的领袖现在强烈支持集体自力更生，也不足以保证同外界的影响隔绝。就资源转移而论，赠与国至少想有充分的影响，以保证资金用于所说的目的。提供某种保证、使转移的资金事实上用于满足人类基本需要的一个办法，就是使其（通过适当的审计）只能用于在性质上能达到这个目的的活动。例如增加粮食生产、改善饮水供应和卫生设施、扩大本地卫生保健和计划生育站等等。应使发展中国家知道，有钱用于上述领域的新的活动，要受定期的审计以保证效率。超过这个范围就要自己花钱。

可是，更一般地说，在国际经济新秩序的讨论中强调的"资源转移"是一种不幸的选择，因为它表示取自一个集团而给予另一个集团。这样一个过程是难于和谐的，当发展中国家坚持作出转移要使审查和指导减至最低限度时，尤其如此。

注意集中于资源转移的内在假设是，B国走向繁荣的道路就是从A国去取得繁荣。按游戏中的用语说，这是一种"零和游戏"：B的利得就是A的损失，反之也然。这在整个人类历史的很长时间内曾经是一种起支配作用的假设。十八世纪的进步原理是使人与人对抗的"游戏"转到了人同大自然相对抗的"游戏"。通过彼此合作，通过建立能使人们的行动互相加强而不是互相削弱的政治经济制度，人们

732

能改善他们的集体状况，至少能为改善他们中每一个人的状况奠定基础。

共同获利的各种可能性

人类"团结"不是一种能与"零和"思维协调的感情。要获得全球团结，必须将强调的东西转到有共同获利可能性的领域。在经济方面可以简单地提出五种：

第一，发达国家的商业政策应当与便于发展中国家工业品出口的增长相配合。特别是，使原料最初加工阶段位于发达国家的关税结构应当改变，使其经济位置接近原料。在长期内，所有的国家都会从这种改变获益。此外，发达国家对来自发展中国家的竞争性制成品不应施加贸易限制；国内工业的失调问题，可以通过对受到损害的生产要素给予调整援助去解决。发展中国家最好是将自己的谈判集中于限制发达国家采取的"保护措施"，而不是获得纸面上的优惠。它们也会从降低自己的反对进口的保护获益，这种保护越来越使其他发展中国家失去了重要的市场，也阻止了发展中国家之间共同生产的专业化。

第二，西方国家应当比过去更好地管理自己的经济，单是这样作就可以大大有助于稳定发展中国家的出口收益。在它们未能平稳地管理好自己的需求时，可以正当地要求它们通过补偿性资金供应安排，为发展中国家提供外汇援助。除此之外，发达国家和发展中国家在减少初级商品价格的猛烈波动（象过去十年所发生的）方面均感关切。减少价格变动同提高平均价格不是一回事，实现的机会也比较大。价格猛烈摇摆，除了对收益的影响之外，对消费者和生产者都是令人不安的，而基于缓冲储备的商品协定，可以减少价格变动。

第三，多国公司的高度流动性给所有的政府（本国政府和东道国政府）造成了潜在的问题。在最好的情况下，多国公司可以对经济发展过程作出贡献（但是不接受这一判断的国家，或者为了其他的原因宁愿不依靠它们的国家，不应强迫它们这样去作）。但是通过某种手段，它们也可以逃避税收和外汇管制，对国家政策施展不应有的影响，或减少世界竞争。各国政府在提供这样一种环境方面有集体的利益：可以享受到从这些巨型公司的活动中产生的社会利得，而付出的代价则减

733

到最低限度。特别是，应当在全球性反托拉斯政策以及公布金融情报方面进行更密切的合作。

第四，某些全球性"公有物"（commons）的经理，要求许多国家作出共同的努力。这对海洋生物的存量以及海洋与大气环境的质量来说尤其如此。许多这样的问题是地区性的而不是全球性的，全球性的解决办法往往是不合适的。但在地区基础上的国际合作，对于有效的管理是必不可少的。此外，对世界鱼类存量的正当管理可能产生的收益很大，但是必须在订立合适的管理制度方面大家合作，这不仅是为了人类的最大利益来利用这种存量，而且也是为了实现这种潜在的收益。

第五，从长期说，地球上的食物供给与它的人口关系，将支配世界的未来。健全的长期政策要求发达国家作出一切努力（部分地通过财政援助，部分地通过适用技术的转让）去改善发展中国家的食物供应、营养、生育计划信息和一般的保健设施。

这些建议不是想排除资源从发达国家转移到发展中国家，而是使要使讨论的重点，从在性质上有冲突并可能引起激烈争论的领域转移到主权平等国家间谈判的所有参加者都有希望获得某种利益的领域。这种重心的转移，会大大改善建立国际经济新秩序的前景。

从以上库珀的立论可以看出，彼此的距离相隔是多么遥远

734

〔附录〕 编写《西方发展经济学概论》的体会

一、编书的宗旨

我编这本书，是想在中国建立一个新学科，填补一项空白。而建立这个学科的首要任务，就是自编一本教材。

（1）为什么要建立发展经济学？

第三世界有将近130个独立国家，人口总数占人类的四分之三。其中绝大多数是在第二次世界大战后才获得独立的，都面临着发展民族经济、提高人民生活水平、以经济上的独立来保证政治上的独立的共同任务，都怀抱着逐步实行现代化、以期将来能与发达国家并驾齐驱、为人类进步作出重大贡献的远大目标。对于这些国家的经济，应当有一种专门研究的学科。

早在一百多年以前（1877年），恩格斯即已指出："政治经济学作为一门研究人类各种社会进行生产和交换并相应地进行产品分配的条件和形式的科学，——这样广义的政治经济学尚有待于创造"①。他接着说，"我们所掌握的有关经济科学的东西，几乎只限于资本主义生产方式的发生和发展……。"②一百多年以后的今天，我们有了比较成熟的资本主义和帝国主义政治经济学,有了粗具规模的社会主义政治经济学。发展中国家进行生产、交换、分配的条件和形式显然不同于发达的资本主义社会和苏联东欧社会,

---

① ②《反杜林论》，《马克思恩格斯选集》，第三卷第189页，人民出版社1972年。

735

可是我们还没有创立一门马克思主义的发展中国家政治经济学。

然而在西方，研究第三世界经济发展的学科——发展经济学却已经有了三十多年的历史，其本身也随着第三世界的经济发展而经历了一个发展的过程，变成了西方经济学的一个分支。现在西方各大学普遍开设了这门课程，教科书有的已经出到了第四、五版。发展经济学的内容日益深广，文献日益繁多，好几位发展经济学家获得了诺贝尔奖金。

在马克思主义发展经济学没有建立以前，我们应当怎样对待西方发展经济学呢？自十一届三中全会后我国实行对外开放政策以来，学者们对这个问题持两种不同的态度。一种认为，西方发展经济学的理论是以庸俗经济学为基础的，应当从根本上予以否定，不过它所包含的一些涉及实际的东西，还不无可取之处。另一种认为，应当研究"发展中国家的经济发展战略和不同模式及其理论基础"。"对于国外的发展经济理论及其方法论，必须进行具体分析。凡是合理的成分，我们一定要加以吸收；对于错误的东西，要本着探索真理的精神，指出其错误的内容和根源，以理服人；对于反动的东西，必须给予严肃的批判。要认真对待国外'发展理论'的每个流派，认真对待发展中国家发展理论的每个方面及其方法论，真正弄清它们的来龙去脉、内容和实质"①。

我是欣赏和完全赞同后一种态度的。古典政治经济学是马克思主义的三个来源之一。列宁也说，"论帝国主义的一本主要英文著作，即约·阿·霍布森的那本著作。我还是利用了的，并且我认为已给予了它应有的注意"①。我认为，马克思、恩格斯和列宁对待他们当时的西方经济学的态度，也应当是我们今天对待西方发展经济学的态度。

---

①钱俊瑞，《认真进行对发展中国家经济的研究》，《红旗》杂志1982年第11期。

②《帝国主义是资本主义的最高阶段》，《列宁选集》第二卷第730页．人民出版社1972年．

736

西方发展经济学今天已经不是战后初期某几个经济学家的某几本著作或某几种理论所能完全代表的。它已经和三十多年来发展中国家经济发展的实践相结合。为了更好地了解发展中国家，以便加强南南合作，以便借鉴它们经济建设中成败两方面的经验教训，促进我国的现代化事业，应当有更多的人来研究发展经济学，只有这样才能为建立马克思主义发展经济学创造前提条件。我们今天需要在课堂讲授西方发展经济学，正如我们已经在课堂讲授西方经济学——宏观经济学、微观经济学、国际贸易、国际金融等等一样，是出于实行开放政策的需要，是出于贯彻面向现代化、面向世界、面向未来的教育方针的需要。

（2）为什么要自编教材？

南开大学经济系世界经济专业(现改为国际经济系)自1981年起每年招收发展中国家经济硕士研究生，在二年级开设发展经济学作为专业课，后来又在大学四年级开设发展经济学作为选修课，大学生用英文《第三世界经济发展》（M.P.托达诺编）作教本，研究生主要用英文《经济发展中的主要问题》（G.M.迈耶编）作教本，而辅之以其他读物。这两本书，也是美国和加拿大一些大学分别给大学生和研究生采用的教本。我看了十来本美国、英国、加拿大出版的比较有影响的教科书，深深觉得有自己编写一本教材的必要。

第一，外国教科书很多，各有所长，亦各有所短，很难说挑选哪一本介绍过来，就能完全代表西方发展经济学的全貌。如果自编，可以集诸家的大成，比较全面地反映这一学科的最新成果，为初学者提要钩玄，节省大量阅读、淘沙取金之劳。

第二，外国教科书是编给他们本国的学生读的，在立场上当然与我们不同。即使上述托达诺的书要算是站在第三世界的立场来写的，也终究有它的局限性，譬如他的书里，因为偏重贫困问题，就没有讨论工业化的专门章节。

第三，联合国贸发会议是代表第三世界利益的，它的报告在一般外国教科书中很少得到反映。世界银行的报告在书中反映得多些，但也不太及时。

因此，我从担任讲授这门课起就决定写一本《西方发展经济学概论》，天津人民出版社在1981年出版了我写的《科学、技术、经济增长》以后，就约定出版《概论》一书。历时五年，三次易稿。适逢国家教委制定1985—1990年高等学校文科教材编选计划，将此书列入，而我的书适已完成，得以在计划实行之初出版。

二、编书的指导原则

编写一本介绍西方发展经济学的教材，要不要、能不能用马列主义和毛泽东思想作指导？我的经验是，不但可能，而且必须。

（1）实事求是的态度。

"实事求是，是无产阶级世界观的基础，是马列主义的思想基础。"① 我认为，编写西方发展经济学，首先应当采取实事求是的态度，不论一个什么问题，都要首先摸清实际情况，然后找出问题的关键所在，然后考察各方面提出的解决办法，最后得出自己的结论，并考察其将来的发展趋势。从西方学者、第三世界学者、苏联东欧学者、各种世界组织已有的研究成果入手，全面地系统地占有材料，进行比较分析。从中国问题推到发展中国家的问题，从实际问题推到理论学说，从实际效果推到方针政策，从现在推到过去和未来，一切从实际出发。这就是为什么要讲授西方发展经济学的根本原因。也是编写这本教材应采取的根本态度。

也可能有另一种态度，从马列主义政治经济学的一般原理出发，找出发展中国家经济中的一些主要问题，搜集资料，进行论证，对于这方面他人已有的研究成果不甚了了，结果往往失之空

①《邓小平文选（1975—1982年）》，第133页，人民出版社1983年。

738

洞，或流于偏颇，因为正如列宁指出的："社会生活现象极端复杂，随时都可找到任何数量的例子或个别的材料来证实任何一个论点"①。他认为，对第一次世界大战中"各交战国统治阶级的客观情况的分析"，"一定要引用关于各交战国和全世界的经济生活基础的材料的总和"②。这种实事求是的态度正是我们从事一切研究工作所应当采取的，编书自然也不例外。

（2）辩证唯物主义的观点。

根据辩证唯物主义的观点，事物是互相联系、互相依存、互相制约的，事物是运动、变化、发展的，事物处于矛盾的统一和斗争中，从量变到质变，一切随时间、地点、条件为转移。将这种观点应用于西方发展经济学教材的编写，可以恰当地处理四个问题：

第一，从事物的相互联系、相互依存、相互制约的观点，可以看出研究第三世界的经济发展问题——如利用外资、对外贸易、引进技术、外援问题、外债问题等等时，必须考虑到国际环境即发达的资本主义国家的经济情况。

第二，从矛盾统一和斗争的观点，可以洞察南北关系和南南合作问题的关键。

第三，从事物运动、变化、发展以及从量变到质变的观点，可以体会发展中国家经济的昨天、今天和明天，不致于导致悲观主义。

第四，从一切随时间、地点、条件为转移的观点，可以知道发达国家历史发展的过去经验，未必能适用于今天的发展中国家；也可以知道一百多个发展中国家的具体情况各不相同，必须采取适合于本国国情的发展战略，不能生搬硬套。

---

①②《帝国主义是资本主义的最高阶段》，《列宁选集》第二卷第733页，人民出版社1972年。

（3）去粗取精、去伪存真、由此及彼、由表及里的方法。

对于西方发展经济学，既要保持其完整的体系，又要对浩如烟海的资料进行认真的筛选和鉴别。凡属经验总结、调查报告、统计资料，都是比较宝贵、值得重视的东西。凡属理论、学说、模型、公式，都要持怀疑的态度，注意对其提出的批评，从实践去检验其是否具有真理的因素。凡属意见、建议、评价、辩论性的东西，就要提高警惕，时刻不忘马克思的教导："政治经济学所研究的材料的特殊性，把人们心中最激烈、最卑鄙、最恶劣的感情，把私人利益的复仇女神召唤到战场上来反对自由的科学研究"。[1] 具体到南北关系的争论，尤其如此。

（4）马克思主义的立场，发展中国家的立场。

对于发展经济学中一切理论学说、政策主张、观点态度，我们要从马克思主义的立场，从第三世界国家尤其是这些国家的劳动人民的立场和利益出发，去加以分析，决定取舍。

三、本书的体系和内容

本书编辑过程中，首先浏览了大量的经济发展文献，包括各种教科书在内，将西方国家、发展中国家和各种世界组织对发展中国家经济问题的研究和讨论归纳为十二个主题，统统名之为西方发展经济学。这十二个主题又归纳为四个部分，大体上包含了西方发展经济学中所讨论的全部重要问题。

杨敬年

（目录略）

（原载国家教育委员会高等学校文科教材办公室，《文科教材建设》，1986年第3期，1986年12月20日，转载时略有删改）。

---

[1]《资本论》第一卷第12页，人民出版社1975年。

740